셀프트래블

튀르키예

셀프트래블
튀르키예

초판 1쇄 | 2025년 6월 30일

글과 사진 | 박정은

발행인 | 유철상
편집 | 김정민, 성도연
디자인 | 노세희, 주인지
마케팅 | 조종삼

펴낸 곳 | 상상출판
주소 | 서울특별시 동대문구 왕산로28길 37, 2층(용두동)
구입·내용 문의 | **전화** 02-963-9891(편집), 070-8854-9915(마케팅)
팩스 02-963-9892 **이메일** sangsang9892@gmail.com
등록 | 2009년 9월 22일(제305-2010-02호)
찍은 곳 | 다라니
종이 | ㈜월드페이퍼

※ 가격은 뒤표지에 있습니다.

ISBN 979-11-6782-221-5(14980)
ISBN 979-11-86517-10-9(set)

© 2025 박정은

※ 이 책은 상상출판이 저작권자와의 계약에 따라 발행한 것이므로
본사의 서면 허락 없이는 어떠한 형태나 수단으로도 이용하지 못합니다.
※ 잘못된 책은 구입하신 곳에서 바꿔 드립니다.

www.esangsang.co.kr

프리미엄 해외여행 가이드북

셀프트래블
튀르키예

박정은 지음

상상출판

Prologue

튀르키예 노스탤지어 Türkiye Nostalgia

나의 튀르키예는 1998년에 머물러 있다. 인연은 이집트의 다합에서 튀르키예 가족을 만나면서 시작됐다. 앞으로 3개월간 여행할 거라고, 이집트에서 시작해 이스라엘을 거쳐 튀르키예로 갈 거라고 말했더니 이스탄불에 온다면 꼭 자기 집에 들르라 했다. 지금의 나라면 흘려 들었겠지만 그때의 나는 진짜 한 달 뒤에 찾아갔다. 이스탄불 중심가에서 한 시간 정도 떨어진 동네였다. 자기 방을 내어주고, 머무는 동안 극진한 대접을 받았다.

1998년 괴레메 야외박물관

매일 얻어먹기가 미안해 한번은 복숭아를 사서 간 적이 있는데 안네Anne(엄마)는 내가 복숭아 잼을 잘 먹는다며 몽땅 잼을 만들어 한국으로 돌아올 때 유리병에 싸주었다. 아침이면 안네가 발코니 테이블에 예쁜 천을 깔고, 1층 빵집에서 산 갓 구운 프란잘라Francala를 '바구니 엘리베이터'로 올려, 쓱싹쓱싹 썰면서 나를 불렀다. 안네와 말은 통하지 않았지만 불편하지 않았고, 보들보들한 빵에 꿀과 잼, 카이막을 바르고 새하얀 치즈, 그리고 차이Çay와 함께 아침을 먹었다. 뜨거운 햇살에 송골송골 땀방울이 이마에 맺히면서도 홀짝홀짝 마시던 차이, 안네는 담배를 피우며 나를 보고 따뜻하게 웃었다. 친구는 토요일이 되자 자신의 친구들을 불러 나를 톱카프 궁전에 데리고 갔다. 큰 목소리로 친구들과 떠들고 낄낄대며 걸어 다녔던 길은 얼마나 유쾌했던지, 궁전의 86캐럿 다이아몬드보다 더 좋았다. 일요일에는 페리를 타고 아시아 지역에 갔다. "15분 만에 유럽에서 아시아로 오다니 정말 신기해!" 눈을 동그랗게 뜨며 흥분한 나를 보고 튀르키에 친구 들은 재미있다며 웃어댔다. 한국으로 돌아오기 전날 밤에는 오르타쾨이의 찻집으로 갔다. 보스포루스 바닷바람을 맞으며 떠들었던 그때가 너무 행복했던 추억으로 남았다. 시간이 너무 흘러 그 친구들을 다시 볼 수는 없었지만, 튀르키예의 이미지는 항상 그때에 머물러 있다.

여행 가이드북을 쓰기 시작한 지 벌써 17년째가 되어 간다. 2013년 『이스탄불 셀프트래블』이 나오고, 12년 만에 튀르키예에

우치히사르 성

전역을 다룬 『튀르키예 셀프트래블』을 만들게 됐다. 이번 책은 최근 한국인의 여행 스타일을 반영하려 애썼다. 휴대전화와 연동할 수 있도록 QR을 적극 활용해 편의를 더한 것이 기존 책들과 다르다. 반응이 좋으면 더 편리하게 만들어보고 싶다. 루트는 다양한 여행자들의 성향을 반영해 하이라이트만 보는 짧은 루트에서 반주 루트, 렌터카 루트, 한 달 이상의 일주일 루트를 다루었고, 맛집은 최근 한국인들이 많이 방문하는 식당에서 티브이에 나온 맛집, 미슐랭도 실었다. 쇼핑 품목도 최신 트렌드를 반영해 리스트를 만들었다. 무엇보다 관광명소들에 대한 설명에 가장 많은 공을 많이 들였다. 튀르키예 친구들을 생각하며 내가 좋아하는 친구들 나라의 역사와 문화를 제대로 알리기 위해 자료조사도 많이 하고 교차검증으로 신경을 썼다. 튀르키예는 과거 돌궐(突厥)이란 이름으로 고구려와 이웃이었으며 중앙아시아에서 이슬람으로 개종한 뒤 강력한 국가로 성장해 아나톨리아 반도에서 비잔틴 제국을 정복하고 오스만 제국으로 정착한 나라다.

나름 촘촘한 작업으로 최선을 다했지만, 사람인지라 실수도 있고 부족한 부분이 있을 것이다. 독자분들은 『튀르키예 셀프트래블』을 읽고 잘못된 정보나 보완했으면 하는 부분이 있다면 저자의 인스타그램으로 언제든지 말해주면 좋겠다. 좋은 평가는 즐겁고, 까다로운 지적은 순간은 부끄럽지만, 더 나은 책을 만드는데 훌륭한 밑거름이 된다. 나는 독자와 소통하며 실용적이면서도 역사와 문화를 이해하고 즐길 수 있는 재미난 가이드북을 만들고 싶다.

마지막으로 이번 책은 김정민 에디터와 노세희, 주인지 디자이너가 함께 작업했다. 김정민 에디터에게는 중년의 노안과 건망증, 항상 말만 앞서던 저자의 속도에 인내해 주어 감사하다고, 노세희 디자이너에게는 글자와 이미지를 아름답게 배치해 내는 탁월한 능력에 매번 감탄하며, 교정지가 넘어올 때마다 항상 설렜었다고 감사의 마음을 전하고 싶다.

2025년 6월,
박정은

Contents
목차

Photo Album • 4
Prologue • 12
일러두기 • 18
튀르키예 전도 • 20

All About Türkiye 튀르키예와 친해지기 • 22
Türkiye Q & A 튀르키예에 가기 전 자주 묻는 질문 10가지 • 24
Try Türkiye 튀르키예 추천 루트 • 27
Plan 1 6박 7일, 이스탄불과 카파도키아 • 28
Plan 2 7박 8일, 핵심 3도시(안탈리아, 데니즐리 중 택1) • 30
Plan 3 9박 10일, 핵심 5도시 • 31
Plan 4 14박 15일, 핵심 6도시, 지중해를 마음껏 • 32
Plan 5 튀르키예 한 달 여행 • 33
Plan 6 렌터카 타고 튀르키예 한 달 • 34
Plan 7 튀르키예 하이라이트 일주+주변 국가는 옵션 • 35

Mission in Türkiye

튀르키예에서 꼭 해봐야 할 모든 것 • 36

Sightseeing 1 튀르키예의 유네스코 문화유산 • 38
Sightseeing 2 튀르키예의 뷰 포인트 • 42
Culture 1 영화와 드라마 속 튀르키예 • 46
Culture 2 튀르키예와 고양이 • 48
Culture 3 튀르키예에서 놓쳐서는 안 될 경험 • 50
Culture 4 너무 좋아요! vs 적응 안 돼요! • 54
Food 1 튀르키예의 길거리 음식 • 56
Food 2 튀르키예의 빵, 에크멕Ekmek • 58
Food 3 튀르키예의 스낵 • 60
Food 4 튀르키예 식사 • 62

Food 5 음료 İçmek • 70
Food 6 달콤한 디저트, 타틀르스 Tatlısı • 72
Food 7 튀르키예의 술 • 76
Shopping 1 튀르키예 슈퍼마켓 쇼핑 • 78
Shopping 2 튀르키예 기념품 • 80

튀르키예를 즐기는 가장 완벽한 방법 • 84

Enjoy Türkiye

마르마라 지역 • 86

1 동서 문명의 요람 이스탄불 • 88
★ 술탄아흐메트 지도 • 90
★ 탁심 지도 • 92
★ 메트로 교통지도 • 94
★ 페리 교통지도 • 96
Special Tour 아는 만큼 느낀다! 아야소피아 제대로 보기 • 109
Special Tour 아는 만큼 느낀다! 톱카프 제대로 보기 • 123
Special Culture 이스탄불의 특별한 체험 • 154
Special Tour 선셋 맛집, 피에르 로티 • 162
Special Tour 아는 만큼 느낀다! 돌마바흐체 제대로 보기 • 166
Special Tour 보스포루스 투어 • 194
Special Tour 보스포루스 투어 시 볼 수 있는 주요 건축물 • 196
Special Tour 좀 더 시간이 있다면, 프린스 아일랜드 • 200

2 오스만 제국의 시작 부르사 • 208
★ 부르사 지도 • 210
Special Tour 이즈니크 데이 트립 • 225

중앙아나톨리아 지역 • 228

1 튀르키예 여행의 로망 카파도키아 • 230
★ 카파도키아 개념도 • 231
★ 괴레메 지도 • 241
★ 우치히사르 지도 • 257
★ 네브셰히르 지도 • 261
★ 아바노스 지도 • 265

2 히타이트 문명을 한눈에 앙카라 • 272
★ 앙카라 개념도 • 273
★ 앙카라 구시가지 • 274
★ 크즐라이 광장 주변 • 275
Special Tour 샤프란볼루 데이 트립 • 292

3 셀주크 제국의 수도 콘야 • 294
★ 콘야 개념도 • 295
★ 콘야 지도 • 296
Special Culture 메블라나 잘랄레딘이 루미 • 304
Special Tour 콘야의 주변 마을 • 310

지중해 지역 • 316

1 튀르키예 최고의 휴양 도시 안탈리아 • 318
★ 안탈리아 개념도 • 319
★ 안탈리아 지도 • 320
★ 안탈리아 교통지도 • 325

2 시간이 멈추는 마을 카쉬 • 346
★ 카쉬 지도 • 347
Special Tour 카쉬 데이 투어 • 351

에게해 지역 • 354

1 소아시아의 수도, 에페스 셀축 • 356
★ 셀축 개념도 • 357
★ 셀축 지도 • 358
Special Tour 에페스 고고학 유적지 • 364
Special Tour 쉬린제 마을 데이 트립 • 382

2 온천 고대 도시, 히에라폴리스 파묵칼레 • 384
★ 파묵칼레 개념도 • 385
★ 파묵칼레 지도 • 386
Special Tour 아는 만큼 느낀다! 히에라폴리스 자세히 보기 • 392

3 액티비티의 천국 페티예 • 404
★ 페티예 교통지도 • 405
★ 페티예 지도 • 406

흑해 지역 • 422
1 흑해의 숨겨진 보석 트라브존 • 424
★ 트라브존 교통지도 • 425
Special Tour 하루에 우준괼과 리제 돌아보기 • 439

동남아나톨리아 지역 • 444
1 튀르키예 최고의 미식 도시 가지안테프 • 446
★ 가지안테프 개념도 • 447
★ 가지안테프 지도 • 448
2 괴베클리 테페와 성스러운 물고기 호수 샨르우르파 • 462
★ 샨르우르파 지도 • 463
Special Tour 샨르우르파 근교 명소 • 472
3 메소포타미아, 공존의 도시 마르딘 • 480
★ 마르딘 지도 • 481
Special Tour 마르딘 근교 원데이 투어 • 497

Step to Türkiye

쉽고 빠르게 끝내는 여행 준비 • 500

1 튀르키예 여행을 떠나기 전 알아야 할 **기본 정보** • 502
2 튀르키예 **역사와 문화** • 508
3 튀르키예 **사계절, 휴일과 축제** • 514
4 여행의 시작, **여권과 유용한 증명 카드 만들기** • 518
5 튀르키예, **어떻게 이동할까?** • 520
6 튀르키예, **어디서 잘까?** • 526
7 튀르키예 **꿀 정보 모으기** • 528
8 돈과 시간을 아껴주는 튀르키예 **환전 정보** • 529
9 튀르키예 맞춤형 **짐 꾸리기 노하우** • 532
10 튀르키예 여행을 위한 **필수 앱 추천** • 535
11 인천공항 **출국에서 튀르키예 도착까지** • 537
12 튀르키예의 **사건과 사고 발생 유형과 대처법** • 541
13 서바이벌 **튀르키예어** • 546

Index • 549

Self Travel Türkiye
일러두기

❶ 주요 지역 소개

『튀르키예 셀프트래블』은 튀르키예의 대표 관광 도시인 이스탄불, 카파도키아 등을 포함하여 마르마라, 중앙아나톨리아, 지중해, 에게해, 흑해, 동남아나톨리아 지역까지 크게 6곳의 지역을 다룹니다. 지역별 주요 스폿은 관광명소, 액티비티, 식당, 쇼핑, 숙소 순으로 소개하고 있습니다.

❷ 알차디알찬 여행 핵심 정보

Mission in Türkiye 튀르키예에서 놓치면 100% 후회할 볼거리, 음식, 쇼핑 아이템 등 재미난 정보를 테마별로 한눈에 보여줍니다. 여행의 설렘을 높이고, 필요한 정보만 쏙쏙! 골라보세요.

Enjoy Türkiye 튀르키예의 지역별 주요 명소와 도시별 일정을 상세하게 소개합니다. 주소, 가는 법, 운영시간, 가격 등 상세정보는 물론 알아두면 좋은 Tip도 수록했습니다.

Step to Türkiye 튀르키예의 기본 정보부터 기념일과 축제, 역사, 쇼핑과 숙소 등 튀르키예로 떠나기 전 알아두면 유용한 여행 정보를 모두 모았습니다. 출입국 수속부터 차근차근 설명해 튀르키예에 처음 가는 사람도 어렵지 않게 여행할 수 있습니다.

❸ 원어 표기 및 상세정보

최대한 외래법을 기준으로 표기했으나 몇몇 지역명, 관광명소, 음식 이름 등은 여행자에게 익숙한 단어를 선택했습니다. 또한 이 책에서는 레스토랑, 카페 등 식당 예산을 아래와 같은 기준으로 표시했습니다.

€ 1~200TL | €€ 200~400TL | €€€ 400~800TL
€€€€ 800~1,500TL | €€€€€ 1,500TL이상

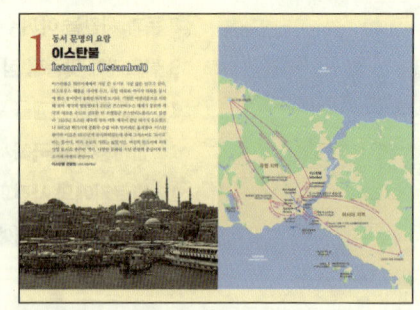

❹ 정보 업데이트

이 책에 실린 모든 정보는 2025년 6월까지 취재한 내용을 기준으로 하고 있습니다. 현지 사정에 따라 요금과 운영 시간 등이 변동될 수 있으며, 특히 최근 인플레이션으로 입장료 등의 현지 물가가 한 해에도 여러 번 오르고 있습니다. 여행 전 한 번 더 확인하시길 바랍니다.

❺ QR 코드 활용법

이 책에 소개된 관광명소와 식당, 숍, 숙소에는 구글 맵스와 연동되는 QR 코드를 표시해 두었습니다. 스마트폰 앱을 통해 QR 코드로 접속하면 빠르게 위치를 체크할 수 있습니다. 홈페이지나 예약창으로 연결되는 QR 코드도 수록되어 있어 보다 효율적인 여행이 가능합니다.

❻ 지도 활용법

이 책의 지도에는 아래와 같은 부호를 사용하고 있습니다.

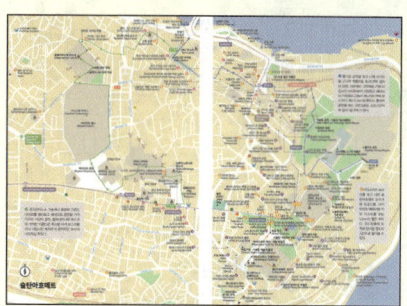

주요 아이콘
- 관광명소, 기타명소   ® 레스토랑, 카페 등 식당
- ⓢ 백화점, 쇼핑몰 등 쇼핑 매장   ⓗ 호텔, 호스텔 등 숙소

기타 아이콘
- 🚌 버스정류장
- Ⓜ 메트로역
- Ⓣ 트램역
- 푸니쿨라
- 항구
- ⓘ 관광안내소
- 뷰 포인트
- 쇼핑가

- PTT(우체국)
- Ziraat(은행)
- A101(슈퍼마켓)
- BIM Bim(슈퍼마켓)
- Migros(슈퍼마켓)
- Sok(슈퍼마켓)
- 까르푸(슈퍼마켓)
- 식당가

All About Türkiye
튀르키예와 친해지기

국가와 수도 튀르키예, 앙카라 Ankara

튀르키예의 공식 명칭은 튀르키예 공화국 Türkiye Cumhuriyeti(Republic of Türkiye)이다. 수도는 **앙카라**Ankara로 튀르키예의 독립 전쟁이 승리로 끝나고 1932년 공화국이 선포되면서 국가의 수도가 됐다. 이스탄불은 1453년부터 공화국 수립 전까지 오스만 제국의 수도였으며, 지금도 튀르키예에서 가장 큰 도시이자 경제와 문화의 중심지다. 튀르키예는 세계에서 5번째로 관광객이 많이 방문하는 국가이다.

국기 Türk Bayrağı

19세기 만들어진 오스만 제국의 국기를 변형한 것으로 1936년에 튀르키예 공화국의 공식 국기로 제정됐다. 국기의 붉은색은 국가를 위해 희생한 순교자들의 피, 희생을 상징한다. 국기 안의 초승달은 이슬람, 오각형의 별은 인간 또는 빛과 희망을 뜻한다. 전해져 오는 이야기에 의하면 1448년 코소보 전투에서 승리하던 날, 하늘의 초승달과 별이 피로 물든 땅에 반사된 모습에서 영감을 얻어 만들었다고 한다.

면적 783,562km²

튀르키예의 면적은 783,562km²로 우리나라 100,413km²의 약 8배 정도 된다.

인구 약 8,768만 명

튀르키예의 인구수는 8,768만 명(2025년 기준)으로 우리나라의 5,168만 명보다 많다. 튀르크족 80%, 쿠르드족 15%, 기타 소수민족 5%로 구성된다.

1인당 GDP 63위

2024년 기준으로 1인당 GDP는 63위이며 우리나라는 29위다. GDP는 국내 총생산을 인구수로 나눈 값으로 국민들의 평균 소득이나 생활 수준을 비교하는 지표가 된다(IMF 2024년 기준).

정치 대통령제

5년 임기의 대통령 중심제로 2014년부터 직선제를 채택하고 있다. 2014년 최초 직선제로 당선된 레제프 타이이프 에르도안 Recep Tayyip Erdoğan 대통령이 2018년에 이어 세 번째 연속으로 당선되어 2023년에 취임했다.

종교 이슬람

국민의 98%가 무슬림이며 대부분 수니파이다.

언어 튀르키예어

튀르키예어를 사용한다. 튀르키예 공화국이 출범한 뒤, 강력한 문자 개혁(라틴문자 도입)과 언어정화 사업을 벌인 결과 언어가 통일되고 문맹률이 획기적으로 낮아졌다. 튀르키예는 우리와 같은 우랄 알타이어족으로 어순이 같다. 물을 '수Su', 차를 '차이Çay'라고 한다.

의사소통

관광객들이 많이 가는 곳은 대부분 영어로 의사소통이 가능하다. 과거보다 영어를 구사하는 튀르키예인들이 줄었는데 대부분 구글 번역 앱을 사용해 말하고, 영어로 번역해 들려주는 경우가 많아졌다. 원활한 소통과 이해를 위해 튀르키예어를 다운 받은 구글 번역 앱은 필수이다. 그랜드 바자르나 이집시안 바자르, 또는 관광지에는 한국말을 하는 상인이 많으며, K-Pop이나 한국 드라마의 영향으로 "안녕하세요"라고 인사하며 다가오는 튀르키예 10~20대를 많이 만날 수 있다.

국가 상징 회색 늑대와 튤립

튀르키예를 상징하는 동물은 회색 늑대이다. 신화에서 튀르크인들은 회색 늑대의 후손으로 묘사된다. 튀르키예의 국화는 튤립으로 튀르크인들이 중앙아시아에서 아나톨리아로 가져왔다. 후에 유럽으로 전해져 네덜란드에서 대량으로 재배되기 시작했다.

시차 6시간

한국보다 6시간이 느리다. 서머타임은 없다. 예) 튀르키예가 09:00라면 한국은 15:00이다.

통화 리라TL(₺)

튀르키예는 리라를 사용하며 1TL은 약 35원이다(2025년 6월 기준). 튀르키예의 물가는 대략 지하철·버스·트램표 20~30TL, 물 1.5L 20TL, 스타벅스 아메리카노 130TL~, 맥도날드 세트 메뉴 300TL~, 뒤름과 같은 스낵 200TL~, 일반 식당 주메뉴 400TL~, 관광지 식당 주메뉴 600TL~, 한국 식당 한식 400TL 이상으로 튀르키예 물가는 저렴하지 않다.

전압 220V, 50Hz

한국은 220V, 60Hz로 전압은 동일하나 주파수가 다르다. 대부분 전기 제품은 문제없이 사용할 수 있다. 한국과 동일한 콘센트를 사용할 수 있다.

여권과 비자 90일

튀르키예와 국가 간 협약으로 비자 없이 90일간 여행이 가능하다.

휴일 (*매년 변동)

새해 1월 1일
라마잔 바이람
3월 20일~3월 22일(2026년)*
국가 주권의 날·어린이날 4월 23일
노동절 5월 1일
아타튀르크 기념일·청소년 스포츠의 날 5월 19일
쿠르반 바이람(희생절)
5월 27일~30일(2026년)*
민주주의 기념일 7월 15일
승전 기념일 8월 30일
공화국 건립 기념일 10월 29일

Türkiye Q & A
튀르키예에 가기 전 자주 묻는 질문 10가지

Q1. 튀르키예를 여행하기 가장 좋은 계절은 언제인가요?

A1. 튀르키예의 성수기는 4~10월입니다. 이 중 가장 여행하기 좋은 때는 5·6월과 9·10월로 너무 덥지도 춥지도 않아 모두가 선호하는 계절입니다. 튀르키예 명절 전후 기간은 숙소가 두 배로 오르니 피하는 것이 좋습니다. 7·8월은 방학과 휴가를 맞은 관광객들이 몰려 숙소 비용도 오르고 매우 혼잡합니다. 30도가 넘는 날씨에 관광지 입장을 위한 긴 줄이 늘어서기도 하니, 마음의 준비를 하고 방문해야 합니다. 방문 계절을 마음대로 선택할 수 있다면 몇 가지 팁을 드릴 수 있습니다. 튀르키예를 대표하는 튤립을 마음껏 보고 싶다면 튤립 축제가 열리는 4월이 좋습니다. 11월은 비수기이지만 안탈리아와 같은 지중해 해안 도시에서는 여전히 수영이 가능한데, 숙소까지 저렴한 매력이 있습니다. 11~3월 비수기는 날씨가 춥고 흐리지만, 관광지에서 줄 서지 않아도 되고 숙소가 저렴하다는 장점이 있습니다. 다만, 카파도키아의 벌룬 투어는 비수기에는 바람이 불어 뜨는 날이 손에 꼽으니 참고하세요. 그리고 튀르키예는 땅이 비옥해 과일이 정말 달고 맛있습니다. 6~8월은 납작 복숭아와 체리, 수박, 포도, 무화과 등 제철 과일이 생산되는데 가격도 저렴하니 충분히 즐기세요.

Q2. 튀르키예는 위험한가요?

A2. 튀르키예는 2017년 이스탄불의 레이나 클럽 테러와 2022년 이스티크랄 거리에서 테러 사건이 있었습니다. 이후 주요 관광지와 버스터미널, 공항, 쇼핑몰, 공공건물, 일부 메트로 역에서 짐 검사 후 입장하고 있고 현재도 그 시책이 유지 중입니다. 이후 더 이상의 테러는 발생하고 있지 않습니다. 코로나 이후 여행이 재개되고 2023년에는 이스탄불이 세계에서 가장 많은 여행객이 방문한 도시로 뽑힙니다. 2024년에는 6,200만 명이 찾은, 세계에서 5번째로 많은 관광객이 방문한 국가가 되었죠. 테러가 아닌 여행자가 느끼는 도난 기준의 위험 체감도를 말하자면 파리와 로마, 바르셀로나보다 안전합니다. 이스탄불은 탁심과 술탄아흐메트 지역에서 소매치기와 사기를 주의해야 하지만 나머지 도시들은 한국과 비슷한 수준으로 안전합니다. 대다수 튀르키예인은 종교적으로 술을 마시지 않고, 일찍 집에 들어가는 가족적인 성향으로 길거리는 퇴근 시간이 지나면 급속히 한산해지고 관광객들만 남는답니다. 여행자를 대상으로 한 바가지는 매우 심하니 물건을 살 때는 비교하고 사는 것을 추천합니다.

Q3. 튀르키예는 원래 이렇게 비쌌나요?

A3. 유럽보다 저렴한 물가에 볼거리가 많아 매력적인 관광지로 손꼽혔던 튀르키예는 2018년 이후 극심한 인플레이션을 겪고 있습니다. 코로나 시대의 끝은 전 세계적인 인플레이션을 몰고 와 우리나라도 예외는 아닙니다만, 대부분 국가가 인플레이션을 잡기 위해 금리를 올린 것에 반해 튀르키예는 오히려 금리를 내려 리라화의 가치가 떨어지고 인플레이션이 가속화되었습니다. 지속적인 물가 상승으로 1년 안에도 식당 메뉴판의 가격이 여러 번 바뀔 정도로 극심한 상황입니다. 이후 금리를 50% 올리는 등의 자구책으로 현재는 그나마 안정세로 나아가고 있습니다. 불안한 리라 가치 때문에 주요 관광지들은 입장료를 유로화로 표시하고 있습니다. 그렇다고 유로화로 입장료를 받는 것은 아니고, 당일 환율을 계산해 리라로 받고 있으니 리라를

준비해 와야 합니다. 극심한 인플레이션으로 튀르키예 국민들은 외식비를 많이 줄였다고 합니다. 관광객들 역시 식비 부담이 커지면서 대신 쇼핑 지출을 많이 줄였다고 하네요.

Q4. 튀르키예의 물가는 한국과 비교해 어떤가요?

A4. 튀르키예의 물가는 이미 한국을 넘어섰습니다. 관광지 입장료는 아야소피아 €25(약 40,000원), 톱카프 궁전과 돌마바흐체 궁전 각 2,400TL(약 83,000원)과 1,800TL(62,500원)으로 서유럽보다 비싸고, 식당은 스낵 가격이 한국의 밥값, 관광지 식당은 메인 메뉴가 600TL 이상(24,000원)으로 비쌉니다. 튀르키예는 과거 1970~1990년의 인플레이션으로 10,000,000TL과 같은 단위의 통화를 사용하다 2005년에 화폐개혁을 통해 6자리의 0을 없애기도 했었지요. €1=1.8TL로 시작했던 통화 가치가 지금은 €1=44TL이 되었습니다. 튀르키예의 물가가 안정되어 튀르키예 국민에게도, 여행자들에게도 도움이 되었으면 좋겠습니다.

Q5. 관광지 입장료가 비싸다면, 튀르키예 뮤지엄 패스를 사는 게 이득일까요?

A5. 튀르키예 뮤지엄 패스는 다른 나라의 뮤지엄 패스보다 효율성이 떨어집니다. 그래서, 여행 동안 박물관을 얼마나 많이 가냐에 따라 유리할 수도 있고, 그렇지 않을 수도 있습니다. 장점은 입장권을 구매하는 긴 줄을 서지 않아도 됩니다. 그렇다고, 곧바로 들어가는 건 아닙니다. 박물관들은 테러를 대비해 짐 검사 후 입장하는데, 그 줄은 서야 합니다. 튀르키예 뮤지엄 패스는 지역에 따라 여러 가지가 있습니다. 이스탄불 뮤지엄 패스(€105), 에게안 뮤지엄 패스(€95), 지중해 뮤지엄 패스(€90), 카파도키아 뮤지엄 패스(€65), 그리고 튀르키예 전역을 포함하는 튀르키예 뮤지엄 패스(€165)가 있는데, 아래 소개하는 두 개의 패스가 그나마 유용합니다. 먼저, 이스탄불 뮤지엄 패스를 예를 들어 보자면 가격은 €105이며 패스는 아야소피아, 돌마바흐체 궁전, 예레바탄 지하 수조는 포함하고 있지 않습니다. 만약, 5일 안에 이스탄불 고고학 박물관(€15), 톱카프 궁전(2,400TL, 약 €54), 갈라타 탑(€30), 처녀의 탑(€27) 이상을 간다면 총 €126로 유용합니다. 이보다 적은 장소를 방문한다면 패스를 사는 것은 의미가 없습니다.

❶ 이스탄불 뮤지엄 패스 Museum Pass İstanbul
€105 (5일간 유효)
톱카프 궁전(2,400TL, 약 €54, 아야 이레네·하렘 불포함), 이스탄불 고고학 박물관(€15), 이슬람 과학·기술 역사박물관(€10), 튀르키예·이슬람 예술 박물관(€17), 모자이크 박물관(€10), 갈라타 탑(€30), 갈라타 메블레비의 집 박물관(€7), 루멜리 요새 박물관(€6), 처녀의 탑(€27) 포함

❷ 튀르키예 뮤지엄 패스 Museum Pass Türkiye
€165 (15일간 유효)
튀르키예 전역의 350개의 박물관과 고고학 유적지를 무료입장할 수 있습니다. 이스탄불 뮤지엄 패스에 해당하는 장소를 포함하며 위에 언급한 이스탄불의 주요 장소들을 방문하고 에페스 고고학 유적지(€15)와 에페스 박물관(€10), 안탈리아 박물관(€15), 파묵칼레 히에라폴리스 고고학 유적지(€30), 아나톨리아 문명 박물관(€12) 이상을 가야 유용합니다. 뮤지엄 패스는 현장에서 구입할 수도 있고, 위의 QR을 통해 온라인으로 사면 이메일로 뮤지엄 패스 QR이 도착합니다.

홈피 https://muze.gov.tr/MuseumPass

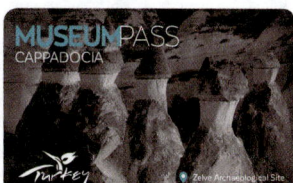

QR
뮤지엄 패스 구입

Q6. 튀르키예 여행 기간은 며칠이 적당한가요?

A6. 굉장히 어려운 질문입니다. 혹자는 하루 이틀이면 이스탄불을 다 볼 수 있다고 하지만 저는 일주일은 머물러야 하는 도시가 아닌가 생각합니다. 한국인들의 평균값으로 보통 2박 3일을 머무는데, 그 시간 동안 주요 볼거리를 보려면 바쁘게 돌아다녀야 합니다. 튀르키예 전역을 여행한다면 도시 15개를 2일씩만 잡아도 한 달입니다. 튀르키예 추천 루트 페이지에서 자세히 다루겠지만, 한국은 휴가 기간이 길지 않지요. 그래서 선택과 집중이 필요합니다. 나의 여행 일정은 최대 며칠인가가 먼저이고, 그 기간에 튀르키예에서 무엇을 꼭 보고 싶은지, 어느 도시를 방문할지를 엄선해야 루트가 나옵니다. 한국인들이 가장 선호하는 도시와 루트는 p.27을 읽어주세요.

Q7. 유심은 어디에서 사는 게 좋을까요?

A7. 튀르키예의 물가 상승으로 유심 가격이 한국보다 비싸졌습니다. 그래서 한국에서 사전에 구입하는 것을 추천합니다. 가장 추천하는 것은 이심eSIM입니다. 가장 저렴하며 유심을 우편으로 받거나 공항에서 찾을 필요도 없고, 유심을 교체하지 않아도 되어 편리합니다. 주문하는 즉시 카카오톡으로 이심 설치 QR을 보내주니까요. 튀르키예에 도착해 해당 QR을 찍으면 자동으로 설치가 되는데, 카톡에 온 QR을 캡처한 뒤 네이버 앱에서 QR 검색을 활용하면 설치하기 편합니다. 단, 기종에 따라 이심이 불가하기도 하니 미리 확인해 보세요. 이심이 안 된다면, 유심USIM을 사면 됩니다. 한국에서 사는 이심이나 유심은 대부분 전화번호가 없고 데이터만 사용할 수 있습니다. 튀르키예는 드물게 공공 무료 Wifi를 사용할 수 있는데, 전화번호로 인증받아 사용하는 방식입니다. 따라서 데이터만 사용하는 유심을 구입할 때는 한국에서 평소 사용하는 용량보다 넉넉하게 구매하는 것이 좋습니다.

Q8. 벌룬 투어는 운이 좋아야 할 수 있다는데 정말인가요?

A8. 비수기 때는 정말 벌룬이 뜨는 날보다 안 뜨는 날이 더 많습니다. 벌룬 투어를 위해 일주일을 기다렸지만, 결국 못 타고 다음 목적지로 이동하는 예도 있을 정도입니다. 여행자들의 안전 문제로 엄격하게 관리하는 것이니 이해해야 합니다. 벌룬 투어에 성공하고 싶다면 여행 시기를 성수기로 잡는 것이 확률이 높습니다. 5~10월 중에서도 바람이 없는 6~8월 한여름이 가장 안전합니다. 수요와 공급에 따라 매일 가격이 달라지고, 사전 예약하는 것이 전날 예약보다 저렴합니다. 벌룬이 취소되면 환불해 줍니다.

Q9. 튀르키예 여행에 꼭 가져가야 할 것이 있을까요?

A9. 바로, 라면과 같은 한국 음식입니다. 튀르키예 음식도 맛있지만, 케밥에 질리고 한식이 극심히 먹고 싶을 때가 도래합니다. 튀르키예는 아시아 상점이 거의 없어 라면을 구하기도 어렵답니다. 한국 식당은 그나마 저렴한 곳이 400TL(14,000원) 수준이고요. 대형 미그로스에 삼각김밥 등을 팔기는 하나, 차라리 케밥이 낫다고 말할 정도의 수준입니다. 호스텔이나 호텔에는 전기 주전자가 있습니다(청결하지는 않으니, 공간이 된다면 준비해 가는 것도 좋습니다). 라면이나 전투식량 등 한국 음식을 준비해 가세요.

Q10. 외부에 휴대폰을 무료로 충전할 곳이 많나요?

A10. 공항, 스타벅스와 같은 카페, 시외버스 안에서 무료 충전이 가능합니다. 버스터미널에는 무료 충전소가 없고 유료만 있습니다. 보조 배터리 용량이 높은 것을 가져가는 것이 좋습니다.

Try Türkiye
튀르키예 추천 루트

이 책의 각 장은 도보 루트를 통해 효율적으로 도시와 마을을 여행하는 방법을 안내하고 있다. 각각의 도시와 마을, 주변 마을을 돌아보는데 소요되는 날짜를 계산하고, 이동 시간을 감안해 날짜들을 모으면 전체 일정이 나온다. 다음은 튀르키예를 처음 방문하는 여행자를 위한 보편적인 핵심 루트에서부터 1~2달이 걸리는 튀르키예 일주 루트까지 소개한다.

Check! 도움 되는 일정 짜기 팁!

❶ 비행시간이 편도 10~12시간으로 갔다가 돌아오는 데 하루가 소요된다. 일정을 늘릴 수 없는 상황이라면 비행기 출발과 도착 시간이 중요하다.

❷ 성수기라면 이스탄불의 주요 관광명소들은 온라인으로 입장권을 미리 구매하는 것이 좋고, 입장 시간에 맞추어 관람하는 것이 시간 소비를 줄일 수 있다. 또는 원데이 가이드 투어를 신청하면 입장권 줄을 서지 않아 시간을 절약할 수 있다. 일정 짤 때 더위와 인파에 지쳤을 때 쉴 수 있는 여유 시간을 고려하면 좋다.

❸ 다음은 보편적인 일정을 보여주지만, 개인 성향에 맞춰 변경이 가능하다. 자신의 성향을 잘 파악하고 도시를 빼거나 가고 싶은 도시를 끼워 넣을 수 있다. 개인의 성향이란 예를 들어, 역사와 고대와 중세 유적을 좋아하는지, 아니면 액티비티와 자연에서의 여유로운 시간을 좋아하는지와 같은 것이다.

❹ 도시를 빼고 새로운 도시를 넣을 때는 이동 가능한 거리의 도시여야 한다. 튀르키예는 우리나라 면적의 8배 크기로 야간 버스 노선이 굉장히 많다.

❺ 튀르키예 국내선 지연이나 취소, 벌룬 투어 취소와 같은 돌발 변수를 고려해 계획을 세우는 것도 잊지 말자. 너무 촘촘한 일정을 세웠다가 전체 일정이 무너질 수도 있다.

❻ 장기 여행자는 야간버스를 너무 자주 타지 않는 것이 좋다. 야간버스는 잠자는 시간을 아껴 다음 목적지에 도착하고 숙박비를 아끼는 장점도 있으나 야간버스를 타고 도착한 당일은 피로로 충분히 쉬어야 한다. 가벼운 일정 외에는 소화하기 힘들다. 야간버스 일정이 반복되다 아프게 되면 나머지 일정에 차질이 생기니 컨디션 관리에 유의하자.

Plan 1

6박 7일, 이스탄불과 카파도키아

튀르키예를 처음 여행하고, 시간을 많이 낼 수 없는 여행자를 위한 일정이다. 튀르키예를 처음 방문하는 여행자에게 딱 두 곳만 선택하라면 이스탄불과 카파도키아를 꼽는다. 이스탄불 2박 3일, 카파도키아 2박 3일 일정이나 비행기 이동 시간이 있어 실제 체류일은 5일이다. 11~3월이라면 벌룬투어는 뜨는 날이 희박해 마음을 비우고 가는 것이 좋으며, 12~2월은 눈으로 발이 묶일 수 있기 때문에 여행 기간의 날씨에 관심 갖고, 문제 시 파묵칼레나 안탈리아, 셀축과 같은 대체 여행지로 가는 것을 추천한다. 아래는 일정표를 짜는 예로, 직항인 대한항공과 터키항공을 비교한 것이다. 경유 항공을 이용할 경우 비행기 소요 시간이 더 걸린다.

✖ 대한항공 이용 시

일수	도시	일정
1일	대한항공 인천 출발(13:40) → 이스탄불 도착(19:40)	야경 구경 또는 휴식
2일	이스탄불 공항 또는 사비하 괵첸 공항 출발(20:30) → 네브셰히르 공항 도착(21:50) → 괴레메 도착	사설 공항셔틀 1시간 소요, 카파도키아 숙박 *아침 또는 저녁 비행기가 시간 소비가 없다.
3일	카파도키아	벌룬 투어
4일	카파도키아	그린 투어
5일	카파도키아 → 네브셰히르 공항 출발(19:30) → 이스탄불 공항 또는 사비하 괵첸 공항 도착(20:50)	카파도키아에서 반나절 투어 또는 아바노스 등 마을 개별 방문/이스탄불 숙박
6일	이스탄불 출발(21:20)	관광과 쇼핑
7일	인천공항 도착(13:25)	여행 끝, 휴식

Check!

❶ 다음 표에 의하면 풀데이 관광 이스탄불 2일, 카파도키아 3일임을 알 수 있고 숙박은 이스탄불 2박, 카파도키아에서 3박을 하게 된다. 벌룬 투어를 도착한 바로 다음 날 넣는 것은 기상으로 인한 취소를 고려한 것이다.

❷ 밤 도착 비행기인 경우, 다음 날 국내선을 타러 가기 편한 곳의 호텔을 예약하는 것이 좋다. 다음 날 이스탄불 공항으로 간다면 신시가지인 탁심의 공항버스 정류장 근처가 좋다. 다음 날 사비하 괵첸 공항으로 가고, 10:00 이후 비행기라면 마르마라이 라인을 타기 좋은 시르케지역 주변이 좋고, 10:00 이전 비행기를 탄다면 탁심의 공항버스 정류장 근처에 머무르는 것이 좋다.

❸ 2일과 5일 차의 항공 출발 시간은 카파도키아와 이스탄불의 선호도에 따라 조절하면 된다. 카파도키아에서 시간을 더 보내고 싶다면 이스탄불에서 아침에 출발하고, 돌아올 때는 저녁 비행기를 이용하는 방식이다. 반대로 이스탄불 일정을 늘이는 법도 가능하다.

❹ 체력이 된다면, 첫날 새벽 벌룬 투어를 하고 당일 10:00에 그린 투어나 레드 투어를 하는 것도 가능하다.

❺ 5일 차 카파도키아에서 이스탄불행 항공이 결항되었다면, 야간버스를 이용해 이스탄불로 이동해야 한다.

✱ 터키항공 이용 시

일수	도시	일정
1일	터키항공 인천 출발(23:20)	항공으로 이동
2일	이스탄불 도착(04:50) → 터키항공 출발(06:45) → 네브셰히르 공항 도착(08:05) → 괴레메 도착	이스탄불 공항 내 국내선 경유, 네브셰히르 사설 공항셔틀로 괴레메까지 1시간 소요
3일	카파도키아	벌룬 투어
4일	카파도키아	그린 투어
5일	네브셰히르 공항 출발(08:05) → 이스탄불 도착(09:25)	관광과 쇼핑
6일	이스탄불	관광과 쇼핑
7일	이스탄불 출발(01:45) → 인천공항 도착(17:40)	여행 끝, 휴식

Check!

❶ 터키항공은 인천 출발 기준 10:20→15:55, 23:20→04:50(+1일), 10:25→16:10(아시아나 공동운항) 세 가지의 스케줄이 있다. 돌아올 때는 01:45→17:40, 16:45→08:40(+1일), 17:30→09:20(+1일)(아시아나 공동운항) 스케줄인데 저녁 출발이 직장 퇴근 후 시간을 절약할 수 있고, 주말을 낀다면 3일 휴가를 내면 일정이 가능하다.

❷ 대한항공 일정과 비교하면 여행지를 집중해 볼 수 있는 장점이 있는 반면, 1일 차 국내선 연결편을 놓쳤을 경우 일정이 꼬일 수도 있다는 불안감이 있다.

❸ 최소한 이스탄불에 출국일 하루 전에는 들어와야 한다. 국내선 항공이 취소되거나 지연될 경우 한국으로 돌아오는 비행기를 놓칠 수도 있다.

Plan 2 — 7박 8일, 핵심 3도시(안탈리아, 데니즐리 중 택1)

Plan 1의 6박 7일 일정에서 안탈리아 또는 파묵칼레를 1박 2일을 추가한 일정이다. 해변을 넣고 싶다면 안탈리아를, 새하얀 석회암 언덕에 세워진 히에라폴리스를 보고 싶다면 파묵칼레를 선택하면 된다. 안탈리아는 항공을 이용해 들어가고, 파묵칼레는 야간버스를 타야 한다.

✶ A코스

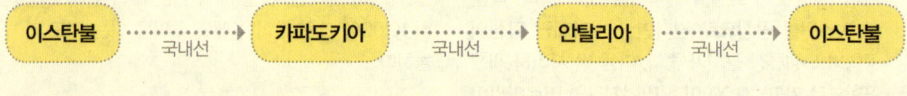

✶ B코스

Check!

❶ 안탈리아는 주변에 볼거리가 많아 1박 2일 일정은 구시가지와 박물관 정도만 볼 수 있다. 시데와 같은 주변 도시를 돌아보고 싶다면 1~2박 정도를 추가하는 것이 좋다. 9박 10일 일정을 추천한다.

❷ 파묵칼레는 히에라폴리스만 본다면 무박 일정으로도 가능하다. 이스탄불 일정이 하루 늘어 좋지만 체력적으로 피곤하다. 1박 2일의 일정을 추천하며 숙박은 온천 호텔을 이용해 보자.

Plan 3 **9박 10일, 핵심 5도시**

Plan 2에서 셀축을 추가한 루트다. 로마 시대 소아시아의 수도였던 에페스에는 튀르키예에서 가장 큰 고대 극장과 도서관이 있다. 셀축 시내와 에페스 고대 도시를 돌아보고 쉬린제까지 다녀온다면 최소 1박 2일을 추가하면 된다.

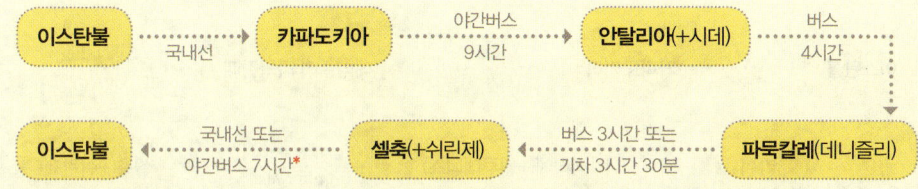

* 남는 하루는 이스탄불에 1박을 추가하거나 야간버스로 이스탄불에 가기 전, 부르사에 들러 이스켄데르 케밥과 초기 오스만 제국의 모습을 살펴보는 것도 좋다. 셀축에서 부르사는 버스로 5시간으로 야간버스를 이용해야 하고, 부르사에서 이스탄불은 3시간이 걸린다.

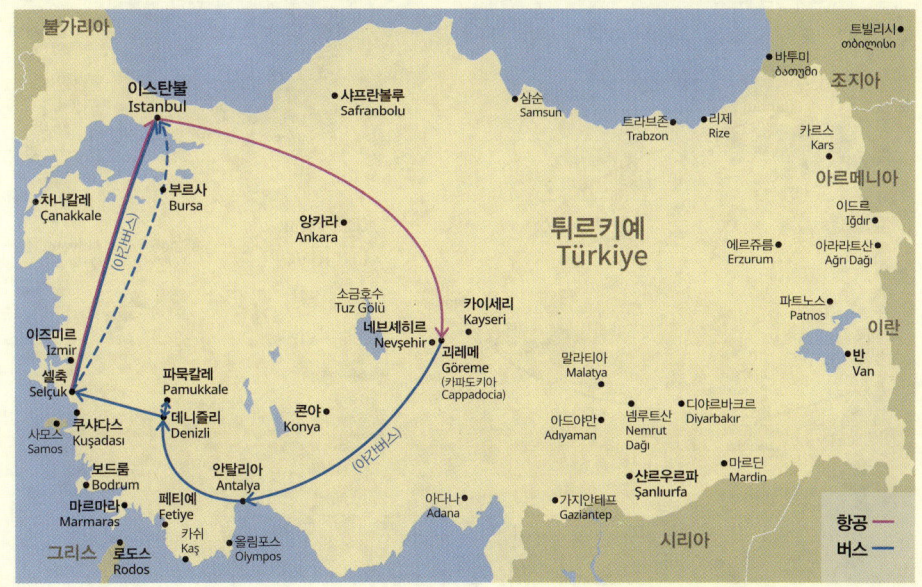

Plan 4 14박 15일, 핵심 6도시, 지중해를 마음껏

Plan 3을 보완한 루트로 지중해 해변을 따라 조금씩 이동하며 작은 마을을 들러 바다를 마음껏 즐길 수 있는 루트다. 물놀이가 가능한 성수기에 추천한다. 좋아하는 도시나 마을에서의 체류 시간은 늘리고, 마음이 덜 가는 곳의 일정을 줄이는 방식으로 유연하게 조절하면 된다. 빼놓아서 안 되는 곳은 카쉬로 모두가 반할 만한 곳이다.

Plan 5 튀르키예 한 달 여행

역사적으로는 그리스·로마 문명, 동로마 제국, 셀주크 제국, 오스만 제국과 관련된 지역들을 모두 돌고, 페티예와 카쉬로 푸르른 지중해를 탐험할 수 있는 일정이다. 취향에 따라 도시를 빼거나 넣으면서 수정이 가능하다. 좀 더 역사나 신화에 치중하고 싶다면 트로이 전쟁과 관련한 지역을 넣는 것도 좋다. 이스탄불 → 부르사 코스 대신 야간버스로 차나칼레로 들어가면 트로이 유적을 볼 수 있는데, 다음 목적지인 셀축으로 이동할 때 중간에 페르가몬 고대 도시를 들를 수도 있다. 마지막 여행지인 샤프란볼루에서는 상인 숙소에서 머물러 보자. 전체 일정은 한 달 정도로 잡고 여유 있게 돌아다니려면 일정을 더 늘리면 된다.

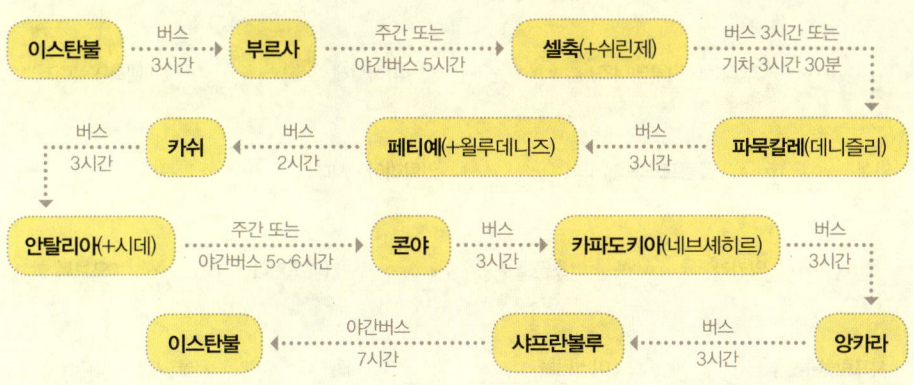

Plan 6 · 렌터카 타고 튀르키예 한 달

이스탄불 공항에서 출발해 튀르키예를 반시계방향으로 돌며 렌터카 여행의 장점을 마음껏 누릴 수 있는 루트다. 튀르키예에서 가장 아름다운 지중해 해안의 D400 도로를 달리며 원하는 도시와 해변을 들를 수 있고, 대중교통으로 가기에 불편한 리키아 유적, 오브룩 한과 소금호수를 돌아볼 수 있다. 이스탄불은 렌터카를 빌리기 전이나 또는 반납한 후 대중교통으로 여행하자. 아래 루트에는 튀르키예 동부는 포함하지 않는데 시간적 여유가 충분하다면 두 달 정도의 루트를 계획할 수 있다.

* 거리 참고   서울-대전 170km   서울-부산 400km

Plan 7 튀르키예 하이라이트 일주+주변 국가는 옵션

국내선 항공을 2번, 야간버스를 2번 이용하는 완만한 루트다. 한 번에 튀르키예의 하이라이트 도시와 마을을 여행하고, 한국인들이 잘 가지 않는 동남부의 하이라이트를 돌아보는 루트로 추천한다. 한 달로는 장소를 찍고 오기만 바쁘다. 최소 45일 정도를 잡고 컨디션과 일정을 완만하게 조절하며 여행하면 좋다. 주변 국가를 여행하고 싶다면, 조지아를 추천한다. 이스탄불에서 트라브존행 비행기 대신 조지아 트빌리시로 들어가 여행하고, 바투미 → 리제 → 트라브존으로 오면 된다.

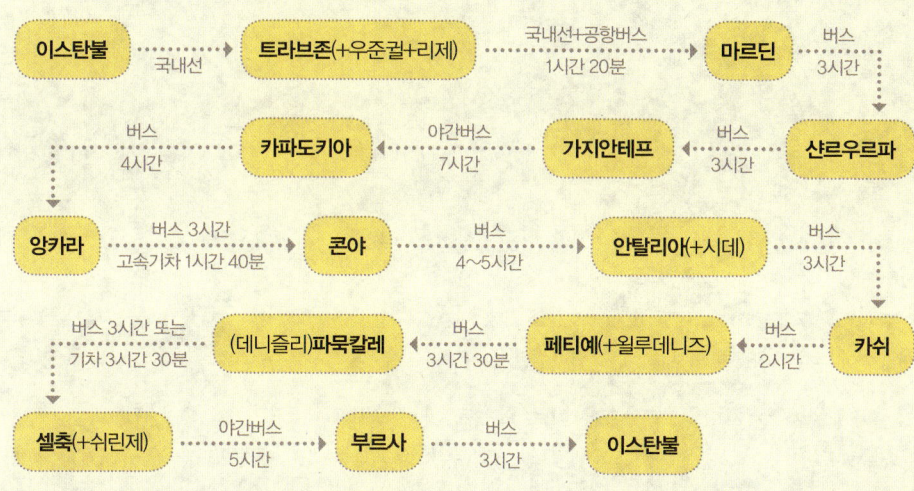

Mission in Türkiye

튀르키예에서 꼭 해봐야 할 모든 것

Sightseeing 1
튀르키예의 유네스코 문화유산

튀르키예에는 유네스코 문화유산이 21곳 있다. 우리나라의 16곳과 비교하면 큰 차이가 나지 않지만, 잠정 유산 목록이 79개나 되어 앞으로도 계속 추가될 예정이다. 2023년, 가장 최근에 등록된 곳은 고르디온Gordion과 중세 아나톨리아의 다주식 목조 모스크이다. 다음은 책에 소개된 튀르키예의 주요 유네스코 문화유산들이다.

1 이스탄불 역사 지구
Historic Areas of Istanbul (p.106)

유럽과 아시아의 연결고리, 흑해와 지중해 사이의 보스포루스 해협에 자리한 이스탄불은 동로마 제국과 오스만 제국의 수도였으며 2,000년 동안 역사적인 여러 사건이 일어나며 정치, 종교, 예술의 중심지로 발전했다. 이스탄불의 구시가지는 5세기 초 테오도시우스가 지은 성벽 안에 발렌스 수도교, 히포드롬, 아야소피아 등 동로마 제국의 유산과 1452년 오스만 제국의 도시가 된 뒤에 지어진 톱카프 궁전, 쉴레이마니예 모스크 복합지구, 술탄아흐메트 모스크 복합지구 등의 역사적인 건축으로 가득하다.

2 괴레메 국립 공원과 카파도키아 바위 유적
Göreme National Park and the Rock Sites of Cappadocia (p.240)

중앙 아나톨리아 고원에 자리한 카파도키아는 화산 활동으로 인한 퇴적물이 자연 침식과 풍화의 과정을 거치며 신비로운 모습의 암석 지대가 형성됐다. 이곳에 4세기 무렵 비잔틴인들이 들어와 거주지로 삼고 교회, 수도원 공동체를 암석 지대를 파고 다듬어 만들었다. 동로마 제국에 의해 벌어진 성상 파괴 운동 초기의 비잔틴 종교 유적으로 그 가치가 크다. 후에 무슬림들의 침략에 대비해 데린쿠유, 카이마클리와 같은 지하 도시를 건설했다. 이 모든 건축이 카파도키아의 자연물에 이루어졌으며 상호작용 속에 조화로운 풍경을 띄고 있다.

3 히에라폴리스-파묵칼레
Hierapolis-Pamukkale(p.390)

'목화의 성'이라는 이름이 붙은 새하얀 계단식 테라스 언덕은 기원전 2세기 후반 페르가몬의 아탈루스 1세 Attalus I 가 온천 도시로 개발해 치유의 장소로 각광 받았다. 기원전 133년부터 로마의 지배를 받았는데 이때 가장 큰 번영을 누리며 목욕탕, 신전, 극장, 님파에움, 묘지 등이 만들어졌다. 330년, 콘스탄티누스 황제가 기독교로 개종하고 콘스탄티노플을 '새로운 로마'로 수도를 삼은 뒤 히에라폴리스는 주교단의 도시가 됐다. 서기 80년 성 필립보의 순교 장소는 5세기에 기념 교회인 마티리온 Martyrion 이 세워지고, 중요한 종교 중심지로 순례자들의 행렬이 끊이지 않았다.

4 부르사와 주말르크즈 : 오스만 제국의 탄생
**Bursa and Cumalıkızık:
the Birth of the Ottoman Empire**(p.208)

14세기 초, 오스만 제국의 첫 번째 수도였던 부르사는 초대 술탄인 오르한 가지와 4명의 술탄이 머물던 도시다. 각각의 술탄들은 모스크, 마드라사(교육기관), 목욕탕, 공동 식당과 무덤으로 계획된 복합지구, 퀼리예 Külliye 를 만들어 도시를 발전시켰다. 오르한 가지의 퀼리예는 이슬람의 덕목 중 하나인 사회 환원 와크프 Waqf 마을로부터 재원을 조달할 목적으로 만들었는데, 주말르크즈 마을이 바로 그곳이다. 주말르크즈은 부르사에서 와크프 마을로 가장 보존된 사례로 유네스코의 세계문화유산에 등재되었다.

5 샤프란볼루
City of Safranbolu(p.292)

13세기부터 20세기 초 철도가 들어오기 전까지 샤프란볼루는 실크로드의 중요한 무역국 중 하나였다. 사람이 많이 드나들면서 상인들의 숙소인 카라반사라이가 지어지고 모스크, 목욕탕, 마드라사가 그 뒤를 따랐다. 상업이 가장 활발하던 17세기에 인구가 폭발적으로 증가했는데, 그때 지은 수백 여 채의 목조주택이 수백 년이 지난 지금까지 잘 보존되어 있어 유네스코의 문화유산으로 지정되었다. 당시의 목조주택은 오스만 제국의 도시 건축에 많은 영향을 끼쳤다.

6 에페스
Ephesus (p.363)

에페스는 고대 항구 무역 도시로 성장해 로마 제국이 지배하던 때에는 소아시아의 수도가 됐다. 튀르키예에서 가장 큰 고대 극장과 아름다운 켈수스 도서관이 있으며, 수 세기 동안 덧붙여지고 만들어진 고대 도시 유적이 잘 보존되어 있다. 세계문화유산에는 에페스 고대 도시와 고대 7대 불가사의인 아르테미스 신전까지 포함한다. 에페스의 남문 입구에서 7킬로미터 떨어진 산에는 성모 마리아가 살았던 집이 예배당으로 있는데, 기독교 순례의 중요 장소 중 하나이다.

7 괴베클리 테페
Göbekli Tepe (p.473)

괴베클리 테페의 발굴로 세계 역사가 다시 쓰였다. 가장 오래된 세계 최초의 인공 건축물로 기원전 10,000년 전, 신석기 시대에 만들어졌다. 최대 5.5m 높이의 T자형 돌기둥이 일정한 간격으로 세워져 있는데 여러 동물의 그림이 그려져 있다. 아마도 종교적 의식이나 장례 의식과 관련이 있을 것으로 추정하고 있다. 2018년에 세계문화유산으로 등재되었다.

8 차탈회위크 신석기 시대 유적
Neolithic Site of Çatalhöyük (p.311)

세계 최초의 초기도시 유적이다. 기원전 7,400년부터 6,200년 사이에 만들어진 주택단지로 독특한 구조를 가진 것으로 유명하다. 집은 문이 없고 사다리를 놓고 지붕을 통해 들어가는 방식으로 설계되었다. 내부에는 여러 동물을 그린 벽화가 그려져 있고, 일부 가옥에는 집 안에 무덤도 발견되었다. 인류의 초기 정착 생활과 초기 도시를 보여주는 중요한 유적이다.

9 트로이 고고학 유적
Archaeological Site of Troy

호메로스의 서사시 일리아드에 등장하는 트로이 전쟁이 벌어졌던 장소로 세계에서 가장 잘 알려진 고고학 유적 중 하나이다. 오랫동안 신화적 전쟁으로 여겨졌던 트로이 전쟁의 실제 유적이 발견되자 당시 고고학계에서는 큰 사건으로 받아들여졌다. 트로이 유적은 9개의 고고학층으로 쌓여 있는데, 초기 청동기부터 로마 시대까지의 다양한 문화적 역사적 흔적을 보여준다. 트로이 전쟁은 아나톨리아 문명과 지중해 문명 사이의 첫 번째 접촉이라는 의미를 지닌다.

10 넴루트산
Nemrut Dağ (p.472)

해발 2,134m의 산 정상에 세워진 안티오쿠스 1세 Antiochus I (재위 기원전 70~28년)와 그의 아버지의 무덤이다. 안티오쿠스 1세는 알렉산더 제국이 해체된 후 시리아와 유프라테스 강 북쪽의 콤마게네 Commagene를 통치한 왕으로 헬레니즘 시대의 마지막 왕이었다. 9톤이 넘는 석상을 여러 개를 세워 만든 무덤과 주변 자연의 경관은 헬레니즘 시대의 가장 웅장한 유적으로 평가된다. 일출과 일몰에 방문하는 장소이다.

Sightseeing 2
튀르키예의 뷰 포인트

> 이스탄불

피에르 로티 언덕
Pierre Loti Tepesi(p.162)

골든 혼 Golden Horn의 파노라마 전망을 볼 수 있는 최고의 장소다. 차를 마시며 일몰을 보기 위해 관광객과 현지인이 찾는다. 걸어서 또는 케이블카를 타고 갈 수 있다.

> 이스탄불

참르자 공원
Büyük Çamlıca Parkı(p.191)

이스탄불 아시아지구 북쪽 언덕에 위치해 보스포루스 해협 양쪽으로 펼쳐진 아시아와 유럽을 모두 내려다볼 수 있는 언덕이다. 버스로 쉽게 갈 수 있으며 튀르키예에서 가장 큰 참르자 대모스크 Büyük Çamlıca Camii가 있다.

참르자 대모스크

욀뤼데니즈

하늘에서 바라보는 욀뤼데니즈
Ölüdeniz(p.414)

열기구 투어와 함께 튀르키예의 중요한 체험인 탠덤 패러글라이딩으로 바라보는 욀뤼데니즈의 전망이다. 1,965m 바바다그Babadag에서 뛰어내려 하늘에서 하강하며 지중해 풍경을 즐길 수 있다.

카파도키아

하늘에서 바라보는 카파도키아 Kapadokya(p.230)

튀르키예를 여행한다면 꼭 한 번은 경험해 보는 열기구 투어다. 열기구를 타고 낮게 날며 자연이 조각한 신비로운 암석을 살펴보고, 높게 날아 하늘 위에서 카파도키아 지역 전체를 내려다볼 수 있다.

> 안탈리아

안탈리아 타탈르산
Tahtalı Dağı (p.334)

타탈르산은 한라산보다 높은 2,365m 높이로 고대에는 올림포스산이라고 불렸다. 올림포스 케이블카를 타고 쉽게 정상에 오를 수 있다. 정상에 오르면 안탈리아와 지중해가 한눈에 내려다보인다.

©Olympos Teleferik

> 카쉬

시메나 성 Simena Kalesi (p.352)

고대 리키아의 해안 도시에 만들어진 성으로 케코바 섬 투어 중에 들른다. 이곳에서 지중해와 케코바 섬의 가라앉은 도시, 리키아 시대의 석관이 내려다보인다.

> 마르딘

마르딘에서 바라본 메소포타미아(p.484)

마르딘은 세계 4대 문명의 발상지, 메소포타미아 평원 북쪽에 자리한 요새 도시다. 높은 지대에 있어 메소포타미아 평원이 한눈에 펼쳐지며 해 질 녘 풍경이 예술이다.

> 넴루트산

넴루트산Nemrut Dağı에서의 일출(p.472)

기원전 1세기에 세워진 콤마게네 왕국Commagene의 안티오쿠스 1세가 지은 왕가의 무덤으로 해발 2,134m에 지어져 있다. 이곳에서 바라보는 일출과 일몰이 유명하다.

Culture 1
영화와 드라마 속 튀르키예

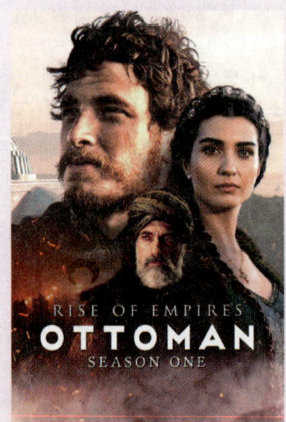

 ### 오스만 제국의 꿈
Rise of Empires: Ottoman (2020년)

13세기 말 건국한 오스만 제국은 영토를 확장하며 강력한 제국으로 성장한다. 동로마 제국의 수도인 콘스탄티노플을 정복하기 위해 오스만 제국의 술탄들이 수차례 공격했으나 단단한 성벽을 뚫지 못해 매번 실패하고 만다. 새로운 술탄으로 왕위에 오른 20살의 메흐메트 2세는 주변의 반대에도 콘스탄티노플 정복을 위해 공격을 시작하는데… 1453년 오스만 제국이 어떻게 콘스탄티노플을 정복하게 되었는지 그 과정을 생생하게 볼 수 있다. 이스탄불의 '파노라마 1453 역사 박물관(p.157)'을 방문해 보자.

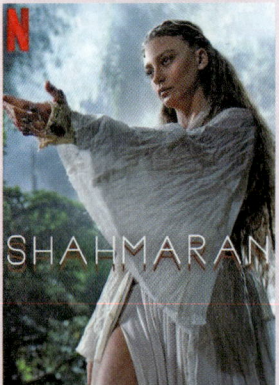

 ### 샤흐메란
Shahmeran (2023년)

샤흐메란은 튀르키예 동부와 남동부 지역, 이란에서 이야기로 전해져 내려오는 반인반뱀의 존재이다. 상반신은 왕관을 쓴 아름다운 여성의 모습이고, 꼬리 쪽은 뱀의 머리를 가졌으며 천 마리의 뱀과 함께 지하 동굴에 살았다. 그러다 젊은 남성이 우연히 동굴을 발견해 들어오자 극진히 대접했는데, 결국 인간의 배신으로 죽임을 당하고 만다. 샤흐메란의 죽음을 모르는 뱀들이 이를 깨달으면 복수를 위해 세상에 나온다는 전설이다(p.487 참고). 넷플릭스 드라마에서 이 전설을 현대적으로 재해석했다. 여주인공인 샤흐수는 강사로 아다나(Adana)에 오게 된다. 그곳에서 만난 매력적인 남자, 마란을 만나 사랑에 빠지는데 마란은 반인반뱀이다.

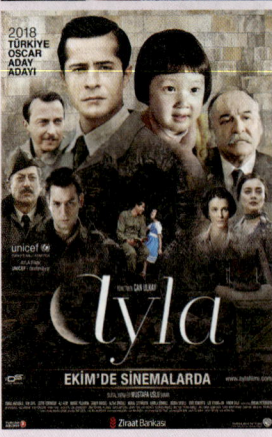

 ### 아일라, 전쟁의 딸
Ayla: The Daughter of War (2018년)

 한국전쟁에 파병 온 튀르키예 군인, 쉴레이만은 마을에서 홀로 살아남은 5살 소녀를 발견한다. 그냥 지나칠 수 없어 부대로 데려와 아일라Ayla('달'이란 뜻)라는 이름을 지어주고 딸처럼 보살폈다. 그러던 어느 날, 귀환 명령을 받게 되자 아일라를 가방에 숨겨 튀르키예로 데려가려고 했으나 발각되고 만다. 그리고, 60년이 흘러 한국의 앙카라 공원에서 두 사람이 재회하게 되는 이야기다. 튀르키예에서 560만이 관람해 역대 관객 순위 7위로 흥행했다. 영화의 발단이 된 MBC 다큐멘터리 〈코레 아일라Kore Ayla(2010)〉는 유튜브로 볼 수 있다 (QR 코드 참조). 주인공인 쉴레이만 할아버지는 2017년에 돌아가셨다.

 고양이 케디
Kedi (2016)

케디는 튀르키예어로 '고양이'라는 뜻으로 이스탄불의 길고양이를 다룬 다큐멘터리이다. 이스탄불은 고양이의 도시라 부를 정도로 많은 길고양이를 시민들이 공동 양육한다. 사기꾼 사르Sarı, 젠틀맨 두만Duman, 벵귀Bengü, 아슬란 파르차스Aslan Parçası, 감스즈Gamsız, 피시코팟Psikopat, 데니즈Deniz라는 이름의 길고양이의 삶과 주변 사람들의 이야기를 들을 수 있다. 2017년 타임지가 선정한 최고의 영화 10편 중 하나로 선정되었다.

 007 제임스 본드 시리즈
007 Series (1965~2012)

제임스 본드 시리즈는 세계의 여러 도시가 등장하는 것으로 유명하다. 그 중에 이스탄불은 〈007 위기일발From Russia with Love(1965)〉, 〈007 언리미티드The World Is Not Enough(1999)〉, 〈007 스카이폴Skyfall(2012)〉 세 편의 영화에 등장한다. 영화에 나온 장소는 아야소피아, 그랜드 바자르, 예레바탄 지하 저수조이다. 그 중 007 스카이폴은 그랜드 바자르의 지붕을, 오토바이를 타고 가로지르는 추격 장면이 압권이다.

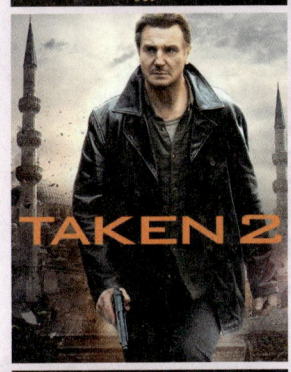

 테이큰2
Taken2 (2012)

〈테이큰1〉에서 브라이언(리암 니슨)으로부터 큰 타격을 입은 알바니아 인신매매 조직이 복수를 다짐하며 영화는 시작된다. 브라이언은 이스탄불 출장을 떠나며 전처와 딸을 데려가는데 인신매매 조직이 모두를 납치한다. 그랜드 바자르 지붕에서 달리는 추격 장면을 포함해 이스탄불 여러 곳이 배경으로 등장한다.

 오리엔트 특급 살인
Murder on the Orient Express (2017)

애거사 크리스티의 추리소설을 원작으로 한 영화다. 세계적 명탐정 에르퀼 푸아로는 예루살렘에서 사건을 해결하고 이스탄불에 도착한다. 영국의 사건 의뢰를 받고 이스탄불에서 런던으로 향하는 초호화 열차 오리엔트 특급열차에 탑승한다. 폭설로 열차가 멈추던 날 밤, 승객 한 명이 살해당한다. 범인은 12명의 용의자 중 한 명이다. 애거사 크리스티는 이스탄불의 페라 팔라스Pera Palace 호텔의 411호에서 이 소설을 썼다. 술탄아흐메트의 시르케지역이 오리엔트 특급열차의 출발지이자 종착지였다.

Culture 2
튀르키예와 고양이

튀르키예는 길고양이의 천국이다. 이슬람은 종교적으로 청결을 강조하는데 고양이는 청결을 상징하는 동물로 무슬림들의 애완동물로 여겨진다. 이슬람의 마지막 예언자 무함마드는 길고양이를 데려와 무에즈Muezz라는 이름을 지어주고 키웠다고 한다. 무함마드와 고양이와 관련된 대표적인 일화가 있다. 무함마드가 예배를 보러 가기 위해 옷을 입으려는데, 고양이가 소매 속에서 자고 있었고, 잠자는 것을 방해하고 싶지 않아 가위로 소매를 자르고 예배를 보러 갔다는 이야기다. 이는 공식 기록상에는 없는 내용이라 하는데, 여전히 많은 사람이 믿고 있다. 이스탄불에서는 2019년 일본 국적의 여성이 새끼 고양이 5마리를 죽여서 먹은 엽기적인 사건이 있어 큰 이슈가 됐고 여성은 튀르키예에서 추방되었다.

이스탄불의 자판기. 아무 동전이나 넣으면 고양이 사료가 나온다.

음식을 기다리는 고양이들

길거리 곳곳에 고양이 집과 물, 밥이 놓여 있다.

안탈리아 고고학 박물관 기념품점. '튀르키예의 보물'이라 쓰인 테이블 위에 고양이가 자고 있다.

군밤 수레 아래
자리 잡은 고양이.
추운 겨울
온기를 나누어주는
상인의 마음이 따뜻하다.

튀르키예의 고양이들은 어디서나 잘 잔다. 자는 동안 누군가 쓰다듬어도 개의치 않을 정도로 깊은 숙면을 취하는 것도 튀르키예 고양이들의 특징이다.

비 오는 날이면
트램역 의자는
고양이들
차지가 된다.
고양이를 배려해
사람들은 서 있다.

Culture 3
튀르키예에서 놓쳐서는 안 될 경험

1 카흐발트
Kahvaltı

다양한 아침 식사 메뉴를 푸짐하게 차려 먹는 한 상 차림 아침 식사를 뜻한다. '카흐발트'의 뜻은 커피를 마시기 전이라는 뜻이다. 신선한 빵에 벌꿀과 카이막, 여러 가지 잼과 치즈, 요거트, 계란, 토마토와 오이, 절인 올리브를 함께 먹는다. 치즈 속을 넣어 손가락 크기로 튀긴 뵈렉인 스가라 뵈렉Sigara Böreği이 나오기도 한다. 동부로 가면 달콤한 타힌이 추가된다. 호텔은 뷔페식이 대부분이고, 주로 튀르키예 전통 가옥인 코나으Konağı, 케라반사라이Kervansaray, 한Han 등에 머물면 카흐발트 상차림이 나온다. 카흐발디 전문 식당도 쉽게 찾을 수 있는데 대부분 1,000TL 이상으로 가격이 높다.

2 물담배, 나르길레
Nargile

인도에서 시작되어 페르시아로 전해지고, 오스만 제국 때에 이슬람권 지역으로 널리 퍼진 물담배, 나르길레를 경험해 보자. 담배에 딸기, 오렌지, 민트, 체리 등의 다양한 맛의 천연 재료를 섞어 숯불을 올리고, 물을 필터로 이용하는 담배다. 중독되거나 후유증이 없어 담배를 피우지 않는 사람도 색다른 문화 체험 정도로 생각하면 된다. 순한 느낌이지만 담배는 담배다. 나르길레는 시샤Shisha라고도 부르며, 영어로는 워터파이프Waterpipe라고 한다. 하나의 나르길레로 여러 사람이 함께 필 수도 있는데 일회용 플라스틱 마우스피스를 나누어 준다. 피우는 속도에 따라 보통 1시간 이상이 걸리는데, 튀르키예인들은 전통 게임인 타블라Tavla를 하며 피우기도 한다.

3 튀르키예 전통 춤 관람
Dansın Ritmi

이스탄불 시르케지역 근처의 공연장에서 튀르키예 전통 춤 공연이 펼쳐진다. 보통 밸리 댄스를 생각하기 쉽지만, 튀르키예 여러 지방의 다양한 전통 춤을 보여주는 공연으로 꽤 볼 만하다. 예약은 호텔, 시내의 여행사에서 할 수 있는데 위의 QR 공연장 홈페이지를 통해 직접 예약할 수도 있다.

튀르키예 커피
Türkiye Kahvesi

커피가 발견된 것은 800년경 에티오피아의 칼디 Kaldi라는 목동에 의해서다. 이후 이집트와 예맨으로 커피가 전파되었는데, 16세기 중반 당시 예맨 총독이었던 오스만 제국의 외즈데미르 파샤 Ozdemir Pasha가 오스만 제국에 커피를 소개했다. 당시 술탄인 쉴레이만 1세 Suleiman I를 시작으로 귀족과 부유한 상인들에게 퍼져 나갔고, 1555년 세계 최초의 커피 하우스인 키바 한 Kiva Han이 이스탄불에 생겼다. 이곳은 단순히 음료를 마시는 공간이 아니라 문화적인 교류와 토론, 게임의 사교 장소였다. 오스만 제국의 커피 문화는 1683년 빈 전투를 통해 유럽으로 전해져 같은 해에 빈에 가톨릭 문화권 최초로 커피전문점이 생겼다. 커피에 우유나 크림을 넣는 방식은 오스트리아에서 시작됐다. 17세기 유럽에 많은 커피하우스가 생기며 선풍적인 인기를 얻으며 퍼져 나갔다.

오스만 제국 의상 체험
Costume Photo

오스만 제국 시대의 옷은 화려하고 동양과 서양이 섞여 있는 느낌을 준다. 이스탄불 곳곳에 오스만 제국의 옷을 입고 사진 찍는 가게가 생겼다. 한국처럼 한복을 입고 경복궁을 돌아다니는 것처럼 톱카프나 돌마바흐체 궁전을 돌아다닐 수 없는 게 아쉽다. 가격도 €7 정도로 저렴한 편이니 추억에 남는 사진을 남겨보자.

튀르키예 커피는 뜨거운 모래 위에서 체즈베 Cezve라는 도구를 사용해 만든다. 2013년 유네스코의 무형문화 유산으로 등재되었다.

튀르키예 하맘 체험
Türkiye Hamamı

튀르키예 하맘은 청결을 강조하는 이슬람의 영향으로 오래 전부터 발전해 왔다. 한국과 다른 점은 이슬람은 고인 물을 부정하다 생각해 흐르는 물로만 씻어 한국처럼 몸을 담그는 탕이 없다. 대신 목욕탕 중앙의 뜨끈한 대리석에서 증기로 때를 불리는 방식이다. 또, 목욕 시 속옷을 입고 하는 것이 다른데, 이는 목욕탕에서 제공해 준다. 입장료 또는 입장료에 때밀이와 마사지를 포함한 패키지 프로그램이 있는데, 관광객들은 대부분 후자를 선택한다. 한국과 비교하면 간지러운 수준의 때밀이를 해주며 풍성한 거품 마사지가 특색 있다. 가장 기본적인 프로그램은 45분 정도 걸리고, 끝나면 차와 디저트를 제공해 준다. 잘 알려진 하맘들은 코스 예약 시 가격이 2,000TL 정도 한다.

7 세마 관람
Sema (Whirling Dervishes)

세마는 튀르키예의 콘야Konya에서 만들어진 이슬람 신비주의 종파 중 하나인 메블레비Mevlevi 교단의 종교의식이다. 이슬람 경전을 공부하지 않고 음악에 맞춰 춤을 추는 것만으로도 신과 하나가 될 수 있다고 생각한다. 오른손은 하늘을 향해 올려 신의 축복을 받고, 왼손은 땅을 향하며 축복을 내리며 빙글빙글 도는 춤을 춘다. 이스탄불에서는 소규모로 의식을 유료로 관람할 수 있고, 카페에서 무료로 의식을 보여주기도 한다. 가장 관람하기 좋은 곳은 콘야의 메블라나 문화 센터Mevlâna Kültür Merkezi로 매주 토요일 저녁에 열리며 가장 큰 의식을 저렴하게 볼 수 있다.

8 보트 투어
Boat Tour

안탈리아, 카쉬, 페티예 등 지중해 연안의 도시들은 모두 크고 작은 보트 투어를 진행한다. 안탈리아에서처럼 가볍게 유람하는 보트 투어도 있고, 하루 종일 아름다운 수영 포인트에 들러 수영을 하고 점심을 먹고 돌아오는 투어도 있다. EDM 노래를 크게 트는 파티형 보트 투어와 조용한 보트 투어를 선택할 수 있다. 파티형은 욀루데니즈의 캐리비안 해적 보트 투어, 유적과 수영 포인트들을 가는 카쉬의 케코바 섬 투어를 추천한다.

카파도키아 벌룬 투어
Balloon Tour

튀르키예 여행을 다녀왔다고 할 때 카파도키아 열기구 체험이 빠진 것은 상상할 수 없다. 열기구는 바람의 영향을 많이 받는데 내가 가는 날 열기구가 탈 확률을 높이려면 5~10월에 방문하는 것이 좋다. 하루 전날 투어 운영 여부가 결정된다. 바람이 많이 부는 11~4월은 뜨지 않는 날이 많아 열기구를 타기 위해 며칠씩 카파도키아에 머물기도 한다. 카파도키아에서 열기구 체험을 못 한 사람은 대안으로 상대적으로 날씨가 안정적인 파묵칼레에서 타기도 한다.

 욀뤼데니즈에서의 탠덤 패러글라이딩 체험
Tandem Paragliding Experience

욀뤼데니즈는 스위스 인터라켄, 네팔 포카라와 함께 세계 3대 패러글라이딩 명소 중 하나로 저렴하게 탠덤 패러글라이딩을 체험할 수 있는 장소다. 1,965m 바바다그(Babadag)에서 뛰어내리는데 날씨가 안 좋을 경우, 1,700m 지점에서 시작하기도 한다. 11~3월 비수기라도 온화한 기후의 지중해 연안이기 때문에 진행될 확률이 높다. 만일의 상황을 대비해 여행자 보험에 레저 활동 특약을 넣는 것을 추천한다.

Culture 4
너무 좋아요! vs 적응 안 돼요!

흡연자들의 천국 VS 비흡연자의 지옥

튀르키예는 OECD 국가 중 흡연율 1위로 흡연자들의 천국이다. 비흡연자의 체감 수위는 도시 전체가 담배 연기로 가득 찬 느낌이다. 아무리 담배 냄새를 피해 자리를 옮겨도 누군가 담배를 피우고 있어 벗어날 수 있는 공간이 없다. 반면에 흡연자들에게는 이런 좋은 세상이 없다. 한국에서는 흡연할 때 남에게 피해가 갈까 전전긍긍하는데 그런 눈치 주는 사람도 없고, 아무 데서나 담배를 피워도 되니 천국이 따로 없다. 비흡연자는 테라스석과 테라스석이 가까운 실내석도 담배 냄새가 나니 깊숙한 안전지대로 자리를 잡자. 지방은 호텔이라도 객실에 담배 냄새가 나는 곳이 많다. 숙소를 고를 때 담배 냄새에 대한 후기를 살피고 예약하는 것이 좋다.

사방에 개냥이 천국이에요 VS 무서워요

자연스레 무릎 위에 올라앉은 고양이

이스탄불, 앙카라, 트라브존과 같은 주요 도시는 고양이들의 천국이다. 온 도시의 사람들이 길고양이를 공동으로 키우는 듯한 느낌이 든다. 곳곳에 고양이 집, 고양이 물그릇 밥그릇이 있고, 모스크와 상점 카페 등에 고양이가 자유롭게 드나들며 의자나 바닥에 누워 있다. 이런 분위기 속에 고양이들도 사람에게 스스럼없이 다가와 몸을 비비댄다. 고양이를 좋아하는 사람들에게는 이런 천국이 없고, 고양이를 무서워하고 알레르기가 있는 사람에게는 이런 공포가 없다. 고양이를 무서워한다면 밥 먹던 도중에 무릎 위에 올라오더라도 소리 지르지 말고, 아무렇지도 않은 척 은근히 밀어내자. 그래도 다시 온다면 식당 종업원에게 말하면 데리고 가 준다. 고양이에 익숙하지 않은 사람이라면 할큄에 주의하자. 칼날처럼 날카롭다.

사방에 들개 천국이에요 VS 무서워요

카파도키아에는 무리를 지어 다닌다.

튀르키예의 길거리 개는 토종견인 캉갈과 캉갈 잡종이 많다. 캉갈은 튀르키예 국견으로 체중이 60~90kg까지 나가는 초대형 견이다. 늑대로부터 목장을 지키고 군견으로도 활약할 정도로 용맹하지만, 사람에게는 우호적이다. 대부분 개는 길거리에서 죽었나 걱정될 만큼 항상 자고 있다. 이스탄불과 같은 시에서는 귀에 인식표를 달고 있는 개도 볼 수 있는데 광견병 주사를 맞히며 중성화 수술로 관리되는 개들이다. 도시보다 지방은 주의할 필요가 있다. 특히, 카파도키아 지역에서 무리를 지은 들개를 만나기 쉬운데 개를 무서워하는 사람이라면 혼자 다니지 않는 것이 좋다. 개는 등을 보이고 도망가면 본능적으로 쫓아가므로, 무섭더라도 마주 보며 천천히 뒷걸음치며 돌아가고, 개를 지나쳐가야 할 경우에는 눈을 똑바로 마주보지 말고 시선을 피하며 천천히 걸어서 지나치자.

흥겨운 춤판! 신나요 VS 부담스러워요

이스탄불이 아닌 튀르키예 다른 지방 도시로 여행을 갈 경우 튀르키예인들이 많이 참여하는 투어를 함께 할 때가 있다. 배에서 흥겨운 음악을 틀고, 그 소리는 귀가 찢어질 듯 크다. 튀르키예인들은 함박웃음으로 너도나도 나와 춤을 춘다. 그러면서 외국인인 내가 동참하기를 바라며 쳐다본다. 마지막은 항상 손에 손을 잡고 둥글게 돌면서 끝이 난다. 과연, 동참할 것인가, 말 것인가?! 여러분들의 선택이다.

깎을 수 있어 재밌어요 VS 나를 호구로 아나 봐요

튀르키예는 동서양의 상업로인 실크로드를 품었던 상인의 나라다. 가격을 써놓은 곳은 정말 최저가이고, 대부분은 가격표가 없다. 상인이 1,000TL 라고 해서 그대로 주었다가는 틀림없이 바가지다. 깎는 데에 재미를 느끼고, 이에 스트레스를 받지 않는다면 튀르키예는 재미난 여행지다. 반면에 깎는 것에 스트레스를 받고, 두려움을 느낀다면 쇼핑몰을 이용할 수밖에 없다. 물건을 보자마자 사지 말고, 상점 몇 곳을 들러 전수조사를 마친 후 흥정에 임하자. 혼자보다는 잘 깎는 사람과 함께 가면 좋다.

여행자들이 적은 동부에서 외국인은 어디서나 주목받는다.

나를 빤히 봐서 무서워요 VS 관심 받는 게 좋아요

튀르키예인들은 동양인들을 좋아한다. 특히 아기가 있다면 인기가 폭발한다. 지방으로 가면 커다란 눈으로 무안할 정도로 빤히 쳐다보는 경우가 종종 있는데 이는 동양인을 처음 봐서 신기해서 그러는 것이다. 버스터미널에 멀뚱멀뚱 서 있기만 해도 튀르키예 사람이 다가와 어디 가냐고 묻고 맞는 버스를 알려준다. 다가오는 튀르키예인을 경계해야 할 경우도 있지만 대부분은 관심을 두고 도와주려고 지켜보는 것이니 적극적으로 물어보자. 현지인들의 정보가 최고다. 조심해야 할 경우는 p.541를 참고하자.

모두 길을 건너고 있지만 빨간 불이다.

빨간 불인데도 막 건너요! VS 막 건너서 좋아요

이스탄불보다는 다른 도시로 가면 확연히 느낄 수 있다. 한국은 빨리빨리 문화로 성격은 급하지만, 신호등은 잘 지킨다. 반면에 성격 급한 한국인들을 보면 입에 '야바쉬, 야바쉬(Yavaş Yavaş)(천천히, 천천히)'를 달고 사는 느긋한 튀르키예인들이 유일하게 참지 못하는 것은 빨강 신호등이 아닐까? 신호등 앞에 서 있다가 사람들이 건널 때 따라 건넜다가는 차가 빵빵거리기도 하고 차에 부딪힐 수도 있다. 신호등을 보면 분명 빨간 불일 것이다. 사람을 보지 말고, 신호등을 보자.

Food 1
튀르키예의 길거리 음식

튀르키예는 세계에서 식량 자급률 100%가 넘는 국가 중 하나로 채소, 과일, 곡물 등은 모두 자국에서 생산하는 것으로 소비한다. 실크로드를 통한 유럽과 아시아 국가의 요충지에 있어 향신료와 같은 각종 식자재로 음식 문화를 더욱 풍성하게 만들었다. 튀르키예에서는 이를 바탕으로 한 음식을 맛볼 수 있다. 대부분의 튀르키예 음식은 오스만 제국이 콘스탄티노플 정복 이후 안정기에 접어들며 각종 궁중 음식의 개발과 기록이 이루어졌으며 오늘날 널리 퍼진 커피와 페이스트리는 오스만 제국을 통해 유럽으로 전파되어 발전한 것이다.

1 시밋
Simit

베이글 형태의 빵으로 참깨Susam가 듬뿍 뿌려져 있다. 이름의 기원은 아랍어로 '흰 빵', 또는 '고운 밀가루'라는 뜻이다. 1525년 오스만 제국 시대 이스탄불에서 처음 생산되었고 1593년 크기와 가격이 표준화됐다. 밀가루를 동그랗게 성형한 뒤 끓인 당밀시럽에 넣었다가 참깨를 골고루 묻힌 후 구워낸다. 튀르키예에서 가장 저렴하고 대표적인 길거리 음식이다. 길거리 이동식 수레에서 파는데 쇼케이스에 가격이 쓰여 있어 바가지 걱정이 없다. 시밋 외에도 아츠마Açma와 포아차Poğaça도 함께 판다. 아츠마Açma는 시밋과 마찬가지로 똑같이 링 형태인데 우유와 계란, 올리브유가 들어가서 식감이 부드럽다. 시밋의 식감이 딱딱하다면 아츠마를 추천한다. 맛은 프랑스의 브리오슈와 비슷하며 폭신하고 단맛이 들어가 있다. 포아차Poğaça에는 안에 요구르트Yoğurt나 치즈Peynir, 초콜릿Çikolata, 올리브Zeytin, 시금치Ispanak, 다진 고기Kıyma 등을 넣어 굽는다.

2 옥수수
Köşe

시밋 다음으로 많이 볼 수 있는 간식이다. 이동식 수레에서 팔고, 구운 것과 찐 것 두 가지이다. 가격은 동일하며 보통 수레에 가격을 크게 붙여 놓는다. 튀르키예 사람들은 보통 옥수수에 소금을 듬뿍 뿌려 먹기 때문에 한국인에게는 짜다. 소금 없이 먹고 싶다면 주문과 동시에 재빠르게 "루프텐 투주 비라큰Lütfen tuzu bırakın" 또는 "플리즈, 노 쏠트Please, No Salt"라고 해야 소금을 안 뿌린 옥수수를 먹을 수 있다. 옥수수를 달라는 동시에 빛의 속도로 꺼내 소금을 뿌려주니 타이밍을 잘 맞추자. 요즘은 옥수수 알만 손질해 종이컵에 담아 소·중·대 사이즈로 파는데, 이 옥수수들은 이미 소금이 듬뿍 뿌려져 있다.

3 군밤
Kestane Kebabı

군밤을 밤 케밥 Kestane Kebabı 이라고 한다. 밤이 수확되는 가을이 되면 군밤을 팔기 시작한다. 먹기 좋게 칼집을 내어 정성스럽게 숯불에 굽는다. 보통 80g, 100g 120g, 150g 이런 식으로 저울에 무게를 달아 판매한다. 수레마다 군밤의 판매 무게가 조금씩 다르고 가격표가 쓰인 곳과 없는 곳이 있으니 바가지 방지를 위해 쓰인 곳에서 사자.

4 과일 주스
Meyve Suyu

즉석에서 즙을 짜주는 과일주스를 맛볼 수 있다. 그 중에서 가장 인기 있는 주스는 석류 주스 Nar Suyu (나르 수유), 오렌지 주스 Portakal Suyu (포르타칼 수유)가 가장 대중적이다.

5 신선한 과일
Meyve

여름철이면 길거리에서 손질한 수박 Karpuz (카르푸즈), 멜론 Kavun (카분) 등을 판다. 시장에서 가장 저렴하게 구매할 수 있는데 사과 Elma (엘마), 체리 Kiraz (키라즈), 복숭아 Seftali (쉐프탈리) 등 튀르키예 과일은 모두 달고 맛있다.

6 홍합밥
Midye Dolma

양념한 밥과 홍합을 홍합 껍데기 안에 넣고 레몬즙을 뿌려 먹는 음식이다. 간이 스탠드를 세워 놓고 길에서 파는데 요즘은 홍합밥 전문점이나 작은 가게에서 많이 판다.

Food 2
튀르키예의 빵, 에크멕 Ekmek

모든 종류의 빵을 에크멕이라고 한다. 한국에 쌀이 밥의 기본이듯 튀르키예 음식은 빵과 함께 먹는다. 땅이 워낙 넓은 튀르키예다 보니 지역마다 빵의 제조 방식과 모양이 달라 지역 특산물이 되기도 한다. 빵을 만드는 곳을 에크멕 프르느 Ekmek fırını 라고 부른다. 에크멕을 전문적으로 만드는 빵집은 이름이나 간판이 없는 곳도 많다.

식사용 빵

1 프란잘라 Francala

튀르키예의 기본 빵으로 갓 구운 따뜻한 프란잘라는 겉은 바삭하고 속은 촉촉 부드럽다. 아침 조식에 썰어서 나오기도 하고, 수프나 케밥과 함께 나오며 보통은 무한 리필된다. 가장 맛있게 먹는 방법은 아침에 빵집에서 갓 만든 따뜻한 프란잘라를 사서 카이막과 꿀과 함께 먹는 것이다.

2 유프카 Yufka

밀가루 반죽을 아주 얇게 밀대로 밀어 넓게 펼친 뒤 사치 Saç 라고 하는 철판 위에서 구워낸다. 그 위에 다진 시금치나 감자 등의 토핑으로 구워내는 괴즐레메 Gözleme 를 만들거나 우유와 버터 등을 이용해 페이스트리로 뵈렉 Börek 을 만들 수도 있다.

3 트르나클르 피데 Tırnaklı Pide

가지안테프에서 만든 빵으로 반죽을 넓게 펼친 후 손으로 꾹꾹 눌러 자국이 남아 있는 빵이다. '트르나클르'는 손톱이라는 뜻이다.

4 라바쉬
Lavaş

유프카와 비슷하지만 효모가 들어가고 오븐에서 굽는 것이 다르다. 아르메니아에서 처음 만들어진 납작한 형태로 구운 둥근 빵이다. 갓 구운 라바쉬는 둥근 공처럼 부풀어 공갈빵 같다. 쾨프테와 각종 야채를 함께 올려 쌈처럼 싸서 먹거나 터키식 랩인 뒤륌Dürüm으로 말아서 먹는다.

5 피타
Pita

밀가루에 효모를 넣어 발효한 중간 크기의 둥근 빵이다. 주머니 형태로 만들 수 있어 안에 고기, 채소, 향신료를 넣어 샌드위치로 만들어 먹는다.

6 라마잔 피데
Ramazan Pidesi

둥글고 도톰하다. 해가 진 이후 온 가족이 모여 함께 나눠 먹을 만큼 크다. 커다란 천을 깔고 그 위에 옹기종기 앉아 여러 요리와 메제와 함께 먹는다.

7 바즐라마
Bazlama

밀가루, 요구르트, 소금, 효모를 이용해 만들고 오븐에서 굽는 빵이다. 둥글고 납작한 빵으로 라바쉬보다 도톰하고 쫄깃한 것이 특징이다.

59

Food 3
튀르키예의 스낵

가벼운 식사용 음식으로 식당에서 먹을 수 있고, 포장해서 숙소나 공원에서도 먹을 수 있다. 배를 채울 수 있는 음식 중에서 가장 저렴하다.

쾨프테 에크멕과 아이란 세트 메뉴

프랜차이즈가 많아 저렴하고 편하게 먹을 수 있다.

발륵 에크멕(고등어샌드위치)

1 샌드위치
Sandviç

프란잘라Francala 빵에 고기를 넣고 토마토, 양파, 상추, 당근 등의 채소를 넣은 샌드위치다. 주요 속재료로 되네르 케밥이나 쾨프테, 고등어 등이 들어가며 재료에 따라 되네르 에크메이Döner Ekmeği, 쾨프테 에크멕Köfte Ekmek, 발륵 에크멕Balık Ekmek이라 부른다.

피타

2 피타
Pita

샌드위치와 속재료는 같으며 주머니처럼 속재료를 넣는 동그란 피타Pita 빵을 쓴다. 프란잘라보다 빵의 두께가 얇아 속 재료의 맛이 더 잘 느껴진다.

발륵 뒤륨(고등어뒤륨)

3 뒤륨
Dürüm

샌드위치와 속 재료는 같으며 라바쉬Lavaş라는 얇은 밀전병으로 말아 낸다. 스낵 중에서도 가장 저렴하며 요즘은 발륵 뒤륨이 가장 인기다. 한국인 입맛에도 잘 맞다.

피데

4 피데
Pide

튀르키예식 피자로 길게 늘어진 타원형의 도톰한 빵에 치즈, 토마토, 양파, 계란, 다진 고기 등을 얹어 화덕에 구운 요리다. 올리는 재료에 따라 이름이 달라진다.

라마준

5 라마준
Lahmacun

씬 피자와 비슷한 형태이나 치즈는 들어가지 않는다. 얇게 둥글게 편 도우에 토마토, 고수, 양파 등의 다진 재료를 얹어 화덕에 구운 요리다. 튀르키예인들은 피데는 하나만 시켜도 라마준은 여러 장을 시켜 먹는다.

필라프 위스튀 타북

6 필라프 위스튀 타북
Pilav Üstü Tavuk

닭고기 육수로 지은 밥 위에 삶은 닭을 가늘게 찢어 올린 음식으로 우리 입맛에도 잘 맞다. 케찹을 뿌려서 많이 먹고, 매콤한 고추 장아찌와 궁합이 좋다.

쿰피르

7 쿰피르
Kumpir

커다란 통감자 속을 파서 부드럽게 만든 후 치즈, 옥수수, 피클, 소시지, 올리브, 비트 등 다양한 속재료를 넣고 소스를 뿌려 먹는 음식이다. 쇼윈도를 보고 원하는 재료와 소스를 선택해 주문하면 된다. 양이 꽤 많아 식사 대용으로 먹을 수 있다.

Tip | 샌드위치 주문 시

샌드위치는 보통 1인분을 기준으로 판매하지만, 소고기와 양고기, 닭고기와 같은 여러 가지 고기를 함께 판매하는 큰 가게라면 원하는 것을 선택해 말해야 한다. 보통은 고기를 선택하고, 빵 종류를 선택할 수도 있으며, 크기도 원하는 대로 가능하다. 아래 표를 보고 발음에 익숙해져 있으면 주문 시 당황하지 않는다.

고기 종류	빵 종류	사이즈
• 소고기 엣Et & 양고기 쿠주Kuzu (보통은 소고기와 양고기를 섞는다)	• 프란잘라Francala	• 30cm 탐Tam
• 닭고기 타북Tavuk	• 피타Pita	• 15cm 야름Yarım
• 생선 발륵Balık	• 뒤름Dürüm	• 탐의 1/4 체이렉Çeyrek

Food 4
튀르키예 식사

튀르키예의 거의 모든 숙소는 조식이 포함된다. 아침 식사를 중요하게 생각하기에 아무리 저렴한 호텔이라도 메뉴 구성이 다양하도록 신경 쓴다. 가격대가 있는 호텔은 테이블당 조식 메뉴를 차려 주기도 하고, 꿀과 카이막Bal Kaymak(발 카이막)이 나오는 곳도 있다. 튀르키예의 아침 식사는 커피보다는 차이Çay와 함께한다. 다음은 조식을 따로 먹을 때의 튀르키예 보편적인 메뉴를 소개한다.

카흐발트 kahvaltı

한국의 아침 백반상처럼 다양한 종류의 음식을 푸짐하게 먹는 한 상 차림 아침 식사다. 신선한 빵에 벌꿀과 카이막, 다양한 잼과 치즈, 요거트, 계란, 토마토와 오이, 절인 올리브만 기본으로 2~3가지가 나온다. 호텔에서는 보통 뷔페 형식을 띠는데 메제Meze라고 부르는 한국의 밑반찬과 같은 음식이 다양하게 준비된다. 코나으Konağı와 같은 전통 숙소에서는 테이블마다 상을 차려 준다. 카흐발트 전문 식당도 있는데 대부분 1,000TL 이상으로 가격이 높다. 부르사에 간다면 주말르크즉 마을에서 저렴한 시골 스타일 카흐발트 식당을 경험해 보자.

1 시밋
Simit

길거리에서 가장 간단하고, 가장 저렴하게 먹을 수 있는 아침 식사다. 좀 더 든든하게 먹고 싶다면 누텔라를 바를 수도 있고, 시밋을 잘라 치즈와 토마토를 넣은 샌드위치도 만들어 준다. 음료와 함께 앉아서 먹고 싶다면 카페에서 시밋을 포함한 다양한 아침 메뉴를 판다.

2 괴즐레메
Gözleme

얇고 둥글게 민 밀가루 반죽 위에 다진 고기, 감자, 시금치, 버섯, 치즈, 달걀 등을 올려 부쳐내는 아나톨리아 지방의 음식이다. 한 가지 종류의 속 재료를 넣기도 하고 동시에 여러 가지를 넣기도 한다. 아침 식사로도 먹지만 출출한 낮 시간 간식으로도 먹는다.

3 뵈렉
Börek

유프카Yufka라는 얇은 밀가루 반죽에 다진 시금치나 치즈, 감자, 고기 등을 넣어 돌돌 말아 페이스트리 빵을 말한다. 보통 뵈렉 전문점이 있다. 원하는 양을 주문할 수 있고(g당으로 계산), 1인분Bir Porsiyon으로도 판매한다. 아무것도 넣지 않은 퀴트르 뵈렉Kürt Böreği은 고운 설탕 가루를 뿌려서 먹는다. 아침 식사로 주로 먹지만 간식으로도 먹는다.

- 고기 크이말르 뵈렉Kıymalı Börek
- 치즈 페이느를르 뵈렉Peynirli Börek
- 시금치 으스파낙르 뵈렉Ispanaklı Börek
- 감자 파타테스 뵈렉Patates Böreği
- 아무것도 넣지 않은 것 퀴트르 뵈렉Kürt Böreği

4 메네멘
Mememen

기본적으로는 잘게 썬 토마토와 계란을 함께 구운 요리로 양파, 치즈 등을 추가로 넣기도 한다. 빵이 함께 제공된다.

으스파낙르 뵈렉

퀴트르 뵈렉

5 쿠이막
Kuymak

치즈를 팬에 넣어 녹인 것으로 주로 아침에 많이 먹는다. 트라브존, 리제와 같은 흑해 연안 도시에서 많이 먹는다. 빵이 함께 제공된다.

Tip | 튀르키예 식당 이용법

❶ 튀르키예 식당은 우리나라와 흡사하다. 식당으로 들어가 원하는 빈자리에 앉으면 된다. 보통 식당에 들어가자마자 종업원이 재빨리 마중 나오는데, 원하는 자리를 가리키면 대부분 앉으라고 한다. 관광객이 주로 이용하는 서구화된 식당이나 고급 레스토랑인 경우, 입구에서 종업원의 안내를 받고 테이블에 앉으면 된다.

❷ 자리에 앉으면 메뉴판을 가져다준다. 관광지 메뉴판은 대체로 사진으로 되어 있어 어렵지 않다. 구글 번역기 앱을 사용해 메뉴를 읽으면 편리하다.

❸ 식사 도중 빈 접시가 나오기만 하면 재빨리 치우는 것 때문에 '빨리 먹고 나가라는 건가?' 불편해하는 경우가 많다. 이는 종교적으로 이슬람에서는 청결을 중요시해서 그런 것이다. 마치 접시가 비워지기를 지켜보고 있는 것처럼 빈 접시가 나오자마자 빛의 속도로 치우는데, 그 속도가 놀랍다. 부담스러워하지 말고 '이 나라 문화구나' 이해하자.

❹ 식당의 물은 공짜가 아니다. 테이블 위에 물병이 놓여 있는데 유료이다. 음료를 주문해 물을 마시지도 않았는데 영수증에 포함돼 있어 사기 치는 것인가 불쾌할 때가 있다. 보통 기본적으로 물을 마셔서 영수증에 올려 놓기도 하니, 이럴 때는 물을 먹지 않았다고 말하면 빼준다. 해외여행에서 식당을 이용할 때는 영수증을 잘 살피는 것이 기본이다.

❺ 계산할 때는 한국의 일반 식당처럼 나가면서 한다. 자리에 앉아서 계산하는 경우는 관광지 식당이나 고급 레스토랑인 경우이다. 카드 복제 방지를 위해 내가 보는 앞에서 결제한다. 한국처럼 카드를 삽입하는 방식이 아닌 컨택리스 태그 방법을 사용한다.

❻ 팁 문화는 한국과 같다. 주지 않아도 상관없지만 줄 수 있다. 보통은 계산대에 팁 박스가 있어 자유롭게 넣을 수 있다. 이스탄불이나 카파도키아 같은 유명 관광지는 계산 시 10~15%의 봉사료가 기본적으로 포함되어 나온다.

전채 음식 메제 Meze

메제는 전채 음식의 총칭이다. 주메뉴를 시키면 무료로 제공하는 샐러드나 반찬이 해당하기도 하고, 따로 주문할 수도 있다. 메제 메뉴는 샐러드에서부터 해산물 요리, 치즈, 튀김 종류 등을 다양하다. 터키의 술인 라크Raki는 메제를 안주로 한다. 라크와 다양한 메제가 나오는 술집을 메이하네Meyhane라고 한다.

1 초르바 Çorbası

생선수프
한국의 생선국과 달리
묵직한 감칠맛이
매력적이다.

수프를 말한다. 전채로도 먹지만 초르바 단품으로 아침 식사를 하기도 한다. 보통 렌틸콩, 병아리콩, 토마토, 닭고기, 양, 생선을 이용한 수프를 만날 수 있다. 여름철에는 시원한 토마토수프를, 겨울철에는 닭고기나 생선수프를 추천한다. 고기 메뉴를 파는 식당에서 파는 베이란Beyran도 수프의 일종으로 쌀과 양고기가 들어가며 육개장과 비슷한 맛으로 추천한다. 초르바를 먹을 때는 프란잘라와 같은 빵이 무료로 제공되는데, 지역에 따라 다른 빵이 나오기도 한다.

- 병아리콩수프 노훗 초르바스 Nohut Çorbası
- 생선수프 발륵 초르바스 Balık Çorbası
- 타르하나수프 타르하나 초르바스 Tarhana Çorbası
- 양고기수프 이쉬켐베 초르바스 İşkembe Çorbası
- 렌틸콩수프 메르지멕 초르바스 Mercimek Çorbası
- 토마토수프 도마테스 초르바스 Domates Çorbası
- 닭고기수프 타북 초르바스 Tavuk Çorbası
- 야채수프 세브제 초르바스 Sebze Çorbası
- 버섯수프 만타르 초르바스 Mantar Çorbası

한국인들에게
잘 맞는 닭고기수프

담백한 렌틸콩수프

2 후무스 Humus

한국에도 잘 알려진 메제로 병아리콩과 타히니에 레몬즙, 마늘, 향신료와 올리브유를 섞어 만든다. 후무스는 병아리콩이라는 뜻이다.

3 칼라마르 타바 Kalamar Tava

오징어튀김으로 전채요리다. 오징어를 좋아하는 사람은 누구나 아는 맛 메뉴다. 한국과 다른 점은 레몬즙을 뿌려 먹는다.

4 미디예 타바 Midye tava

홍합을 꼬치에 꽂아 튀긴 것으로 레몬즙을 뿌려 먹는다. 별도로 주문해 먹는다.

5 돌마시
Dolmasi

양파와 민트, 딜, 쌀, 건포도를 올리브오일과 함께 넣어 볶은 속을 어떤 재료로 싼 요리를 돌마시라고 한다. 레몬즙을 뿌려 먹으며 감싼 재료에 따라 이름이 다양해진다.

베베르 돌마시

• **제이틴알르 돌마시** Zeytinyağlı Dolmasi
올리브오일로 볶은 재료를 포도 잎으로 감싼 요리

• **베베르 돌마시** Biber Dolmasi
피망 안에 양념한 밥을 채워 넣은 요리

• **파틀르잔 돌마시** Patlıcan Dolmasi
양념한 밥을 가지로 싼 요리

• **카랄라하나 돌마시** Karalahana Dolmasi
양념한 밥을 양배추로 싼 요리

카박 치체미 돌마시

• **도마테스 돌마시** Domates Dolmasi
토마토 안에 양념한 밥을 채워 넣은 요리

• **미디예 돌마시** Midye Dolmasi(홍합밥)
홍합 껍데기 안에 홍합과 각종 간을 한 밥을 넣어 레몬즙을 뿌려 먹는 음식이다. 주로 지하철이나 항구, 해산물 집에서 판다.

미디예 돌마시

• **카박 치체이 돌마시** Kabak Çiçeği Dolmasi
호박꽃 안에 양념한 밥을 넣은 요리

more & more 메인 음식과 함께 나오는 메제

① 예실 살라타스 Yesil Salatas(Green Salad)
토마토, 오이, 양파로 구성된 심플한 샐러드로 가장 쉽게 만날 수 있다. 보통 무료로 제공되나 식당에 따라서는 별도로 주문해야 하기도 한다.

② 초반 살라타스 Çoban Salatası(Shepherds Salad)
토마토, 오이, 양파, 양상추, 파프리카, 파슬리 등을 잘게 잘라 만든 샐러드다. 올리브오일과 레몬즙을 뿌려 먹는다. 별도로 주문해야 하는 경우가 많다.

③ 크스르 Kısır
듀럼밀을 간 불가르 Bulgar 에 토마토 페이스트, 양파, 오이, 향신료와 올리브유를 섞어 만든다. 보통 상추에 싸서 먹는다.

④ 아부가누쉬 Abugannuş **(바바가누쉬** Babagannuş**)**

가지, 토마토, 고추를 직화로 구워 껍질을 벗겨낸 후 절구에 으깨어 마늘, 석류 시럽, 올리브 오일을 듬뿍 뿌린 메제다. 호텔의 조식 메뉴로도 나오고 식당에서 무료로 제공하기도 한다. 한국과 다른 가지요리로 추천한다.

⑤ 아즈르 에즈메 Acılı Ezme
다진 토마토, 파프리카, 마늘, 양파, 고추, 각종 향신료, 석류 시럽 등을 넣어 만든다. 우리나라의 다진 양념 같은 느낌이다. 샐러드처럼 그냥 먹기도 하고 빵에 발라 먹기도 한다. 매콤한 소스로 고기와 잘 어울린다.

⑥ 투르슈 Turşu
소금물에 재운 다양한 피클이다. 보통 오이와 고추 등이 나온다. 보통 무료로 제공된다.

⑦ 짜지키 Tzatziki
요거트에 오이, 마늘을 넣고 향신료를 추가한 것으로 한국인들 입맛에도 잘 맞다. 요거트에 마늘과 민트를 넣은 것은 하이다리 Haydari 라고 한다.

메인 메뉴 Main Dish

타북 카낫 케바브 Tavuk Kanat Kebabı
닭날개 케밥, 한국인 입맛에 잘 맞다.

파틀르잔 케바브, 가지 케밥

1 케밥
Kebabı

튀르키예 음식의 대표주자다. 케밥이란 말은 고대 튀르크어에서 유래한 것으로 숯불이나 오븐 등에서 구운 고기 요리를 케밥이라 한다. 넓게는 고기뿐만 아니라, 구운 것을 케밥이라고 하는데 구운 밤을 밤 케밥이라고 부른다. 구운 고기는 고기를 요리한 방식과 형태에 따라 다양한 이름이 붙는데 튀르키예 전역의 케밥의 종류가 약 1,000여 종에 이른다고 한다.

- 양고기 케밥 쿠주 케바브 Kuzu kebabı
- 쇠고기 케밥 스르 케바브 Sığır kebabı
- 닭고기 케밥 타북 케바브 Tavuk kebabı
- 토마토 케밥 도마테스 케바브 Domates Kebabı
- 가지 케밥 파틀르잔 케바브 Patlıcan Kebabı

2 피르졸라
Pirzola

새끼 양의 갈비구이 요리다. 우리 입맛에도 잘 맞는다. 신선한 양고기를 사용하기 때문에 양 냄새가 날까, 걱정하는 사람들도 맛있게 잘 먹는다. 과거에는 한국보다 저렴하게 먹을 수 있었는데 지금은 물가가 천정부지로 치솟는 관계로 한국과 비슷해지고 있다.

3 되네르 케밥
Döner Kebabı

요즘은 우리나라에서도 대중화되어 쉽게 맛볼 수 있는 케밥이다. 굵은 꼬치에 닭(타북 Tavuk)이나 소고기(엣 Et)와 양고기(쿠주 Kuzu)를 켜켜이 쌓아 약한 불에 천천히 돌려가며 굽는데 구워진 부분을 얇게 잘라 야채와 요구르트 소스를 뿌려 빵과 함께 낸다. 빵 사이에 끼운 되네르 케밥은 가격이 저렴하고 테이크 아웃으로 사서 걸어 다니면서 먹을 수 있어 자주 먹게 된다.

4 쉬쉬 케밥
Şiş Kebabı

'쉬쉬'는 '꼬치'를 뜻한다. 적당히 자른 고기를 양념해 꼬치에 끼워 구운 후 샐러드와 빵과 함께 낸다. 역시 고기의 종류에 따라 양고기는 쿠주 쉬쉬 케밥 Kuzu Şiş Kebabı, 닭고기는 타북 쉬쉬 케밥 Tavuk Şiş Kebabı, 소고기는 엣 쉬쉬 케밥 Et Şiş Kebabı 이라고 한다.

5 쵭시시 케밥
Çöp Şiş Kebab

일본식 꼬치구이처럼 작은 나무 꼬치에 고기를 끼워 굽는다. 닭고기나 양고기를 사용한다.

6 이스켄데르 케밥 & 부르사 케밥
Iskender Kebabı & Bursa Kebabı

양념한 양고기를 얇게 썰어 토마토소스와 버터, 요구르트를 듬뿍 뿌려 피데Pide 빵이나 바즐라마Bazlama 빵과 함께 낸다. 이스켄데르 케밥의 원조는 부르사Bursa로 이스켄데르 에펜디Iskender Efendi로 1867년 처음 만들었다. 이스켄데르Iskender는 튀르키예어로 알렉산더를 의미하며 한다.

7 아다나 케밥
Adana Kebabı

아다나 지방에서 시작된 케밥이다. 매콤한 맛을 내는 간 마늘과 간 고추가 들어가 한국인 입맛에 잘 맞다. 구운 토마토와 구운 고추를 함께 낸다.

8 우르파 케밥
Urfa Kebabı

아다나 케밥과 함께 튀르키예 남동부 케밥의 대표주자다. 우르파 지방에서 시작된 케밥으로 파프리카와 오레가노, 커민과 같은 더 순한 양념을 사용하여 맵지 않다. 매운 고추와 함께 나오는 것은 같다.

9 자 케밥
Cağ kebabı

에르쥬룸Erzurum 지방에서 시작된 케밥으로 자른 양고기에 요구르트와 후추, 자른 양파를 섞어 재운 후 굵은 꼬치에 끼워 장작불에 구워낸 것이다. 되네르 케밥은 세로로 세우고 구워내지만 자 케밥은 가로로 뉘어 천천히 돌려가며 굽는다.

10 테스티 케밥(항아리 케밥)
Testi kebabı

토기 안에 쇠고기, 닭고기, 양고기와 같은 고기를 넣어 구운 케밥으로 조리가 끝나면 토기를 깨는 시각적인 이벤트가 있어 흥미롭다. 보통 중부 아나톨리아 지방에서 많이 볼 수 있는데 우리나라 여행자들은 카파도키아에서 많이 먹는다. 맛보다는 퍼포먼스의 음식이다.

11 타스 케밥
Tas kebabı

양고기에 감자, 양파, 토마토 등을 넣은 스튜 요리다. 지역 이름이 붙어 디야바키르 타스 케밥Diyarbakır Üsküre kebabı과 우르파 미프타히 타스 케밥Urfa Miftahi Tas kebabı이 있다.

12 쾨프테
Köfte

다진 소고기에 향신료와 소금으로 간해 짭짤한 맛의 미트볼이다. 양념과 소스에 따라 탄생한 도시 이름이 붙어 술탄아흐메트 쾨프테Sultanahmet Köfte, 이즈미르 쾨프테İzmir Köfte 이런 식이다. 보통 샐러드와 매콤한 고추 피클과 함께 나온다.

13 코코레치
Kokoretsi(Kokoreç)

양의 심장, 췌장, 허파, 콩팥 등의 잡고기를 양념해서 내장으로 감싼 후 숯불에 구워내는 음식이다. 프란잘라 빵 사이에 넣어 샌드위치로 주로 먹는데, 접시에 코코레치를 담아 빵과 함께 먹을 수도 있다.

14 만트
Mantı

튀르키예식 만두 요리다. 한국보다 크기가 작고 들어간 소보다 만두피가 더 두꺼워 수제비 질감이다. 요구르트 소스가 얹어 나온다.

15 생선요리
Balık

생선요리는 대부분 굽거나 튀겨 나오기 때문에 생선의 이름을 알아두면 유용하다. 함시Hamsi(멸치), 이스타브릿Istavrit(전갱이), 지푸라Cipura(도미), 레브레크Levrek(농어), 알라발륵Alabalık(송어), 추프라Cupra(도미), 쏘몬Somon(연어), 팔라무트Palamut(가다랑어), 칼칸Kalkan(넙치), 칼라마르Kalamar(오징어), 카리데스Karides(새우) 등이 있다. 여러 가지 종류의 생선을 구워 2~3인분으로 넉넉하게 나오는 카리식 발륵Karisik Balık(모둠 생선구이)을 알아두면 좋다.

Tip | 오작바쉬 Ocakbaşı

고기구이를 먹으러 가는 곳이다. 과거 가게를 차릴 형편이 안 되는 주인이 화로를 설치하고 그 주위에 의자를 놓고 케밥을 판 것에서 시작했다. 화로 주변에 앉아 음식을 먹을 수도 있는데, 굽는 모습이 흥미롭기는 하나, 너무 뜨겁다. 메뉴를 주문하는 즉시 구워서 내어주는데, 사실 튀르키예 케밥을 다루는 모든 곳은 다 숯불에서 굽는다.

Food 5
음료 İçmek

물(수) Su

튀르키예는 물을 '수'라고 읽어 친근하다. 튀르키예에서는 물을 무료로 제공해 주지 않는다. 보통 식당에 가면 생수병이 테이블 위에 놓여 있는데 이는 무료가 아니라 판매하는 것이다. 대체로 테이블 위의 물을 마시니 계산할 때 의례적으로 물 가격을 넣은 영수증을 준다. 물을 마시지 않았는데도 영수증에 추가되어 있는 경우가 자주 있으니, 잘 확인하고 결제하자.

"물 주세요 Su lütfen (수 뤼트펜)"
"물을 마시지 않았어요 Su içmedim (수 이츠메듬)"

따뜻한 음료 (스작 이체제크) Sıcak İçecek

❶ 홍차 (紅茶, Black Tea, 차이) Çay

튀르키예인들은 하루에도 수십 잔의 차이를 마신다. 진하게 우려낸 홍차를 붓고, 뜨거운 물을 섞어 내는데 찻잔은 호리병 모양의 투명한 유리로 작은 크기다. 카페에서는 큰 찻잔의 차이로도 주문할 수 있다. 매우 달콤한 튀르키예 디저트를 먹을 때는 큰 찻잔을 추천한다.

- 일반적인 찻잔의 차이 큐축 차이 Küçük Çay
- 큰 찻잔의 차이 뷔윅 차이 Büyük Çay

❷ 녹차 (예실 차이) Yeşil Çay

❸ 레몬 차 (리몬 차이) Limon Çay

❹ 사과 차 (엘마 차이) Elma Çayı

한국인들은 홍차보다 사과 차를 더 좋아한다. 달콤하고 은은한 사과 향이 풍긴다. 사과 차는 관광객이 많은 곳에서 판매하고, 일반적으로는 메뉴에 잘 없다.

⑤ 튀르키예 커피(튀르키예 카흐베시) Türkiye Kahvesi

요즘은 가스 불에 끓여내지만, 전통적인 방식은 뜨거운 모래 위에서 만드는 것이다. 커피 가루에 설탕과 물을 넣어 끓이기 때문에 주문할 때 설탕은 얼마나 넣냐고 꼭 묻는다. 커피만 달랑 주기도 하지만, 보통은 물 한 잔과 로쿰을 함께 낸다. 가루가 아래에 가라앉기 때문에 마실 때 조심해야 한다.

ex) 설탕(쉐케르) Şeker
"설탕 많이 넣어주세요 Bol şeker lütfen (볼 쉐케르 뤼프텐)"
"설탕 조금 넣어주세요 Daha az şeker lütfen (다하 아즈 쉐케르 뤼프텐)"
"설탕 보통으로 넣어주세요 Normal şeker lütfen (노르말 쉐케르 뤼프텐)"

⑥ 인스턴트커피(네스카페) Nescafe

가루가 남는 커피가 맞지 않는다면, 인스턴트커피도 있다. 인스턴트커피를 네스카페라고 한다. 설탕과 프림이 들어간 튀르키예 다방 커피 맛도 좋다.

튀르키예 커피

차가운 음료(소욱 이체제크) Soğuk İçecek

한국처럼 얼음을 잔뜩 넣은 음료는 없다. 보통 뜨겁지 않거나, 차갑지 않은 정도의 음료를 주는데 콜라 사이다는 보통 캔으로 나온다.

① 아이란 Ayran
양젖을 발효시킨 요구르트 음료로 플레인 요구르트를 물처럼 묽게 해 소금 간을 한 맛이다. 짭짤한 튀르키예의 고기 요리와 잘 어울린다.

② 아이스 아메리카노 Ice Americano
스타벅스나 카페 네로 등의 프랜차이즈 커피전문점과 관광지 카페에서 쉽게 주문할 수 있다. 한국처럼 얼음을 꽉꽉 채워주지는 않는다.

③ 오스만르 샤르베티 Osmanlı Şerbeti
과일과 정향, 계피, 설탕을 넣고 끓인 뒤 시원하게 마시는 음료로 과거에는 길거리에서 많이 팔았다. 지금은 식당이나 카페에서 맛볼 수 있다.

④ 살감 Şalgam Suyu
발효 당근 주스로 겨울철 튀르키예의 인기 음료다. 시큼 찝찔한 맛으로 불호인 경우가 많으나 고탄수화물 고지방 섭취 시 다이어트에 효과가 있다.

⑤ 석류 주스(나르 수유) Nar Suyu
튀르키예는 석류의 주생산국가다. 항산화제인 폴리페논이 듬뿍 든 신선한 석류 주스를 맛볼 수 있다.

⑥ 레모네이드(리모나타) Limonata
생레몬을 짜서 만들어 여름철에 마시기에 좋다.

살감

겨울철 특별 음식

① 보자 Boza
불구르 Bulgur(듀럼밀 등을 데쳐 빻아 말린 곡류)를 발효시켜 만든 음료로 겨울철에 주로 마신다. 보자에 구운 병아리콩을 올려 시나몬 가루를 듬뿍 올려 먹는다. 다양한 비타민이 들어있는 건강음료로 임산부와 운동선수에게 특히 좋다고 홍보한다. 제주도의 쉰다리와 맛이 비슷하다.

② 살렙 Sahlep
난초의 뿌리를 말려 간 것을 살렙이라고 하는데 마처럼 끈적한 것이 특징이다. 물이나 우유에 넣고 되직하게 끓여 달콤함을 추가한 음료로 오스만 제국 때 생겼다. 대표적인 겨울철 음료다. 17~18세기 영국으로 전해져 인기를 얻었다. 맛은 되직한 마차에 설탕을 넣고 시나몬을 뿌린 맛이다. 겨울 튀르키예를 여행한다면 한 번쯤 맛보자.

Food 6
달콤한 디저트, 타틀르스 Tatlisi

소육 바클라바, 카다이프, 카이막

1 바클라바
Baklava

튀르키예 여행 시 가장 자주 접하며 선물용으로도 많이 구매하는 오스만 제국의 디저트다. 최초의 기록은 1473년으로 톱카프 궁전에서 구웠다고 되어 있다. 종이에 인쇄된 글자가 비칠 만큼 얇게 민 유프카 반죽을 수십 장 겹쳐 놓은 사이에 피스타치오Fıstık, 호두Ceviz, 아몬드Badem, 헤이즐넛fındık과 같은 다양한 견과류를 듬뿍 넣어 바삭하게 구운 뒤 시럽을 붓는데 극강의 달콤함과 고소한 맛을 낸다. 다양한 모양을 가지고 있다. 바클라바만 먹기에는 너무 다니 큰 사이즈의 차이와 함께 하자. 이스탄불 최초의 바클라바 베이커리 전문점은 카라쾨이 귈뤼올루Karaköy Güllüoğlu로 p.185를 참고하자.

❶ 소육 바클라바 Soğuk baklava
요즘 가장 인기 있는 차가운 바클라바로 시럽 대신 우유를 부어 촉촉하고, 위에 초콜릿 또는 화이트 초콜릿 가루가 뿌려져 있는 것이 특징이다. 디야르바크르Diyarbakır시의 파티셰가 발명했는데 기존의 바클라바보다 덜 달아 한국인들 입맛에도 잘 맞는다.

• 초콜릿 소육 바클라바 Çikolatalı Soğuk Baklava
• 화이트 초콜릿 소육 바클라바 Beyaz Çikolatalı Soğuk Baklava

쇼비엣

❷ 쇼비엣 Şöbiyet
페이스트리 안에 피스타치오와 카이막을 넣은 바클라바다.

미디예 바클라바

❸ 사르 부르마 Sarı Burma
돌돌만 형태의 바클라바를 말한다.

❹ 미디예 바클라바 Midye Baklava
미디예Midye, 홍합 모양의 바클라바다.

하부츠 바클라바

❺ 하부츠 바클라바 Havuç Baklava
당근Havuç 모양 바클라바다. 하부츠 바클라바 또는 하부츠 딜름 바클라바Havuç Dilim Baklava라고도 한다.

파디샤 바클라바

❻ 파디샤 바클라바 Padişah Baklava
파디샤Padişah는 황제인 술탄을 의미하며, 술탄이 먹을 만큼 고급스러운 바클라바를 뜻한다.

2 퀴네페
Künefe

밀가루로 만든 얇은 면, 카다이프Kadayif를 작은 팬에 깔고 가운데 소나 염소젖으로 만든 치즈를 넣은 후 위에 다시 카다이프로 덮어 구워 시럽을 듬뿍 뿌려낸다. 카다이프의 바삭함과 늘어나는 치즈, 달콤함을 동시에 느낄 수 있으며 토핑으로 아이스크림이나 카이막을 추가해 먹을 수도 있다.

3 에크멕 카다이프
Ekmek Kadayıfı

빵에 셰르베트Şerbet를 붓고 촉촉하게 만든 뒤 카이막을 얹어 내는 오트만 디저트 요리다.

4 카다이프
Kadayif

오스만 제국에서 만들어진 대표적인 디저트다. 바클라바가 얇게 민 유프카를 기본으로 한다면, 카다이프는 유프카 대신 카다이프 면을 사용해 식감이 다르다. 견과류를 사용하는 것은 같다.

5 로쿰
Lokum(Turkish Delight)

로쿰은 전분에 설탕이나 꿀을 넣어 만든 젤리 형태의 달콤한 과자로 술탄 압둘하미드에게 선보이기 위해 1777년 알리 무흐든 하지 베키르Ali Muhiddin Hacı Bekir가 처음 만들었다. 영국에 소개되자 사람들이 부드럽고 달콤한 질감에 감탄하며 '튀르키예의 기쁨Turkish delight'이라 불려 영어 고유명사가 됐다. 한국에는 영화 〈나니아 연대기〉에 나와 궁금증을 자아냈다. 원조 로쿰은 장미 로쿰Gül Lokum이나 스테디셀러로는 꿀과 피스타치오가 들어간 것과 카이막과 호두, 피스타치오 등을 넣어 만 로쿰이 가장 인기다. 원조 가게는 p.153를 참고하자.

6 돈두르마
Dondurma

난초의 뿌리를 말려 간 살렙Salep과 천연 수지Damla Sakızı를 넣어 쫀득한 질감을 지닌 아이스크림이다. 길거리에서 튀르키예 전통의상을 입고 아이스크림을 줄까 말까 하는 퍼포먼스도 쫀득함을 보여주기 위한 것이다. 이런 아이스크림을 처음 만든 지역이 카흐라만마라쉬Kahramanmaraş인데, 염소 젖을 넣어 만든 아이스크림을 '마라쉬 돈두르마Maraş Dondurma'라고도 한다. 잘 떼어지지 않아 칼로 썰어 먹는 독특한 경험을 할 수 있다.

7 무할레비
Muhallebi

우유로 만든 푸딩으로 재료로 달걀, 쌀, 닭고기 등을 넣어 다양하게 변주한다. 전설에서는 아랍 장군이 이 푸딩을 너무 좋아해 자기 이름을 붙였다고 한다. 오스만 제국 시대에는 메흐메드 2세 때에 잘게 썬 닭고기를 넣은 푸딩이 널리 퍼졌으며, 1530년에는 장미수를 넣어 만든 무할레비에 관한 기록이 남아 있다.

❶ 프른 쉬틀라츠 Fırın Sütlaç

쌀이 들어가 있는 우유 푸딩이다. 푸딩에서 쌀알 그대로의 식감을 느낄 수 있다.

❷ 타북 교쉬 Tavuk Göğsü

잘게 찢은 닭가슴살을 넣은 우유 푸딩이다. 오스만 제국이 술탄들에게 제공하던 디저트로 세계에서 튀르키예에서만 맛볼 수 있다. 푸딩에서 닭고기 맛이 느껴지지는 않고 식감으로 느낄 수 있다.

❸ 카잔디비 Kazandibi

우유 푸딩이 담긴 트레이에 열을 가해 캐러멜화한 후 돌돌 감아낸 디저트다. 캐러멜화된 부분은 달고나 맛으로 우유 푸딩과 잘 어울린다. 타북 교쉬로 카잔디비를 만든 것도 있다.

8 할바
Halva

세몰리나(듀럼밀의 부순 가루) 또는 간 견과류를 우유, 버터와 설탕과 함께 되직하게 만든 달콤한 디저트로 약과를 부드럽게 으스러뜨려 놓은 맛으로 세몰리나의 질감이 느껴진다. 아이스크림 컵에 담아주는데 아이스크림과 함께 먹는다. 할바 전문점이 있다.

9 카트메르
Katmer

카트메르 지방과 가지안테프에서 유명한 디저트로 얇은 반죽에 양귀비씨, 타히니, 피스타치오, 카이막 등을 넣고 접어 만든다. 가지안테프에 간다면 꼭 맛보기를 추천한다.

10 카박 타틀르스
Kabak Tatlısı

늙은 호박을 썰어 설탕에 졸여낸 디저트로 호두, 카이막, 타히니를 올려낸다. 겨울철에 많이 볼 수 있다.

11 도우를 튀겨 시럽에 절인 음식들

다양한 모양으로 도우를 튀긴 후 시럽에 담갔다 낸다. 모양만 다를 뿐, 모두 비슷비슷한 맛이다.

❶ 로쿠마 Lokma
기름에 튀긴 도우를 시럽이나 꿀에 담근 음식이다. 사라이 로쿠마스 Saray lokması는 시나몬 가루를 뿌려낸다. 고대 그리스가 기원으로 로쿠마데스 Loukoumades를 올림픽 경기의 승자에게 주었다는 기록이 있다.

❷ 하늠 궤베이 Hanım Göbeği
여성의 배꼽이라는 이름을 가진 디저트로 작은 도넛 형태다.

❸ 할카 Halka
츄러스랑 비슷한 음식으로 둥근 막대기 모양으로 튀겨 시럽에 절인 디저트다. 원하는 만큼 잘라 g단위로 팔며 길거리와 상점에서 판다.

❹ 오스만르 툴룸바즈스 Osmanlı Tulumbacısı
손가락 길이의 츄러스다.

12 피슈마니예 Pişmaniye

튀르키예의 솜사탕이라 불리는 디저트로 15세기에 만들어졌다. 버터에 볶은 밀가루를 설탕 시럽과 레몬즙으로 반죽해 수천, 수만 가닥으로 늘려 누에고치처럼 둥글게 만들어 다진 견과류를 넣기도 한다. 중국의 용수당龍鬚糖과 한국의 타래과의 원조다. 솜사탕처럼 사르르 녹지는 않으며, 바닐라, 초콜릿, 피스타치오, 장미 맛 등이 있다.

---

more & more 라마잔 기간의 음식들

❶ 마준 Macun
튀르키예의 부드러운 사탕으로 늘어나는 게 특징이다. 나무 막대에 돌돌 감아 판매한다. 상점이 따로 없고 주로 축제 때 볼 수 있는 길거리 음식으로 항상 아이들에 둘러싸여 있다. 민트, 장미, 레몬, 자두, 베르가못, 매스틱 등의 맛에서 선택할 수 있다. 마준의 기원은 고대 약초 페이스트로 약으로 사용했는데, 17세기에 수피(이슬람의 신비주의 종파)인 세이드 하산 Seyyid Hasan이 민트 맛을 띤 달콤한 마준을 만들었다.

❷ 귈라츠 Güllaç
밀가루나 옥수수 전분 가루로 만든 전병을 켜켜이 층을 쌓고 우유와 설탕을 넣어 데운 것을 뿌려 촉촉하게 만든 뒤, 호두가루, 장미수, 석류를 얹어 만든 디저트로 특히 라마단 기간에 많이 먹는다.

Food 7
튀르키예의 술

튀르키예는 이슬람 국가이지만 음주 문화엔 너그러운 태도를 보인다. 단, 세금을 높게 매겨 비싸다. 튀르키예인들이 즐겨 마시는 술은 전통주인 라크와 맥주인 에페스 필슨, 와인이 있다.

1 에페스
Efes

튀르키예 대표, 유럽 6대 맥주회사 중 하나이다. 1969년 설립된 아나돌루 에페스는 이스탄불에 본사를 두고 있다. 주력 브랜드는 에페스 필센 맥주이다. 한국인들 입맛에도 잘 맞고 국내에도 들어와 있는데, 튀르키예에서 사는 것보다 저렴하다.

2 라크
Rakı

튀르키예를 대표하는 포도 증류주로 500년의 전통을 잇고 있다. 첨가물로 아니스Anise가 들어가는데 독특한 향으로 인해 한국인들에게는 불호가 많으니 일단 작은 병으로 맛보자. 물과 1:1로 섞은 뒤 얼음을 넣어 마시는데, 물과 섞이면 맑았던 술이 뽀얀 흰 빛을 띠어 '사자의 젖'이라고 불린다. 메제와 함께 식전주로, 또는 해산물 요리와 함께 한다. 45도의 강한 술이니 마실 때 주의하자.

종류가 다양하며 면세점에서는 라크 잔과 함께 세트로 팔아 기념품으로 좋다.

3 와인
Rakı

튀르키예 전역에서 와인이 생산된다. 카파도키아의 화산 토양과 기후 조건 덕분에 특별한 맛을 가진 투라산Turasan 와인, 초기 기독교 시대부터 내려온 고대 와인 제조 방식으로 만드는 마르딘의 아시리아 와인, 블랙베리, 체리, 멜론 등의 과일로 만드는 쉬린제Sirince 마을의 와인이 있다.

카파도키아의 투라산Turasan

다양한 과일 맛의 쉬린제 와인

고대 시대부터 이어져 온 방식으로 만들어지는 아시리아 와인

---

more & more 호불호 없이 한국인에 딱 맞는 튀르키예 음식

향신료의 맛과 향에 익숙하지 않아 튀르키예 음식을 경험해 보지 못하는 한국인들이 많다. 시밋과 같은 빵 종류는 거부감 없이 먹을 수 있고, 아래에 소개하는 음식만큼은 누구나 먹을 수 있는 메뉴이다.

① 뵈렉 Börek
분설탕을 뿌린 기본 뵈렉이나 치즈가 들어간 뵈렉

② 발 카이막 Bal Kaymak
속이 보들보들한 프란잘라Francala 빵에 카이막과 꿀을 발라 먹어보자.

③ 베이란 Beyran
가지안테프에서 생겨난 음식으로 푹 끓인 양고기 국물에 쌀과 잘게 썬 고기를 올려 고추기름을 뿌려 팔팔 끓여낸다. 묵직

한 육개장 맛이라고 생각하면 딱이다. 한국인 입맛에 가장 맞는 음식이다.

④ 고기 종류
대부분의 케밥은 다진 고기에 향신료를 섞어 구워 접근하기 어려운데 생고기구이는 조금 낫다. 대표적으로 피르졸라Pirzola는 신선한 양을 사용하기 때문에 냄새가 나지 않아 맛있게 먹을 수 있다. 최소한의 양념만 하기에 향신료 민감한 사람도 시도하기 좋다. 가격은 한국과 비슷하다. 닭날개구이Tavuk Kanat Kebabı도 익숙한 맛을 느낄 수 있다. 케밥 중에서 가장 한국인 입맛에 잘 맞는 매콤한 아다나 케밥Adana Kebabı을 용기 있게 도전해 보자.

77

Shopping 1
튀르키예 슈퍼마켓 쇼핑

슈퍼마켓 쇼핑을 할 때는 되도록 큰 슈퍼마켓을 가는 것이 좋다. 미그로스라면 MMM Migros 이상 규모로 가면 선택의 폭이 넓다.

❶ 카이막 Kaymak

가장 인기 있는 쇼핑 품목으로 한국에서 구매하는 것보다 1/4 수준으로 저렴하다. 큰 슈퍼마켓에 가면 5~6종의 카이막을 파는데 크림 타입보다는 롤 타입으로 된 것이 맛있다. 추천하는 제품은 두란라르 카이막 Duranlar Kaymak (Rulo)이다. 버팔로 우유로 만든 것도 파는데 일반 카이막보다 5배 정도 비싸며 만다 Manda라고 쓰여 있다. 냉장 제품으로 변질 우려가 있으니 한국에서 보냉 가방을 준비해 가고, 아이스팩을 한국에서 준비해 와 호텔에서 얼려달라고 하면 된다.

카이막

❷ 초콜릿 Çikolata

가벼운 선물용으로 구매하기 좋다. 국내에 네슬레의 다막 Damak 브랜드가 들어와 있고 가격이 비슷하니 국내에 없는 제품 위주로 구매하는 것을 추천한다. 추천할 브랜드는 윌케르 Ülker로 1944년에 설립한 튀르키예 최초의 초콜릿 생산 회사다. 피스타치오가 들어간 초콜릿이 많다. 튀르키예 기업 소유의 고디바 Godiva도 저렴하게 살 수 있다.

초콜릿은 윌케르가 유명하다.

❸ 과자와 음료

슈퍼마켓에서 다양한 과자를 시도해 보거나 시외버스에서 서비스해 주는 과자 중 입맛에 맞는 것을 사오면 된다. 에티 Eti는 1962년에 설립한 과자 브랜드인데 초콜릿 케이크와 비스킷을 만든다.

에티 Eti의 초콜릿 쿠키

❹ 석류 Nar

튀르키예는 인도, 이란, 중국에 이어 세계 4위의 석류 생산국이다. 주로 안탈리아 주변에서 많이 생산되며, 석류 소스를 많이 사온다.

❺ 올리브유 Zeytinyağı

튀르키예는 올리브유 생산 2위 국가로 한국의 1/2~2/3 가격으로 올리브유를 구매할 수 있다. 가장 대중적인 올리브오일은 코밀리 Komili와 트라츠 Tariş 브랜드다. 튀르키예에서 가장 품질 좋은 올리브는 부르사의 겜릭 Gemlik 지역에서 생산된다.

석류 소스 / 올리브유

❻ 꿀 Bal

발파르막Balparmak 사의 꿀이 대표적이다. 소나무Çam꿀이 가장 유명하며 밤꿀, 라벤더꿀 등 다양한 꿀을 판매하는데 튜브형이라 선물용으로도 좋다. 국내 반입할 수 있는 꿀의 무게는 5kg이니 참고하자. 벌집 꿀은 지금까지는 검역 대상이 아니어서 반입 가능하다.

❼ 술

큰 규모의 슈퍼마켓과 테켈Tekel 상점에서 22:00 이전에 구입할 수 있다. 유럽 술은 한국과 비슷하거나 비싼 가격이고, 튀르키예 술은 술을 금지하는 이슬람 국가의 세금이 높아 저렴한 편은 아니다.

소나무꿀

❽ 잼과 스프레드 Reçel ve Kreması

다양한 과일이 생산되는 만큼 잼의 종류도 다양하다. 석류, 장미, 체리, 살구, 무화과 등 국내에서 보기 힘든 잼을 만날 수 있다.

석류잼과 장미잼

❾ 차 Çay

차야말로 좋은 기념품이다. 차 코너에 가면 너무 많은 브랜드가 있고, 한 브랜드마다도 다양한 라인이 있어 무엇을 구매해야 할지 난감하다. 용량도 1kg 대용량인데 가격은 200TL 선으로 저렴하다. 튀르키예에서 가장 많이 팔리는 브랜드는 차이쿠르Çaykur이다. 도쉬Doğuş도 괜찮다. 기본적인 티르야키Tiryaki와 햇잎Filiz으로 만드는 차나 리제Rize 지역의 찻잎으로 생산된 것을 사면 된다. 한쪽에 석류 차Nar Çay나 사과 차Elma Çay도 구입할 수 있다.

애플티

❿ 차이잔 Çay Bardağı ve Çay Tabağı

튀르키예를 여행할 때는 흔하지만 한국에 돌아오면 그리운 튀르키예 찻잔을 기념으로 사 오는 것도 좋다. 마트에서 파는 찻잔은 실용적인 기본 라인이 많고, 예쁜 것은 시장이나 기념품점에서 사는 것이 낫다.

차이잔

⓫ 향신료

이집시안 바자르가 유명하나 미그로스와 같은 슈퍼마켓에서 용기에 든 사이즈가 사용하기 편하다. 커민Kemyon 한 가지만 사도 좋다.

⓬ 블랙 커민 오일 Çörek Otu Yağı(Black Cumin Oil)

건강식품으로 샐러드에 뿌려 먹거나 식전에 한 숟가락 먹으면 항산화, 면역력, 호흡기, 혈압과 콜레스테롤에 도움을 준다. 먹기 쉬운 소프트 타입 캡슐형도 있다. 얼굴과 머리카락에 사용하는 제품도 있다.

블랙 커민 오일

Shopping 2
튀르키예 기념품

튀르키예에서의 가장 큰 쇼핑 명소는 그랜드 바자르와 이집시안 바자르라고 할 수 있다. 카펫부터 튀르키예 전역에서 올라온 토산품, 핸드메이드 타일, 도자기, 보석, 옷 등 모든 것을 살 수 있다. 단, 관광객들이 많은 곳이어서 바가지 쓰기 십상이니 가격표가 쓰여있지 않다면 주변에서 가격을 비교하고 어느 정도 가격을 파악한 후 사는 것이 바람직하다. 같은 물건이라도 그랜드 바자르 바깥쪽 매장이나 이집시안 바자르 주변에서 사면 확실히 더 저렴하다. 현지 기념 냉장고 자석과 같은 지역에서만 나는 기념품들도 있는데 이스탄불에서 팔지 않으니 보였을 때 사는 것이 좋다.

도자기

향신료와 차

튀르키예 차이 잔

❶ 바클라바 Baklava

유통기한이 최대 15일이라고는 하나, 2~3일만 지나도 굳고 맛이 없어지기 때문에 되도록 귀국 직전에 사서 한국에 도착하자마자 가까운 사람들과 나누어 먹는 것이 좋다. 가장 유명한 상점은 이스탄불의 카라쾨이 귈뤼올루 Karaköy Güllüoğlu로 소량도 살 수 있다. 가장 인기 있는 바클라바는 소욱 바클라바 Soğuk Baklava로 시럽 대신 우유를 사용해 달지 않고 맛있다.

❷ 로쿰 Lokum

제품에 따라 몇 달도 가능하지만, 실온에서 보관하고 한 달 안에 먹는 것이 좋다. 로쿰 매장에서 여러 가지를 시식할 수 있고 입맛에 맞는 것을 골라 구매하면 진공포장 해준다. 과거에는 사각형 형태의 로쿰이 많이 팔렸는데 요즘은 카이막에 견과류를 넣어 돌돌 만 형태의 로쿰이 인기다. 이집시안 바자르가 유명한데 바깥쪽이 가격이 더 저렴하다.

❸ 견과류와 말린 과일

튀르키예는 아몬드, 피스타치오와 같은 견과류와 무화과 같은 말린 과일의 가격도 저렴하다. 한국으로 수입되어 들어오는 제품들과는 신선도나 가격 면에서 차이가 난다. 피스타치오는 가지안테프산이 가장 품질이 좋다. 간혹 한국의 곶감을 실에 매단 것과 같은 갈색의 긴 것을 파는데 이는 호두와 같은 견과류를 당밀에 담가 소시지처럼 만들어 놓은 것이다.

❹ 악마의 눈, 나자르 본주 Nazar Boncuğu(Evil Eye)

여행하다 가장 손쉽게 만나는 기념품이다. 반짝이는 푸른색 둥근 유리 눈동자가 그려진 크고 작은 액세서리로 악마의 눈이라 불리며 악의에 찬 바라보는 눈을 몰아내는 구슬이라는 뜻을 가지고 있다. 액운을 막아주는 행운을 상징한다. 휴대폰 줄이나 열쇠고리, 팔찌 등은 저렴한 가격에 살 수 있어 가벼운 선물용으로 좋다. 개수가 많을수록 많이 깎아준다. 그랜드 바자르보다는 갈라타 탑 주변이 더 저렴하다.

❺ 장미와 올리브로 만든 화장품

유기농 장미로 만든 장미 토너 Gül Suyu와 장미 오일 Gül Yağı을 저렴하게 구입할 수 있다. 귈샤Gülsha(면세점 구입 가능), 로센스 Rosense, 하렘Harrem 브랜드가 유명하다. 달란Dalan d'olive은 1941년에 만든 화장품 회사로 올리브 핸드크림, 크림, 오일, 비누도 쉽게 살 수 있다. 그라티스Gratis, 왓슨Watson, 이브EVE, 세포라SEPORA, 약국 등에서 판매한다. 브랜드 제품 외에 검은 장미 제품은 할페티에서(p.475), 마르딘의 천연 비누(p.493)도 유명하다.

❻ 코롱과 향수

튀르키예는 코롱과 향수로 유명하다. 국내에도 들어와 있는 니치 향수인 니샤네 이스탄불Nishane Istanbul과 에윕 사비르 툰제르Eyüp Sabri Tuncer가 대표적이다. 튀르키예는 손소독제인 코오롱Kolonya이 오래전부터 발달했는데, 레몬 향을 기본으로 라벤다, 미모사, 베이비파우더 등의 다양한 향의 코오롱을 판매한다. 가격도 저렴하고 다른 나라에서 팔지 않는 제품이어서 기념품으로 좋다. 향수 또한 유럽보다 저렴한 가격에 구매할 수 있는데, 튀르키예에서 유행하는 향수들은 강한 향이 많으므로 여행하는 동안 여러 향수 가게에 들러 향을 맡아보는 것을 추천한다. 좋아하는 향수 브랜드 이름이나 라벤더, 머스크, 로즈 등의 주향을 이야기하면 비슷한 계열의 향을 시향하게 해준다.

❼ 탈모 샴푸 비옥신 Bioxcin

국내에서 판매되는 제품의 1/4 가격으로 살 수 있다. 기본적으로 빨간통Forte, 흑마늘은 흰색, 콜라겐은 보라색 통이다. 머리털이 덜 빠지며 굵게 만들어 준다. 그라티스Gratis, 왓슨Watson, 이브EVE 등에서 살 수 있는데 드러그 스토어에서 세일할 때 구입하거나 약국Eczne에서 3개 들이 세트를 구매하는 것이 가장 저렴하다.

❽ 술탄 보석(줄타나이트) Sultan Jewellery(Zultanite)

튀르키예 일비르Ilbir 산맥에서 생산되는 희귀한 보석으로 빛에 따라 초록, 호박, 핑크색으로 달라진다. 튀르키예 여러 쇼핑 매장에서 파는데, 가격을 비교해 보고 구매하자. 무게에 따라 가격을 측정하며 보통 작은 사이즈는 €30 정도 한다.

❾ 터키석 Turkuaz & 원석 액세서리

터키석은 행운과 성공의 뜻을 가진 에메랄드빛을 띤 12월의 보석으로 이란과 시나이 주변이 주 생산지다. 요즘은 터키석을 인공적으로 만들기도 하고 값싼 유리를 터키석이라고 속여 팔기도 해서 천연 터키석과 퀄리티를 보는 눈이 있거나, 속이지 않고 파는 매장을 찾는 것이 중요하다. 에메랄드나 루비, 터키석은 보통 은이나 금장식을 덧붙여 파는데 그램으로 달아 가격을 산정하기 때문에 무게에 따라 가격이 천차만별이다.

❿ 천연 비누

튀르키예는 올리브 주요 생산지로 올리브로 만든 제품들의 가격이 매우 저렴한데 올리브 비누도 좋은 기념품이다. 올리브뿐만 아니라 당나귀 젖, 염소 젖, 샤프란, 탈모방지 비누 등 다양한 종류의 천연비누를 판다.

⓫ 스카프 Scarf

히잡을 쓰는 이슬람 국가답게 다양한 디자인의 스카프를 구매할 수 있다. 모스크 입장 시 꼭 필요한 것이기도 하니, 기념품으로 구매해 보자. 고급스러운 제품을 찾는다면 부르사Bursa의 코자 한Koza Han에서 실크ipek 제품을 구매하는 것도 좋고, 흥정할 마음의 준비를 단단히 하고 그랜드 바자르나 이집시안 바자르를 방문하는 것도 좋다. 스카프 재질 중에서는 최상급 캐시미어인 파시미나Pashimina를 최고로 친다. 염소의 가장 가는 털을 사용한 원단으로 얇고 따뜻한데 중량이 높을수록 고가다.

⓬ 터키의 주방용품

그랜드 바자르와 헌책방 거리 사이에는 핸드메이드로 만든 튀르키예 주방용품들을 판매한다. 구리를 두드려서 만든 제품들인데 커피를 끓이는 도구인 세즈베와 메네멘 냄비 등을 많이 사 온다. 예쁜 튀르키예 커피잔 세트를 사고 싶다면 이집시안 바자르 등 여러 곳을 돌아다녀 보는 것이 좋다. 일반적인 튀르키예 기념품보다 실생활에서 두고두고 사용할 수 있어 특별하다.

⓭ 냉장고 자석

냉장고 자석은 해당 지역에서만 살 수 있고, 종류도 가장 많다. 이스탄불에서 다른 지역 이름이 쓰인 냉장고 자석은 구입할 수 없으니 여행할 때 사자.

⓮ 핸드메이드 타일, 도자기류

튀르키예의 모스크를 돌아다니다 보면 내부 타일 장식의 화려함에 입을 다물지 못한다. 무슬림들은 우상을 금지해 꽃이나 나무, 글자 등을 이미지화한 타일 예술이 발달했다. 오스만제국 시대에 가장 유명했던 최고급 타일 산지인 이즈니크가 유명한데 이곳에서 크고 작은 화려한 색감의 냉장고 자석, 냄비 받침대, 벽 장식용 타일을 만날 수 있다. 뒷면을 보면 Made in China도 꽤 많으니 반드시 확인하고 사는 것이 좋다. Made in Turkey와 핸드메이드로 제품은 공장에서 찍어낸 것보다 비싸지만 훨씬 예쁘다. 또한 아름다운 도자기 화병이나 찻잔 세트, 튀르키예 커피잔 세트 등 다양한 종류와 다양한 가격대의 제품을 구입할 수 있다. 포장을 잘 해주니 깨질 염려는 하지 않아도 된다.

⓯ 카펫과 킬림 Carpet & Kilim, 쿠션 커버

세계에서 가장 유명한 카펫 생산국은 튀르키예와 이란이다. 이 두 나라는 카펫 짜는 방식이 달라 우위를 견줄 수 없는데 튀르키예의 카펫이 세계 최고 수준임은 분명하다. 카펫은 현지에서도 비싼 가격이지만 종류도 다양하고 우리나라에서 구하기 힘든 디자인이 많다. 양털이나 합성 섬유냐에 따라, 핸드메이드냐 공장 제작이냐에 따라 가격 차이가 커 바가지 쓰기도 쉽다. 큰 카펫은 배송이나 세관 문제가 생길 우려가 있지만 튀르키예인들이 예배를 볼 때 사용하는 1인용 사이즈, 킬림은 무리가 없다. 양면 사용이 가능한 킬림과 단면 사용이 가능한 수막Sumak이 있다. 킬림보다 저렴한 것은 쿠션 커버로 다양한 디자인을 만날 수 있다.

⓰ 내 이름을 아랍어로? 아랍어 접시

이스탄불 곳곳에는 멋진 아랍어 캘리그래피로 접시에 그려주는 사람들이 있다. 튀르키예인들은 알라의 말씀을 써서 간직하는 경우가 많지만, 관광객들은 자신의 이름을 아랍어로 써서 기념품으로 간직한다. 단 하나뿐인 멋진 캘리그래피 작품을 간직할 수 있다. 사람에 따라 스타일이 다르므로 비교해 보고 마음에 드는 캘리그래피 장인에게 부탁하면 된다.

Enjoy Türkiye

튀르키예를 즐기는 가장 완벽한 방법

마르마라 지역
· · ·

마르마라 지역Marmara Bölgesi은 튀르키예 북서부에 위치하며, 유럽과 아시아를 연결하는 문화와 상업의 중심이자 전략적 요충지다. 마르마라해를 중심으로 북쪽은 보스포루스 해협을 통해 흑해, 남쪽은 다르다넬스 해협Çanakkale Boğazı을 통해 에게해와 연결된다. 마르마라해 주변에는 이스탄불İstanbul, 부르사Bursa, 차나칼레Çanakkale, 발릭케시르Balıkesir, 크르클라렐리Kırklareli 등의 주요 도시가 있다. 이스탄불은 특히 정치, 문화, 무역의 중심지로, 역사적으로 약 1,600년간 비잔틴 제국과 오스만 제국의 수도였다. 흑해 기후, 지중해 기후, 대륙성 기후가 섞여 있는데 대체로 온난 습윤하며 주로 겨울철인 12~2월에 비나 눈이 많이 온다.

1 동서 문명의 요람
이스탄불
İstanbul (Istanbul)

이스탄불은 튀르키예에서 가장 큰 도시로 가장 많은 인구가 산다. 보스포루스 해협을 사이에 두고, 유럽 대륙과 아시아 대륙을 동시에 품은 동서양이 융화된 독특한 도시다. 기원전 비잔티움으로 시작해 로마 제국의 영토였다가 330년 콘스탄티누스 대제가 동로마 제국의 새로운 수도로 선포한 뒤 오랫동안 콘스탄티노폴리스로 불렸다. 1453년 오스만 제국의 정복 이후 제국이 끝날 때까지 수도였으나 1923년 튀르키예 공화국 수립 이후 앙카라로 옮겨졌다. 이스탄불이란 이름은 1930년에 공식화되었는데 중세 그리스어로 '도시로'라는 뜻이다. 비록 수도의 지위는 잃었지만, 여전히 튀르키예 최대 상업 도시로 풍부한 역사, 다양한 문화를 지닌 관광의 중심이자 튀르키예 여행의 관문이다.

이스탄불 관광청 visit.istanbul

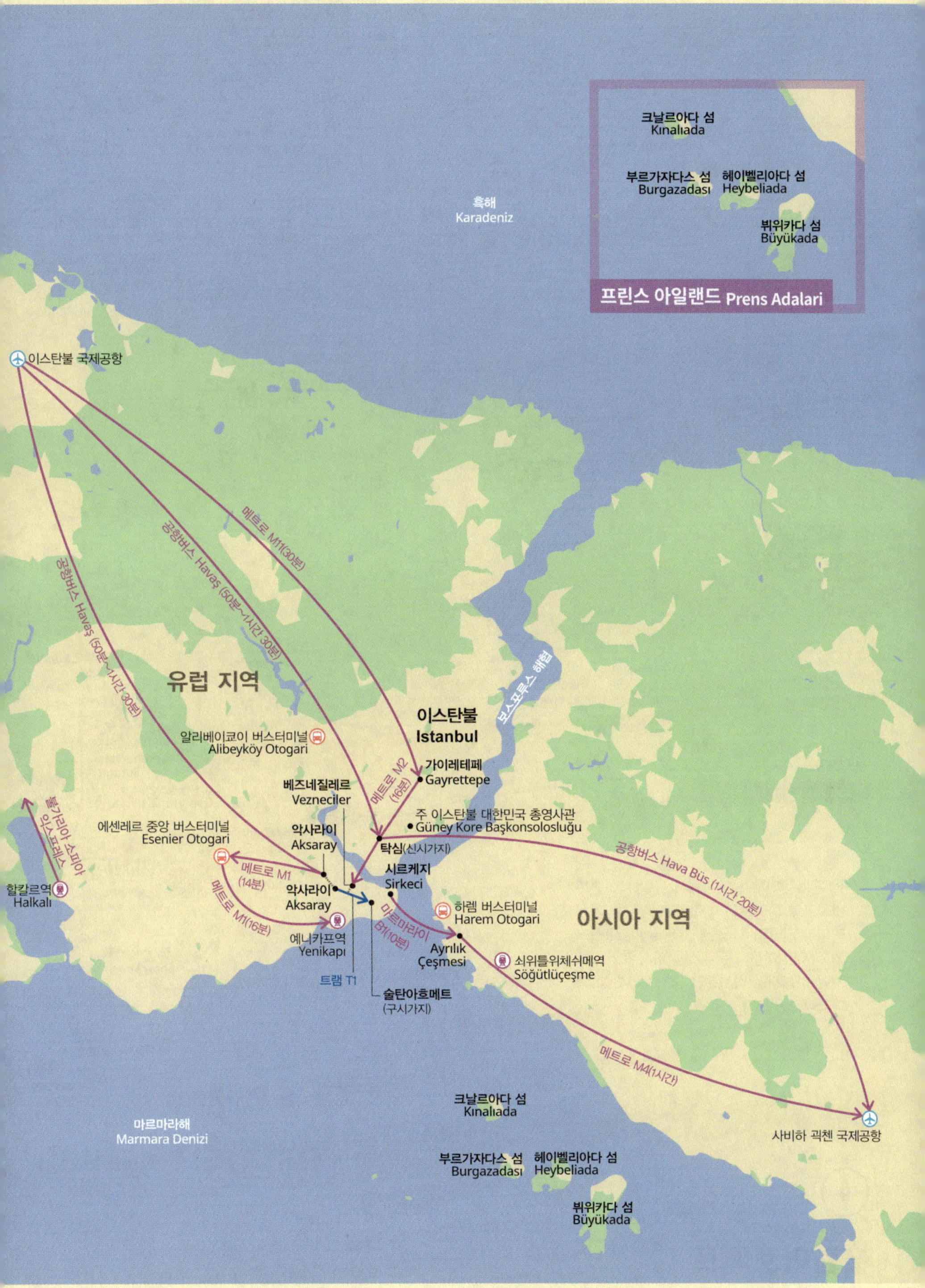
흑해
Karadeniz
크날르아다 섬
Kınalıada
부르가자다스 섬
Burgazadası
헤이벨리아다 섬
Heybeliada
뷔위카다 섬
Büyükada
프린스 아일랜드 Prens Adalari
이스탄불 국제공항
메트로 M11(30분)
공항버스 Havaş (50분~1시간 30분)
공항버스 Havaş (50분~1시간 30분)
유럽 지역
이스탄불
Istanbul
보스포루스 해협
알리베이쿄이 버스터미널
Alibeyköy Otogari
가이레테페
Gayrettepe
메트로 M2 (16분)
베즈네질레르
Vezneciler
주 이스탄불 대한민국 총영사관
Güney Kore Başkonsolosluğu
에센레르 중앙 버스터미널
Esenier Otogari
악사라이
Aksaray
탁심(신시가지)
공항버스 Hava Büs (1시간 20분)
불가리아 소피아
이스탄불
시르케지
Sirkeci
메트로 M1 (14분)
악사라이
Aksaray
할칼르역
Halkalı
메트로 M1(16분)
하렘 버스터미널
Harem Otogari
아시아 지역
마르마라이 B1(10분)
예니카프역
Yenikapı
Ayrılık Çeşmesi
쇠위틀위체쉬메역
Söğütlüçeşme
트램 T1
술탄아흐메트
(구시가지)
메트로 M4(1시간)
크날르아다 섬
Kınalıada
마르마라해
Marmara Denizi
부르가자다스 섬
Burgazadası
헤이벨리아다 섬
Heybeliada
사비하 괵첸 국제공항
뷔위카다 섬
Büyükada

- 갈라타 다리
  Galata Köprüsü

- 베쉭타쉬Beşiktaş행
  (돌마바흐체 궁전 후문)

- 보스포루스 투어

- 부르사행 BUDO
  (Bursa Deniz Otobüsleri)

- 사라이부르누 아이레 차이 바흐체시
  Sarayburnu Aile Çay Bahçesi

Eminönü

- 시밋 사라이 Simit Sarayı
- 그라티스 Gratis
- 왓슨 Watsons
- 시밋 사라이 Simit Sarayı
- 부르사행 İDO (Deniz Otobüsleri)

Kennedy Cad.

- 마도 Mado
- 타틀르즈 사파 시르케지 Tatlıcı Safa Sirkeci
- 이스탄불 철도 박물관 İstanbul Demiryolu Müzesi

(운영 09:00~18:00)

Sirkeci ・ 시르케지Sirkeci 기차역

❷ 톱카프 궁전을 보고 나와 이스탄불 고고학 박물관을 관람하고(선택) 귈하네 공원, 시르케지 기차역을 거쳐 이집시안 바자르에서 쇼핑하고 에미뇌뉴 선착장의 고등어 샌드위치 판매 장소까지 가는 2.3km의 루트다. 톱카프 궁전을 보는 것만으로도 소요시간이 꽤 길어 1일 루트가 된다.

- 코스카 Koska
- 쿠루카흐베지 메흐메트 에펜디 Kurukahveci Mehmet Efendi
- 규벤츠 콘얄르 Güvenç Konyalı
- 네오리온 호텔 Neorion Hotel
- 쉐흐자데 자 케밥 Şehzade Cağ Kebap
- 호자파샤 Hocapaşa (공연장)
- 아수르 호텔 Asur Hotel
- 아실자데 호텔 시르케지 Asilzade Hotel Sirkeci

Marmaray Sirkeci

- 이슬람 과학・기술의 역사박물관 İslam Bilim Ve Teknoloji Tarihi Müzesi

- 아이리스 한 호텔 Iris Han Hotel
- 다운타운 시르케지 호텔 Downtown Sirkeci Hotel

- 세컨드 홈 호스텔 Second Home Hostel

- 귈하네 공원 Gülhane Parkı

- 파샤자데 식당 Pasazade Restaurant
- 호텔 에르보이 Hotel Erboy
- 팔메라 아야소피아 Palmera Hagia Sophia

- 마이 드림 이스탄불 호텔 My Dream Istanbul Hotel

Gülhane

- 야스막 술탄 호텔 Yasmak Sultan Hotel

- 이스탄불 고고학 박물관 İstanbul Arkeoloji Müzeleri

- 톱카프 궁전 Topkapı Sarayı Müzesi

- 자알로울루 하맘 Cağaloğlu Hamamı

- 하잘 뵈렉 살로누 Hazal Börek Salonu

- 술탄아흐메트 피쉬 하우스 Sultanahmet Fish House

- 귈하네 수르 카페 Gülhane Sur Cafe

START
인사의 문
(입구)
매표소

- 카흐베 듀나스 Kahve Dünyası
- 넘버 12 호텔 술탄아흐메트 No:12 Hotel Sultanahmet
- 제1 정원
- 더 사르느츠 레스토랑 The Sarnıç Restaurant

- 화이트 하우스 호텔 이스탄불 White House Hotel Istanbul
- 예레바탄 지하 저수조 Yerebatan Saray Sarnıcı
- 마트바 레스토랑 Matbah Restaurant
- 아야 이리니 박물관 Aya Irini Müzesi

- 술탄 마무드 2세의 무덤
- 데랄리예 Deraliye
- 더 앤드 호텔 The And Hotel
- 수라 아야 소피아 호텔 Sura Hagia Sophia Hotel
- 아야소피아 그랜드 모스크 Ayasofya-I Kebir Cami-I Şerifi
- 콘얄리 식당 Konyalı Restaurant

- 카라데니즈 아일레 피데 Karadeniz Aile Pide
- 마도 Mado
- 푸딩 숍 Pudding Shop
- 제국의 문 (톱카프 궁전 집 검사)
- 술탄아흐메트 3세 분수 Sultan III. Ahmet Çeşmesi

- 락스트 호텔 Rast Hotel
- 그랜드 카페 테라스 Grande Cafe Teras
- 하프즈 무스타파 Hafız Mustafa
- 술탄 펍 Sultan Pub
- 밀리온 돌 Milyon Taşı

STOP

START

- Sultanahmet
- 타리히 술탄아흐메트 쾨프테지시 Tarihi Sultanahmet Köftecisi
- 데르비스 카페 & 레스토랑 Dervis Cafe & Restaurant

❶ 아야소피아 모스크를 보고 나와 술탄아흐메트 모스크와 히포드롬, 마지막으로 예레바탄 지하 저수조를 보는 1.2km의 짧은 루트다. 이스탄불에 도착해 반나절 정도의 시간으로 돌아볼 수 있다.

- 스타 홀리데이 호텔 Star Holiday Hotel
- 독일 분수 Alman Çeşmesi
- 아야소피아 역사・체험 박물관 Ayasofya Tarih Ve Deneyim Müzesi

- 호텔 아카디아 블루 Hotel Arcadia Blue
- 휘렘 술탄 하맘 Hurrem Sultan Hammam
- 포 시즌스 호텔 Four Seasons Hotel

- 호텔 페룰라 Hotel Perula
- 튀르키예・이슬람 예술 박물관 Türk Ve İslam Eserleri Müzesi
- 세븐 힐즈 호텔 Seven Hills Hotel

- 피닉스 Phoenix (한식당)
- 테오도시우스 오벨리스크 Theodosius Dikilitaşı
- 치어스 빈티지 Cheers Vintage
- 튤립 게스트하우스 Tulip Guesthouse Istanbul

- 하지 바이람 호텔 Haci Bayram Hotel
- 뱀 기둥 Yılanlı Sütun
- 메샬레 레스토랑 & 카페 Meşale Restaurant & Cafe
- 마르마라 게스트하우스 Marmara Guesthouse

- 콘스탄티누스 오벨리스크 Örme Dikilitaşı
- 술탄아흐메트 모스크 Sultanahmet Camii
- 고려정 Kolay Restauran (한식당)

- 뤼스템 파샤 분수 Rüstem Paşa Çeşmesi
- 아라스타 시장 Arasta Çarşısı
- 아고라 게스트하우스 Agora Guesthouse
- 아자데 호텔 Azade Hotel & Premier
- 파티히 벨레디예시 잔쿠르타란 소스얄 테시스레리 Fatih Belediyesi Cankurtaran Sosyal Tesisleri

- 히포드롬 경기장 유적 Hipodrom Kalıntıları
- 도이도이 레스토랑 Doy - Doy Restaurant
- 대궁전 모자이크 박물관 Büyük Saray Mozaikleri Müzesi

작은 아야소피아 모스크 (200m)

지도 범례

- **Taksim** 탁심 광장 Taksim Meydanı
- **START** 왓슨 Watsons / Taksim Meydanı
- 하프즈 무스타파 1864 Hafız Mustafa 1864
- 시밋 사라이 Simit Sarayı
- Ring Araç (톱하네 트램역행 무료 셔틀버스) 정류장 (09:00~17:30, 1시간 간격)
- (운영 09:00~17:00)
- İnönü Cd.
- 돌마바흐체 궁전 Dolmabahçe Sarayı
- 돌마바흐체 궁전 시계탑 Dolmabahçe Saat Kulesi (140m)
- 국립 회화 박물관 Resim Müzesi (800m)
- 돌마바흐체 모스크 Dolmabahçe Camii
- 돌마바흐체 카페 Dolmabahçe Cafe
- 프린스섬행 선착장 (덴투르 아브라스야 Dentur Avrasya)
- 보스포루스 투어 선착장
- Sıraselviler Cd.
- 버스대리점 (버스터미널행 세르비스 출발 정류장)
- 중국 슈퍼마켓 China Supermarket (한국 라면 판매)
- Kazancı Ykş
- Selime Hatun Camii Sk.
- Muhtar Leyla Ildır Sk.
- **Kabataş**
- 급경사 오르막
- 카흐베 뒤니아스 Kahve Dünyası
- 카바타쉬 Kabataş 페리 선착장
- 프린스섬행 선착장 (쉐히르 하트라리 Şehir Hatları)
- Pürtelaş Sk.
- 코반 프른 Kovan Fırın
- 사 바 아나톨리안 브렉퍼스트 하우스 Sa Va Anatolian Breakfast House
- 이잇 소프람 괴즐레메 · 카흐발트 Yiğit Sofram Gözleme Ve Kahvaltı
- Mebusan Cd.
- **Fındıklı-Mımar Sinan Üniversitesi**
- İlyas Çelebi Sk.
- 갈라타포트 이스탄불 몰 Galataport Istanbul Mall
- 자라 ZARA
- 이스탄불 회화·조각 박물관
- 솔트배 갈라타포트 Saltbae Burger Galataport
- 리만 로칸타스 Liman Lokantası
- Dogus 광장
- 더 포퓰리스트 갈라타포트 The Populist Galataport
- 하프즈 무스타파 Hafız Mustafa
- 시밋 사라이 Simit Sarayı

설명

신시가지의 중심인 탁심 광장에서 이스티크랄 거리를 따라 갈라타 탑까지 내리막으로 걷는 2km의 루트다. 신시가지는 쇼핑의 중심가이며 오작바시와 라크, 맥주를 즐길 수 있는 유흥의 지역이기도 하다. 해 질 녘 갈라타 탑은 아름답지만, 성수기에는 입구부터 긴 줄이 늘어선다. 시간을 맞추려면 여유 있게 도착하는 것이 좋다. 탁심 광장 주변이 숙소인 경우를 제외하고, 루트의 출발지인 탁심 광장으로 가는 방법은 ❶ 트램 T1 카바타쉬Kabataş에서 내려 F1 푸니쿨라를 타고 가는 것으로 가장 보편적이다. ❷ 트램 T1 카라쾨이Karaköy에서 내려 F2 튀넬을 타고 올라간 뒤, 노스탤지어 트램을 타고 탁심 광장으로 가는 방법으로 세계에서 두 번째로 오래된 지하철과 1920년대의 앤틱한 트램을 타보는 경험을 할 수 있다. ❸ 트램 T1 톱하네Tophane에서 내려 30분 간격으로 다니는 링 아라치Ring Araç(무료, 30분 간격)를 타고 탁심으로 가는 방법으로 가장 저렴하다.

탁심

메트로 교통지도

- M1A Yenikapı-Atatürk Havalimanı
- M1B Yenikapı-Kirazlı
- M2 Yenikapı-Seyrantepe-Hacıosman
- M3 Bakırköy-Kayasehir
- M4 Kadıköy-Sabiha Gökçen Havalimanı 공항선
- M5 Üsküdar-Samandıra
- M6 Levent-Bogaziçi Ü./Hisarüstü
- M7 Yıldız-Mahmutbey
- M8 Bostancı-Parseller
- M9 Ataköy-Olimpiyat
- M11 Gayrettepe-Istanbul Hvl.-Arnavutköy 공항선
- TF1 Maçka-Taskısla Teleferik Hattı
- TF2 Eyüp-Piyer Loti Teleferik Hattı
- T1 Kabatas-Bagcılar Tramvay Hattı
- T2 Taksim-Tünel Nostaljik Tramvay (노스탤지어 트램)
- T3 Kadıköy-Moda Tramvay Hattı
- T4 Topkapı-Mescid-i Selam Tramvay Hattı
- T5 Eminönü-Alibeyköy Tramvay Hattı
- T6 Sirkeci-Kazlıçesme Tramvay Hattı (TCDD)
- F1 Taksim-Kabatas Füniküler Hattı
- F2 Karaköy-Beyoglu Tarihi Tünel (IETT) (헤리티지 푸니쿨라)
- F3 Seyrantepe-Vadistanbul Füniküler Hattı
- F4 Bogaziçi Ü./Hisarüstü-Asiyan Füniküler Hattı
- B1 Halkalı-Gebze Banliyö Hattı (Marmaray-TCDD)
- B2 Halkalı-Bahçesehir Banliyö Hattı (TCDD)
- Metrobüs Hattı (IETT) 메트로 버스 환승

M 메트로 TF 케이블카 T 트램 F 푸니쿨라 B 교외선

- 역
- 종착역
- 환승 표시
- 보스포루스 다리
- 공항
- 버스터미널
- 기차역
- 수중 터널

메트로 운행시간은 각 역마다 조금씩 다르나 대략 06:00~24:00 운행한다.

T2선, T3선, 트램 T4선의 Cumhuriyet Mahallesi역을 제외한 모든 역에서 장애인 이용이 가능하다.

❶ **베즈네질레르Vezneciler역** 공항에서 메트로로 술탄아흐메트로 올 때 내리는 곳

❷ **악사라이Aksaray역** 공항에서 하바쉬로 술탄아흐메트로 올 때 내리는 곳

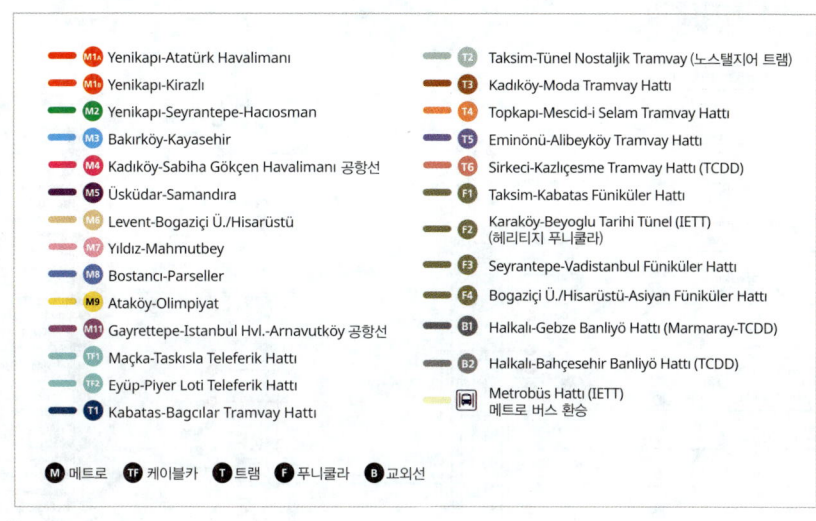

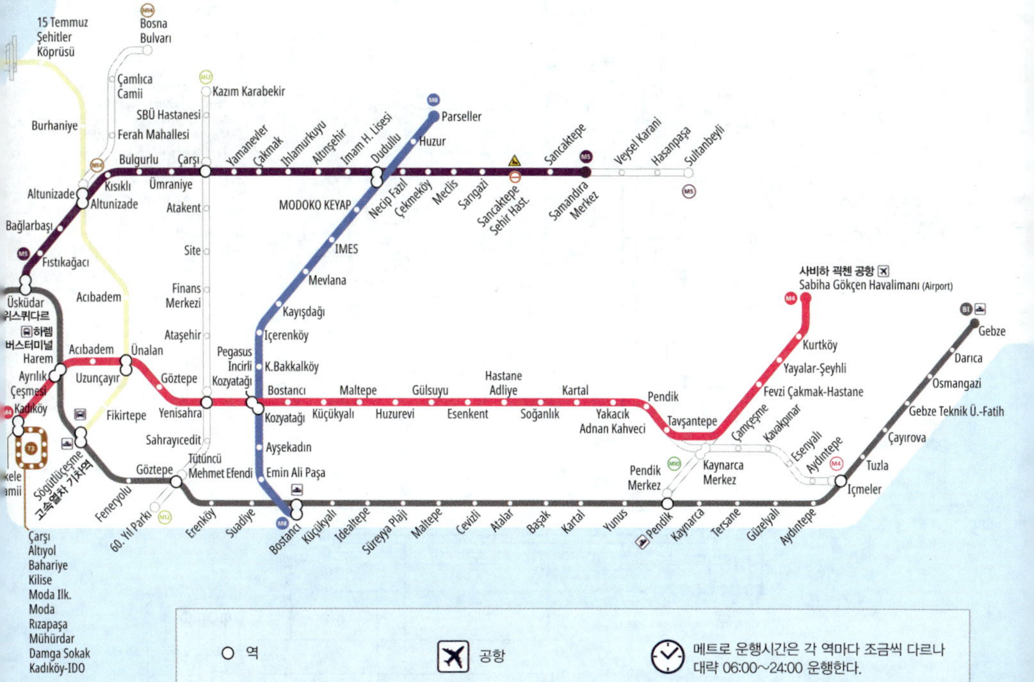

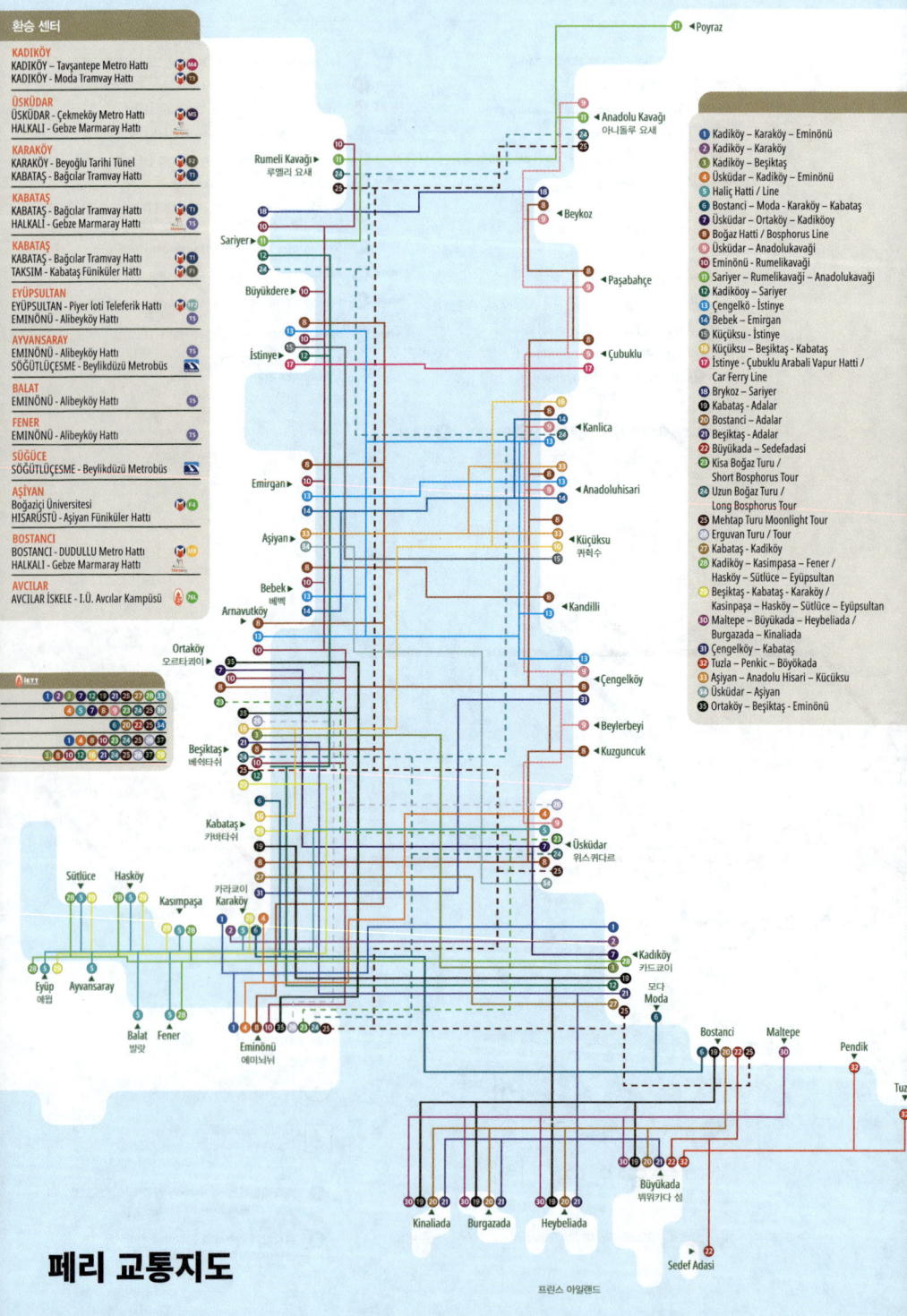

이스탄불 들어가기

한국에서 직항 또는 경유편을 이용하거나, 유럽의 주요 국가에서 항공으로 쉽게 갈 수 있다. 기차는 동유럽에서 불가리아의 소피아에서 출발해 이스탄불의 할칼르 기차역에 도착한다. 버스는 가격과 시간 면에서 저가 항공에 밀려 잘 이용하지는 않지만, 동유럽을 여행하는 여행자라면 불가리아를 거쳐 이스탄불로 들어올 수 있다. 그리스도 국경을 맞닿고 있는데 테살로니키에서 버스로 연결된다.

비행기

이스탄불에는 두 개의 국제공항이 있다. 이스탄불 공항과 사비하 괵첸 국제공항이다. 우리나라에서 출국하면 이스탄불 공항으로 들어가게 된다. 사비하 괵첸 국제공항은 터키항공을 제외한 저가 항공사들이 많이 이용한다. 유럽에서 튀르키예로 들어가거나 튀르키예 국내선을 이용할 때 가게 된다. 이스탄불로 가는 직항으로는 대한항공, 아시아나, 터키항공이 있다. 직항을 선호하는 여행자라면 세 항공사가 모두 비슷한 요금이니 선호하는 항공사를 선택하면 된다. 갈 때는 약 12시간, 한국으로 돌아올 때는 10시간 정도가 걸린다. 1회 경유하는 항공으로 추천할 만한 항공사는 경유 시간이 짧은 카타르항공, 가격이 저렴하고 24~144시간 경유 무비자 여행이 가능해진 중국 항공사들이 있다.

이스탄불 공항 İstanbul Havalimanı

2018년에 문을 열었다. 유럽에서 런던 히스로공항 다음으로 많은 탑승객이 이용하는 바쁜 공항이다. 중심가인 아야소피아 모스크까지 49km, 탁심 광장까지 41km 떨어져 있다. 한국에서 출발한다면 이스탄불 공항에 도착한다. 터키항공을 이용한다면 곧바로 국내선 연결편으로 카파도키아(네브셰히르 또는 카이세리), 파묵칼레(데니즐리), 앙카라 등으로 들어갈 수 있다. 1시간 무료 Wifi를 사용할 수 있으며 공항 내에는 관광안내소(도착층 09:00~18:00), ATM(9번과 14번 출구에 Ziraat ATM이 있다), 렌터카, 짐 보관소, 택스 리펀, 유심 판매소가 있다. 공항 내 트롤리 사용은 유료이다.

주소 İmrahor, 34275 Arnavutköy **전화** 와츠앱 +90 4441 4442
홈피 www.istairport.com

Tip | 이스탄불카드 Istanbulkart를 구입할까? VS 말까?

이스탄불에는 메트로, 기차, 트램, 페리, 푸니쿨라 등 다양한 대중교통 수단이 있는데 현금을 사용할 수 없다. 한국의 티머니 카드와 같은 이스탄불카드 Istanbulkart를 구매해(165TL) 원하는 만큼 충전한 후 사용하거나, 가지고 있는 카드 중 컨택리스 표시가 있는 신용카드·체크카드를 사용할 수 있다. 한국에서 사용하던 카드를 그대로 쓸 수 있어 편리하나, 이스탄불카드보다 요금이 50% 정도 더 비싸며 공항 메트로선은 이용할 수 없다. 이스탄불카드를 만들고 싶지 않다면, 공항버스를 이용해 시내로 들어와야 한다. 공항 메트로선을 이용하고 대중교통을 10번 이상 탈 예정이라면 이스탄불카드를 만드는 것이 이득이다. 한국과 다른 점은 하나의 카드로 여러 명이 사용할 수 있다는 것인데, 동행자가 있다면 카드 하나만 만들면 된다. 외국인에게는 환승 할인은 없으며, 이스탄불 공항버스도 이스탄불카드 사용이 가능해졌다. 미그로스에서 이스탄불카드를 제시하면 할인 혜택도 있다.

※ 이스탄불 공항에서 시내 들어가기

대중교통과 택시를 이용해 이스탄불 시내로 들어갈 수 있다. 목적지인 신시가지, 또는 구시가지에 따라 공항버스, 공항버스+메트로와 트램을 이용한다. 택시는 워낙 사기와 불쾌한 후기가 많아 튀르키예의 좋은 첫인상을 위해 개별여행자라면 대중교통을 추천한다. 택시와 관련한 자세한 글은 시내 교통편의 p.105를 참고하자. 러시아워 시간인 07:30~09:00, 17:00~19:00에는 교통정체가 심해지며 메트로에도 사람이 많다.

공항에서 이스탄불로 가는 다양한 방법

옐로우 택시가 저렴하다.

택시

택시를 이용한다면, 먼저 공항 안팎으로 지역에 따른 예상 요금표(탁심 1,000TL~, 술탄아흐메트 1,250TL~, 사비하 괵첸 국제공항 1,800TL~)를 참고하고 미터가 꺼져 있다면 반드시 켜달라고 요구해야 한다. 미터당 요금은 백미러에 표시된다.

- 공항에 정차된 택시를 이용한다면 오렌지 택시가 저렴하며 신용카드는 안되는 경우가 많으니(신용카드 결제 시 수수료 10% 추가) 현금을 준비하자.
- 우버Uber나 비탁시BiTaksi와 같은 택시 앱을 이용하면 저장한 신용카드로 결제가 가능하며 예약 수수료(30TL)가 추가된다.
- 아고다나 부킹닷컴의 숙소 앱에서 예약하는 정액 택시는 요금은 좀 더 비싸지만, 사기 위험이 없어 추천한다.

1. 구시가지(술탄 아흐메트Sultanahmet) 가기

❶ 공항버스+트램 T1

공항버스 시간표

소요 비용은 ❷번보다 비싸지만, 가장 무난하게 시내로 들어가는 방법이다. 공항 지하 2층에 있는 버스정류장 플랫폼 12에서 악사라이Aksaray행 공항버스 하바쉬Havaş HVL – 1를 타고 종점에서 내린 후, 350m 떨어진 트램 T1 유수프파샤Yusufpaşa

Tip | 이스탄불카드Istanbulkart 만들기와 톱업Top up

❶ 오른쪽 하단 언어를 영어로 선택한다. Language → English 영어 선택
❷ 새 카드 만들기 Buy Istanbulkart, bilet 선택
❸ 왼쪽 첫 번째 Istanbulkart Buy 선택
❹ OK 버튼 후 결제 ※ 결제는 현금을 추천한다. 체크카드나 신용카드는 수수료가 추가된다.
❺ 이후 다시 2번 메뉴에서 Istanbulkart Top-up을 클릭해 원하는 금액만큼 충전하면 된다.

동영상 보기

이스탄불카드 발급기

정류장(지하보도 이동) 또는 400m 떨어진 T1 악사라이^{Aksaray} 정류장(평지 이동)에서 트램을 타고 술탄아흐메트^{Sultanahmet} 정류장에 내리면 된다. 공항버스 티켓은 지하 2층의 부스나 버스 안에서 체크카드, 신용카드, 이스탄불카드(Beylikdüzü, Aksaray, Taksim, Bakırköy, Esenler 버스터미널 노선만 유효)로 구매할 수 있다. 이스탄불카드도 공항버스 티켓 판매 부스에서 판다.

운영 하바쉬 24시간(30분~1시간 간격), 트램 T1 06:00~24:00
소요시간 하바쉬 50분~1시간 30분(교통 상황에 따라)+도보 10분+트램 10분=1시간 10~50분
요금 공항버스 275TL+이스탄불카드 1회=302TL

❷ 메트로 11호선+메트로 2호선+트램 T1

가장 저렴하게 시내로 들어오는 방법이다. 단, 지하철 환승 구간이 길고, 지하철에서 내려 트램 정류장까지 꽤 걷는다. 지하철이 깊어 인터넷이 안 된다.

1. 공항 0층에서 메트로 U 표시를 따라 공항 밖으로 나와 370m 이동한 후 엘리베이터(또는 에스컬레이터)를 타고 지하로 내려가 이스탄불카드를 구매한다(공항 메트로선은 컨택리스 카드 이용이 불가능하다).
2. M11호선을 타고 가이레테페^{Gayrettepe}역에서 M2로 환승, 베즈네질레르^{Vezneciler}역에 내린다.
3. 메트로 밖으로 나와 내리막길로 290m를 걸어 트램 T1 라렐리–위니베르시테$^{Laleli - Üniversite}$ 정류장에서 트램을 타고, 술탄아흐메트^{Sultanahmet}에 내리면 된다.

베즈네질레르^{Vezneciler}역

운영 M11(공항 메트로) 06:00~24:00, 메트로·트램 06:00~00:00
소요시간 메트로 11호선 30분+도보 10분+메트로 2호선 16분+도보 8분+트램 6분=1시간 20~30분
요금 이스탄불카드 사용 시 공항 메트로 1회(53.23TL)+2회=약 108TL

Tip | 자정 넘어 이스탄불에 도착했다면, 메트로뷔스

메트로뷔스 시간표

이스탄불의 모든 대중교통은 자정이면 종료된다. 자정 넘어 공항에 도착했다면, 숙소까지의 이동은 공항버스 하바쉬^{Havaş}와 메트로뷔스^{Metrobüs}, 택시 세 가지의 선택지가 있다. 메트로뷔스는 메트로가 다니지 않는 새벽 시간 운행하는 버스로 이스탄불카드 사용이 가능하다. 유용한 메트로뷔스는 IETT H–2로 한 번에 시내 중심가까지 연결하지는 않지만, 탁심 광장에서 북쪽으로 4km 정도 떨어진 메지디예쾨이^{Mecidiyeköy}까지 운행한다. 하바쉬 버스의 시간이 맞지 않고, 공항에서 시내까지의 택시비가 부담스럽다면 메트로뷔스를 이용해 메지디예쾨이까지 온 뒤 택시를 타면 경비를 아낄 수 있다. 또는 06시 이후 메지디예쾨이에 도착했다면 메트로 2호선 쉬슬르^{Şişli}역에서 메트로를 타거나 버스를 이용해 시내로 들어갈 수 있다.

운영 메트로뷔스 IETT H-2(공항 지하 2층)
이스탄불 공항 출발 01:10, 03:30, 05:30
메지드예쾨이 출발 24:00, 02:20, 04:30, 05:20
소요시간 메트로뷔스 1시간 45분+원하는 지역으로 이동
요금 메트로뷔스 40.08TL+택시비 또는 메트로 27TL(구시가지로 이동 시 +트램 27TL)

메트로뷔스

2. 신시가지(탁심Taksim) 가기

① 공항버스

공항 지하 2층에 있는 버스정류장 플랫폼 16에서 탁심행 하바쉬Havaş HVL-9를 타고 탁심Taksim 종점에서 내리면 된다. 공항버스는 체크카드, 신용카드, 이스탄불카드로 구입 가능하며, 현금은 사용할 수 없다.

운영 하바쉬 24시간
소요시간 직행 50분, 돌아가거나 교통이 정체될 경우 1시간 30분
요금 275TL

② 메트로 11호선 + 메트로 2호선

공항 0층에서 메트로 U 표시를 따라 공항 밖으로 나와 370m 이동한 후 엘리베이터(또는 에스컬레이터)를 타고 지하로 내려가 이스탄불카드를 구매한다. M11호선을 타고 가이레테페Gayrettepe역에서 M2로 환승, 탁심Taksim역에 내리면 된다.

운영 M11(공항 메트로) 06:00~24:00(20분 간격), 메트로 M2 06:00~24:00
소요시간 메트로 11호선 30분+도보 10분+메트로 2호선 10분=50분
요금 이스탄불카드 사용 시 공항 메트로 1회(53.23TL)+1회=약 84TL

3. 사비하 괵첸 공항 가기

지하 2층에 있는 버스정류장 플랫폼 13에서 사비하 괵첸 국제공항으로 가는 공항버스 하바쉬Havaş가 있다. 공항버스는 체크카드, 신용카드, 현금으로 구매 가능하다.

운영 하바쉬 24시간
소요시간 2시간
요금 310TL

Tip | 택스리펀Tax Refund

튀르키예는 세금을 제외한 1,000TL 이상 물품 구매 시 면세 환급을 받을 수 있다. 상점에서 세금 환급 서류를 작성할 때 카드(신용카드) 또는 현금 중 어떤 것으로 돌려받을지 선택한다. 이후 공항에서 세관을 찾아가면 되는데, 세관이 물품 하나하나를 확인하니 사전에 물품을 따로 모아두는 것이 좋다. 보통 4% 정도를 돌려받는데, 시간이 꽤 소요되니 돌려받을 수 있는 금액을 확인해 보고 신청하자.

* 택스리펀 물품을 위탁 수하물로 부치는 경우
① 택스리펀 물품을 쉽게 꺼낼 수 있게 캐리어에 넣은 후 공항의 체크인 카운터로 간다.
② 해당 항공사의 체크인 카운터에서 탑승 수속을 하고, 수하물 표를 받은 후 직원에게 택스리펀이라 말하고 해당 짐은 부치지 않는다(택스리펀 물품을 넣지 않은 짐이 있다면 먼저 부친다).
③ 터키항공 승객은 체크인 카운터 G3-4-5, 다른 항공사의 체크인 카운터 K25-26-27에서 세관에게 구매한 상품, 세금 환급 서류, 탑승권, 여권을 보여준 후 도장을 받고, 수하물을 부치게 된다(카운터 위치는 변동 가능하니 공항에서 한 번 더 확인하자).
④ 여권 심사 통과한 뒤 면세구역에서 Exchange Tax Refunds라 쓰여있는 곳에서 환급받는다.

* 택스리펀 물품을 기내 수하물로 가져가는 경우
체크인 카운터에서 탑승 수속을 마치고 여권 심사 통과 후 양쪽 중 가까운 곳에 있는 세관 지점Customs에서 구매한 상품, 세금 환급 서류, 탑승권, 여권을 보여준 후 도장을 받은 뒤 Exchange Tax Refunds에서 세금을 돌려받을 수 있다.

4. 에센레르 중앙 버스터미널 가기

이스탄불의 중앙 버스터미널인 에센레르 오토가르Esenler Otogar로 가는 공항버스 하바쉬Havaş는 5번 플랫폼에서 출발한다.

운영 하바쉬 24:40~23:40(40분~1시간 간격)
소요시간 1시간 20분　　　　**요금** 215TL

사비하 괵첸 국제공항
İstanbul Sabiha Gökçen Uluslararası Havalimanı

터키항공 이외의 항공사를 이용해 튀르키예 국내선을 이용하거나 유럽과 아프리카, 중앙아시아 지역으로 이동할 때 이용하게 된다. 국내선은 한국인들이 많이 방문하는 네브셰히르와 카이세리(카파도키아), 데니즐리(파묵칼레), 안탈리아, 앙카라, 콘야, 트라브존, 마르딘, 가지안테프 등 모든 튀르키예 도시를 연결하며 주로 페가수스항공Pegasus Airlines과 에이젯항공AJet를 타게 된다. 국내선은 2시간 전 도착, 국제선은 3시간 전 도착하면 탑승 수속에 무리가 없다. 관광안내소(**운영** 09:00~18:00), 렌터카, ATM, 유심 판매, 짐 보관소가 있으며 무료 Wifi를 30분간 이용할 수 있다.

주소 İmrahor, 34275 Arnavutköy
전화 444 3729　　　　**홈피** www.sabihagokcen.aero

※ 사비하 괵첸 국제공항에서 시내 들어가기

❶ 메트로 → 메트로

가장 저렴하고 효율적인 이동 방법이다. 이스탄불카드가 필요하며(컨택리스 체크·신용카드 사용 불가) 메트로 M4호선 사비하 괵첸 에어포트Sabiha Gökçen Airport역에서 아이르륵 체쉬메시Ayrılık Çeşmesi역까지 이동한 후(1시간 소요), B1으로 환승해 시르케지Sirkeci역에 내리면 된다(10분 소요). 이후 가려는 지역에 따라 트램 T1 시르케지Sirkeci 정류장을 이용하면 된다. 정류장까지는 250m 떨어져 있다.

운영 06:00~24:00　　　　**소요시간** 1시간 20분
요금 이스탄불카드 M4선 27TL+마르마라이Marmaray 라인 59.76TL=약 87TL

❷ 하바 버스Hava Bus

탁심에서 머문다면 공항버스 이용이 편리하다. 이스탄불 공항버스 정류장과 동일한 위치에 선다. 하바쉬 버스와 다른 점은 체크카드나 신용카드 사용 시 추가 요금이 있다. 현금을 내자.

운영 탁심 → 사비하 공항 03:30~22:00, 사비하 공항 → 탁심 06:30~00:30
소요시간 1시간 30분　　　　**요금** 283.50TL(신용카드 사용 시 345TL)

❸ 택시

이스탄불공항과 비교해 시내에서 조금 더 머나 정체가 심하며 보통 50~60km의 먼 길로 돌아간다. 이스탄불 국제공항과 비교해 거리도 있지만 고속도로 이용료, 다리 통행료나 유라시아 터널과 같은 통행료가 추가되어 더 비싸다. 종종 통행료를 400~500TL로 과도하게 청구하기도 하니 아래 통행료를 참고하자(2025년 6월 기준). 카드 결제 시 10%의 추가 수수료가 든다. 탁심 또는 술탄아흐메트까지 1,500~1,700TL가 든다.

- 보스포루스 다리 통행료 47TL
- 유라시아 터널Avrasya Tüneli 낮 225TL, 밤 112.5TL

기차

튀르키예 기차는 TCDD(Türkiye Cumhuriyeti Devlet Demiryolları)라고 한다. 보통 장거리를 이동할 경우, 항공이나 야간버스를 타기에 기차를 이용할 일은 드물다. 다만, 시속 250~300km로 운행하는 하이스피드 구간은 버스보다 빠르고 요금은 버스와 비슷해 추천한다. 하이스피드 구간은 이스탄불–앙카라, 앙카라–콘야이다. 하이스피드 기차는 YHY(Yüksek Hızlı Tren)로 별도로 브랜드화했다.

홈피 www.tcdd.gov.tr

[국제선] 소피아 익스프레스 Sofia Express

유럽과 튀르키예를 잇는 유일한 장거리 기차로 하루 1대, 불가리아의 소피아Sofia–이스탄불 할칼르Halkalı를 운행한다. 할칼르에서는 예니카프Yenikapı역과 시르케지Sirkesi역으로 기차가 운행되어 구시가지로 들어올 수 있다.

운영 튀르키예 할칼르Halkalı 20:00 → 불가리아 소피아Sofia 09:40
불가리아 소피아Sofia 18:45 → 튀르키예 할칼르Halkalı 06:34
소요시간 소피아 → 할칼르(10시간 50분)
할칼르 → 소피아(14시간 40분)
할칼르Halkalı → 예니카프(30분)

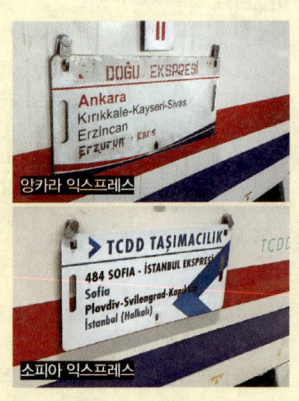

앙카라 익스프레스

소피아 익스프레스

[국내선] 앙카라 익스프레스 Ankara Express

이스탄불에서 기차로 앙카라Ankara로 갈 때는 아시아 대륙 쪽의 쇠위틀위체쉬메Söğütlüçeşme 기차역으로 가야 한다. 구시가지에 있는 시르케지Sirkeci역에서 마르마라이Marmaray 라인을 타고 15분이면 갈 수 있다.

요금 635~780TL **운영** 하루 16회
소요시간 4시간 10~30분, 야간열차 8시간

시외버스

튀르키예는 장거리 버스가 발달해 기차보다 버스를 많이 이용한다. 국제선은 인접한 불가리아나 그리스로 연결되고, 멀게는 흑해 연안 국가인 조지아, 아르메니아까지 이어진다. 국내선은 튀르키예의 거의 모든 주요 도시가 촘촘하게 연결되어 있다. 중앙 버스터미널은 에센레르 버스터미널Esenler Otogarı이며 국제선과 모든 국내선이 출발한다. 보조 터미널로 알리베이쾨이 버스터미널Alibeyköy Cep Otogarı이 있는데 다른 도시에서 이스탄불로 들어올 경우, 이곳에 정차 후에 에센레르 버스터미널로 가는 경우가 많으니, 목적지가 알리베이쾨이 버스터미널과 가깝다면 이곳에서 내려도 좋다. 아시아 대륙에서 머문다면 하렘 버스터미널Harem Otogarı이 있다.
우리나라의 버스터미널과 다른 점은 티켓 판매가 한곳으로 통일되어 있지 않고, 해당 노선을 운행하는 각각의 버스회사에서 발매한다는 것이다. 무작정 터미널을 찾았다가는 수백 개의 회사 가운데서 난감해진다. 오빌렛Obilet 버스 앱을 이용하거나, 터미널에서는 인포에 목적지를 문의하면 해당하는 버스회사들을 안내해 준다. 튀르키예에는 400여 개의 버스회사가 있는데 대표적인 버스회사로 카밀코치KamilKoç, 파묵칼레Pamukkale, 우르소이Ulusoy, 바란Varan, 메트로Metro가 있다. 지방으로 내려가면 해당 지역을 대표하는 버스회사가 별도로 있다.

버스표 판매 대리점(탁심)

대리점에서 예매할 경우, 버스터미널까지 무료 셔틀서비스 버스를 예약해 준다.

주소 Gümüşsuyu, Hariciye Konağı Sk. No:1, 34437 Beyoğlu
운영 24시간
위치 메트로 M2 Taksim역에서 350m

오빌렛 앱, 튀르키예 여행 전 필수로 다운받아야 한다.

에센레르 중앙 버스터미널
Esenler Otogarı (Main Bus Terminal)

 이스탄불의 중앙 버스터미널로 국제선과 국내선 모든 노선이 있다. 예약한 버스회사 부스를 찾아가면 버스를 타는 플랫폼 번호를 알려준다. 규모가 큰 회사는 자체 대합실이 있다.

주소 Altıntepsi Mh., 34220 Bayrampaşa
운영 24시간
위치 메트로 M1 Otogarı역
홈피 www.otogar-istanbul.com

※ **시내 들어가기**

① **신시가지**
메트로 M1 Otogarı역에서 메트로를 타고 Yenikapı역에 내려(16분 소요) M2로 갈아타 Taksim역에 내리면 된다.

② **구시가지**
메트로 M1 Otogarı역에서 메트로를 타고 Aksaray역에 내려(15분 소요) T1 트램 Yusufpaşa 정류장에서 트램을 타고 원하는 역에 내리면 된다.

에센레르 중앙 버스터미널

알리베이쾨이 버스터미널
Alibeyköy Cep Otogarı (Alibeyköy Bus Station)

 에센레르 버스터미널을 보완하는 보조 터미널이다. 다른 도시에서 이스탄불로 오는 많은 버스가 이곳을 거쳐 에센레르 터미널로 간다. 버스를 예약할 때 도착 또는 출발 터미널이 이곳인지 확인할 수 있다. 화장실을 이용할 때는 이스탄불카드가 필요하다.

주소 No: 34398 41.0879691, 28.9440032, Baraj Yolu Cd No:12, 34398 Eyüpsultan
운영 24시간
위치 트램 T5 Alibeyköy Cep Otogarı 정류장

※ **시내 들어가기**

① **신시가지**
버스에서 내리면 탁심으로 가는 무료 세르비스 버스를 이용할 수 있다.

② **구시가지**
트램 T5 Alibeyköy Cep Otogarı에서 타면 한 번에 에미뇌뉘^{Eminönü} 정류장으로 간다. 30분 정도 걸린다.

알리베이쾨이 버스터미널

하렘 버스터미널 Harem otogarı

 아시아 쪽 버스터미널이다. 버스편이 많지는 않지만, 아시아 지역에 머물거나 목적지에 따라 시간이 맞다면 이용할 만하다. 구시가지에서 간다면, 에미뇌뉘 선착장에서 하렘으로 곧바로 가는 페리가 있다.

주소 Selimiye, Üsküdar Harem Sahil Yolu, 34668 Üsküdar
운영 24시간
위치 Sirkeci-Harem라인, 하렘Harem페리 선착장 50m

---

more & more 국제터미널, 엠니옛 버스터미널 Emniyet Otogar

 동부 흑해 연안 국가인 조지아, 아르메니아, 아제르바이잔과 발칸 국가(알바니아, 불가리아, 코소보, 마케도니아, 루마니아)로 승객과 화물을 운송하는 작은 터미널이다. 조지아 바투미를 거쳐 트빌리시로 가는 버스가 있는데 24~26시간이 걸린다.

주소 Aksaray, Küçük Langa Cd. 71Y, 34096 Fatih
운영 24시간
위치 메트로 M1, 기차 B2 예니카프Yenikapı역에서 250m

시내교통 이용하기

이스탄불에는 메트로, 트램, 버스, 푸니쿨라, 페리, 기차와 같은 다양한 교통수단이 있다. 현금은 안 되고 카드만 사용할 수 있다. 한국의 티머니카드와 같은 이스탄불카드Istanbulkart가 있으며 모든 교통수단을 이용할 수 있어 편리하다. 하나의 카드로 여러 명이 쓸 수 있어(찍고 들어가고, 다시 찍고 들어가고 하는 방식) 인원수에 맞춰 구매하지 않아도 된다. 한국에서 사용하는 신용카드·체크카드 중 컨택리스 표시된 카드를 이용할 수도 있는데, 이스탄불카드를 사용하는 것보다 50% 더 비싸며 공항선(M11·B1·M4)은 사용할 수 없다. 환승 할인은 외국인에게는 적용되지 않지만, 모든 것이 다 가파르게 올라버린 이스탄불 물가에서 유일하게 저렴한 것이 교통 요금이다. 이스탄불카드 구매와 톱업 시 현금이 아닌 체크카드·신용카드로 결제할 경우, 수수료가 추가된다.

운영 06:00~24:00
요금 이스탄불카드 165TL, 이스탄불카드 이용 시 27TL, 신용카드·체크카드 이용 시 40TL (단, 공항 메트로와 마르마라이 라인은 정류장 개수에 따라 요금이 달라진다)
홈피 iett.istanbul

트램

T1~T5까지 트램이 있다. 가장 많이 이용하는 트램은 T1으로 그랜드 바자르-술탄아흐메트-에미뇌뉴-갈라타 다리-돌마바흐체 궁전까지 주요 관광지를 연결한다. 알리베이쾨이 버스터미널Alibeyköy Cep Otogarı, 발랏Balat이나 피에르 로티Pierre Loti를 갈 때는 T5 트램을 타게 된다.

메트로

이스탄불 공항이나 사비하 괵첸 공항, 에센레르 중앙 버스터미널Esenler Otogarı, 예니카프Yenikapı 기차역, 이스탄불 제바히르İstanbul Cevahir 쇼핑몰 등을 갈 때 타게 된다. 공항 메트로 M11·M4, 마르마라이Marmaray 선은 거리에 따라 요금이 부과된다.

컨택리스 태그 방식

페리

아시아 대륙으로 가거나 프린스 섬으로 갈 때 이용하게 된다. 요금은 트램이나 버스 1회권의 두 배가 적용된다. 멀게는 부르사Bursa까지 페리를 타고 갈 수 있다. 에미뇌뉴에는 다양한 목적지의 페리 터미널이 있는데 지도를 참고하자.

> **Tip | 교통앱 무빗Movit**
>
> 이스탄불은 구글맵으로도 이동 루트가 대체로 잘 표시되나, 무빗이 더 정확하다. 이스탄불뿐만 아니라 튀르키예 전역을 여행할 예정이라면 여행 전 설치하고 가면 좋다. 무료이나 광고가 많이 뜬다.
>
> **홈피** moovitapp.com

버스

너무 많은 버스가 복잡하게 운행되고 있다. 정차하는 버스가 많지 않은 정류장에서 버스를 타는 것은 괜찮지만, 에미뇌뉘나 카라쾨이와 같은 복잡한 버스정류장에서 타는 것은 추천하지 않는다. 도착 예정 시간이 쓰여 있어도 언제 지나갔는지 몰라, 길에서 시간 낭비하기 쉽다.

복잡한 에미뇌뉘 터미널

택시

바가지요금과 각종 사기 사건이 끊이지 않는 것이 이스탄불 택시다. 이스탄불에서 좋은 추억을 남기고 싶다면, 되도록 이용하지 않는 것을 추천한다. 택시는 등급에 따라 가격이 세 가지로 나뉜다. 가장 저렴한 노란색 택시Yellow Taxi, 파란색 택시Turquoise Taxis, 검은 럭셔리 택시Black Luxury Taxi가 있다. 한국 택시와 다른 점은 택시 최저 요금이 있다. 노란색 택시의 최저 요금은 135TL로 미터기로 이보다 적게 나와도 135TL 받는 시스템이다. 우버Uber나 비탁시Bitaksi와 같은 택시 앱을 이용하지만, 역시 작정한 사기에서 벗어날 수 없다. 새벽에 공항으로 가는 택시를 예약해야 할 경우, 택시 앱보다는 투숙하는 호텔이나 현지 여행사를 통해 예약하는 것이 안전하다. 앱으로 예약했을 경우 종종 일방적으로 취소하는 경우가 있다. 아무래도 호텔보다는 여행사가 더 저렴하며, 비행기 출발시간을 알려주면 호텔 픽업 시간을 안내해 준다.

● 택시요금 계산법
✚ 노란 택시
시작 요금 42.00TL, km당 28.00TL, 시간당 350TL (최저 요금 135TL)
※ 2025년의 택시요금 인상으로 주간/야간 요금이 동일, 보스포루스 다리와 유라시아 터널 통행료는 별도 추가

예) 노란 택시로 10km를 30분 걸려 주행했다면,
시작요금 42TL+280TL(10km)+175TL(30분)=497TL
※ 노란 택시로 2km를 5분 걸려 주행했다면, 42TL+56TL+29.2TL=127.2TL로 노란 택시의 최저 요금 135TL보다 낮기에 135TL이 청구된다.

> **Tip | 택시 탈 때 체크**
> ❶ 미터기 On 할 것을 요청하기 (택시 앱을 이용하더라도 필수!) "택시 미터기를 켜주세요. Lütfen taksimetreyi açın(뤼프텐 탁시메트레이 아츤)."
> ❷ 우버Uber나 비탁시Bitaksi 호출 시 30TL의 호출비용이 추가된다.
> ❸ 신용카드 결제 시 10% 수수료가 추가된다.
> ❹ 잔돈은 거슬러 주지 않으니 맞춰서 내거나 잔돈은 못 받는다고 생각하자.
> ❺ 택시 앱 이용 시, 과도하게 청구되었다고 생각하면 앱에서 반환청구를 할 수 있다.

> **Tip | 택시 사기 주의**
> ❶ 가장 고전적인 방법은 먼 길로 돌아가 요금이 많이 나오게 하는 것이다.
> ❷ 택시비를 인당 청구하거나, 트렁크 적재 시 추가 비용을 요구하는 것은 사기다.
> ❸ 택시 앱을 이용할 때 수락한 뒤 픽업 후 앱을 끄고 요금을 10배 바가지 씌워 카드로 결제하는 사기를 조심하자. 앱을 끄기 때문에 택시의 정보를 알 수 없게 되어 신고도, 돈을 돌려받을 수 없다. 걱정된다면 안전하게 택시를 탈 때마다 번호판을 찍어두면 된다. 실제로 찍어둔 번호판으로 경찰에 신고해 결제된 택시비를 환불받은 경우가 있다.

구시가지, 파티흐 Fatih

이스탄불의 지방 자치구인 파티흐Fatih로 '정복자'라는 뜻이다. 1453년 오스만 제국이 비잔틴 제국의 콘스탄티노플을 정복한 의미를 담고 있다. 파티흐는 북쪽으로는 골든 혼, 남쪽으로는 마르마라해와 접해 있으며 서쪽 국경은 테오도시안 성벽, 동쪽은 보스포루스 해협으로 둘러싸여 있다. 아야소피아 모스크, 톱카프 궁전, 그랜드 바자르 등 모든 역사적인 관광지가 모여 있어 처음 이스탄불을 방문했다면 술탄아흐메트 트램역 주변에 머무는 것이 관광하기 편리하다.

To do list
1. 비잔틴 제국이 남긴 보물, 아야소피아 관람
2. 오스만 제국의 건축과 제국의 보물이 전시된 톱카프 궁전 보기
3. 튀르키예 케밥 맛집 탐방
4. 튀르키예 디저트 순례
5. 하맘 체험
6. 쇼핑은 이스탄불이 최고!

이스탄불의 관광명소

이스탄불의 관광지는 크게 세 곳으로 나뉜다. 하나는 아야소피아를 중심으로 한 구시가지, 갈라타 탑이 있는 신시가지 탁심, 그리고 아시아 지구다. 대부분의 관광지는 구시가지에 모여 있으며 볼거리가 많고, 보는 데에도 시간이 꽤 걸리기 때문에 크게 아야소피아 박물관 주변, 톱카프 궁전 주변, 그랜드 바자르 주변으로 나누어 보고, 시간적 여유가 있다면 조금 떨어진 발랏 지구와 피에르 로티 구역을 다녀오면 좋다.

★ 아야소피아 모스크 주변

★★★ 아야소피아 그랜드 모스크
Ayasofya-i Kebir Cami-i Şerifi (Hagia Sophia Grand Mosque)

티켓 판매소 / 관람 입구

비잔틴 제국(또는 동로마 제국)의 콘스탄티누스 1세가 330년 콘스탄티노플Constantinople(현재의 이스탄불)을 수도로 정하고 지은 동방 정교회 대성당이다. 아야소피아Ayasofya는 그리스어 "Ἁγία Σοφία(Hagia Sophia)"에서 유래한 이름으로, '신성한 지혜' 또는 '거룩한 지혜'란 뜻이다. 동시대에 지어진 성당과 유럽의 건축물 중에서 가장 크고 아름다운 걸작으로 손꼽힌다. 1453년 오스만 제국이 콘스탄티노플을 정복한 후 아야소피아를 모스크로 바꾸고 481년간 사용했다. 1934년 튀르키예 초대 대통령인 아타튀르크 대통령이 대대적인 복원작업을 거쳐 아야소피아를 공개했고, 86년 동안 박물관으로 세계인들을 맞았다. 2020년 에르도안 대통령이 아야소피아를 모스크로 전환을 선언한 뒤로 현재 비무슬림은 2층만 관람할 수 있다. 비싼 입장료로 2층만 관람할 수 있어 방문을 주저하는 여행자들이 많은데, 아야소피아는 여전히 중세 시대 세계 7대 불가사의 중 하나이자 기독교와 이슬람 종교가 동시에 공존하는 건축물로 이스탄불 여행에서 빼놓아서는 안 되는 가장 중요한 명소이자 상징임에는 변함이 없다.

주소 Sultan Ahmet, Ayasofya Meydanı No:1, 34122 Fatih
위치 트램 T1 Sultanahmet 정류장에서 매표소까지 550m, 아야소피아를 바라보고 오른쪽 길로 들어가면 입장권 판매소와 입구가 보인다.
전화 (212) 522 17 50
운영 월~목·토·일 09:00~23:30, 금 14:30~23:30
요금 현장 입장권 €25(공식 홈피에서 온라인 구매 불가, 현장 입장권만 가능) 아야소피아 그랜드 모스크 +아야소피아 역사 체험 박물관 통합권 €50(공식 홈피, 현장 구매 모두 가능), **추가 선택** 머리 스카프 €1, 바디커버 €3, 이어폰 €5
* 튀르키예 대부분 관광지 입장료는 인플레이션으로 인해 튀르키예 환율이 불안정하기 때문에 유로로 표시하고 있다. 입장료를 유로로 받지는 않고, 당일 유로 환율을 계산해 TL로만 받는다.
홈피 ayasofyacamii.gov.tr

more & more **아야소피아 방문을 위한 10가지 팁**

❶ 아야소피아는 모스크로 전환되어 복장 규정이 있다. 남녀 모두 어깨가 드러나는 옷을 입으면 입장할 수 없다. 남자는 긴 바지, 여성은 스카프를 머리에 쓰고 긴바지나 긴 치마를 입어야 한다. 스카프나 치마를 무료 대여해 주는 다른 모스크들과 달리 추가 비용을 내고 일회용 부직포 가리개를 구매해야 하니 여행 전, 모스크 방문 복장을 준비하자. 이는 튀르키예 여행 내내 해당한다.

❺ 통합권은 공식 홈피를 통해 온라인으로 구매하거나, 아야소피아 역사 체험 박물관 매표소에서 사자. 상대적으로 짧아 시간이 절약된다.

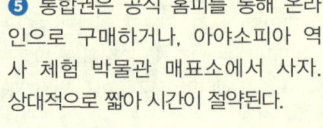
통합 입장권 구매

❷ 성수기에는 입장권 판매 줄과 입장 전 보안 검사 줄 모두 긴데 땡볕에서 서 있어야 해 힘들다. 특히, 한여름은 감당하기 어려울 정도다. 여행 성수기에는 온라인으로 입장권을 사면 입장권 판매 줄을 서지 않아서 좋다. 공식 홈페이지에서 아야소피아 단독 입장권은 구매할 수 없고, 클룩에서 가능한데 가격은 더 비싸다. 클룩에서 구매한다면 예레바탄 지하 저수조와의 통합권을 추천한다. 이 입장권으로 판매 줄은 안 서더라도 입구에 보안 검사 줄은 서야 한다. 유럽의 패스트 트랙Fast Track 티켓과는 개념이 조금 다르다.

❶ 입장권 구매(클룩) ❷ 아야소피아 모스크+예레바탄 지하 저수조 통합권(클룩)

❻ 아야소피아 모스크 내의 2층에 마련된 오디오가이드 QR 코드를 휴대폰으로 찍으면 한국어 설명을 들을 수 있다. 장소마다 자세한 설명을 들을 수 있어 강력 추천한다. 비싼 입장권만큼 오래 머물며 설명을 들으며 천천히 돌아보자. 이어폰이 있으면 더 좋은데 튀르키예 전역의 박물관에 해당하니 한국에서 준비해 가자. 이어폰은 입장권 판매소에서 €5에 추가로 구매 가능하다.

QR 한국어 오디오 가이드

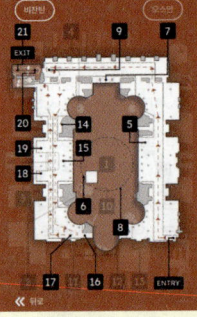 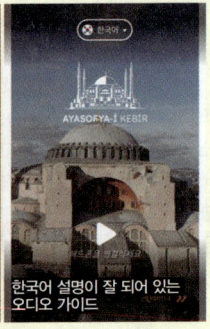

매표소 / 보안 검사 입구

❸ 가이드투어 입장 시에는 입장권 구매를 대행해 주기 때문에 보안검사 줄만 서면 된다. 이스탄불 원데이 가이드 투어를 고민하고 있다면 한국어로 진행되는 다음 투어를 추천한다. 하루 동안 이틀에 볼 장소들을 돌아보는 바쁘고 알찬 투어다.

가이드투어

❹ '아야소피아 그랜드 모스크+아야소피아 역사 체험 박물관' 통합 입장권은 €50로 가격이 부담스럽다. 통합권은 역사에 관심이 많은 사람에게만 추천한다. 통합권을 구매한다면, 역사 체험 박물관을 먼저 본 후 아야소피아 모스크를 보는 것이 이해에 도움이 된다.

❼ 가장 붐비지 않는 시간은 개장 시간에 맞춰 방문하거나 해가 질 무렵 들어가는 것이 덜 붐빈다.

❽ 사진을 찍을 때 플래시는 벽화를 훼손할 수 있어 금지된다. 벽체는 만지는 것도 금지되는데, 2층 곳곳에 지킴이가 서 있어 제지한다.

❾ 1층을 제대로 볼 수 없어 안타깝다면 아야소피아 홈페이지에서 버추얼 투어Virtual Tour를 통해 360도로 볼 수 있고, 과거 박물관이었을 때의 정보는 p.112~114에 소개해 놓았다.

❿ 아야소피아는 더 이상 박물관이 아니기에 뮤지엄 패스를 사용할 수 없다.

Special Tour
아는 만큼 느낀다! 아야소피아 제대로 보기

✸ 비잔틴에서 현대까지, 아야소피아의 역사

니카의 반란

아야소피아는 같은 자리에 세 번에 걸쳐 지어졌다. **첫 번째 아야소피아**는 콘스탄티누스 1세^{Constantinus I}(또는 콘스탄티누스 대제, 재위 306~337)가 짓기 시작해 콘스탄티누스 2세^{Constantinus II} 때인 360년에 완성되었다. 처음의 이름은 당시 가장 큰 교회란 의미로 '메가리 에크레시아^{Megali Ekklesia}(거대한 교회)'라 지어졌다가, 후에 '하기아 소피아^{Hagia Sophia}'로 변경되었다. 하기아 소피아는 '성스러운 지혜'라는 뜻이다. 목조 지붕에 5개의 본당으로 이루어졌는데 404년 폭동으로 불에 타 소실됐다. 첫 번째 아야소피아의 흔적은 아야소피아 정문을 바라보고 왼쪽 끝에서 볼 수 있는데 무슬림이 아닌 사람은 들어갈 수 없다.

두 번째 아야소피아는 테오도시우스 2세^{Theodosius II}(재위 408~450)에 의해 415년에 지어졌다. 목조 지붕과 석재 벽으로 구성되었는데 역시 532년 니카의 반란^{Nika Riots} 중 화재로 소실됐다. 당시 황제인 유스티니아누스 1세는 반란을 진압하자마자 즉시 아야소피아의 재건을 시작했다. 두 번째 아야소피아의 흔적은 무슬림 입장 구역인 아야소피아의 정문 앞과 정문 맞은편에 일부 전시되어 있다.

세 번째 아야소피아는 유스티니아누스 1세^{Justinianus}(재위 527~565)에 의해 537년 12월 27일 완공됐다. 5년 10개월 24일이라는 짧은 기간 동안 만들어진 걸작으로 중세 시대 세계 7대 불가사의 중 하나다. 당시 가장 유명한 건축가였던 이시도르^{Isidore}와 안테미누스

첫 번째 아야소피아

첫 번째 아야소피아 터

Antheminus가 건축을 맡았고, 황제는 비잔틴 제국이 지배하던 전 지역에 문서를 보내 최고급 자재를 보낼 것을 명령해 에페소스의 아르테미스 신전에서, 이집트, 테살리아, 아나톨리아, 시리아 등에서 가져온 석재를 사용해 비잔틴 제국 최고의 성당을 지으려 노력했다. 성당이 완공된 뒤 유스티니아누스 1세는 아야소피아에 들어가면서 이렇게 말했다고 전해진다.

"신이시여, 성당을 짓게 해주셔서 감사합니다. 솔로몬이여, 내가 당신을 이겼소."(솔로몬이 예루살렘에 지은 성당을 빗대어 말한 것이다) 세 번째 아야소피아는 약 920년간 비잔틴 제국을 대표하는 성당으로 자리 잡는다. 1204년 제4차 십자군 전쟁으로 콘스탄티노플이 점령당하면서 아야소피아와 도시에 심각한 약탈이 자행되었으며, 점령 기간인 1261년까지 가톨릭 성당으로 사용했다. 그러던 1453년 5월 29일, 오스만 제국의 술탄 메흐메드 2세^{Mehmed II}가 콘스탄티노플을 함락한다. 정복 직후 술탄 메흐메드는 아야소피아를 가장 먼저 방문해 살펴보고 페르시아의 시를 읊었다. "거미는 카이사르의 궁전에서 커튼을 치고, 부엉이는 에프라시야브의 탑에서 경비를 서고 있다." 십자군 전쟁의 침입과 여러 차례 반란으로 아야소피아 일부가 무너지고 부서진 것을 빗댄 것이다. 술탄 메흐메드 2세는 이스탄불을 수도로 정하고 아야소피아를 모

스크로 쓸 것을 선언한다. 성당의 십자가는 내려지고, 성당 벽면을 장식하고 있던 수십 개의 성화는 회칠로 덮인다. 민바르Minbar(설교 단상)와 미흐랍Mihrab(메카의 방향을 나타내는 문)이 추가됐고, 셀림 2세는 미마르 시난Mimar Sinan을 고용해 붕괴한 건축을 보수하고 네 개의 미나렛Minaret(첨탑)을 세우고 지진에도 튼튼한 모스크로 만들어 481년간 이슬람 사원으로 사용했다.

1923년 오스만 제국이 사라지고 튀르키예 공화국이 수립되었을 때 그리스 정교회를 중심으로 유럽 각국은 종교적 복원을 강력하게 요구했다. 1934년 아타튀르크 대통령Mustafa Kemal Atatürk은 아야소피아를 아야소피아 박물관Ayasofya Müzesi으로 지정하고 모든 종교 활동을 금지했다. 1931~1938년 미국 비잔틴 연구소와 함께 기존의 회칠을 벗겨내어 성화와 벽 장식을 복원했고, 1985년에는 유네스코 세계문화유산으로 등재된다. 2020년 7월 25일, 제12대 에르도안 대통령이 아야소피아의 모스크로서의 전환을 발표했다. 86년 동안 박물관으로 있었던 아야소피아를 다시 무슬림 튀르키예 국민의 품으로 돌린다는 발표였다. 현재는 2층만 비신자에게 공개하고, 1층은 무슬림들만 들어갈 수 있다.

술탄 메흐메드 2세와 15세기의 아야소피아

박물관이었을 때

모스크로 카펫이 깔린 현재

✖ 아야소피아 제대로 보기

아야소피아는 많은 볼거리와 이야기를 지닌 장소다. 역사와 의미를 알지 못하면 비싼 입장료(€25)에 대한 불만을 토로하며 나오게 된다. 내부에서는 가이드투어를 할 수 없다. 공개된 QR 링크로 들을 수 있는 무료 한국어 오디오 가이드를 추천한다. 다음은 비무슬림에게 공개된 2층과 무슬림만 갈 수 있는 1층에 대한 설명이다.

2층 갤러리

황후의 예배 장소

입구의 검색대를 통과해 올라가면 2층에 도착하게 된다. 올라가는 길은 황후의 가마가 들어가기 편하게 계단이 아닌 비탈길 형태로 되어 있는 것이 특징이다. 문을 통과하기 전에 스카프를 쓰는 것을 잊지 말자. 2층 갤러리에서 제단이 보이는 정중앙 자리는 황후의 예배 장소다.

❶ 중앙 돔 아래의 세라핌

세라핌의 얼굴 / 청동 메달로 가려진 얼굴

중앙 돔 아래 네 곳에 가톨릭의 최고 천사인 세라핌Seraphim이 모자이크화로 그려져 있다. 세라핌은 여섯 개의 날개를 가지고 하느님을 수행하는 역할을 한다. 세라핌의 얼굴을 가렸던 청동 메달은 아야소피아 역사·체험 박물관(p.115)에 전시되어 있다.

❷ 대리석 문

6세기에 만들어진 것으로 황제가 종교 의식을 관람하고, 사적인 회의 또는 옷을 갈아입는 장소로 사용한 공간을 구분하는 문이다.

❸ 예수와 성모 마리아와 세례 요한의 모자이크

1261년에 만들어진 모자이크화로 오스만 제국 시절 파괴되었으나 그 일부가 남아 있다. 심판의 날, 왼쪽의 마리아와 오른쪽의 세례 요한이 중앙의 예수에게 인류를 구원해 달라고 간청하는 모습이 묘사되어 있다. 벽화의 오른쪽 아래에는 복원된 모자이크화의 그림이 걸려 있다.

❹ 콘스탄티누스 9세 황제와 조에 황후의 모자이크

중앙에 푸른 옷을 입은 예수님과 콘스탄티누스 9세Constantinus IX 황제와 조Zoe 황후가 양쪽에 묘사되어 있다. 부부의 손에는 성당 기부금을 나타내는 돈주머니와 봉납 명세서를 들고 있다. 11세기에 만들어졌다.

❺ 요한네스 콤네노스 2세 황제와 헝가리의 아이레네 황후 모자이크

중앙에 푸른 옷을 입고 아기 예수를 안은 성모 마리아와 요한네스 콤네노스 2세John II Komnenos 황제, 헝가리의 이레네Irene 황후가 양쪽에 묘사되어 있다. 오른쪽 모서리에는 콤네노스의 아들인 알렉시오스 왕자의 초상화가 있다. 이들 부부의 손에는 성당 기부금을 나타내는 돈주머니와 봉납 명세서를 들고 있다. 12세기에 만들어졌다.

❻ 제단 위 성모와 아기 예수 모자이크

돔 안쪽에는 성모와 아기 예수의 모자이크가 섬세하고 아름답게 조각되어 있다. 9세기, 비잔틴 중기에 일어났던 성상 파괴운동Iconoclasm 시기에 만들어진 흔치 않은 성모와 아기 예수의 모자이크다. 모스크로 바뀐 뒤 1층에서 보이지 않도록 천으로 가려져 있는데, 2층에서만 보인다.

❼ 제단의 두 천사

성모와 아기 예수 모자이크의 오른쪽과 왼쪽에는 9세기 후반에 만들어진 천사 가브리엘과 미카엘의 모자이크가 있다. 오른쪽에는 얼굴과 날개, 발까지 보존 상태가 좋은 천사 가브리엘을 볼 수 있었는데 지금은 천으로 가려 놓아 볼 수 없다. p.111는 박물관이었을 당시 사진이다.

남서쪽 출구

❶ 예수와 유스티니아누스 1세와 콘스탄티누스 1세의 모자이크

내랑 남쪽 문 바깥쪽 위에 그려진 모자이크로 10세기의 것이다. 아기 예수를 안고 있는 성모 마리아를 중심으로 왼쪽에는 유스티니아누스 1세가 아야소피아를 들고 있고, 오른쪽에는 콘스탄티누스 1세가 콘스탄티노플을 상징하는 건축을 들고 있다. 성모 마리아에게 자신이 건설한 것들을 바치는 모습이다. 모자이크화가 있는 남서쪽 문은 아야소피아 관람을 끝내고 나오는 출구로 이용되는데, 과거에는 황제와 수행원들이 들어오는 입구로 사용했다.

❷ 외부

출구로 나오면 오스만 제국 5명의 술탄 무덤이 있다. 술탄의 이름은 셀림 2세, 무라드 3세, 메흐메드 3세Mehmed III, 무스타파 1세Mustafa I, 그리고 이브라힘Ibrahim이다.

1층 무슬림 구역

비무슬림 관광객들은 들어갈 수 없는 공간이 되어버렸지만, 2층에서도 오디오가이드 설명을 들으며 일부를 볼 수 있다. 과거, 들어갈 수 있었을 때의 사진을 참고하자.

❶ 입구, 과거 아야소피아 유적

'하나님의 어린양'을 표현한 대리석 조각

검색대 통과 후 건물로 들어가기 전에 외부에 전시된 유적은 테오도시우스 2세 때 건축된 두 번째 아야소피아의 부분 유적이다. 지금은 들어갈 수 없다.

❷ 외랑과 내랑

외랑　　　　내랑

본당으로 들어가기 전에 거치는 회랑으로 외랑과 내랑이 있다. 성당에 들어가기 전 몸과 마음을 준비하던 곳이다. 외랑을 통과하면 황금빛의 모자이크로 장식된 내랑이 나온다.

❸ 황제의 문

내랑에서 본당으로 들어가는 문은 총 9개가 있는데, 그중 중앙의 가장 큰 문이 황제가 이용하던 문이다. 7m 높이의 참나무로 만들어졌으며 청동 프레임으로 둘러싸여 있다. 문은 노아의 방주에 쓰였던 나무 또는 유대인들의 성스러운 나무 조각이라고 전해진다. 황제의 문 위에는 레온 4세 Leon IV(816~912)의 모자이크가 있다. 가운데 의자에 앉아 있는 예수의 모습이 보이고, 예수의 손에는 그리스어로 적힌 성경 구절 "평화가 당신과 함께할 것입니다. 나는 신의 빛입니다"라고 쓰인 종이가 들려 있다. 예수의 오른쪽에는 성모 마리아가, 왼쪽에는 천사 가브리엘이 있고, 예수의 발 아래 무릎을 꿇고 있는 사람은 비잔틴 제국의 황제 레온 4세다.

❹ 본당

본당 건물은 가로 100m, 세로 69.5m로 넓이가 7천 평방미터에 달하는 거대한 규모다. 외부에서 볼 때는 술탄아흐메트 모스크가 더 커 보이지만, 내부는 아야소피아가 더 크다. 중앙 천장에는 남북쪽 반지름 31.87m, 동서쪽 반지름 30.86m의 거대한 돔이 있는데 높이는 55.6m로 술탄아흐메트 사원보다 12.6m가 더 높다. 돔 주변의 40개의 창문으로 햇빛이 들어오는 구조다. 건물에 사용된 재료들은 비잔틴 제국의 영토에서 최고의 재료를 공수해 왔다. 대리석은 마르마라 섬에서, 녹색 석재는 에비아섬에서, 분홍색 대리석은 아피온카라히사르에서, 노란색 대리석은 북아프리카에서 가져온 것이다. 대리석을 제외한 나머지 부분은 칠한 것 같지만 자세히 보면 모두 섬세한 모자이크다.

ㄴ ⓐ 두 개의 대리석 항아리

문으로 들어가 본당이 시작되는 양쪽에 똑같은 모양의 대리석 항아리가 세워져 있다. 이 항아리는 헬레니즘 시대(B.C.330~30)에 만들어진 것으로, 술탄 무라드 3세 Murad III(1574~1595)가 베르가마 Bergama에서 가져온 것이다. 종교적인 행사나 예배 시간에 사람들에게 음료를 나눠주는 용도로 쓰였다. 1,250L를 담을 수 있는 크기로 하나의 대리석 조각을 깎아 만든 것이다. 2층에서도 보인다.

ㄴ ⓑ 거대한 캘리그래피

본당 주변에는 8X7.5m 크기의 거대한 둥근 나무판에 금색으로 쓴 캘리그래피 Calligraphy가 눈을 사로잡는다. 본당 안쪽 여덟 개의 주요 기둥에 붙어 있다. 이것은 오스만 제국의 대표적인 서예가인 카자스케르 무스타파 이젯 에펜디 Kazasker Mustafa İzzet Efendi(1801~1876)의 작품으로 이슬람 국가에서 가장 큰 것이다. 그 내용은 하나님Allah과 예언자 무함마드Muhammed, 초기 네 명의 후계자 에부베키르Ebubekir, 외메르Ömer, 오스만Osman, 알리Ali와 무함마드의 두 외손자 하산Hasan과 휘세인Hüseyin의 이름이다. 그는 여기뿐만 아니라 메인 돔 아래 미흐랍 부근에도 코란Koran(이슬람의 경전) 구절이 쓰여 있다.

ⓒ 마흐무드 1세의 도서관

본당 오른편 안쪽 공간으로 장미 나무로 만든 책장에 5천여 권의 책이 있었다. 1739년에 마흐무드 1세Mahmud I가 지었다.

ⓓ 옴팔리온Omphalion

비잔틴 제국 황제들의 대관식이 열렸던 장소로 '세상의 중심'이라는 뜻이다. 이곳은 비잔틴 제국이 세상의 중심이며, 세상을 다스리는 황제의 대관식이 열리는 곳임을 나타낸다. 둥근 모양의 여러 색이 장식되어 있는데 비잔틴 제국의 영토였던 모든 지역에서 공수해 온 흰색, 노란색, 붉은색, 녹색 등의 대리석이다.

ⓔ 무에진Muezzin의 자리

무에진은 이슬람 사원의 탑에서 기도 시간을 알리는 사람을 말한다. 미흐랍 오른쪽에 무에진들의 전용 공간이 있다. 시간이 되면 이곳에 있던 무에진이 탑으로 올라가 기도 시간을 알렸다. 16세기 술탄 무라드 3세 때에 만들어졌다.

ⓕ 민바르Minbar

이맘Imam(이슬람의 종교적 지도자)이 올라가 설교하는 설교대로 제단 바로 오른쪽에 있다. 16세기 술탄 무라드 3세 시기에 만들어졌다.

ⓖ 미흐랍Mihrab

미흐랍은 이슬람 제단으로 메카의 방향을 알려주는 지표다. 미흐랍은 제단의 정중앙 정면이 아닌 오른쪽으로 15도 비껴간 위치에 만들어져 있는데, 같은 이유로 제단을 구분하는 바닥의 대리석 형태도 15도 비스듬하게 되어 있다.

ⓗ 술탄의 전용 좌석

술탄의 전용 예배 장소로 다른 사람들이 보지 못하게 가려져 있다.

ⓘ 소원의 기둥

본당 왼편에는 청동판이 덧대어진 대리석 기둥에 반들반들한 구멍이 난 것을 볼 수 있다. 유스티니아누스 1세가 두통이 생겼

을 때 이 기둥에 머리를 기댔더니 씻은 듯이 나았다고 한다. 이 일이 사람들 사이에 퍼지면서 소원의 기둥으로 불리게 됐다. 소원을 비는 방법은 먼저 손으로 아픈 곳을 문지른 후, 그 손의 엄지손가락을 구멍에 넣고 한 바퀴 돌리면 된다. 아쉽게도 지금은 할 수 없다.

아야소피아 역사·체험 박물관
Ayasofya Tarih ve Deneyim Müzesi(Hagia Sophia History and Experience Museum)

아야소피아의 1,700년 역사를 체험할 수 있는 미디어 박물관이다. 1/2/3차로 건설된 아야소피아(537~1453년), 오스만 제국의 콘스탄티노플 정복으로 모스크가 된 아야소피아(1453~1934년), 박물관 기간(1934~1920년), 그리고 다시 모스크가 된 아야소피아의 역사를 아카이빙해 놓았다. 통합 입장권을 구매했다면 아야소피아 그랜드 모스크를 보기 전에 먼저 들르자.

주소 Binbirdirek, At Meydanı Cd No:10, 34122 Fatih
위치 트램 T1 Sultanahmet역에서 매표소까지 270m
운영 09:00~19:00
요금 €25(한국어 오디오 가이드 포함)
홈피 www.demmuseums.com

기념품숍

Tip | 술탄아흐메트 모스크 방문을 위한 5가지 팁

❶ 모스크 입장 시 복장 주의
남녀 모두 어깨가 드러나는 옷과 짧은 하의는 안된다. 남성은 긴 바지, 여성은 스카프로 머리를 가리고 긴 치마나 바지를 입어야 한다. 모스크 입구에 스카프와 치마는 무료로 대여해 준다. 스카프는 위생상 개인용을 준비하는 것이 좋다.

❷ 신발주머니 지참
신발을 벗고 사원 안으로 들어가는데 입구가 여러 곳이라 다른 방향으로 나오려면 신발주머니나 비닐을 가지고 다니면 편리하다. 모스크 안은 세계인들의 발냄새가 은은하게 풍기니 필요하다면 마스크를 준비하자.

❸ 방문 시간과 예배 시간
모스크 내부로 연결되는 안뜰에는 최대 100m의 긴 줄이 이어지니 줄을 서기 싫다면 오픈 시간에 맞춰 일찍 방문하거나 오후에 방문하는 것이 좋다. 하루 5번, 일출 전 새벽, 정오, 오후, 일몰 후, 밤(시간은 계절에 따라 변동) 예배 시간에는 비신자의 방문을 받지 않는다.

❹ 이슬람에 대한 존중
모스크는 종교 건물이다. 내부에서 큰 소리를 내지 말고, 관람 구역과 기도 공간을 나누는 나무 스탠드 안쪽으로 들어갈 수 없다. 과거 타 종교인들이 모스크 안에서 예배를 보고 찬송가를 부르는 일이 있기도 했다. 다른 종교에 대한 존중은 필수다.

❺ 날씨가 좋은 낮과 밤에 방문하자
200여 개의 창문으로 들어오는 빛으로 환하게 비추는 모스크의 낮과, 은은한 푸른 빛으로 밝혀진 술탄아흐메트 모스크의 밤 모두 관람하자.

술탄아흐메트 모스크 (블루 모스크) Sultanahmet Camii (Blue Mosque)

오스만 제국의 제14대 술탄 아흐메트 1세Ahmet I(1603~1617) 때 지은 이슬람 사원으로 그의 이름을 따 '술탄아흐메드 자미'라 불린다. 오스만 제국의 대표적인 건축가인 미마르 시난이 설계하고, 그의 제자인 세데프카 메흐메트 아Sedefkâr Mehmet Ağa가 건축을 맡아 1617년에 완성했다. 모스크의 크기는 53.5m×49.47m 규모로 높이 43m의 중앙 상단에는 지름 23.5m의 가장 큰 돔이 있고, 그 돔을 4개의 중간 돔이 지지하는 형태의 구조물로 병원, 마드라사(교육기관), 초등학교, 시장 등의 복합지구로 건설됐다. 동시에 10,000명이 예배를 드릴 수 있는 규모다. 모스크에는 60m 높이의 미나렛 2개와 73m 높이의 미나렛 4개로 총 6개가 세워져 있는데 당시 미나렛 6개는 메카의 모스크뿐이었다. 주변 이슬람 국가들이 문제 제기를 했고, 결국 메카의 모스크 권위를 위해 메카 첨탑의 개수를 7개로 늘렸다고 한다. 미나렛 꼭대기에는 발코니가 있고 하루 5번 예배 시간이 되면 아잔이 울려 퍼진다.

모스크 내부는 당시 최고급 타일 생산지인 이즈니크İznik산 타일 21,043장을 사용했다. 모스크 내부가 이즈니크산 푸른색 타일로 꾸며져 서양인들이 '블루 모스크'로 불렸고 지금까지 애칭이 됐다. 내부의 타일은 형상을 금지하는 이슬람의 율법에 따라 석류꽃, 카네이션, 민트, 제비꽃, 히아신스, 재스민 등의 꽃과 포도, 석류, 아티초크, 매실 등과 같은 과일과 식물 그림으로 아름답게 채색되어 있다. 200여 개의 창으로 들어오는 자연광으로 모스크 내부의 분위기를 느낀 뒤에 섬세한 타일의 아름다움을 놓치지 말자.

주소	Binbirdirek, At Meydanı Cd No:10, 34122 Fatih
위치	트램 T1 Sultanahmet역에서 350m
운영	월~목 · 토 · 일 09:00~18:00 (하루 5번 예배 시간에는 문을 닫는다), 금 14:30~18:00
요금	무료
홈피	sultanahmetcamii.org

술탄아흐메트 광장 (히포드롬) Sultanahmet Meydanı (Hippodrome)

술탄아흐메트 모스크와 이웃한 광장으로 술탄아흐메트 광장이라 불린다. 지금은 고대에 만들어진 오벨리스크와 기둥만이 남아있지만, 이곳의 역사는 기원전으로 거슬러 올라간다. B.C.200년경 로마의 황제 세베루스Septimius Severus(183~211)는 이곳에 전차 경기장과 검투 경기장을 만들어 히포드롬이라 불렀다. 히포드롬은 그리스어로 '말hippos, ιππος + 길dromos, δρομος'이란 뜻으로 말 경기장, 전차 경기장을 말한다. 초기의 건물은 계속 사용되다 콘스탄티누스 1세 때 450mX130m 넓이의 10만 명을 수용하는 규모로 확장하게 된다. U자 형태의 오픈된 구조로 트랙의 동쪽 끝은 대궁전과 맞닿아 있어 황제와 신하들의 이동이 편리한 형태였다. 히포드롬은 정부에 대한 반란의 중심지가 되기도 했는데, 가장 대표적인 반란은 532년 유스티니아누스 1세에 일어난 '니카의 반란'으로 진압 과정에서 3만 명이 목숨을 잃었다. 오스만 제국에 의해 콘스탄티노플이 정복되자 경기장은 헐리고, 돌은 건축자재로 쓰였다. 아트메다나Atmeydanı, 말 광장으로 불렸다. 현재 남아 있는 테오도시우스의 오벨리스크, 뱀 기둥, 그리고 콘스탄티누스의 오벨리스크는 경기장 트랙의 중심을 장식한 것이다.

주소 Binbirdirek, Sultan Ahmet Parkı No:2, 34122 Fatih
위치 트램 T1 Sultanahmet 정류장에서 200m
요금 무료

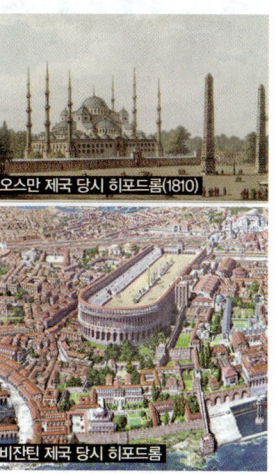
오스만 제국 당시 히포드롬(1810)

비잔틴 제국 당시 히포드롬

▶▶ 독일 분수 Alman Çeşmesi

독일 분수는 1898년 독일의 황제이자 프로이센의 왕인 카이사르 빌헬름 2세Kaiser Wilhelm II(1859~1941)가 베를린-이스탄불-바그다드-인도를 잇는 철도 부설권을 얻기 위해 이스탄불을 방문했을 때, 환대해 준 것에 대한 보답으로 오스만 제국의 술탄 압둘하미드 2세Abdülhamid II에게 선물한 것이다. 독일에서 먼저 만들고, 분해해서 옮긴 후 1900년 지금의 자리에 조각을 합체하는 방식으로 세웠다. 네오 비잔틴 양식의 8각형 구조로 8개의 대리석 기둥이 위에 돔이 얹어져 있는 형태다. 돔 안쪽은 황금 모자이크로 장식되어 있다. 술탄아흐메트 광장의 시작 부분에 있어 여름이면 더위에 지친 관광객들에게 시원한 물을 제공해 준다.

▶▶ 뱀 기둥 Yılanlı Sütun (Serpent Colume)

B.C.479년, 31개의 그리스 도시 국가가 페르시아와의 전쟁에서 승리한 기념으로 델피의 아폴로 신전에 세운 기둥이다. 지금은 윗부분이 사라졌지만, 거대한 세 마리의 뱀이 꼬인 형태로 꼭대기에 황금 그릇을 받치고 있는 형상이었다. 324년에 콘스탄티누스 1세가 델피에서 가져와 이곳에 세워 놓았다. 17세기 말까지 완전한 형태로 보존되어 있었으나, 오스만 제국 18세기경에 뱀의 머리 부분이 파손되었다. 머리 하나는 아야소피아 유적 복원 시 발견되어 이스탄불 고고학 박물관에 소장되어 있다. p.130 참고. 현재 기둥의 높이는 5.5m다.

1574년의 그림

▶▶ 콘스탄티누스의 오벨리스크 Constantinus Obelisk

술탄아흐메트 광장의 가장 남쪽에 있는 오벨리스크로 32m 높이의 벽돌 구조물이다. 세워진 연대는 정확하게 기록되어 있지 않으며 콘스탄티누스 7세(905~959)가 940년에 보수했다는 기록만이 남아 있다. 원래 벽돌은 금으로 도금된 청동판에 둘러싸여 있고, 콘스탄티누스 7세의 할아버지인 바실 1세Basil I(867~886)의 승리를 기록한 부조가 있었다고 한다. 10 · 11세에 오스만인들은 황동탑으로 불렀으나 1204년에 제4차 십자군에 의해 약탈당하면서 금 도금된 청동이 벗겨져 안쪽의 돌만 남았다. 1894년 대지진으로 무너진 것을 복원해 놓았다.

▶▶ 테오도시우스의 오벨리스크 Theodosius Obelisk

이집트의 파라오 투트모세스 3세Tutmoses III(B.C.1479~1425)가 룩소르의 카르나크Karnak 신전에 세워두었던 오벨리스크다. 콘스탄티누스 2세가 나일강을 통해 알렉산드리아로, 다시 로마로 운반해 로마의 막시무스 광장에 세워 놓았다가, 로마 제국의 황제인 테오도시우스 1세Theodosius I(378~392)가 390년에 현재의 자리로 옮겨 놓았다. 때문에 테오도시우스의 오벨리스크, 또는 이집트 오벨리스크라 불린다. 오벨리스크는 고대 이집트의 태양신을 상징하는 기둥으로 아래는 사각형, 위로 올라갈수록 뾰족한 형태를 지닌 돌기둥이다. 원래는 30m의 높이로 제작되었으나 운반 중에 소실되어 현재는 19.6m만이 남았다. 하부 기단에는 테오도시우스가 히포드롬 전차 경기를 관람하는 장면을 새긴 조각을 볼 수 있다.

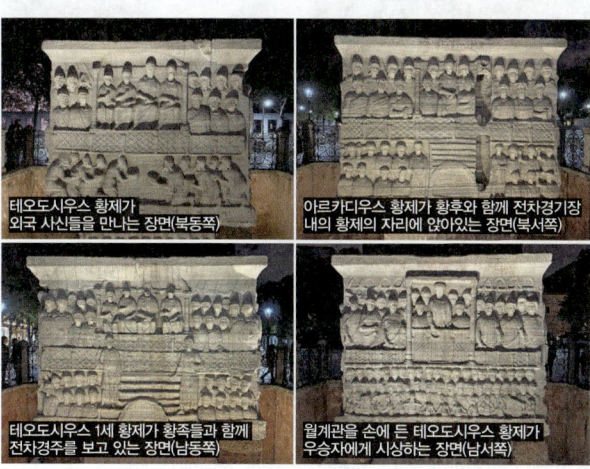

테오도시우스 황제가 외국 사신들을 만나는 장면(북동쪽)

아르카디우스 황제가 황후와 함께 전차경기장 내의 황제의 자리에 앉아있는 장면(북서쪽)

테오도시우스 1세 황제가 황족들과 함께 전차경주를 보고 있는 장면(남동쪽)

월계관을 손에 든 테오도시우스 황제가 우승자에게 시상하는 장면(남서쪽)

▶▶ 히포드롬 경기장 유적 (스펜도네) Hipodrom Kalıntıları (Sphendone)

오스만 제국 때 경기장은 헐렸지만, 경기장을 지을 당시 수평을 맞추기 위해 세워진 남동쪽 벽 일부는 그대로 남아 있다. 당시의 전차 경기장 규모를 가늠하게 해주는 귀중한 유적이나 관리가 미흡하다. 스펜도네는 경기장 끝의 둥근 U자 부분으로, 전차경주를 할 때 곡선형으로 도는 트랙 부분이다. 콘스탄틴 오벨리스크를 본 뒤 마르마라 대학교 건물을 바라보고 왼쪽 길로 200m 내려가면 보인다.

★★☆
아라스타 시장 Arasta Bazaar

술탄아흐메트 모스크와 같은 시기에 만든 시장으로 이곳에서 나는 임대수익으로 술탄 아흐메트 모스크를 수리·보수하는 데 썼다. 1912년 화재로 전소되어 방치되다 1980년대에 복원 작업을 거쳐 다시 문을 열었다. 80여 개의 상점이 190m 길에 입점해 있으며 카펫, 도자기, 타일, 보석 세공품, 앤티크 등 다양한 제품을 판다. 주로 관광객을 대상으로 하고 있어 가격이 비싼 편이나 거리가 아름답고 구경하기 편하다. 초입에는 물담배 카페가 있는데 저녁마다 수피 의식을 무료로 볼 수 있으며, 시장 끝에는 대궁전 모자이크 박물관이 있다.

주소 Sultan Ahmet, Mimar Mehmet Ağa Cd. No:2, 34122 Fatih
위치 트램 T1 Sultanahmet 정류장에서 600m
운영 09:00~19:00

★★☆
대궁전 모자이크 박물관
Büyük Saray Mozaikleri Müzesi (Great Palace Mosaic Museum)

동로마 제국 당시 콘스탄티노플 대궁전의 정원이었던 장소다. 1900년대에 두 번의 발굴 조사를 통해 유스티니아누스 1세(527~565) 때 만들어진 모자이크가 발견되어 박물관으로 문을 열었다. 사람과 동물이 90개의 자연, 일상, 신화 주제로 살아있는 듯 묘사되어 있다. 모자이크 타일 하나의 크기가 5mm 정도로 작다. 비잔틴 제국이 남긴 아름다운 모자이크 작품들을 살펴보자.

주소 Sultanahmet Mahallaesi Kabasakal Cad. Arasta Çarşısı Sok. No:53 Fatih
위치 트램 T1 Sultanahmet 정류장에서 700m
운영 09:00~19:00
요금 €10 (현재 휴관 중)
전화 (212) 518 12 05
홈피 muze.gov.tr/muze-detay?SectionId=MOZ01&DistId=MOZ

밀리온 Milyon Taşı (Million)

★☆☆

비잔틴 제국 시절 거리 측정의 기준이 되었던 돔 형태의 건물 일부분으로 현재는 대리석 기둥만이 남아 있다. 4세기에 지어졌으나 16세기에 이르러 사라졌다가 1960년대 발굴 과정에서 발견됐다. 술탄아흐메트 트램 길에서 쉽게 접근이 가능하며 최근에 가까이 갈 수 있게 보행로도 만들어 놓았다.

주소 Yerebatan Cad. Alemdar Mah. 1/3 34410 Sultanahmet-Fatih
위치 트램 T1 Sultanahmet 정류장에서 트램 라인을 따라 200m
요금 무료

예레바탄 지하 저수조 Yerebatan Sarnıcı (Basilica Cistern)

★★★

입장권 구매

유스티니아누스 1세(527~565) 시대에 만들었다. 수많은 대리석 기둥이 세워져 있어 '땅속으로 가라앉은 궁전'이란 뜻의 예레바탄 사라이 Yerebatan Saray라 부르기도 하고, 지하 저수조가 있는 자리가 바실리카 스토아(성당 상점가)가 있던 자리여서 '바실리카 저수지'라는 뜻의 시스테르나 바실리카 Cisterna Basilica라고도 불렸다. 규모는 길이 140m, 폭 70m, 높이 9m로 총 8만 톤의 물을 저장할 수 있다. 오스만 제국 시대에 여러 번의 수리 과정을 거쳐 톱카프 궁전에 물을 공급하기도 했다. 이후 사용하지 않다가 16세기 프랑스 학자가 다시 발견한다. 대대적인 복원 사업을 거쳐 1987년에 문을 열었다. 4.8m의 일정한 간격으로 28개의 기둥이 12개의 행으로 세워져 있는데 총 336개다. 각기 다른 두께와 형태의 기둥에 아름다운 조각이 인상적인데, 이는 일부러 다른 형태의 기둥을 만든 것이 아니라 비잔틴 시대의 건물 기둥을 모아 재활용한 것이다. 이 중 하이라이트는 지하 궁전의 북서쪽에 있는 기둥을 받치고 있는 메두사의 머리다. 두 개의 거대한 메두사 머리가 있는데 하나는 거꾸로, 다른 하나는 옆으로 누워 기둥을 받치고 있다. 어두운 공간에 형형색색의 조명, 각기 다른 형태의 아름다운 기둥이 모여 이스탄불에서 가장 독특한 장소이며 한여름에도 시원해 많이 찾는다. 성수기에는 긴 줄이 늘어서 온라인 구매를 찾는 사람들이 많다. 온라인은 더 비싼데 단일 입장권보다는 클룩의 아야소피아+예레바탄 통합권이 합리적이다.

눈물의 기둥

메두사

주소 Yerebatan Cad. Alemdar Mah. 1/3 34410 Fatih
위치 트램 T1 Sultanahmet 정류장에서 트램 라인을 따라 250m
운영 09:00~18:30, 19:30~22:00
요금 09:00~18:30 1,300TL, 19:30~22:00 2,000TL (서프라이즈 콘서트 포함 시), 7세 미만 무료 (학생 할인 없음)
전화 (212) 222 28 82
홈피 yerebatansarnici.com

톱카프 궁전 Topkapı Sarayı (Topkapı Palace)

톱카프 궁전은 1453년 콘스탄티노플 정복 후 술탄 메흐메드 2세 Mehmed II 가 오스만 제국의 왕궁으로 지었다. 1460년에 공사를 시작해 1478년에 완공했다. 몇 차례의 화재로 일부 다시 짓기도 했고, 19세기까지 여러 번 확장과 개축을 반복했다. 궁전은 400년간 20여 명의 술탄이 사는 거주지로, 또한 법과 행정, 교육기관의 역할을 했다. 1856년 돌마바흐체 궁전 Dolmabahçe Palace 이 완공되면서 궁전을 옮기자 톱카프 궁전은 왕실의 보물과 성물을 보관하는 장소로, 국가의 주요 행사 장소로 사용하게 된다. 1922년 오스만 왕조가 사라지고 공화국이 출범하자 아타튀르크 초대 대통령이 1924년 박물관으로 지정했다.

톱카프 궁전은 크게 4개의 정원 구역으로 나뉜다. 제1 정원은 무료로 누구나 들어갈 수 있으며, 제2 정원부터 유료 구역이다. 안쪽으로 들어갈수록 점점 술탄과 가족들의 사적인 공간이 나온다. 궁전의 하이라이트는 술탄의 가족들과 술탄의 여인들이 지내던 하렘, 85캐럿 다이아몬드 등 진귀한 보석들이 전시된 제국의 보물 전시실, 예언자 무함마드의 소지품과 모세의 지팡이, 다윗의 칼, 세례자 요한의 뼈 등을 볼 수 있는 이슬람 성물(聖物) 전시실, 그리고 골든 혼과 보스포루스 해협이 맞닿는 멋진 전망이다.

주소 Cankurtaran Mah. Babı Hümayun Cad. No:1
위치 트램 T1 Sultanahmet 정류장에서 제국의 문을 지나 매표소가 있는 인사의 문까지 950m(평지이나 사람이 많다), 트램 T1 Gülhane 정류장에서 매표소가 있는 인사의 문까지 650m(귈하네 공원 입구에서 오르막길로 제국의 문 입구보다 한가하다)
운영 09:00~17:00(**매표소** 입장 1시간 전 마감), **휴무** 화요일
요금 2,400TL(톱카프 궁전+하렘+아야 이레네 통합 입장권), 12~24세 ISIC 국제학생증 소지자 360TL(여권 필요), 6세 미만·한국어 오디오 가이드 무료(여권 필요)
* 뮤지엄 패스 사용 시 아야 이레네와 하렘 불포함
전화 (212) 512 04 80
홈피 muze.gen.tr/muze-detay/topkapi

Tip | 톱카프 궁전 입장 팁

❶ 비싸진 입장료 때문에 톱카프 궁전과 돌마바흐체 궁전 중 둘 중 하나만 보기를 고민하는 여행자들이 많다. 톱카프 궁전은 1453년 콘스탄티노플 정복 이후 만든 궁전이고, 돌마바흐체 궁전은 1856년에 지은 궁전으로 유럽의 건축양식으로 지었다. 오스만 제국의 궁전과 보물, 성물을 보고 싶다면 톱카프 궁전을 추천한다.

❷ 입장 시간에 맞춰 가기를 추천한다. 보통은 제국의 문에서 짐 검사를 하고 제1 정원을 통과해 매표소로 가게 되는데, 성수기에는 '제국의 문'에서부터 긴 줄이 늘어서 있다. 입장 후에도 보물관 등의 중요한 전시실은 긴 줄이 늘어서 성수기에 모두 보려면 한나절이 족히 걸린다. 시간을 줄로 허비하지 않으려면 서두르자.

❸ 혼잡한 시간에 방문한다면 제국의 문이 아닌 이스탄불 고고학 박물관 쪽의 문으로 들어가면 상대적으로 줄이 짧아 추천한다. 귈하네 공원 입구를 바라보고 오른쪽 오르막길이다.

❹ 매표소는 사람이 있는 부스와 키오스크 두 곳이 있다. 신용카드가 있다면 줄이 짧은 키오스크를 이용하자. 단, 국제학생증 소지자라면 사람이 있는 부스를 이용해야 한다.

❺ ISIC 국제학생증 소지자라면 학생 할인을 받자. 정가의 1/7 수준이다.

❻ 매표소를 지나면 오디오 가이드 대여소가 나온다. 입장권 안에 한국어 오디오 가이드가 포함된다. 여권이 있어야 대여 가능하다. 오디오 가이드 설명이 잘 되어 있으니 적극 활용하자. 이어폰이 있으면 더 편리한데 2.5파이 3극 이어폰(구형 이어폰 잭)을 준비하면 좋다.

❼ 궁전 입장권 소지 시 이스탄불 고고학 박물관 기념품점·카페 10% 할인, 보스포루스 투어 10~20% 할인, 페라 박물관 Pera Museum 입장 무료, 프린스 아일랜드 박물관 Museum of the Princes' Islands 50% 할인, 순수 박물관 Museum of Innocence 무료 입장 등의 혜택이 있다.

❽ 궁전 내 흡연은 금지된다.

❾ 이슬람 성물(聖物) 전시실 입장 시 여성은 스카프가 필요하다. 입구에서 대여도 해주나 위생상 본인 것을 가져가면 좋다.

❿ 개장 시간에 맞춰 들어간다면 제3 정원의 하이라이트를 먼저 보는 것을 추천한다.

Special Tour
아는 만큼 느낀다! 톱카프 제대로 보기

✱ 톱카프 궁전의 역사

1453년 콘스탄티노플을 정복한 오스만 제국의 술탄 메흐메드 2세는 자신이 머물 궁전을 짓기 시작했다. 첫 번째 궁전은 구 궁전Eski Sarayı으로 현재의 이스탄불 대학 자리에 있었다. 두 번째 궁전은 신 궁전Yeni Sarayı으로 동북쪽 바닷가의 비잔틴 성곽 근처에 건설됐다. 궁전 앞에 대포가 세워져 있어 '대포가 있는 해변의 궁전'이라는 뜻으로 토카푸수 사힐 사라이Topkapusu Sahil Sarayı라 불렸다. 당시의 궁전은 목재였는데 화재로 소실되고 새로 지은 궁전에 이름이 그대로 이어져 술탄 마무드 1세 때부터 톱카프라 부르게 됐다. 궁전은 거주하는 왕의 가족과 시종, 군사, 관료의 수만 5만 명이나 됐다고 한다. 1856년 돌마바흐체 궁전을 지어 옮기기 전까지 왕궁으로 사용됐다.

궁전의 영역은 오늘날 톱카프에서 서쪽으로 술탄 아흐메트 트램 역 뒤부터 귤하네 공원을 포함하고, 동남쪽으로는 마르마라 해안의 호텔 구역에서 바닷가까지 포괄한 방대한 영역이다. 이 지역 전체는 약 70만㎡로 5km의 성곽으로 둘러싸여 있다. 주 출입구로 사용되는 제국의 문과 귤하네 공원 앞의 문이 그 성곽의 일부분이다. 다음은 루트에 맞춘 상세 설명이니 읽으면 도움이 된다. 궁전의 규모가 크기 때문에 넉넉한 시간을 투자해야 한다.

제4 정원. 황금 지붕은 이프타리예 키오스크로 식사 장소다.

제4 정원. 테라스의 분수

톱카프 궁전. 쉴레이만 2세의 즉위식(1517년). 인사의 문(왼쪽)과 행복의 문(오른쪽)

✱ 톱카프 제대로 보기

토프카프 궁전 내부		
① 인사의 문	⑦ 하렘	⑭ 아흐메드 3세의 도서관
② 제2 정원	⑧ 임페리얼 홀	⑮ 의상 전시실
③ 부엌 궁전	⑨ 과일의 방	⑯ 보물 전시실
④ 정의의 탑	⑩ 무라드 3세의 방	⑰ 이슬람 성물(聖物) 전시실
⑤ 제국의 의회	⑪ 애첩들의 정원	⑱ 제4정원
⑥ 행복의 문	⑫ 제3정원	⑲ 이프타리예 키오스크
	⑬ 술탄의 접견실	⑳ 레반 키오스크
		㉑ 할례의 방
		㉒ 바그다드 키오스크
		㉓ 테라스 키오스크
		㉔ 테라스 모스크
		㉕ 기념품점

제국의 문 Bab-ı Hümayun

제국의 문과 술탄 아흐메트 3세의 샘

톱카프 궁전으로 향하는 출입구로 짐 검사를 한다. 성수기에는 긴 줄이 늘어서니 일찍 가는 것이 좋다. 회색빛의 대리석 문에는 1478년에 쓰인 'Ali ibn Yahyaas-Sufi'란 황금색 캘리그라피가 있다. 이는 '신의 은혜와 동의로 성이 지어졌고, 신의 축복이 함께 한다'는 뜻이다. 문 앞에는 1728년에 지은 로코코풍의 술탄 아흐메트 3세의 샘이 있다.

제1 정원 I. Avlu (Alay Meydanı)

간단한 짐 검사 후 제국의 문을 통과하면 첫 번째 정원이 나타난다. 과거 술탄의 직속 경호대인 예니체리Yeniçeri가 배치되어 '예니체리 마당'이라고도 부른다. 오른쪽의 건물은 1727년에 지어진 조폐국Darphane-i Amire(The Royal Mint)과 카펫이나 가죽제품 등 수공예품을 제작하던 장소다. 이 외에도 지금은 사라져 버렸지만 19세기 이전까지 재무부, 병원, 빵집, 모스크, 하인들의 숙소가 있었다. 입장권 없이 들어갈 수 있으니 톱카프 궁전을 보지 않을 예정이라면 제1 정원이라도 돌아보자.

❶ 아야 이레네 Aya Ýrini (Hagia Eirene)

왼쪽의 붉은 건물은 6세기 유스티니아누스 1세 때에 지어진 아야 이레네 교회Aya Ýrini(Hagia Eirene)다. 이 교회는 동로마 제국에서 가장 오래되고 아야소피아 다음으로 큰 교회로 '신성한 평화'라는 의미다. 오스만 제국 시대에 장작을 저장하거나 무기 저장소로 사용했다.

운영 월·수~일 09:00~18:00, 휴무 화요일
요금 900TL *톱카프 궁전 입장권 구매 시 무료

인사의 문 Bab-ı Hümayun

톱카프 궁전으로 들어가는 출입구로 두 개의 타워가 세워져 있다. 1478년 술탄 메흐메드 2세가 지었다. 중앙의 문은 오직 술탄만이 말을 타고 이용할 수 있었다. 총리를 비롯한 모든 관료는 말에서 내려 걸어서 통과해야 했다. 여자들은 가마를 이용할 수 있었다. 매표소는 인사의 문 직전 오른쪽에 있다. 문 오른쪽에는 처형자의 분수Cellat Çeşmesi가 있는데, 처형이 끝난 뒤 손을 씻는 용도로 사용했다.

제2 정원 II. Avlu (Divan Meydanı)

인사의 문을 통과하면 제2 정원이다. 이곳은 정치의 중심이자 왕위 계승이나 장례식 등 왕실의 주요 행사가 열렸다. 문 바로 오른쪽에는 술탄의 마차관Saltanat Arabaları이 있다. 정원의 오른편 너머에는 거대한 굴뚝이 일렬로 늘어서 있는 궁전 중앙Sarayı Mutfakları으로, 궁중에서 사용했던 10~19세기 중국과 일본산 도자기와 은식기 등 만여 점이 전시되어 있다. 정원의 왼쪽 끝에는 정의의 탑Adalet Kulesi이 있는 제국의 의회Divan-ı Hümayun와 무기 박물관Silah Kolleksiyonu이 있다. 의회는 오스만 제국의 주요 업무가 논의되고 결정되는 곳으로 화려하게 장식돼 있다. 술탄의 의회는 일주일에 토~화요일 네 번씩 해질 무렵 기도 후에 열렸다. 의회 건물 옆으로 하렘의 입구가 있다. 하렘을 보고 제3 정원으로 들어가는 루트가 좋다.

행복의 문 Bab-üs Saade

톱카프의 세 번째 문으로 문 위의 돔은 술탄의 권위를 상징한다. 중앙의 문은 오직 술탄만이

통과할 수 있었다. 국가의 중요한 행사들이 이 문 앞에서 치러졌다. 문 앞 바닥에 왕실의 깃발을 꽂았던 작은 홈이 있다.

하렘 Harem

이탈리아 화가, 지울리오 로자티 Giulio Rosati(1858~1917)의 〈하렘의 춤〉

하렘은 술탄과 술탄의 가족, 시종 그리고 술탄 소유의 여자들이 거주하던 곳이다. 1578년부터 짓기 시작해 19세기 전반까지 새로운 술탄이 집권할 때마다 건물이 추가되어 다양한 시대의 건축물을 볼 수 있는 복합지구가 됐다. 하렘은 300개 이상의 방, 9개의 목욕탕, 2개의 모스크, 병원, 학교, 도서관, 홀, 부엌, 창고, 정원, 수영장, 그리고 지하 감옥까지 갖췄다. 공간들은 거미줄처럼 연결되어 있으며 이 중 관광객들에게 공개되는 건 일부분이다.

술탄을 제외한 하렘의 유일한 남자는 거세된 흑인 내시였다. 흑인 내시는 일말의 가능성을 고려해 아이를 낳으면 눈에 띌 수 있도록 한 것이다. 하렘에는 술탄 소유의 여자 Kadın들 300~500명이 살았다. 이들은 외국에서 잡혀 노예로 팔려 온 아름다운 여성들로 13~14세 때 궁에 들어와 교육받고 외모를 가꿨다. 술탄의 눈에 들어 술탄의 아이를 낳으면 카든 에펜디Kadın Efendi라 부르며 술탄의 공식적인 첩이 됐다. 반면에 술탄의 눈에 들지 못한 여자들은 나이가 들면 더 이상 사용하지 않는 베야즈트의 구 궁전으로 보내져 생을 마감해야 했다.

카든 에펜디가 되었다고 특별한 지위나 권력을 갖는 것은 아니었다. 쉴레이만 1세의 총애를 받아 특별히 황후의 자리에 올랐던 록살라나 때부터 그 금기가 깨졌다. 이후부터 술탄의 여성들이 적극적으로 정치에 개입하게 되었다.

요금 900TL *톱카프 궁전 입장권 구매 시 무료

❶ 수레의 문 Arabalar Kapısı

현재 하렘으로 들어가는 입구는 과거 말이나 가마가 드나들던 문이었다. 술탄 무라드 3세Murad III 때 만들어졌다.

❷ 내시 구역
Kara Ağalar Taşlığı

수레의 문을 통과하면 내시 구역이다. 이곳에는 내시Ağaları와 내시 관리Kızlar Ağası들이 생활했다. 건물은 총 4층으로 방과 모스

---

more & more 쉴레이만 1세와 록살라나의 사랑

쉴레이만 1세

록살라나

록살라나Roxelana는 현재 우크라이나(당시 폴란드)의 러시아 정교회 신부의 딸로 태어났다. 1520년 타타르족의 습격으로 노예가 되어 오스만 제국에 팔린다. 빼어난 용모로 궁전의 하렘에서 생활하게 되며 무슬림으로 개종한다. 그곳에서 쉴레이만 1세Ⅱ. Süleyman의 총애를 받아 술탄의 여자가 됐다. 술탄은 그녀를 몹시도 사랑해 이전에 없던 황후 자리를 만들어 록살라나를 공식 아내로 삼았다. 이후 휘렘 술탄Hürrem Sultan으로 불리며 학교, 여자 노예 시장 근처에 여성을 위한 병원, 무료 급식소 등을 만들기를 제안하기도 했다. 자신의 아들을 다음 술탄으로 만들기 위해 이전에 술탄의 총애를 받았던 굴 바하르를 내쫓고, 굴 바하르와의 사이에서 난 첫째 아들 무스타파를 모함해 죽게 하기도 했다. 그녀의 소원대로 쉴레이만 1세의 사망 후 자신의 아들 셀림 2세Ⅱ. Selim가 술탄이 됐다. 쉴레이만 1세와 록살라나의 사랑은 시인과 소설가들의 단골 소재가 됐다. 록살라나는 1558년에, 쉴레이만은 1566년 사망했는데 쉴레이마니예 모스크(p.146)에 이웃해 묻혀 있다.

크, 화장실, 창고 등이 있으며 가장 높은 층에는 가장 낮은 지위의 내시들이 살았다. 내시 구역 끝에는 황금 장식이 된 하렘의 입구가 있다.

❸ 술탄의 여인들 구역

입구는 술탄과 여성들만이 출입할 수 있었고 흑인 내시들이 보초를 섰다. 대형 거울이 있는 입구를 지나면 술탄의 여인들 구역이다. 작은 안뜰을 중심으로 방, 목욕탕, 빨래터, 창고 등이 있다. 여인 중 술탄의 총애를 받아 임신하게 되면 카든 에펜디라는 이름이 주어지며 술탄의 공식 첩이 되어 술탄의 방 근처로 거주지를 옮기게 된다.

❹ 술탄의 어머니 구역 Valide Sultan Dairesi

술탄의 어머니를 발리데 술탄Valide Sultan이라 한다. 술탄의 어머니는 하렘을 관장하며 여인들을 교육했다. 발리데 술탄의 방 내부는 로코코 스타일로 샹들리에와 아름다운 타일 돔으로 이루어져 있다. 2층에는 침실과 기도실, 시녀의 방이 있다. 방은 술탄 어머니의 목욕탕과 술탄의 목욕탕, 그리고 술탄 방으로 연결된다. 목욕탕Hamamı은 16세기에 만들어졌는데 18세기 중반에 로코코 스타일로 꾸몄다.

❺ 임페리얼 홀 Hünkâr Sofası

임페리얼 홀은 술탄의 가족, 친구나 손님들이 여흥을 즐기고 종교축제 기간 중 의식을 행하고, 결혼식을 올리는 공간으로 쓰였다. 1666년의 화재 이후에 로코코 스타일로 개축했다. 홀 안의 금으로 도금된 의자는 독일의 빌헬름 2세가 선물한 것이고, 시계는 영국의 여왕이 선물한 것이다. 이 홀을 통해 술탄의 거주지로 갈 수 있다. 거울 뒤쪽에는 비밀의 문이 있는데 이곳을 통해 술탄 어머니의 거주지나 목욕탕으로 갈 수 있었다.

❻ 술탄의 구역 Sultan Dairesi

분수의 홀

무라드 3세의 방

술탄 어머니의 방 주변에는 술탄의 방과 목욕탕, 홀, 술탄의 아이와 아내가 머무는 방이 있다. 분수의 홀Çeşmeli Sofa은 이즈니크산 타일로 아름답게 장식된 방으로 작은 분수가 있다. 하렘에서 가장 유명한 방은 1578년 미마르 시난이 지은 술탄 무라드 3세의 방이다. 16세기 오스만 제국의 황금시대에 지어진 아름다운 방으로 술탄의 집무실로 쓰였다. 이 외에도 1608년에 만든 술탄 아흐메드 1세의 방Ahmed I. Has Odası, 아흐메드 3세의 방Ahmed III. Has Odası과 식사 장소로 쓰였다고 추정되는 과일의 방Yemiş Odası, 왕자들의 구역Şehzadeler Dairesi과 두 개의 키오스크가 있다.

❼ 애첩들의 정원 Gözdeler Taşlığı Mabeyn

왕자들의 구역.
17세기까지 왕자들 중 술탄이 나오면 나머지 왕자들은 살해되었다.

술탄의 아이를 임신한 여자는 이곳으로 옮겨와 아이들과 함께 생활하게 된다. 숙소와 수영장, 정원이 있다. 압둘하미드 1세 Abül Hamid I의 거주 공간과 첩의 시중을 들던 우스타스 Ustas, 나이 든 하녀 칼파스 Kalfas의 숙소도 있다.

❽ 황금 길과 큐하네 문 Altın yol & Kuşhane Kapısı

하렘을 빠져나가는 문은 좁은 '황금 길'을 지나야 한다. 이 이름은 술탄이 과거 축제 때 황금 길에서 금화를 뿌리자 술탄의 첩들이 주운 것에서 시작됐다. 황금 길을 지나 큐하네 문 Kuşhane Kapısı을 통과하면 제3 정원으로 나오게 된다.

제3 정원 III. Avlu

제2 정원과 연결되는 행복의 문을 통과하면 곧바로 술탄의 접견실 Arz Odası이 나온다. 이곳에서 외교관들을 접견하고 외국 사신들이 가져온 선물을 받았다. 건물 밖으로 나오면 제3 정원이 펼쳐진다.

❶ 술탄 아흐메드 3세의 도서관 Kütüphanesi

정원의 가운데에 있는 건물은 1719년에 만들어진 술탄 아흐메드 3세의 도서관이다. 내부는 16세기 이즈니크 타일로 꾸며졌고 튤립 시대(1703~1730년)의 타일도 볼 수 있다. 3,500여 권의 서적들로 빼곡했던 아름다운 도서관이다.

❷ 정복자의 키오스크 Fatih Köşkü

제국의 보물 전시실 입구

스푼 메이커의 다이아몬드

톱카프 에메랄드 단검

정원에서 오른쪽의 건물은 1460년에 지어진 정복자의 키오스크로 톱카프 궁전에서 가장 오래된 건물 중 하나이다. 원래 보물이나 예술작품 등을 보관하던 장소였는데 셀림 2세 때 목욕탕으로 개조했다가 다시 복구했다. 톱카프 궁전의 하이라이트로 항상 긴 줄이 서 있다. 제국의 보물과 의상 전시실 Fatih Köşkü Enderun Hazinesi에는 오스만 제국의 술탄이 소유하던 진귀한 보석과 술탄의 의상이 전시되어 있다. 전시관은 크게 세 곳으로 나뉘는데 방과 방이 이어지는 코너에 환상적인 전망을 자랑하는 테라스 전망대가 있다. 유명한 전시물로는 스푼 메이커의 다이아몬드 Spoonmaker's Diamond라 불리는 86캐럿 다이아몬드와 이를 둘러싸고 있는 49개의 다이아몬드 장식이다. 이 외에도 3.26kg의 에메랄드 원석, 17세기에 제작된 에메랄드 단검, 1,475개의 다이아몬드와 1,210개의 루비, 520개의 에메랄드가 장식된 금으로 만든 아기 요람, 보석으로 장식한 술탄 무스타파 3세의 갑옷 등이 있다.

❸ 이슬람 성물(聖物) 전시실

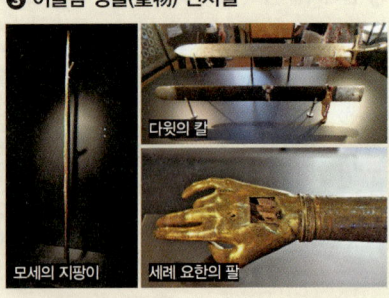

다윗의 칼

모세의 지팡이

세례 요한의 팔

제국의 보물 전시실 맞은편에도 긴 줄이 늘어선 건물이 있는데 이곳은 이슬람 성물(聖物) 전시실이다. 여자들은 스카프를 머리에 쓰고 들어가야 한다. 전시실에는 1517년 셀림 1세Selim I가 이집트를 정복하면서 가져온 이슬람교의 창시자인 모하마드Hz. Mohammad의 전쟁 중에 부서진 치아와 머리카락, 수염, 망토, 족적, 검, 활, 편지와 세례 요한의 팔과 두개골 뼛조각, 다윗의 칼, 모세의 지팡이, 메카의 카바 신전의 기둥 등이 전시되어 있다. 이슬람 성물 전시관 왼쪽으로는 술탄의 초상화실이 있다.

제4 정원 IV. Avlu

자개와 별갑 장식

바그다드 키오스크의 화려한 천장

제4 정원은 술탄과 술탄 가족들의 공간이다. 제3 정원에서 제4 정원으로 가는 길은 문이라기보다는 통로에 가깝다. 두 개의 통로가 있는데 왼쪽의 골목과 오른편의 반지층 터널로. 왼쪽 골목을 이용하는 것이 돌아보기 편하다. 제4 정원의 왼쪽 날개에는 수영장과 새하얀 대리석 테라스가, 근처의 황금 지붕이 있는 정자는 골든 혼으로의 전망이 좋아 사진 촬영 장소로도 인기다. 정자는 **이프타리예 키오스크**Iftariye Köşkü로 라마단 기간에 해가 진 후 저녁 식사를 하던 곳이다. 이곳 주변에는 여러 개의 키오스크가 있다. 1635년 술탄 무라드 4세Murad IV 때 만든 **레반 키오스크**Revan Köşkü로 1733년에 도서관이 됐다. 안쪽에는 할례의 방Sünnet Odası이 있는데 왕자가 9~10세가 되면 할례의식을 치르던 중요한 장소다. 방 전체가 타일로 장식되어 굉장히 화려하다. 테라스와 이프타리예 키오스크를 지나 끝에 있는 곳은 1639년에 만들어진 **바그다드 키오스크**Bağdad Köşkü다. 레반 키오스크와 함께 오스만 고전 건축 양식을 볼 수 있는 드문 키오스크다. 자개와 별갑(자라의 등딱지)으로 장식되어 화려하다. 18세기에는 도서관으로도 사용됐다. 8각형의 구조로 붉은색 돔과 내부는 푸른빛 타일로 장식되어 있다.

왼쪽 날개 구역에서 계단을 내려가면 분수와 꽃이 만발한 정원이 나온다. 그 가운데에 새하얀 로코코풍의 건물은 **테라스 키오스크**Terrace Köşkü(Mustafa Paşa Köşkü)다. 정원을 지나면 기념품 가게 건물이 있다. 바닷가 쪽에는 19세기에 만든 복층 형식의 테라스 모스크Sofa Camii와 콘야르Konyalı 레스토랑이 있으며 보스포루스 해협과 마르마라해의 전망을 볼 수 있다. 이곳에는 카페도 있어 멋진 전망을 바라보며 지친 다리를 쉬었다 가기도 좋다.

more & more 스푼 메이커의 다이아몬드

알리 파샤와 애첩 키라 바실리키

86캐럿 다이아몬드의 닉네임이 '스푼 메이커의 다이아몬드'라 붙게 된 이야기는 오래전부터 전해져 내려와 다양한 버전이 존재하는데, 가장 대표적인 이야기는 다음과 같다.

바닷가 성곽 근처에 살고 있던 가난한 어부는 어느 날 바닥에서 반짝이는 큰 돌을 줍는다. 이 돌이 다이아몬드라는 생각은 하지 못하고 며칠을 주머니에 넣어 다니다 보석상을 찾게 된다. 보석상에게 보여주니 보석상은 유리일 뿐이라며 그냥 가져가도 상관없지만, 숟가락 3개랑 바꾸려면 두고 가라고 말한다. 어부는 고민하다 숟가락 3개를 들고 간다. 숟가락 3개와 86캐럿 다이아몬드를 바꾸고 만 것이다. 이 이야기 때문에 사람들은 오늘날까지 '스푼 메이커의 다이아몬드'라고 부르게 됐다. 다이아몬드는 피고트 프랑스 장교, 나폴레옹의 어머니 등을 거치며 떠돌다 알리 파샤Ali Paşha가 구입해 가장 좋아하던 애첩, 키라 바실리키Kira Vassiliki를 위해 선물한 것이다. 그리스와 알바니아 지역의 총독을 지내기도 했던 알리 파샤는 후에 반역죄로 1822년 술탄 마무드 2세Mahmud II에게 사형당한다. 이후 그의 재산은 국고로 환수되는데 그때 다이아몬드가 왕실에 들어왔다.

★★★ 이스탄불 고고학 박물관
İstanbul Arkeoloji Müzesi (İstanbul Archaeological Museum)

톱카프 궁전에서 귈하네 공원 방향 출구로 내려오면 고고학 박물관으로 이어진다. 톱카프를 둘러보느라 쌓인 피로로 지나치는 사람들이 많지만, 박물관 안에 세계적으로 중요한 유물들을 다수 소장하고 있어 지나치기 아까운 곳이다. 내부 소장품들 역시 약 100만 점으로 만만하게 볼 수 없는 규모이니 마음의 준비를 하고 들어가는 것이 좋다. 고고학 박물관은 크게 세 구역으로 왼쪽의 동양 고대사 박물관과 타일 키오스크 박물관, 맞은편의 고고학 박물관으로 나뉜다. 시간이 없다면 하이라이트인 알렉산드로스의 관이 있는 고고학 박물관 석관실로 향하자.

주소 Alemdar Caddesi, Osman Hamdi Bey Yokuşu, Gülhane, Fatih
위치 트램 T1 Gülhane 정류장에서 350m, T1 Sultanahmet 정류장에서 650m
운영 09:00~17:30
요금 €15
전화 (212) 520 77 40
홈피 muze.gov.tr/muze-detay?SectionId=IAR01&DistId=IAR

이스탄불 고고학 박물관 지도

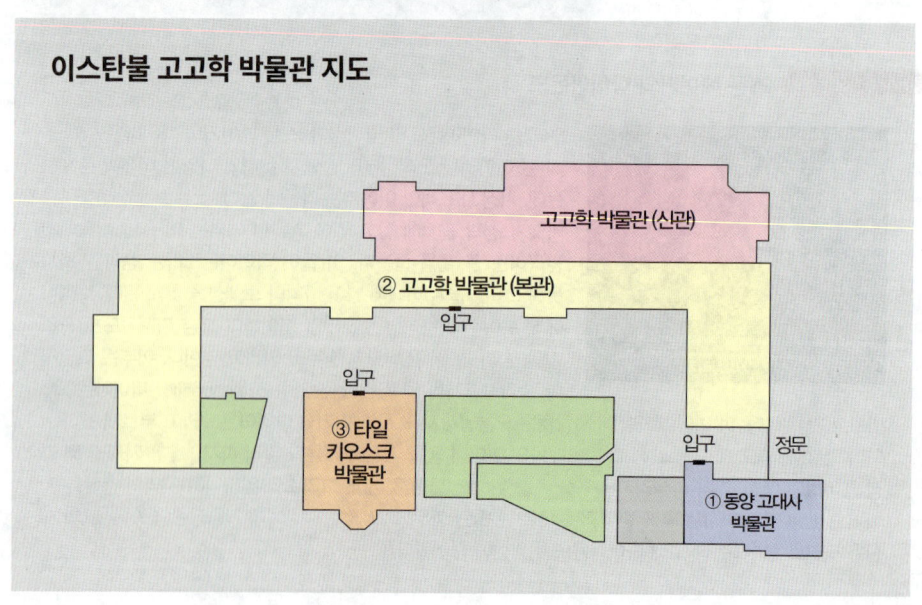

▶▶ 동양 고대사 박물관 ki Şark Eserleri Müzesi (Old Eastern Works Museum)

구석기 시대부터 오늘날 튀르키예, 이집트, 아라비아반도의 고대 유적들을 모아놓은 박물관이다. 크게 아나톨리아, 메소포타미아, 고대 이집트 왕국, 이슬람 이전의 아라비아반도 유적으로 나뉜다. 주요 소장품으로 현존하는 가장 오래된 문자가 있다. 메소포타미아의 우루크Uruk에서 발견된 함무라비 법전Hammurabi과 잠언(구약 성서 중의 한 서), 세계에서 가장 오래된 사랑의 시, 세계 최초의 평화 조약 조각인 카데쉬 조약Kadesh Treaty이 쐐기 문자로 쓰여 있다. 이 외에도 히포드롬 광장의 뱀 기둥Yılanlı Sütun의 머리, 바빌론 이슈타르Ishtar 문에 장식됐던 동물 채색 테라코타, 고대 수메르의 아다브Adab에서 발견된 루갈달루Lugal-dalu의 동상, 이집트의 미라와 관 등 고대 유물 2만여 점이 소장되어 있다.

히포드롬 광장의 뱀 기둥 머리

바빌론 이슈타르 문의 장식

세계 최초의 평화 조약, 카데쉬 조약(B.C.1259)

세계에서 가장 오래된 사랑의 시(B.C.2037~2029)

입구

▶▶ 타일 키오스크 박물관 Çinili Köşk müzesi (Enameled Kiosk Museum)

14개의 대리석 기둥이 세워진 우아한 건물로 술탄 메흐메트가 1472년에 지었다. 이스탄불에서 가장 오래된 오스만 건물 중 하나다. 2층에는 로비를 중심으로 아름다운 타일로 장식된 6개의 작은 방이 있는데, 셀주크와 오스만 시대의 이즈니크산 타일, 도자기 작품이 전시되어 있다. 인상적인 작품은 술탄 무라드 3세 때에 만들어진 젊음의 분수Ab-ı Hayat Çeşmesi(1590)로 허리 높이로 벽 안쪽에 만들어져 있으며 돌에 봉황과 꽃을 정교하게 음각한 후 채색과 도금으로 장식되어 있다. 젊음의 분수 옆에 서 있는 오스만 함디 베이Osman Hamdi Bey(1842~1910)의 유화 작품과 비교해 보자. 오스만 베이는 고고학자이자 화가로 이스탄불 박물관과 이스탄불 미술 대학의 창립자이다.

젊음의 분수

타일 키오스크 박물관

오스만 베이의 〈젊음의 분수〉
(1904, Alte Nationalgalerie, 베를린)

▶▶ 고고학 박물관 Arkeoloji Müzesi (Archeology Museum)

고고학 박물관은 크게 본관과 신관 두 개의 건물로 나뉘는데 신관은 구 건물 뒤편으로 연결되어 있다. 본관 1층의 왼쪽 끝 전시실 7~9번 방은 고고학 박물관의 하이라이트인 시돈Sidon의 공동묘지에서 발견된 석관실이다. 석관실에는 이집트관과 미라, 고대 그리스인의 석관이 전시되어 있는데, 가장 유명한 알렉산드로스의 관Alexanderos Sarcophagus은 놓치지 말자. 알렉산드로스 대왕의 전설이 된 이수스 전쟁과 사냥 이야기를 생생하게 들려준다. 이후 1~6번 방까지 다양한 형태의 석주(石柱)와 석관이 이어진다. 2층은 그리스 시대의 토기와 동상들이 전시되어 있다.

신관 1층에는 어린이 박물관과 이스탄불 주변에서 발견된 유적 컬렉션이, 2층에는 선사 시대, 그리스 시대, 비잔틴 시대의 이스탄불에서 발견된 조각상과 기둥, 모자이크 등과 키프로스의 장례 풍습 등을 소개한 방대한 전시물이 있다.

Tip | 알렉산드로스의 관

이름은 알렉산드로스의 관이나 실제 알렉산드로스 대왕의 관은 아니다. 이수스Issus 전투 후 알렉산드로스 대왕에 의해 시돈의 왕이 된 압달로니무스Abdalonymus(B.C.311년 사망)의 관으로 그리스인과 페르시아인 사이의 이수스 전투가 조각되어 있다. 알렉산드로스 대왕과 페르시아의 다리우스 3세Darius III와의 전투를 묘사하고 있는데 그리스인은 짧은 옷과 망토를 두르고, 페르시아인은 머리와 온몸을 감싸고 있어 쉽게 구별된다. 맨 왼쪽에 사자 투구를 쓰고 말을 탄 사람은 알렉산드로스 대왕이다. 이 때문에 알렉산드로스 대왕의 석관이라는 이름이 붙었다. 알렉산드로스 대왕은 그리스-페르시아 제국을 건설하고 싶어 했으며, 페르시아의 공주와 결혼한다. 그래서 이수스 전투의 반대면에는 그리스인과 페르시아인이 함께 사냥하는 장면이 조각되어 있다.

알렉산드로스의 관(앞면) 사자 투구를 쓴 알렉산드로스 대왕

알렉산드로스의 관(뒷면) 그리스인과 페르시아인이 함께 사냥하는 모습

고고학 박물관 입구

★★★
귈하네 공원 Gülhane Parkı (Gülhane Park)

이스탄불의 구시가지에서 가장 넓은 공원이다. 과거 톱카프 궁전의 일부로 술탄과 하렘의 여인들만이 즐기던 곳이었으나 1912년 대중들에게 개방됐다. 키 큰 나무들이 우거지고 시기에 따라 장미와 튤립 등의 꽃이 만발한다. 분수, 놀이터, 작은 동물원, 산책로, 카페 등의 시설이 있는데 특히, 공원 끝의 언덕 위 카페에서는 보스포루스 해협의 멋진 전망을 볼 수 있다. 매주 금요일이나 주말이 되면 가족이나 연인들의 공간으로 사랑받는다. 웨딩 촬영 장소로도 인기가 높아 아름다운 드레스와 턱시도를 입은 커플을 만날 수도 있다. 공원으로 들어가는 부분의 높은 담은 과거 톱카프를 감싸던 성곽 중 일부로 이슬람 과학·기술의 역사 박물관이 있다.

주소 Cankurtaran, Kennedy Cad., 34122 Fatih
위치 트램 T1 Gülhane 정류장에서 200m(정문)
요금 무료
홈피 http://www.istanbul.gov.tr/istanbulun-koru-ve-parklari-gulhane-parki

귈하네의 여름

귈하네의 가을

★★☆
이슬람 과학·기술의 역사 박물관
İslam Bilim ve Teknoloji Tarihi Müzesi (Museum of Islamic Science and Technology)

9~16세기 이슬람 과학자가 발명하고 개발한 것을 모아놓은 박물관으로 천문학, 해양, 의학, 물리학, 수학, 건축 등 모든 분야를 망라한다. 그중 천문학은 세계에서 가장 오래된 과학으로 이슬람 국가에서 가장 발달했다. 천문대와 지구본, 측량 기구 등이 전시되어 있으며 12세기 위대한 발명가이자 엔지니어인 이스마일 알-자지리(Ismail al-Jazari)가 개발한 자동 물시계, 코끼리 시계(1206)를 볼 수 있다. 그는 로봇 공학 분야 최초의 과학자로 물시계뿐만 아니라 다양한 자동 로봇을 다룬 '기발한 기계 장치에 관한 지식의 책'을 출간했다. 그 영향력은 중국을 통해 한국에도 들어왔으며 세종대왕이 장영실을 통해 1434년 한국화된 자동 물시계, 자격루를 제작하게 된다.

주소 Can Kurtaran Mah. Alemdar Cad. Has Ahırlar Binası Gülhaneparkı, Sirkeci
위치 트램 T1 Gülhane 정류장에서 150m
운영 09:00~18:00
요금 €10
전화 (212) 528 80 65
홈피 muze.gov.tr/muze-detay?SectionId=IBT01&DistId=MRK

이슬람 과학기술의 역사박물관

각종 천문학 기구

코끼리 시계

이스탄불의 레스토랑

이스탄불의 물가는 이미 서울을 넘어서 서유럽 수준이다. 합리적인 가격의 식당이라 여겨지는 곳도 한 끼에 25,000~30,000원이다. 물가가 얼마나 더 오를지는 아무도 모른다. 아래 소개하는 식당들은 현지 물가의 맛집과 관광객을 주로 상대해서 좀 더 비싸지만, 대신 음식이 깔끔하게 나오는 곳을 소개한다. 튀르키예의 식당은 보통 카페를 겸하고, 브레이크타임 없이 이른 아침부터 밤늦게까지 운영해 방문하기에 편하다. 대부분의 관광지 메뉴판에는 음식 사진이 있어 주문하기에 편리하고, 튀르키예어와 영어 두 가지 언어를 제공한다. 아래 음식점의 순서는 추천순이 아니라 도보 여행 루트를 따라 구역별 & 거리순으로 나열한 것이다.

① 관광지 식당들은 구글 평점 관리를 하는 식당들이 대다수다. 평점이 너무 높다면 차나 바클라바 서비스를 받고 높은 평점 후기를 올리게 하는 경우가 많으니, 평점은 참고만 하자.

② 이스탄불의 관광지 주변, 관광객을 대상으로 하는 식당은 10%의 서비스 차지Service Charge가 붙는다.

③ 물은 모두 유료다. 테이블 위에 올려놓은 물은 영수증에 포함되니 먹지 않았다면 빼달라고 별도로 요청해야 한다(영수증 체크 필수).

④ 보통은 빵을 무료로 제공되나 가격이 있는 식당인 경우, 빵도 별도의 요금이 붙기도 한다.

⑤ 현금 결제가 안 되는 식당도 꽤 있으며 신용카드 결제 시 수수료를 5~10% 붙이기도 한다.

가격 정보
*식당의 경우 메뉴 한 개와 음료를 포함한 가격

€ 1~200TL 차이나 커피, 저렴한 스낵
€€ 200~400TL 현지인 음식점 가격으로 저렴한 레스토랑 (우리나라 식당과 비슷)
€€€ 400~800TL 관광객 대상, 일반적인 가격의 레스토랑 (우리나라 식당보다 비쌈)
€€€€ 800~1,500TL 관광객 대상, 일반적인 가격보다 더 비싼 레스토랑
€€€€€ 1,500TL~ 오작바쉬 전문점, 고급 미슐랭 식당

타리히 술탄 아흐메트 쾨프테지시
Tarihi Sultanahmet Köftecisi

1920년에 문을 연 이스탄불에서 가장 유명한 쾨프테 식당으로 4대째 운영하고 있다. 쾨프테는 튀르키예식 미트볼로 한국 떡갈비의 단짠의 양념과는 달리 짭짤하게 간을 해 구운 것이다. 커다란 고추장아찌와 함께 나온다. 2인이 방문한다면 소고기 쾨프테Karışık Izgara Köfte Porsiyon, 양고기 케밥Kuzu Şiş, 텁텁한 맛을 달래주는 샐러드Mevsim Salata와 음료를 주문하면 된다. 이스탄불에 왔다면 꼭 한 번은 들러야 한다.

주소	Alemdar Mahallesi, Divan Yolu Caddesi, No:12 Fatih
위치	트램 T1 Sultanahmet 정류장에서 100m
운영	10:30~22:30
요금	€€€
전화	(212) 520 05 66
홈피	www.sultanahmetkoftesi.com

카라데니즈 아이레 피데 & 케밥 레스토랑
Karadeniz Aile Pide & Kebab Restaurant

술탄아흐메트 트램역 바로 앞의 식당가 골목은 호객행위가 심하고 가격이 무척 비싸다. 그나마 이곳이 오래되고 현지인들이 많이 찾으며, 가격도 다른 식당에 비해 약간은 저렴한 편이다. 피데와 케밥 등 튀르키예 음식을 맛볼 수 있다. 근처의 Karadeniz Fish Kebab과 헷갈리지 말자.

주소 Alemdar, Hacı Tahsin Bey Sk. No:9/a, 34110 Fatih
위치 트램 T1 Sultanahmet 정류장에서 80m
운영 10:00~23:00
요금 €€€
전화 (212) 522 91 91

푸딩 숍 라레 레스토랑
Pudding Shop Lale Restaurant

1957년에 문을 연 가게로 셀프서비스 형태의 튀르키예 가정식을 파는 로칸타 식당이다. 항상 관광객들로 북적인다. 이름이 푸딩 숍이라 식당과는 어울리지 않는데, 문을 열 당시 '라레 파스타하네스Lale Pastahanesi'라는 이름으로 타북 괴슈Tavuk Göğsü(닭고기 가슴살이 들어간 우유 푸딩) 전문점이었다. 당시 푸딩 숍은 네팔이나 인도에 육로로 떠나는 히피 여행자들을 위한 소통의 장소였다.

주소 Alemdar, Divan Yolu Cd. No:6, 34400 Fatih
위치 트램 T1 Sultanahmet 정류장에서 140m
운영 07:30~22:30
요금 €€€
전화 (212) 511 05 39
홈피 www.puddingshop.com

도이 도이 레스토랑
Doy Doy Restaurant

향신료가 세지 않아 한국인들 입맛에도 맞고, 합리적인 가격에 맛도 있다. 피데부터 케밥, 생선구이까지 다양한 메뉴가 있다. 보통 1층은 개별여행자가 2~3층은 단체관광객들이 자리를 잡고 식사를 하는데, 옥상 테라스로 올라가면 술탄아흐메트 모스크의 멋진 전망을 볼 수 있으니 놓치지 말자.

주소 Küçük Ayasofya, Şifa Hamamı Sk. No:13, 34400 Fatih
위치 트램 T1 Sultanahmet 정류장에서 550m
운영 09:00~22:00
요금 €€€
전화 (212) 517 15 88

하잘 뵈렉 살로누
Hazal Börek Salonu

튀르키예인들의 아침 식사 메뉴인 뵈렉과 차이를 경험하고 싶다면 이곳을 추천한다. 가격도 요즘 튀르키예 물가에 비하면 저렴하고, 현지인들도 많이 찾는 뵈렉 전문점이다. 속에 아무것도 없는 플레인, 시금치, 치즈, 고기 뵈렉이 있는데, 다양하게 맛볼 수 있는 믹스드 메뉴로 주문할 수도 있다. 고운 설탕 가루를 뿌린 뵈렉과 차이의 궁합이 좋다.

주소 Alemdar, Nuru Osmaniye Cd. No:10/A, 34110 Fatih
위치 트램 T1 Sultanahmet 정류장에서 350m
운영 화~목 06:00~17:00, 금~월 06:00~15:00
요금 €€
전화 528 45 32

그랜드 카페 테라스
Grande Cafe Teras

술탄아흐메트 모스크의 전망 좋은 디저트 카페다. 1층에 제과점이 있어 옥상의 테라스를 모르는 사람이 많지만, 아는 사람들만 알고 있는 최고의 전망을 자랑하는 곳 중 한 곳이다. 낮의 전경도 좋지만, 해 질 녘 노을 질 때부터 야경을 구경하기에도 좋다. 엘리베이터를 타고 꼭대기 층으로 올라가자.

주소 Alemdar, Divan Yolu Cd. no:44/a, 34400 Fatih
위치 트램 T1 Sultanahmet 정류장에서 50m
운영 08:00~01:00
요금 €€€
전화 (212) 512 77 80

하프즈 무스타파 1864 Hafız Mustafa 1864 (Sutanahmet점)

1864년부터 운영해 온 디저트 카페다. 푸딩, 케이크, 바클라바, 로쿰 종류가 다양하게 있고, 쌀 푸딩인 쉬트라취Sütlaç, 튀르키예 사탕인 메브뤼 쉐케리Mevlü Şekeri, 튀르키예 아이스크림인 돈두르마Dondurma, 튀르키예 차와 튀르키예 커피까지 다양하게 맛볼 수 있는 곳으로 선물을 구매하기에 좋다. 한 접시로 나오는 아침 메뉴 Kahvaltı Tabağı로 꿀 카이막Bal Kymak, 뵈렉Börek도 준비되어 있으니 방문해 보자.

주소 Binbirdirek, Divan Yolu Cd. No:14, 34110 Fatih
위치 트램 T1 Sultanahmet 정류장에서 85m
운영 08:00~02:00
요금 €€€
전화 (212) 514 90 68
홈피 online.hafizmustafa.com/en

구시가지의 한식당

한국의 식당 물가와 비교하면 2~3배 정도 비싼 편이다. 술탄아흐메트 주변의 현지 식당에 비하면 오히려 약간 저렴하다.

❶ 고려정 Kolay Restoran

주소   Cankurtaran Meydanı Sk. No: 10, 34122 Fatih
위치   트램 T1 Sultanahmet 정류장에서 850m
운영   09:00~21:30
요금   €€€
전화   531 515 72 17

❷ 피닉스 Phoenix

주소   Binbirdirek, Grup Saray Restaurant, Şht. Mehmetpaşa Ykş. No:4, 34122 Fatih
위치   트램 T1 Sultanahmet 정류장에서 500m
운영   월·금·일 12:00~19:00,
       토 14:00~19:00
요금   €€€
전화   536 870 27 59

귈하네 수르 카페
Gülhane Sur Cafe

귈하네 공원 정문에서 고고학 박물관으로 올라가는 길에 있는 빨간 소파가 있는 카페로 차나 커피, 주스를 마시며 관광객들을 구경하며 지친 몸을 쉬어가기 좋은 곳이다. 물담배를 경험해 보기에도 좋으나 가격은 비싼 편이다.

주소   Cankurtaran, Soğuk Çeşme Sk. No:30/B, 34122 Fatih
위치   트램 T1 Gülhane 정류장에서 210m
운영   09:00~24:00   요금   €€€

마도 Mado

튀르키예 전역에 지점을 둔 아이스크림 체인점으로 아이스크림 제작 이야기는 1850년 돈두르마의 고향 카라만마라쉬 Kahramanmaraş에서 시작됐다. 1991년에 마도 체인점이 시작되어, 현재는 튀르키예 전역에 300개의 매장과 해외에 100여 개의 매장을 갖고 있다. 아이스크림뿐만 아니라 다양한 종류의 디저트와 간단한 식사까지 할 수 있다. 좋은 품질의 우유와 천연재료로 만든 맛있는 아이스크림을 맛볼 수 있다. 실내에서 먹으면 10% 추가 요금이 붙는다.

주소   Alemdar, Divan Yolu Cd. No:24, 34110 Fatih
위치   트램 T1 Sultanahmet 정류장에서 40m
운영   08:00~24:00
요금   €€
전화   (212) 522 62 36
홈피   mado.com.tr

술탄아흐메트 피시 하우스 Sultanahmet Fish House

1994년에 문을 연 레스토랑으로 케밥이 입맛에 안 맞거나 질려 생선요리를 먹고 싶다면 추천한다. 튀르키예식, 에게해·지중해 스타일의 생선요리로 현지인과 여행자 모두에게 호평받고 있다. 한국의 생선구이집과 비교하면 가격이 비싸지만, 이스탄불의 물가를 감안하자.

주소 Alemdar, Prof. Kazım İsmail Gürkan Cd. No:16, 34110 Fatih
위치 트램 T1 Sultanahmet 정류장에서 350m
운영 12:00~22:30
요금 €€€€
전화 (212) 527 44 41

more & more 세마 의식을 볼 수 있는 카페

❶ 메살레 레스토랑 & 카페 Meşale Restaurant & Cafe

아라스타 시장 바로 옆에 있는 카페 & 레스토랑으로 식사보다는 저녁 시간에 차와 물담배를 즐기며 세마 의식 Whirling Dervishes을 구경하는 곳이다. 근처의 데르비스 카페 Dervis Cafe보다 좀 더 낫다. 세마 의식은 20:00~22:00 펼쳐진다.

주소 Arasta Çarşısı, Sultan Ahmet, Kabasakal Cd. No:45, 34122 Fatih
위치 트램 T1 Sultanahmet 정류장에서 550m
운영 09:00~02:00
요금 €€€
전화 (212) 518 95 62
홈피 mesalecafe.net

❷ 데르비스 카페 & 레스토랑 Dervis Cafe & Restaurant

커다란 나무 그늘. 술탄아흐메트 모스크 바로 앞에 쉬어가기 좋은 곳이다. 관광지라 가격이 저렴하거나 음식이 특별하지는 않아 음료나 차를 추천한다. 밤이면 세마 의식 공연을 하니 관람하는 것도 좋다.

주소 Sultan Ahmet, Kabasakal Cd. No:1 D:2, 34122 Fatih
위치 트램 T1 Sultanahmet 정류장에서 400m
운영 08:00~02:00
요금 €€€
전화 (212) 516 15 15

more & more 백종원의 〈스트리트 푸드 파이터〉에 나온 그 집

❶ 촐라콜루 시밋
Çolakoğlu Simit

화덕에 구워내는 따뜻한 시밋 맛집이다. 고소한 참깨가 가득 붙은 시밋을 맛보자.

- 주소 Mimar Hayrettin, Kadırga Limanı Cd. No:15, 34126 Fatih
- 위치 트램 T1 Beyazıt 정류장에서 600m, 트램 T6 Kumkapı 정류장에서 450m
- 운영 06:00~21:00
- 요금 €

❷ 보리스'인 예리 Boris'in Yeri

아침 식사 전문 식당으로 꿀과 카이막, 메네멘 등의 메뉴를 판다. 방송을 탄 뒤 한국인 방문객들이 많다.

- 주소 Şehsuvar Bey, Ördekli Bakkal Sk. No:9, 34130 Fatih
- 위치 트램 T1 Beyazıt 정류장에서 650m, 트램 T6 Kumkapı 정류장에서 240m
- 운영 06:30~19:00
- 요금 €€ 전화 (212) 517 22 56

❸ 메슈루 운카파느 필라브즈스
Meşhur Unkapanı Pilavcısı

밥 위에 닭가슴살을 찢어 올린 음식이다. 위에 케찹을 뿌려 먹으면 맛있다.

- 주소 Mollahüsrev Mahallesi, Revani Çelebi Sk. İ.M.Ç Çarşısı 1.blok No: 1401, 34134 Fatih
- 위치 메트로 M2 Vezneciler역에서 700m
- 운영 11:00~04:00
- 요금 €€ 전화 (212) 522 91 55

파티흐 벨레드예스 잔쿠르타란 소스얄 테시스레리
Fatih Belediyesi Cankurtaran Sosyal Tesisleri

자치단체에서 운영하는 생선 전문 식당으로 가격이 관광지보다 저렴하다. 마르마라해를 바라보는 식당으로 작은 칸쿠르타란 공원 Cankurtaran Parkı 안에 있다. 저렴한 가격에 맛있는 튀르키예 전통 음식, 그리고 현지인들 분위기를 즐기고 싶다면 추천. 공원에 어린이 놀이터가 있어 아이가 있는 가족에게도 좋다. 단점은 바닷가 근처여서 다시 술탄아흐메트 지역으로 돌아오려면 언덕을 올라가야 한다. 마르마라해를 바라보며 식사를 할 수 있으며 운이 좋다면 돌고래도 볼 수 있다.

- 주소 Cankurtaran, Kennedy Cad., 34122 Fatih
- 위치 트램 T1 Sultanahmet 정류장에서 350m
- 운영 08:30~22:00
- 요금 €€€
- 전화 (212) 458 54 14

more & more 오트만 궁중 요리를 맛볼 수 있는 고급 식당

① 마트바 레스토랑 Matbah Restaurant

오스만 제국의 왕실 음식을 맛볼 수 있는 식당으로 깔끔하고 고급스러운 분위기로 나온다. 오트만 호텔 임페리얼 Ottoman Hotel Imperial 건물로 들어가면 된다. 일요일 11:00~15:00에는 브런치 메뉴를 주문할 수 있다.

주소	Cankurtaran, Caferiye Sk. No:6 D:1, 34122 Fatih
위치	트램 T1 Sultanahmet 정류장에서 400m
운영	09:00~22:30
요금	€€€€€
전화	(212) 514 61 51
홈피	www.matbahrestaurant.com

©Matbah Restaurant

② 데랄리예 Deraliye

기원전 히타이트 시대의 음식을 재해석한 식당으로 단품 요리가 1,000TL 안팎이다. 쿠킹 클래스도 운영한다. 2024년 미슐랭에도 언급됐다.

주소	Divanyolu Cad, Alemdar Mah Ticarethane Sk, No:10 Fatih
위치	트램 T1 Sultanahmet 정류장에서 240m
운영	12:00~23:30
요금	€€€€€
전화	(212) 520 77 78
홈피	deraliyerestaurant.com

©Deraliye

③ 더 사르느츠 레스토랑 The Sarnıç Restaurant

1,500년 된 로마 시대에 만들어진 지하 저수조를 활용한 식당이다. 역사적인 유적 안에서 음식과 함께 댄스 공연을 즐기는 멋진 경험을 할 수 있는 곳이다.

주소	Divanyolu Cad, Alemdar Mah Ticarethane Sk, No:10 Fatih
위치	트램 T1 Sultanahmet 정류장에서 240m
운영	12:00~24:00
요금	€€€€€
전화	(212) 520 77 78
홈피	sarnicrestaurant.com

©The Sarnıç Restaurant

프린스 아일랜드, 뷔윅카다 Büyükada

★ 그랜드 바자르에서 이집시안 바자르까지

★★☆
콘스탄티누스 기둥 (챔벌리타쉬 기둥)
Çemberlitaş Sütunu (Column of Constantinus)

콘스탄티누스 1세Constantius I가 콘스탄티노플을 새로운 수도로 정하면서 이를 기념하기 위해 330년에 세운 탑이다. 당시 높이는 50m로 상단에 아폴론처럼 옷을 입은 콘스탄티누스의 동상이 세워져 있었다. 동상은 1106년 태풍에 손상되어 마누엘 1세Manuel I 때 십자가로 대체되었다가 1204년 제4차 십자군 전쟁 때 약탈당했다. 다시 세워진 십자가는 1453년 오스만 제국 시절 내려졌다. 1779년 지진과 화재로 타 '시커먼 기둥'으로 불리기도 했는데, 현재의 모습은 압둘하미드 1세Abdülhamid I가 복원해 놓은 것이다. 화재로 인해 기둥이 균열로 부서지는 것을 막기 위해 쇠로 만든 링으로 엮어 놓은 데다 2.5m의 콘크리트 벽돌 기단이 추가되어 과거의 모습을 유추해 내기 힘들다. 현지인들의 약속 장소로 많이 이용된다.

주소 Molla Fenari, Vezirhan Cd. No:16 D:18, 34120 Fatih
위치 트램 T1 Çemberlıtaş 정류장 앞

★★☆
발렌스 수도교 Bozdoğan Kemeri (Valens Aqueduct)

4세기경 동로마 제국의 황제, 발렌스Flavius Julius Valens Augustus(328~378)가 만든 수도교다. 카타네Kağıthane와 마르마라해 사이의 수원지에서 끌어온 물은 250km를 흘러 콘스탄티노플에 물을 공급했다. 542년에 예레바탄 사라이Yerebatan Sarayı가 완성되자 그곳에 물을 저장했다. 물 공급은 오스만 시대까지 이어졌는데 1509년 대지진으로 무너져 복구되기도 하고, 여러 술탄에 의해 보수되는 과정에서 미마르 시난이 참여하기도 했다. 총 971m 중 50m가 소실되어 현재 921m만이 남았다. 이스탄불의 랜드마크로 도심 안에서도 수도교로서의 웅장한 모습은 여전하다. 발렌스 수도교에는 갤러그 게임 캐릭터의 그래피티로 유명한 스페이스 인베이더Space Invader의 작품이 그려져 있으니 찾아보자.

주소 Kalenderhane, 34083 Fatih
위치 T1 역에서 Laleli-İstanbul Ü. 정류장에서 850m, 메트로 M2 Vezneciler역에서 600m

그랜드 바자르 Grand Bazaar (Kapalı Çarşı)
★★★

그랜드 바자르는 튀르키예어로 카파르 차르쉬Kapalı Çarşı라고 하는데 '지붕이 있는 시장'이란 뜻이다. 오스만 제국의 술탄 메흐메드 2세Mehmed II가 1455~1461년에 지었다. 지은 지 얼마 지나지 않아 빠르게 점포가 늘었고, 유럽과 아시아의 가운데 위치한 지리적인 이점으로 국제적인 무역의 중심지가 됐다. 가장 번영을 누렸던 때는 16~17세기였다. 요즘도 매일 25만에서 40만 명이 찾는 국제적인 시장이다. 11만868㎡ 규모에 상점만 하더라도 3,600여 개, 골목만 하더라도 65개에 이른다. 종종 그랜드 바자르를 방문한 여행자들이 길을 잃고 헤매기도 한다. 내부에는 상점뿐만 아니라 두 개의 모스크와 목욕탕, 카페와 레스토랑이 있다. 판매 품목은 튀르키예의 특산품인 카펫과 러그, 도자기, 보석, 가죽제품, 향신료 등에서 유럽의 고디바Godiva나 미국의 맥Mac 화장품까지 다양하다. 그랜드 바자르가 세계적으로 유명해진 것은 정해진 가격이 없고 흥정을 통해 가격이 결정되기 때문이다. 흥정을 잘하는 사람은 좋은 물건을 저렴하게 살 수 있고, 그렇지 못한 사람은 바가지를 쓰기 십상이다. 노련하지 못한 사람들은 이곳에서 곧바로 물건을 사지 말고 이집시안 바자르와 비교해 보고 사자. 환기가 잘 안되어 담배 냄새가 심하다.

주소	Kapalıçarşı Beyazıt, Fatih
위치	트램 T1 Çemberlıtaş 정류장 또는 Beyazıt 정류장
운영	월~토 08:30~19:00,
휴무	일요일
전화	(212) 519 12 48
홈피	www.kapalicarsi.com.tr

그랜드 바자르의 여러 입구

그랜드 바자르의 여러 입구

누루오스마니예 모스크Nuruosmaniye Camii를 통과하면 그랜드 바자르 입구가 나온다.

★★☆
베야즈트 광장과 베야즈트 모스크 Beyazıt Camii (Beyazıt Mosque)

테오도시우스 1세^{Theodosius I}가 393년에 만든 광장이다. 당시 광장에는 황소의 청동 머리가 장식된 개선문이 있어 황소광장 Forum Tauri이라 불렸다. 광장 앞의 모스크는 오스만 제국의 술탄 베야즈트 2세^{Bayezit II}(1447~1512)가 1506년에 지은 베야즈트 모스크 Beyazıt Camii다. 모스크 안 작은 정원에는 베야즈트 2세와 그의 딸의 묘가 있다. 1509년 지진으로 훼손되어 미마르 시난이 1573~1574년에 보수했다. 베야즈트 모스크와 그랜드 바자르의 페스칠레르^{Fesciler} 문 사이에는 유서 깊은 헌책방 거리, 사하훌랄 바자르^{Sahahulal Çarşısı}가 있다. 이곳은 비잔틴 시대부터 차토프라테이아^{Chartoprateia}라는 이름의 책과 종이를 팔던 장소로 오스만 시대에는 튀르키예 모자와 금속 세공업자들이 차지하기도 했다. 지금은 헌책과 고문서들을 판다. 거리 한가운데에는 이브라힘 뮈테페리카^{İbrahim Müteferrika}의 동상이 세워져 있다. 이브라힘 뮈테페리카는 오스만 제국의 외교관, 번역가, 언론인, 작가, 학자, 번역가로 오스만 제국 최초로 인쇄소를 설립하고 아랍 문자의 활자 인쇄기를 도입해 책을 출판했다. 헌책방 거리가 끝나는 곳에 이스탄불 대학교가 나온다. 이스탄불 대학교 학생이 아니면 들어갈 수 없는데, 베야즈트 탑^{Beyazıt Kulesi}은 바깥에 서도 보인다. 1749년 화재 감시용으로 만들었는데 아이러니하게도 화재로 두 번이나 불타 1828년 세 번째로 만든 85m 높이의 탑이다.

주소 Beyazıt, Yeniçeriler Cd., 34126 Fatih
위치 트램 T1 Beyazıt 정류장

이브라힘 뮈테페리카의 동상

사하훌랄 바자르

이스탄불 대학교, 관광객은 들어갈 수 없다.

베야즈트 모스크

★★★
이집시안 바자르
Mısır Çarşısı (Egyptian Bazaar) / Baharatçılar Çarşısı (Spicer Bazaar)

향신료와 허브, 오일, 견과류 등을 주 품목으로 하는 시장으로 보통 이집시안 바자르 또는 스파이시 마켓^{Spice Market}이라고 부른다. 튀르키예어로는 '므스르 차르쉬^{Mısır Çarşısı}'다. 이 이름은 시장이 지어진 초기, 수입된 이집트 물건에 대한 부과된 세금으로부터 이익을 얻은 데에서 비롯됐다. 1660년에 술탄 투르한^{Turhan}(1628~1683) 때에 건축가 카짐 아^{Kazım Ağa}가 지었다. 다양한 향신료와 터키시 딜라이트^{Turkish Dilight}라 부르는 로쿰^{Lokum}을 구매하기 좋다. 현지인들도 많지만, 시장 내부는 주로 관광객들을 대상으로 물건을 판다. 바자르 내에서는 31번 가게가 한국인들 사이에서 유명한데, 한국말이 통하고 한국인들 맞춤 쇼핑 품목이 있어 편리하나 저렴하지는 않다. 바자르 바깥쪽이 더 저렴하니 주변을 둘러보는 것도 좋다.

주소	Rüstem Paşa, Egyptian Bazaar, Yeni Cami Cd. No:41, 34116 Fatih
위치	트램 T1 Sırkeci 정류장에서 450m
운영	08:00~19:30
요금	€€€€€
전화	(212) 513 65 97

이집시안 바자르 입구

★★☆
예니 모스크 Yeni Camii

'새로운 사원'이라는 뜻으로 술탄 메흐메드 3세의 어머니와 술탄 무라드 3세의 아내인 사피예 술탄^{Safiye Sultan}의 후원으로 1597년에 짓기 시작해 전염병과 화재로 공사가 중단되었다가 메흐메드 4세의 어머니인 투르한 술탄의 지원으로 건축가 무스타파 아^{Mustafa Ağa}가 1663년에 마무리했다. 모스크는 41m의 정사각형 구조로 중앙 돔은 높이 36m, 직경 17.5m다. 예니 모스크는 복합지구로 건설되었는데 지금은 초등학교만이 남아 있다. 내부에는 하티세 투르한 술탄과 그녀의 아들, 메흐메드 4세^{Mehmet IV}를 포함한 다섯 명의 술탄의 묘가 있다.

주소 Rüstem Paşa, Yeni Cami Cd. No:3, 34116 Fatih
위치 트램 T1 Sırkeci 정류장에서 400m
홈피 www.fatih.gov.tr/yeni-camii

★★★ 쉴레이마니예 모스크 Süleymaniye Camii(Süleymaniye Mosque)

오스만 제국의 황금시대에 건설된 미마르 시난 Mimar Sinan의 걸작으로 이스탄불에서 참르자 대모스크와 아야소피아 모스크 다음으로 크다. 1550년에 착공해 1557년에 완성됐다. 가로 세로 58m 크기에, 중앙 돔의 높이는 53m, 지름은 27.5m다. 돔 안쪽의 바로크풍의 장식은 19세기에 추가됐다. 창문의 스테인드글라스가 특히 아름다운데 16세기에 만들어진 그대로 유지하고 있다. 모스크를 포함한 복합지구로 학교, 도서관, 목욕탕, 무료 배급소, 대상인들의 숙소, 병원, 상점가와 함께 건설됐다. 그동안 여러 번의 지진으로 수많은 모스크가 무너졌지만, 쉴레이마니예 모스크만은 유일하게 단 하나의 균열도 생기지 않았다. 정원에는 쉴레이만과 그의 아내 록살라나 Roxelana, Haseki Hürrem Sultan의 무덤이 있고, 바깥쪽에는 위대한 건축가 미마르 시난의 무덤이 있다.

주소 Süleymaniye, Prof. Sıddık Sami Onar Cd. No:1, 34116 Fatih
위치 트램 T5 Eminönü 정류장에서 850m
운영 월~목·토·일 08:30~16:45, 금 08:30~13:30

> **more & more** 튀르키예의 세종대왕, 쉴레이만 대제와 건축가 시난

❶ 쉴레이만 1세^{Süleyman I} (쉴레이만 대제)

쉴레이만 1세^{Süleyman I}(1494~1566)는 오스만 제국의 제10대 술탄인 역대 술탄 중 가장 오래 통치하고(46년), 가장 많은 원정에 나서 '위대한 쉴레이만'이라 부른다. 안으로는 쉴레이만 법전, 이집트 법전 등을 편찬해 '입법자 쉴레이만'이라고 부르며 나라를 다스리는 데에도 탁월한 능력을 발휘했다. 예술과 건축에도 관심이 많아 그림, 서예, 문학, 건축 등 다방면의 예술을 지원했는데, 미마르 시난에게도 갖은 지원을 아끼지 않아 재위 기간 많은 모스크가 지어졌다. 마지막 죽음의 순간에도 헝가리 원정에 있었으며 사망한 하루 뒤 헝가리는 함락된다. 하렘에서 록살라나를 총애해 기존의 술탄들과 다르게 정식으로 결혼했으며 후에 쉴레이마니예 모스크 정원에 나란히 무덤이 만들어졌다.

쉴레이만 대제의 무덤

말년의 쉴레이만 대제

❷ 오스만 제국의 대 건축가, 시난

미마르 시난

미마르 시난의 묘

오스만 제국을 대표하는 건축가로 이름 앞에 붙는 미마르^{Mimar}가 건축가라는 뜻이다. 시난은 1489년 카이세리^{Kayseri} 근교의 작은 마을에서 태어났다. 기독교 집안으로 요셉^{Joseph}이란 이름을 가졌으나 데브쉬르메^{Devşirme}(10~20세 사이의 이교도 중 뛰어난 사람을 발탁하던 제도)에 뽑혀 콘스탄티노플로 오게 되고 무슬림으로 개종했다. 쉴레이만 1세 때에 발탁되어 셀림 2세, 무라드 3세^{Murad III}를 모시며 건축가로 활동했다. 그의 걸작으로는 쉴레이마니예 모스크와 셀리미예 모스크를 꼽는다. 그중 미마르 시난이 80세에 지은 불가리아 국경 근처 에디르네^{Edirne}의 셀리미예 모스크^{Selimiye Camii}(1574년)는 오스만 제국의 최대 걸작으로 평가받는다. 아야소피아를 보수하는 작업을 진행하기도 했던 시난은 아야소피아를 뛰어넘는 건축물을 만들고 싶어 했다. 셀리미예 모스크의 중앙 돔은 높이 43.25m, 직경은 31.25m로 아야소피아에 미치지는 못하지만 거의 비슷한 규모다. 미마르 시난이 남긴 건축물은 무려 375개로 92개의 모스크, 52개의 작은 모스크, 55개의 고등 교육 기관, 7개의 코란 경독 학교, 22개의 무덤, 17개의 호스피스, 3개의 병원, 5개의 수로, 8개의 다리, 20개의 대 상인들의 숙소, 36개의 궁전, 8개의 무료 급식소, 48개의 목욕탕 등이 있다. 대외적으로는 16세기 보스니아 & 헤르체고비나의 모스타르^{Mostar}에 아름다운 구 다리^{Stari Most}를 만들었고, 무굴 제국의 타지마할^{Taj Mahal}의 디자인에도 도움을 줬다.

★★★
뤼스템파샤 모스크 Rüstempaşa Camii

뤼스템파샤 모스크는 다른 모스크들과 달리 1층엔 상점이 있고, 그 위쪽에 모스크가 있는 독특한 구조를 지녔다. 모스크로 들어갈 때 나선형의 계단을 올라가는 것도 특이하다. 모스크는 미마르 시난이 1561년 수상 뤼스템파샤Rüstem Paşa(1500~1561)를 위해 지은 것이다. 작은 모스크이지만 내부의 아름다운 이즈니크 타일 때문에 관광객들의 흥미를 끌고 있다. 이 중 붉은 산호색은 16세기에 아주 잠깐 사용된 것으로 매우 희귀한 것이다.

주소	Rüstem Paşa, Hasırcılar Cd. No:62, 34116 Fatih
위치	트램 T5 Eminönü 정류장에서 550m, 쉴레마니예 모스크에서 800m
운영	06:00~21:30

★★☆
시르케지 기차역 & 이스탄불 철도 박물관
İstanbul Sirkeci Garı & İstanbul Demiryolu Müzesi

압둘하미드 2세Abdülhamit II 때에 만들어진 기차역으로 1890년에 문을 열었다. 추리소설의 여왕, 애거서 크리스티Dame Agatha Christie(1890~1976)가 쓴 『오리엔트 특급 살인(1934)』의 배경이다. 오리엔트 특급은 프랑스 파리의 동역Gare de l'Est에서 출발해 시르케지 기차역까지 3,094km를 80시간 만에 도착했다. 최초의 열차는 1883년에 처음 운행했다. 지금은 항공의 발달로 유럽 대륙과 연결되는 기차는 불가리아 익스프레스만이 있는데 시르케지역이 아닌 할칼르Halkalı역으로 들어와 한가한 분위기다. 기차역 안에는 오리엔트 익스프레스 식당Orient Express Restaurant과 아기자기하게 꾸며진 작은 기차 박물관이 있는데 무료이니 들어가 보자.

주소	Hoca Paşa, Gar Sirkeci, 34110 Fatih
위치	트램 T1 Sırkecı 정류장
운영	**기차박물관** 화~일 09:30~17:00, 휴무 월요일
요금	무료
전화	(212) 520 65 75

누스렛 스테이크 하우스
Nusr-Et Steakhouse Kapalıçarşı (Nusr-et Sandal Bedesteni)

솔트배로 유명한 튀르키예 이스탄불 출신 셰프인 누스렛이 운영하는 스테이크 하우스의 그랜드 바자르 점이다. 본점은 거리가 좀 떨어져 있는데 가격은 좀 더 저렴하다. 솔트배와 비슷하게 직원들이 퍼포먼스를 해준다.

누스렛 스테이크 하우스 그랜드 바자르점 Nusr-Et Steakhouse Kapalıçarşı
- 주소 Beyazıt Mahallesi Çarşıkapı Nur-u Osmaniye Caddesi Sandal Bedesteni Çarşısı, 34126 Fatih
- 위치 트램 T1 Çemberlitaş 정류장에서 350m
- 운영 12:00~23:30
- 요금 €€€€€
- 전화 850 202 67 78
- 홈피 www.nusr-et.com.tr

누스렛 스테이크 하우스 본점 Nusr-Et Steakhouse
- 주소 Etiler, Nisbetiye Cd No:87, 34337 Beşiktaş
- 위치 트램 T1 T1Kabataş 정류장에 내려 Fındıklı 버스정류장에서 43R·58N버스를 타고 Etiler 정류장에 내려 90m, 탁심 광장 근처에서 출발할 경우 Park Otel 앞 정류장에서 559C번을 타고 Etiler 정류장에 내려 90m
- 운영 12:00~24:00
- 전화 850 202 67 78

베네 돈두르마라르 Bena Dondurmaları

튀르키예 아이스크림, 돈두르마 전문점이다. 아이스크림만 주문할 수도 있고, 바클라바, 카다이프와 같은 디저트에 아이스크림을 얹어 먹을 수도 있다. 가격도 저렴하고 다른 디저트들도 팔고 있어 모처럼 로컬 가격의 디저트 음식을 맛보기에 좋은 곳이다.

- 주소 Molla Fenari Mahallesi, Atik Ali Paşa, Medresesi Sokağı, Çemberlitaş No:12B, 34120 Fatih
- 위치 트램 T1 Sultanahmet 정류장에서 350m
- 운영 월~금 08:00~19:00, 토 08:00~16:00, **휴무** 일요일
- 요금 €
- 전화 (212) 520 54 40

베파 보자지시 Vefa Bozacisi

발렌스 수도교를 보러 간다면 이곳에 들러야 한다. 1875년에 문을 연 보자 Boza 전문점으로 튀르키예 인들은 줄 서서 기다리는 유명한 곳이다. 보자는 발효한 보리, 설탕, 물로 만드는 음료로 시큼한 맛이 제주도의 쉰다리와 비슷하다. 건강 음료이니 한 번쯤 경험해 보자.

주소	Molla Hüsrev, Vefa Cd. No:66, 34134 Fatih
위치	트램 T1 Eminönü 정류장에서 500m
운영	10:00~24:00
요금	€
전화	(212) 519 49 22
홈피	www.vefa.com.tr

가지안테프 쾨즈데 퀴네페 케밥 살로누 Gaziantep Közde Künefe Kebap Salonu

한국의 육개장과 흡사한 베이란을 먹으러 많이 방문한다. 베이란 안에 쌀과 잘게 찢은 고기가 있어 튀르키예 음식에 질리거나 추운 날 따뜻한 국물 요리가 당기는 한국인들에겐 딱이다.

주소	Hobyar, Şeyhülislam Hayri Efendi Cd. No:4, 34000 Fatih
위치	트램 T1 Sirkeci 정류장에서 300m
운영	08:30~23:30
요금	€€
전화	(212) 254 58 78

more & more 파티흐 지역의 유일한 미슐랭

판델리 레스토랑 Pandeli Restaurant

1901년 문을 연 식당으로 아타튀르크 전 대통령과 엘리자베스 2세 여왕, 오드리 헵번 등이 방문했다. 아름다운 이집시안 바자르 건물에 있는 아름다운 색의 타일이 인상적인 식당이다. 미슐랭 빕 구르망에 올랐다.

주소	Rüstempaşa Mah. Balık Pazarı kapısı Sokağı Mısırçarşı İçi 1, D:2, 34110 Fatih
위치	트램 T1 Eminönü 정류장에서 290m
운영	월~토 11:30~19:00, 휴무 일요일
요금	€€€€
전화	(212) 527 39 09
홈피	www.pandeli.com.tr

뒤름 뷔페 Dürüm Büfe

 닭고기 케밥, 아다나와 우르파 케밥, 양고기 간 등 펼쳐서 먹거나 뒤름으로 먹을 수 있다. 작은 테이블을 앞에 두고 나지막한 의자에 앉아 시장 분위기를 만끽할 수 있다. 저렴하고 맛있는 케밥과 뒤름을 먹어보자.

주소 Rüstem Paşa, Hasırcılar Caddesi, Eminönü 38/E, 34116 Fatih
위치 트램 T1 Eminönü 정류장에서 500m
운영 월~토 07:00~19:00, 휴무 일요일
요금 €€
전화 (212) 526 32 29

 ## 크랄 코코레치 시르케지
Kral Kokoreç Sirkeci

 곱창을 좋아한다면 '코코레치 Kokoreç'라는 단어를 기억하자. 양의 내장을 불에 구워 샌드위치 또는 뒤름으로 만들거나, 고기만 썰어(큼직하게 또는 작게 다져) 접시에 낸다. 튀르키예 코코레치 초보자라면 뒤름을 추천한다.

주소 Hobyar, Büyük Postane Cd. 26/1, 34112 Fatih
위치 트램 T1 Sirkeci 정류장에서 270m
운영 10:00~21:00
요금 €€€
전화 (212) 513 64 93

 ## 네슬리한 뷔페 시르케지
Neslihan Büfe Sirkeci

 이집시안 바자르 쪽의 우체국 건물 옆에는 Neslihan Büfe 등의 여러 주스 가게가 있다. 싱싱한 과일을 그 자리에서 갈거나 즙을 짜 준다. 가격도 저렴하다. 주스 말고도 토스트, 햄버거, 케밥 등의 간단한 먹거리도 판다.

주소 Hobyar, Büyük Postane Cd. No:7, 34112 Fatih
위치 트램 T1 Sirkeci 정류장에서 240m
운영 07:00~22:30 **요금** €€
전화 (212) 513 64 93 **홈피** neslihanbufe.com

 ## 타틀르즈 사파 시르케지
Tatlıcı Safa Sirkeci

 도우를 다양한 모양을 잡아 튀겨 시럽에 푹 담근 디저트로 속에 피스타치오나 호두를 넣기도 하지만 맛은 모두 비슷비슷하다. 약과와 가장 흡사한 맛이나 시럽에 좀 더 절여졌다. 퀴네페나 카트머 katmer도 맛볼 수 있으니 2층 실내에서 즐겨보자.

주소 Hobyar, Ankara Cd. No:199, 34112 Fatih
위치 트램 T1 Sirkeci 정류장에서 20m
운영 08:30~02:00 **요금** €€

하프즈 무스타파 1864
Hafız Mustafa 1864 (본점)

1864년부터 운영해 온 디저트 카페 본점이다. 푸딩, 케이크, 바클라바, 로쿰 종류가 다양하고, 쌀 푸딩인 쉬트라치, 튀르키예식 사탕인 메브륏 챠브유슈글루, 돈두르마 등 다양한 디저트가 마련되어 있다. 2층에서 튀르키예 커피나 차와 함께 달콤한 디저트를 즐겨보자.

주소	Hoca Paşa, Muradiye Cd. No:51, 34080 Fatih
위치	트램 T1 Sirkeci 정류장에서 50m
운영	24시간
요금	€€€
전화	505 158 66 27
홈피	www.hafizmustafa.com

쉐자데 자 케밥 Şehzade Cağ Kebap

에르쥬름의 특산 케밥인 자 케밥을 파는 곳이다. 보통 케밥은 세로로 세워서 굽는데 자 케밥은 가로로 굽는다. 지방과 살코기가 골고루 섞여 있어 고소하다. 독특한 자 케밥을 맛보자.

주소	Hobyar, Ankara Cd. No:199, 34112 Fatih
위치	트램 T1 Sirkeci 정류장에서 20m
운영	월~토 11:00~22:30, 일 11:00~22:00
요금	€€

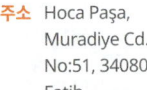

쿠루카흐베지 메흐메트 에펜디 Kurukahveci Mehmet Efendi

본점 카페

이스탄불에서 가장 유명한 커피를 파는 가게다. 1871년부터 판매를 시작했다. 당일 로스팅한 신선한 커피 가루를 원하는 만큼 즉시 포장해서 주는데 큰 유리창을 통해 그 과정을 볼 수 있고, 줄 서서 구매하는 튀르키예인들의 모습도 흥미롭다. 튀르키예 커피가 입맛에 맞다면 기념품으로 구매해 보자. 이곳은 커피 가루만 팔고, 시르케지역 바로 앞에 카페 겸 매장이 2023년에 생겼다. 커피 가루는 본점보다 비싸나 커피를 마실 수 있고 다양한 기념품을 구매할 수 있다.

본점

주소	Rüstem Paşa, Tahmis Sk. No:66, 34116 Fatih
위치	트램 T1 Eminönü 정류장에서 350m
운영	08:00~19:30
요금	€
전화	(212) 444 22 00
홈피	www.mehmetefendi.com

카페

주소	Hoca Paşa, 34110 Fatih
위치	시르케지 기차역 앞
운영	월~금 08:00~21:30, 토 08:00~22:00, 일 08:00~21:30
요금	€
전화	(212) 444 22 00

알리 무히든 하즈 베키르
Ali Muhiddin Hacı Bekir

1777년에 사탕 가게로 시작해 튀르키예의 대표적인 달콤한 과자인 로쿰을 처음으로 만든 유서 깊은 가게다. 로쿰 마니아라면 성지순례 장소라 할 수 있다. 로쿰 외에도 튀르키예식 사탕, 슈크림 등 디저트류와 베이커리도 판다. 아래 주소는 Eminönü의 본점이고 이외에도 탁심 이스티크랄 거리 72번지와 83번지에 두 개의 지점이 있다.

주소 1, Hobyar, Zahire Borsası Sk., 34112 Fatih
위치 트램 T1 Sirkeci 정류장에서 240m
운영 08:00~20:00   요금 €€€
전화 (212) 522 06 66
홈피 www.hacibekir.com

볼자 그다 쿠루에미쉬
Bolca Gıda Kuruyemiş

(구)시르케지 쿠루에미쉬Sirkeci Kuruyemiş 가게로 이집시안 바자르의 매장의 1/2~1/3 가격으로 로쿰을 판다. 호객행위 없고 바가지 없이 정직하게 팔아 한국인에게 입소문이 나 많이들 사러 간다. 2025년에 뤼스템 파샤 모스크 쪽으로 가게를 옮겼다.

주소 Rüstem Paşa, Mahkeme Sk. No:236, 34116 Fatih
위치 트램 T1 Sirkeci 정류장에서 180m
운영 09:00~20:00
요금 €€€
전화 와츠앱 531 944 63 95

코스카 Koska

1907년에 문을 연 디저트 전문 가게로 타히니Tahinli(참깨 스프레드)가 가장 유명하고 로쿰, 잼, 아이스크림 등을 판다. 체인점으로 이스탄불 곳곳에 있다. 로쿰 가격이 저렴한 편으로 선물용 박스가 다양하게 진열되어 쇼핑하기 편하다.

주소 Hobyar, Ankara Cd. No:185, 34112 Fatih
위치 트램 T1 Sirkeci 정류장에서 55m
운영 월~금 09:00~01:00, 토 08:30~21:00, 일 10:00~21:00
요금 €€€
전화 (212) 481 54 61
홈피 koskahelvacisi.com.tr

드러그스토어 Watsons & GRATİS

튀르키예에서 만날 수 있는 드러그스토어는 그라티스GRATİS, 왓슨Watsons, 이브EVE, 로스만Rossmann이다. 구시가지에는 드러그스토어가 시르케지역 근처에 왓슨과 그라티스만 있다. 한국의 올리브영처럼 다양한 제품을 팔고 세일도 자주 한다. 한국인들이 사는 필수 제품은 비옥신Bioxcin 탈모샴푸로 한국의 1/5 가격에 살 수 있다.

왓슨 Watsons
주소 Hobyar, Mimar Kemalettin Cd. No:10:C/D, 34112 Fatih
위치 트램 T1 Sirkeci 정류장에서 180m
운영 월~토 09:00~22:00, 일 10:00~22:00
전화 850 755 99 87
홈피 www.watsons.com.tr

그라티스 GRATİS
주소 Hobyar, Hamidiye Cd. No:5B, 34112 Fatih
위치 트램 T1 Sirkeci 정류장에서 180m
운영 월~토 09:00~22:00, 일 10:00~22:00
전화 850 210 69 00
홈피 www.gratis.com

Special Culture
이스탄불의 특별한 체험

✖ 하맘Hamamı, 목욕탕 체험

하맘은 로마와 비잔틴 제국의 영향으로 7세기부터 이슬람에 정착했다. 오스만 제국 시대의 목욕탕은 시대를 대표하는 중요한 건축물로, 하맘은 튀르키예식 목욕 체험뿐만 아니라 시대의 건축양식과 인테리어을 살펴볼 수 있는 특별한 경험이다.

한국과 다른 점이 몇 가지 있는데 목욕탕용 속옷을 제공해 입고 세신 받는 것과 종교적으로 몸은 흐르는 물에 씻어야 해서 탕이 없다. 이용 순서는 목욕탕 중앙의 대리석 위에 누워 어느 정도 시간이 지나면 목욕관리사가 부른다. 한국과 비교해 간지러운 수준으로 때를 밀고, 촘촘하고 풍부한 거품을 만들어 온몸에 발라 마사지해 준다. 그리고 물을 부으면 끝. 우리나라의 세신 문화와 비교하면 과정이 싱거우니 너무 기대하지 말자. 끝나고 나오면 차이와 로쿰을 제공한다. 45분을 기본으로 한다.

❶ 쳄벨리타쉬 하맘 Çemberlitaş Hamamı

이스탄불에서 가장 오래된 목욕탕으로 미마르 시난이 1584년에 지었다. 챔벨리타쉬 기둥 바로 건너편에 있다. 당시 목욕탕의 수익금은 위스퀴다르 복합지구를 지원하는 데 쓰였다. 아래 소개하는 다른 하맘보다 시설이 떨어지고 팁 요구가 심한 편이다.

주소 Molla Fenari, Vezirhan Cd. No:8, 34440 Fatih
위치 트램 T1 Çemberlıtaş 정류장에서 40m
운영 07:30~22:30
요금 셀프 목욕 입장 요금 1,900TL, 전통 코스 2,450TL, 럭셔리 코스 3,200TL
전화 와츠앱(예약) 552 381 15 84
홈피 www.cemberlitashamami.com

❷ 자알오루 하맘 Cağaloğlu Hamamı

©Cağaloğlu Hamamı

1741년 마흐무트의 도서관 지원을 위해 만든 오스만 제국의 마지막 공공목욕탕이다. 건축은 쉴레이만 아Süleyman Ağa가 시작해 마무리는 압둘라 아Abdullah Ağa가 했다. 나이팅게일과 카메론 디아즈 등의 유명인들이 다녀갔다.

주소 Alemdar, Prof. Kazım İsmail Gürkan Cd. No:24, 34110 Fatih
위치 트램 T1 Sultanahmet 정류장에서 400m
운영 월~목 09:00~22:00, 금~일 09:00~23:00
요금 45분 €70 (코스에 따라 ~€350)
전화 와츠앱(예약) 541 622 81 36
홈피 cagalogluhamami.com.tr

❸ 휘렘 술탄 하맘 Hürrem Sultan Hamamı

쉴레이만 1세가 아내인 록살라나를 위해 만든 목욕탕으로 미마르 시난이 1557년에 지었다. 과거에는 제우스 신전이 있었다. 1910년까지 공중목욕탕으로 사용되다 이후에는 교도소, 카펫 전시장으로 쓰였다. 2008년 리모델링을 거쳐 새롭게 오픈했는데 이스탄불에서 가장 크고 화려하다.

주소	Cankurtaran Mahallesi, Ayasofya Meydanı No:2, 34122 Fatih
위치	트램 T1 Sultanahmet 정류장에서 350m
운영	08:00~22:00
요금	코스에 따라 €95(45분)~260
전화	와츠앱(예약) 533 678 16 94
홈피	www.hurremsultan hamami.com

©Hürrem Sultan Hamamı

✱ 나르길레 Nargile (물담배) 체험

길거리를 걷다 보면 커다란 유리 호리병을 앞에 두고 연기를 내뿜는 사람들을 볼 수 있다. 이는 페르시아에서 만들어진 물담배 기구로 현재까지도 이슬람권에서 광범위하게 즐긴다. 튀르키예에서는 보통 나르길레라고 하는데 시샤 Shisha(페르시아어로 '유리병'을 뜻함), 후카 Hookah(인도 영향권), 영어로는 워터파이프 Waterpipe라고 한다. 호리병 위쪽에서 숯으로 불을 피워 레몬, 사과, 딸기, 장미 등 다양한 첨가물 등을 섞은 담배를 물을 필터로 연기를 흡입하는 방식이다. 중독성이 없고, 담배를 피우지 못하는 사람도 체험 가능하다. 하나의 물담배로 여럿이서 피울 수 있는데 일회용 개인 플라스틱 마우스피스를 사용한다. 아래 소개하는 곳은 로컬 장소이며, 술탄아흐메트 광장 뒤편의 마르마라해로 넘어가는 많은 카페에서 맥주를 마시면 무료로 나르길레 체험을 할 수 있게 해준다.

에렌레르 나르길레 초르루루 알리 파샤 메드레세스
Erenler Nargile Çorlulu Ali Paşa Medresesi

초르루루 알리 파샤 모스크는 오래된 나르길레 골목이다. 아야소피아 주변의 카페보다 저렴한 가격에 물담배를 체험할 수 있고, 생긴 지 오래되어 분위기 또한 매력적이다. 나르길레 체험을 하지 않더라도 그랜드 바자르를 가는 길에 들러보자.

주소	Çorlulu Ali Paşa Medresesi, Molla Fenari, Yeniçeriler Cd. No:36 D:28, 34120 Fatih
위치	트램 T1 Beyazıt 정류장에서 100m
운영	07:00~02:00
요금	€€€
전화	(212) 511 88 53

 발랏Balat 지구 주변

이스탄불에서 요즘 가장 인기 있는 지역이다. 알록달록한 목조주택과 옛 이스탄불의 감성을 느낄 수 있어 관광객뿐만 아니라 젊은 튀르키예인들도 많이 찾는다. 브런치나 차를 마시고 골목길을 걷기에 이보다 좋은 곳이 없다. 테오도시우스 성벽이나 카리예 모스크와 같은 역사적인 장소들은 언덕과 경사면에 있는데 돌아보고 싶다면 언덕에서 도보 여행을 시작하는 것이 좋다. 조금 더 시간이 있다면 피에르 로티가 바로 근처이니 피에르 로티에서 일몰을 바라보며 하루를 마무리하는 것을 추천한다.

To do list
1. 인스타 핫 스폿에서 사진 찍기
2. 발랏에서의 브런치
3. 카리예 모스크 보기
4. 피에르 로티에서 일몰

발랏 지구의 관광명소

발랏 지구의 역사적인 볼거리로는 테오도시우스의 성벽, 카리예 모스크, 포르피로게니투스 궁전이 있는데 언덕에 위치해 경사가 있는 지역이라 내리막길로 걸으려면 테오도시우스의 성벽에서 시작하는 것이 좋다. 발랏 지구만 보고 싶다면 출발지는 발랏 트램역이 좋다. 역사적인 볼거리로는 성 슈테판 불가리아 정교회, 페티에 모스크와 박물관이 있다.

★★☆
테오도시우스 성벽 & 포르피로게니토스 궁전
Theodosius Surları(Theodosian Walls) & Porphyrogenitus Sarayı (Palace of Porphyrogenitus)

테오도시우스 2세 황제(402~450)가 콘스탄티노플을 방어하기 위해 쌓은 바깥쪽 성벽으로 마르마라 해안에서 포르피로게니투스 궁전(텍푸르 궁전)Tekfur Sarayı까지 7.5km 길이다. 이보다 안쪽에 있는 콘스탄틴 성벽은 324년 콘스탄티누스 황제 때부터 그의 아들인 콘스탄티누스 2세 때까지 쌓았다. 과거 비잔틴 제국을 모두 감쌌던 전체 성곽의 길이는 총 24km로 244개의 탑과 61개의 문으로 900년간 비잔틴 제국을 방어했다. 지금도 이스탄불에서 가장 큰 건축물이다. 아쉽게도 테오도시우스 성벽 위로 올라가 볼 수 없는데, 입장료를 내는 포르피로게니투스 궁전을 통해 볼 수 있다. 궁전은 10세기인 콘스탄티누스 7세 포르피로게니투스의 이름을 따서 지었고, 황제의 거주지 중 하나로 쓰였다가 정복 후에는 유리와 도자기 작업장으로 사용했다. 테오도시우스 성벽은 단 2번 함락되었는데 1204년 제4차 십자군 전쟁과 1453년 오스만 제국의 점령 때다. 오스만 제국의 정복 이후에도 성벽은 유지되었고, 19세기 도시의 확장과 도로 건설로 일부 해체되었으나 여전히 튼튼하다. 관리가 잘 되어 있지 않아 아쉽다.

포르피로게니토스 궁전

주소 Derviş Ali, Hoca Çakır Cd. No:1, 34087 Fatih
위치 트램 T1을 타고 Laleli-İstanbul Ü.정류장에 내린 후 300m 떨어진 Vezneciler 버스 정류장에서 36A, 36V, 38B, 86V버스를 타고 Edirnekapı 정류장 하차
운영 포르피로게니토스 궁전 09:00~17:00
요금 포르피로게니토스 궁전 300TL
전화 (212) 525 61 30   홈피 www.tekfursarayi.istanbul

Tip | 파노라마 1453 역사 박물관 Panorama 1453 Tarih Müzesi(Panorama 1453 History Museum)

오스만 제국은 콘스탄티노플을 정복하기 위해 여러 차례 공격을 시도했지만, 매번 실패했다. 20세가 된 술탄 메흐메트 2세는 주변의 반대에도 콘스탄티노플 공격 명령을 내리며 총공세를 가한다. 이때, 신무기인 초대형 대포를 사용했는데 테오도시우스 성벽과 콘스탄티노플 성벽을 무너뜨리며 마침내 승리한다. 박물관은 360도 파노라마를 통해 1453년 정복 당시의 상황을 쉽게 이해할 수 있게 해준다. 입장료가 과한 것이 아쉽다.

주소 Merkez Efendi Mahallesi, Topkapı Kültür Park İçi Yolu, 34015 Zeytinburnu
위치 트램 T1 Topkapı 정류장에서 180m, 탁심에서 버스 93T, 97T, 145T, 28T, 73번
운영 08:00~18:30   요금 700TL
전화 (212) 222 28 82   홈피 www.panoramikmuze.com

카리예 모스크 Kariye Camii (Kariye Mosque)

★★★

술탄 아흐메트 지역과 떨어져 있어 관광객들이 많이 찾는 곳은 아니지만, 이곳만큼은 추천하고 싶다. 발랏 지구가 급부상하며 접근이 가까워졌다. 카리예는 그리스어로 코라라고 부르는데 코라 교회Chora Church는 코라 수도원의 부속 건물로 4세기에 만들어졌다. 현재의 돔 형태의 교회는 세 번째로 14세기 초반에 재건축된 것이다. 16세기 오스만 지배가 시작되자 술탄 베야지트 2세 때에 회칠로 덮여 카리예 모스크Kariye Camii가 됐다. 이후 복원작업을 거쳐 1946년에 박물관으로 문을 열었다가 2019년부터 다시 모스크로 사용하고 있다. 성당의 성화는 성서와 같다. 특히 글이 없었을 때 문맹인 사람들에게 그림처럼 친절한 설명은 없다. 카리예 모스크 안에는 예수의 탄생과 성장, 기적, 부활 등 예수의 일대기와 마리아의 탄생에서 성장, 수태고지, 그리고 마리아의 죽음이 모자이크와 프레스코화로 아름답게 표현되어 있다. 기독교인들이라면 더욱 쉽게 이해되는 벽화이고 비 기독교인들에게는 당시 사람들의 성심을 아름다운 작품으로 만나볼 수 있는 시간이 된다.

주소 Derviş Ali, Kariye Cami Sk. No:18, 34087 Fatih
위치 트램 T5 Balat역에서 1km
운영 월~목·토·일 09:00~18:00
요금 €20
전화 (212) 512 23 20
홈피 muze.gen.tr/muze-detay/kariye

카리예 모스크 내부

① 가나안 혼인식의 기적
② 수태고지(受胎告知)
③ 마리아의 죽음
④ 예수의 부활
⑤ 최후의 심판
⑥ 성모 마리아와 아기예수, 12 대천사

※ 모스크이므로 어깨가 드러나지 않는 옷과 긴 바지나 치마, 여성은 스카프를 착용해야 한다.

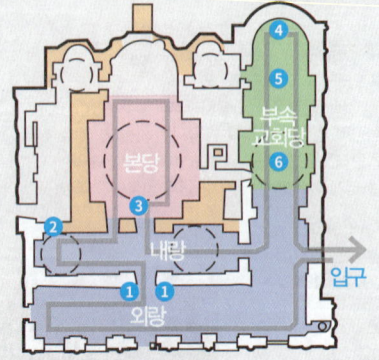

★★★ 발랏의 집들 & 계단이 있는 언덕 주택
Balat Renkli Evler & Merdivenli Yokuş Evleri

다양한 색깔의 목조 집들이 나란히 세워져 있는데 사진을 찍으면 너무나 예쁘게 나온다. 몇몇 곳이 있는데 장소마다 사람들이 모여 있어 찾기 쉽다. 어떤 곳은 사진을 찍기 위해 줄을 서 있기도 하다. 눈으로 보는 것보다 휴대전화로 찍는 사진이 더 예쁘게 나온다.

주소 Balat, 34087 Fatih
위치 에미뇌뉘에서 트램 T5선을 타고 발랏Balat 정류장 하차.

★★★ 성 슈테판 불가리아 정교회 Sveti Stefan Kilisesi (Bulgarian St. Stephen Church)

19세기 불가리아인들이 자국민들의 정교회를 만들고자 노력해 만든 교회다. 1849년 목조건물로 지었고 교회는 불가리아인의 민족 운동의 구심점이 됐다. 1870년 오스만 제국의 술탄은 불가리아인들의 독립된 정교회를 인정하는 칙령을 발표한다. 화재가 난 후 재건을 추진하다 약한 지반을 보완하기 위해 철제 프레임을 이용하기로 한다. 교회에 사용할 조립식 주철 부품 생산을 공모했는데 오스트리아 회사가 선정됐다. 무게 500톤에 달하는 조립식 부품은 1893년부터 1896년까지 비엔나에서 생산되어 다뉴브강과 흑해를 통해 선박으로 이스탄불로 운송되었고, 이를 조립해 1898년에 완공했다. 세계에서 몇 안 되는 조립식 주철 교회 중 하나다.

주소 Balat, Mürselpaşa Cd., 34087 Fatih
위치 트램 T5 Balat역에서 350m
운영 09:00~17:00
요금 무료
전화 (212) 248 09 21

쿠루 카흐베지 무히비 Kuru Kahveci Muhibbi

튀르키예 커피전문점으로 정성 들여 만드는 커피에 항상 긴 줄이 늘어서 있다. 젊은 장인정신의 커피를 맛보고 싶다면 방문해 보자.

주소 Ayvansaray, Leblebiciler Sk. No:9 D:C, 34087 Fatih
위치 트램 T5 Balat 정류장에서 600m
운영 09:00~19:30
요금 €€

커피 데파트먼트 Coffee Department

한국인에게 맞는 아이스 아메리카노를 판매하는 곳으로 로스터리를 겸하고 있다. 다양한 원두를 선택할 수 있으며 카푸치노 등의 따뜻한 커피도 추천할 만하다.

주소 Ayvansaray, Kürkçü Çeşmesi Sk. No:5, 34087 Fatih
위치 트램 T5 Balat 정류장에서 600m
운영 월~금 08:00~18:00, 토·일 09:00~19:00
요금 €€
홈피 coffeedepartment.co

벨벳 카페, 발랏 Velvet Cafe, Balat

발랏에서 가장 유명한 브런치 카페로 간단한 아침 메뉴부터 풍성한 브런치 메뉴까지 다양하다. 예약하지 않으면 자리가 없다.

주소	Balat, Çimen Sk. No:8a, 34087 Fatih
위치	트램 T5 Balat 정류장에서 600m
운영	화~금 09:30~17:00, 토·일 09:30~18:00, **휴무 월요일**
요금	€€€
전화	545 225 05 28
홈피	www.instagram.com/velvetcafebalat

카페 나프탈린 K Cafe Naftalin K

테이블 위에 고양이가 접시 위에 머리를 대고 널브러져 쿨쿨 자는, 고양이가 주인인 듯한 카페다. 무릎이나 테이블 위로 올라오는 고양이의 간택을 받은 관광객들의 얼굴엔 미소가 가득하다. 고양이를 좋아한다면 이만한 카페가 없다.

주소	Balat, Yıldırım Cd. No:27/A, 34087 Fatih
위치	트램 T5 Fener 정류장에서 450m
운영	09:00~21:00
요금	€€

Special Tour
선셋 맛집, 피에르 로티 Pierre Loti

발랏까지 왔다면 트램을 타고 피에르 로티 언덕을 방문해 보자. 골든 혼Golden Horn의 파노라마 전망을 볼 수 있는 최고의 장소다. 피에르 로티라는 이름은 프랑스 작가인 줄리앙 비아우드Julien Viaud(1850~1923)의 필명이다. 1876년에 프랑스 해군 장교로 이스탄불에 왔다. 에윕Eyüp 지역에 살며 틈틈이 썼던 일기를 기반으로 지금의 피에르 로티 언덕의 카페에서 소설 『아즈야데Aziyadé(1879)』를 썼다. 오스만 제국을 배경으로 한 소설로 아즈야데는 하렘의 18살 체르케스인 여성의 이름이다. 27살의 해군 장교와 하렘에 사는 술탄 여성과의 금지된 사랑 이야기를 다룬 소설로 문학적 명성을 쌓았다. 그는 튀르키예를 진심으로 사랑해 튀르키예를 제2의 조국이라고 생각했다. 튀르키예가 제1차 세계대전의 패전국이 된 후 벌어진 여러 정치적 상황 속에도 프랑스에 대항한 튀르키예 독립전쟁을 지지해 튀르키예 사람들도 그를 좋아했다. 이스탄불의 1921년 명예시민으로 뽑히기도 했다. 피에르 로티는 골든 혼이 이름 그대로 황금빛으로 물드는 장면을 볼 수 있는 아름다운 장소다. 트램 정류장에서 내려 케이블카를 타고 올라가거나 걸어서 올라갈 수 있는데 이스탄불카드로 저렴하니 케이블카를 타자. 일몰 시각에는 사람이 몰리니 조금 일찍 가는 것이 좋다.

주소 Merkez, Karyağdı Sk. No:20, 34050 Eyüpsultan
위치 트램 T5 Eyüpsultan Teleferık 정류장에 내려 케이블카를 타고 5분
운영 피에르 로티 카페 08:30~24:00
홈피 www.pierrelotitepesi.com

에윕 술탄 모스크 앞 광장

케이블카를 타는 곳

걸어서 올라가는 길

골든 혼의 전망

에윕 술탄 모스크
Eyüp Sultan Camii (Eyüp Sultan Mosque)

튀르키예인들의 성지인 에윕의 무덤이 있는 모스크다. 제1차 콘스탄티노플 공격(674~678) 당시, 전쟁에 참가했던 에부 에윕 엘-엔사리Ebu Eyyub el-Ensari는 이 주변에서 사망했다. 1453년 콘스탄티노플 정복 후 메흐메드 2세의 꿈에 스승이 나타나 에부 에윕의 무덤에 모스크를 짓는 것을 보았다고 한다. 이후 1458년 그의 무덤이 발견되자 모스크를 지었다. 오스만 제국의 성지로 새로운 술탄이 탄생하면 오스만 제국의 검과 함께하는 대관식이 열렸다. 내부에는 무함마드의 것으로 알려진 유물이 있어 튀르키예인들에게는 성스러운 장소로 여겨진다. 튀르키예 남자아이들이 포경수술을 하면 화려한 왕자 옷을 입고 방문하는 곳이다.

주소 Eyüp Merkez, 34050 Eyüpsultan
위치 트램 T5 Feshane 또는 Eyüpsultan Teleferık에서 400m

에부 에윕 엘-엔사리의 영묘

종교 유물

신시가지, 베이올루 Beyoğlu

아야소피아 모스크가 있는 구시가지와 대비되는 지역으로 골든 혼과 갈라타 다리를 사이에 두고 있다. 좁게는 탁심 광장에서 갈라타 타워, 카라쾨이를 말한다. 현대적인 쇼핑 거리, 술집, 나이트클럽과 같은 유흥 시설이 모여 있고, 무엇보다 이스탄불 공항에서 한 번에 연결되는 교통으로 많은 여행자가 구시가지보다 신시가지에 머물기를 선호하는 추세다. 술과 관련한 각종 사건 사고도 자주 일어나니 조심해야 할 지역이다.

To do list

1. 비싼 만큼 꼼꼼히, 돌마바흐체 보고 사진도 많이 찍기
2. 갈라타 탑에서 이스탄불 전망 보기
3. 탁심 광장에서 갈라타 탑까지 걷기
4. 갈라타 탑 주변에서 열쇠고리와 냉장고 자석 같은 소소한 기념품 쇼핑하기

★★★ 돌마바흐체 궁전 Dolmabahçe Saray (Dolmabahçe Palace)

E-티켓 구입
(90일 유효)

술탄 압둘메지드 1세Abdülmecid I(1839~1861)가 지은 서양식 궁전으로 왕실의 건축가인 가라베트 발얀이 맡았다. 궁전의 규모는 총 45,000㎡으로 285개의 방과 46개의 홀, 6개의 목욕탕, 그리고 68개의 화장실이 있다. 외형적으로는 바로크, 로코코, 네오클래식 양식의 서양식 궁전이지만, 남성과 여성의 구역을 구분하고 하렘이나 하맘(목욕탕) 등 튀르키예 문화를 적용했다. 1856년에 완공되자마자 술탄과 가족은 톱카프 궁전에서 이곳으로 이사했다. 기존의 톱카프 궁전이 아름다운 타일 장식과 대리석으로 꾸며졌다면, 돌마바흐체 궁전은 금과 은, 크리스털을 대량으로 사용했다. 천장에 금박을 입히는 데 14톤의 금을 사용하고, 은은 40톤, 연회장 천장에는 당시 세계에서 가장 큰 4.5톤의 크리스털 샹들리에를 달았다. 1887~1909년 이을드즈 궁전 Yıldız Sarayı에서 살았던 기간을 빼면 1922년 오스만 제국이 사라질 때까지 6명의 술탄이 이곳에서 살았다. 마지막 칼리프 압둘메지드 2세Abdülmecit II 이후에는 대통령 관저로 사용했다. 튀르키예의 초대 대통령인 무스타파 케말 아타튀르크 대통령이 눈을 감은 곳이기도 한데, 궁전의 모든 시계는 아타튀르크 대통령을 기리며 사망 시간에 멈춰 있다. 1960년까지 총리와 대통령의 관저로 사용되다 1984년부터 대중에게 공개됐다.

주소	Vişnezade Mahallesi Dolmabahçe Caddesi, Beşiktaş
위치	트램 T1 Kabataş 정류장에서 350m
운영	09:00~17:00, 휴무 월요일, 1월 1일, 라마단Ramazan Bayramı 제1일(2026은 5월 26일), 순교자의 날Kurban Bayramı 제1일
요금	셀람륵Selamlık+하렘Harem+회화 박물관Painting Museum 1,800TL(일주일 유효) 12~25세 ISIC 국제학생증 소지자 240TL, 6세 이하 무료 *한국어 오디오 가이드 포함 (여권 지참)
전화	(212) 236 90 00
홈피	www.millisaraylar.gov.tr/Lokasyon/3/Dolmabahce-Sarayi

Tip | 돌마바흐체 궁전 입장 팁

❶ 입장권 구매 전 짐 검사를 한다.
❷ 돌마바흐체 궁전 건물 안에서 사진 촬영은 철저히 금지되며 건물 안으로 들어갈 때는 비치된 비닐을 신발에 신고 들어가야 한다.
❸ 다른 관광지와 달리 개방 시간이 17:00까지로 길지 않으니, 오전에 서둘러 방문하는 것이 줄 덜 선다.
❹ 현장 매표소 줄을 서지 않고 싶으면 공식 홈에서 E-Ticket을 구매하는 방법이 있는데, 직접 구입하는 것보다 500TL 더 비싸다. 이메일이 아닌 문자로 QR 코드를 보내기 때문에 로밍하지 않는다면 한국에서 미리 사야 한다. 입장권은 90일 안에 사용 가능하다.
❺ 입장권 안에 한국어 오디오 가이드가 포함된다. 여권이 있어야 대여 가능하니 지참하는 것을 잊지 말자. 오디오 가이드 설명이 잘 되어 있으니 적극 활용하자. 이어폰이 있으면 더 편리한데 2.5파이 3극 이어폰(구형 이어폰 잭)을 준비해 가면 좋다.
❻ 궁전(셀람륵Selamlık)과 하렘Harem을 방문하고 나면 쉬고 싶은 마음이 간절해진다. 궁전에는 세 개의 카페가 있는데 그 중 온실에 있는 리몬륵 카페Limonluk Cafe나 쉐케르 아흐메트 파샤 차이 살로누Şeker Ahmet Paşa Çay Salonu 카페를 추천한다. 고궁 회화 박물관 내의 카페로 창으로 보스포루스 해가 보이는 고풍스러운 카페다. 창가 좌석은 3개밖에 없는데 타이밍이 좋으면 앉아보자. 카페에서 쉰 후 회화 박물관을 돌아보면 된다.

Special Culture

아는 만큼 느낀다! 돌마바흐체 제대로 보기

돌마바흐체 궁전이 있던 자리는 원래 만(灣)으로 15~17세기 오스만 해군이 사용하던 곳이었다. 그러다 술탄 마무드 2세Mahmud II(1789~1839)의 두 번째 아내인 베짐미알렘 발리데 술탄Bezmiâlem Valide Sultan이 이 주변에 돌마바흐체 모스크Dolmabahçe Camii(원래 이름은 Bezmiâlem Valide Sultan Camii)와 병원, 학교를 지으면서 해군 주둔지 자리에 별장을 짓는다. 후에 화재로 전소하는데 그 자리에 술탄 압둘메지드 1세Abdulmejid I가 1856년에 지은 것이 바로 돌마바흐체 궁전이다. 돌마Dolma는 '채움', 바흐체Bahçe는 '정원'이라는 뜻으로 만을 메워 정원으로 가득 채웠다는 뜻이다.

술탄 압둘메지드 1세와 빅토리아 여왕, 나폴레옹 3세 황제

✖ 돌마바흐체 궁전 제대로 보기

돌마바흐체 궁전은 궁전에 들어가기 전인 시계탑Dolmabahçe Saat Kulesi과 궁전 안쪽의 정원Selamlık Bahçesi으로 나뉘고, 건물 구역은 크게 세 곳으로 나뉜다. 남자들만의 공간인 세람륵Selamlık, 공식적인 행사와 파티 등을 하는 연회장Muayede Salon, 그리고 술탄과 가족들의 사적인 공간인 하렘Harem이다. 세람륵+연회장은 정문으로, 하렘은 뒤편의 핑크색 건물 출입구로 입장한다. 입장권에는 국립 박물관Resim Müzesi도 포함되며 2층 건물이다.

이스탄불 궁전 통합권
돌마바흐체+유럽 지역(톱카프 궁전 제외) 궁전 통합 티켓 2,400TL
돌마바흐체+유럽 지역 궁전+아시아 지역 궁전 통합 티켓 3,000TL (톱카프 궁전, 퀴췩수 저택 제외)
아시아 지역(퀴췩수 저택Küçüksu Pavilion 제외) 궁전 통합 티켓 900TL

❶ 돌마바흐체 시계탑 Dolmabahçe Saat Kulesi

궁전의 완공 이후, 1895년 술탄 압둘 하미드 2세Abdülhamid II 때에 추가된 것이다. 사르키스 발얀Sarkis Balyan이 만든 네오 바로크 양식의 시계탑으로 높이는 27m다. 4층의 시계는 프랑스의 시계 제작자인 장 폴 가르니에Jean-Paul Garnier가 만든 것이다. 궁전 바깥쪽에 있다.

❷ 술탄의 문 Saltanat Kapısı과 어머니의 문 Valide Kapısı

검색대를 통과해 매표소에서 입장권을 끊으면 돌마바흐체 궁전으로 들어갈 수 있다. 술탄의 문은 출입구로 사용된다. 성수기에 긴 줄을 서기 싫다면 개장 시간에 맞춰 오거나 인터넷 사이트에서 미리 입장권을 사두는 것이 좋은데, 직접 구입하는 것보다 비싸다. 술탄의 문을 통과하면 곧바로 붉은색 담과 연결된 어머니의 문을 통과하게 된다.

❸ 정원 Selamlık Bahçesi

어머니의 문을 지나면 아름다운 정원이 나타난다. 규모는 크지 않지만 우아한 백조 분수가 있고, 왼쪽에는 보물의 문Hazine Kapısı, 오른쪽으로는 보스포루스 해협 쪽으로 난 문이 있다. 사람이 없을 때 멋진 사진을 찍

시계탑이 보이면 돌마바흐체에 도착한 것이다.

술탄의 문

어머니의 문

을 수 있으니, 궁전을 먼저 볼 것인지 정원에서 사진을 찍고 들어갈 것인지 분위기를 잘 살피자. 하렘을 보고 나오는 길의 조류 사육장 정원Kuşluk Bahçesi에는 공작이 노닐고 작은 사육장이 있다.

❹ 세람륵 Selamlık (State Apartments)

총리실, 장관실, 대기실, 비서실 등이 있는 건물로 외교관이나 손님이 방문할 경우, 이곳 로비Medhal Salonu로 들어오게 된다. 화려한 카펫 바닥에 고풍스러운 가구, 샹들리에, 황금빛의 방이 이어진다. 이곳을 지나면 말발굽 형태의 계단을 통해 2층으로 올라간다. 프랑스산 크리스털 계단으로 청동, 마호가니를 이용해 만들었다. 계단 중앙에는 1.5톤의 샹들리에가 화려하게 걸려 있다. 이 주변 코린트 양식의 기둥은 대리석 기둥이 아니라 나무 기둥에 채색과 금박을 입힌 것이다. 2층에는 2,500명을 수용할 수 있는 외교관 접견 홀Süfera Salonu(또는 Mabeyn Salonu)이 펼쳐진다. 이곳에는 러시아의 황제 니콜라이 2세가 선물한 150년 된 곰가죽 양탄자, 중국에서 선물한 청자, 사우디아라비아에서 선물한 상아, 나폴레옹 3세가 선물한 검은 피아노가 있다. 홀 주변에는 대기실, 외교관실, 알현실 등이 있다. 이어지는 방은 쥘베헤엔 홀Zülvecheyn Salonu로 술탄의 개인 공간이다. 이 외에도 음악의 방, 이집트산 대리석으로 만든 목욕탕, 그리고 마지막은 술탄들의 초상화와 사진이 전시된 방이 있다.

❺ 연회장 Muayede Salon (Ceremonial Hall)

연회장은 건물의 가장 중앙으로 천장이 돔으로 되어 가장 높이가 높다. 공식적인 행사와 파티가 열리는 대연회장으로 4.5톤 무게의 750개의 촛대로 밝혀진 크리스털 샹들리에가 매달려 있다. 샹들리에는 당시 세계에서 가장 큰 샹들리에였다.

❻ 하렘 Harem

술탄과 가족들의 사적인 공간으로 침실, 도서관, 화장실, 목욕탕이 있다. 튀르키예의 초대 대통령이자 국민의 절대적인 사랑을 받는 무스타파 케말 아타튀르크 대통령이 사용했던 방이 있다. 술탄이 사용하던 방 두 개를 개조해 집무실과 침실로 사용했는데, 이곳 침실에서 1938년 11월 10일 오전 9시 6분에 숨을 거뒀다. 대통령의 유해는 앙카라로 옮겨졌지만, 궁전 안의 모든 시계는 대통령을 기리는 의미로 사망 시간에 맞춰 있다.

❼ 회화 박물관 Resim Müzesi (Painting Museum)

회화 박물관에는 16세기부터 20세기에 그려진 553점의 작품을 만날 수 있다. 특히, 튀르키예 최고의 오리엔탈리즘 회화로 유명한 펠릭스-오귀스트 클레망Félix-Auguste Clément의 '가타 사막에서 가젤을 사냥하는 할림 왕자'를 놓치지 말자. 오스만 제국 시대의 회화 작품을 총망라한 곳으로 이반 아이바조프스키Ivan Aivazovsky, 할릴 파샤Halil Paşa, 오스만 함디 베이Osman Hamdi Bey 등의 그림을 볼 수 있다.

보물의 문

보스포루스로 난 문

세람륵 입구

화려하게 꾸며진 계단

하렘 입구

more & more   튀르키예의 국민 할아버지, 무스타파 케말 아타튀르크

무스타파 케말 아타튀르크Mustafa Kemal Atatürk(1881~1938)는 지금의 그리스 테살로니키Thessaloniki에서 태어났다. 세관직에 종사하다 목재상을 했던 아버지는 그가 7살 때 돌아가셨다. 어머니는 아들이 무역업에 종사하길 바랐지만, 무스타파는 군인 고등학교에 입학하고 오스만 군사 대학을 졸업해 1905년 장교로 임관한다. '케말Kemal'이라는 중간 이름은 이 시기에 선생님으로부터 얻은 것으로 '완전함'을 뜻한다.

당시의 오스만 제국은 위태로운 상태였다. 광범위했던 영토는 줄어들어 동유럽과 그리스, 북아프리카, 아시아 지역의 땅을 잃고 위로부터의 개혁은 실패로 돌아가 전제정치로 회귀한 상태였다. 무스타파를 포함한 젊은이들은 술탄의 전제정치와 독재에 대항하는 비밀조직이나 청년튀르크당Jön Türkler에 참여해 활동했다. 청년튀르크당은 밖으로는 오스만 제국 일어나는 분리 독립 운동을 제압하고, 안으로는 술탄을 압박했는데 마침내 압둘하미드 2세를 퇴위시키고 그의 동생인 메흐메트 5세Mehmet V를 술탄 자리에 앉히게 된다.

그러던 와중에 1914년 제1차 세계대전이 벌어진다. 오스만 제국은 영국-프랑스-러시아의 연합군에 대항해 독일, 오스트리아-헝가리 제국과 함께 참전한다. 1915년 해밀턴 장군이 이끄는 영국과 프랑스 연합군이 갈리폴리Gelibolu에 상륙해 전투를 벌이게 된다. 갈리폴리 전투에서 독일의 오토 리만 폰 산더스Otto Liman von Sanders 장군과 무스타파 케말 아타튀르크의 공동 지휘하에 영국군을 물리치면서 그는 단번에 튀르키예의 국민 영웅으로 떠오른다. 이때 지도자란 의미의 '파샤Paşa'라는 칭호가 덧붙여 '케말 파샤'로 불리게 됐다.

그러나 제1차 세계대전의 패전국이 되면서 1920년에 세브르Sèvres 조약으로 오스만 제국은 영토를 대부분 잃고, 이스탄불은 연합군들의 관리하에 들어가 열강들의 먹잇감으로 전락하고 만다. 케말 파샤는 1919년 5월, 삼순Samsun에서 무능력한 오스만 제국을 부정하고 연합국에 대항한 민족국가 수립을 역설하는데 이 때문에 직위 해제되고 체포영장이 발부된다. 케말 파샤는 아나톨리아에서 지지 세력을 모아 1920년 튀르키예 대국민의회Türkiye Büyük Millet Meclisi Başkanı를 창설하고 나라의 독립을 선언한다. 산발적으로 전투를 하던 시민군들을 규합해 국민군을 창설하고, 서구열강과 주변국들의 침공에 맞서 싸운다. 국민군의 신화적인 승리에 기존의 세브르 조약은 폐기되고, 튀르키예의 영토권과 주권이 보장된 로잔Lausanne에서 조약을 1923년에 체결하기에 이른다. 이어 튀르키예 공화국이 1923년에 선포되고, 무스타파 케말 파샤는 튀르키예 공화국의 초대 대통령으로 추대된다.

수도는 앙카라로 정한다. 1923년 그가 만든 정당은 인민당(후에 공화인민당Cumhuriyet Halk Partisi)으로 1950년 다당제가 허용될 때까지 일당 체제가 유지됐다. 그의 사망 때까지 일당 독재체제가 유지되었으며 반대와 반발하는 세력들에게는 가혹하게 탄압했다.

15년의 집권 동안 이룩한 사회, 문화, 경제적 근대화의 업적들은 현재 튀르키예의 근간을 이루었다. 1922년 메흐메트 6세Mehmet VI를 마지막으로 술탄제를 폐지하고, 칼리프제khalifa(이슬람 국가의 최고 종교 지

도자로 술탄이 겸직했다)는 과도기적으로 단기간 유지되다 압둘메지드 2세를 마지막으로 1924년에 폐지된다. 또한 나라의 화합을 위해 국교를 없애고 다양한 신앙을 인정했다. 여성 인권 보장에도 앞장섰는데 1926년 일부다처제를 금지하고 남녀평등권이 제정되었으며, 1930년에는 여성에게 선거권이 부여됐다(한국은 1948년). 1928년에는 튀르키예어의 아랍 문자 표기법을 폐지하고 현재의 로마자 표기법을 시작했다. 1934년에는 모든 국민에게 성(姓)을 갖게 했는데 이때 대통령 또한 '국민의 아버지'라는 뜻의 아타튀르크라는 성을 갖게 됐다. 아타튀르크는 독립전쟁 중에 만난 이즈미르의 명문가 엘리트 출신인 라티페 우샤키Latife Uşşaki(1898~1975)와 결혼했으나 2년 만에 파경을 맞는다. 이후 8명의 아이를 입양했는데, 이 중에 사비하 괵첸Sabiha Gökçen(1913~2001)은 튀르키예 최초의 여성 파일럿으로 세계 최초의 여성 전투기 조종사가 됐다. 사비하 괵첸 공항Sabiha Gökçen Havalimanı은 그녀의 이름을 따서 지은 것이다.

아타튀르크는 1938년 11월 10일 오전 9시 6분 57세의 나이로 돌마바흐체 궁전의 침실에서 숨을 거둔다. 사인은 지나친 음주로 인한 간경변이었다. 유해는 앙카라로 옮겨졌고, 궁전 안의 모든 시계는 대통령을 기리는 의미로 사망 시간에 맞어 있다. 재산은 모두 국가에 헌납했다.

무스타파 케말 아타튀르크는 술탄과 튀르키예를 지배하려던 연합국에 맞서 쿠데타로 정권을 장악하고 전제주의 체제를 공화제로 바꾼 혁명가다. 일당 독재체제의 대통령으로 집권 동안 반대파와 독립을 요구하던 쿠르드족을 탄압하고, 문화적 으로는 공공장소에서 히잡 착용을 금지하고, 페즈Fez 모자의 착용 금지 등 서구식 복장을 강제하는 강압적인 요소가 많았지만, 튀르키예의 근대화를 이룩한 민족주의 대통령으로 평가받는다. 튀르키예 전역에는 아타튀르크를 기리는 동상과 그의 이름을 딴 광장, 거리, 공항, 댐, 건물 등이 산재해 있으며 식당이나 호텔, 일반 가정집까지 아타튀르크의 사진과 그가 남긴 명언을 전시하는 등 국민의 아버지로 마음속 깊은 곳으로부터 존경받고 있다. 지금은 한 세대가 지나 요즘 젊은이들은 '국민 할아버지'로 부른다.

세계 최초의 여성 전투기 조종사, 사비하 괵첸

라티페 우샤키와 아타튀르크 대통령

로잔조약이 체결된 1923년은 터키인들에게 중요한 해다.

일반 가정집이나 식당 등 어디에서나 볼 수 있는 아타튀르크 대통령의 초상화

아타튀르크 박물관 İBB Atatürk Müzesi

튀르키예 전역에 아타튀르크가 독립 항쟁을 전개할 때 머물렀던 집을 박물관으로 만들어 놓았는데 그중 이스탄불의 집이다. 1918년 12월부터 1919년 5월 16일까지 이 집에 동료들과 함께 머물렀다. 1928년 이스탄불 시가 매입해 복원 작업 후 박물관으로 문을 열었다. 내부에는 아타튀르크의 개인 소장품들과 직접 쓴 서류, 그림 등이 전시되어 있다.

주소 Meşrutiyet, Halaskargazi Cd. No:140, 34363 Şişli
위치 트램 T1 Kabataş 정류장에서 600m **운영** 화~일 09:00~17:00
전화 (212) 233 47 23 **요금** 무료
홈피 ataturkkitapligi.ibb.gov.tr/tr/Kitaplik/Muzelerimiz/Ataturk-Muzesi/2

아타튀르크 박물관

돌마바흐체 근처 식당 & 쇼핑

오전에 돌마바흐체를 돌아보면 늦은 점심시간이 된다. 후문과 가까운 곳에 유명한 식당과 카페, 이스탄불 니치 향수 브랜드인 니샤네Nishane와 쇼핑을 하기에 좋은 큰 미그로스MMM Migros(운영 08:30~22:00)가 있으니 다른 곳으로 이동하기 전에 주변을 즐기자.

돌마바흐체 카페 Dolmabahçe Cafe

궁전 입구 옆에 있는 노천카페로 차를 마시며 쉬었다 가기에도, 식사를 하기에도 좋은 곳이다. 전망도 좋고 음식도 맛있다.

주소 Meclis-i Mebusan Caddesi, Vişnezade, Dolmabahçe Cd., 34357 Beşiktaş
위치 트램 T1 Kabataş 정류장에서 600m
운영 월~수 08:00~01:00, 목 09:00~01:00, 금 08:00~01:30, 토·일 08:00~02:00
요금 €€€
전화 538 824 41 44

카흐베 뒨야스
Kahve Dünyası (Kabataş점)

튀르키예식 커피와 차, 샌드위치, 디저트 등을 파는 모던한 분위기의 체인 카페다. 아이스 아메리카노를 판다.

주소 Ömer Avni, Meclis-i Mebusan Cd. No:85, 34000 Kabataş Beyoğlu
위치 트램 T1 Kabataş 정류장에서 260m
운영 06:30~22:00   요금 €€
전화 (212) 293 12 06   홈피 www.kahvedunyasi.com

이스켄데르1867 Iskender1867

부르사의 유명한 이스켄데르 케밥 이스탄불 분점이다. 부르사에 여행할 계획이 없다면 이곳에서 맛보기를 추천한다. 가격은 비싸지만 꼭 한 번은 방문해야 하는 식당이다.

주소 Sinanpaşa, Süleyman Seba Cd. No:10, 34357 Beşiktaş
위치 돌마바흐체 후문에서 150m
운영 11:00~21:30
요금 €€€€
전화 (212) 227 18 67
홈피 www.iskender.com

카라데니즈 되네르 아슴 우스타
Karadeniz Döner Asım Usta

되네르 케밥 전문점으로 얇게 썬 고기를 밥과 함께, 이스켄데르로, 샌드위치로, 또 뒤름으로 만들어 판매한다.

주소 Sinanpaşa, Köyiçi Cd No:6, 34353 Beşiktaş
위치 돌마바흐체 후문에서 480m
운영 월~토 10:30~17:30, 휴무 일요일
요금 €€€
전화 (212) 261 76 93

보그 레스토랑 & 바
Vogue Restaurant & Bar

13층에 위치해 바다 전망이 멋진 파인 다이닝이다. 전망뿐만 아니라 음식 맛도 좋아 가격이 비싸더라도 위안이 된다. 스마트 캐주얼 이상의 드레스코드가 필요하고 예약 필수다.

주소	Harbiye, Süleyman Seba Cd. BJK Plaza No:92 A Blok Kat: 13, 34357 Beşiktaş
위치	돌마바흐체 후문에서 480m
운영	월~토 10:30~17:30, 휴무 일요일
요금	€€€€ 전화 (212) 261 76 93
홈피	vogurestaurant.com

©Vogue Restaurant

크래프트 비어 랩 Craft Beer Lab

이스탄불에서 가장 유명한 맥주 전문점이다. 영국, 벨기에, 네덜란드 등 세계 100종의 맥주를 맛볼 수 있고 튀르키예의 수제 맥주와 칵테일도 준비되어 있다. 술 마시기 어려운 튀르키예에서 알코올을 느껴보자. 분위기는 아무래도 저녁이 더 좋다.

주소	Sinanpaşa, Şair Nedim Cd. No:4, 34353 Beşiktaş
위치	돌마바흐체 후문에서 200m
운영	월~목·일 12:00~01:30, 금·토 12:00~03:00
요금	€€€

저스트 커피 & 로스터리
Just Coffee & Roastery

이름처럼 원두에 집중한 카페다. 에스프레소, 플랫 화이트, 카푸치노, 아이스커피를 만날 수 있다. 이스탄불의 로스터리 카페를 방문해 보자.

주소	Sinanpaşa, Ihlamurdere Cd. no:6, 34535 Beşiktaş
위치	돌마바흐체 후문에서 460m
운영	06:30~02:00 요금 €
전화	850 969 78 13

스타벅스 베벡 Starbucks

세상에서 가장 아름다운 스타벅스 전망 중 하나로 유명해진 베벡 지점이다. 스타벅스를 좋아한다면 방문해 보자. 전망은 보스포루스 해협 라인이 모두 비슷한 편이어서 일부러 찾을 정도는 아니다.

주소	SBebek, Cevdet Paşa Cd. No:30, 34342 Beşiktaş
위치	트램 T1 Kabataş 정류장에서 버스 22번을 타고 Bebek 정류장(20분 소요) 하차 후 140m
운영	06:00~01:00
요금	€
홈피	www.starbucks.com.tr

탁심 광장 Taksim Meydanı (Taksim Square)

탁심 광장은 오스만 제국 시대에 물 저장소가 있던 자리로 현재는 신시가지의 중심 광장이다. 집회나 시위, 쇼핑의 중심지이며 튀르키예 시민들의 약속 장소이자 탁심의 랜드마크다. 광장 근처에 이스탄불 국제공항과 사비하 괵첸 공항으로의 공항버스 정류장이 있어 교통도 편리하다. 탁심 광장 중앙에는 1923년의 튀르키예 공화국 탄생을 기념하는 공화국 기념비 Taksim Cumhuriyet Anıtı 가 있다. 이 기

주소 Kocatepe, Tak-ı Zafer Cd., 34435 Beyoğlu

위치 ❶ 탁심의 노스탤지어 트램을 타보고 싶다면 → 트램 T1 Karaköy 정류장에 내려 길 건너편의 Tünel에서 푸니쿨라를 탄다. 밖으로 나오면 오른쪽 위쪽에 전차 정류장이 보인다. 그곳에서 전차를 타고 이스티크랄 거리를 구경하며 탁심 광장 종점에 내리면 된다. 탁심 광장에 내리면 전차로 올라온 길을 따라 천천히 걸어 내려가며 구경하면 힘들지 않아 좋다.
❷ 효율성을 원한다면 → 트램 T1의 종점인 Kabataş 역의 지하 통로로 연결된 푸니쿨라를 타고 Taksim 역에 내려 광장 방향으로 나가면 된다.

념비는 1928년에 세워진 것으로 이탈리아 조각가인 피에르토 카노니카 Pietro Canonica의 작품이다. 11m 높이의 대리석 조각의 한 면에는 정장 차림의 아타튀르크 대통령과 공화국 건설에 함께했던 인물들이 조각되어 있고, 다른 면에는 군복 차림의 아타튀르크와 군인들의 조각상이 있다. 기념탑은 관광객보다 튀르키예인들에게 더 사랑받는 사진 명소다. 탁심 광장에서 이스티크랄 거리를 따라 튀넬 광장 Tünel Meydanı까지는 완만한 내리막길로 천천히 걸어가며 구경하기에 좋다.

Tip | 주의! 술 먹자고 따라갔다간 수백만 원 바가지!

탁심 거리를 홀로 걷다 보면 누군가 자신도 여행자라고 말을 걸어 온다. 흡연자라면 담뱃불을 빌리자고 다가오기도 한다. 조금 친해지면 자신이 술 한 잔 사겠다고 술집에 데려가 실제로 술을 사준다. 이렇게 신뢰를 쌓은 후 다른 술집에서 한 잔 더 하자며 가게로 데려가는 곳이 바가지를 씌우는 곳이다. 여자들과 자연스럽게(?) 합석해 함께 술을 마시기도 한다. 이번엔 자신이 내겠다고 결제하려고 하면 수십에서 수백만 원이 청구된다. 일단 결제를 하면 돈을 돌려받을 방법은 없다. 바가지라 항의하면 공포 분위기가 조성되고 밖으로 나가지 못하게 한다. 결국 깎아서 결제하고 풀려난다. 혼자 온 남성분들은 주의하자.

이스티크랄 거리 Istiklal Caddesi

위치 탁심 광장에서 Beyoğlu Tünel 역까지 이어지는 길

북쪽의 탁심 광장에서 남쪽의 푸니쿨라를 타는 튀넬 광장까지 2km로 이어지는 넓은 보행로다. 길의 이름인 이스티크랄Istiklal로 '독립'이란 뜻이다. 과거에는 'Grande Rue de Péra'라는 이름으로 불리었으나 1923년 공화국의 탄생과 함께 새로운 이름으로 지어졌다. 탁심 광장과 튀넬의 중간 1km 지점에는 갈라타사라이Galatasaray 고등학교가 있는데, 학교 앞은 만남의 장소 역할을 한다.

우리나라의 명동 분위기로 언제나 사람이 많으며 특히 저녁 시간이나 주말이 되면 사람들로 줄 서서 다니는 분위기다. 길에는 레스토랑, 카페, 클럽, 바, 공연장, 영화관, 쇼핑 매장 등이 촘촘히 들어서 있다. 튀르키예인들에게 탁심은 나이트 라이프의 중심이다. 튀르키예의 밤 문화를 경험하고 싶다면 금요일이나 토요일 밤이 좋지만 약물 사고 등의 위험이 있으니 조심하자.

이스티크랄 거리의 낮과 밤

---

more & more 탁심 지역의 명물, 노스탤지어 트램과 튀넬

① 노스탤지어 트램 Nostaljik Tramvay

탁심의 명물이 있다면 바로 노스탤지어 트램과 튀넬이다. 모두 현금은 받지 않고 이스탄불카드를 사용해야 한다. 노스탤지어 트램은 1920년부터 1962년까지 운행되던 트램으로 이스티크랄 거리가 보행자 거리로 바뀐 후 1990년부터 다시 운행을 시작했다. 탁심 광장 갈라타사라이 고등학교 튀넬까지 1.6km 구간을 운행한다. 앤티크한 트램과 트램을 운전하는 차장 모두 과거로 돌아간 것 같은 향수를 불러일으킨다. 아주 천천히 움직인다.

운영 월~토 07:00~22:45, 일 07:00~22:45

② 튀넬 F2 Beyoğlu - Karaköy Tünel

1875년에 건설된 튀넬은 런던의 언더그라운드 다음으로 세계에서 두 번째로 오래된 지하철이다. 카라쾨이Karaköy 지역과 언덕에 있는 베이올루Beyoğlu 지역을 연결한다. 운행되는 거리는 총 573m이다.

운영 06:15~24:00

③ 튀넬 F1 Taksim - Kabatas Funicular

F2 구간 말고도 2006년에 운영을 시작한 카바타쉬-탁심 구간도 있다. 트램 T1 카바타쉬역에서 탁심을 잇는다. F2와 비교하면 현대적이며 운행 거리는 총 640m이다. 경사진 면을 올라가는 이러한 형태의 지하철을 푸니쿨라Funicular라고 한다.

운영 06:15~24:00

★★★ 치첵 파사지 Çiçek Pasajı (Flower Passage)

1844년 오페라 극장 나움Naum이 있던 자리로, 1870년 화재 이후 그리스 은행가가 이곳을 사들여 1876년 고급 레지던스와 상점으로 바꾸며 시테 데 페라Cite de Pera라고 불렀다. 이탈리아 건축가 클린테 자노Cleanthe Zanno가 건축했다. 치첵Çiçek은 꽃이란 뜻으로 1917년 러시아 혁명 이후 탈출해 넘어온 러시아의 귀족 여성들이 이곳에서 꽃을 팔며 생계를 유지했던 것에서 비롯됐다. 2005년에 보수작업 후 재개장해 레스토랑과 펍, 앤티크 상점, 기념품 가게 등이 있었으나, 현재는 관광객을 대상으로 한 레스토랑만이 남았다. 식당 중 1940년에 문을 연 세비츠 레스토랑Seviç Restoran이 있는데 많은 예술가와 정치인, 지식인들이 드나들던 곳이다. 1982년부터 메이하네Meyhane(술과 안주를 즐기는 선술집)로 운영하고 있으며 수십 가지 메제Meze와 라크를 경험해 보기 좋다. 라크가 처음이라면 가장 작은 것으로 경험해 보는 것을 추천한다.

- **주소** Hüseyinağa Mah. İstiklal Cad. Saitpaşa Geçidi No:176, 34435 Beyoğlu
- **위치** 탁심 광장에서 750m
- **운영** 24시간
- **홈피** www.tarihicicekpasaji.com

★★☆ 순수박물관 Masumiyet Müzesi (The Museum of Innocence)

튀르키예인 최초로 노벨문학상을 받은 이스탄불의 작가, 오르한 파묵Orhan Pamuk(1952~)의 동명 소설의 이름을 따서 2012년에 문을 연 박물관이다. 박물관은 소설의 두 가족의 이야기를 중심으로 만들어졌다. 『순수박물관』 책을 가지고 오면, 무료다. 작가의 팬이라면 놓치지 말자. 순수박물관으로 가는 길에 아름다운 프랑스풍의 제자이르 소카Cezayir Sokağı를 지나가자. 19세기부터 프랑스인들이 살았던 곳이다.

- **주소** Firuzağa, Çukurcuma Caddesi, Dalgıç Çk. No:2, 34425 Beyoğlu
- **위치** F2 Beyoğlu 정류장에서 750m
- **운영** 화~일 10:00~18:00, 휴무 월요일 · 1월 1일
- **요금** 400TL, 학생·65세 이상 280TL
- **전화** (212) 252 97 38
- **홈피** www.masumiyetmuzesi.org

★★★ 생선 골목 vs 오작바쉬 골목 Balık Sok vs Ocakbaşı Sok

치첵 파사지 왼쪽으로 들어가면 과거 생선 시장 Balık Pazarı이었던 골목이 나온다. 과거보다 많이 줄었지만, 여전히 생선 레스토랑이 있고 별미인 홍합밥과 홍합 꼬치, 멸치튀김, 생선구이와 같은 요리를 판다. 탁심의 유명한 코코레치 가게인 샴피온 코코레치 Şampiyon Kokoreç도 이 길에 있다. 좀 더 내려가면 숯불구이 전문점인 오작바쉬 골목이 나온다. 팔라 오작바쉬 Pala Ocakbaşı, 소벳 오작바쉬 Sohbet Ocakbaşı, 사키 오작바쉬 네브자데 Saki Ocakbaşı Nevizade가 있으며 고기 굽는 냄새와 분위기를 보고 마음에 드는 곳으로 가면 된다. 좁은 골목에 호객 행위가 심하긴 하지만 활기찬 밤의 먹자골목 분위기를 느껴보자.

위치 치첵 파사지 건물을 바라보고 바로 왼쪽 골목

샴피온 코코레치

---

more & more 백종원의 〈스트리트 푸드 파이터〉에 나온 식당

❶ 아다나 오작바쉬 Adana Ocakbasi

탁심에 오작바쉬 집은 많지만, 백종원이 방문한 곳은 탁심에서 지하철로 한 정거장 북쪽이다.

주소 Ergenekon caddesi, Telefoncular Sokağı Karşısı, Baysungur Sk No:2, 34375 Şişli
위치 메트로 M2 Osmanbey 역에서 290m
운영 월~토 12:00~23:00
요금 €€€€€

❷ 수아트 우스타 메르슨 탄투니 Suat Usta Mersin Tantuni

소고기를 작게 썰어 기름에 볶은 후 라바쉬와 먹거나 또는 뒤름으로 만들어 먹는데 매콤한 것이 특징이다. 요거트 탄투니를 추천한다.

주소 Katip Mustafa Çelebi, Tel Sk. No:1, 34433 Beyoğlu/İstanbul
위치 탁심 광장에서 450m
운영 월~목 11:00~03:00, 금·토 12:00~02:00, 일 12:00~24:00
요금 €€ **전화** (212) 292 59 77
홈피 suatustatantuni.com.tr

★★☆

성 안토니오 가톨릭 성당
St. Antuan Katolik Kilisesi (St. Anthony of Padua Church)

13세기에 콘스탄티노플에 정착한 프란치스코 교회인들이 세운 성당이다. 1724년 현재 근처에 교회를 세웠으나, 트램 노선 건설로 인해 1912년에 네오고딕 양식으로 다시 지었다. 1932년 교황 비오 11세에 의해 바실리카로 격상되었으며 현재 이스탄불에 있는 가톨릭 성당중에서 가장 크다. 정원에는 요한 23세가 1958년 교황으로 선출되기 전 이곳에 1935~1944년 바티칸의 비공식 대사로 파견되어 머물렀던 것을 기념하는 동상이 세워져 있다. 매주 일요일 10시에 영어, 11시에 이탈리아어 미사가 진행된다.

주소 Tomtom, İstiklal Cd. No:171, 34433 Beyoğlu
위치 F2 Beyoğlu 역에서 650m

Tip | 한국어 미사는 이곳에서

성모 마리아 드라페리스 성당 Santa Maria Draperis Kilisesi (Roman Catholic Church of Santa Maria Draperis)

1678년에 지어진 가톨릭 성당이다. 시간이 흐르며 화재와 지진으로 파괴되고 1769년에 다섯 번째로 재건됐다. 매주 일요일 10시에 한국 신부님의 미사가 진행된다.

주소 Tomtom, İstiklal Cd. No:215, 34433 Beyoğlu
위치 F2 Beyoğlu 역에서 250m

★★★
갈라타 탑 Galata Kulesi (Galata Tower)

비잔틴 제국의 아나스타시우스 1세^{Anastasius I}에 의해 507년에 만들어진 탑으로 초기에는 나무로 지어졌다. 큰 탑이라는 뜻의 '메가로스 피르고스^{Megalos Pyrgos}'로 불렸다. 당시의 탑은 1203년 제4차 십자군 전쟁 때 파괴됐고, 현재의 탑은 1348년 제노바 공국에 의해 그리스도의 탑^{Christea Turris}으로 재건된 것이다. 지금은 탑만 남아있지만 갈라타 성벽의 일부였다. 오스만 제국 시대에는 15세기 감옥으로 사용되기도 했고 후에는 화재 감시를 비롯한 감시탑으로 쓰였다. 여러 번의 화재와 지진으로 손상을 입었다 복구됐다. 높이는 66.9m로 20세기 중반까지 이스탄불에서 가장 높은 건물 중 하나였다. 9층이며 다행히(?) 엘리베이터가 운영되고 있다. 내부에는 2020년에 새로 문을 연 갈라타 탑 박물관^{Galata Tower museum}이 있고, 꼭대기에는 멋진 전망이 펼쳐진다. 꽤 비싼 입장료지만 관광객들이 많아 항상 긴 줄이 늘어서 있다.

주소	Bereketzade, Galata Kulesi, 34421 Beyoğlu
위치	메트로 M2 Şişhane 역에서 450m, 트램 T1 Karaköy 정류장에서 700m 오르막길
운영	08:30~23:00 (마지막 입장 22:00)
요금	€30 *미성년자는 보호자와 함께 입장해야 한다.
전화	(212) 249 03 44
홈피	muze.gov.tr/muze-detay?sectionId=GLT04&distId=MRK

갈라타 다리 Galata Köprüsü (Galata Bridge)
★★★

골든 혼을 가로지르며 에미뇌뉘와 카라쾨이 지역을 잇는 다리다. 현재의 다리는 다섯 번째 다리로 1994년에 건설됐다. 총길이는 490m, 높이는 42m, 가장 넓은 폭은 80m 규모다. 다리 상부 중앙의 트램 노선, 트램 양쪽의 차도, 난간 쪽에는 사람들이 걸어 다닐 수 있다. 걸어 다니는 사람들보다 낚시하는 사람들이 더 많은데 이스탄불 강태공들이 모두 이곳에 모인 느낌을 준다. 다리의 양쪽 끝과 중간 부분을 통해 다리의 하부로 갈 수 있다. 이곳에는 수많은 레스토랑과 바, 카페가 있어 밤이 되면 골든 혼 한가운데에서 나이트 라이프를 만끽할 수 있는 최적의 장소이기도 하다. 호객행위가 꽤 심하다. 다리에서 혼자 걷다 보면 말을 거는 튀르키예인들이 있다. 좋은 사람들도 있겠지만, 대부분은 조금 친해진 후 사기를 치려는 사람들이니 주의하자.

주소 Kemankeş Karamustafa Paşa, Galata Köprüsü, 34425 Beyoğlu
위치 트램 T1 Karaköy 정류장

more & more 레오나르도 다빈치가 설계하기도 했다고?!

최초의 다리에 대한 기록은 6세기 유스티니아누스 1세 Justinian I 때로 거슬러 올라간다. 당시에 건설된 다리에 대한 형태와 재질은 기록에 남아있지 않다. 콘스탄티노플 정복 후 술탄 베야즈트 2세 Bayezid II가 1502년에 레오나르도 다빈치 Leonardo da Vinci(1452~1519)에게 설계를 의뢰했으나 기술적인 문제로 건설되지 못했다.

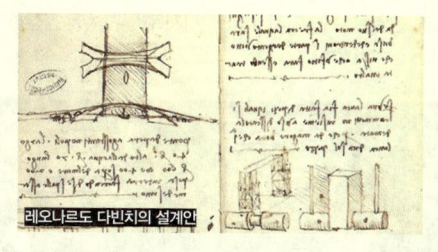
레오나르도 다빈치의 설계안

하산 우스탐 오작바쉬 레스토랑 Hasan Ustam Ocakbaşı Restaurant

탁심 광장 주변의 오작바쉬 전문점으로 한국인들의 선호도가 높은 곳이다. 오작바쉬는 주문한 고기를 숯불에 바로바로 구워주는 곳이다. 오작바쉬는 가격대가 있으니 한국보다 저렴하게 먹을 수 있을 거라는 기대는 하지 말자. 오작바쉬는 서비스 차지 Service Change 가 기본으로 붙는다.

주소	Şehit Muhtar, İmam Adnan Sk. No:16, 34250 Beyoğlu
위치	탁심 광장에서 500m
운영	11:00~05:00
요금	€€€€€
전화	(212) 243 05 85
홈피	www.hasanustamocakbasi.com

멜레클레르 오작바쉬 Melekler Ocakbasi

한국인이 좋아하는 양갈비는 없지만 합리적인 가격에 맛있는 케밥과 뒤륌으로 항상 북적이는 로컬 레스토랑이다. 적당히 매콤한 양념에 한국인 입맛에도 잘 맞고, 아이란도 시원하다. 탁심 광장에서 이스티크랄 거리로 한 블록 걸어 간 후 왼쪽 골목(Meşelik Sk.)으로 50m쯤 들어가면 İpek 골목이다.

주소	Katip Mustafa Çelebi, İpek Sk. No:13/A, 34433 Beyoğlu
위치	탁심 광장에서 350m
운영	11:30~02:00
요금	€€€
전화	546 278 19 41

사라이 무할레비지시 Saray Muhallebicisi

1935년부터 운영해 온 레스토랑 & 디저트 가게로 메뉴만도 100가지 이상이다. 운영 시간도 꽤 길어 아침 식사부터 다양한 케밥과 쾨프테와 가정식 요리를 맛볼 수 있다. 특히 쇼케이스에 진열된 수십 가지 화려한 디저트를 한눈에 감상하며 선택해 맛볼 수 있는 장점이 있다.

주소	Kuloğlu, İstiklal Cd. NO:107, 34433 Beyoğlu
위치	탁심 광장에서 550m
운영	07:00~02:00
요금	€€€
전화	(212) 999 28 88
홈피	www.saraymuhallebicisi.com

인지 파스타네시 İnci Pastanesi

1944년부터 초콜릿과 관련 다양한 디저트를 파는 작은 로컬 가게다. 이 중에 가장 유명한 것은 프로피테롤Profiterol로 슈크림 빵 위에 초콜릿을 듬뿍 얹은 디저트다. 엄청나게 달 것 같지만 전혀 달지 않다. 슈크림빵도 현대의 슈크림이 아니라 전분 맛이 강한 슈크림이다. 한국인이 혼자서 한 접시를 먹기엔 힘들고 차이를 시켜 나누어 먹는 걸 추천한다.

주소	Şehit Muhtar, Mahallesi, Mis Sk. 18/A, 34435 Beyoğlu
위치	탁심 광장에서 450m
운영	07:00~23:00
요금	€€
전화	(212) 243 24 12

만다바트마즈 Mandabatmaz

이스티크랄 거리에서 1967년부터 운영해 온 커피전문점으로 골목길에 있다. 목욕탕 의자 같은 작은 의자에 앉아서 튀르키예 커피 한 잔을 마셔보자. 자체 브랜드의 원두와 커피가루도 판다. 담배 냄새가 싫다면 실내로 들어가자. 백종원의 〈스트리트 푸드 파이터〉에 나왔다.

주소	Asmalı Mescit, Olivya Gç. 1/A
위치	푸니쿨라 T2 Beyoğlu 정류장에서 550m, 메트로 M2 Şişhane역에서 500m
운영	월~금·일 09:30~23:30, 토 09:30~24:00
요금	€
전화	(212) 243 77 37
홈피	www.mandabatmaz.com.tr

탁심의 한식당

❶ 태백식당

주소	Kocatepe, Lamartin Cd. No:40, 34437 Beyoğlu
위치	탁심 광장에서 450m
운영	10:00~22:45
요금	€€€

❷ 프롬 서울 From Seoul

주소	Firuzağa, Türkgücü Cd. No:27a, 34420 Beyoğlu
위치	트램 T1 Tophane 정류장에서 급경사 450m
운영	화~토 12:00~21:00 요금 €€€
홈피	www.instagram.com/fromseoul.tr

❸ 소주 Soju

주소	Kuloğlu, Ağa Külhanı Sk. No:10, 34433 Beyoğlu
위치	탁심 광장에서 700m
운영	화~일 12:00~23:00
요금	€€ 홈피 soju.istanbul/en

파타토스 Patatos

커다란 구운 감자를 가른 후 안쪽에 버터를 바르고 치즈, 피클, 옥수수, 소시지, 올리브 등의 원하는 토핑을 넣고 케첩 또는 마요네즈 소스를 뿌려 먹는 쿰피르 전문점이다. 카운터에서 계산을 먼저 하고, 영수증을 주며 원하는 토핑을 말하면 된다.

주소 Tomtom, İstiklal Cd. no: 185/A, 34443 Beyoğlu
위치 트램 T1 Karaköy 정류장에서 700m
운영 월~목·일 08:30~02:00, 금·토 08:30~03:00
요금 €€
전화 537 520 03 24
홈피 www.patatos724.com

뒤륨자데 Dürümzade

탁심에서 저렴한 편에 속하는 식당으로 여러 가지 메뉴가 있지만 가게 이름처럼 뒤륨을 추천한다. 매콤한 아다나Andana뒤륨이나 양고기 냄새에 민감하다면 닭고기 쉬쉬Tavuk Şış뒤륨을 추천한다.

주소 Hüseyinağa, Kamer Hatun Cd. 26/A, 34435 Beyoğlu
위치 탁심 광장에서 800m
운영 월~토 11:00~21:30, 휴무 일요일
요금 €€
전화 (212) 249 99 71

솔트배 버거 갈라타 Saltbae Burger Galata

고기를 썰고 소금을 뿌리는 퍼포먼스로 유명한 누스렛 괵체Nusret Gökçe의 햄버거집이다. 가격이 저렴하지는 않지만 스테이크 하우스보다는 저렴해 관광객들이 많이 찾는다. 갈라타 지점이 혼잡하다면 톱하네Tophane 트램 정류장 근처의 솔트배 버거 갈라타포트Saltbae Burger Galataport 지점도 있다.

주소 Şahkulu, Şahkapısı Sk. No:4, 34421 Beyoğlu
위치 트램 T1 Karaköy 정류장에서 700m
운영 12:00~24:00
전화 (212) 249 45 85
요금 €€
홈피 www.nusr-et.com.tr

하산 페흐미 외즈쉬트 1915 Hasan Fehmi Özsüt 1915

1915년부터 운영해 온 유제품 전문점으로 백종원의 〈스트리트 푸드 파이터〉에 나와 한국 관광객들이 많이 찾는다. 물소 젖으로 만든 카이막을 판다. 꿀과 카이막 Bal Kaymak 은 차이와 함께 아침에 먹는 게 제일 맛있지만, 꽤 늦게까지 운영하니 편한 시간에 방문해 보자.

주소	istiklal caddesi no:261 41.0284988, 28.9746145, 34421 Beyoğlu
위치	트램 T1 Karaköy 정류장에서 700m
운영	08:00~22:00
요금	€€
전화	(212) 293 30 31
홈피	karakoyozsut.com.tr

갈라타 시밋치시 Galata Simitçisi (Galata Simit Shop)

갓 만든 따끈따끈한 시밋을 먹을 수 있는 빵집이다. 시밋을 샌드위치로 만들어 주기도 하고, 다른 빵들도 많으니 원하는 메뉴를 주문해 보자. 백종원의 〈스트리트 푸드 파이터〉에도 나왔다.

주소 Kemankeş Karamustafa Paşa, Mumhane Cd. 47/A, 34425 Beyoğlu
위치 트램 T1 Karaköy 정류장에서 700m
운영 05:00~21:00
요금 €
전화 (212) 244 77 75

카라쿄이 초르바 에비 Karaköy Çorba Evi

수프 전문점으로 국물이 당길 때 방문해 보자. 한국인 입맛에 맞는 수프로는 렌틸콩 수프 Mercimek Çorbası, 치킨수프 Tavuk Suyu 정도다.

주소 Kemankeş Karamustafa Paşa, Mumhane Cd. No:35, 34425 Beyoğlu
위치 트램 T1 Karaköy 정류장에서 450m
운영 24시간
요금 €€
전화 (212) 245 00 68
홈피 www.karakoycorbaevi.com.tr

more & more 탁심의 카흐발트 전문 거리

한국 여행자들은 방송에 나온 한 곳에만 몰리는 경향이 있는데, 탁심 광장에서 남동쪽으로 내려온 경사길에 카흐발트 전문점들이 모여 있다. 모두 유명한 곳들이니 이 중 취향에 맞는 곳을 찾아 튀르키예식 아침 식사를 즐겨보자.

❶ 반 카흐발트 에비
Van Kahvaltı Evi

아침 식사 전문점이나 오후까지 운영해 편한 시간에 방문할 수 있다. 빵은 다양한 종류로 넉넉하게 제공되며 차이는 찻잔이 비면 무제한으로 즉시 채워준다. 벌집꿀과 카이막은 양은 적지만 맛있다.

- **주소** Kılıçali Paşa, Defterdar Ykş. 52/A, 34425 Beyoğlu
- **위치** 트램 T1 Karaköy 정류장에서 700m
- **운영** 08:00~17:00
- **요금** €€
- **전화** (212) 293 64 37

❷ 지한기르 타리히 시밋 프르느
Cihangir Tarihi Simit Fırını

카이막은 팔지 않지만 갓 구워 따뜻한 시밋과 뵈렉을 맛볼 수 있는 작은 베이커리이다. 카흐발트의 풍성한 아침 식사가 부담스럽다면 추천한다. 작은 베이커리로 카이막은 팔지 않지만 길가에 테이블이 있어 앉아서 차와 함께 먹을 수 있다.

- **주소** Firuzağa, Türkgücü Cd. 59/A, 34425 Beyoğlu
- **위치** 탁심 광장에서 800m
- **운영** 24시간
- **요금** €€
- **전화** (212) 249 39 42

❸ 사 바 아나톨리안 브렉퍼스트 하우스
Sa Va Anatolian Breakfast House

한상차림으로 먹는 아침 식사 전문점이다. 아나톨리아 스타일로 각종 반찬과 치즈, 꿀, 계란 요리 등 다양하게 차려진다.

- **주소** Cihangir, Bakraç Sk. No: 34 A D:B, 34433 Beyoğlu
- **위치** 트램 T1 Karaköy 정류장에서 700m
- **운영** 07:00~17:00
- **요금** €€€
- **전화** 541 388 16 46
- **홈피** savaanatolianbreakfasthouse.com

❹ 이읫 소프람 괴즐레메 · 카흐발트
Yiğit Sofram Gözleme ve Kahvaltı

앞서 소개한 반 카흐발트 에비와 비슷한 아침 식사 전문점으로 좀 더 튀르키예 가정식 스타일이다. 여럿이서 함께 방문해 천천히 브런치를 즐기기 좋다.

- **주소** Kılıçalipaşa Mahallesi Sıraselviler Caddesi, Yeni Yuva Sk. 31 A, 34433 Beyoğlu
- **위치** 탁심 광장에서 700m
- **운영** 화~금 08:00~17:00, 토·일 08:00~18:00
- **요금** €€€
- **전화** (212) 243 04 33
- **홈피** yigitsofram.ist

카라쾨이 귈뤼올루 Karaköy Güllüoğlu

 이스탄불 최초의 바클라바 전문점으로 무스타파 귈뤼 Mustafa Güllü가 1949년에 문을 열었다. 무스타파 귈뤼 집안은 1820년 하지메흐메드 귈뤼 Hacı Mehmed Güllü 때부터 바클라바를 만든 바클라바 명가로 오스만 제국에 납품했다. 분점이 없어 오직 이곳에서만 구입하고 맛볼 수 있다. 카페와 선물용 포장만 가능한 매장이 있다. 그램 단위로 파니 종류별로 한 개씩 맛보고 한국에 가기 전에 선물로 사 가자.

주소 Kemankeş Karamustafa Paşa, Kemankeş Cd. No:67, 34425 Beyoğlu
위치 트램 T1 Karaköy 정류장에서 700m
운영 월~토 07:30~01:00, 일 08:00~01:00
요금 €€
전화 (212) 225 52 82
홈피 www.karakoygulluoglu.com

 ## 더 포퓰리스트 갈라타포트 The Populist Galataport

 튀르키예는 무슬림이 많은 국가로 공공장소에서 술을 마실 수 없다. 튀르키예는 비교적 다른 무슬림 국가보다는 술에 대해 관대하나 세금이 높아 술이 비싸다. 술을 전문적으로 파는 곳이 드문 데 이스탄불에서 여행자들이 접근하기 좋은 카라쾨이의 맥주 전문점을 소개한다.

주소 Galataport, Kılıçali Paşa Mah. Meclis-i Mebusan Cad L5 Blok No: 8/2D Kat: Zemin +1, 34433 Beyoğlu
위치 트램 T1 Tophane 정류장에서 600m
운영 12:00~24:00
요금 €€€
전화 (212) 401 04 56
홈피 www.thepopulist.com.tr

©The Populist Galataport

소카 레제티 타리흐 발륵 뒤름쥐 메흐메트 우스타
Sokak Lezzeti Tarihi Balık Dürümcü Mehmet Usta

최고의 고등어 뒤름 맛집이다. 작은 고등어 한 마리의 가시를 발라내고 숯불에 구워 라바쉬 빵에 각종 향신료와 토마토와 양파 등 채소를 넣고 말아 구워낸 낸 음식이다. 테이크아웃만 가능하고 현금 결제만 된다. 마땅히 먹을 곳도 없고, 주문하려면 긴 줄을 서야 하지만 발륵 뒤름은 이곳이 가장 유명하다.

주소 Kemankeş Karamustafa Paşa, Mumhane Cd. No:37/B, 34425 Beyoğlu
위치 트램 T1 Karaköy 정류장에서 500m
운영 10:00~24:00　　　　　**요금** €€
전화 533 958 66 34

메쉬르 발륵치 에윱 오수타 Meşhur Balıkçi Eyup Usta

요즘 한국인들이 많이 찾는 고등어 뒤름집으로 위에 소개한 뒤름 전문점보다 고등어가 조금 더 크다. 가게 내부와 바깥에 테이블이 있어 앉아서 먹을 수 있는 장점이 있다.

주소 Kemankeş Karamustafa Paşa, Ağaç Tulumba Sk. No:4, 34425 Beyoğlu
위치 트램 T1 Karaköy 정류장에서 260m
운영 10:00~23:30　　　　　**요금** €€
전화 553 642 17 76

Tip | 발륵 에크멕 Balık Ekmek과 발륵 뒤름 Balık Dürüm

고등어는 튀르키예어로 '발륵 Balık'이라고 한다. 에미뇌뉘 선착장에 오랜 명물이 있는데 고등어 샌드위치, '발륵 에크멕 Balık Ekmak'이다. 빵 Ekmek 사이에 짭짤하게 간한 고등어와 채소를 넣고 레몬즙을 뿌려 먹는다. 이스탄불을 찾은 관광객이라면 누구나 한 번쯤 발륵 에크멕을 먹고 갈 만큼 인기 있는 음식이었다. 화려하게 장식한 흔들리는 배에서 고등어를 구워 주문 즉시 가시를 뽑고, 순식간에 만들어 육지로 전달해 주는 광경은 재미난 볼거리이다. 지금은 발륵 뒤름 Balık Dürüm에 밀려 인기가 덜해졌다.

more & more **신시가지 미슐랭**

구시가지의 미슐랭 별을 받았던 식당이 대거 별을 잃고 빕 구르망 한 곳만 있는 반면에 신시가지의 식당들만이 별 한 개와 두 개를 받은 곳이 많다. 가격은 일반 식당도 물가가 올라 한국보다 비싸지만. 미슐랭 레스토랑은 단품 메뉴가 모두 1,000TL 이상이다. 다음은 여행자들이 가기 좋은 장소들을 모았다.

❶ 투룩 파티흐 투탁 Turk Fatih Tutak ★★

- 주소: Cumhuriyet Hacıahmet Silahşör Cad, Yeniyol Sk. No:2, 34440 Şişli
- 위치: 메트로 2호선 Osmanbey역에서 1km
- 운영: 화~토 18:30~23:00
- 요금: €€€€€
- 전화: (212) 709 56 79
- 홈피: turkft.com

❷ 니콜 Nicole ★

- 주소: Tomtom, Tomtom Kaptan Sk. No:18, 34433 Beyoğlu
- 위치: 푸니쿨라 T2 Beyoğlu 정류장에서 500m, 메트로 M2 Şishane역에서 400m
- 운영: 월~토 18:30~23:00
- 요금: €€€€€
- 전화: (212) 292 44 67
- 홈피: nicole.com.tr

❸ 네오로칼 Neolokal ★

- 주소: Arap Cami, Mahı, Bankalar Cd. No:11, 34420, 34421 Beyoğlu
- 위치: 트램 T1 Karaköy 정류장에서 600m
- 운영: 화~토 18:00~01:00
- 요금: €€€€€
- 전화: 551 447 45 45
- 홈피: neolokal.com

❹ 미클라 Mikla ★

- 주소: Asmalı Mescit, The Marmara Pera, Meşrutiyet Cd. No:15, 34430 Beyoğlu
- 위치: 푸니쿨라 T2 Beyoğlu 정류장에서 400m, 메트로 M2 Şishan역에서 400m
- 운영: 월~토 18:00~01:00
- 요금: €€€€€
- 전화: (212) 293 56 56
- 홈피: www.miklarestaurant.com

❺ 알리 오작바쉬 카라쾨이 Ali Ocakbaşı Karaköy (빕 구르망)

- 주소: Grifin Han, Tersane Caddesi, Kardeşim Sk. No:45, 34420 Beyoğlu
- 위치: 트램 T1 Karaköy 정류장에서 180m
- 운영: 12:00~23:00
- 요금: €€€€€
- 전화: (212) 293 10 11
- 홈피: www.aliocakbasi.com

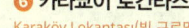

❻ 카라쾨이 로칸타스 Karaköy Lokantası (빕 구르망)

- 주소: Kemankeş Mahallesi, Kemankeş Cd. No:57, 34425 Beyoğlu
- 위치: 트램 T1 Karaköy 정류장에서 650m
- 운영: 월~토 12:00~16:00, 17:30~23:00, 일 16:00~23:00
- 요금: €€€€€
- 전화: (212) 292 44 55
- 홈피: www.karakoylokantasi.com

❼ 텔스하네 Tershane (빕 구르망)

- 주소: Arap Cami, Tersane Cd. No:24, 34420 Beyoğlu
- 위치: 트램 T1 Karaköy 정류장에서 200m
- 운영: 13:00~23:00
- 요금: €€€€€
- 전화: (212) 292 30 10
- 홈피: www.tershanerestaurant.com

©Mikla ©Ali Ocakbaşı Karakoy

©Tershane

골든 로즈 Golden Rose

튀르키예 색조 화장품 분야 1위 브랜드로 다양한 제품을 판매한다. 이스티크랄 거리에 43번지와 215번지 두 개의 매장이 있다. 제품을 테스트해 보고 기념품으로 구매해 보자.

주소	Katip Mustafa Çelebi, İstiklal Cd. No:57 D:43, 34435 Beyoğlu
위치	탁심 광장에서 250m
운영	10:00~21:00
요금	€€€
전화	(212) 444 22 00
홈피	www.goldenrose.com.tr

퍼퓸 아뜰리에 카라쾨이 Perfume Atelier Karaköy

작은 향수 전문점으로 향수 물티슈부터 손 소독 코롱, 디퓨저, 바디스프레이, 향초, 향수 등 향에 대한 다양한 제품을 구비하고 있다. 샌달, 로즈메리, 코튼 등 좋아하는 스타일의 향을 말하면 향을 추천해 주고 맡게 해준다. 가격도 저렴해 향수에 관심 있다면 방문해 보자.

주소	Kemankeş Karamustafa Paşa, Mumhane Cd. No:10 Karaköy, 34425 Beyoğlu
위치	트램 T1 Karaköy 정류장에서 400m
운영	월~목 08:30~20:30, 금·토 08:30~21:00, 일 11:00~20:30
요금	€€€€
전화	(212) 244 00 98
홈피	www.perfumeatelier.com.tr

드러그스토어 그라티스·왓슨·이브 GRATiS·Watsons·EVE

튀르키예에서 만날 수 있는 드러그스토어는 그라티스GRATiS, 왓슨Watsons, 이브EVE, 로스만Rossmann이다. 한국의 올리브영처럼 다양한 화장품과 헤어 바디 제품을 팔고 세일도 자주 한다. 한국의 마스크팩 제품이 대량 입점해 있는 것을 볼 수 있다. 드러그스토어에서 한국인들이 사는 필수 제품은 비옥신Bioxcin 탈모샴푸로 한국의 1/5 가격에 살 수 있다. 튀르키예에서 매출이 높은 코스메틱 브랜드로는 로레알L'Oreal, 골든 로즈Golden Rose, 더퓨어리스트 솔루션The Purest Solutions, 플로마Flormar, 파스텔Pastel 등이다. 이 중에 파스텔Pastel은 리퀴드 블러셔 제품이 유명하고, 셰이다Sheida는 아이케어 제품. 더 퓨어리스트 솔루션The Purest Solution은 최소한의 성분을 사용해 만드는 선크림으로 선케어 제품 1위를 기록했다. 테스터로 사용해 보고 한국에 들어오지 않는 좋은 제품을 발견해 보자.

위치 그라티스GRATiS 탁심 광장과 이스티크랄 거리 163번지/180번지 왓슨Watsons 탁심 광장과 이스티크랄 거리 134번지
운영 09:00~01:00
요금 €€€

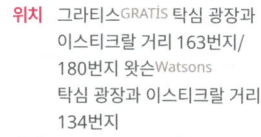

그라티스GRATiS

🕌 아시아 Asia 지구

이스탄불은 하나의 도시가 보스포루스 해협을 사이에 두고 유럽과 아시아로 나뉘어 있다. 이스탄불에서 태어난 사람들은 농담으로 "유럽에서 태어났어? 아시아에서 태어났어?"라고 묻기도 한다. 유럽에서 아시아 대륙으로 이동하는 데 페리로 15분 정도 걸리는데, 보스포루스 투어 대신 아시아 지구를 여행 겸 다녀오기도 한다. 아시아 지역에서 바라보는 술탄 아흐메트 지역의 모습도 인상적이며, 보통 튀르키예인들은 친구들이나 연인, 가족 단위로 일몰을 보기 위해 많이 찾는다.

가는 방법 에미뇌뉘Eminönü, 카라쾨이Karaköy, 카바타쉬Kabataş, 베쉭타쉬Beşiktaş 선착장에서 페리로 위스퀴다르Üsküdar, 카드쾨이Kadıköy 선착장으로 갈 수 있다.
소요 시간 15분

★ 위스퀴다르 Üsküdar

★★★ 참르자 대모스크 Büyük Çamlıca Camii (Grand Çamlıca Mosque)

튀르키예에서 가장 큰 모스크로 세계에서 17번째로 크다(2025년 기준). 동시에 63,000명이 예배할 수 있는 규모다. 술탄 아흐메트 모스크처럼 6개의 첨탑이 세워져 있으며 4개의 첨탑(높이 107.1m)과 높이 90m의 2개에는 발코니가 있다. 모스크에는 미술관과 박물관도 있는데, 무료입장이 가능한 이슬람 문명 박물관 İslam Medeniyetleri Müzesi도 들러보자. 여행자들에게는 일몰 전망을 무료로 볼 수 있는 최고의 장소다. 주변에 가족 단위 피크닉을 즐길 수 있는 공원도 있고, 전망 좋고 간단한 식사와 커피, 디저트를 즐길 수 있는 저렴한 벨투르 카페 Beltur Kafe가 있으니, 여유를 즐겨보는 것도 좋다.

주소 Ferah Mahallesi Ferah Yolu Sk,No:87, Üsküdar
위치 아시아 지구 위스퀴다르 Üsküdar 선착장으로 간 뒤 길 건너편 왼쪽 버스 정류장에서 C118번 버스를 타고 종점에 내리면 된다(30분 소요).
운영 24시간   요금 무료
홈피 buyukcamlicacamii.com

★★★ 처녀의 탑 Kız Kulesi (Maiden's Tower)

아시아 쪽 이스탄불 대륙에서 200m 떨어진 인공 섬으로 1110년 비잔틴 시대의 알렉시우스 콤네누스 황제가 감시탑으로 만든 섬이다. 술탄 메흐메트 2세가 콘스탄티노플을 정복한 뒤에는 시계탑으로 사용했고, 오스만 제국 시대 동안 보스포루스 해협을 통과하는 선박의 통행세를 받았다. 현재 2층에는 전망대와 카페가, 1층에는 레스토랑이 있는데 배로 오갈 수 있다.

❶ 처녀의 탑 ❷ 처녀의 탑행 카라쾨이 페리 선착장

주소 Salacak, 34668 Üsküdar
위치 유럽 대륙에서는 카라쾨이 지랏 은행 Karaköy Ziraat Bank 앞에서 처녀의 탑으로 가는 페리가 있다.
운영 09:30~18:00
요금 €27(박물관 패스 소지자 무료)+왕복 페리 75TL
홈피 kizkulesi.com

★★☆
쿠즈군죽 Kuzguncuk

유럽 대륙의 발랏처럼 아시아 대륙에 요즘 뜨고 있는 예쁜 지역이다. 발랏보다 규모는 작지만 알록달록한 목조 가옥들이 늘어서 있는 이자디예Icadiye 골목을 따라 걸어가며 둘러보면 된다. 쿠즈군죽 정원Kuzguncuk Bostanı, 크타베비 서점 & 카페Nail Kitabevi & Cafe, 오프 더 레코드Off The Record 등의 예쁜 카페, 에크멕 테크네스Ekmek Teknesi와 같은 식당이 아기자기하게 늘어서 있다.

주소 Kuzguncuk, Üryanizade Sk. No:25, 34674 Üsküdar
위치 페리 Kuzguncuk 선착장 맞은편

필리즐러 쾨프테지시
Filizler Köftecisi

1994년에 문을 연 캐주얼한 대형 식당으로 튀르키예와 이탈리안 음식을 판다. 처녀의 탑이 보이고 해 질녘 풍경이 좋아 창가 자리는 항상 만원이니 조금 일찍 가서 자리를 잡는 게 좋다.

주소 Aziz Mahmut Hüdayi, Üsküdar Harem Sahil Yolu No:61, 34672 Üsküdar
위치 Üsküdar 선착장에서 1.1km
운영 08:00~23:00   요금 €€€
전화 532 298 04 14

more & more 처녀의 탑, 두 가지 전설

처녀의 탑에는 두 개의 전설이 전해온다. 그 하나는 B.C.500년경 다르다넬스 해협Dardanelles(고대에는 헬레스폰트Hellespont)을 사이에 두고 세스토스Sestos와 아비도스Abydos란 마을이 있었다. 세스토스에는 아프로디테의 여사제인 헤로Hero가 살고, 아비도스에는 잘생긴 레안드로스Leandors가 살았다. 레안드로스는 아름다운 헤로에 반하고 둘은 사랑에 빠진다. 헤로는 아프로디테의 사제로 처녀성을 유지해야 하는 이유로 처녀의 탑에서 머물러야 했다. 사랑에 빠진 레안드로스는 그녀를 만나기 위해 매일 밤 수영을 해서 그녀에게 갔고, 헤로는 레안드로스가 자신을 잘 찾아올 수 있도록 횃불을 들고 등대 역할을 했다. 그러던 어느 날 폭풍우가 세차게 몰아쳐 헤로는 그만 횃불의 불을 꺼뜨리고 만다. 레안드로스는 방향을 잃고 헤매다 파도에 휩쓸려 죽고 시체는 섬으로 떠밀려온다. 레안드로스의 시체를 본 헤로는 슬픔에 빠져 탑에서 뛰어내려 자살한다. 그래서 이 탑을 레안드로스의 탑Leandors Tower이라고도 부르게 됐다.

또 다른 전설은 오스만 제국 시대의 이야기다. 이곳을 다스리던 왕에게 사랑해 마지않는 딸이 있었다. 어느 날 예언자가 왕의 딸이 18살이 되기 전에 독사에게 물려 죽을 거라고 말했다. 딸을 살리기 위해 왕은 뱀이 갈 수 없는 바다 위의 섬으로 딸을 보내고 음식물을 보냈다. 그렇게 18살이 되었고, 딸은 다행히 죽지 않았다. 왕은 딸의 생일을 축하하기 위해 과일바구니를 보냈는데 과일바구니 안에 숨어 있는 뱀에게 물려 죽었다는 슬픈 이야기다.

이탈리아 화가, 도메니코 페티Domenico Fetti(1588~1623)가 그린 레안드로스와 헤로

18살 생일날 뱀에 물려 죽은 딸

★ 카드쾨이 Kadıköy

백종원의 〈스트리트 푸드 파이터〉에서 식당들이 소개되어 최근 한국 여행자들이 많이 방문하는 지역이다. 소개한 맛집 탐방만으로도 바쁘겠지만, 카드쾨이 선착장에서 450m 거리에 1830년에 세워진 그리스 정교회인 아야 에프미아 교회Aya Efimia Rum Ortodoks Kilisesi(Greek Orthodox Church of Ayia Efimia)가 있고, 독일 건축가와 1,500명의 이탈리아 석공이 2년간 작업해 1908년 완성한 하이다라파샤 기차역Haydarpaşa Garı가 볼 만하다. 이 기차역은 지금은 사용하고 있지 않지만 아시아 익스프레스의 출발지였다. 해 질 녘까지 있다면 선착장에서 도보 일몰 명소인 모다 해변 공원 & 산책로Moda Sahil Parkı ve Yürüyüş Yolu도 들러보자.

❶ 아야 에프미아 교회 ❷ 하이다라파샤 기차역 ❸ 모다 해변

more & more 백종원의 〈스트리트 푸드 파이터〉 속 그 집

❶ 카드쾨이 미디예지시
Kadıköy Midyecisi

홍합요리 전문점으로 따뜻한 홍합밥과 차가운 홍합밥, 매운 홍합밥, 홍합 튀김을 판다.

주소 Caferağa, Sarraf Ali Sk. 22/b, 34710 Kadıköy
위치 카드쾨이Kadıköy 선착장에서 600m
운영 월~목·일 11:00~03:00, 금·토 11:00~04:00
요금 €
전화 216 330 05 47
홈피 www.kadikoymidyecisi.com

❷ 에타발 아르 위륀레리
Etabal Arı Ürünleri

방송에서 라흐마준을 먹고 방문한 가게. 요구르트에 벌집 꿀을 듬뿍 얹어 준다.

주소 Caferağa, Güneşli Bahçe Sok No:28, 34710 Kadıköy
위치 카드쾨이Kadıköy 선착장에서 500m
운영 09:00~22:00
요금 €
전화 532 414 54 55
홈피 www.etabal.com.tr

❸ 할릴 라흐마준
Halil Lahmacun

얇은 도우에 토마토 페이스트를 얹은 라흐마준 전문점이다.

주소 Caferağa, Güneşli Bahçe Sok No:26, 34710 Kadıköy
위치 카드쾨이Kadıköy 선착장에서 450m
운영 11:30~20:00
요금 €€
전화 216 337 01 23

❹ 케밥츠 이스켄데르 Kebapçı İskender

이스켄데르 케밥집으로 나왔다. 원조집은 둘째 아들이 운영하는데, 이곳은 첫째 아들이 부르사에서 4대째 운영하는 이스켄데르 케밥집의 카드쾨이 분점이다.

주소 Caferağa, Albay Faik Sözdener Cd. No:3, 34710 Kadıköy
위치 카드쾨이Kadıköy 선착장에서 270m
운영 11:30~22:00 요금 €€€€
전화 216 336 07 77
홈피 www.iskenderiskenderoglu.com.tr

❺ 뒤륌쥐 엠므 Dürümcü Emmi

한국의 육개장과 비슷한 음식으로 베이란을 소개했다. 현재 공사 중이다. 베이란은 튀르키예 동남부 가지안테프의 음식이다.

주소 Hasanpaşa, Mahmut Baba Sk. 11/1, 34722 Kadıköy
위치 카드쾨이Kadıköy 선착장에서 20K·10G·19ES·19F·19S를 타고 Barış Manço 정류장에서 220m Kadıköy부터 오후 12:59
운영 화~일 09:00~23:30 요금 €€
전화 (216) 348 18 86
홈피 www.durumcuemmi.com.tr

Special Tour
보스포루스 투어 Boğaziçi Turu (Bosphorus Tour)

보스포루스Boğaziçi(Bosphorus)는 북쪽의 흑해와 남쪽의 마르마라해를 잇는 해협으로 튀르키예어로는 보아지치라고 한다. 보스포루스는 그리스어로 '암소가 건넌 강'이란 뜻으로 그리스 신화에서 유래됐다. 아르고스Argos의 이오Io는 헤라 신전의 여사제로 어느 날 제우스의 눈에 든다. 제우스의 바람을 눈치챈 헤라는 현장을 급습하는데 이를 안 제우스는 이오를 암소로 변하게 한다. 헤라는 짐짓 모른 척 암소를 달라고 하고, 백 개의 눈이 달린 거인 아르구스Argus로 하여금 밤낮으로 이오를 감시하게 한다. 이오가 아르구스의 손에서 고생하는 걸 본 제우스는 헤르메스를 시켜 피리와 이야기로 잠들게 하고 아르구스의 목을 베어버린다(헤라는 이를 불쌍히 여겨 아르구스의 눈을 뽑아 공작의 깃털이 되게 한다). 헤라는 이번에는 등에를 풀어 이오를 물어뜯게 했는데, 등에를 피해 이리저리 뛰어다니던 이오는 강에 뛰어들어 건너게 된다. 그래서 '암소Bos'가 '강을 건넜다Poros'는 데서 보스포루스라는 이름이 생겼다.

보스포루스 해협을 중심으로 왼쪽은 유럽 대륙이, 오른쪽은 아시아 대륙이 펼쳐지는데 모두 이스탄불에 속한다. 유럽 쪽 이스탄불에서 아시아 쪽 이스탄불로 가는 데 걸리는 시간은 단 15분! 15분 만에 유럽과 아시아를 오가는 재미난 경험을 할 수 있는 나라가 바로 튀르키예다. 해협은 남북의 총길이가 29.9km이고, 폭은 가장 넓은 곳이 3.6km, 가장 좁은 곳이 698m이며 깊이는 36~120m다. 보스포루스 해협을 가로지르며 유럽과 아시아를 잇는 다리는 총 2개가 있다. 보스포루스 해협 주변에는 역사적인 문화의 흔적이 넘쳐난다. 이런 흔적들을 짧은 시간동안 돌아볼 수 있는 보트 투어가 보스포루스 투어다.

다음에 소개한 회사의 투어 외에도 다양한 사설 투어도 있다. 에미뇌뉘 선착장에 가면 보스포루스 투어 호객꾼들의 소리가 여기저기서 넘쳐난다. 사설 투어를 이용하는 것도 나쁘지는 않지만 너무 작은 배는 선택하지 않는 것이 좋다. 파도가 심하면 멀미가 난다. 대부분 투어는 영어 설명이 나온다.

❶ 그랜드 보트라인 Grand Boatline

예약

에미뇌뉘가 아닌 술탄아흐메트 쪽에서 출발하는 보스포루스 보트 투어다. 아야소피아 모스크 바로 앞 광장에서 만나 마르마르해에 있는 Ahırkapı Pier로 15분 정도 걸어 이동해 2시간 투어를 진행하고 같은 장소에 내려준다. 홈페이지에서 예약하면 메일이나 왓샵으로 결제창을 열어준다.

주소 Alemdar, İncili Çavuş Sk. Nr:19, 34110 Fatih
위치 미팅 포인트 아야소피아 모스크 앞 광장 노란 우산
운영 12:30/16:00　　　　　　**요금** €10(영어 오디오 가이드 포함)
전화 532 284 66 57　　　　**홈피** grandboatline.com

❷ 투르욜 Turyol

가장 많은 시간대가 있는 대중적인 보스포루스 투어로 배편이 자주 있고 가격도 저렴하다. 에미뇌뉘 선착장과 카라쾨이 선착장 두 곳에서 탈 수 있다. 편리한 선착장에서 타면 된다.

❶ 예약 ❷ 에미뇌뉘 선착장

위치 에미뇌뉘 선착장Eminönü Iskelesi Boğaziçi Turu/Bosphorus Tour 간판을 찾으면 된다.
운영 에미뇌뉘 출발 10:00~19:00 (1시간 간격, 하루 10회)
* 카라쾨이는 에미뇌뉘 다음 정류장으로 5분 뒤 도착한다.
요금 200TL
전화 (212) 251 44 21
홈피 www.turyol.com

❸ 덴투르 아브라스야 Dentur Avrasya

예약

1시간 15분의 가장 짧은 투어로 돌마바흐체 궁전을 오전에 돌아보고, 점심 식사 후 오후에 보스포루스 투어를 하기에 좋은 위치의 선착장이다. 비수기에는 운행 시간을 체크해야 한다.

위치
❶ 카바타쉬Kabataş 선착장
❷ 베쉭타쉬Beşiktaş 선착장
❸ 위스퀴다르Üsküdar 선착장
운영 ❶ 카바타쉬 10:30/11:45/12:45/13:45/15:45/16:45/17:45/18:45/19:45/20:45
❷ 베쉭타쉬 카바타쉬 선착장에서 출발한 배가 들르는 곳으로 10분 뒤에 온다.
❸ 위스퀴다르(아시아 지구 선착장) 12:30(주말)/13:30/14:30/15:30/16:30/17:30/18:30/19:30/20:30(주말)
요금 베쉭타쉬 출발 200TL, 카바타쉬 출발 250TL, 위스퀴다르(주말) 출발 200TL, 6세 이하 무료
전화 와츠앱 549 445 63 41
홈피 www.denturavrasya.com

❹ 쉐히르 하트라리 Şehir Hatlari

보트를 타고 보스포루스 해협의 북쪽 끝 마을에 들러 흑해의 멋진 전망을 보고 돌아오는 루트다. 다른 투어들과는 달리 거의 한나절이 걸리는 풀데이 투어. 10시 35분 에미뇌뉘Eminönü 출발, 12시 25분에 아나돌루 카바오Anadolu Kavağı에 도착해 2시간 35분 머문 뒤, 15시 배를 타고 16시 40분에 에미뇌뉘에 도착한다. 숏투어도 있는데 오르타쾨이까지 하루 한 번 편도로 운행한다.

❶ 예약 ❷ 에미뇌뉘 선착장

주소 Alemdar, İncili Çavuş Sk. Nr:19, 34110 Fatih
위치 롱 보스포루스 투어 에미뇌뉘 10:35, 베쉭타쉬 10:50에 탑승 가능
운영 롱 보스포루스 투어 에미뇌뉘 출발 10:35→베쉭타쉬 10:50→위스퀴다르 11:05→아나돌루 카바오 12:25/15:00→위스퀴다르 16:10→베쉭타쉬 16:25→에미뇌뉘 도착 16:40
숏 보스포루스 투어 에미뇌뉘 출발 14:40→위스퀴다르 14:55→오르타쾨이 15:10
요금 롱 투어 480TL, 숏 투어 260TL
전화 532 284 66 57
홈피 sehirhatlari.istanbul/en

Special Tour
보스포루스 투어 시 볼 수 있는 주요 건축물

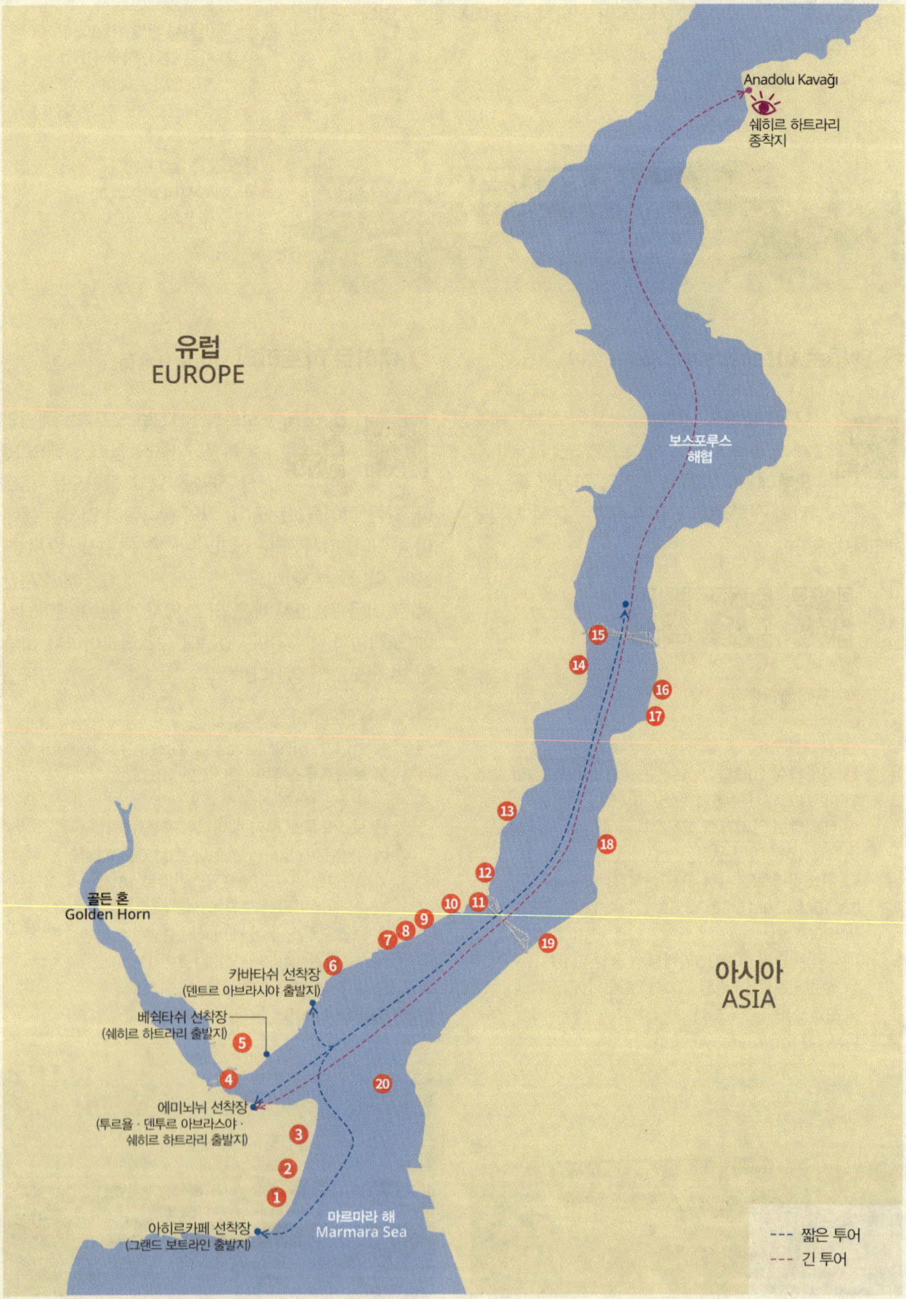

① 술탄아흐메트 모스크 Sultanahmet Camii (p.116)

② 아야소피아 역사・체험박물관 Ayasofya Camii (p.115)

③ 톱카프 궁전 Topkapı Sarayı (p.122)

④ 갈라타 다리 Galata Köprüsü (p.179)

갈라타 다리와 탑

⑤ 갈라타 탑 Galata Kulesi (p.178)

⑥ 돌마바흐체 모스크 Dolmabahçe Camii

⑦ 돌마바흐체 궁전 Dolmabahçe Sarayı (p.165)

⑧ 포 시즌스 호텔 이스탄불 앳 더 보스포루스
Four Seasons Hotel Istanbul At The Bosphorus (p.205)

보스포루스 해협 주변의 세계적인 럭셔리 호텔 중 하나다.

⑨ 츠라안 궁전 Çırağan Sarayı

술탄 압둘라지즈Abdülâziz가 세운 궁전으로 현재는 호텔이다. 켐핀스키 호텔은 세계적인 체인 호텔 중 하나로 이스탄불에서 유일하게 오스만 제국 시대의 궁전을 개조해 만든 호텔로 유명하다. 궁전 쪽 객실은 스위트 룸 등의 럭셔리 객실이고, 일반적으로 예약할 경우 궁전 옆의 새로 지은 호텔 건물에 투숙하게 된다. 포 시즌스 호텔보다 저렴하다.

⑩ 갈라타사라이 대학교 카바타쉬 에르켁 고등학교
Galatasaray Üniversitesi & Kabataş Erkek Lisesi

술탄 압둘하미드 2세가 1908년에 세운 공립 대학교와 고등학교로, 카바타쉬 에르켁 고등학교는 튀르키예 3대 고등학교로 튀르키예 최고 성적의 학생들만이 갈 수 있다.

⑪ 뷔윅 메지디예 모스크 Büyük Mecidiye Camii (Ortaköy Camii)

술탄 압둘메지드 1세의 명으로 돌마바흐체 궁전을 지은 가라베트 발얀과 그의 아들이 1856년에 지었다. 네오 바로크 양식으로 지어진 모스크로 서양과 동양의 건축양식이 혼합되어 독특한 느낌을 준다. 이 주변은 베벡Bebek으로 보스포루스를 바라볼 수 있는 카페와 식당 등이 밀집해 있어 연인들과 가족들의 나들이 장소로 인기 있다. 매주 일요일에는 오르타쿄이 벼룩시장Ortaköy Flea Market이 열린다.

가는 방법 에미뇌뉘 시내버스 터미널에서 22번 버스를 타고 오르타쿄이에서 내리거나, 트램을 타고 종점인 카바타쉬 정류장에 내린 후 버스 22번을 타면 된다.

⑫ 보스포루스 다리 Boğaziçi Köprüsü

1973년에 건설된 다리로 정확한 이름은 7월 15일 순교자의 다리15Temmuz Şehitler Köprüsü다. 총 길이 1,560m, 폭은 33.4m, 높이는 165m다. 영국의 프리드만 폭스 & 파트너스Freeman Fox & Partners사의 설계로 건설됐다.

⑬ 루멜리 히사르 Rumeli Hisarı

1451~1452년 메흐메드 2세Mehmed II가 유럽 쪽에 건설한 요새다. 오스만 제국의 술탄은 유럽과 아시아 대륙 사이의 보스포루스 해협 중 가장 좁은 곳을 골라 양쪽에 각각 성을 하나씩 지었다. 성의 목적은 콘스탄티노플을 함락하기 위한 것으로 보스포루스 해협을 통해 오는 지원 물자를 막고자 함이었다.

가는 방법 에미뇌뉘 시내버스 터미널에서 22번 버스를 타고 오르타쿄이에서 내리거나, 트램을 타고 종점인 카바타쉬 정류장에 내린 후 버스 22번을 타면 된다. 탁심에서 간다면 40T버스를 타거나 카바타쉬 정류장에서 버스 22번을 타면 된다.

⑭ 정복자 술탄 메흐메트 대교
Fatih Sultan Mehmet Köprüsü

번째 다리는 1988년에 건설된 정복자 술탄 메흐메트 대교다. 길이 1,510m, 폭은 39m, 105m 높이의 다리다. 영국의 프리드만 폭스 & 파트너스사의 설계로 건설됐다.

ⓑ 아나돌루 히사르 Anadolu Hisarı

루멜리 히사르와 같은 목적으로 아시아 쪽에 지은 요새로 루멜리 히사르보다 먼저 건설됐다. 1393~1394년 베야지트 1세Beyazid I 때 만들어졌다. 아나돌루는 '아나톨리아', 히사르는 '성'이란 뜻으로 아나톨리아 성이란 뜻이다. 전망대는 25m 높이에 있다. 이후 1453년 콘스탄티노플이 투르크인들에게 함락되자 이후 메흐메드 2세가 창고와 주거용 건물을 추가했다.

가는 방법 에미뇌뉴나 카바타쉬에서 페리를 타고 위스퀴다르 선착장에서 15번 버스(22분 소요)

ⓖ 퀴췩수 저택 Küçüksu Kasrı

술탄 압둘메지드 1세가 여름 별장으로 사용하기 위해 1857년에 지은 네오바로크 양식의 저택이다. 술탄 압둘메지드Abdülmecid 1세(1839~1861) 때에 더 화려한 외관 장식이 추가되었다.

주소 Göksu Mah. Küçüksu Cad. No:12 Küçüksu Beykoz
위치 에미뇌뉴나 카바타쉬에서 페리를 타고 위스퀴다르 선착장에서 15번 버스(20분 소요)
운영 화~일 09:00~17:30
　　　휴무 월요일·1월 1일·라마단Ramazan Bayramı 제1일 (2025년은 3월 1일)·순교자의 날Kurban Bayramı 제1일
요금 200TL
전화 216 332 33 03

홈피 www.millisaraylar.gov.tr/Lokasyon/6/Kucuksu-Pavilions

ⓠ 쿨렐리 아스케리 리세시 Kuleli Askeri Lisesi

1845년 술탄 압둘메지드 1세에 의해 세워진 군사 고등학교로 튀르키예 내 수재들이 모이는 특수목적 고등학교다. 이곳에서 대통령, 정치가, 축구선수, 작가, 시인 등이 배출됐다.

ⓢ 베일레르베이 궁전 Beylerbeyi Sarayı

술탄 압둘아지즈가 세운 바로크 양식의 여름 궁전으로 1865년에 세웠다.

주소 Beylerbeyi Mah. Abdullah Ağa Cad. No:12, Beylerbeyi Üsküdar
위치 에미뇌뉴나 카바타쉬에서 페리를 타고 위스퀴다르 선착장에서 15번 버스(10분 소요)
운영 화~일 09:00~17:00, 휴무 월요일·1월 1일·라마단Ramazan Bayramı 제1일(2025년은 3월 1일)·순교자의 날Kurban Bayramı 제1일
요금 600TL
전화 216 321 93 20
홈피 www.millisaraylar.gov.tr/Lokasyon/4/Beylerbeyi-Palace

ⓣ 처녀의 탑 Kız Kulesi (p.191)

Special Tour
좀 더 시간이 있다면, 프린스 아일랜드

이스탄불의 섬 중에 가장 큰 섬으로 비잔틴 시대 때부터 왕자와 왕족의 유배지로 사용되었다. 오스만 제국 때도 마찬가지로 술탄 가족들의 유배지로 사용되었는데 이때 '왕자들의 섬'이라는 이름이 붙었다. 여행자들이 많이 방문하는 섬의 이름은 뷔웍카다Büyükada이다. 20세기 초에는 그리스인들과 오스만 제국 사람들이 섞여 살았다. 제1차 세계대전 이후 그리스인들이 돌아가면서 활기를 잃었다가, 1940년대에는 국가 고위 인사들과 관료 등 부유층이 피서지로 사용하기 위해 여름철 별장을 지으면서 개발되었다. 우아하고 고풍스러운 색색의 목조주택들을 볼 수 있다. 지금은 8천여 명의 사람들이 사는데 여름철이면 관광객들로 넘쳐난다. 섬의 가장 높은 곳에 6세기에 지어진 아야 요르기 정교회Aya Yorgi Rum Kilisesi와 수도원이 있다. 버스를 타면 중간 지점에 내려주는데 30분 정도 걸어올라가야 한다. 중간중간 쉴 수 있는 의자가 있다. 언덕에는 흐리스토스 교회와 수도원, 그리스 고아원Büyükada Rum Yetimhanesi이 있다. 고아원 건물은 현재 들어갈 수 없지만 세계에서 가장 큰 단일 목조건물 중 하나다. 섬 안에는 전기자동차와 자전거만이 다닐 수 있어 공기가 깨끗하다. 트래킹 코스와 버스편도 잘 되어 있고 수영이 가능한 해변이 있다. 레온 트로츠키가 스탈린에게 추방당해 1929~1933년에 살았던 집이 있다.

가는 방법 세 회사의 배가 있다. 가장 편수가 많은 곳은 쉐히르 하트라르로 카바타쉬 선착장으로 가야 한다. 투르욜과 덴투르 아브라스야는 편수가 적다.

❶ 쉐히르 하트라리 Şehir Hatlari

카바타쉬Kabataş—카드쾨이Kadıköy—프린스 아일랜드를 연결한다. 많은 페리가 오가는 선착장이니 시간과 회사 이름을 잘 확인하자.

운영 카바타쉬-카드쾨이-프린스 아일랜드 카바타쉬→카드쾨이→프린스 아일랜드 06:45~23:30(20분~2시간 간격) 하루 15회
프린스 아일랜드→카드쾨이→카바타쉬 05:45~21:45(15분~1시간 30분 간격) 하루 15회
소요시간 카바타쉬-프린스 아일랜드 1시간 45분, 카드쾨이-프린스 아일랜드 1시간 20분
베쉭타쉬-프린스 아일랜드 월~토 베쉭타쉬 07:25/11:10/15:15/18:15 프린스 아일랜드 07:10/11:10/15:40/18:00, 일·공휴일 베쉭타쉬 08:10/13:00/15:15/18:15 프린스 아일랜드 08:35/10:10/15:40/18:00
베쉭타쉬→프린스 아일랜드 1시간 35분, 프린스 아일랜드→베쉭타쉬 1시간 50분, 프린스 아일랜드→카드쾨이 1시간 20분(돌아올 때만 카드쾨이 경유)
요금 편도 54TL, 왕복 88.38TL **전화** 532 284 66 57
홈피 sehirhatlari.istanbul/en

프린스 아일랜드섬 선착장

❷ 투르욜 Turyol

에미뇌뉘Eminönü—카라쾨이Karaköy—카드쾨이Kadıköy—크날르아다Kınalıada—헤이벨르아다Heybeliada—프린스 아일랜드Büyükada 라인을 운영한다. 에미뇌뉘에서 출발한 페리는 5분 뒤 카라쾨이에 도착하고, 25분 뒤 카드쾨이 선착장에 도착한다.

❶ 예약 ❷ 에미뇌뉘 선착장

운영 월~금 에미뇌뉘→프린스 아일랜드 10:40~12:40 (1시간 간격, 3회) 프린스 아일랜드→에미뇌뉘 15:00~17:00(1시간 간격, 3회), **토·일** 에미뇌뉘→프린스 아일랜드 10:40~13:40(1시간 간격, 4회) 프린스 아일랜드→에미뇌뉘 15:00~18:00(1시간 간격, 4회)
소요시간 1시간 45분   **요금** 110TL
전화 (212) 251 44 21   **홈피** www.turyol.com

프린스 아일랜드섬 선착장

❸ 덴투르 아브라스야 Dentur Avrasya

베쉭타쉬Beşiktaş—카바타쉬Kabataş—에미뇌뉘Eminönü—헤이베르아다Heybeliada—뷔윆카다Büyükada 라인을 운영한다.

❶ 예약 ❷ 베쉭타쉬 선착장

소요시간 1시간 45분   **요금** 100TL
전화 444 63 36
홈피 www.denturavrasya.com

Beşiktaş	Kabataş	Eminönü	Heybeliada	Büyükada
출발 시간			도착 시간	
09:30	09:45	10:00	11:00	11:15
11:30	11:45	12:00	13:00	13:15

Büyükada	Heybeliada	Eminönü	Kabataş	Beşiktaş
출발 시간			도착 시간	
14:30	14:45	15:45	16:00	16:15
15:30	15:45	16:45	17:00	17:15

아야 요르기 정교회 Aya Yorgi Rum Kilisesi와 수도원

이스탄불의 숙소

이스탄불의 숙소는 계절에 따라 가격 편차가 크다. 관광객들이 붐비는 4~10월까지는 숙소 요금이 가장 높은 시기로 그 중 7~8월이 가장 비싸다. 겨울 시즌(12~2월)은 비수기로 여름 성수기의 절반 가격에 머물 수 있다. 겨울 시즌과 여름 시즌 사이(3월·11월)에는 비수기와 성수기 사이의 중간 가격이 형성된다. 숙소가 몰려 있는 지역은 ❶ 술탄아흐메트 트램역 주변, ❷ 마르마라해 주변 ❸ 귈하네 공원과 시르케지 트램역 주변, 그리고 ❹ 탁심으로 나뉜다. 각 지역의 숙소들은 모두 장단점이 있는데 다음 설명을 참고해 자신에게 맞는 숙소를 찾으면 된다. 책에 소개한 숙소들은 모두 각 장의 지도에 반영되어 있으니 위치를 참고하자.

	유럽 지구 구시가지			유럽 지구 신시가지	
	술탄아흐메트 트램역 주변	마르마라해 주변	시르케지 역 주변	탁심 광장 주변	카라쾨이 트램역 주변
이스탄불 공항 이동 시 편리성	★★★ 공항버스 +트램/ 메트로+트램	★★ 술탄아흐메트 트램역에서 내려 도보 10~15분	★★★ 공항버스 +트램/ 메트로+트램	★★★★★ 공항버스 * 잦은 시위로 통행 차단, 교통 폐쇄, 검문 검색 있음	★★★ 공항버스 +트램/ 메트로+트램
사비하 괵첸 공항 이동 시 편리성	★★★	★★★	★★★★★ (공항 메트로)	★★★★★ (공항버스)	★★★
관광지 거리 (아야소피아 모스크 기준)	★★★★★ 도보 5분	★★★★ 도보 7분	★★★★ 도보 10분 트램 10분	★★ 푸니쿨라+트램 30분	★★★ 트램 15분
경사도 (낮음★★★★★)	★★★★★ 평지	★★★ 술탄아흐메트 광장 주변 이외 경사	★★★★★ 평지	★★★ 공항버스 정류장과 탁심 광장 이외 급경사	★★★★★ 평지
거리 소음 (낮음★★★★★)	★★★ 트램 소음	★★★★★	★★★★★	★★★ 유흥가 소음	★★★★★
물가	★★	★★	★★★★	★★	★★★★
전망	★★★★★	★★★★★	★	★★★	★

❺ 카라쾨이 트램역 주변

갈라타 다리 북쪽의 카라쾨이 항구 주변을 뜻한다. 평지이고, 규모는 적지만 카페와 식당들이 모여 있다. 탁심과 아야소피아 모스크까지 푸니쿨라나 트램을 이용해 갈 수 있다. 갈라타 시밋치시가 가깝다는 게 장점! 저렴한 숙소들은 골목 중간에 있어 바닷가지만 전망은 없다.

❻ 아시아 지구

위스퀴다르나 카드쾨이를 뜻한다. 구시가지나 신시가지 관광지로 나오려면 페리를 타야 하는 불편함이 있다. 유럽 지구에 비해 물가가 저렴하고, 조용하다. 기존에 몇 번 이스탄불을 방문해 새로운 곳에 머물러 보고 싶은 사람에게 추천한다.

❸ 시르케지역 주변

술탄아흐메트 트램역 주변의 호텔보다 가격이 저렴하면서 대체로 좀 더 넓은 방을 가졌다. 근처에 이집시안 바자르, 알리 무히든 하즈 베키르 Ali Muhiddin Haci Bekir 등 디저트 쇼핑을 하기에 최적화되어 있고 왓슨과 그라티스가 있으며 구시가지와 신시가지의 중심에 있어 이동하기 편리하다. 단점은 주요 아야소피아 모스크 등의 관광지로 이동 시 오르막을 걷게 되고 전망은 없다. 최대 장점은 사비하 괵첸 공항 이동 시 가장 저렴하게 이동할 수 있는 최적의 장소이다.

❹ 탁심 광장 주변

최대 장점은 이스탄불 공항과 사비하 괵첸 공항에서 공항버스 한 번으로 도착한다는 것이다. 탁심 광장 주변의 평지 쪽에 호텔을 정하는 것이 좋다. 탁심 광장을 중심으로 완만 또는 급경사 지역이라 어중간한 곳에 숙소를 정하면 매일 오르내려야 한다. 술과 나이트 라이프를 좋아한다면 이곳이 최적의 장소이다.

❷ 마르마라해 주변

과거 배낭여행자들의 호스텔들이 밀집해 있던 곳이나 코로나 이후 호스텔이 많이 사라졌다. 관광지 10분 내의 위치 좋은 호스텔부터 호텔까지 다양한 숙소가 포진해 있다. 특히 주변에는 마르마라해의 전망이 있는 부티크 호텔들이 밀집해 있는데 오스만 시대 스타일의 목조 건물에 가족이 운영하는 작은 호텔로 아기자기한 호텔을 좋아하는 사람들에게 추천한다. 술탄아흐메트나 아야소피아 모스크의 전망이 좋은 숙소도 있다. 대체로 1번의 호텔보다 조용하나 바다에 가까워질수록 경사가 심하다.

❶ 술탄아흐메트 트램역 주변

관광에 가장 편리한 지역이다. 숙소에서 나와 5~10분 안에 주요 관광지로 갈 수 있고 야경 산책도 부담스럽지 않다. 단점은 트램역 주변이라 호텔에 따라 시끄럽고, 아잔 소리에 깰 수 있다. 아무래도 호텔이 지어진 지 오래되었고, 저렴한 숙소들은 방이 좁은 편이다. 한 블록 안쪽으로 들어간 호텔은 좀 더 조용하나 가격이 대체로 높다. 많은 호텔이 아야소피아 모스크와 술탄 아흐메트 모스크 전망을 가지고 있다. 이스탄불 신공항이 생긴 뒤 대중교통을 이용한 이동이 조금 불편해졌다.

★ 술탄아흐메트 트램역 주변

이곳에 소개하는 호텔들은 아침 식사 시 옥상의 레스토랑에서 조식을 먹으며 아야소피아 또는 술탄아흐메트 모스크의 전망을 즐길 수 있는 평이 좋은 호텔이다.

❶ 스타 홀리데이 호텔
Star Holiday Hotel

- 주소 Alemdar, Divan Yolu Cd. No:10, 34122 Fatih
- 위치 트램 T1 Sultanahmet 정류장에서 120m (p.91 지도)
- 요금 €
- 전화 (212) 512 29 61
- 홈피 starholidayhotel.com

❷ 라스트 호텔 Rast Hotel

- 주소 Binbirdirek Mah. Klodfarer Cad. No:4, Sultanahmet, Fatih
- 위치 트램 T1 Sultanahmet 정류장에서 170m (p.91 지도)
- 요금 €€€€
- 전화 (212) 638 16 38
- 홈피 www.rasthotel.com

❸ 더 앤드 호텔 The And Hotel

- 주소 Alemdar, Yerebatan Cd. No:18, 34110 Fatih
- 위치 트램 T1 Sultanahmet 정류장에서 300m (p.91 지도)
- 요금 €€
- 전화 533 259 80 52
- 홈피 www.andhotel.com

❹ 호텔 아카디아 블루
Hotel Arcadia Blue

- 주소 Dr. Imran Oktem Cad. No:1, 34440 Fatih
- 위치 트램 T1 Sultanahmet 정류장에서 250m (p.91지도)
- 요금 €€€
- 전화 (212) 516 96 96
- 홈피 www.hotelarcadiablue.com

❺ 레이디 다이아나 호텔
Lady Diana Hotel

- 주소 Binbirdirek, Terzihane Sk. No:15, 34122 Fatih
- 위치 트램 T1 Sultanahmet 정류장에서 300m (p.90 지도)
- 요금 €€€
- 전화 (212) 968 29 29
- 홈피 www.ladydianahotel.com

❻ 화이트 하우스 호텔 이스탄불
White House Hotel Istanbul

- 주소 Alemdar Mah. Çatalçeşme Sok. No:21, 34110 Fatih
- 위치 트램 T1 Sultanahmet 정류장에서 210m(p.91 지도)
- 요금 €€€€
- 전화 (212) 526 00 19
- 홈피 www.istanbulwhitehouse.com

❼ 하지 바이람 호텔
Haci Bayram Hotel

- 주소 Binbirdirek, Asmalı Çeşme Sk. No:4, 34122 Fatih
- 위치 트램 T1 Sultanahmet 정류장에서 450m(p.91 지도)
- 요금 €€€
- 전화 533 695 86 44
- 홈피 www.hacibayramhotel.com

★ 마르마라해 주변

❶ 아고라 게스트하우스 Agora Guesthouse

- 주소 Cankurtaran, Amiral Tafdil Sk. No:6, 34122 Fatih
- 위치 트램 T1 Sultanahmet 정류장에서 700m (p.91 지도)
- 요금 €
- 전화 552 512 71 20
- 홈피 www.agoraguesthouse.com

❷ 세븐 힐즈 호텔 Seven Hills Hotel

- 주소 Cankurtaran, Tevkifhane Sk. No:8, 34400 Fatih
- 위치 트램 T1 Sultanahmet 정류장에서 500m (p.91 지도)
- 요금 €€€
- 전화 (212) 516 94 97
- 홈피 www.sevenhillshotel.com

❸ 아자데 호텔 Azade Hotel & Premier

- 주소 Sultan Ahmet, Amiral Tafdil Sk. No:7, 34122 Fatih
- 위치 트램 T1 Sultanahmet 정류장에서 750m (p.91 지도)
- 요금 €€
- 전화 (212) 517 71 73
- 홈피 www.azadehotel.com

❹ 포 시즌즈 호텔 이스탄불 Four Seasons Hotel

- 주소 Sultanahmet, Tevkifhane Sk. No:1, 34122
- 위치 트램 T1 Sultanahmet 정류장에서 550m (p.91 지도)
- 요금 €€€€€
- 전화 (212) 402 30 00
- 홈피 https://www.fourseasons.com/istanbul

❺ 마르마라 게스트하우스 Marmara Guesthouse

- 주소 Cankurtaran Mah. Akbıyık Cad, Terbıyık Sk. No:15, 34122 Fatih
- 위치 트램 T1 Sultanahmet 정류장에서 750m (p.91 지도)
- 요금 €
- 전화 (212) 638 36 38
- 홈피 www.marmaraguesthouse.com

❻ 튤립 게스트하우스 Tulip Guesthouse istanbul

- 주소 Cankurtaran mahallesi Akbıyık caddesi, Terbıyık Sk. No:19, 34122 Fatih
- 위치 트램 T1 Sultanahmet 정류장에서 750m (p.91 지도)
- 요금 €
- 전화 (212) 517 65 09
- 홈피 www.tulipguesthouse.com

★ 시르케지역 주변

❶ 세컨드 홈 호스텔 Second Home Hostel

- 주소: Hoca Paşa, Ebussuud Cd. No:19, 34110 \ Sirkeci
- 위치: 트램 T1 Gülhane 정류장에서 200m (p.91 지도)
- 요금: €
- 전화: (212) 512 57 90
- 홈피: www.hostelsh.com

❷ 야스막 술탄 호텔 Yasmak Sultan Hotel

- 주소: Hoca Paşa, Ebussuud Cd. No:12, 34110 Fatih
- 위치: 트램 T1 Gülhane 정류장에서 72m (p.91 지도)
- 요금: €€
- 전화: (212) 528 13 43
- 홈피: www.hotelyasmaksultan.com

❸ 마이 드림 이스탄불 호텔 My Dream Istanbul Hotel

- 주소: Hoca Paşa, Hüdavendigar Cd. No:13, 34110 Fatih
- 위치: 트램 T1 Gülhane 정류장에서 170m (p.000 지도)
- 요금: €€
- 전화: (212) 520 20 22
- 홈피: www.mydreamistanbulhotel.com

❹ 아수르 호텔 Asur Hotel

- 주소: Hoca Paşa, İbni Kemal Cd. No:16, 34110 Fatih
- 위치: 트램 T1 Gülhane 정류장에서 340m (p.000 지도)
- 요금: €€
- 전화: 507 246 23 97
- 홈피: www.hotelasur.com

❺ 다운타운 시르케지 호텔 Downtown Sirkeci Hotel

- 주소: Hoca Paşa, Kargılı Çk. No:6, 34110 Fatih
- 위치: 트램 T1 Gülhane 정류장에서 240m (p.91 지도)
- 요금: €€
- 전화: 507 765 65 68
- 홈피: www.downtownsirkecihotel.com

❻ 호텔리노 Hotellino

- 주소: Hoca Paşa, Nöbethane Cd. No:3, 34110 Fatih
- 위치: 트램 T1 Gülhane 정류장에서 260m (p.91 지도)
- 요금: €€
- 전화: (212) 513 12 12
- 홈피: www.hotellinoistanbul.com

❼ 아실자데 호텔 시르케지 Asilzade Hotel Sirkeci

- 주소: Hoca Paşa, Hüdavendigar Cd. No:21, 34110 Fatih
- 위치: 트램 T1 Sirkeci 정류장에서 230m (p.91 지도)
- 요금: €€€
- 전화: 545 528 21 98
- 홈피: www.asilzadehotelsirkeci.com

❽ 아이리스 한 호텔 Iris Han Hotel

- 주소: Hoca Paşa, Ebussuud Cd. No:25, 34110 Fatih
- 위치: 트램 T1 Sirkeci 정류장에서 280m (p.91 지도)
- 요금: €€
- 전화: 544 455 87 80
- 홈피: www.irishanhotel.com

★ 탁심 광장 주변

❶ 호스텔 르 블랑 Hostel Le Blanc

- 주소 Marmara Region, Şahkulu, Şah Değirmeni Sk. no:7 Taksim, 34421 Beyoğlu
- 위치 메트로 M2 Şişhane역에서 180m(p.92 지도)
- 요금 €
- 전화 (212) 243 31 59
- 홈피 www.hostellebanc.com

❷ 타이타닉 시티 탁심 Titanic City Taksim

- 주소 Kocatepe, Lamartin Cd. No:47, 34437 Beyoğlu
- 위치 탁심 하바쉬 버스 정류장에서 140m(p.92 지도)
- 요금 €€€
- 전화 (212) 238 90 90
- 홈피 www.titanic.com.tr

❸ 니폰 호텔 Nippon Hotel

- 주소 Kocatepe, Topçu Cd. No:6, 34437 Beyoğlu
- 위치 탁심 하바쉬 버스 정류장에서 190m(p.92 지도)
- 요금 €€€
- 전화 (212) 313 33 00
- 홈피 www.nipponhotel.com.tr

❹ 라마다 바이 윈드함 이스탄불 탁심 Ramada by Wyndham Istanbul Taksim

- 주소 Kocatepe, Recep Paşa Cd. 15 34437, 34437 Beyoğlu
- 위치 탁심 하바쉬 버스 정류장에서 200m(p.92 지도)
- 요금 €€€
- 전화 (212) 238 54 60
- 홈피 www.wyndhamhotels.com/tr-tr/ramada/istanbul-turkiye/ramada-istanbul-taksim/overview

★ 카라쾨이 트램역 주변

❶ 노마드 호스텔 카라쾨이 Nomad Hostel Karaköy

- 주소 Kemenkes Kara Mustafa Mah. Necatibey Cad, Kemankeş Karamustafa Paşa, Hoca Tahsin Sk. No: 25 Karaköy, 34425 Beyoğlu
- 위치 트램 T1 Karaköy 정류장에서 55m(p.92 지도)
- 요금 €
- 전화 530 703 04 49
- 홈피 www.nomadhostel.com.tr

❷ 페르만 포트 호텔 Ferman Port Hotel

- 주소 Kara Mustafa Paşa Mahallesi, Erişteci Sk. No:1 Karaköy, 34425 Beyoğlu
- 위치 트램 T1 Karaköy 정류장에 220m(p.92 지도)
- 요금 €€€€
- 전화 (212) 251 61 62
- 홈피 www.fermanport.com

❸ 제노아 포트 호텔 Genoa Port Hotel

- 주소 Müeyyetzade, Serçe Sk. No:3, 34425 Beyoğlu
- 위치 트램 T1 Karaköy 정류장에서 500m(p.92 지도)
- 요금 €€
- 전화 533 501 36 34
- 홈피 genoaporthotel.com

❹ 10 카라쾨이 이스탄불 10 Karaköy Istanbul

- 주소 Müeyyetzade, Kemeraltı Cd. No:10, 34425 Beyoğlu
- 위치 트램 T1 Karaköy 정류장에서 240m(p.92 지도)
- 요금 €€€€
- 전화 (212) 703 33 33
- 홈피 www.10karakoy.com

2 오스만 제국의 시작
부르사
Bursa

13세기 말 아나톨리아 북서부에서 건국한 오스만 제국의 첫 번째 수도로 현재는 튀르키예에서 네 번째로 큰 도시다. 기원전 5200년경부터 사람들이 살았고, 이후에는 고대 그리스인들이 정착했다. 마케도니아의 왕 펠리페 5세가 비타니아의 프루시아스 1세Prusias I에게 이 땅을 주었는데, 왕의 이름을 따라 프루사Prussa라고 지었다. 비잔틴 제국 때의 부르사는 6세기 중반부터 실크 생산을 시작했다. 1326년 오르한 가지가 부르사를 점령한 후 오스만 제국의 첫 번째 수도로 삼고 모스크, 병원, 시장, 상인 숙소, 마드라사를 만들며 도시를 건설한다. 1399년 바예지드 1세Bayezid I는 부르사의 그랜드 모스크, 부르사 울루 자미Bursa Ulu Cami를 세웠다. 1402년 앙카라 전투에서 티무르 군대가 승리해 부르사를 약탈하고 불태운 적도 있으나, 1453년 메흐메트 2세가 콘스탄티노플을 정복해 수도를 이전할 때까지 오스만 제국의 행정과 상업의 중심이었으며 특히, 비단 무역으로 명성을 날렸다.

부르사 관광청 www.gotobursa.com.tr

부르사 들어가기

부르사는 항공과 버스, 이스탄불에서는 페리로도 갈 수 있다. 항공은 두 곳이 가까운데 부르사공항에서 45분, 사비하 괵첸 공항에서 1시간 30분이 걸린다. 비행기보다는 대부분 버스를 이용한다. 페리는 이스탄불 에미뇌뉘와 카바타쉬에서 2~3시간이 걸린다.

비행기

이스탄불에서 부르사로 갈 경우, 보통 버스를 이용하기 때문에 비행기를 탈 일은 없다. 안탈리아나 튀르키예 동부 쪽의 도시를 여행할 때 유용하다. 안탈리아는 선익스프레스SunExpress로 1시간이 걸리며, 튀르키예 동부인 트라브존, 디야르바키르, 에르쥬룸, 무쉬Muş(반Van 근처)는 에이젯Ajet으로 1시간 40분이 걸린다. 편수는 주 1~2회로 많지 않다.

부르사 예니셰히르 공항
Bursa Yenişehir Havalimanı (Bursa Yenişehir Airport)

 부르사 시내에서 50km 떨어진 작은 공항으로 타 공항에 비해 적은 편수를 운행한다. 한가한 공항을 이용해 안탈리아나 트라브존으로 드나들 때 유용하다.

주소 Çardak, 16190 Yenişehir　　전화 (224) 781 81 81
홈피 dhmi.gov.tr/Sayfalar/Havalimani/Yenisehir/AnaSayfa.aspx

※ 부르사 예니셰히르 공항에서 시내 들어가기
비행기 착륙 시간에 맞춰 노란색 80번 버스가 켄트 메이다느Kent Meydanı(부르사 센터)까지 운행한다. 40분이 걸리며 요금은 61.65TL이다 (컨택리스카드 사용 가능). 공항으로 갈 때 역시 켄트 메이다느에서 비행기 출발시간에 맞춰있다. 켄트 메이다느에서 여행자들의 관광 중심인 부르사 울루 자미Bursa Ulu Cami까지는 1.5km다. 버스나 트램 T1을 탈 수도 있는데 환승 할인은 없다. 초행이라면 트램을 추천한다.

©www.gotobursa.com.tr

버스

이스탄불, 이즈미르, 데니즐리, 앙카라 등의 주요 도시를 연결하는 버스가 자주 있다. 이스탄불에서는 3시간~3시간 30분, 셀축과 앙카라는 5시간~5시간 30분, 데니즐리는 5시간~8시간(야간버스)이 걸린다.

부르사 버스터미널
Bursa Uluslararası ve Şehirlerarası Otobüs Terminali

 부르사 시내에서 13km 떨어진 터미널로 하루에 800여 대의 버스가 드나들 정도로 규모가 크다. 식당, 카페, 유료 휴대폰 충전소가 있으며 도시 간 이동 중에 당일치기로 돌아볼 경우, 1층의 짐 보관소, 에마네트Emanet를 이용하면 된다.

주소 Demirtaş Dumlupınar OSB, Terminal Cd. Bursa Otogar, 16190 Osmangazi
운영 24시간
홈피 www.burulas.com.tr/bursa-otobus-terminali

※ 부르사 버스터미널에서 시내 들어가기

출구로 나오면 오른쪽에 시내버스 터미널과 T2 트램 정류장이 보인다. 38번 버스는 그랜드 바자르 앞에 먼저 서고, 다음 정류장이 울루 자미 근처에 선다. T2를 타면 켄트 메이다느Kent Meydanı에 내리는데 부르사 그랜드 바자르까지 500m 걸어야 해서 버스가 더 편리하다. 톱하네 공원으로 곧바로 가려면 98번 버스를 타면 된다. 대중교통 운행이 끝난 시간에는 우버와 같은 택시 앱을 사용하거나 택시를 이용해야 한다.

❶ 38번 버스 06:25~23:45(16분 간격)
❷ T2 운영 시간 07:00~22:30(10분 간격)
❸ T1 운영 시간 06:30~23:00(15분 간격)

38번 버스
T2 트램

페리

두 개의 페리 회사가 부르사로 간다. BDO는 이스탄불 에미뇌뉘Eminönü에서, İDO는 카바타쉬Kabataş에서 출발해 부르사의 무단야Mudanya에 도착한다. 편수는 BDO가 더 많고 소요 시간도 짧다. 요일과 성ㆍ비수기에 따라 조금씩 변동되니 홈페이지를 통해 시간을 확인하자. 겨울철은 파도가 높아 멀미를 한다면 추천하지 않는다.

❶ **BDO(Bursa Deniz Otobüsleri)**

에미뇌뉘 선착장

출발 에미뇌뉘 선착장
소요 시간 1시간 50분
요금 499TL
홈피 budo.burulas.com.tr

❷ **İDO(İstanbul Deniz Otobüsleri)**

카바타쉬 선착장

출발 카바타쉬 선착장
소요 시간 1시간 35분
요금 480TL
홈피 www.ido.com.tr

※ 무단야 선착장에서 시내 들어가기

BDO 선착장 바로 앞에 부르사 시내로 가는 F3버스를 타면 부르사 그랜드 바자르에 내리게 된다. 30분이 소요된다. İDO 선착장에 내렸다면 선착장 앞에 세워진 버스를 타고 Emek역에 내려, 지하철 부르사레이Bursaray를 타고 Şehreküstü역에 내리면 650m 거리에 울루 자미가 있다(1시간 소요). 컨택리스카드 사용이 가능하다.

에미뇌뉘 선착장

시내교통 이용하기

부르사에는 버스, 트램, 지하철Bursaray, 돌무쉬가 있다. 부르사 그랜드 바자르나 울루 자미 주변은 모두 도보로 돌아다닐 수 있으며, 주말 마르크즉Cumalıkızık을 갈 때는 버스를 타야 한다. 이스탄불카드처럼 부르사카드도 있는데 보증금 100TL로 며칠 머물거나, 동행자가 여럿이 아니라면 약간 더 비싸더라도 컨택리스 신용카드나 체크카드 사용을 추천한다. 현금은 받지 않는다.

요금 1회 26TL 홈피 www.burulas.com.tr

오르한 가지 모스크 건너편 버스정류장. 버스터미널에서 왔다면 이곳에서 내리고 다시 터미널로 갈 때도 이곳에서 탄다.

부르사 Bursa

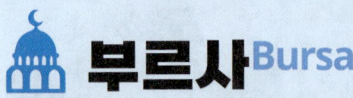

부르사의 구시가지는 도보로 충분히 걸어 다닐 수 있는 거리로 중심은 그랜드 바자르Bursa Kapalı Çarşı와 울루 자미Ulu Camii라 할 수 있다. 고도는 톱하네 공원Tophane Parkı와 예실 모스크Yeşil Camii 정도만 오르막이고 나머지 지역들은 평지라 걷는 데 무리가 없다. 교통 요금은 컨택리스카드를 사용할 수 있어 굳이 부르사 교통카드를 만들지 않아도 된다. 대도시로 현금 인출을 위한 지랏 은행Ziraat Bankası과 할크은행Halkbank은 쉽게 찾을 수 있으며 울루 자미 근처에 Şok, BIM, CarrefourSA, A101과 같은 슈퍼마켓도 많다.

To do list
1. 톱하네 공원에서 부르사 전망 보기
2. 이스켄데르 케밥 맛보기
3. 코자 한의 안뜰에서 차 한잔

부르사의 관광명소

부르사의 하이라이트는 오스만 제국의 첫 번째 수도로 만든 건축들과 실크 무역이라 할 수 있다. 오스만 제국 초기 마을인 주말르크즉과 부르사는 2014년 유네스코 세계문화유산에 등재됐다. 당일치기로 부르사를 여행한다면 그 시작은 톱하네 공원이 좋다. 구도심을 한눈에 내려다보며 돌아볼 위치를 체크하고 부르사 그랜드 바자르부터 직진하면서 코자 한Koza Han, 부르사 울루 자미, 오스만 가지 모스크 등을 보면 된다. 그린 모스크라 부르는 예실 모스크는 언덕에 있지만 셀주크 양식의 정수를 볼 수 있는 아름다운 건축으로 꼭 가볼 만하다.

★★★ 톱하네 공원 Tophane Parkı (Tophane Park)

부르사에서 가장 아름다운 전망을 볼 수 있는 공원으로 1855년 지진이 일어나기 전까지 부르사 궁전이 있었다. 라마단 기간 해가 뜨기 전 식사 시간인 사후르Sahur와 해가 진 이후의 식사 시간인 이프타르Iftar 시간을 알리기 위해 대포Top를 쏘았던 것에서 공원 이름이 생겼다.

공원으로 들어가면 양쪽에 무덤이 나온다. 입구 왼쪽에는 오스만 제국의 시조인 오스만 가지의 무덤Osman Gazi Türbesi이, 오른쪽에는 현재의 부르사를 만든 오르한 가지의 무덤Orhan Gazi Türbesi이 있다. 공원 안에는 1905년 술탄 압둘하미드 2세Abdülhamid II의 즉위 29년을 기념하기 위해 만든 톱하네 시계탑Tophane Saat Kulesi이 있다. 33m 높이의 6층으로 내부 나무 계단을 통해 올라갈 수 있는 구조다. 절벽 쪽으로 가면 파노라마 전망대가 나오는데 부르사의 구시가지가 한눈에 들어온다.

주소	Osmangazi, Osmangazi Çk. Sk. No:25 D:1, 16040 Osmangazi
위치	울루 자미Ulu Camii에서 650m 급경사 오르막인데, 걷기 힘들면 그랜드 바자르 건너편 버스정류장에서 1A, 96번 버스로 한 정거장을 타자. 부르사 버스터미널에서 온다면 96번 버스(추천)
운영	06:30~22:00
요금	무료

전망 / 톱하네 공원의 시계탑 / 오스만 가지의 무덤

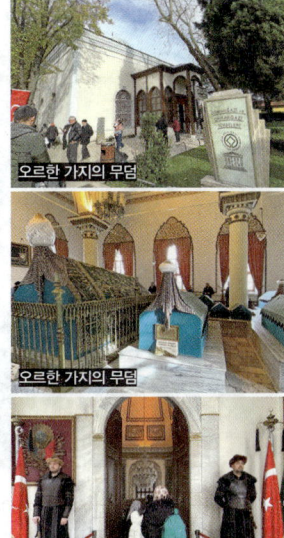

오르한 가지의 무덤 / 오스만 가지의 무덤

★★★ 부르사 그랜드 바자르 Bursa Kapalı Çarşı (Bursa Grand Bazaar)

1326년 부르사 정복 후 오르한 가지^{Orhan Gazi}가 만든 시장으로 '카팔르 차르스^{Kapalı Çarşı}'는 지붕이 있는 시장이라는 뜻이다. 상인들의 숙소 골목 사이를 덮어 지붕을 만든 것이 시작이다. 한 개의 시장만 있는 게 아니라 세월이 흐르며 베데스텐 시장^{Bedesten Çarşısı}, 에스키 아이날르 시장^{Eski Aynalı Çarşı}, 바크르즐라르 시장^{Bakırcılar Çarşısı} 등이 추가되어 규모가 커졌다. 시장은 지진과 화재로 여러 번 파괴되었으나 신속하게 재건 되었다. 여러 개의 시장이 연결되어 있는데, 입구에서 죽죽 걸어가며 구경하면 된다. 시장 주변으로 당시 상인들의 숙소인 안뜰이 있는 사각형 구조의 한^{Han}(Caravanserai)이 여러 개 있다.

주소	Nalbantoğlu, Kapalı Çarşı Cad., 16010 Osmangazi
위치	울루 자미^{Ulu Camii}에서 130m
운영	월~토 08:30~19:00, 휴무 일요일
요금	무료

★★★ 코자 한 Koza Han

14~16세기 부르사는 무역의 중심지로 많은 상인이 드나들어 여관이 필요했다. 상인 숙소를 '한^{Han}'이라고 하는데, 사각형 모양으로 바깥쪽으로 객실이 있고, 가운데는 안뜰이 있는 형태다. 코자^{Koza}는 '누에고치'란 뜻이다. 1491년 바예지드 2세가 이스탄불의 바예지드 모스크 복합지구를 운영하는 데 필요한 수익을 위해 만들었다. 2층 건물로 총 95개의 객실이 있었는데 지금은 실크 제품을 판매하는 상점이 들어와 있으며 실크^{ipek} 제품을 사기 위해 사람들이 많이 찾는다. 중앙의 안뜰은 관광객들의 휴식 공간으로 분위기가 좋다.

주소	Osmangazi, Uzunçarşı Cd., 16010 Osmangazi
위치	울루 자미^{Ulu Camii}에서 200m
운영	월~금 08:00~19:30, 토 08:00~20:00, 일 10:30~18:30
요금	무료

부르사 울루 자미 (대모스크) Bursa Ulu Camii (Bursa Grand Mosque)

1396~1399년 바예지드 1세[Bayezid I]가 지은 모스크로 오스만 제국 최초의 다중 돔 구조다. 가로 69m, 세로 44m의 직사각형 안에 지름이 11m인 20개의 돔이 있으며 그 중은 정 가운데는 뚫려 있는 형태다. 바예지드 1세는 1396년 불가리아와 치른 니그볼루[Nigbolu] 전투에서 승리하면 20개의 모스크를 짓겠다고 공언했는데, 학자이자 사위의 제안으로 20개의 돔이 있는, 대모스크를 짓게 된 것이 부르사 울루 자미다. 톱하네 공원에서 잘 보이니 올랐을 때 살펴보자. 개방형 돔은 모스크 내부로 들어가면 확인할 수 있는데, 중앙에 분수가 있는 자리에. 중앙으로 빛을 들어오게 채광 문제를 해결하고, 빗물을 모았다. 다른 모스크에서는 보기 힘든 형태로 이는 셀주크 모스크의 특징이라고 한다. 개방형 돔은 현재 유리로 덮여 있다. 북쪽, 서쪽, 동쪽의 입구가 있는데 북쪽 입구가 가장 아름답다.

주소 Nalbantoğlu, Ulucami Cd. No:2, 16010 Osmangazi
위치 38번 버스 정류장에서 300m
운영 24시간
요금 무료
홈피 www.bursaulucamii.com

개방형 돔의 위치, 지금은 유리로 덮여있지만, 과거에는 이곳을 통해 채광을 해결하고 빗물을 모았다.

오르한 가지 모스크 Gazi Orhan Camii (Orhan Gazi Mosque)

★★☆

오르한 가지Orhan Gazi가 1339년에 지은 모스크다. 오르한 가지는 1326년 부르사를 정복하고 오스만 제국의 첫 번째 수도로 삼은 뒤 모스크, 마드라사Madrasa, 목욕탕, 무료 급식소imaret, 상인 숙소 한Han이 포함된 복합지구를 건설했다. 당시의 목욕탕은 1958년 화재 이후, 아이날르 시장Aynalı Çarşı으로 개조되었다. 2014년 유네스코 세계문화유산에 등재되었다.

주소	Nalbantoğlu, Uzunçarşı Cd. No:59 D:79, 16010 Osmangazi
위치	울루 자미Ulu Camii에서 200m
운영	24시간
요금	무료

more & more 그림자 인형극의 시작, 카라괴즈Karagöz와 하지바트Hacivat

전해지는 이야기에 의하면 14세기 중반 오르한 가지Orhan Gazi 때에 카라괴즈와 하지바트는 부르사의 한 모스크 건설에 참여했다. 그들은 열심히 일하지 않고, 다른 사람들을 웃기게 하며 일을 못 하게 만들어 문제가 됐다. 결국 건축가는 이들 때문에 모스크가 제날짜에 완공되지 못했다고 고해 두 사람은 참수당하고 만다. 두 사람이 죽자 웃겼던 말들을 떠올리며 사람들은 매우 슬퍼했는데, 한 사람이 이들을 기리며 꼭두각시를 연기한 것이 그림자 인형극의 시작이라고 전해진다. 그림자 인형극은 사회에 대한 비판, 다양한 인종이 여러 직업으로 나와 사회를 반영해 17세기에 오스만 제국 전역에 퍼졌다. 카라괴즈와 하지바트 인형극은 2009년 유네스코 무형 문화유산으로 지정됐다. 부르사에는 튀르키예 유일의 카라괴즈 박물관이 있다.

❶ 카라괴즈 박물관
Karagöz Müzesi (Karagoz Museum)

주소	Çekirge, Çekirge Cd. No:159, 16265 Osmangazi
위치	울루 자미Ulu Camii 근처 버스 정류장에서 버스 3C, 6FD, B39, 96번
운영	화~일 09:00~17:30, 휴무 월요일
요금	무료
전화	(224) 716 37 61
홈피	www.bursamuze.com/karagoz-muzesi

부르사 시립 박물관 Bursa Kent Müzesi (Bursa City Museum)
★★☆

법원으로 사용되었던 건물을 개조해 2001년부터 부르사 시립 박물관으로 운영하고 있다. 선사 시대부터 비잔틴, 로마, 오스만 제국, 튀르키예 독립전쟁에 이르는 역사가 설명되어 있고, 부르사 민속과 문화와 관련된 다양한 물품들을 전시하고 있다. 그 중 특별한 것이 있다면 한국전쟁 참전에 대한 부분이다. 튀르키예어로만 되어 있어 번역 앱을 이용해야 한다.

주소 Hocaalizade, 6. Kültür Sk. No:8, 16010, 16010 Osmangazi
위치 울루 자미 Ulu Camii에서 500m
전화 444 1600
운영 화~일 09:00~17:00, 휴무 월요일
요금 무료
홈피 www.bursamuze.com/bursa-kent-muzesi

한국전쟁 관련 기록물

파노라마 1326 부르사 정복 박물관
★★★
Panorama 1326 Bursa Fetih Müzesi (Panorama 1326 Bursa Conquest Museum)

1326년 오르한 가지가 부르사를 정복할 당시의 상황과 전후를 보여주는 360도 파노라마 박물관이다. 돔형의 구조에 360도 그림을 소리를 들으며 볼 수 있어 입체적으로 느낄 수 있다. 정복 후 비잔틴인들에게 음식을 나누어 주고 콘스탄티노플로 갈 수 있게 수행하는 게 인상적이다. 이스탄불과 다르게 입장료도 저렴해 추천한다.

주소 Mahallesi, Ebu İshak, Ali Ferruh Yücel Cd. no:86, 16230 Osmangazi
위치 울루 자미 Ulu Camii에서 1.5km, 울루 자미 건너편에서 버스 20, 21, 22C, 23, 23A번 등이 간다.
전화 (224) 224 1326
운영 화~일 09:00~17:30, 휴무 월요일
요금 10TL
홈피 panorama1326.com.tr

★★☆
이르간드 다리 Irgandı Köprüsü (Irgandi Bridge)

오스만 제국 시대에 만든 다리 중 유일하게 다리 위에 상점이 있는 형태다. 이러한 다리를 아라스타^{Arasta} 다리라고 한다. 1442년 무라드 2세 때에 이르간디 알리의 아들인 하지 무슬리히딘^{Haji Muslihiddin}이 만들었다. 다리 위에 32개의 나무로 만든 상점이 있었고, 다리 양쪽에 철문이 달려 있기도 했다. 홍수와 지진으로 여러 차례 피해를 입었고, 독립전쟁 중이던 1922년에는 그리스 점령군이 부르사를 떠나면서 다이너마이트로 파괴되기도 했는데 1988년과 2004년의 복원작업으로 재건됐다. 지금은 기념품점과 상점, 카페가 있다.

주소	Kurtoğlu, Gökdere Blv. No:14, 16360 Yıldırım
위치	울루 자미^{Ulu Camii}에서 850m, 또는 울루 자미 건너편에서 버스 1A, 30, 35C, 36A, 99번 등을 타고 두 번째 정류장에서 내린다.

★☆☆
수피 재단 문화 센터
Tasavvuf Vakfi Kültür Merkezı (Tasavvuf Cultural Center)

수피교의 세마^{Sema} 의식을 무료로 볼 수 있는 장소다. 성수기에는 매일, 비수기에는 월요일과 금요일에 진행하며 시간도 조금씩 달라지는데 20:30~21:00에 할 때가 많다. 정확한 요일과 시간을 알고 싶다면 센터로 직접 문의하거나 머무는 호텔에 전화를 부탁하자. 센터로 가는 길이 오르막이니 버스를 추천한다.

주소	Maksem, Başçı Sk. No:17, 16040 Osmangazi
위치	울루 자미^{Ulu Camii}에서 600m, 또는 울루 자미 건너편에서 버스 G2, G3, B38번을 타고 두 번째 정류장에서 내려 도보 150m
운영	18:00~23:00
전화	(224) 222 03 85
홈피	www.mevlana.org.tr

©Tasavvuf Vakfi Kültür Merkezı

예실 모스크 & 무덤 Yeşil Camii ve Yeşil Türbe (Green Mosque & Tomb)

메흐메드 1세Mehmed I가 1414~1424년에 지은 복합지구로 모스크, 묘지, 마드라스, 공공 주방, 목욕탕으로 구성되어 있다. 공사 중 메흐메드 1세가 사망하자 영묘에 안치되고 무라드 2세Murad II 때에 마무리했다. 예실Yeşil은 녹색이라는 뜻으로 모스크와 무덤이 녹색과 파란색의 타일로 꾸며져 이렇게 부르게 됐다. 하지 이바즈 파샤Hacı İvaz Paşa가 건축했는데 초기 오스만 건축 양식의 최고 정수를 보여준다. 팔각형의 하늘색 영묘에는 메흐메드 1세와 가족들이 묻혀 있다. 1414~1424년에 지은 마드라사는 현재 부르사 튀르키예 이슬람 미술관 Bursa Türk ve İslam Eserleri Müzesi(운영 08:00~17:00 입장료 €5)으로 사용되고 있다. 2014년에 유네스코 세계문화유산에 등재됐다.

주소	Yeşil, Akyokuş Sk. No:8, 16360 Yıldırım
위치	울루 자미Ulu Camii에서 1.2km, 울루 자미 건너편에서 버스 1A, 30, 35C, 36A, 99번 등을 타고 세 번째 정류장에서 내리면 270m 오르막을 걸어 올라가야 한다.
운영	24시간
요금	무료

예실 무덤

포토 스팟

예실 모스크

예실 무덤 / 예실 모스크 / 예실 모스크

★★★ 주말르크즉 마을 Cumalıkızık

1300년대 초, 오스만 제국의 초기 모습을 그대로 간직하고 있어 2014년 마을 전체가 유네스코 문화유산으로 등재됐다. 당시 여러 개의 마을이 있었지만, 대부분 사라지고 주말르크즉 마을만이 원형을 잘 보존하고 있어 그 가치를 인정받았다. 270개의 주택 중 180채에만 사람들이 살고 있다. 오스만 제국은 정복 활동 당시 농촌을 먼저 정복하고 마을을 조성한 뒤, 도시를 정복할 때 군대 배후지로 사용했다. 모스크, 마드라사, 묘지, 분수, 공동 주방 등 공동체 성격을 띠며 오스만 초기, 셀주크 양식의 가옥 구조를 그대로 보여준다. 튀르키예 드라마 촬영이 많이 이루어진다.

버스에서 내려 돌길을 따라 올라가면 경사진 광장에 플라타너스와 유네스코 표지석이 커다랗게 세워져 있어 이정표가 된다. 이를 출발점으로 언덕을 올라 골목골목을 한 바퀴 돌아보고 오면 되는데, 주말르크즉은 오래된 셀주크 양식의 시골집에서 푸짐한 카흐발트로 유명하다. 가격도 250TL로 이스탄불보다 저렴하다. 마을의 가장 높은 곳의 모스크 바로 앞에 아주 작은 민족지학 박물관Etnografya Müzesi(입장료 무료)이 있다. 더 올라가면 좁은 골목Cin Aralığı도 있어 사람들이 그곳을 통과하며 기념사진을 많이 찍는다. 오전 10시쯤이면 내 · 외국인 단체 관광객이 많이 와 북적인다. 입구 광장과 마을 골목골목에서 꿀과 잼, 식초, 과일 절임, 산딸기, 주말르크즉 기념품을 많이 판다.

주소 Yıldırım, Cumalıkızık
위치 울루 자미Ulu Camii 건너편, PTT 건물 앞 정류장에서 D10번 버스로 30분 소요, 종점에 내린다. 버스는 1시간 간격으로 있으며 컨택리스카드 사용이 가능하다. 정류장의 안내 스크린에 버스 도착 시간을 체크한 뒤 주변을 돌아보다 버스를 타러 가면 된다. 버스에서 내릴 때 운전 기사에게 돌아가는 버스 시간을 미리 물어두면 좋다.

D10번버스

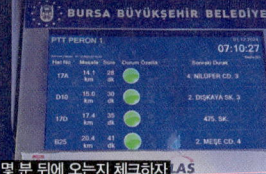
몇 분 뒤에 오는지 체크하자

좁은 길

민속박물관

모스크

잼과 피클

쇼핑

부르사의 레스토랑

부르사는 이스켄데르 케밥이 탄생한 도시로 1~2끼를 먹게 된다면 무조건 이스켄데르 케밥을 먹게 된다. 유명한 식당 두 곳이 있다. 시간이 된다면 두 곳을 다 먹어보고 비교해 보는 것도 좋다.

이스켄데르 타리히 아흐샵 뒤칸 İskender Tarihi Ahşap Dükkan

지금은 아주 보편적인 형태인 커다란 쇠꼬챙이에 고기를 층층이 꽂아 열을 가해 구워내는 방법을 만들어 낸 이스켄데르 에펜디 İskender Efendi 창시자의 승계자인 둘째 아들의 가게다. 그 이전에는 양고기를 통째로 구워냈는데, 사람들에게 여러 부위를 골고루 맛보게 하려는 고민이 오늘날 되네르 케밥을 만들게 됐다. 부르사 식물원에도 이스켄데르 에펜디 İskender Efendi Konağı 식당이 있으며 이스탄불의 돌마바흐체 궁전 근처에도 문을 열었다(p.170). 이스켄데르 케밥의 원조집으로 정중하고 친절한 서빙이 특징이다. 후식으로 차이가 아닌 바클라바를 준다.

주소	Kayıhan, Ünlü Cd. No:7, 16010 Osmangazi
위치	울루 자미 Ulu Camii 에서 650m
운영	11:00~21:00
요금	€€€
전화	(224) 221 46 15
홈피	iskender.com

타리히 마비 뒤칸 이스켄데르
Tarihi Mavi Dükkan İskender

울루 자미에서 아타튀르크 길을 따라 걷다 보면 파란 식당 앞에 긴 줄이 저절로 눈에 간다. 이스켄데르 에펜디의 첫째 아들의 가게로 부르사 이스켄데르 케밥의 양대 산맥이다. 어디가 더 맛있는지는 두 곳 다 먹어보고 판단해 보자.

주소	Orhanbey, Atatürk Cd. No:60, 16010 Osmangazi
위치	울루 자미 Ulu Camii 에서 290m
운영	12:00~20:00
요금	€€€
전화	(224) 221 10 76
홈피	iskendermavidukkan.com

셈-엣 으즈가라 Sem-Et Izgara

이스켄데르 케밥에 관심이 없다면 고기 구이집을 추천한다. 정육점 식당으로 이스탄불보다 훨씬 저렴한 가격에 모든 육류 제품을 맛볼 수 있다. 양고기와 닭, 소고기 메뉴를 선택할 수 있다.

주소	Karaağaç, Namazgah Cd. No:16, 16360 Yıldırım
위치	울루 자미 Ulu Camii 에서 900m
운영	07:00~24:00
요금	€€€
전화	(224) 327 26 26

부르사의 숙소

부르사와 주말르크즉을 돌아보는 데 하루가 걸리고, 주변 마을인 이즈니크까지 보려면 1박을 해야 한다. 이스탄불에 비해 물가가 저렴하고, 이스켄데르 케밥만 먹기엔 맛집과 분위기 좋은 카페도 많아 하루 머물기를 추천한다. 숙소는 부르사 공항이나 버스터미널을 한 번에 연결하는 켄트 메이다느 Kent Meydanı 주변이나, 버스터미널에서 38번 버스로 한 번에 가는 부르사 울루 자미 Bursa Ulu Camii 근처를 추천한다. 울루 자미 근처의 숙소들은 오래된 곳이 많지만, 가격이 저렴하다.

❶ 릴리움 호텔 & 스위트
Lilium Hotel & Suites

- 주소 Doğanbey, Haşim İşcan Cd., 16220 Osmangazi
- 위치 울루 자미 Ulu Camii에서 700m
- 요금 €€€
- 전화 553 295 00 10
- 홈피 liliumhotel.com.tr

❷ 부르사 팔라스 호텔 Bursa Palas Hotel

- 주소 Tahtakale, 20. Okul Sk. No:9, 16040 Osmangazi
- 위치 그랜드 바자르 근처 38번 버스 정류장에서 170m
- 요금 €€
- 전화 (224) 223 87 50
- 홈피 www.bursapalas.com

❸ 호텔 그랜드 헤이켈 Hotel Grand Heykel

- 주소 Orhanbey, Ressam Şefik Bursalı Cd. No 30, 16010 Osmangazi
- 위치 오르한 가지 모스크 근처 38번 버스 정류장에서 200m
- 요금 €€
- 전화 (224) 225 54 20
- 홈피 www.grandheykel.com

부르사의 쇼핑

부르사는 14세기부터 직조 기술이 발달하기 시작했는데, 15세기와 16세기에 캐시미어와 특히 실크 제품의 명성은 실크로 유명한 중국까지 퍼졌다. 주로 유럽과 무역을 했으며 판매된 제품들은 헝가리, 폴란드, 이탈리아, 발칸 국가의 시장으로 퍼져 나갔다. 지금도 여전히 실크, 캐시미어 제품을 사기에 좋은데 가짜를 구분하는 것이 관건이다. 상인들은 실오라기를 불을 태워 진품과 가품을 알려준다. 코자 한 Koza Han 에서 많이 구입한다.

Special Tour
이즈니크 데이 트립 İznik Day Trip

부르사에서 1박 이상 머문다면 이즈니크로의 반나절 여행을 추천한다. 돌무쉬로 1시간 거리로 가깝고, 역사적으로도 풍부한 이야기가 있으며, 이즈니크산 핸드메이드 도자기 제품을 쇼핑하기에 최적의 장소다. 오후에 출발해 이즈니크 호수의 노을을 보고 돌아오는 일정이 좋다.

가는 방법 부르사 터미널에서 92번 플랫폼에서 이즈니크행 돌무쉬로 1시간

이즈니크는 기원전 301년 알렉산드로스 대왕 때에 리시마코스Lysimachos가 자신의 아내인 니케아Nicaea의 이름을 따서 지었다. 이곳은 313년 콘스탄티누스 1세Constantinus I가 밀라노 칙령으로 기독교를 공인한 후 교리적 논쟁이 있자 325년 자신이 머물던 니케아로 주교들을 소집해 제1차 니케아 공의회를 열었던 역사적인 장소다. 기독교의 교리를 통일하고 삼위일체론을 정립한 것도 이때다. 이후 건설한 아야소피아에서 787년 한 번 더 공의회가 열렸다. 1204년 제4차 십자군 전쟁으로 콘스탄티노플이 함락되자, 니케아 제국이 생겨났다. 1075~1086년에는 셀주크 제국의 수도로 사용되었고, 비잔틴 제국과의 전쟁으로 서로 차지하는 것을 반복한다. 그러다 1331년 오스만 제국의 오르한 가지Orhan Gazi가 니케아를 정복해 이름을 이즈니크로 바꾸고, 예술과 문화의 중심지로 삼았다. 이즈니크는 양질의 흙과 유약을 이용해 14~16세기에 최고급 타일을 제작하는 도시로 명성을 떨쳤다. 지금은 부르사주에 속하는 작은 마을로 한가로운 분위기이지만, 과거의 빛났던 역사를 다양한 유적을 통해 유추해 볼 수 있다.

❶ 아야소피아 모스크 Hagía Sophía Camii

7세기 로마인들이 지은 대성당으로 787년 제7차 공의회가 열렸던 장소다. 1331년 오르한 가지의 정복 후 모스크로 바뀌었다. 쉴레이만 대제 때 미마르 시난이 손보기도 했다. 제1차 세계 대전 이후 화재로 폐허가 되었다가 2011년에 복원했다. 이즈니크를 둘러싼 성벽에 4개의 문이 있는데 그 교차로에 있다.

❷ 무라드 2세의 목욕탕 Murat II Hamamı

15세기 말에서 16세기에 만들어졌으며 지금도 운영 중이다. 목욕 비용도 부르사보다 저렴하다. 바로 앞에는 도자기 가마터Çini Çarşısı가 있다.

❸ 하즈 외즈벡 모스크
Hacı Özbek Camii

1333~1334년에 오스만 제국이 지은 가장 오래된 모스크다.

❹ 쉴레이만 파샤 마드라사
Süleyman Paşa Madrasa

마드라사는 오늘날 고등교육기관으로 신학, 철학, 천문학, 수학 등 다양한 강의가 열렸고, 수피교도들은 다양한 작품을 만들었다. 1335~1359에 지어졌다. 지금은 핸드메이드 제품을 판매하고 카페로 이용하고 있다.

❺ 이즈니크 예실 모스크
İznik Yeşil Camii (Green Mosque)

첨탑의 청록색 타일 때문에 그린 모스크라 부른다. 찬다를르 할릴 파샤 Çandarlı Halil Paşa가 1378~1392년에 지은 것으로 오스만 제국 초기의 모스크다.

❻ 이즈니크 닐뤼페르 하툰 도자기 시장 İznik Nilüfer Hatun Çini Çarşısı

이즈니크 도자기로 만든 핸드메이드 제품들을 판매하는 장소로 기념품을 구매할 예정이라면 이곳으로 가자.

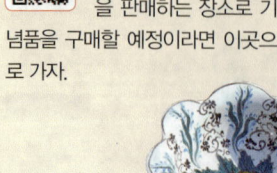

❼ 레프케 문과 이스탄불 문
Lefke Kapısı & İstanbul Kapısı

하드리아누스Hadrianus(117~138) 때에 지어진 성벽의 문이다. 3중 문으로 니케아를 단단히 지켰다. 동쪽의 레프케 문과, 북쪽의 이스탄불 문까지의 거리는 1.3km이다.

이스탄불 문

❽ 이즈니크 호수 İznik Gölü

마르마라 지역에서 가장 큰 호수로 튀르키예에서는 다섯 번째로 크다. 표면적 310km²로 둘레가 95km에 달하는데, 기후변화로 물이 계속 줄어들고 있다. 호수 안에는 4~5세기에 만들어진 대성당이 있다. 일몰을 보기에 좋은 장소로 오후에 간다면 일몰을 보고 돌아오자.

❾ 로마 극장 유적 Roma Tiyatroları Harabeleri

2세기에 만든 극장으로 1만 명을 수용할 수 있는 규모다.

❿ 쾨프테지 유수프 Köfteci Yusuf

1996년 이즈니크에서 시작된 쾨프테지 유수프 체인점으로 원조집이다.

⓫ 이즈니크의 박물관들

❶ ❷
이즈니크에는 두 개의 박물관이 있는데 하나는 2023년에 문을 연 **이즈니크 박물관** İznik Müzesi(운영 화~일 08:00~17:00, 입장료 €3)으로 그리스, 로마, 비잔틴, 오스만 제국의 유물을 전시하고 있다. 다른 하나는 **이즈니크 닐뤼페르 하툰 이마레티 튀르크 이슬람 예술 박물관** İznik Nilüfer Hatun İmareti Türk İslam Eserleri Müzesi(운영 화~일 08:00~17:00, 입장료 106.05TL)으로 무라트 1세가 어머니인 닐뤼페르 하툰을 기리기 위해 1388년에 이마레티 Imareti(빈민 급식소)로 지은 건물에 초기 오스만 제국의 유물을 전시하고 있다.

이즈니크 박물관

❶ 이즈니크 박물관 ❷ 이즈니크 이슬람 예술 박물관

이즈니크 이슬람 예술 박물관

중앙아나톨리아 지역

중앙아나톨리아 지역İç Anadolu Bölgesi은 튀르키예 전체 면적의 21%를 차지하는 가장 넓은 지역이다. 북쪽으로는 흑해 지역, 동쪽으로는 동아나톨리아 지역, 남쪽으로는 지중해 지역, 서쪽으로는 에게해 지역, 북서쪽으로는 마르마라 지역에 둘러싸여 있다. 앙카라, 콘야, 네브셰히르(카파도키아), 카이세리, 악사라이주 등이 이 지역에 속한다. 기후적으로는 대륙성 기후를 띠며 여름은 덥고 건조하다. 겨울에는 춥고 눈이 많이 내려 고립되기도 하므로 여행 일정에 지장이 없으려면 겨울은 피하는 것이 좋다. 이 지역의 여행 적기는 봄과 가을이다.

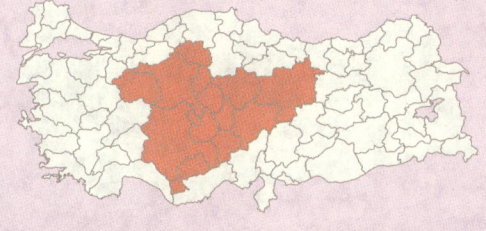

1 튀르키예 여행의 로망
카파도키아
Kapadokya(Cappodocia)

카파도키아는 페르시아어 '카파투카Katpatuka'에서 왔다. 이는 '아름다운 말들의 땅'이란 뜻으로 말을 기르기 좋은 지역을 말한다. 우주 어딘가 행성에 도착한 듯한 신비로운 풍경은 수백만 년 전 에르시예스Erciyes 산 등의 화산폭발로 이루어졌다. 응회암과 현무암으로 이루어진 지층은 여러 번의 지각변동과 풍화작용을 거치며 응회암의 부드러운 부분은 깎이고, 단단한 현무암이 남으면서 카파도키아의 독특한 풍경인 요정 굴뚝 군락이 형성됐다. 2~4세기 이후 로마의 박해를 피해 이주해 온 기독교인들이 응회암 바위를 파 은신처와 교회로 삼았다. 6세기경 오스만이 땅을 점령하자 기독교인들은 거대한 지하도시를 건설해 더 깊은 곳으로 숨어 들어갔다. 카파도키아 지역에는 150~200개의 지하 정착지가 있었으며 그 규모가 지하 20층, 수만 명의 사람이 머물렀을 정도로 규모가 크다. 카파도키아는 기암괴석 군락의 자연유산과 이 속에서 살았던 초기 기독교인들의 기독교 공동체 역사·문화 유적을, 또 이곳에서 살고 있는 무슬림들의 건축양식을 살펴볼 수 있다. 1985년 유네스코 세계유산 목록에 추가됐다. 현재는 이스탄불과 함께 튀르키예 최고의 여행지로 손꼽힌다.

카파도키아 들어가기

카파도키아는 괴레메, 네브셰히르, 우치히사르, 위르귑, 아바노스 등의 마을이 모여 있는 지역으로 항공과 버스로 갈 수 있다. 한국에서 직항은 없다. 터키항공을 타고 이스탄불 공항으로 간 뒤, 곧바로 터키항공으로 국내선으로 환승한다면 별도 발권했더라도 짐 연계가 가능하니 인천공항에서 미리 이야기하자(아시아나항공으로 이스탄불에 가고, 터키항공 국내선을 이용할 경우에도 스타얼라이언스 그룹으로 짐을 연계해 준다). 이 외의 항공은 사비하 괵첸 공항에서 국내선을 이용해야 한다. 네브셰히르나 카이세리 공항으로 도착한다. 버스는 이스탄불, 앙카라, 안탈리아 등 주요 도시에서 연결되는데, 여행자들이 선호하는 괴레메로 가는 버스는 거의 없고 대부분 네브셰히르 버스터미널을 거쳐 버스나 돌무쉬로 갈아타게 된다.

비행기

카파도키아로 가는 가장 효율적이고 편안한 방법이다. 카파도키아에는 네브셰히르 카파도키아 공항Nevşehir Kapadokya Airport, 카이세리 에르킬레트 공항Kayseri Erkilet Airport이 있다. 비행시간은 모두 1시간 15~20분으로 비슷하나 카이세리 공항은 카파도키아의 중심지인 괴레메까지 75km, 네브셰히르 공항은 45km로 네브셰히르 공항이 더 가까워 여행자들이 선호한다. 운항 횟수는 카이세리 공항행이 더 많아 요일과 시간이 네브셰히르 공항행과 맞지 않다면 카이세리 공항을 이용하게 된다.

- 터키항공 www.turkishairlines.com
- 에이젯 www.ajet.com
- 페가수스항공 www.flypgs.com
- 선익스프레스 www.sunexpress.com

네브셰히르 공항
Nevşehir Kapadokya Havalimanı
(Nevşehir Kapadokya Airport)

괴레메에서 45km 떨어져 있는 작은 공항으로 이스탄불에서 터키항공Turkish Airlines과 에이젯AJet이 다닌다. 한국에서 이스탄불을 거쳐 공항으로 갔다면 국제선 쪽에서 짐을 찾아야 한다.

※ **네브셰히르 공항에서 카파도키아 마을 가기**
괴레메에서 45km 떨어져 있으며 차량으로 40분 걸린다. 공항에서 카파도키아 지역(괴레메, 네브셰히르, 우치히사르, 위르귑, 아바노스)으로 가는 방법은 사설 셔틀버스(숙소에서 픽업 예약/온라인 사이트에서 예약)와 공공 셔틀버스, 택시가 있다. 택시는 바가지 위험이 있어 추천하지 않는다. 숙소에서 픽업 예약 시 셰어셔틀(여러 명이 이용) 요금은 €10~120이고, 프라이빗(단독 이용)으로 예약하면 €60~ 정도 한다. 모두 선예약, 현금으로 후결제 방식이다. 가장 저렴한 교통수단은 아래 소개하는 이펙 투르 공공 셔틀버스를 이용하는 것이다. 반대로 카파도키아 마을에서 공항으로 가려면 머문 숙소나 주변 여행사에서 셔틀버스를 예약하면 된다.

주소 Tuzköyü, Nevşehir Kapadokya Havaalanı Girişi, 50900 Gülşehir/Nevşehir
전화 (384) 421 44 55
홈피 www.dhmi.gov.tr/Sayfalar/Havalimani/Kapadokya/AnaSayfa.aspx

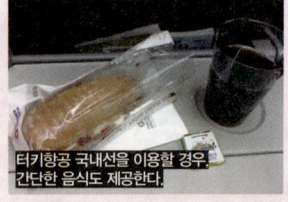

터키항공 국내선을 이용할 경우 간단한 음식도 제공한다.

❶ 이펙 투르 카파도키아 공항 셔틀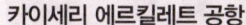İpek Tur Cappadocia Airport Shuttle Service

예약 없이 탈 수 있는 공공 셔틀버스로 가장 저렴하다. 비행기 도착시간에 맞춰 운행하며 승객이 가득 차면 곧바로 출발한다. 괴레메, 우치히사르, 아바노스, 위르귑, 네브셰히르 모두 연결하며 사설 셔틀버스처럼 호텔 앞에 내려주는데 대신 사설보다 오래 걸린다. 공항에서 밖으로 나오면 쉽게 보이며 이용 가격도 정찰제로 바가지 걱정이 없다. 기사에게 현금을 주면 된다.

요금 괴레메·우치히사르·차브신·아바노스 250TL, 네브셰히르 150TL, 위르귑 300TL
전화 왓츠앱 +90 531 735 10 78

카이세리 에르킬레트 공항
Kayseri Erkilet Havalimanı (Kayseri Erkilet Airport)

괴레메에서 75km 떨어져 있는 작은 공항으로 터키항공Turkish Airlines, 페가수스Pegasus, 선익스프레스SunExpress 등의 항공이 다닌다.

주소 Hilal, Mustafa Kemal Paşa Blv., 38090 Kocasinan/Kayseri
전화 352 337 52 44
홈피 www.dhmi.gov.tr/Sayfalar/Havalimani/Kayseri/AnaSayfa.aspx

※ 카이세리 공항에서 카파도키아 마을 가기

괴레메에서 75km 떨어져 있으며 차량으로 1시간이 소요된다. 공항에서 카파도키아 지역(괴레메, 네브셰히르, 우치히사르, 위르귑, 아바노스)으로 가는 방법은 사설 셔틀버스와 택시다. 픽업 셔틀은 예약한 호텔을 통해 신청하거나(€10~15), 온라인을 통해 직접 예약할 수도 있는데 가격은 비슷하다. 모두 기사에게 직접 요금을 현금으로 내는 방식이고 묵는 숙소 앞에서 내려준다. 택시는 바가지 위험으로 추천하지 않는다. 대중교통을 이용한다면, 택시(약 300TL)로 12km 떨어진 카이세리 버스터미널Kayseri Otogarı로 간 후 공항버스 카이세리 에르킬레트 하바쉬Kayseri Erkilet Havaş를 타면 되는데, 이동 시간과 택시 요금을 생각한다면 픽업 셔틀이 더 저렴하다. 원래 하바쉬 버스가 공항-버스터미널 구간도 운행했으나 일시적으로 중단되었다. 반대로 카파도키아 마을에서 공항으로 가려면 머문 숙소나 주변 여행사에서 셔틀버스를 예약하면 된다. 택시로 올 경우 €100 정도 부른다.

시외버스

카파도키아는 이스탄불에서 730km 떨어진 아나톨리아의 중앙에 있다. 이스탄불 메인 버스터미널Istanbul Esenler Otogar에서 카파도키아의 괴레메까지 10~12시간 소요되며 보통 야간버스를 타고 다음 날 아침에 도착한다. 요금은 800TL~이다. 버스회사는 카밀코치Kamil Koç, 카파도키아Kapadokya, 네브셰히르Nevşehir, 메트로Metro가 운행한다. 모든 버스는 네브셰히르 버스터미널을 거쳐, 타고 온 회사의 미니버스로 갈아타 괴레메, 우치히사르, 아바노스 등의 최종 목적지 버스터미널에 도착한다. 이스탄불이 아닌 다른 도시에서 갈 경우 종착지인 네브셰히르에 내린 후 터미널에서 괴레메 직행으로 가는 시외버스를 타거나, 또는 시내버스를 타고 네브셰히르 중심가로 간 뒤 괴레메행 미니버스를 갈아타 들어갈 수 있다.

네브셰히르 버스터미널
Nevşehir Şehirlerarası Otobüs Terminali

네브셰히르 중심가에서 6.5km 떨어져 있으며 카파도키아 지역을 연결하는 중심 터미널이다. 여행자들이 많이 머무는 괴레메의 버스터미널까지의 거리는 19km다.

주소 Bekdik, 50040 Nevşehir Merkez

※ 네브셰히르 버스터미널에서 괴레메 들어가기

1번 버스 시간표

터미널에서 괴레메로 곧바로 가려면 네브셰히르–괴레메 구간 별도의 시외버스표를 구입하거나(약 200TL), 터미널에서 1번 버스를 타고 네브셰히르 시내로 들어가(현금 사용 불가, 컨택리스 신용카드·체크카드 사용 가능, 23TL) 돌무쉬나 미니버스로 갈아타고(현금만 가능, 35TL) 괴레메 등의 지역으로 들어갈 수 있다. 버스를 탈 때 기사에게 목적지를 말하면 갈아타는 정류장을 안내해 준다. 짐이 있다면 시외버스로 한 번에 가는 것을 추천한다.

운영 1번 버스 07:00~22:45

네브셰히르 버스터미널

네브셰히르 시내, 이곳에서 괴레메 등으로 가는 버스를 탈 수 있다.

괴레메 버스터미널

괴레메 시내와 주변 마을 이동하기

괴레메는 작은 마을로 도보로 충분히 다닐 수 있으며 주변 마을을 여행할 때는 돌무쉬Dolmuş를 타게 된다. 괴레메를 중심으로 우치히사르–네브셰히르 방향, 차브신–아바노스 방향, 위르컵 방향으로 3갈래로 나누어진다. 요금은 돌무쉬 내에 운전기사 앞쪽에 쓰여 있고 현금만 가능하다. 우치히사르–네브셰히르행 돌무쉬는 버스를 탄 뒤에 차장이 수금하고, 나머지 돌무쉬는 목적지에 내릴 때 기사에게 낸다. 각 버스 타는 곳은 p.241 지도를 참고하자.

주요 노선

- 괴레메–우치히사르–네브셰히르(30분 간격)
- 괴레메–차브신–아바노스(1시간 간격)
  *젤베 계곡을 경유하는 아바노스행과 아바노스 직행 2가지가 있다.
- 괴레메–위르컵(1시간 간격)

괴레메에서 네브셰히르와 우치히사르행 미니버스 정류장

카파도키아 추천 일정

카파도키아에는 보통 항공으로 밤에 도착하거나, 버스로 새벽~아침에 도착하는 경우가 많고, 떠날 때는 파묵칼레, 안탈리아, 페티예 등으로 주로 야간버스를 이용한다. 밤늦게 도착한다면 2박 3일이라 하더라도 결국 1박 2일 일정과 같다. 보통 도착한 날은 피곤이 풀리지 않아 투어를 떠나기에는 무리다. 1박 2일 일정이 아니라면 첫날부터 투어를 선택할지는 본인의 체력과 컨디션을 고려하자. 일정이 짧다면 벌룬 투어Hot Air Balloon Tour는 숙소나 여행 상품 사이트를 통해 예약하고 오는 것을 추천한다. 벌룬 투어는 날씨에 따라 취소되기도 하는데 일정이 짧은 경우 못 탈 수도 있다. 아래는 1인 여행자를 위한 일정이나 2인이라면 스쿠터나 렌터카, 3~4인이라면 렌터카로 투어 장소를 돌아보는 것도 좋다.

1박 2일인 경우

하루 전날 늦은 밤에 도착하거나, 1일 차 일출에 따른 벌룬 픽업 시간이 계절에 따라 04:00~06:00이므로 02:00~04:00에 도착했다면 아래 일정이 가능하다. 카파도키아를 여행하기엔 너무 부족하지만, 일정상 어쩔 수 없는 경우가 많다. 벌룬 투어Balloon Tour를 중심에 두고 계획을 세우자. 2일 차에 벌룬 투어를 신청했다가 날씨 문제로 취소되는 경우 난감하니 피곤하더라도 1일 차에 넣자.

`Day 1` 오전 6~8시 벌룬 투어, 이후 피곤하지 않다면 괴레메 주변을 돌아보는 레드 투어Red Tour(10~18시), 피곤하다면 괴레메 시내(+괴레메 야외 박물관Göreme Açık Hava Müzesi)를 돌아보고, 괴레메 주변의 일몰 명소Sunset Point에서 일몰을 감상하자.

`Day 2` 그린 투어Green Tour(10~18시) 후 야간버스로 다음 목적 도시로 이동

2박 3일인 경우

1박 2일보다는 낫지만, 여전히 짧은 일정이다. 1인이라면 투어를 이용하고, 2~4인이라면 렌트로 보고 싶은 장소만 콕콕 돌아보는 것도 좋다.

`Day 1` 오전 6~8시 벌룬 투어. 휴식 후 괴레메 시내(+괴레메 야외박물관Göreme Açık Hava Müzesi)를 돌아보고, 컨디션이 괜찮다면 돌무쉬로 10분 거리인 우치히사르 성에서 일몰을 감상하자.

`Day 2` 그린 투어(10~18시) 후 괴레메 주변의 일몰 명소Sunset Point에서 일몰을 감상하자.

`Day 3` 괴레메 뷰 포인트View Point에서 일출 보기+레드 투어 또는 (2일 차 버스 투어가 힘들었다면) 돌무쉬를 타고 젤베+파샤바 박물관, 아바노스에 다녀오자.

※ 3박 4일인 경우 + 소금호수 투어를 추가하면 된다.

4박 5일 이상인 경우

4박 5일 이상인 경우 현지에 와서 여러 투어를 살펴보고 결정하는 것도 좋으며, 투어 대신 트래킹을 하거나, 소금호수까지 다녀올 수 있다. 벌룬 투어는 필수로 추천하고, 나머지 투어들은 취향에 따른 선택이다. 그린 투어나 레드 투어는 하루에 여러 장소를 효율적으로 다니는 프로그램이기에 시간적 여유가 있는 여행자라면 하루에 관심 있는 장소를 두 곳씩 천천히 다니면 된다. 그린 투어에 포함된 으흐랄라를 제외한 나머지 장소들은 대중교통으로 갈 수 있다. 트래킹을 좋아한다면 일주일 정도 머물며 괴레메 주변의 트래킹 코스를 걷는 것을 추천한다.

카파도키아를 여행하는 3가지 방법

대중교통+트래킹

벌룬 투어를 제외하고 나머지 장소들은 튼튼한 두 다리와 넉넉한 시간만 있으면 저렴하게, 더 여유롭게 돌아볼 수 있다. 돌무쉬를 이용해 우치히사르, 아바노스, 위르귑, 네브셰히르, 데린쿠유 지하도시를 여행하고, 도보로 괴레메 주변의 뷰 포인트, 러브 밸리Aşk Vadisi, 로즈 밸리Gül Vadisi, 피죤 밸리Güvercinlik Vadisi 등을 트래킹하면 카파도키아를 더욱 생생히 느낄 수 있다. 단체 투어를 선호하지 않는 여행자에게 추천한다.

스쿠터·렌터카

투어보다 자유롭고, 기동성이 있어 원하는 곳만 콕콕 집어 갈 수 있어 편리하다. 개인이라면 스쿠터, 2~4명이 함께 여행한다면 렌터카가 더 저렴하고 효율적이다. 기존의 투어 장소들을 자유롭게 돌아볼 수 있다. 신용카드나 체크카드로 결제할 경우 10~15%의 수수료를 붙여 현금 결제를 추천한다. 리라보다는 유로화가 편리하다. 렌터카 요금은 성·비수기에 따라 다르나 €70~150 정도 한다. 모든 렌터카의 일일 최대 거리는 200~250km로, 소금호수를 다녀올 경우 추가 요금을 내야 한다. 단, 렌터카 사고가 많이 발생하니 운전 시 특히 주의하자

❶ 선셋 렌터카 Sunset Rent a Car
주소 Ragıp Üner Street Isali-Gafarli-Avcilar District No:1/26 Göreme
전화 와츠앱 541 797 05 50
홈피 sunsetrentacar.com

❷ 카파도키아 렌터카 Cappadocia Rent a Car
주소 Ragıp Üner Street Isali-Gafarli-Avcilar District No:1 Göreme
전화 와츠앱 532 232 26 04
홈피 www.cappadociarentacar.net

투어

숙소에 도착하자마자 숙소에서, 길거리에서 권유받는 게 바로 투어다. 투어를 이용하면 단시간에 편리하게 주요 관광지를 돌아볼 수 있어 많이 이용한다. 대표적인 투어는 벌룬 투어, 레드 투어, 그린 투어다. 세 가지 투어를 모두 할 경우 할인해 주거나 공항 픽업 서비스를 제공한다거나 다른 투어를 끼워 주기도 하니 숙소와 주변의 여행사에서 가격 비교 후 묶어서 예약하면 좋다. 카드는 수수료가 높아 유로 현금을 가져가는 것이 좋다. 리라는 당일 유로 환율을 환산해 받는다. 모든 투어에 들어가지 않는 우치히사르 성Uçhisar Castle은 괴레메에서 돌무쉬로 10분 거리로 따로 방문하자.

❶ 벌룬 투어 Balloon Tour

날씨 확인

카파도키아의 가장 대표적이며 필수적인 투어로 튀르키예 여행에 중요한 부분을 차지한다. 이른 새벽, 열기구를 타고 하늘에서 해 뜨는 것과 카파도키아 지역을 돌아보는 투어다. 열기구로 가득 찬 하늘을 보는 것도 장관이다. 투어는 숙소로 픽업을 오고, 상품에 따라 조식이나 티타임을 포함하기도 한다. 벌룬 투어가 끝나면 샴페인과 인증서도 준다. 숙소에 돌아오면 8시 정도라 다른 투어를 하는 데도 지장이 없다. 11월 이후에는 바람이 많이 불어 투어가 자주 취소된다. 4월 이후 차차 날씨가 안정되는데 날씨가 따뜻해진다 해도 취소되기도 하니 열기구를 타는 것은 운이다. 괴레메와 네브셰히르 근처의 챠트ÇAT, 멀리는 소안르Soğanli와 으흐랄라 계곡까지 네 곳에서 뜨는데 가격은 괴레메가 가장 비싸다. 저렴하면 먼 곳일 수도 있고, 해가 뜬 다음에 뜨는 2차일 수도 있으니 벌룬이 뜨는 장소도 체크해야 한다. 가격은 벌룬이 자주 뜰 때와 그러지 못할 때, 비수기와 성수기에 따라 변동이 심하다. 날씨 관계로 투어가 취소될 경우, 환불해 준다.

투어 시간 (해 뜨는 시기에 따라) 06:00~08:00
요금 열기구가 자주 뜨거나 비수기 €70~열기구가 자주 뜨지 않거나 성수기 €450
*열기구가 뜰 수 있는지 기상 상황을 알 수 있는 위의 QR 사이트에서 깃발이 초록색이면 열기구가 뜬다.

* 추천 회사

로얄 벌룬 Royal Balloon

- 주소 Avcılar Mahallesi, Dutlu Sk. No:9, 50180 Göreme
- 위치 버스정류장에서 800m
- 전화 와츠앱 549 271 33 00
- 홈피 royalballoon.com

투르콰즈 벌룬 Turquaz Balloons

- 주소 Adnan Menderes Cd. No:24/A, 50180 Göreme
- 위치 버스정류장에서 650m
- 전화 와츠앱 554 165 36 40
- 홈피 www.turquazballoons.com

디스커버리 벌룬 Discovery Balloons

- 주소 Göreme Uzundere Caddesi No:7, 50180 Göreme
- 위치 버스정류장에서 150m
- 전화 와츠앱 533 257 39 00
- 홈피 www.discoveryballoons.com

> **Tip | 벌룬 회사 고르기**
>
> 이곳에 아래 소개하는 벌룬 회사들은 베테랑 경력의 메이저급 회사들로 괴레메에서 출발한다. 로얄 벌룬을 제외한 투르콰즈와 디스커버리에서는 가격을 공개하고, 1/2차 뜨는 시간에 대한 고지가 명확해 추천한다. 날짜에 따라 벌룬 가격이 다르니 여행 계획을 세울 때 참고하자.

❷ **레드 투어** Red Tour

괴레메 야외박물관, 우치히사르 마을, 데브렌트, 파샤바, 아바노스를 돌아본다. 바쁜 일정을 좋아하지 않는다면 돌무쉬, 스쿠터나 ATV를 이용해 개인적으로도 가능하나 레드 투어처럼 모든 장소를 하루에 돌아보기는 어렵다.

- 투어 시간 10:00~17:00/18:00
- 요금 €40~(입장권, 점심 식사 포함)

❸ 그린 투어 Green Tour
카파도키아 파노라믹 뷰Kapadokya Panoramic View, 피죤 밸리Güvercinlik Vadisi에서 시작해 데린쿠유 지하 도시Derinkuyu Yeraltı Şehri, 으흘라라 계곡Ihlara Vadisi과 셀리메 수도원Selime Manastırı, 나를르괼 분화구 호수Narlıgöl Krater Gölü 등을 보는 투어로 효율성이 높다.

투어 시간 10:00~17:00/18:00
요금 €45~(입장권, 점심 식사 포함)

❹ ATV 투어 ATV Tour
영화 〈매드맥스〉 분위기로 카파도키아 계곡을 달린다. 달릴 때 흙먼지를 뒤집어쓰게 되어 마스크와 고글 등이 도움이 된다. ATV 선셋 투어Sunset Tour는 해지기 전 칼의 계곡, 연인의 계곡, 로즈 밸리 등으로 ATV를 타고 가 석양을 보고 오는 투어로 2시간이 소요된다. 해가 늦게 지는 5~8월은 그린이나 레드 투어를 마치고 할 수 있다.

투어 시간 2시간
요금 1시간 €20~, 2시간 €25~

❺ 지프 투어 Jeep Tour
ATV의 흙먼지가 싫다면 지프 투어도 있다. 오르타히사르 성Ortahisar Kalesi, 판잘리크 교회Pancarlık Kilisesi, 비둘기 계곡 등 주변과 일몰을 보는 돌아오는 투어다. 중간중간 스냅 사진사가 사진을 찍어주고, 사진 판매를 하는데 현금만 가능하다. 샴페인도 한 잔 준다.

투어 시간 2시간
요금 €90~(2~4인까지 가능하고, 동행자를 모으면 1/N로 낸다)

❻ 소금호수 투어 Tuz Gölü Turu
앙카라와 카파도키아 사이에 있는 소금호수를 다녀오는 투어다. 왕복 5시간, 소금호수 체류 시간 1시간으로 총 6시간 정도가 소요되고 차량과 기사를 지원한다. 오전 출발과 해 질 녘 풍경을 볼 수 있는 오후 출발 시간(추천) 중에 선택할 수 있다. 물이 찰랑이며 핑크빛 소금호수를 가장 예쁘게 담기 위해서는 계절과 투어 당일의 호수에 물이 차 있는지가 중요하다.

투어 시간 6시간(오전 10:00/오후 13:00 출발 선택)
요금 시기에 따라 €80~250, 2~6인 동행자가 모이면 1/N로 낸다.

❼ 튀르키예의 밤 Turkish Night Show
저녁 식사를 하며 튀르키예 전통춤을 보는 프로그램으로 20:00 경에 호텔에서 픽업해 공연이 끝난 후 데려다준다.

요금 €45~

❽ 낙타 타기 Cappadocia Camel Ride
낙타를 타고 괴레메 주변 계곡을 돌아볼 수 있다.

요금 1시간 €30~, 2시간 €40~

❾ 말타기 Horse Riding
말을 타고 괴레메 주변 계곡을 돌아볼 수 있다.

요금 1시간 €20~, 2시간 €30~

카파도키아라는 지명은 '아름다운 말들의 땅'이라는 뜻이다.

괴레메 Göreme

카파도키아의 중심에 있는 마을로 '숨겨진', '보이지 않는'이라는 뜻이다. 카파도키아 특유의 기암괴석 군락을 볼 수 있는 계곡들이 주변에 있고, 초기 기독교 공동체의 흔적인 교회, 수도원, 거주지가 가까이 있다. 배낭여행자들을 위한 저렴한 숙소부터 오래된 동굴 주택을 활용한 부티크 호텔까지 다양한 숙소와 식당, 각종 투어의 중심지로 카파도키아에서 여행자들이 가장 선호하는 마을이다.

To do list
1. 튀르키예 여행의 로망, 벌룬 투어
2. 카파도키아의 일출과 일몰 보기
3. 카파도키아의 기암괴석
4. 특별한 맛은 아니지만, 퍼포먼스가 재미있는 도자기 케밥 맛보기

Tip | 괴레메 여행 팁

① 환전

숙소와 여행사에서 유로와 달러를 환전해 준다. 환율은 대도시에 비해 나쁘니 되도록 미리 해오는 것이 좋다. 수수료 없이 인출 가능한 체크카드로 ATM에서 인출 하는 것을 추천한다. 괴레메 버스터미널에 각 은행별 ATM기가 몰려 있다.

버스정류장 근처의 ATM

② 체크·신용카드

식당에서 카드 이용은 불편하지 않으나 투어는 현금이 아닌 경우 카드 수수료를 추가로 붙인다. 수수료 또한 10~15%로 매우 비싼 편으로 유로 현금을 준비하자. 리라로 낼 경우 당일 유로:리라 환율에 따라 결정되므로 유로 현금이 유리하다. 숙소도 호텔 예약사이트를 통해 선결제하지 않고 현장 결제 카드로 할 경우, 카드 수수료를 추가로 내야 한다.

③ 유로화

카파도키아만큼은 유로 현금이 매우 유용하다. 각각의 투어 상품은 모두 유로화 현금을 선호하기 때문에 여행 전 하고 싶은 투어 금액만큼 유로화 현금을 준비하면 여행경비를 아낄 수 있다. 여행사에 따라 잔돈을 유로로 거슬러 주기도 하지만, 리라로 거슬러 주는 곳도 있다.

④ 시장

괴레메에는 화요시장이 열린다. 현지인들을 위한 시장으로 크게 볼거리는 없으나, 신선한 과일을 구입할 경우 참고하자.

⑤ 술

괴레메의 식당은 술 파는 곳이 드물다. 슈퍼마켓에서도 술을 팔지 않는다. 술을 파는 '테켈Tekel' 상점은 따로 있으며 22:00 이후에는 술 판매가 금지된다. 아래 주소와 지도를 참고하자. 와인을 구매할 때 코르크를 따달라고 부탁하면 따른다.

Bizm Tekel
주소 İsali - Gaferli - Avcılar, 50180 Göreme
운영 09:00~22:30

Trz Market
주소 İsali - Gaferli - Avcılar, Trz market, Müze Cd. 40 a, 50110 Göreme
운영 09:00~01:00

İlhan Süpermarket
주소 Aydınlı - Orta, Müze Cd. No:2, 50180 Göreme
운영 09:00~22:00

선셋·선라이즈 뷰 포인트 Sunset·Sunrise View point
★★★

괴레메 주변에는 일출과 일몰을 볼 수 있는 여러 전망대가 있는데 그중 마을에서 가장 쉽게 접근할 수 있는 대표적인 전망대다. 해가 뜨기 전 새벽에 오르면 열기구에 바람을 넣는 장면부터 떠오르는 장면까지, 일출과 함께 볼 수 있다. 전망대에서 커피와 차이를 판매한다. 전망대에는 커다란 개들이 혼자 또는 무리 지어 돌아다니는데 관광객들에게 음식을 얻어 먹으러 오는 개들로 순하다. 개를 무서워한다면, 혼자 걷지 말고 주변 사람들이 이동할 때 함께 걷자.

주소 İsali - Gaferli - Avcılar, 50180 Göreme
위치 버스터미널에서 언덕의 튀르키예 거대 국기가 펄럭이는 방향으로 750m(도보 15분)
요금 30TL

괴레메 마을에서 튀르키예 깃발이 보이는 곳이다.

more & more 무료로 볼 수 있는 다른 뷰 포인트

① 괴레메 파노라마 뷰
Göreme Panorama View

괴레메와 우치히사르 사이 도로에 있다. 길을 따라 올라가면 괴레메가 한눈에 보인다.

주소 JRWC+3C, Göreme
위치 버스터미널에서 1.2km 우치히사르로 가는 도로로 올라가면 된다.

② 벌룬 뷰
Balloons View

열기구가 뜨는 장소와 가장 가깝다. 열기구가 부풀어 떠오르면 바로 눈앞에 나타난다.

주소 JRVP+P9 Göreme
위치 버스터미널에서 동쪽으로 700m, 괴레메 야외박물관 방향으로 걸어가면 된다.

③ 선라이즈·벌룬 뷰 포인트
Sunrise And Balloons View Point

가장 거리가 멀지만 괴레메 마을 전체 조망이 다 보인다.

주소 JRQG+CP Nevşehir Merkez, Göreme
위치 버스터미널에서 남서쪽으로 850m 트래블러스 케이브 호텔을 지나 올라가면 된다.

괴레메 야외박물관 ★★★
Göreme Açık Hava Müzesi (Göreme Open Air Museum)

4~13세기 괴레메에는 수도 생활을 하는 기독교 공동체가 광범위하게 형성됐다. 거의 모든 바위 군락에 교회, 예배당, 종교 식당 등이 모여 있는데, 괴레메 야외박물관은 이러한 수도원 단지의 형태가 시작된 곳으로 1984년 유네스코 세계유산으로 지정되었다. 박물관 내에는 15개의 교회와 수도원, 종교 식당 등이 있으며 10~11세기에 지어진 것으로 추정된다. 1000년경 템페라 기법(달걀노른자와 아교를 섞은 안료로 그림을 그리는 방법)으로 그린 벽화가 잘 보존되어 있다. 괴레메는 1100년경 셀주크 제국, 이후 오스만 제국이 점령하면서 튀르키예인들이 정착했다. 1924년 튀르키예의 그리스 기독교인들은 그리스로 이주했는데, 그 이후로 교회로 사용되지 못했다. 괴레메 야외박물관 내부에서는 사진 촬영이 금지된다. 여름철이라면 그늘이 없고 기온이 40도에 육박하니 선글라스, 모자, 양산, 그리고 물을 꼭 챙기자.

주소 Gaferli Mah. Müze Cad. Göreme Açıkhava Müzesi Bilet Gişesi Göreme
위치 괴레메 버스터미널에서 도보 1.6km
운영 4~10월 08:00~19:30, 10~3월 08:00~17:00
요금 €20, 칼란륵 교회 추가 €6 (당일의 유로:리라 환율을 계산해 TL로만 결제)
전화 (384) 271 21 67
홈피 muze.gov.tr/muze-detay?sectionId=GRM01&distId=GRM

박물관에는 소녀와 소년 수도원, 여러 교회가 있는데 한 바퀴 돌고 괴레메로 돌아오면 반나절은 걸린다.

▶▶ 엘말르 교회
Elmalı Kilise (Apple Church)

외부에서 보면 평범하지만, 내부의 돔 뒤쪽에 대천사 가브리엘의 성화에서 손에 들고 있는 공 모양의 십자가가 사과 같다고 해서 엘말르Elmalı(Apple), 사과 교회라고 불린다.

▶▶ 칼란륵 교회
Karanlık Kilise (Dark Church)

11세기 말에서 12세기 초에 건축되었으며 작은 창으로 들어오는 빛이 적어 '다크 교회'라고 불린다. 빛이 적게 들어오는 덕분에 프레스코화가 생생하게 남아 있다. 별도의 입장료를 내야 들어갈 수 있다.

★★☆

칼의 계곡 Kılıçlar Vadisi (Swords Valley)

괴레메 야외박물관 길 건너편에 자리한 계곡으로 검처럼 생긴 요정 굴뚝에서 이름이 지어졌다. 계곡에는 10세기 이전에 건축된 검은 교회Kılıçlar Kilisesi와 성모마리아 교회Meryem Ana Kilisesi가 있다. 검은 교회는 성경의 33개 장면을 묘사한 프레스코화를 볼 수 있다. 괴레메에서 가까워 말 트래킹과 ATV 투어가 많이 이루어진다. 이곳에서 차브신까지 이어지는 트래킹 루트도 있다.

주소 Bahçelievler, 50650 Ortahisar, Ürgüp
위치 괴레메 야외박물관 길 건너편

★★☆

연인들의 계곡 Aşk Vadisi (Love Valley)

계곡의 이름은 이 지역에 있었던 두 마을이 관련되어 있다. 아주 오랜 옛날, 이곳에는 씨족 사람들이 모여 살았는데 큰 싸움이 일어나며 두 개의 마을로 갈라졌다. 두 마을에서 젊은 남녀가 만나 첫눈에 사랑에 빠져 결혼하고 아이를 낳았는데 두 마을 간의 전쟁으로 남자가 죽게 되고, 이를 비관한 여자도 자살한다. 이들이 죽자. 신이 이 계곡에 돌비를 뿌려 인간들을 벌한 것이 오늘날 계곡 형상을 만들어 '연인들의 계곡'이라 부르게 되었다. ATV 투어로도 갈 수 있고, 괴레메에서 돌무쉬를 타고 트래킹 출발 지점으로 쉽게 갈 수 있다. 트래킹 출발 지점에서 전망대까지 2km 걸어가면 기암괴석을 관찰할 수 있으며 일출 명소이기도 하다.

주소 İsali - Gaferli - Avcılar, 50180 Göreme
위치 아바노스행 버스를 타고 러브 밸리에 내려달라고 하면 된다.

장미 계곡 Gül Vadisi (Rose Valley)
★★☆

괴레메와 차브신 마을 사이에 자리한 계곡으로 계곡의 색이 장밋빛을 띠어 '장미 계곡'이라 부른다. 유네스코 세계유산에 속하는 지역으로 많은 교회와 수도원, 다양한 형태의 요정 굴뚝을 볼 수 있다. 괴레메에서 가장 인기 있는 일몰 명소 계곡으로 차량이나 ATV를 타고 계곡으로 들어간 뒤 일몰을 보는 선셋 투어 Sunset Tour를 추천한다. 여러 투어를 구매할 경우, 무료로 넣어준다. 4.1km의 트래킹 루트도 있는데 시작점인 키질쿠쿠르 계곡 Kizilcukur Valley의 파노라마 전망대 Panoramic View Point에서 일출을 충분히 즐기고 출발하면 좋다. 3~8월 사이에는 카파도키아에서만 피는 꽃도 만날 수 있다. 종착지는 차브신 마을로 돌무쉬를 타고 괴레메로 돌아오면 된다.

주소 2. Küme, Gül vadisi, 50180 Göreme
위치 트래킹 출발 장소인 파노라마 전망대까지 괴레메 버스터미널에서 5km, 걸어가기엔 멀고 택시를 추천한다.

❶ 트래킹 출발 지점 ❷ 선셋 뷰 포인트

more & more   후두 Hoodoo

카파도키아에서 쉽게 볼 수 있는 특이한 형태의 돌기둥을 지질학적으로 후두 Hoodoo라고 한다. 큰 덩어리진 지층이 오랜 시간 풍화와 침식 작용으로 부드러운 부분이 깎이고 상부에 단단하고 덜 쉽게 침식되는 돌이 남아 기둥 모양으로 남겨진 것이다. 예쁜 이름으로는 흔히 '페어리 침니스 Fairy Chimneys', '요정 굴뚝'이라고 부른다. 후두의 크기는 사람 키 정도부터 10층 건물을 초과하는 높이까지 다양하며 퇴적된 광물의 종류에 따라 여러 가지 색을 띤다.

★ 괴뢰메 근교

으흐랄라 계곡 Ihlara Vadisi (Ihlara valley)
★★★

깊이 120m 아래 멜렌디즈Melendiz 강을 따라 이어지는 14km 길이의 계곡이다. 아름다운 강을 따라 주변으로 동굴교회, 수도원, 주택을 볼 수 있는데 이러한 독특한 문화적, 자연적 중요성으로 국립 공원으로 보호되고, 유네스코 세계 문화유산으로 지정되었다. 으흐랄라 계곡은 4~13세기 비잔틴 시대에 교회와 수도원이 있던 기독교 공동체 단지로 4,000개 이상의 거주지와 100개 이상의 교회가 남아 있다. 프레스코화가 잘 남아 있는 교회가 계곡 곳곳에 있는데 그 중 대표적인 아아찰트 교회Ağaçaltı Kilise(Daniel Pantonassa)는 9~11세기에 그려진 성모 승천, 사자 굴에 던져졌다 살아남은 다니엘, 예수 승천, 사도와 선지자 등의 이야기가 묘사되어 있다. 으흐랄라 계곡 북쪽 끝에 있는 셀리메 대성당Selime Katedrali(Selime Cathedral)은 카파도키아에서 가장 큰 동굴 기독교 단지로 900년에 지어졌다. 수도원, 공동 주방, 화장실, 두 개의 홀, 안뜰, 대성당, 곡물 저장소, 와인 보관소 등의 공간이 있고, 오스만 제국 시대에는 상인들의 숙소로 이용되기도 했다. 으흐랄라 계곡에서 17개의 고양이 미라가 발견되었는데 고대 이집트와 같은 방식으로 미라가 만들어졌다. 이 중 12개의 미라는 악사라이 박물관Aksaray Museum에서 볼 수 있다.

❶ 입구 1 ❷ 입구 2 ❸ 입구 3(셀리메 계곡 입구) ❹ 유리바닥 전망대

주소 Ihlara Kasabası Harmanlık Mah. Vadi Cad. No:76 Güzelyurt/AKSARAY

위치 괴레메에서 80km 떨어져 있다. 렌터카나 그린 투어로 갈 수 있다. 대중교통은 악사라이Aksaray에서 1시간 간격으로 버스가 있다. 그린 투어로는 1시간 정도 잠깐 걷는다. 렌터카로 방문하는 사람들은 입구가 3개로 공식 입구에서 중간 입구까지 7.5km, 중간 입구에서 셀리메 입구까지 7km다. 렌터카를 이용해 개별적으로 방문하면 강을 따라 걷고 물 위에서의 식사 등으로 반나절~한나절 정도 시간을 투자해야 한다.

운영 4~10월 08:00~19:00, 11~3월 08:00~17:00 (30분 전 입장 마감)

요금 입장료 으흐랄라 계곡+셀리메 대성당 €15 (당일의 유로:리라 환율을 계산해 TL로만 결제)

홈피 muze.gov.tr/muze-detay?SectionId=IH101&DistId=IH1

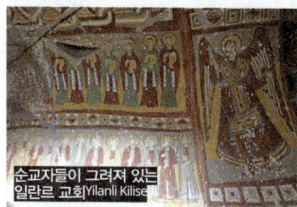
순교자들이 그려져 있는 일란르 교회Yilanli Kilise

아아찰트 교회의 〈예수 승천〉

셀리메 대성당

소금호수 Tuz Gölü Tesisleri (Salt Lake) ★★☆

괴레메에서 190km 떨어진 소금호수다. 1,665km² 크기로 튀르키예에서 반 호수^(Van Gölü)에 이어 두 번째로 크다. 튀르키예에서 가장 강우량이 적은 지역에 속하며, 염도는 32.4%로 세계에서 염도가 높은 호수 중 하나다. 튀르키예의 소금 40%를 이곳에서 공급한다. 플라밍고 군락지이기도 하다. 시기에 따라 물이 찰랑해 핑크빛으로 투명하게 반영되는 거울 사진을 찍을 수도 있고, 물 없는 하얀 소금 결정만 보고 올 수도 있어 방문 시기를 잘 살펴야 한다. 추천 방문 기간은 6~10월이나 기후 변화로 가늠하기 어려우니 여행 기간 전후로 소금호수에 다녀온 사람들의 SNS 사진을 참고하자. 소금호수에는 기념품 가게와 식당, 카페, 주유소, 화장실, 발 씻는 곳이 있으며 현금만 가능하다. 물과 먹거리를 챙겨가는 것이 좋다. 자외선이 강하기 때문에 철저히 대비하고, 소금 결정을 맨발로 밟으면 아프니 장화나 크록스, 슬리퍼 등 젖어도 되는 신발을 준비하자.

주소 Tuz Gölü kenarı, Hacıbektaşlı, Aksaray Ankara Yolu, 06950 Şereflikoçhisar/Ankara
위치 대중교통으로는 방문하기 어렵고, 투어나 렌터카를 이용해야 한다.
운영 07:00~22:00
요금 무료, 화장실 10TL, 발 씻는 곳 10TL

❶ 소금호수 입구 ❷ 사진 찍는 포인트

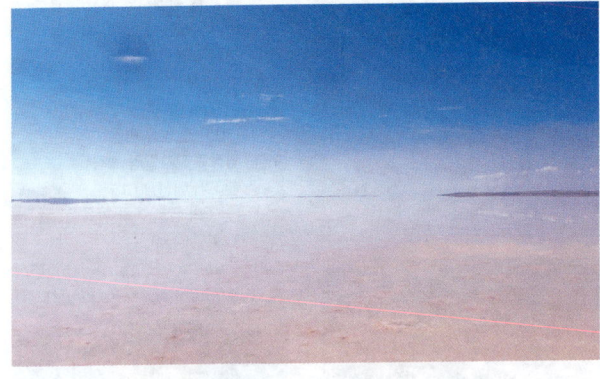
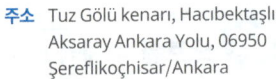

Tip | 소금호수 투어

❶ 투어로 가기
앙카라와 카파도키아 사이에 있는 소금호수를 다녀오는 투어다. 편도 2시간 30분, 소금호수 체류 시간 1시간으로 총 6시간 정도가 소요되고 차량과 기사를 지원한다. 오전 출발과 해 질 녘 풍경을 볼 수 있는 오후 출발 시간 중에 선택할 수 있다. 물이 찰랑이는 핑크빛 소금호수를 가장 예쁘게 담기 위해서는 계절과 투어 당일의 호수에 물이 차 있는지가 중요하다.
투어 시간 6시간(10:00/13:00 출발 선택)
요금 시기에 따라 €80~250, 차량에 따라 2~6인 동행자가 모이면 1/N로 낸다.

❷ 렌터카로 가기
렌터카를 빌려 직접 소금호수로 갈 수 있는데 괴레메에서 빌릴 수 있는 렌터카의 하루 최대 거리는 200~250km로, 소금호수를 다녀오면 400km가 되어 추가 요금을 내야 한다. 길이 좋지 않기 때문에 사진 찍는 장소를 잘 찾아가야 한다.

괴레메의 레스토랑

괴레메는 며칠 머물고 떠나는 관광객을 상대하기에 메뉴 가격은 이스탄불보다 더 비싸고 맛은 가격 대비 좋지 않다. 그에 반해 구글 평점은 신기하리만큼 모두 높은데, 그 이유는 식당과 카페에서 구글 평점 관리를 하고 있기 때문이다. 차나 디저트를 주면서 높은 평점을 유도하거나 높은 평점을 주도록 옆에서 빤히 지켜보기도 한다. 구글 평점을 참고해 식당을 찾는다면 낮은 평점을 먼저 살피고 가는 것을 추천한다. 너무 기대하지 말고 방문하자.

가격 정보
*가격에 대한 정보
(식당인 경우 메뉴 한 개와 음료를 포함한 가격이)

€ 1~200TL 차이나 커피, 저렴한 스낵
€€ 200~400TL 현지인 음식점 가격으로 저렴한 레스토랑(우리나라 식당과 비슷)
€€€ 400~800TL 관광객 대상, 일반적인 가격의 레스토랑(우리나라 식당보다 비쌈)
€€€€ 800~1,500TL 관광객 대상, 일반적인 가격보다 더 비싼 레스토랑
€€€€€ 1,500TL~ 오직바쉬 전문점, 고급 미슐랭 식당

튀르키예·아나톨리안 음식

주요 식당들은 괴레메의 메인도로인 Bilal Eroğlu Cd.를 따라 있다. 항아리 케밥과 같은 카파도키아 음식을 비롯해 다양한 케밥 등의 튀르키예 음식을 경험해 보기에 좋다. 가격은 모두 비싼 편으로 음료와 10% 서비스 차지 Servis Bedeli를 포함한다면 1,000TL 가까이 나온다. 항아리 케밥은 소고기, 양고기, 닭고기, 새우, 채소 중에서 선택할 수 있다.

▶▶ 카파도키아 케밥자데
Kapadokya Kebapzade 👁

주소	İsali - Gaferli - Avcılar, Bilal Eroğlu Cd. No:3, 50180 Göreme
위치	버스터미널에서 190m
운영	월·목·토·일 10:00~23:00, 금 13:30~23:30
요금	€€€
전화	(384) 271 30 12
홈피	www.kebapzade.com

▶▶ 세데프 케밥 하우스
Sedef Kebap House 👁

주소	Tekelli, Bilal Eroğlu Cd. no.3, 50180 Göreme
위치	버스터미널에서 150m
운영	07:00~24:00
요금	€€€€
전화	544 271 23 56
홈피	sedefrestaurant.com

▶▶ 우드 파이어 비비큐 Wood Fire Barbeque

튀르키예 음식도 팔지만, 스테이크 전문점이다.

- 주소 Aydınlı - Orta, Adnan Menderes Cd. No:3, 50180 Göreme
- 위치 버스터미널에서 150m
- 운영 10:00~24:00
- 요금 €€€€
- 전화 (384) 271 28 61

▶▶ 베이커리

괴레메에도 빵집이 있다. 시밋이나 에크멕과 같은 기본 빵도 팔고, 샌드위치와 바클라바, 케이크도 파는데 로컬 가격으로 저렴해 괴레메에서 가장 추천할 만하다.

▶▶ 파티 운루 마물레리
Fatih Unlu Mamulleri

- 주소 İsali - Gaferli - Avcılar, Bilal Eroğlu Cd. No:5 D:B, 50180 Göreme
- 위치 버스터미널에서 300m
- 운영 07:00~20:00
- 요금 €

▶▶ 투마 레스토랑 TUMA Restaurant

- 주소 Aydınlı - Orta, Kazım Eren Sk. No:50180, 50180 Göreme
- 위치 버스터미널에서 400m
- 운영 12:00~22:30
- 요금 €€€€
- 전화 546 182 50 50
- 홈피 app.webniva.com/tuma-restaurant

🍴 스낵

빵집 다음으로 저렴한 음식을 파는 곳으로 같은 골목 맞은편에 있다. 뒤름 전문점인 뒤름렛과 샌드위치, 감자튀김, 파스타 등을 파는 카파도키아 스트리트 푸드가 있다. 프른 익스프레스는 피데와 라마준을 파는 식당으로 항아리 케밥도 판다.

▶▶ 뒤름렛 Dürümlet

- 주소 İsali - Gaferli - Avcılar, Sağlık Sk., 50180 Göreme
- 위치 버스터미널에서 150m
- 운영 08:00~22:20
- 요금 €
- 전화 545 584 89 99
- 홈피 www.kebapzade.com

▶▶ 카파도키아 스트리트 푸드
Cappadocia Street Food

- 주소 İsali - Gaferli - Avcılar, Sağlık Sk. No:3, 50180 Göreme
- 위치 버스터미널에서 150m
- 운영 월~토 10:30~22:30, 일 10:30~21:00
- 요금 €€
- 전화 551 673 71 72

▶▶ 프른 익스프레스
Fırın Express

- 주소 Aylin Kırağı Sokak, Ali baş çavuş No:6, 50180 Göreme
- 위치 버스터미널에서 750m
- 운영 11:00~22:00
- 요금 €€
- 전화 533 674 00 02

카페·디저트

괴레메는 카페도 비싸다. 한국의 아이스 아메리카노와 같은 메뉴를 파는 카페 세 곳을 추천한다. 센터 커피 & 바클라바와 오제 커피숍은 중심가에 있고, 더 고트 커피 카파도키아는 조금 떨어져 있지만 넓고 쾌적하며 옥상 테라스가 있어 전망이 좋다.

▶▶ 센터 커피 & 바클라바
Center Coffee & Baklava

주소 İsali - Gaferli - Avcılar, Hakkı Paşa Meydanı No:4/B, 50180 Göreme
위치 버스터미널에서 230m
운영 24시간
요금 €
전화 537 952 00 13

▶▶ 오제 커피숍 Oze Coffee Shop

주소 Aydınlı - Orta, Belediye Cd., 50180 Göreme
위치 버스터미널에서 140m
운영 10:00~24:00
요금 €
전화 (384) 271 22 19

▶▶ 더 고트 커피 카파도키아
The Goat Coffee Kapadokya 👁

주소 İsali - Gaferli - Avcılar, Bilal Eroğlu Cd. No:63, 50180 Göreme
위치 버스터미널에서 550m
운영 월~토 10:00~01:00, 일 06:30~01:00
요금 €
전화 501 182 10 50

---

more & more 괴레메의 한식당

① 트레비 테라스 카페 & 레스토랑
Trevi Terrace cafe & restaurant

주소 Gaferli Mah, Dervis Efendi Sok No:18A, 50100 Göreme
위치 버스터미널에서 210m
운영 11:30~22:30
요금 €€€
전화 501 085 79 50

② 아리랑 한식당
Arirang korean restaurant

주소 İsaligaferli avcılar mahallesi Bilal Eroğlu caddesi no A1, 50500 Göreme
위치 버스터미널에서 130m
운영 10:00~22:00
요금 €€€
전화 554 491 68 39

괴레메의 숙소

괴레메에는 호스텔, 일반 호텔, 스톤 호텔, 케이브 호텔과 같은 다양한 옵션이 있다. 스톤 호텔은 말 그대로 돌로 지은 호텔이고, 케이브 호텔은 동굴을 활용한 호텔이다. 케이브 호텔이라 하더라도 호텔 내에 스톤 룸이 섞여 있기도 하다. 카파도키아에 있는 특별한 숙소를 경험하고 싶다면 케이브 호텔을 추천한다. 여름철에 여행한다면 숙소에 에어컨이나 냉장고가 설치되어 있는지 한 번 더 체크하는 것이 필요하다. 케이브 호텔은 에어컨이 없는 경우도 있다. 괴레메는 버스터미널을 중심으로 주변은 평지이고, 서쪽과 남쪽으로 멀어질수록 지대가 높아진다. 언덕으로 올라갈수록 열기구가 뜨는 전망이 좋아지나 드나들기 힘들다. 올라가는 길이 울퉁불퉁한 돌바닥이기에 캐리어를 가져가는 사람이라면 체크인 시 호텔에 버스터미널로 데리러 와달라고 하자.

★ 호스텔

카파도키아에는 1인실 호텔 요금이 없다. 나홀로 여행자는 도미토리가 가장 저렴하나 서유럽 수준의 요금이다. 다른 사람과 함께 생활하는 것이 불편하지 않고, 공용 욕실에 거부감이 없다면 추천한다. 야간버스를 타고 새벽에 도착하더라도 호스텔 문은 열려 있다. 짐 보관과 공용 공간에 머무는 것은 가능하나 체크인 시간인 오후 2~3시까지 기다려야 한다. 새벽에 도착했다면 짐을 맡기고 뷰 포인트로 일출과 열기구가 뜨는 것을 보러 가자.

❶ 호스텔 테라 비스타 Hostel Terra Vista
- 주소: Gaferli Mah., Dervis Efendi Sok. No:10, 50100 Göreme
- 위치: 버스터미널에서 100m
- 전화: (384) 271 28 74
- 홈피: www.facebook.com/hostelterravista

❷ 카멜리아 케이브 호스텔 kamelya Cave Hostel
- 주소: Aydınlı-orta Mahalle, Güllü Sk. No:19, 50180 Göreme
- 위치: 버스터미널에서 230m
- 전화: 543 894 44 44
- 홈피: www.reseliva.com/booknow/Kamelya-Cave

❸ 디아뎀 카파도키아 게스트하우스 & 호스텔
Diadem Cappadocia Guest House & Hostel
- 주소: Aydınlı Orta Mh Güllü Sk No:11 Görem
- 위치: 버스터미널에서 230m
- 전화: 554 578 06 05
- 홈피: www.diademcappadocia.com

★ 호텔

가격과 위치, 룸 타입에 따라 다양한 선택이 가능하다. 숙소 예약사이트로 예약하기 전, 호텔 이메일이나 와츠앱으로 직접 예약 시 가격이 더 저렴한지 문의해 보는 것도 숙소비를 아끼는 방법이다. 단, 현금 결제를 해야 한다. 카드 결제를 원한다면 숙소 예약사이트를 통하는 것이 좋다. 숙소에서는 예약과 동시에 공항 픽업 여부, 투어 요금 등을 소개한다. 현지 투어를 호텔에서 예약할 경우, 공항 픽업을 제공해 주기도 한다.

버스터미널 근처 평지

짧게 머물고 가성비, 실용적인 숙소를 원한다면 버스터미널 근처의 평지 숙소가 좋다. 마트, 식당, 교통의 요지로 돌아다니기 편리하다. 아래 숙소들은 조식 식당에서 괴레메 마을 전경이 보인다.

❶ 볼라레 스톤 호텔 Volare Stone Hotel
- 주소: İsali Gaferli Avcılar Mah. Sağlık Sokak No:8, 50180 Göreme
- 위치: 버스터미널에서 130m
- 요금: €€
- 전화: 532 379 50 90
- 홈피: www.volarehotel.com

❷ 테르메소스 Termessos
- 주소: Avcılar Mahallesi, İsali Gaferli, Sağlık Sk. No:2, 50180 Göreme
- 위치: 버스터미널에서 75m
- 요금: €€
- 전화: 552 851 50 00
- 홈피: termessoshotel.com.tr

❸ 월넛 하우스 Walnut House
- 주소: Orta Mahalle, Uzundere Cd. No:6, 50180 Göreme
- 위치: 버스터미널에서 90m
- 요금: €€
- 전화: 542 271 60 50
- 홈피: www.walnuthousehotel.com

❹ 카이라 케이브 스위트 Kayra Cave Suites
- 주소: Aydınlı Orta Mahalle, Zeybek Sk. No:4, 50180 Göreme
- 위치: 버스터미널에서 180m
- 요금: €€
- 전화: 537 996 70 70
- 홈피: www.kayracavesuites.com

❺ 원더 오브 카파도키아 Wonder Of Cappadocia
- 주소: Uğur Sk., 50180 Göreme
- 위치: 버스터미널에서 350m
- 요금: €€€
- 전화: 531 254 02 45
- 홈피: www.wonderofcappadociahotel.com

more & more 스톤 호텔 Stone Hotel VS 케이브 호텔 Cave Hotel

카파도키아 지역은 옛날부터 주변의 동굴과 돌을 활용해 집으로 이용했다. 동굴집은 여름에는 상대적으로 선선하고, 겨울에는 따뜻한 것이 특징이다. 관광객들에게는 케이브 호텔 숙박이 독특한 경험으로, 카파도키아 여행의 로망 중 하나로 손꼽힌다. 호텔 이름에 '동굴 호텔 Cave Hotel'이라고 모든 객실이 동굴은 아니다. 일부는 케이브(동굴) 객실이고, 일부는 스톤(돌) 객실이 혼재되어 있다. 먼저 동굴 객실은 창이 없는 경우가 많다. 아무래도 창보다 환기가 잘 안 되기 때문에 동굴 특유의 냄새와 일반 객실과 공기가 조금 다르다. 창이 없거나 있더라도 작아 폐소공포가 있는 사람이라면 참고하자. 또, 돌가루가 천장에서 자연적으로 조금씩 떨어지기도 한다. 반면에 스톤 객실은 돌로 동굴 객실 느낌이 나게 하거나 돌벽돌로 만든 객실로 창이 있고 밝다. 대신 동굴보다 여름에는 덥고, 겨울에는 춥다. 가격은 케이브 객실보다 저렴하다. 여름철 여행한다면 동굴 객실에 에어컨이 있는지도 체크하는 것이 좋다. 선선하지만 아무래도 한국인들에게는 덥다. 겨울철에는 호텔에 따라 바닥난방을 하는 곳도 있다.

벌룬 뷰 언덕

케이브 호텔 체험과 숙소에서 벌룬 뷰를 보고 싶다면, 열기구가 뜨는 북동쪽의 반대편인 남서쪽 언덕의 호텔에 주목하자. 언덕인 만큼 전망이 좋다. 버스를 타고 괴레메에 도착한다면 호텔에서 무료로 픽업해 주니 사전에 문의하자. 캐리어를 끌고 올라가기엔 길이 좋지 않다.

❶ 루비 케이브 호텔
Luvi Cave Hotel

- 주소 Aydınlı – Orta Mahalle Çakır Sokak No:8 50180 Göreme
- 위치 버스터미널에서 350m
- 요금 €€€
- 전화 (384) 271 21 11
- 홈피 www.luvicavehotel.com

❷ 아이든르 케이브 호텔
Aydınlı Cave Hotel

- 주소 Aydinli Mah. Aydinli Sok. No 12, 50180 Göreme
- 위치 버스터미널에서 400m
- 요금 €€€
- 전화 535 686 33 63
- 홈피 www.thecavehotel.com

❸ 트래블러스 케이브 호텔
Traveller's Cave Hotel

중심가에서 가장 떨어져 있는데 가장 높은 곳으로 거리는 조금 멀지만 벌룬 뷰 전망이 가장 좋다.

- 주소 Aydınlı mh, Görçeli Sk. No:7, 50180 Göreme
- 위치 버스터미널에서 800m
- 요금 €€€€
- 전화 (384) 271 27 80
- 홈피 www.travellerscave.com/ travellers_hotel/index.php

❹ 디반 케이브 하우스
Divan Cave House

- 주소 Aydınlı Mah, Görçeli Sk. No 5, 50180 Göreme
- 위치 버스터미널에서 650m
- 요금 €€€€
- 전화 (384) 271 21 89
- 홈피 www.divancavehouse.com

❺ 에밋 케이브 호텔 괴레메
Emit Cave Hotel Göreme

- 주소 Aydınlı mh, Orta, Aydınlı Sk. No:58, 50180 Göreme
- 위치 버스터미널에서 650m
- 요금 €€€
- 전화 546 271 30 41
- 홈피 www.emitcavehotel.com

❻ 아르테미스 케이브 스위츠
Artemis Cave Cappadocia

- 주소 Aydınlı mh, Görçeli Sk. No:7, 50180 Göreme
- 위치 버스터미널에서 500m
- 요금 €€€
- 전화 (384) 271 30 68
- 홈피 www.artemiscavesuites.com

❼ 켈레벡 스페셜 케이브 호텔 & 스파
Kelebek Special Cave Hotel & Spa

- 주소 Aydınlı Mah, Yavuz Sk. No:1, 50180 Göreme
- 위치 버스터미널에서 500m
- 요금 €€€
- 전화 538 400 25 20
- 홈피 www.kelebekhotel.com

❽ 술탄 케이브 스위트 Sultan Cave Suites

- 주소 Aydınlı - Orta, Çakmaklı Sk. No:40, 50180 Göreme
- 위치 버스터미널에서 600m
- 요금 €€€€
- 전화 530 576 69 50
- 홈피 www.sultancavesuites.com

❾ 임페리얼 케이브 호텔
Imperial Cave Suites & Spa

- 주소 Gaferli Mah. Haci Ismail Efendi Sk. No:33 50180 Göreme
- 위치 버스터미널에서 500m
- 요금 €€€
- 전화 532 354 11 50
- 홈피 www.imperialcavesuites.com

❿ 아나톨리안 하우스 케이브 호텔 & 스파
Anatolian Houses Cave Hotel & SPA

- 주소 Gaferli mah. 50180 Göreme
- 위치 버스터미널에서 500m
- 요금 €€€
- 전화 (384) 271 24 63
- 홈피 anatolianhouses.com.tr

⓫ 컨셉 케이브 스위츠
Concept Cave Suites

- 주소 Harım Sk. No:22, 50180 Göreme
- 위치 버스터미널에서 300m
- 요금 €€€
- 전화 532 770 38 72
- 홈피 conceptcavesuites.com

괴레메의 쇼핑

괴레메 시내에 냉장고 자석, 손거울, 열기구 장식품 등 다양한 기념품들을 판매하고 있다. 튀르키예 고유의 포도 품종을 사용한 투라산Turasan 카파도키아 와인도 유명하다. 1943년에 만들어진 와이너리로 카파도키아의 독특한 자연환경에서 만들어져 독특한 풍미와 향을 자랑하며, 카파도키아의 화산 토양과 기후 조건 덕분에 특별한 맛을 가지고 있다. 에미르Emir, 나린스Narince, 칼레직 카라스Kalecik Karasi와 같은 다양한 종류가 있다.

우치히사르 Uçhisar

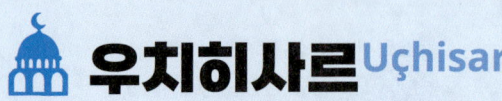

우치히사르의 역사는 B.C.3세기 히타이트 시대로 거슬러 올라간다. 자연적으로 뾰족이 솟아 있는 우치히사르 성은 감시탑과 피난처로 사용됐다. 로마 시대에 기독교가 전파되어 초기 기독교 공동체가 정착했고, 비잔틴 시대에는 무슬림의 침략에 대한 방어성으로 활용되었으나 정복당했다. 셀주크와 오스만 제국 시대에는 카파도키아의 중요한 무역로에 위치해 활기찬 마을이었다. 괴레메에서 버스가 자주 있어 가장 쉽게 접근할 수 있으며 우치히사르 성과 비둘기 계곡 전망이 아름답다. 괴레메가 아닌 우치히사르에서 머문다면 키스타르 케이브 호텔Kistar Cave Hotel과 우치히사르 카야 호텔Uçhisar Kaya Otel을 추천한다.

가는 방법 괴레메에서 돌무쉬로 10분, 네브셰히르에서 돌무쉬로 15분
요금 35TL
운영 네브셰히르→우치히사르 07:00~20:00(30분 간격), 우치히사르→네브셰히르 07:00~19:30(30분 간격)

우치히사르 성 Uçhisar Kalesi (Uçhisar Castle) ★★★

우치히사르의 가장 높은 곳에 있어 괴레메 등 주변 전망이 시원하게 보인다. 전망대까지 쉽게 올라갈 수 있으며, 힘들어 의자에 앉아 쉬고 있으면 고양이가 다가온다. 성 주변의 바위에 새겨진 동굴, 예배 장소 및 생활 공간에는 과거 기독교인들이 살았던 흔적이 남아있다.

주소 Tekelli, 50240 Uçhisar
위치 카파도키아 버스터미널에서 네브셰히르행 버스로 10분 (30분 간격), 큰 도로에서 내려 길 건너 도보 750m, 또는 네브셰히르 중심가에서 우치히사르행 버스로 15분 (30분 간격), 우치히사르 성 근처 로터리 정류장에서 도보 300m
운영 08:00~20:00
요금 250TL
전화 (384) 219 20 05
홈피 www.uchisar.bel.tr

티그라즈 성 Tığraz Kalesi (Tiraz Castle) ★★

우치히사르 성에 이어 두 번째로 큰 성이다. 방, 창고, 헛간 등이 연결되어 있다. 티그라즈 성은 공식적으로 관리하고 있지 않기 때문에 돌아볼 때 미끄러우니 추락을 조심해야 한다. 성을 보고 비둘기 계곡으로 내려가 트래킹을 하며 괴레메로 돌아올 수도 있다.

주소 Tekelli, 50240 Uçhisar
위치 우치히사르 성에서 600m
운영 24시간
요금 무료

★★★ 비둘기 계곡 Güvercinlik Vadis (Pigeon Valley)

우치히사르에서 괴레메 사이의 응회암으로 이루어진 계곡으로 사람들이 살던 동굴 집들이 남아 있다. '비둘기 계곡'이라는 이름은 농부들이 농사를 짓기 위한 거름으로 비둘기 똥을 얻으려 비둘기를 키운 것에서 시작됐다. 비둘기들이 머물 집을 작은 창 모양으로 파 놓은 것도 곳곳에서 볼 수 있고 주변에 비둘기도 많다. 우치히사르 성 근처에서도 내려갈 수 있으나 실제 트래킹의 출발점은 좀 더 남쪽에 있다. 트래킹 출발지의 뷰 포인트에서 우치히사르 성의 전망이 좋다.

주소 Tekelli, 50240 Uçhisar
위치 우치히사르 성에서 남쪽으로 1.2km
운영 24시간
요금 무료

more & more 비둘기 계곡 트래킹

❶ ❷

우치히사르와 괴레메 사이의 비둘기 계곡을 따라 걷는 4.095km 구간이다. 건조하고 그늘이 없는 길이기 때문에 선글라스, 모자나 양산, 물은 필수다. 중간에 카페가 있어 시원한 오렌지 주스를 마시며 쉬어갈 수 있다. 앞선 사람들이 걸어간 길을 따라 걸으면 되는데 사진을 찍다 보면 괴레메에 도착하는데 2시간 정도 걸린다. 괴레메에서 출발하는 방법도 있으나 해를 앞으로 보며 걸어야 하기에 우치히사르에서 출발하는 것을 추천한다.

❶ 출발 장소 ❷ 괴레메의 도착지

네브셰히르 Nevşehir

볼루 엣 만갈

1726년 오스만 제국 시대에 '새로운 도시'라는 뜻인 '네브셰히르'라는 이름을 얻었다. 네브셰히르는 카파도키아에서 가장 큰 도시로 교통의 중심이다. 튀르키예의 다른 도시에서 괴레메로 들어가기 위해서는 네브셰히르를 거쳐야 하고, 데린쿠유, 괴레메 등 주변 마을로 한 번에 연결되어 교통이 편리하다. 카파도키아의 마을과는 달리 현대적인 분위기이며 큰 볼거리는 한 곳에 몰려 있다. 네브셰히르 성과 바위 마을이 가장 높은 언덕에 있는데 주변 전망도 함께 즐길 수 있다. 괴레메에 비해 숙소와 식당이 저렴하며 큰 미그로스가 있어 쇼핑하기에 좋고, 괴레메에 비해 합리적이고 맛있는 볼루 엣 만갈 Bolu Et Mangal(운영 08:00~23:30)에 가보기를 추천한다.

To do list
1. 네브셰히르 성과 바위 마을 보기
2. 5M 미그로스 쇼핑
3. 볼루 엣 만갈에서 식사
4. 데린쿠유 지하도시 가기

네브셰히르 성 & 바위 마을
Nevşehir Kalesive ve Kayasehir (Nevşehir Castle ·Rock Town)

★★☆

 네브셰히르 성은 1100년경 셀주크 제국이 실크로드의 안전과 방어를 위해 지었다. 해발 1,343~1,430m에 4개의 요새로 이루어져 있으며 네브셰히르와 주변 지역이 훤히 내려다보인다. 바로 아래에는 네브셰히르 바위 마을이 계단식으로 개미집처럼 이어져 있다. 2015년 주택 건설 계획으로 네브셰히르 성 주변의 낡은 주택을 철거하다 발견했다. 이후 고고학자들이 투입되었고, 조사 결과 다층구조의 거대한 지하도시가 드러났다. 13세기 비잔틴 암석 교회, 다층 무덤, 종교의식을 위한 모임 장소, 헛간, 주거 공간, 식당, 양조장 등의 700여 개의 방이 이어져 있는데, 데린쿠유보다 더 큰 규모의 도시다. 네브셰히르 성과 바위 마을은 2020년 8월에 새롭게 단장해 깨끗하게 관리되고 있다.

- 주소 Eskili Mahallesi, Kale Sk. No:24, 50200 Nevşehir Merkez
- 위치 괴레메에서 네브셰히르행 돌무쉬를 타고 목적지를 말하면 차장이 중심가에서 내려주는데 그곳에서 도보 1.4km, 또는 렌터카 이용자라면 성까지 올라갈 수 있다.
- 운영 08:00~24:00
- 요금 무료

 ## 니사라 AVM Nissara AVM

 2017년에 개장한 현대적인 쇼핑몰로 85개의 브랜드가 모여 있다. 급하게 옷을 사야 하거나 카파도키아에서 쇼핑해야 하는 상황이라면 왓슨스 Watsons과 그라티스 Gratis, 이브 EVE, 슈퍼마켓 쇽 Sok이 있어 유용하다. 꼭대기 층에는 푸드코트가 있어 괴레메 분위기와는 다른 식사를 할 수 있다.

- 주소 Yeni Mahalle Milli İrade Caddesi No 2, 50200 Nevşehir Merkez
- 위치 괴레메에서 네브셰히르행 돌무쉬를 타고, 차장이 돈을 걷을 때 나사라 AVM에 간다고 한다.
- 운영 10:00~22:00
- 전화 (384) 212 84 00
- 홈피 www.nissaraavm.com

 ## 포룸 카파도키아 Forum Kapadokya

 2009년에 개장한 쇼핑몰로 니사라 AVM보다는 작고 오래됐지만, 슈퍼마켓 규모는 더 크다. 미그로스는 앞에 붙는 M으로 판매 물품과 규모를 알 수 있는데 5M Migros 하이퍼마켓 규모의 매장이 여기에 있다. 카파도키아에서 곧바로 비행기를 타고 한국으로 돌아가야 하는 여행자라면 이곳에서 쇼핑하는 것을 추천한다.

- 주소 Bahçelievler, Mustafa Parmaksız Cd. No:56/B D:101, 50260 Nevşehir Merkez
- 위치 괴레메에서 네브셰히르행 돌무쉬를 타고, 차장이 돈을 걷을 때 포룸 카파도키아에 간다고 하면 내리는 곳을 알려준다.
- 운영 10:00~22:00
- 홈피 www.forum-kapadokya.com

★★★
데린쿠유 지하도시
Derinkuyu Yeraltı Şehri (Derinkuyu Underground City)

카파도키아에 산재한 150~200개의 지하도시 중 여행자들이 가장 많이 찾는 곳이다. 데린쿠유 지하도시는 기독교인들이 튀르크인들의 공격을 피해 만든 은신처 겸 생활 공간이다. 손가락으로도 쉽게 파지는 부드러운 응회암의 특성을 이용해 파고, 물을 뿌리면 단단하게 굳는 성질을 활용해 만들었다. 개미굴처럼 방과 방을 연결하는 통로로 구성된 복잡한 형태로 깊이가 85m에 달한다. 여름에는 서늘하고, 겨울에는 따뜻해 거주지로 적합했다. 내부 통로와 환기구가 지하 각 층으로 연결돼 있으며, 지하 1층은 이동하기 어려운 가축이 머무는 장소로 사용했다. 지하 2층부터 교회와 학교, 그리고 침실, 부엌, 우물 등이 있는데 포도를 가공해 와인이나 당밀을 만드는 주방은 이동의 편의를 위해 위쪽 층에 만들었다. 주방의 개수를 보면 각 가정에 있는 것이 아닌 공동 주방의 형태임을 알 수 있다. 적의 침입에 대비해 둥근 바퀴 모양의 돌덩이를 통로마다 설치해 비상시 통로를 막았고 독특한 기호로 길을 표시해 외부에서 침입한 자는 길을 잃도록 여러 갈래로 미로를 만들었다. 1965년 일반인에게 공개되었는데 현재 전체에서 약 10% 정도만 볼 수 있다. 이 외에 카파도키아에서 관리되며 공개하는 지하도시로는 데린쿠유 지하도시에서 10km 떨어진 **카이막클르 지하 도시**Kaymaklı Yeraltı Şehri(Kaymakli Underground City)와 아바노스 북쪽 차로 15km 떨어진 곳에 있는 **외즈코낙 지하도시**Özkonak Yeraltı Şehri(Özkonak Underground City)가 있다.

주소 Bayramlı Mah. Şemşili Yolu Sok. No:15 Derinkuyu
위치 괴레메에서 네브셰히르행 버스를 타고 데린쿠유에 간다고 하면 차장이 내릴 곳을 알려준다. 내린 곳 맞은편에 데린쿠유행 버스 시간에 맞춰 타면 30분이 걸린다.
운영 4~10월 08:00~20:00, 08:00~17:00 (30분 전 입장 마감)
요금 €13(당일의 유로:리라 환율을 계산해 TL로만 결제, 뮤지엄 패스 이용 가능)
전화 (384) 381 31 94
홈피 https://muze.gov.tr/muze-detay?SectionId=DKY01&DistId=DKY

아바노스 Avanos

아바노스행 버스정류장

크즐르막 Kızılırmak 강변에 자리한 마을로 도자기로 유명하다. 약 4,000년 전인 히타이트 시대부터 주변의 산에서 채취한 흙으로 도자기를 만들었다. 아바노스라는 이름은 셀주크 제국 시대에 에베누즈에서 왔는데 에바니는 '냄비', 외즈는 '도자기'를 뜻해 냄비와 도자기를 만드는 마을을 의미한다. 비잔틴 시대에는 베네사 Venessa로 불렸다. 도자기뿐만 아니라 붉은색 카펫과 와인도 아바노스의 대표적인 관광상품이다. 카파도키아의 황량한 분위기만 보다 강과 초록 나무가 있는 아바노스의 강변을 걷다 보면 절로 마음이 편안해진다. 괴레메보다 식당도 저렴하고 맛있어 추천한다.

가는 방법 괴레메의 버스정류장에서 아바노스라고 쓰여 있는 돌무쉬를 타고 15분
운영 돌무쉬 네브셰히르-아바노스 08:15~20:15 (30분 간격), 35TL

★★★
크즐르막 다리 Kızılırmak Köprüsü

 크즐르막Kızılırmak 강은 '붉은 강'이란 뜻으로 1,355km에 달하는 튀르키예에서 가장 긴 강이다. 앙카라를 거쳐 흑해로 흘러 나간다. 오리와 다양한 조류들이 서식한다. 크즐르막 다리는 사람만 건널 수 있는 인도교로 출렁다리다. 크즐르막 다리 아래로 강 주변을 한 바퀴 돌아보는 배도 있다.

주소 Yukarı, Edip Akbayram Sk. No:60, 50100 Avanos
위치 아바노스 도자기 마을 입구에서 80m
운영 09:00~24:00
전화 552 781 50 58

크즐르막 강

크즐르막 다리의 가을

크즐르막 다리의 여름

★★★
아바노스 도자기 마을 Avanos Çömlekçilik Köyü (Avanos Pottery Village)

히타이트 시대부터 비잔틴 제국과 셀주크 제국, 오스만 제국을 거쳐 지금도 도자기를 만들고 있는 4천 년 역사의 도자기 마을이다. 과거에 비하면 많이 쇠퇴했지만, 아직도 50여 개의 공방이 남아 있다. 공방은 주로 동굴에 있는데 도자기 체험도 가능하고, 다양한 디자인의 도자기를 구매할 수 있다. 아바노스는 와인으로도 유명해 마을 안에 와인 하우스가 여러 개 있다.

주소 Orta, Atatürk Cd. No:7, 50500 Avanos

도자기 마을 입구

와인 하우스 Wine House

아바노스 주변의 와이너리에서 와인을 만드는데 투라산 Turasan 만큼은 아니지만 이곳 와인도 인기 있다. 다음 두 곳을 추천한다.

▶▶ 살큼 샤랍 에비 Salkım Şarap Evi

- **주소** Yukarı, Edip Akbayram Sk. No:60, 50100 Avanos
- **위치** 아바노스 도자기 마을 입구에서 80m
- **운영** 09:00~24:00
- **전화** 552 781 50 58

▶▶ 아르야투스 샤랍 에비 Aryatus Şarap Evi

- **주소** Yukarı, Edip Akbayram Sk. no:35, 50500 Avanos
- **위치** 아바노스 도자기 마을 입구에서 60m
- **운영** 09:00~23:30
- **전화** 553 925 48 24
- **홈피** www.denizsarapcilik.com

카파도키아 레제트 소프라스 Kapadokya Lezzet Sofrası

괴레메보다 저렴하게 항아리 케밥을 맛볼 수 있는 식당이다. 밑반찬도 다양하게 나오고 하나하나 맛있다. 항아리 케밥은 한국의 갈비찜에서 간장 맛과 단맛을 뺀 슴슴한 갈비찜 맛으로 고기는 좀 퍽퍽하다.

- **주소** Vatan Cd. NO:21, 50500 Avanos
- **위치** 아바노스 도자기 마을 입구에서 140m
- **운영** 월~금 07:00~24:00, 토·일 06:30~01:00
- **전화** (384) 511 68 50

★ 아바노스 근처 볼거리

사루한 카라바세라이 Saruhan Caravanserai (Saruhan Kervansaray)
★★☆

 1249년 셀주크 시대에 만들어진 실크로드 루트 건축물로, 상인들을 쉬게 하고 보호하기 위한 목적으로 만들어졌다. 상인들이 이곳에 도착하면 3일 동안 무료 음식이 지원되었다고 한다. 안뜰을 중심으로 겨울 방과 여름 방이 배치되어 있다. 1991년에 복원되어 지금은 세마 의식 Whirling Dervishes Ceremony 공연장으로 사용되고 있다.

주소 Yeni, Kayseri Cd. 6.Km, 50500 Çökek
운영 공연시간 18:00~18:50 (공연 10분 전까지 도착해야 함)
전화 532 553 07 41
요금 €30
홈피 saruhan1249.com

외즈코낙 지하도시 Özkonak Yeraltı Şehri (Özkonak Underground City)
★☆☆

 아바노스에서 북쪽으로 14km 떨어진 마을에도 지하도시가 있다. 1972년 농부가 농사용 물이 사라지는 이유를 찾다 지하도시를 발견했는데, 발굴해 보니 한 번에 최대 3개월 동안 무려 6만 명의 사람들이 거주할 수 있는 규모의 도시였다. 40m 깊이의 총 11개의 층이 발견되었지만, 현재 4개 층까지 공개되고 있다.

주소 Cami - Kebir, Özkonak Yeraltı Şehri Yolu, 50530 Özkonak
위치 아바노스 우체국에서 돌무쉬로 갈 수 있다. 주말은 운행 없음
운영 4~10월 08:00~19:15, 11~3월 08:00~16:15
전화 (384) 513 51 68
요금 €6(당일의 유로:리라 환율을 계산해 TL로만 결제)
홈피 muze.gov.tr/urun-detay?CatalogNo=WEB-OZK01-01-009

★★☆
차브신 마을 Çavuşin

괴레메 북쪽으로 2.5km 떨어진 마을로 아바노스 마을을 갈 때 오른쪽으로 보인다. 마을의 이름은 비잔틴 제국의 황제, 니세포루스 포카스Nicephorus Phocas가 카파도키아를 방문한 이후 지은 차브신 교회Çavuşin Kilisesi에서 생겼다. 차브신 교회에는 니세포루스 포카스 황제와 아내인 테오파노Teofano, 예수의 생애가 프레스코화로 그려져 있는데 보존 상태가 좋은 편이다. 교회 안으로 들어갈 수는 없고 닫힌 문 사이로만 볼 수 있다. 원래 있었던 마을은 1950년 지진으로 조금 떨어진 평지로 옮겨졌다.

위치	괴레메에서 아바노스행 돌무쉬로 5분
운영	**돌무쉬** 네브셰히르-아바노스 08:15~20:15(30분 간격), 35TL
요금	차브신 교회 €3 (현재 폐쇄되어 바깥에서만 볼 수 있음)
홈피	muze.gov.tr/muze-detay?SectionId=CAV01&DistId=MRK

 ★★☆
데브렌트 계곡 Devrent Vadisi (Devrent Valley)

데브렌트는 사람들이 살지 않았던 계곡으로 동물 모양의 암석으로 유명하다. 이곳은 애칭이 많은데, 주변에 다양한 동물 형태가 있어 '상상 계곡Imagination Valley', 달 표면과 비슷해 '루나 랜드스케이프Lunar Landscape', 강한 태양의 영향으로 암석의 색이 변해 특히 일몰이나 일출에 보면 분홍색을 띠어 '핑크 밸리Pink Vally'라고도 부른다. 가장 유명한 것은 낙타 모양의 돌기둥으로 현지에서는 '낙타 요정 굴뚝Deve Peri Bacası(Camel Fairy Chimney)'이라 한다. 오래 머물 만한 볼거리는 아니어서 아바노스-위르귑 구간을 이동하면서 잠깐 들렀다 가자.

주소	Ürgüp Yolu, 50500 Aktepe, Avanos
위치	괴레메에서 위르귑행 돌무쉬를 타면 된다.
요금	무료

젤베 & 파샤바 야외박물관
Zelve & Paşabağlari Açık Hava Müzesi (Zelve·Paşabağı Open Air Museum)

젤베 입구

파샤바 입구

9~13세기, 기독교인들이 거주하던 장소로 세 개의 계곡이 모여 있다. 이후에는 그리스인, 튀르크인이 정착해 살았다. 1924년 튀르키예인-그리스인 교환으로 이곳에 머물던 기독교인들은 그리스로 건너갔고, 튀르키예인들은 낙석 위험으로 2km 떨어진 악테페Aktepe로 이동하여 지금은 젤베 야외박물관이 되었다. 젤베와 파샤바 두 곳의 야외박물관을 한 입장권으로 돌아볼 수 있다. 젤베 야외박물관에는 약 15개의 교회가 있는데, 발르크Balıklı, 게이클르Geyikli, 위쥠뤼Üzümlü 등의 교회가 있으며 수도원, 방앗간, 거주지, 그리고 계곡 입구에는 작은 모스크도 있다. 파샤바는 과거 '사제들의 계곡Valley of the Priests'으로 불렸던 곳으로 특이한 요정 굴뚝이 많기로 유명하다. 세 개의 머리를 가진 요정 굴뚝, 성 시메온의 은둔처 St. Symeon's Hermitage가 가장 대표적이다. 지금도 파샤바의 요정 굴뚝 중 하나는 경찰서로 사용하고 있다.

주소 Aktepe Köyü Zelve Açıkhava Müzesi Küme Evleri No:1 Avanos

위치 괴레메에서 아바노스로 가는 버스 중 정각에 도착하는 돌무쉬가 젤베와 파샤바를 경유한다. 돌무쉬 앞에 젤베라고 쓰여 있으면 타면 된다. 젤베를 본 후 도보로(20분 소요) 파샤바에 가서 돌아본 후 매시간 5~10분마다 있는 괴레메행 돌무쉬를 타고 돌아올 수 있다. 마지막 버스는 17:05~17:10에 있다. 택시는 300리라 정도 한다.

운영 4~10월 08:00~19:15, 11~3월 08:00~17:00

요금 €12(당일의 유로:리라 환율을 계산해 TL로만 결제)

홈피 https://muze.gov.tr/muze-detay?DistId=ZPO&SectionId=ZPO01

밀 방앗간

포도 교회, 내부에 포도 그림이 그려져 있어 포도 교회라고 부른다.

성 시메온의 은둔처

성 십자가 교회

위르귑 Ürgüp ★★☆

위르귑은 알렉산더 대왕 때부터 오스만 제국까지 실크로드의 중심이자 비잔틴 시대에는 기독교 공동체가 살았던 곳이다. 위르귑에서 가장 높은 테메니 언덕Temenni Tepesi(Hope Hill)에 오르면 마을이 훤히 내려다보인다. 80m 높이의 언덕으로 베치히 파샤Vecihi Pasha가 건설한 1288년 오스만 제국의 클르차슬란 알라딘 케이쿠바드Kılıçaslan Alaeddin Keykûbad의 무덤이 있다.

위치 괴레메에서 위르귑행 돌무쉬 정류장에서 15분(35TL)
운영 돌무쉬 괴레메-위르귑 07:00~20:00(30분 간격)

위르귑행 버스 타는 곳

테메니 언덕

 ## 투라산 와이너리 Turasan

1943년에 문을 연 카파도키아 지역 와이너리로 저렴한 가격에 좋은 품질로 많은 인기를 얻고 있다. 대표적인 와인으로 화이트는 에미르Emir와 코카바지 에미르Kocabağ Emir, 나린스Narrince, 레드 와인으로는 외퀴쥐쥐Öküzgözü 레드 와인, 칼레직 카라스Kalecik Karası 와인이 대표적이다. 포도 100% 주스도 함께 판매한다.

주소 Yunak Mahallesi Tevfik Fikret Caddesi No 6A-B 50400 Ürgüp
위치 괴레메에서 위르귑행 돌무쉬를 타고 투라산 와이너리에 간다고 하면 내려준다.
운영 09:00~19:00
요금 와인 시음 200TL
전화 (384) 341 49 61
홈피 www.turasan.com.tr

2 히타이트 문명을 한눈에
앙카라
Ankara

튀르키예 공화국의 수도로 행정의 중심이자 대학생들의 도시이다. 아나톨리아 중앙에 위치해 독립 전쟁 당시 무스타파 케말 아타튀르크가 전쟁 본부를 두었으며, 1923년 튀르키예 공화국이 선포되자 수도로 지정됐다. 수도가 된 이후 빠르게 성장해 현재는 이스탄불에 이어 두 번째로 크고 인구가 많은 도시다. 앙카라에 오면 저렴한 물가에 한 번 놀라고, 다른 도시와 달리 아메리카노와 맥주를 찾아다니지 않고도 쉽게 구할 수 있어 한국에 온 듯 편안해진다.

앙카라는 기원전 히타이트 시대 때부터 앙쿠바스Ankuwaš라는 이름으로 불렸으며, 그리스인들은 안키라Ankyra라고 불렀다. 우리가 알고 있는 앙고라가 앙카라에서 사육되던 앙고라 염소에서 기원하는데 앙고라 고양이와 토끼도 있다. 역사적으로는 기원전 2,000년 전 아나톨리아에서 시작해 현재 튀르키예 영토와 비슷한 규모로 성장한 히타이트 문명권에 속했다. 아타튀르크의 제안으로 히타이트 문명에 집중한 아나톨리아 문명박물관이 만들어졌다.

앙카라주 www.ankara.gov.tr **앙카라 관광청** ankara.goturkiye.com

앙카라 들어가기

항공과 버스, 기차로 갈 수 있다. 앙카라는 크즐라이 광장 주변은 메트로 3개의 호선이 있는 교통의 중심지로 서울의 명동과 비슷한 느낌이다. 여러 관공서, 학원, 숙소와 식당이 빼곡하게 몰려 있다. 특별한 관광명소는 없으며 주로 숙소를 이곳에 정하고 대중교통을 타고 주변을 돌아다니게 된다. 이스탄불과의 연결이 가장 많고, 샤프란볼루, 콘야, 네브셰히르로 이동하기 좋은 교통의 중심에 있다.

비행기

튀르키예 중앙에 자리해 서쪽으로는 이스탄불, 이즈미르, 안탈리아, 가지파샤Gazipaşa, 동쪽으로는 가지안테프, 안타키아Antakya, 에르진잔Erzincan, 카흐라만마라쉬Kahramanmaraş, 시르트Siirt, 엘라지으Elazığ와 같은 도시를 연결한다. 항공 요금이 다른 도시들에 비해 저렴하다. 주요 도시 중 이스탄불은 튀르키예항공과 페가수스항공Pegasus, 에이젯항공Ajet으로 1시간 20분, 가지안테프는 에이젯항공으로 1시간 10분, 안탈리아는 에이젯과 페가수스항공으로 1시간 10분이 걸린다. 영국, 독일, 프랑스, 오스트리아 등의 유럽과 레바논과 이란 등 아랍권의 국제노선이 있다.

앙카라 에센보아 공항
Ankara Esenboğa Havalimanı (Ankara Esenboğa Airport)

 큰 국제공항으로 식당, 카페, 면세점, 환전, 렌터카, 짐 보관소 등을 이용할 수 있다. 여권을 이용해 무제한 무료 Wifi 사용이 가능하다.

주소 Esenboğa Merkez, Özal Bulvarı, 06750 Akyurt
전화 (312) 590 40 00
홈피 esenbogaairport.com

※ 앙카라 공항에서 시내 들어가기

앙카라 중심가인 울루스Ulus까지 26km 떨어져 있는데, 가까우나 교통체증이 심하다. 하바쉬Havaş, 시에서 운행하는 공항버스 442번, 택시를 타고 들어올 수 있다. 먼저, 공항버스 하바쉬Havaş는 앙카몰ANKAmall 쇼핑센터를 거쳐 버스터미널까지 운행하는데 시내로 들어오려면 다시 메트로를 갈아타야 해서 불편하다. 버스터미널로 곧바로 이동할 때 유용하다. 45분이 걸리고 요금은 160TL이다. 앙카라 시내로 들어올 때는 EGO 공항버스 442번을 타자. 24시간 운행하며 요금도 저렴해 관광객과 현지인들 모두 이용하는 버스다. 택시도 있는데 앙카라의 택시는 이스탄불에 비해 가격도 저렴하고 바가지가 거의 없어 택시를 이용하는 것도 나쁘지 않다.

홈피 하바쉬 havas.net/en/bus-services EGO www.ego.gov.tr

❶ 442번 버스

중심가인 울루스Ulus, 앙카라 기차역Ankara Tren Garı, 크즐라이Kızılay 광장을 거쳐 버스터미널AŞTİ까지 운행하는 유용한 버스다. 현금 및 컨택리스카드 사용이 가능하며 가장 저렴하게 앙카라로 들어올 수 있다. 공항에서 버스 기호를 따라가면 된다. 반대로 공항으로 갈 때는 위의 QR을 참고하자.

❶ 크즐라이 광장(공항행)
❷ 앙카라 기차역(공항행)

442번 공항버스

운영 24시간(24:00~06:00 1시간 간격, 06:00~23:45 10~20분 간격)
소요 시간 울루스Ulus 38분, 앙카라 기차역 40분, 크즐라이 광장 45분, 버스터미널 AŞTİ 55분
요금 100TL

버스

앙카라에서 콘야는 3시간~3시간 30분이 걸리고, 네브셰히르(카파도키아)는 3시간, 안탈리아는 5~6시간이 걸린다. 이스탄불은 6~7시간, 데니즐리(파묵칼레)까지는 5시간 30분~7시간이 걸리는데 야간버스 루트다. 바쁜 일정이라면 아침에 도착해 버스터미널에 짐을 맡기고 낮 동안 앙카라를 본 뒤 야간버스로 데니즐리나 이스탄불로 넘어갈 수도 있다.

아쉬티 앙카라 버스터미널
AŞTİ Ankara Şehirlerarası Otobüs Terminali
(AŞTİ Ankara Intercity Bus Terminal)

규모가 큰 시외버스 터미널로 식당, 카페, 휴대폰 충전기, 안마기 등의 시설이 있다. 공항버스, 메트로, 택시 승차장으로 이동 시 먼저 표지를 잘 확인하자. 짐 보관소, 에마넷Emanet이 있어 앙카라에서 숙박하지 않을 경우, 유용하다.

버스터미널

주소 Yazır, Doç.Dr. Halil Ürün Cad., 42250 Selçuklu
전화 (332) 265 02 44
운영 24시간
홈피 www.asti.com.tr

※ 앙카라 버스터미널에서 시내 들어가기

세르비스 노선 보기

앙카라에는 무료로 중심가까지 태워주는 세르비스가 있다. 출구로 나오면 주차장에 버스가 세워져 있는데(오른쪽 사진 참고) 이 버스를 타면 크즐라이 광장과 울루스 광장 근처에 내려준다. 요금은 무료이며 사람이 가득 차면 출발한다. 또는 에스컬레이터를 타고 한 층 올라가 메트로를 이용할 수도 있다. 메트로 Ankaray선(초록색)을 타고 이동하면 한 번에 크즐라이Kızılay(15 Temmuz Kızılay Millî İrade역)로 간다. 울루스Ulus로 갈 경우에는 크즐라이에서 M1-2-3(파란색)선으로 갈아타고 두 정거장 이동하면 된다.

세르비스 타는 곳. 앙고라 고양이 벽화를 찾자.
시내로는 메트로 이동이 편리하다.

운영 메트로 운행 시간 06:00~01:00

기차

고속 선로로 연결된 이스탄불–앙카라, 콘야–앙카라 루트를 추천한다. 이스탄불에서 출발할 때는 Sirkeci역에서 B1을 타고 아시아 쪽의 쇠위틀위췌쉬메Söğütlüçeşme역으로 간 뒤 고속열차로 환승해 앙카라로 들어올 수 있다. 하루 15편 이상 연결된다. 쇠위틀위췌쉬메Söğütlüçeşme역에서 앙카라까지 4시간 20분 정도가 소요되며 요금은 780TL이다. 요금은 버스보다 200~300TL 비싸나 2시간 이상 빠르다. 앙카라–콘야 구간도 초고속 선로가 깔려 있는데, 버스 소요시간의 1/2인 1시간 40분이 걸리고, 가격은 버스와 동일한 360TL로 기차를 추천한다.

홈피 www.tcdd.gov.tr/lang/en

앙카라 기차역
Ankara Garı (Ankara Train Station)

앙카라에는 고속 기차역인 YHT Ankara Garı와 일반기차역이 함께 있다. 고속기차역 내에는 버거킹과 같은 패스트푸드 점과 식당과 카페, 슈퍼마켓이 있으며, 코인로커가 있어 짐을 보관할 수 있다.

주소 Doğanbey, Ankara Gar No:1, 06050 Altındağ
전화 (332) 265 02 44
운영 24시간
홈피 www.asti.com.tr

※ 앙카라 기차역에서 시내 들어가기

메트로 4호선(갈색)선과 버스가 있다. YHT Garı역에서 한 정거장인 Sıhhiye역에서 M1-2-3호선(파란색)으로 환승해 울루스Ulus와 크즐라이Kızılay(15 Temmuz Kızılay Millî İrade역)로 갈 수 있다. 환승을 포함해 단 두 정거장으로 멀지 않다. 환승이 싫다면 기차역에서 버스 표시를 따라간 뒤 '크즐라이Kızılay', '울루스Ulus' 방향 버스를 타도 된다.

QR 앙카라 기차역 버스정류장

구 기차역 건너편, 앙카라 아레나Ankara Atatürk Spor Salonu 앞에는 공항으로 가는 442번 버스 정류장이 있다.

시내교통 이용하기

앙카라는 이스탄불 다음으로 큰 대도시로 메트로와 버스를 자주 이용하게 된다. 이동할 때는 대중교통 어플인 무빗Movit이 유용한데 버스 시간은 정확하지 않다. 아무래도 복잡한 버스보다는 메트로를 주로 이용하게 된다. 메트로는 크게 3개 선로로 나뉜다. 버스터미널 AŞTİ역에서 크즐라이 광장을 가로로 잇는 앙카라이Ankaray선(초록색)과 크즐라이Kızılay와 울루스Ulus를 세로로 연결하는 M1-2-3(파란색)선, 앙카라 기차역을 가는 바슈켄트라이Başkentray(갈색)으로 나누어진다. 간혹 메트로가 멀어 버스를 탈 때도 있는데 주요 지역으로 이동한다면 앱을 확인하는 것보다 버스 앞쪽에 붙어있는 '크즐라이Kızılay', '울루스Ulus' 글자를 보고 타는 게 더 쉽다. 422번 공항버스를 제외하고는 대중교통에서 현금을 사용할 수 없다. 한국의 컨택리스 체크카드나 신용카드 사용이 가능해 짧게 머문다면 카드를 만들지 않아도 된다. 앙카라에 오래 머물거나 컨택리스카드가 없다면 앙카라의 교통카드인 바슈켄트카드Başkentkart를 만들어야 한다. 바슈켄트카드는 약간 더 저렴하며 75분 내 환승 할인이 있고, 학생의 경우 1/2 요금이다.

운영 버스·메트로 운행 시간
06:00~01:00
요금 1회 탑승료
컨택리스카드 사용 시 31TL,
바슈켄트카드 사용 시
26TL(학생 12.5TL)
홈피 www.ego.gov.tr

버스

메트로

메트로에 관광명소가 표시되어 있어 편리하다.

앙카라카르트 만드는 곳

자동 발매기

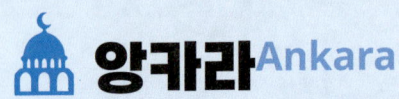
앙카라 Ankara

구시가지의 중심, 울루스 광장

앙카라는 이스탄불에 이어 두 번째로 큰 도시로 슈퍼마켓이나 은행 등 편의시설이 많아 여행하기 좋은 도시다. 앙카라는 크게 구시가지와 신시가지로 나뉘는데 구시가지는 울루스 광장Ulus Meydanı 주변으로 관광명소가 몰려 있고, 신시가지는 크즐라이 광장Meydanı으로 쇼핑센터와 카페 식당이 몰려 있는데, 대학생들의 도시답게 생동감이 넘쳐 흐른다. 숙소는 교통이 편리한 크즐라이 광장 주변에 정하고 주변을 돌아보는 것이 좋다. 앙카라는 물가가 저렴하고, 사기도 없어 모처럼 편안하게 여행할 수 있다.

To do list
1. 히타이트 문명의 진수를 볼 수 있는 아나톨리아 문명 박물관 관람
2. 앙카라 성에서 전망 보기
3. 앙카라에서의 특별한 음식 문화, 아스파바 맛보기
4. 튀르키예인 모두가 존경하는 아타튀르크 영묘 방문하기

앙카라의 관광명소

앙카라의 볼거리는 크게 두 구역으로 나뉜다. 첫째는 구시가지인 울루스 광장 주변으로 튀르키예 독립 전쟁과 공화국 출범 당시의 역사적 건물, 앙카라 성, 아나톨리아 문명 박물관 등을 볼 수 있다. 울루스 광장 북쪽에는 3세기에 만들어진 거대 로마 목욕탕 유적지Ankara Roma Hamamı ve Antik Kenti도 남아 있다. 두 번째는 튀르키예 국민 아버지(지금은 한 세대가 지나 '국민 할아버지'라고 부른다)인 아타튀르크 영묘다. 한 곳을 더 추가한다면, 한국 전쟁에 참여한 튀르키예에 감사를 표하는 한국 공원도 빼놓을 수 없다.

★★★ 울루스 광장 주변 Ulus Meydan

아타튀르크 동상Atatürk Heykeli이 세워진 울루스 광장은 앙카라 구시가지의 중심이다. 이곳에서 주변을 둘러보고 아나톨리아 문명 박물관과 앙카라 성으로 이동하면 된다. 광장 주변에는 튀르키예 공화국 수립과 관련된 건물이 많아 수학여행을 온 튀르키예 학생들을 많이 만나게 된다. 먼저 튀르키예 공화국 최초의 의회 건물이 있다. 1919년~1924년 사이에 사용되었으며 지금은 **독립 전쟁 박물관**Kurtuluş Savaşı Müzesi(운영 4~10월 09:00~16:30, 11~3월 09:00~17:00, 요금 60TL)으로 운영 중이다. 1923년 로잔 조약Treaty of Lausanne이 체결된 테이블을 볼 수 있다. 로잔 조약은 그리스-튀르키예 전쟁에서 승리한 뒤 체결되었으며 튀르키예 공화국이 국제적으로 주권 국가로 인정받은 중요한 조약이다. 바로 근처에는 첫 번째 의회 건물로는 공간이 부족해 새로 지은 두 번째 의회 건물이 있다. 1924년~1960년까지 사용되었으며 현재는 **공화국 박물관**Cumhuriyet Müzesi(운영 4~10월 09:00~18:30, 11~3월 09:00~17:00, 요금 €6)으로 이용하고 있다. 아타튀르크의 개인 소지품과 대통령실, 총리실, 접견실 등을 볼 수 있다. 건너편에는 레몬색 **앙카라 궁전**Ankara Palas(운영 화~일 09:00~17:00, 요금 300TL)이 있는데 원래 호텔이었던 건물로 외교 대표단의 숙소로, 국내외 회의 장소로 사용했다. 아이젠하워 미국 대통령과 주변국 국왕, 그리스 총리 등이 머물고 아타튀르크의 양녀 네빌 하넴의 결혼식이 열리기도 했다.

❶ 독립 전쟁 박물관 ❷ 공화국 박물관 ❸ 앙카라 궁전

주소	Bey, Hanifi Oğlu Sk., 27010 Şahinbey
위치	물고기 광장Balıklı meydan에서 300m
운영	24시간
전화	507 449 30 03
요금	무료

첫 번째 의회가 열렸던 장소

공화국 박물관

독립 전쟁 박물관

앙카라 궁전

아나톨리아 문명 박물관
Anadolu Medeniyetleri Müzesi (Museum Of Anatolian Civilizations)

오스만 제국 시대에 만든 마흐무트파샤 시장Mahmutpaşa Bedesten과 쿠쉰루 한Kurşunlu Han 건물을 개조해 만든 박물관으로 아나톨리아에서 시작된 초기 문명을 전시하고 있다. 다른 도시에서 로마·비잔틴 시대의 유적을 많이 보았다면, 이곳에서는 히타이트 문명을 집중적으로 볼 수 있다. 아타튀르크가 히타이트 문명을 다룬 박물관 설립을 제안했으며 이에 튀르키예 전역에 있는 중요한 히타이트 관련 유적을 앙카라로 가져왔다고 한다. 구석기 시대, 신석기 시대, 고대 청동기 시대, 아시리아 무역 식민지 시대, 고대 히타이트Hititler 및 히타이트 제국 시대, 프리지아Frigler 왕국, 후기 히타이트 왕국, 우라르투Urartular 왕국 등을 시대순으로 전시하고 있다. 작은 규모로 앙카라에서 발견된 헬레니즘, 로마, 비잔틴, 오스만 제국의 유물도 전시하고 있다.

주소 Gözcü Sokak No:2 06240 Ulus
위치 메트로 Ulus에서 1.3km
운영 4~10월 08:30~19:15, 11~3월 08:30~17:00
전화 (312) 324 31 60
요금 €12
홈피 muze.gov.tr/muze-detay?SectionId=AMM01&DistId=AMM

아시리아의 왕, 무탈루Mutallu의 동상
(기원전 1,200~700년 전)

more & more 아는 만큼 느낀다! 박물관 제대로 보기

❶ 기원전 5750년 신석기 시대에 만들어진 여신 동상. 차탈회위크Çatalhöyük에서 발견된 여신상으로 풍만한 가슴과 엉덩이는 다산과 농업을 상징한다. 양 옆에 표범이 앉아 있는 것으로 보아 강한 사회적 성격을 보여준다.

❷ 이난득Inandik에서 발견된 기원전 1,600년의 꽃병. 신성한 결혼식을 묘사한 그림이 그려져 있다. 당시의 의복, 악기, 생활양식을 보여준다.

❸ 차탈회위크. 신석기 시대에 만들어진 세계 최초의 초기 도시 유적에서 발견된 집 내부의 모습. 신석기 시대에 아파트와 같은 집단 주거지가 발견된 마을로 문을 계단을 통해 옥상에 있었다(콘야 p.311 참조).

❹ 마타 여신. 프리기아인들은 많은 신을 숭배했지만 인간의 모습으로 묘사된 신은 마타Matar가 유일하다. 어머니라는 뜻이다. 긴 드레스를 입고, 머리 장식 뒤에서 베일을 늘어뜨리고 손에는 석류(추정)를 들고 있다. 프리기아의 키벨레Cybele(산)에게 바쳐진 종교적 기념물로 기원전 9~6세기의 것이다.

❺ 청동기인 히타이트 시대의 선 디스크Sun Disk. 위쪽의 돌출된 부분은 다산을 의미한다. 왕의 무덤에서 발견되었다. 앙카라 대학교와 과자회사 Eti를 상징하는 문양으로 사용하고 있다.

❻ 기원전 1,200~700년. 신이 한 손에는 부메랑을 들고 다른 한 손에는 번개 다발을 들고 있다. 오른쪽의 왕은 신에게 음료를 바치고, 작게 표현된 하인은 황소를 제물로 바치기 위해 서 있다.

❼ 고르디온Gordion에서 발굴된 청동 가마솥. 아시리아 예술에서 영향을 받은 프리기아인들의 정교한 금속 공예예술 작품이다. 인간의 머리를 가진 악마 장식이 돋보인다.

❽ 세계에서 가장 오래된 인공건축물인 괴베클리 테페에서 발견되었다. 기원전 10,000년 전 만들어진 오벨리스크(샨르우르파 p.473 참조).

★★★ 앙카라 성 Ankara Kalesi (Ankara Castle)

기원전 5세기 초 앙카라에 정착한 갈라티아인Galatians이 만든 성을 시작으로 2세기 초 앙카라를 점령한 로마, 비잔틴, 셀주크, 오스만 제국 시대를 거치며 수리되고 추가되어 오늘날의 성을 이루었다. 성의 정문으로 들어가면 분수가 있는 작은 광장이 나오고 기념품을 파는 좁은 골목길을 따라가다 보면 성 밖으로 나가게 되는데 당황하지 말자. 오른쪽 길을 걷다 보면 탑 위로 올라가는 입구가 보인다. 한국 단체 관광객이 많이 오는 곳이어서 계단을 따라 한국말을 하는 튀르키예 할머니들이 코바늘로 뜬 소품을 판매한다. 한여름이라면 짧은 계단도 고역이지만 잠시 뒤, 앙카라 시내가 한눈에 보이는 멋진 전망이 기다리고 있다.

주소 Altındağ, Kale, 06240
위치 메트로 Ulus에서 1.7km
운영 월~금 10:00~20:00,
 토 08:00~22:00,
 일 08:00~21:00
요금 무료
홈피 www.ankarakalesi.com

앙카라 성

핸드메이드 자수

앙카라 성

앙카라 성 입구

★★☆ 라흐미 M.코치 박물관 Rahmi M. Koç Müzesi (Rahmi M. Koç Museum)

16세기에 만들어진 첸젤 한Cengel Han과 샤프란 한Safran Han 건물을 활용한 박물관이다. 앙카라 최초의 산업박물관으로 자동차, 배, 철도, 항공, 인쇄, 라디오, 장난감과 인형의 집 등 인간이 만든 모든 종류의 것들을 한 자리에 모아 놓았다. 앤티크 제품이나 1900년대 초의 올드카를 좋아한다면 추천한다.

주소 Kale, Hacettepe, Depo Sokak No:1, 06230 Altındağ
위치 메트로 Ulus에서 1.7km
운영 화~금 10:00~17:00,
 토·일 10:00~18:00
휴무 월요일, 1월 1일, 12월 31일, 종교 휴일 전날
전화 (312) 309 68 00
요금 160TL, 학생 80TL
홈피 www.rmk-museum.org.tr

★★☆
하마뫼뉘 전통 앙카라 주택
Hamamönü Tarihi Ankara Evleri (Hamamonu Historical Ankara Houses)

하마뫼뉘Hamamönü는 앙카라의 알튼다Altındağ에 위치한 지역으로 이름은 지역의 오래된 목욕탕 카라자베이 하맘Karacabey Hamamı에서 나왔다. 19세기 초 오스만 제국 시대에 거주와 상업의 중심지로 북적였는데, 오늘날 17~20세기에 지어진 가옥이 잘 보존되어 있어 사람들이 많이 찾는다. 기념품점과 카페가 많아 산책하듯 걸으면 되는데 주말이면 다양한 문화행사가 열린다. 앙카라 성에서 골동품 골목을 따라 남쪽으로 내려오면 하마뫼뉘 시계탑Hamamönü Saat Kulesi이 있는 광장과 거리로 이어진다.

주소	Hacettepe, Sarıkadı Sk. No:31, 06230 Altındağ
위치	앙카라 성 입구에서 내리막길로 1km
운영	24시간
요금	무료

★★☆
겐츨릭 공원 주변 Gençlik Parkı (Youth Park)

앙카라 중심에 7,374m² 크기의 큰 공원으로 중앙에 호수가 있고 주변에 공연장, 콘서트홀, 대관람차가 포함된 놀이공원이 있다. 겐츨릭은 젊음Youth이라는 뜻이다. 한여름 밤에는 분수와 조명이 켜져 시원하고 아름답다. 공원 앞에 대규모 버스정류장이 있어 구시가지와 신시가지를 오가다 한 번쯤 들르게 된다. 버스정류장 맞은 편에는 멜리케 하툰 모스크Melike Hatun Camii가 있다. 2017년 비교적 최근에 만들어진 모스크로 오스만 양식과 셀주크 양식을 현대적으로 해석한 신 오스만 양식의 모스크다. 모스크의 이름인 멜리케 하툰Melike Hatun은 오스만 제국 시대에 앙카라에 살며 자선 활동으로 사회에 공헌한 인물이다.

❶ 겐츨릭 공원 ❷ 멜리케 하툰 모스크

주소	Hacettepe, Sarıkadı Sk. No:31, 06230 Altındağ
위치	앙카라 성 입구에서 내리막길로 1km
운영	24시간
요금	무료

멜리케 하툰 모스크

겐츨릭 공원

겐츨릭 공원

아느트카비르 (아타튀르크 영묘) Anıtkabir (Atatürk Mozole)

튀르키예 국민 모두의 존경을 받는 무스타파 케말 아타튀르크 Mustafa Kemal Atatürk의 시신을 모신 영묘이다. 제1차 세계대전 이후 오스만 제국은 패전국으로 국토가 서구 열강들에 의해 분할되고 지배를 받던 민족들이 독립 전쟁을 시작해 나라는 혼란에 빠지고 만다. 이때, 튀르키예를 하나로 모아 전쟁에서 승리하고 나라를 통합한 이가 바로 아타튀르크다. 1923년 튀르키예 공화국을 수립해 초대 대통령으로 튀르키예의 현대화와 발전을 이끌었다. 1938년 11월 10일 아타튀르크가 이스탄불 돌마바흐체 궁전에서 사망하자, 앙카라에 영묘를 짓기 위한 공모전이 열렸으며 에민 오나트Emin Onat와 오르한 아르다Orhan Arda의 작품이 선정되었다. 1953년 11월 10일 기념식과 함께 아타튀르크의 시신을 이곳으로 옮겼다. 지하철역에서 입구까지 1km, 입구에서 사자의 길을 따라 300m를 걸어가면(물과 모자 또는 양산 필수) 영묘가 있는 메인 건물이 보인다. 바로 옆에 아타튀르크와 독립 전쟁 박물관Atatürk ve Kurtuluş Savaşı Müzesi(무료)이 있는데, 규모가 3,000㎡이며 아타튀르크의 개인 소지품과 독립 전쟁 과정을 상세히 묘사해 놓았다.

주소	Mebusevleri, Anıttepe, Anıtkabir, 06570 Çankaya
위치	메트로 Anadolu/Anıtkabır역에서 1.3km
운영	09:00~16:30
전화	(312) 231 18 61
요금	무료
홈피	www.anitkabir.tsk.tr

아타튀르크와 독립 전쟁 박물관

★★★
한국 공원 Kore Parkı (Korea Park)

튀르키예는 한국 전쟁 당시 21,212명을 파병한 동맹국으로 여러 전투에서의 승리로 전세에 결정적인 영향을 끼쳤다. 한국 공원에는 1973년 튀르키예 공화국 50주년을 기념해 만든 튀르키예 한국 전쟁 참전 기념탑(Kore'de Savaşan Türkler Anıtı)이 세워져 있다. 50년이 지난 2024년 튀르키예 공화국 수립 100주년을 기념해 현대에서 한국 공원을 전면 보수했다. 비문에 튀르키예를 '토이기'라고 표현하고 있는 것도 흥미롭다. 서울에도 71년에 세워진 앙카라 공원(자매 근린공원)이 있는데 앙카라 포도 농장의 전통 주택을 볼 수 있다.

주소 Altındağ, Hacı Bayram 06050 Altındağ
위치 메트로 Anadolu/Anıtkabır역에서 600m
운영 월~토 24시간, 휴무 일요일
요금 무료

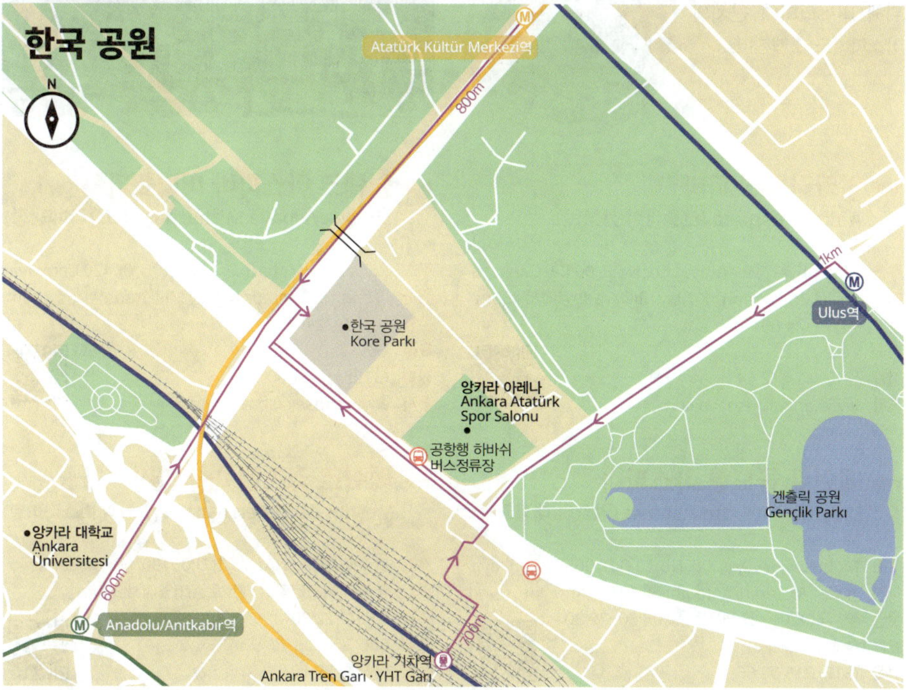

앙카라의 레스토랑

이스탄불, 카파도키아, 파묵칼레와 같은 곳에서 앙카라에 왔다면 저렴한 식당 물가에 놀라고 만다. 크즐라이 광장 주변은 학생들이 많은 상권으로 저렴한 카페, 식당이 모여 있어 이곳에 숙소를 잡으면 좋다. 앙카라 길거리에서 파는 시밋은 다른 도시와는 달라 맛보기를 추천한다. 더 얇고 탔다 싶을 만큼 바삭하게 구운 느낌이다. 무엇보다 아스파바Aspava 경험을 놓치지 말자.

아스파바 Aspava

아스파바를 맛보지 않고, 앙카라를 다녀갔다고 할 수 없다. 아스파바는 메인 메뉴를 하나 시키면 메제, 치쾨프테Çiğ Köfte, 샐러드, 감자튀김, 차와 디저트 등을 무제한으로 제공해 주는 앙카라에서만 만날 수 있는 식당이다. 기본으로 주는 것도 다 먹기 어려워 추가 주문을 시도해 보기 어렵지만 무료다. 여러 체인이 있으며, 아래 소개하는 곳 중 거리상 가깝고 무료로 제공해 주는 음식의 구성과 후기를 참고해 방문해 보자. 앙카라를 돌아보지 않고, 버스 터미널만 경유하는 사람을 위해 버스터미널 근처의 아스파바도 소개한다.

▶▶ 앙카라 아스파바
Ankara Aspava (크즐라이 광장)

- 주소: Meşrutiyet, Meşrutiyet Cd. No:6, 06420 Çankaya
- 위치: 메트로 15 Temmuz Kızılay Milli İrade역에서 450m
- 운영: 11:00~24:00
- 요금: €€€
- 전화: (312) 424 12 44
- 홈피: www.ankaraaspava.com

▶▶ 쉼쉐크 아스파바 미타트파샤
Şimşek Aspava Mithatpaşa (크즐라이 광장)

- 주소: Kocatepe, Mithatpaşa Cd. 58/B, 06420 Çankaya
- 위치: 메트로 15 Temmuz Kızılay Milli İrade역에서 700m
- 운영: 11:30~22:00
- 요금: €€€
- 전화: (312) 419 67 00
- 홈피: www.simsekaspava.com.tr

▶▶ 메쉬르 을드름 아스파바
Meşhur Yıldırım Aspava (앙카라 대학교)

- 주소: Mebusevleri, Anıt Cd. No:10 D:B, 06570 Çankaya
- 위치: 메트로 Anadolu/Anıtkabır역에서 60m
- 운영: 월~금 08:00~23:00, 토·일 08:30~22:30
- 요금: €€€
- 전화: (312) 215 00 66

▶▶ 메쉬르 귈츠멘 아스파바
Meşhur Gülçimen Aspava (앙카라 버스터미널)

- 주소: Emek, Bişkek Cd. 74/B D:06490, 06630 Çankaya
- 위치: 앙카라 버스터미널 메트로 Aşti역에서 350m
- 운영: 11:30~22:00
- 요금: €€€
- 전화: (312) 223 10 01

타피 타북 Tapi Tavuk

울루스역 근처의 식당으로 가격과 맛 모두 칭찬할 만하다. 셀프서비스 방식의 카페테리아로 주메뉴가 닭고기인데 삶은 닭가슴살 Haşlanmış Tavuk Göğüs, 구운 닭 Çevirme Tavuk, 튀긴 닭 Çıtır Tavuk(추천), 치킨버거 Tavuk Buger 등 한국인들이 싫어할 메뉴가 하나도 없다. 쟁반을 들고 움직이며 원하는 가정식 요리 메뉴를 달라고 하면 주고, 쇼케이스에 없는 것을 주문하고 싶을 때는 계산대에서 요청하면 만들어서 가져다준다. 빵과 차는 무료다.

주소	Hacı Bayram, Şht. Teğmen Kalmaz Posta Cd No:25, 06050 Altındağ
위치	울루스 아타튀르크 동상에서 350m
운영	월~토 07:00~18:00, 휴무 일요일
요금	€€
전화	(312) 311 21 11

자이퉁 존 Zaytung Zone

20~30대가 많이 찾는 세계 음식 퓨전 레스토랑으로 없는 메뉴를 찾는 게 더 어려울 정도로 다양한 메뉴를 자랑한다. 아침 메뉴, 튀르키예, 아시아, 이탈리안, 멕시칸 등 가격도 저렴해 편하게 방문할 수 있다. 무엇보다 시원한 맥주와 튀김 안주를 판다. 주변에 이와 비슷한 식당이 많은데 전체적으로 가격이 저렴한 편이어서 선택의 폭이 넓다.

주소	Meşrutiyet, Konur Sok. No:8 A-B, 06420 Çankaya
위치	메트로 15 Temmuz Kızılay Milli İrade역에서 400m
운영	08:30~24:00
요금	€€
전화	(312) 417 41 05
홈피	zaytungzone.com

앙카라의 한식당

소풍 Sopung kore Ankara

주소	Kızılay, Karanfil Sk. No:69/A, 06420 Çankaya
위치	메트로 15 Temmuz Kızılay Milli İrade역에서 800m
운영	11:30~21:30
요금	€€€
전화	507 707 64 83
홈피	www.instagram.com/sopung ankara_lounge

앙카라의 쇼핑

앙카라에는 크고 작은 쇼핑몰이 여러 개 있다. 여행자들이 주로 머무는 크즐라이 광장 주변에는 크즐라이 쇼핑몰Kızılay AVM, 크즐라이 메트로 시장Kızılay Metro Çarşısı이 있고, 규모가 있는 곳은 앙카몰ANKAmall(운영 10:00~22:00)로 메트로 M1-2-3호선을 타고 Akköprü역에 내리면 바로 연결된다. 앙카몰에는 미그로스 중 가장 큰 5M 미그로스Mogros가 있다. 앙카라에서 비행기를 타고 이스탄불을 경유해 한국으로 돌아간다면 슈퍼마켓 쇼핑을 위한 최적의 장소다. 전통 기념품은 앙카라 성과 주변에 많이 판다. 앙카라 기념 냉장고 자석, 튀르키예 느낌이 물씬 나는 노트, 인형, 소품 등을 만날 수 있다. 앙카라 성에서 남쪽으로 내려오는 길은 골동품 거리로 앤티크 그릇이나 소품을 좋아한다면 들러보자. ❶ 앙카몰 ❷ 골동품 거리

골동품 거리 Antik Sokak

앙카라 성에서 남쪽으로 내려오는 경사 길은 골동품 거리다. 앤티크 그릇이나 소품, 램프, 보석, 카펫 등 이국적인 느낌 가득한 다양한 제품을 만날 수 있다.

주소 Karakaş Sk. Koyunpazarı Sk. Pirinç Sk.
위치 앙카라 성 입구에서 남쪽으로 내려오는 250m 일대

에윕 사브리 튠제르 콜론야 Eyüp Sabri Tuncer Kolonya

1923년부터 콜로냐를 만들어 온 오래된 회사다. 콜론야는 알코올에 다양한 향을 입힌 것으로 손을 소독하고 리프레시하는 역할을 한다. 용기도 예뻐 선물용으로도 좋다. 레몬 향이 기본이지만, 자스민, 코튼, 라벤더 등 다양한 향을 선택할 수 있고 콜론야뿐만 아니라 액체비누, 핸드로션, 샤워젤, 바디스프레이 등을 판다. 울루스 쉐히르 차르쉬Ulus Şehir Çarşısı 내의 안뜰과 아나톨리아 문명 박물관으로 올라가는 길에도 있다.

홈피 www.eyupsabrituncer.com

울루스 쉐히르 차르쉬시점
Ulus Şehir Çarşısı
주소 Hacı Bayram, Atatürk Blv No:3/8, 06050 Altındağ
위치 울루스 광장에서 100m (울루스 쉐히르 차르쉬 Ulus Şehir Çarşısı 내)

아나파르타라르점 Anafartalar
주소 Hacı Bayram, Anafartalar Cd No: 50/A, 06030 Altındağ
위치 울루스 광장에서 700m
전화 (312) 311 84 44

앙카라의 숙소

앙카라는 큰 도시로 이동 시 시간을 허비하지 않으려면 숙소 위치가 중요하다. 관광지는 구시가지인 울루스Ulus에 모여 있어 울루스역 주변이나 메트로 노선 3개가 지나며 앙카라 버스터미널과 곧바로 연결되는 크즐라이Kızılay 광장 주변에 구하면 좋다. 개별 여행자라면, 크즐라이 광장 근처에 딥스 호스텔을 추천한다.

❶ 딥스 호스텔
Deeps Hostel Ankara

- 주소: Kültür, Ataç-2 Sk. No:46, 06100 Çankaya
- 위치: 크즐라이Kızılay 광장에서 600m
- 요금: €
- 전화: 와츠앱 552 898 19 99
- 홈피: www.turkeyhostel.com/ankara

❷ 파크 데데만 크즐라이 앙카라
Park Dedeman Kızılay Ankara

- 주소: Meşrutiyet Mahallesi, Kızılay, Ziya Gökalp Cd. No:8, 06420 Çankaya
- 위치: 크즐라이Kızılay 광장에서 160m
- 요금: €€€
- 전화: (312) 430 00 06
- 홈피: www.dedeman.com

©Park Dedeman Kızılay Ankara

❸ 하밋 호텔 크즐라이
Hamit Hotel Kizilay

- 주소: Kocatepe Mahallesi, Bayındır 2 Sokak, No:39, 06420 Çankaya
- 위치: 크즐라이Kızılay 광장에서 450m
- 요금: €€
- 전화: (312) 434 04 35
- 홈피: hamithotelkizilay.com.tr

❹ 알바 호텔 Alba Ankara Hotel

- 주소: Kocatepe Mahallesi, Kızılay, Yüksel Cd. No:19, 06000
- 위치: 크즐라이Kızılay 광장에서 450m
- 요금: €€€
- 전화: (312) 419 10 20
- 홈피: www.albahotels.com.tr/ankara

❺ 래디슨 블루 앙카라
Radisson Blu Hotel Ankara

- 주소: Hacı Bayram, Istiklal Cd. No:20, 06030 Altındağ
- 위치: M1-2-3 울루스Ulus역 앞
- 요금: €€€
- 전화: (312) 310 48 48
- 홈피: www.radissonhotels.com

❻ 부데이 호텔 Buğday Hotel

- 주소: Doğanbey Mahallesi, İstanbul Cd. No:18, 06050 Altındağ
- 위치: M1-2-3 울루스Ulus역에서 350m
- 요금: €€
- 전화: (312) 311 77 00
- 홈피: www.bugday.com.tr

©Buğday Hotel

샤프란볼루 데이 트립 Safranbolu Day Trip

❶ 진지 한 ❷ 진지 하맘 ❸ 흐드르륵 언덕

앙카라까지 왔다면 샤프란의 마을, 샤프란볼루가 지척이다. 샤프란Safran과 폴리스Polis가 합쳐진 이름에서 알 수 있듯 기원전 히타이트 시대부터 샤프란이 재배되어 온 마을이다. 샤프란은 샤프란 크로커스Saffron Crocus 꽃에서 나는 붉은 암술로 조미료와 착색제로 사용하는데 고대부터 현재까지도 세계에서 가장 비싼 향신료이다. 샤프란은 8월에 파종해 개화 시기가 10월 말에서 11월 중순으로 10월 마지막 주 금~일요일에 샤프란 축제가 열린다.

샤프란볼루는 13세기부터 20세기 초 철도가 생기기 전까지 동서를 잇는 실크로드의 마을로 상인들이 위의 마을이었다. 13세기부터 17세기까지 모스크, 목욕탕, 마드라사, 상인 숙소가 건설되고 상업의 활성화로 인구가 늘어났다. 이 시기에 건설된 오스만 시대의 전통 주택과 건축물이 잘 보존되어 있어 1994년 유네스코 세계 문화유산에 등재했다. 샤프란볼루에서는 오래된 골목길을 걸으며 오스만 전통 집을 구경하고, 샤프란이 들어간 음식, 디저트 등을 즐기고 기념품을 구입하고 돌아오면 된다.

샤프란볼루, 흐드르륵Hidirlik 언덕의 전망

샤프란볼루의 골목길

샤프란볼루, 흐드르륵Hidirlik 언덕의 전망

추천일정 앙카라에서 버스로 3시간 거리로 시간이 없다면 이른 아침 버스로 당일치기로 다녀오고, 여유가 있다면 1박을 추천한다. 1박 한다면 숙소는 100~200년 된 오스만 전통가옥이나 17세기에 지어진 상인 숙소 진지 한Cinci Han에서 숙박을 추천한다. 숙박하지 않는다면 진지 한의 안뜰에서 차나 식사도 좋다. 바로 근처에는 같은 시대에 지어진 진지 하맘Cinci Hamamı에서 목욕 체험도 할 수 있는데 이스탄불에 비하면 저렴하다. 구시가지 바닥이 울퉁불퉁해 언덕 쪽의 숙소는 지양하는 것이 좋다. 다시 앙카라로 돌아와야 하는 일정이라면 앙카라 버스터미널에 큰 짐을 맡긴 뒤 1박 2일 샤프란볼루 여행을 다녀오면 몸이 가볍다. 튀르키예 전역을 반시계방향으로 여행하고 있다면 샤프란볼루에 1박 2일을 머물고 야간버스로 이스탄불로 돌아가는 마지막 여행지로 추천한다.

가는 방법 이스탄불에서 야간버스로 6~7시간, 앙카라에서 3시간이 걸린다. 샤프란볼루 버스터미널에 도착하면 돌무쉬를 타고 3km 떨어진 구시가지로 들어가야 한다.
홈피 safranboluturizmdanismaburosu.ktb.gov.tr

샤프란 밥, 샤프란 아이스크림,
샤프란 차, 커피와 샤프란 로쿰 등
샤프란과 관련된 음식을 먹는 재미가 쏠쏠하다.

진지 하맘

진지 한의 숙소

진지 한. 1645년 진지 호자Cinci Hoca가 만든 상인 숙소로 카즘 아Kazım Ağa가 건축한 것으로 추정하고 있다. 20세기 초 기차가 생긴 뒤에는 상인들의 창고로 사용되기도 했다. 지금은 63개의 객실이 있는 호텔과 레스토랑 카페로 운영하고 있다.

샤프란볼루 집Safranbolu Evleri 박물관

샤프란 기념품, 샤프란 비누,
샤프란도 구입할 수 있다.

3 셀주크 제국의 수도
콘야
Konya

콘야는 아나톨리아의 패권을 장악했던 룸 셀주크의 수도이자 메블라나 종파의 탄생지다. 셀주크 제국은 11세기 초 중앙아시아의 튀르크계 부족에서 시작됐다. 이들은 이슬람으로 개종하고 아바스 왕조로부터 술탄의 지위를 받아 정통성을 확보한다. 점차 서쪽으로 세력을 확장해 비잔틴 제국을 물리치고 아나톨리아 대부분을 차지하며 대거 이주했는데, 오늘날 튀르키예의 시작이라 할 수 있다. 셀주크 제국이 약화 분열되는 가운데 룸 셀주크가 독립한다. 1077년 이즈니크에 수도를 세웠는데 1097년 제1차 십자군에게 빼앗기고, 콘야로 수도를 이전해 안정기를 맞는다. 12~13세기 콘야는 이슬람의 예술과 학문, 종교의 중심지였다. 특히, 몽골의 침략을 피해 콘야로 온 루미Rumi는 수피교를 발전시키고, 신과의 합일을 위해 음악에 맞춰 빙글빙글 도는 종교 의식인 세마를 만들었다. 이 시기에 만들어진 모스크와 마드라사는 페르시아 영향을 받은 신비로운 색상의 타일과 벽돌을 사용해 정교하고 화려함이 돋보이는데, 이는 셀주크 양식이 특징이다.

콘야주 konya.gov.tr
콘야 관광청 gokonya.com

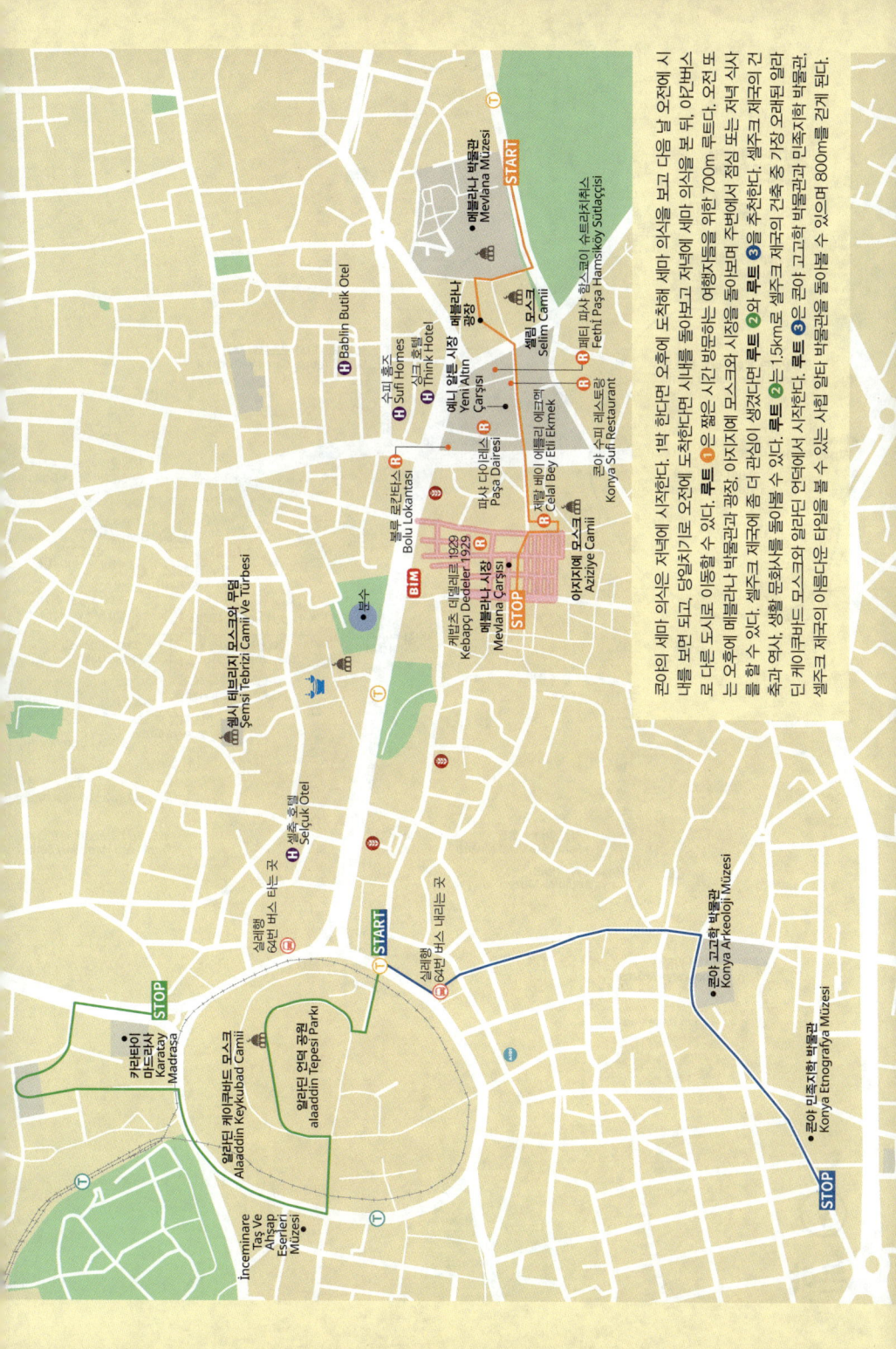

콘야 들어가기

항공과 버스, 기차로 갈 수 있다. 보통 앙카라에서 안탈리아로 이동하거나, 카파도키아에서 안탈리아에 갈 때 중간 경유지로 많이 들린다.

비행기

콘야 공항은 국내선만 취항하는데 이스탄불, 이즈미르 두 도시를 연결한다. 이스탄불은 튀르키예항공과 에이젯항공AJet으로 1시간 30분, 앙카라는 선익스프레스Sunexpress로 1시간 15분이 걸린다. 여름과 겨울 휴가 시즌에는 유럽 직항편을 운행한다.

콘야 공항
Konya Havalimanı (Konya Airport)

 콘야의 중심인 메블라나 광장Mevlana Meydanı까지 17km 떨어진 작은 공항이다. 30분 동안 여권 스캔을 이용한 무료 Wifi 이용이 가능하며, 면세점, 레스토랑, 카페 등의 편의시설이 있다.

주소 Büyükkayacık, Vali Ahmet Kayhan Cd. No:15, 42250 Selçuklu
전화 (332) 239 13 43
홈피 konyahavalimani.com

※ 콘야 공항에서 시내 들어가기

비행기 착륙 시간에 맞춰 공항버스, 하바쉬Havaş가 대기하고 있고, 콘야 버스터미널을 경유해 콘야의 교통의 중심지인 Alaaddin 트램역에 정차한다. 45분이 걸리고 요금은 150TL이다. 하바쉬를 놓쳤을 경우, 택시를 이용해야 한다.

홈피 하바쉬 havas.net/en/bus-services

버스

콘야는 이스탄불에서 10~12시간이 걸린다. 보통은 앙카라에서 콘야를 거쳐 안탈리아로 가거나, 카파도키아에서 콘야를 경유해 안탈리아로 가는 경우가 많다. 앙카라에서 콘야는 3시간~3시간 30분이 걸리고, 네브셰히르(카파도키아)는 3시간, 안탈리아는 5~6시간이 걸린다. 데니즐리(파묵칼레)까지는 5시간 30분~7시간이 걸리는데 야간버스 루트다. 바쁜 일정이라면 세마를 관람하고 야간버스로 데니즐리로 넘어갈 수도 있다.

콘야 버스터미널
Konya Şehirlerarası Otobüs Terminali
(Konya Bus Terminal)

 규모가 큰 시외버스 터미널로 식당, 카페, 휴대폰 충전기, 안마기 등의 시설이 있다. 짐 보관소인 에마네트Emanet가 있어 콘야에 숙박하지 않을 경우, 유용하다.

주소 Yazır, Doç.Dr. Halil Ürün Cad., 42350 Selçuklu
전화 (332) 265 02 44   운영 24시간

※ 콘야 버스터미널에서 시내 들어가기

콘야 버스터미널이 넓으므로 짐을 들고 고생하지 않으려면 이동법을 숙지한 후 움직이자. 시내 중심가인 메블라나 광장까지 들어가는 방법은 트램과 돌무쉬 두 가지가 있는데 트램은 Alaaddin역까지(25분 소요+ 도보 900m), 돌무쉬는 한 번에 메블라나 광장까지(40분 소요) 간다.

❶ 트램

다른 도시와는 달리 컨택리스카드를 사용할 수 없어 콘야카드Konyakart(카드 20TL+1회 26TL)를 구매해야 한다. 먼저 버스터미널 1번 플랫폼에서 터미널-트램역을 연결하는 차양 있는 길을 따라가면 Otogar 트램역이 나온다. 트램역 입구에는 매표기가 없고, 걸어오던 길에 있으니 주변을 살펴보거나 역무원에게 문의하자. 트램은 Alaaddin역까지 운행하니 메블라나 광장Mevlana Meydanı까지 900m를 걸어가면 된다.

❶ 트램 운행 시간표 보기
❷ 트램역

운영 트램 운행 시간 06:00~24:00(6~15분 간격)
*새벽 시간 트램이 있기는 하나 2시간 정도 간격이 넓어 택시 추천

❷ 돌무쉬

버스터미널의 정문으로 나와 주차장을 지나 직진하면 큰 교차로가 보이는데 길을 건너야 한다. 길을 건너면서 왼쪽을 보면 120m 떨어진 곳에 정류장이 보인다. 버스터미널 쪽 정류장에서도 탈 수 있는데 돌아간다. 정류장 위치는 위의 QR을 참고하자. 돌무쉬의 번호는 따로 없고 메블라나Mevlana라고 쓰인 흰색과 하늘색이 섞인 돌무쉬를 타면 메블라나 광장에 내려준다. 요금은 현금으로 내야 하고, 버스 앞쪽 위에 요금이 쓰여있다. 반대로 버스터미널로 갈 때는 Otogar라고 쓰인 버스를 타면 되는데 터미널에서 올 때 내린 곳과 다르니 위의 QR 위치를 참고하자.

❶ 메블라나 광장으로 갈 때 정류장 ❷ 버스터미널로 갈 때 정류장

트램역

메블라나 광장으로 가는 버스정류장과 돌무쉬

버스터미널로 갈 때 정류장

1번 플랫폼에서 동쪽으로 트램까지 연결된 지붕 있는 길이 있다.

기차

콘야에는 기차역이 두 곳이 있다. 일반 기차역Konya Tren Garı과 초고속 기차역YHT Konya Selçuklu으로 4.2km떨어져 있다. 앙카라-콘야는 초고속 선로가 깔려 있어 버스보다 빠르게 연결된다. 버스 소요 시간의 1/2인 1시간 40분이 걸리고, 가격은 360TL로 버스와 동일해 앙카라-콘야 구간을 이용한다면 초고속 기차를 추천한다. 이즈미르로 갈 때는 콘야 기차역에서 야간열차가 있다. 이스탄불에서 탈 경우 B1을 타고 쇠위틀위췌쉬메 Söğütlüçeşme역으로 간 뒤, 초고속 열차로 환승해 콘야로 들어갈 수 있다. 총 6시간이 걸린다.

콘야 셀축클루
YHT Konya Selçuklu YHT

규모가 큰 시외버스 터미널로 식당, 카페, 휴대폰 충전기, 안마기 등의 시설이 있다. 짐 보관소, 에마네트Emanet가 있어 콘야에 숙박하지 않을 경우, 유용하다.

주소 Yazır, Doç.Dr. Halil Ürün Cad., 42250 Selçuklu
전화 (332) 265 02 44
운영 24시간

※ 콘야 고속 기차역에서 시내 들어가기

한 번에 가는 34 · 44번 버스는 860m를 걸어 정류장에 가야 하고, 기차역을 나와 바로 앞 정류장에서 타는 47 · 53번은 Alaaddin까지 밖에 가지 않아 버스를 갈아타거나 900m를 걸어가야 한다. 메블라나Mevlana라고 쓰인 돌무쉬를 타거나, 택시를 추천한다.

❶ 34·44번 정류장 ❷ 47·53번 정류장

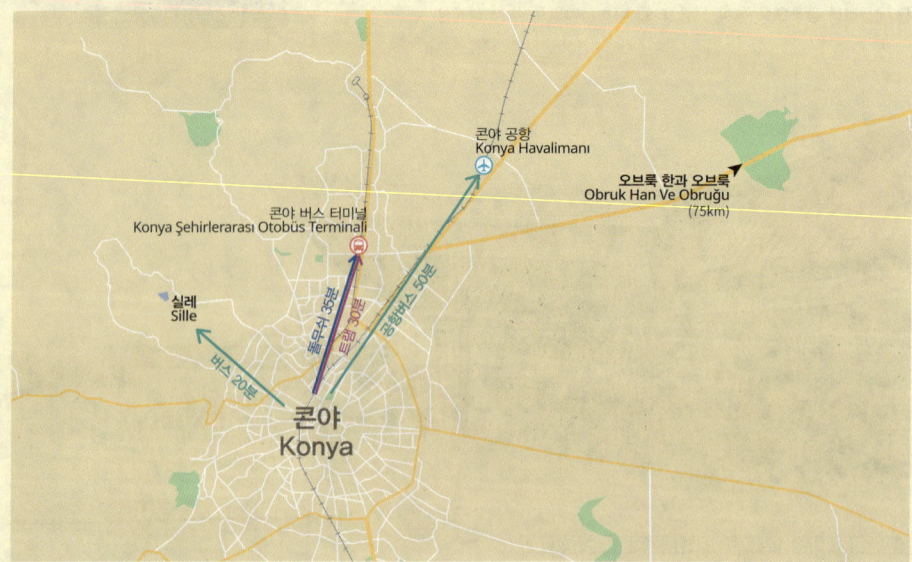

콘야 기차역
Konya Tren Garı (Konya Train Station)

일반 기차가 다니는 역으로 이즈미르로 갈 경우 이곳에서 출발한다. 초고속 열차도 YHT역 다음으로 이곳에 정차하는데 시내와 가까우니 이곳에 내리자 콘야에서 이즈미르까지는 12시간 40분이 걸린다. 일반 좌석 요금은 610TL이다.

운영 콘야 19:00→이즈미르 07:40(12시간 40분),
　　　이즈미르 20:05→콘야 09:10(13시간 5분)
주소 Konevi, Konya Garı, 42040 Meram
전화 (332) 322 36 80　　　**운영** 24시간

※ **콘야 기차역에서 시내 들어가기**

메블라나 광장까지 4km로 가깝다. 기차역을 나와 길 건너 오른쪽(남쪽)으로 630m 거리에 버스정류장에서 8번이 메블라나 광장Mevlana Meydanı에 간다. 왼쪽의 QR 위치를 참고하고, 길에서 사람들에게 위치를 물어보자. 짐이 무겁다면 택시를 타도 부담이 없다.

시내교통 이용하기

콘야의 주요 관광지는 도보로 충분하다. 버스터미널이나 기차역에 갈 경우 돌무쉬, 버스 트램을 이용해 간다. 돌무쉬는 현금을 내지만, 버스와 트램은 다른 도시와는 달리 컨택리스 카드 사용이 불가해 콘야카드Konyakart를 만들어야 한다. 콘야는 콘야카드 요금 50TL, 1회당 요금은 18.90TL로 교통 요금이 매우 저렴하다. 근교인 실레Sille를 간다면 카드를 만들기를 추천한다.

요금 콘야카드 50TL
홈피 konyakart.konya.bel.tr

메블라나 광장, 셀림 모스크와 메블라나 박물관 건물이 이웃해 있다.

콘야 Konya

콘야는 메블라나의 종교 의식인 세마를 보러 가는 도시다. 여행의 중심에 세마 관람을 놓고, 머물 수 있는 시간만큼 메블라나 박물관을 포함해 주변을 돌아보면 된다. 세마에 관심이 없다면 오스만 제국과 다른 셀주크 양식의 건축이나 맛집 탐방을 추천한다. 현금 출금은 알라딘 언덕Alaaddin Tepesi 주변, 메블라나 광장 중간에 쉐라페딘 모스크Şerafeddin Camii 맞은편에 지랏 은행Ziraat Bankası과 BIM 슈퍼마켓이 있다.

To do list
1. 세마 의식 관람
2. 메블라나 박물관 보기
3. 에틀리 에크멕Etli Ekmek 맛보기!

콘야의 관광명소

콘야의 관광은 메블라나와 셀주크 제국의 건축이 중심이 된다. 콘야는 메블라나 종파가 탄생한 곳으로 메블라나 박물관Mevlana Müzesi과 세마 관람이 중심에 놓인다. 콘야는 룸 셀주크의 수도로 독특하고 아름다운 건축양식을 볼 수 있다.

★★★ 메블라나 박물관 Mevlana Müzesi (Mevlana Museum)

입구

메블레나 잘랄레딘이 루미의 사망 후 1년 뒤, 1274년에 메블라나의 집으로 지은 건물로 메블라나 잘랄레딘 루미의 묘를 중심으로 세마 의식이 이루어지는 세마하네Semahane, 수행자들의 방, 식당, 세마 수행의 방, 종교 서적, 의복과 소품, 메블라나 종단의 수행과 생활상을 엿볼 수 있는 박물관이다.

주소 Aziziye Mahallesi Müze Alanı Caddesi No:1
위치 메블라나 광장Mevlana Meydanı에서 입구까지 290m
운영 월 10:00~18:30, 화~일 09:00~18:30   요금 무료
홈피 muze.gov.tr/muze-detay?DistId=MEV&SectionId=MEV01

세마하네

수행자의 방

주방

박물관의 안뜰

메블라나 박물관의 밤 / 꾸란

영묘의 천장

메블라나 박물관 입구

잘랄레딘 루미의 영묘

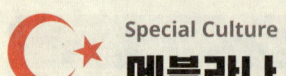

Special Culture
메블라나 잘랄레딘이 루미

튀르키예 구 화폐로 지폐에 나온 루미와 영묘

메블라나 잘랄레딘이 루미Mevlânâ Celâleddîn-i Rûmî(1207~1273)는 페르시아 출신의 신비주의Sufism 철학자이자 시인으로 몽골의 침략을 피해 가족과 함께 서쪽으로 이동하다 케이쿠바드 I세Keykûbad I(안탈리아에 이블리 미나레 모스크Yivliminare Camii를 세움)의 초대로 콘야에 정착했다. 당시 콘야는 룸 셀주크Rum Seljuk(1077~1308)의 수도였다. 루미는 쉠시 테브리지Shams-i Tabrizi를 만나며 신비주의적 수행 방식을 통해 신과의 합일을 추구하는 깨달음을 얻게 된다. 모든 존재가 신과 연결되어 있으며 진정한 깨달음은 신에 대한 사랑을 통해 가능하고, 모든 인간은 신성한 존재이며 우주는 사랑과 조화 속에서 움직인다고 보았다. 그는 음악과 춤은 신에게 도달하는 길이라고 믿어 세마를 만들었다. 또한, 특정 종교에 국한되지 않고 모든 인류가 하나 됨을 강조했는데 "오라, 오라! 네가 누구든 간에 오라! 무신론자든, 우상 숭배자든, 다시 돌아오라! 우리의 문은 절망의 문이 아니리라"라는 문장은 그의 사상을 보여준다고 할 수 있다. 레미는 인류애를 중요시해 다양한 신앙을 가진 사람들에게도 영향을 주었다.

루미의 가르침은 루미의 사망 후 아들인 술탄 왈라드Sultan Walad에 의해 정리되었고, 1273년 메블레비 교단이 만들어진다. 메블레비 수도회는 루미의 철학과 세마 의식을 계승해 튀르키예를 중심으로 전 세계에 퍼졌다. 2005년 유네스코는 튀르키예의 메블레비 사마 의식Mevlevi Sema Ceremony을 인류의 구전 및 무형 유산으로 선정했다. 메블라나 축제Mevlana Festival는 12월에 10일간 열리는데 그 절정은 루미의 사망일인 12월 17일로 신과 하나 되는 밤이다. 이 시기에 콘야를 방문한다면 참고하자. 영어로는 소용돌이치듯 춤추는 모습에 워링 더비셔스Whirling Dervishes, 튀르키예어로는 세마Sema라고 한다.

✱ 세마 Semâ

튀르키예 여러 도시에서 메블라나의 세마를 볼 수 있지만, 가장 규모가 큰 곳이 메블라나가 시작된 콘야다. 세마 의식을 관람하기에 가장 좋은 장소는 메블라나 문화 센터Mevlâna Kültür Merkezi인데 매주 토요일 세마가 열리기 때문에, 요일에 맞춰 도착하는 일정을 짜야 한다. 문화 센터보다 규모는 작지만 이르판 문명연구문화 센터İrfan Medeniyeti Araştırma ve Kültür Merkezi에서는 매일 열린다. 세마 시간은 18:00~21:00로 시기에 따라 달라지니 도착하기 전 콘야에서 머물 숙소에 왓츠앱이나 숙소 예약사이트의 채팅으로 물어보면 알려준다. 세마는 1시간 정도가 소요되며 행사장에서 다양한 기념품을 판매한다. 순서는 다음과 같다.

①

④

❶ 세마 의식은 검은 망토를 입은 세마젠Semazen과 리더인 쉐히Şeyh가 들어와 인사하며 시작된다. 세마젠들은 자리에 앉는데 이는 죽음을 의미한다. 세마젠들이 앉은 것은 무덤이고, 머리에 쓴 모자는 묘비이다.

❷ 예언자 무함마드를 찬양하는 나트-으-쉐리핀Naat-ı şerifin의 낭송이 울려 퍼지고, 낭송이 끝나면 쿠두움Kudüm(북)과 네이Ney(피리)로 시작하는 음악을 연주하는데 세상의 창조와 생명을 불어넣는 의미다.

❸ 쉐히Şeyh와 세마젠Semazen이 인사를 나누는 데블리 벨레디Devr-i Veledî가 진행된다. 인사는 세 번 진행되는데 첫 번째는 자신이 신에게 예속되어 있음을 깨닫고, 두 번째는 신에게 감사와 존경을 표하고, 세 번째는 존경하는 마음을 사랑으로 바꾸는 것을 의미한다. 인사가 끝나면 망토를 벗는데 이는 세속에서 벗어난다는 뜻이다.

❹ 양손을 교차해 자신의 어깨에 올린 채 한 명씩 스승에게 걸어와 인사를 하고, 무대로 나와 서서히 손을 풀며 오른손은 하늘로, 왼손은 땅으로 향한 채 빙글빙글 도는 춤을 춘다. 오른손은 신의 축복을 받고, 왼손은 받은 축복을 세상에 전달하는 것이다. 세마젠들은 춤을 추며 신과 하나가 되는 경험을 한다. 춤을 추는 과정은 4번에 걸쳐 진행되는데, 신이 인간을 창조했음을 깨달음→신과 인간의 관계를 깨달음→신과의 합일을 경험하며 신과 가까워짐→신과 하나가 되는 절정. 우주적 조화를 이해하게 되는 단계로 진행된다.

❺ 춤이 끝나면 꾸란을 낭독Kuran Tilaveti하고 쿨루 후왈라Kullu Huwa Allah라는 신과의 합일을 선언하고 마지막 기도인 두아Dua를 하는 것으로 마무리된다. 끝나면 조용히 나오면 된다.

▶▶ 메블라나 문화 센터
Mevlâna Kültür Merkezi (Mevlana Cultural Center)

주소   Çimenlik, Aslanlı Kışla Cd., 42030 Karatay
위치   메블라나 광장Mevlana Meydanı에서 2km, 알라딘 언덕 근처라면 Zafer역에서 세 정거장으로 Mevlana Kültür Merkezi역에 내리면 된다.
전화   (332) 352 81 11
요금   입장료 150TL

▶▶ 이르판 문명연구 문화 센터
İrfan Medeniyeti Araştırma ve Kültür Merkezi (Irfan Civilization Research and Culture Center)

주소   Aslanlı Kışla Cd. No: 6/1 Karatay
위치   메블라나 광장Mevlana Meydanı에서 900m
전화   (332) 352 30 30
요금   입장료 €30
홈피   irfanmedeniyeti.org

★★★
메블라나 광장 주변 Mevlana Meydan

콘야의 중심으로 셀림 모스크와 메블라나 박물관, 예니 알튼 시장Yeni Altın Çarşı(New Golden Bazaar)과 메블라나 시장Mevlana Çarşısı(Mevlana Bazaar)이 있다. 메블라나 광장에 세워진 **셀림 모스크**Selim Câmii(Selimiye Mosque)는 술탄 셀림 2세Sultan Selim II가 콘야의 총독을 맡고 때인 1558~1567년에 지은 모스크로 전형적인 오스만 건축양식을 보여준다. 7개의 돔과 2개의 첨탑이 있으며 메블라나 박물관과 이웃하고 있다. 광장 서쪽에는 2024년 가을에 문을 연 **예니 알튼 시장**Yeni Altın Çarşı으로 쇼핑거리 형태를 띠고 있다. 구역 내로 들어가면 식당, 카페, 기념품점이 이어지며 곳곳에 의자가 있어 쉴 수도 있다. 예니 알튼 시장 주변에는 구 시장인 **메블라나 시장**Mevlana Çarşısı(Mevlana Bazaar)이 큰 구역을 이루고 있는데 주로 옷 가게가 많다. 시장 안에는 **아지지예 모스크**Aziziye Camii(Azizia Mosque)가 있는데 1671~1676년 지은 첫 번째 모스크가 불에 타 1867년 재건된 것이다. 후기 오스만 제국의 바로크 양식 모스크다.

위치 메블라나 광장Mevlana Meydanı
운영 24시간
요금 무료

아지지예 모스크

셀림 모스크

★☆☆
쉠시 테브리지의 모스크와 무덤
Şems-i Tebrîzî Türbesi Ve Câmii (Shams of Tabriz Mosque and Tomb)

루미가 사랑했던 스승 쉠시 테브리지Şems-i Tebrîzî의 모스크와 무덤이다. 셈시는 1247년 어느 날 실종되었는데, 스스로 콘야를 떠났는지 살해되었는지 지금까지 밝혀지지 않았다. 이곳은 시체가 있다고 인정되는 무덤으로 수피교 신자들의 성지다.

주소 Şemsitebrizi, Şems Cd., 42030 Karatay
위치 메블라나 광장Mevlana Meydanı에서 750m
운영 24시간   **요금** 무료

📷 셀주크 제국의 건축들 ★★☆

셀주크 제국 시대에 만들어진 모스크는 오스만 제국의 모스크와 다르다. 셀주크 양식의 특징은 기하학적 패턴을 이용한 화려한 타일과 벽돌 장식으로 미나렛과 모스크 내부를 화려하게 꾸민다. 오스만 양식은 비잔틴 제국의 아야소피아에 영향을 받아 큰 돔과 다층 구조의 돔으로 내부가 넓고 외부에서 봤을 때 웅장함이 특징이다. 콘야는 룸 셀주크의 수도로 셀주크 양식의 모스크 등의 종교 건축을 감상하기에 좋다. 대부분 박물관으로 사용되고 있으며, 대대적인 수리로 문을 연 곳도 있고, 닫은 곳도 있으니 여행 시기에 상황을 보고 방문하자.

▶▶ 알라딘 케이쿠바드 모스크 Alâeddin Keykûbad Camii (Alaaddin Keykûbad Mosque)

알라딘 언덕은 콘야의 선사시대 정착지로 역사가 깊다. 언덕 위에는 알라딘 케이쿠바드 1세 Alâeddin Keykûbad I (1220~1237)가 지은 궁전과 모스크, 묘지가 있다. 내부는 청록색 타일로 화려하게 장식되어 있고, 아프리카의 흑단 나무로 만든 제단이 있다.

주소 İhsaniye, Alaaddin Blv. No:4211, 42030 Selçuklu
위치 알라딘 언덕, 알라딘Alaaddin 트램역에서 200m
운영 08:00~23:00
요금 무료

알라딘 케이쿠바드 1세와 여러 술탄들의 무덤

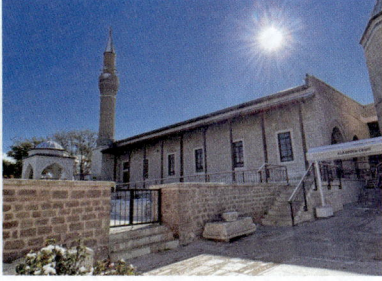

알라딘 언덕

▶▶ 카라타이 타일 박물관 Karatay Madrasa (Karatay Tile Works Museum)

셀주크 제국의 술탄 4명을 위해 일했던 젤라레딘 카라타이 Celâleddin Karatay (~1254)가 만든 마드라사로 그의 무덤이 함께 있다. 카라타이 마드라사 Karatay Madrasa는 1251년에 지어진 교육기관으로 타일 장식의 정수를 볼 수 있어 타일 박물관으로 사용하고 있다. 내부에는 도자기, 도자기 만드는 방법, 장식용 타일 제작 방법을 볼 수 있다.

주소 Şemsitebrizi Mh. Ankara Cd No:1 Karatay
위치 알라딘Alaaddin 트램역에서 290m
운영 월 10:00~16:30, 화~일 09:00~16:30
요금 €3

젤라레딘 카라타이의 무덤

도자기 굽는 가마

▶▶ 인제 미나렛 석조 박물관
İnce Minare Taş Eserler Müzesi
(Stone Works Museum of Fine Minaret)

셀주크 술탄 Izzeddin Keykâvus II이 1264년 과학을 가르치기 위해 지은 건물이다. 건축가는 칼룩 빈 압돌라 Kaluk bin Abdullah로 입구의 석조 장식과 미나렛, 내부 돔이 장관이다. 입구는 셀주크 시대의 석조물 중 가장 아름답고 드문 스타일로 언급된다. 내부는 유약을 바른 돌과 타일로 섬세하게 꾸며져 있으며 중앙의 창을 통해 빛이 들어온다.

주소 Hamidiye, Alaaddin Blv., 42060 Selçuklu
위치 알라딘 Alaaddin 트램역에서 550m
운영 09:00~18:00(2025년 현재 복원 작업 중)

▶▶ 사힙 아타 박물관
Sahip Ata Vakıf Müzesi
(Sahip Ata Museum)

콘야 고고학 박물관 동쪽에 있어 함께 들르기 좋다. 1277년 지은 사힙 아타 박물관 Sahip Ata Vakıf Müzesi이 있는데 콘야에서 발견된 의식용 양탄자, 꾸란, 의복 등을 전시하고 있는데, 녹색과 에메랄드빛 타일로 장식된 석관과 내부가 아름답다.

주소 Sahibiata, Sahibiata Cd. No:91, 42200 Meram
위치 알라딘 Alaaddin 트램역에서 450m
운영 2025년 현재 복원 작업 중

★★☆
📷 다륄뮐크 전시 센터 Darülmülk Sergi Sarayı (Darülmülk Exhibition Center)

2023년에 문을 연 다륄뮐크 전시 센터 Darülmülk Sergi Sarayı내에는 셀주크 제국에 관한 박물관이 있다. 회화와 마네킹을 활용해 200년간 셀주크 제국의 수도이자 12명의 술탄의 무덤의 술탄의 두개골을 과학적인 연구 과정을 통해 복원해 전시하고 있다.

주소 Sahibata Mahallesi Atatürk Caddesi No:2 Meram
위치 알라딘 Alaaddin 트램역에서 650m
전화 (332) 350 62 52
운영 월~토 09:00~17:00, 일 10:00~17:00
요금 무료
홈피 www.konya.bel.tr

콘야시 광장과 다륄뮐크 전시 센터와 콘야 시 광장

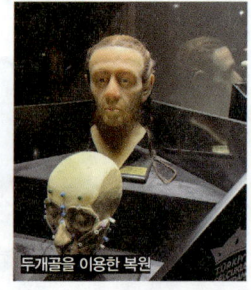
두개골을 이용한 복원

★★☆ 콘야 고고학 박물관 Konya Arkeoloji Müzesi (Konya Archaeological Museum)

콘야 지역에서 발견된 신석기, 청동기, 철기, 헬레니즘, 로마, 비잔틴 시대의 유물이 전시된 작은 박물관이다. 가장 볼만한 것은 250~260년 헤라클레스의 12 과업이 조각된 석관으로 네메아의 사자를 죽이고, 히드라를 죽이고, 아마존족의 여왕 히폴리테의 허리띠를 훔치고, 크레타의 황소를 사로잡는 등의 모습을 생생하게 묘사하고 있다. 박물관에서 220m 거리에 생활상을 볼 수 있는 **콘야 민족지학 박물관**Konya Etnografya Müzesi이 있는데, 무료이며 관심 있다면 들러보자.

❶ 콘야 고고학 박물관 ❷ 콘야 민족지학 박물관

주소 Sahibiata, Sahibiata Cd. No:91, 42200 Meram
위치 알라딘Alaaddin 트램역에서 550m
전화 (332) 351 32 07
운영 화~일 09:00~16:30, 휴무 월요일
요금 무료
홈피 muze.gov.tr/muze-detay?SectionId=KAM01&DistId=MRK

민족지학 박물관

★★☆ 파노라마 콘야 박물관 Panorama Konya Müzesi (Panorama Konya Museum)

2017년에 문을 연 박물관으로 실내에는 12~13세기 셀주크 제국의 수도였던 콘야의 거리 풍경과 생활상이 유화와 마네킨으로 전시되어 있고, 메블라비 루미의 일생을 시간 순으로 보여주고 있다. 거대 돔 파노라마 구역 안뜰에는 이스탄불, 안탈리아, 앙카라 등 튀르키예 전역과 해외에 있는 메블라비의 집 20곳을 미니어처로 만들어 놓았다.

주소 Aziziye, 42030 Karatay
위치 메블라나 광장Mevlana Meydanı에서 1.3km
전화 (332) 237 66 78
운영 09:00~18:00
요금 일반 25TL, 6세 미만 무료
홈피 panorama.konya.bel.tr

안뜰의 메블라비 하우스 미니어처

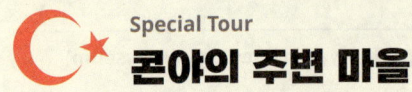

Special Tour
콘야의 주변 마을

콘야의 매력에 빠져 좀 더 머물고 싶다면 주변에 가볼 만한 곳을 소개한다. 실레는 콘야에서 쉽게 다녀올 수 있는 작은 마을이고, 차탈회위크는 고고학에 관심이 많다면 좋아할 만한 장소이다. 오부룩 한과 오부룩 호수는 카파도키아-콘야를 렌터카로 이동하는 여행자들이 들르기 좋다.

❶ 실레 Sille

초기 기독교 시대 콘스탄티노폴리스과 예루살렘으로 가는 순례길의 경유지로 그리스인들이 많이 살았다. 튀르키예 공화국 설립 후 1923년 튀르키예-그리스 인구교환으로 마을에 살던 그리스인들은 1924년에 모두 그리스로 송환되었다. 콘야의 메블라나 종파의 창시자인 루미Rumi는 투르크인들에게 그리스인들을 해하지 말라고 당부했는데, 마을 주민들은 그 의견을 존중해 그리스인들과 평화롭게 공존했다. 실레 강Sille Irmağı을 따라가며 마을 풍경과 기독교와 이슬람 건축을 보면 된다. 가장 유명한 건축물로는 비잔틴 제국의 콘스탄티누스의 어머니인 헬레나Helena가 327년에 지은 아야 엘레니아 교회Aya Elenia Kilisesi(운영 화~일 09:00~17:00, 요금 무료)이다. 19세기 오스만 제국 말기에 지어진 실레 차이 모스크Sille Çay Cami는 과거에 시장 안에 있던 모스크였는데, 시장이 사라지고 그 자리에 집이 지어지며 마을 안의 모스크가 됐다. 실내를 모두 나무 공예로 만든 것이 특징이다.

위치 루미Rumi(메블라나 광장 주변), 쉐라페틴 모스크Şerafettin Cami, 알라딘Alaaddin 버스정류장에서 64번을 타고 30~40분 소요. 마을 입구에 내려 오르막길을 올라가며 보는 것보다 아야 엘레니 교회 근처에서 내려 내리막길을 걸어가며 마을 입구 방향으로 가며 보는 것을 추천한다.

 QR 루미Rumi정류장 (메블라나 광장 근처)

❶ 아야 엘레니아 교회 ❷ 실레 차이 모스크

아야 엘레니아 교회

아야 엘레니아 교회

실레 차이 모스크

❷ 차탈회위크 Çatalhöyük

튀르키예에 기원전 10,000년 전 세계에서 가장 오래된 건축인 괴베클리테페Göbeklitepe가 있다면, 차탈회위크Çatalhöyük는 신석기 시대에 만들어진 세계 최초의 초기 도시 유적이다. 기원전 9,000년 전에 인구 3,000~8,000명의 대규모 정착지로 성장했다. 진흙으로 만든 집은 중앙 방과 주변 2~3개의 방으로 구성되며 복도가 없는 벌집 구조의 형태다. 사람들은 사다리와 지붕의 구멍을 통해 드나들었다. 집의 내부에는 그림, 손자국, 동물의 뼈로 벽에 삽입해 장식했다. 유적지에서 과장된 엉덩이와 가슴을 가진 키벨레Kibele 여성의 조각이 발견되었는데 아나톨리아 문명박물관(p.282)에 전시되어 있다. 집 안에 가족묘를 조성한 것도 특별하다. 묘지에는 구슬, 목걸이 등을 함께 묻었다. 이곳에서 발견된 유물은 앙카라의 아나톨리아 문명박물관과 콘야 고고학 박물관에 전시되어 있다. 2012년 유네스코 세계문화유산에 등재되었다.

주소 Küçükköy Mahallesi
위치 메블라나 광장 남쪽 1km 거리에 있는 카라타이 버스터미널Karatay Otobüs Terminali에서 Küçükköy행 돌무쉬를 타고 마을에 가서(1시간 소요) 차탈회위크까지 2.5km를 걷거나 택시를 타야 한다. 돌무쉬가 자주 없어 렌터카 여행자에게 추천한다.
전화 (332) 351 32 07
운영 4~10월 09:00~17:30, 11~3월 09:00~17:00
요금 €5
홈피 muze.gov.tr/muze-detay?SectionId=KCO01&DistId=MRK

❸ 오브룩 한 & 크죄렌 호수 Obruk Han Ve Kızören Gölü

오브룩Obruk은 '싱크홀'이란 뜻이다. 크죄렌 호수Kızören Gölü(Kızören Obruğu)는 카르스트 지형의 싱크홀 호수로 튀르키예에서 가장 크다. 규모는 지름 228m, 깊이 171m, 145m에 물이 차 있다. 호수 앞에는 13세기에 지어진 상인들의 숙소, 한Han을 복원해 2024년에 박물관 호텔로 새롭게 문을 열었다.

주소 Obruk, 42290 Karatay
위치 렌터카로 콘야-카파도키아 이동 시 들르기 좋다. 대중교통은 없다. 콘야에서 75km, 카파도키아에서 175km 거리이다.
운영 월~금 09:00~17:00, 휴무 토·일요일

콘야의 레스토랑

콘야는 다른 도시에 비해 식당과 카페 물가가 저렴하면서 음식도 맛있다. 콘야를 대표하는 가장 유명한 음식은 에틀리 에크멕Etli Ekmek으로 얇고 긴 씬 피자 버전으로 길이 90cm 폭 20cm의 크기다. 바삭하고 깔끔한 맛이다. 또 다른 대표 음식으로는 양고기를 익혀 국물에 빵을 넣어 자작하게 내는 티릿Tirit과 구리냄비에 고기를 넣고 돌 화덕에 오랫동안 넣어 익혀 빵 위에 얹어내는 프른 케밥Fırın Kebabı(Furun Kebab), 양고기와 오크라를 넣어 만든 밤야 수프 Bamya Çorbası가 있다.

티릿

프른 케밥

© Ephesus Centrum

콘야 수피 레스토랑 Konya Sufi Restaurant

메블라나 광장 근처에서 에틀리 에크멕과 콘야의 다른 대표 음식을 맛보기에 좋은 식당이다. 밑반찬으로 나오는 메제들도 깔끔하고 맛있다. 예니 알튼 시장Yeni Altın Çarşı내에 있다.

주소 Aziziye Mah, Türbeönü Çarşısı No:10 Karatay
위치 메블라나 광장Mevlana Meydanı에서 50m
운영 월~목·토·일 08:00~23:00, 금 08:00~12:30, 13:30~23:00
요금 €€
전화 (332) 353 19 19
홈피 www.sufirestoran.com

볼루 로칸타스 Bolu Lokantası

메블라나 광장 근처에서 에틀리 에크멕 전문점으로 유명한 식당이다. 가격도 저렴해 부담이 없으며 직접 만드는 아이란도 인기다. 뉴 프로젝트 일환으로 구역의 건물들이 새로 지어져 식당도 깨끗하다.

주소 Aziziye, Aziziye Cd. no:25/E, 42010 Karatay
위치 메블라나 광장Mevlana Meydanı에서 220m
운영 월~목 11:00~20:00, 금~일 11:00~20:30
요금 €€
전화 532 507 19 64

젤랄 베이 에틀리 에크멕
Celal Bey Etli Ekmek

정말 길고 맛있는 콘야 최고의 에크멕을 먹고 싶다면 이곳을 추천한다. 시장 내 아지지아 모스크 바로 맞은편에 있어 찾기도 쉽고 에틀리 에크멕 외에도 프른 케밥, 밤야 수프도 맛볼 수 있다.

주소 Aziziye, Türbe Cd. 37a, 42030 Karatay
위치 메블라나 광장 Mevlana Meydanı에서 300m
운영 월~토 09:00~20:30, 일 11:00~19:30
요금 €€　　　**전화** 532 711 78 21

©Celal Bey Etli Ekmek

타리히 티리치 미탓
Tarihi Tiritçi Mithat

콘야에서 티릿으로 가장 유명한 식당으로 티릿 한 가지 메뉴만 판다. 티릿은 원래 딱딱한 빵을 먹기 위해 만든 음식이라고 한다. 다른 지역이 스튜 느낌이라면 콘야는 양고기에 향신료, 요거트, 버터가 들어간 기름진 묵직한 맛이다.

주소 Aziziye Mah.Aziziye Cd, Yusufağa Sk. No:21/A, 42010 Karatay
위치 메블라나 광장 Mevlana Meydanı에서 280m
운영 월~토 11:30~17:45, 휴무 일요일
요금 €€　　　**전화** 332 350 72 98

파샤 다이레시 Paşa Dairesi

럭셔리한 분위기에서 귀족처럼 튀르키예 디저트를 즐기며 인스타그램 사진 찍기에 이만한 곳이 없다. 초콜릿, 할바, 로쿰, 사탕, 푸딩, 커피 등을 우아하게 즐길 수 있고 2층 야외 테라스의 전망도 좋다. 선물용 제품들도 많으니 찬찬히 구경해보자.

주소 Aziziye Mahallesi Türbe Caddesi, Mevlana Çarşısı 63D, 42430 Karatay
위치 메블라나 광장 Mevlana Meydanı에서 70m
운영 09:00~23:00　　**요금** €€
전화 (332) 503 14 86　　**홈피** www.pasadairesi.com

페티 파샤 함시쿄이 쉬틀라츠스
Fethi Paşa Hamsiköy Sütlaççısı

메블라나 광장을 보면서 차와 디저트를 맛보기 좋은 장소다. 이름처럼 쌀푸딩Sütlaç 전문점으로 다양한 종류의 푸딩과 케이크, 파이, 롤케이크 등 케이크 종류가 많다. 이스탄불처럼 비싸지 않고, 편안한 분위기로 추천한다.

주소 Aziziye, Müze Alanı Cd., 42030 Karatay
위치 메블라나 광장 Mevlana Meydanı에서 50m
운영 10:30~24:00
요금 €€

콘야의 쇼핑

콘야의 가장 인기 있는 쇼핑 품목은 세마를 주제로 한 도자기, 냉장고 자석, 모빌, 노트와 같은 기념품이다. 세마를 보러 간 장소에서 구매할 수도 있고, 2024년에 새로 단장한 예니 알튼 바자르 Yeni Altın Çarşı(New Golden Market)도 쾌적한 분위기로 기념품을 사기에 좋은 장소다. 아래 소개하는 사탕 가게는 예니 알튼 바자르 남쪽 라인에 있다.

🛍️ 미잔 사탕가게 Mizan Şekerleme

콘야의 대표 특산품으로 메블라나 캔디가 있다. 메블라나 캔디 Mevlana Şekeri (Mevlana Candy)는 오스만 제국 시대에 장례식 때 나누어주었던 사탕이다. 커다란 구리 솥에 설탕, 물, 레몬 소금을 넣어 만드는데 새하얀 색과 모양이 치즈 같아 '치즈 캔디'라고 불렀다. 추가되는 재료에 따라 대추야자맛, 딸기, 코코아, 오렌지, 헤이즐넛 맛 등이 있다. 콘야의 대표적인 특산품으로 70개의 업체에서 하루 7t의 캔디를 생산하는데, 그 중 미잔 사탕가게는 1975년에 문을 연 가게로 메블라나 캔디를 포함한 다양한 특산 기념품을 시식·판매한다.

©Mizan Şekerleme

주소 Aziziye, Selimiye Cd. No:11, 42030 Karatay.
위치 메블라나 광장 Mevlana Meydanı에서 50m
요금 €
전화 (332) 342 0568
홈피 www.mizansekerleme.com

콘야의 숙소

콘야의 숙소는 메블라나 광장 근처가 가장 좋다. 콘야 버스터미널에서 곧바로 오는 돌무쉬가 있어 오고 갈 때 편리하다. 공항이나 기차역에서 온다면 알라딘 트램역 주변이 좋다. 콘야에는 호스텔이 없고 호텔만 있으며, 호텔이라 하더라도 시설이 그리 좋은 편은 아니다.

❶ 수피 홈즈 Sufi Homes

- 주소 Aziziye, Ayan Bey Sk. No: 4, 42030 Karatay
- 위치 메블라나 광장 Mevlana Meydanı에서 200m
- 요금 €€
- 전화 와츠앱 530 385 97 41
- 홈피 sufihomes.com

❷ 바블린 부티크 호텔 Bablin Butik Otel

- 주소 Aziziye, Ayan Bey Sk. no:19, 42030 Karatay
- 위치 메블라나 광장 Mevlana Meydanı에서 180m
- 요금 €€€
- 전화 (332) 353 53 07
- 홈피 www.bablinbutikotel.com

❸ 싱크 호텔 Think Hotel

- 주소 Aziziye, Mevlana Cd. No:67, 42030 Karatay
- 위치 메블라나 광장 Mevlana Meydanı에서 120m
- 요금 €€
- 전화 (332) 350 46 23
- 홈피 www.thinkahotel.com

❹ 셀축 호텔 Selçuk Otel

- 주소 Şemsitebrizi, Kazanlı Sk. no:6, 42050 Karatay
- 위치 트램 알라딘 Alaaddin역에서 150m
- 요금 €€€
- 전화 (332) 353 25 25
- 홈피 www.otelselcuk.com.tr

지중해 지역

...

지중해 지역Akdeniz Bölgesi은 아나톨리아 대륙 남쪽 지중해 연안을 말한다. 가장 추운 달의 해안 지역 평균 기온이 10℃로 따뜻해 휴양을 위한 관광객들이 많이 찾는다. 특히, 안탈리아는 튀르키예에서 이스탄불 다음으로 많은 관광객이 찾는 최고의 휴양 도시다. 역사적으로는 고대 그리스인들이 해안가에 식민도시를 건설했고, 로마 시대의 건축이 많이 남아 있다. 안탈리아주, 아다나주, 메르신주, 하타이주 등이 이에 속하며 책에는 안탈리아, 시데, 카쉬가 소개되어 있다. 기후는 지중해성 기후로 여름은 40℃에 육박할 정도로 덥고 건조하며 겨울은 온화하며 비가 내린다.

1

튀르키예 최고의 휴양 도시
안탈리아
Antalya

기원전 2세기 페르가몬의 왕, 아탈루스 2세 Attalus II가 자신의 이름을 따 아탈레이아 Attaleia라고 지은 것이 오늘날 안탈리아가 되었다. 튀르키예 최고의 휴양 도시로 이스탄불 다음으로 많은 관광객이 찾는다. 일 년 중 300일 이상 햇빛을 볼 수 있어 초겨울이나 초봄에도 수영이 가능한데, 오전에는 스키를 타고 오후에는 수영할 수 있는 도시가 바로 안탈리아다. 단순히 먹고 쉬는 휴가에서부터 윈드서핑, 스킨 스쿠버, 트래킹, 등산, 캐녀닝, 패러글라이딩 등 다양한 체험과 아름다운 자연을 즐길 수 있고, 주변에 세계적인 유물이 출토된 고대 도시가 산재해 역사적 볼거리도 많다. 여기에 물가까지 저렴해 단기로 온 여행자라도 며칠은 더 머물게 하는 매력 넘치는 도시다.

안탈리아 관광청 antalya.ktb.gov.tr

안탈리아

Şht. Binbaşı Cengiz Toytunç Cd.

Cumhuriyet Cd.

• 공화국 광장

I love Antalya 표지 Cumhuriyet Cd.

유리 전망대 👁

엘리베이터 타는 곳

◀ 안탈리아 고고학 박물관 (1.6km)

Selekler

안탈리아 구항구
Kaleiçi Marina

메르멜리 해변 •
Mermerli Plajı

안탈리아 관광안내소

공화국 광장
주소 Cumhuriyet Meydanı
운영 09:00~18:00

안탈리아 들어가기

안탈리아는 항공과 버스로 갈 수 있다. 한국에서 직항은 없고 이스탄불을 경유해야 한다. 유럽의 주요 국가에서는 저가 항공을 이용해 쉽게 들어갈 수 있다. 버스는 앙카라, 콘야, 데니즐리 등의 주요 도시와 안탈리아 지방의 작은 도시를 그물망처럼 연결한다.

비행기

안탈리아로 가는 가장 효율적이고 편안한 방법이다. 이스탄불 공항에서 터키항공, 사비하 괵첸 공항에서 페가수스항공, 에이젯항공AJet 등이 수시로 운행하며 1시간 20분 만에 안탈리아 공항에 도착한다.

안탈리아 공항 Antalya Havalimanı (Antalya Airport)

안탈리아 시내에서 14km 거리의 가까운 공항이다. 국내선은 터미널1, 국제선은 터미널2에서 운영한다. 관광안내소, ATM, 환전, 렌터카, 터미널1에 짐 보관 라커가 있다. 여권을 스캔해 얻는 아이디와 비번으로 30분간 무료 와이파이 사용이 가능하다.

주소 Yeşilköy, Antalya Havaalanı Dış Hatlar Terminali 1, 07230 Muratpaşa
전화 와츠앱 +90 444 9298
홈피 www.antalya-airport.aero/anasayfa

※ 안탈리아 공항에서 시내 들어가기

트램과 택시가 있다. 트램 운행 시간(07:00~23:00)에 도착한다면 트램 T1A선으로 쉽고 저렴하게 시내로 들어올 수 있다. 중심가인 이스메트파샤Ismetpaşa 정류장까지 25분이 걸린다. 대중교통 운행이 끝난 시간에는 우버와 같은 택시 앱을 사용하거나 공항택시를 이용하면 된다. 공항택시는 대부분 신용카드를 거절하고, 미터가 아닌 정액 요금을 부르니 불안하다면 택시 앱을 이용하자. 안탈리아 구시가지까지는 €20, 버스터미널까지는 €25 정도를 부른다.

이스메트파샤 정류장

버스

튀르키예의 주요 도시를 연결한다. 이스탄불에서 12~14시간, 앙카라에서 7~9시간, 콘야에서 5~6시간, 데니즐리와 페티예에서 3~4시간이 걸린다.

안탈리아 버스터미널
Antalya Otogarı (Antalya Bus Terminal)

안탈리아 구시가지에서 6km 떨어진 버스터미널이다. 식당, 카페, 유료 휴대폰 충전소, 짐 보관소가 있다. 다른 주의 주요 도시를 잇는 **시외터미널** Şehirlerarası Terminal과 시데Side, 올림포스Olimpos, 미라Myra, 카쉬Kaş 등을

시외터미널

지역 터미널

연결하는 **지역 터미널**Ilçeler Terminali로 구분되어 입구가 다르다. 지역 터미널은 미니버스나 돌무쉬Dolmuş로 운행하는데 현금만 가능하며 요금은 기사에게 낸다.

주소 Otogar, Yeni Doğan, Otogar, 07090 Kepez
위치 트램 T1A·1B Otogar 정류장에서 700m
운영 24시간

버스터미널에서 트램역으로 가는 통로

시내로 가는 트램

※ 안탈리아 버스터미널에서 시내 들어가기

트램과 버스, 택시가 있다. 대중교통 운행 시간은 버스와 트램이 같으며(07:00~23:00), 구시가지로 들어온다면 트램을 추천한다. 버스터미널에서 ANTRAY Tramway 안내 표지판을 보고 700m를 이동하면 지하의 트램 T1A·1B선의 오토가르Otogar 정류장으로 갈 수 있다. 중심가인 이스메트파샤İsmetpaşa 정류장까지 20분이 걸린다. 대중교통 운행이 끝난 시간에는 우버와 같은 택시 앱을 사용하거나 공항택시를 이용하면 된다.

시내교통 이용하기

안탈리아의 주요 교통수단으로는 트램, 버스, 택시가 있다. 가장 많이 이용하게 되는 트램은 T1A·1B, T2, T3 세 개의 노선이 있다. 트램 T1A는 시내 중심가에서 안탈리아 버스터미널과 공항을 연결해 가장 유용하다. T2는 안탈리아 고고학 박물관을 연결한다. 버스는 콘얄트 해변Konyaaltı Halk Plajı이나 뒤덴 공원 폭포Aşağı Düden Şelalesi를 갈 때 이용한다. 트램과 버스는 교통카드인 안탈리아카드를 이용하거나, 소지하고 있는 신용카드·현금카드 중 컨택리스 표시가 있으면 교통카드로 이용할 수 있다.

운영 07:00~23:00
요금 안탈리아카드 이용 시 27TL(환승 시 +7.5TL) 컨택리스 신용카드·체크카드 이용 시 33TL(환승 할인 없음)
홈피 www.antalyaulasim.com.tr

안탈리아카드 Antalyakart

이스탄불카드와 마찬가지로 안탈리아카드 구입 후(50TL), 원하는 만큼 충전Top-Up해서 사용하는 방식이다. 한 개의 카드로 여러 명이 사용할 수 있다. 트램은 찍고 한 명이 들어간 뒤, 다시 찍고 들어가면 되고, 버스는 사람 명수를 말하면 찍을 수 있게 도와준다. 일회용 카드도 있는데 환승 할인이 없고 신용카드와 큰 차이가 없어 유용하지는 않다. 안탈리아에 오래 머문다면 안탈리아카드를 만드는 것이 유리하고, 5회 미만으로 사용한다면 아래 일회용 카드를 구입하거나 조금 비싸도 컨택리스카드를 사용하면 된다.

요금 안탈리아카드 50TL
 (원하는 금액만큼 Top-up)
홈피 www.antalyakart.com.tr

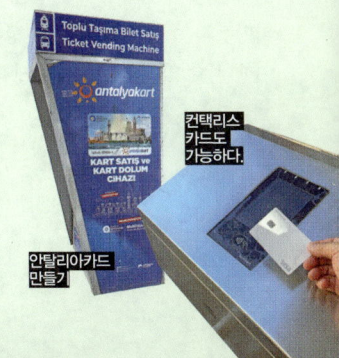

컨택리스 카드도 가능하다.
안탈리아카드 만들기

> **Tip | 일회용 탑승 카드**
>
> **2회 탑승 카드** 일회용 카드 비용 10TL+30TL*2회 탑승 요금=70TL
> **4회 탑승 카드** 일회용 카드 비용 10TL+30TL*4회 탑승 요금=120TL

안탈리아 Antalya

안탈리아 자체는 한나절이면 충분하지만 장기간 머무는 여행자가 많다. 호스텔과 저렴한 호텔이 많고, 식당 물가가 저렴하며 주변에 다양한 액티비티와 역사와 풍부한 자연 볼거리가 많아 안탈리아를 거점으로 삼아 머물게 된다. 5M 미그로스와 같은 대형 슈퍼마켓과 쇼핑몰이 많고, 식당 카페 등 대도시의 편리함을 누리며 여행할 수 있어 한국인들에게 최적화된 휴양지다.

To do list
1. 비싼 물가는 이제 그만, 안탈리아의 저렴한 물가 즐기기
2. 안탈리아 주변의 페르게, 시데 등 고대 도시 투어
3. 보트 투어와 수상 액티비티 즐기기
4. 올 인클루시브 호텔에서 1박

안탈리아의 관광명소

안탈리아의 관광지는 크게 하드리아누스의 문에서 시작하는 구시가지, 안탈리아 고고학 박물관, 그리고 근교로 나눌 수 있다. 구시가지와 박물관은 하루 안에 볼 수 있다. 근교에는 페르게 고대 도시Perge Antik Kenti, 아스펜도스 고대 극장Aspendos Antik Tiyatrosu, 시데Side 등의 고대 도시와 키메라Chimaera산, 쿠르슈누 폭포 자연 공원Kurşunlu Şelalesi Tabiat Parkı 등이 있는데, 몇 곳을 제외한 나머지 장소들은 대중교통으로 가기에는 불편해 일일 투어나 렌터카로 다녀오는 것이 좋다.

★★★ 안탈리아 구시가지 Antalya Kaleiçi (Antalya Old Town)

안탈리아 시내에는 성곽으로 둘러싸인 구시가지가 있다. 하드리아누스의 문 양쪽으로 성벽이 이어져 있고 항구를 포함한다. 이 지역을 칼레이치Kaleiçi라고 하는데 '성의 안쪽'이라는 뜻이다. 구시가지는 헬레니즘, 로마, 비잔틴, 셀주크, 오스만 제국의 영향을 받았기에 그 역사가 고스란히 녹아 있다. 성벽 안쪽에는 약 3,000채의 집이 있는데 기와지붕의 오스만 가옥 특징을 보여준다.

▶▶ 하드리아누스의 문 Hadrian Kapısı (Hadrian's Arch)

130년 로마 황제 하드리아누스의 방문을 기념해 만든 아치 형태의 문이다. 3개의 아치형 안쪽에는 꽃무늬 패턴이 수놓아 있고, 8m 높이 각 기둥의 상단에는 사자 조각이 새겨 있다. 비잔틴 시대에 도시 방어를 위해 앞뒤로 벽을 쌓아 막아둔 것을 1881년 투르크 파샤가 일부 발굴하고, 1959년 대대적인 발굴을 통해 지금의 모습을 볼 수 있게 됐다. 원래 2층인 건물의 상반부는 하드리아누스 황제와 가족 동상이 있었다고 추측한다. 낮의 문과 조명이 켜진 밤의 문 분위기가 다르니 모두 경험해 보자.

주소	Barbaros, Atatürk Cd, Hadrian Kale Kapısı, 07100 MuratpaşaA
위치	트램 T1 İsmetpaşa 정류장에서 400m
요금	무료

▶▶ 쉐자데 코르쿠트 모스크 Şehzade Korkut Camii (Şehzade Korkut Mosque)

하드리아누스의 문으로 들어가 바다 방향으로 걷다 보면 미나렛이 반쯤 사라진 모스크가 나온다. 2세기에는 로마 신전이, 5~6세기에는 교회였다가 7세기 무슬림의 공격으로 파괴되고, 14세기에 세워진 모스크로 바예지드 2세의 아들인 왕자Şehzade, 코르쿠트Korkut가 보수해 이름이 되었다. 1896년 화재로 손상되어 미나렛이 부서졌는데 오랫동안 사용되지 않다가 2022년 복원 과정을 거쳐 개방하고 있다. 부러진 미나렛은 시그니처가 되어 다시 세우지는 않았다. 비잔틴 제국과 셀주크 제국의 건축양식을 동시에 볼 수 있다.

▶▶ 흐드르륵 탑 Hıdırlık Kulesi (Hıdırlık Tower)

쉐자대 코르쿠트 모스크에서 좀 더 걸으면 푸르른 지중해와 흐드르륵 탑이 나온다. 2세기 로마 제국 시대에 건설한 등대와 망루 목적의 탑이다. 탑의 이름은 무슬림들의 봄 축제에서 나왔다. 1년에 한 번 크디르Khidr와 엘리자Elijah가 만나는 봄 축제의 장소를 뜻한다. 탑의 왼쪽은 카라알리올루 공원Karaalioğlu Parkı으로 지중해의 전망을 보며 산책할 수 있다. 고양이 아파트가 있어 주변에 고양이가 많다.

▶▶ 안탈리아 민족지학 박물관 Antalya Etnografya Müzesi (Ethnographic Museum)

오스만 제국 시대의 안탈리아 가정을 보여주는 박물관이다. 전통의상을 입은 마네킹이 식당, 거실, 침실, 주방 등의 방에서 생활사를 재현하고 있다. 카펫을 짜는 방, 목욕탕의 모습, 안탈리아 사람들은 어떤 옷과 주방 도구를 사용했는지 아기자기하게 꾸며져 있다.

주소 Kılınçarslan Mahallesi, Mermerli Banyo Sokak, No:17
위치 트램 T1 İsmetpaşa 정류장에서 800m
운영 08:30~19:30
요금 무료
전화 (242) 244 64 01
홈피 muze.gov.tr/muze-detay?SectionId=AEN01&DistId=MRK

▶▶ 메르멜리 해변 Mermerli Plajı (Mermerli Beach)

안탈리아 시내에서 수영하기 좋은 사설 해변이다. 유리알처럼 물이 투명하고 도시 한가운데서 수영을 즐길 수 있어 한여름에 원하는 자리를 잡으려면 아침 일찍 가야 한다. 메르멜리 식당 Mermerli Restaurant이 입구다.

주소 Kılınçarslan, 07100 Muratpaşa
요금 1,000TL

▶▶ 구항구 Kaleiçi Marina (Old City Marina)

고대 시대부터 사용해 온 항구로 지금은 관광객들의 보트 투어 장소로 이용된다. 보트 투어를 위한 통합 매표소가 있어 편리하다. 페티예를 가지 않는다면 안탈리아에서 보트 투어도 괜찮다. 항구 가운데에는 1층에 우물이 있는 작은 규모의 이스켈레 모스크 İskele Camii(Iskele Mosque)가 있다.

주소 Selçuk, kaleiçi 07030 Muratpaşa
요금 보트 투어 45분 400TL, 2시간 750TL, 6시간 1150TL

보트 투어

이스켈레 모스크의 우물

구항구에서 오르막길을 오르지 않고 쉽게 엘리베이터를 타면 공화국 광장으로 가게 된다. 바닥 유리 전망대가 있고 전망이 매우 좋다.

▶▶ 이블리미나레 모스크 Yivliminare Camii (Yivliminare Mosque)

1230년 폐허가 된 교회 자리에 셀주크 제국 술탄 알라딘 케이쿠바드 1세Sultan Alaeddin Keykûbad I가 모스크와 마드라사, 무덤 등의 복합지구를 건설했다. 이후 모스크가 파괴되어 메흐메트 베이Mehmet Bey가 1373년에 같은 자리에 여섯 개의 돔으로 이루어진 모스크를 지은 것이 현재의 모스크다. 모스크의 미나렛은 38m 높이의 독립된 형태인데 반원형 홈이 파인Yivli 독특한 아름다움에 안탈리아의 랜드마크이자 상징이 됐다. 지금은 붉은 벽돌이지만 과거에는 파란색과 청록색 타일로 장식되어 더 아름다웠다고 한다. 맞은편에는 이마렛 마드라사İmaret Madrasa가 있는데, 원래는 교육기관이었으나 현재 상점들이 모여 있다.

주소 Selçuk, Selçuk Mah, 07100 Muratpaşa
위치 트램 T1 İsmetpaşa 정류장에서 400m
요금 무료

▶▶ 안탈리아 메블레비하네 박물관
Antalya Mevlevihane Müzesi (Dervish Lodge Museum)

1255년 술탄 알라딘 케이쿠바드 1세가 지은 건물로 16세기부터 메블레비의 집으로 쓰이고 있다. 박물관 안에는 메블레비 목욕탕과 메블레비와 관련된 영상과 옷과 도구, 마네킹이 전시되어 있다. 건물 옆에는 메블레비교의 지도자와 술탄 바예지드 2세의 어머니인 니가라 하툰Nigar Hatun, 메흐메트 베이Mehmet Bey와 가족의 무덤이 있다. 메흐메트 베이는 술탄 바예지드 2세의 사위로 항구 사슬을 끊고 안탈리아를 점령하고 '진지르크란Zincirkıran(사슬을 끊은 자)'이란 별명을 얻었다.

주소 Selçuk, Selçuk Mah No:36, 07100 Muratpaşa
위치 트램 T1 İsmetpaşa 정류장에서 450m
운영 화~일 08:30~17:30, **휴무** 월요일
요금 무료
홈피 antalya.ktb.gov.tr/TR-103728/mevlevihane-muzesi.html

▶▶ 안탈리아 시계탑 Antalya Saat Kulesi (Antalya Clock Tower)

비잔틴 제국 시대에 요새로 만든 14m 오각형 모양의 탑으로 1921년 오스만 제국 시대에 시계탑으로 개조되었다. 안탈리아의 랜드마크다. 바로 건너편에는 바닥 분수 광장이 있는데 안탈리아 도시의 이름을 만든, 페르가몬의 왕, 아탈루스 2세Attalus II의 동상이 세워져 있다. 동상 뒤편으로 먹자골목이 이어진다.

주소 Selçuk, Selçuk Mah No:36, 07100 Muratpaşa
위치 트램 T1 İsmetpaşa 정류장에서 450m
운영 24시간
요금 무료
홈피 antalya.ktb.gov.tr/TR-103728/mevlevihane-muzesi.html

안탈리아 고고학 박물관
Antalya Arkeoloji Müzesi (Antalya Archaeology Museum)

안탈리아 지역에서 발굴한 선사 시대, 헬레니즘 시대, 로마 제국, 비잔틴 제국, 셀주크·오스만 제국 시대의 유물을 전시한 박물관이다. 중요한 유물로는 주변 고대 도시에서 발굴한 로마 시대의 동상, 조각으로 1층 대부분을 차지하는데, 페르게, 시데 등 주변 도시들을 둘러본 후 보면 느낌이 남다르다. 박물관의 대표적인 유물은 카라인 동굴 Karain Mağarası에서 발견된 네안데르탈인의 유골, 페르게 Perge의 조각과 석관, 성 니콜라스 신부의 뼛조각, 엘말르 주화 Elmalı Coins다. 박물관 바깥에도 석관 등이 전시되어 있으며, 정원에는 공작과 닭, 고양이가 돌아다닌다.

주소	Bahçelievler Mahallesi Konyaaltı Caddesi No 88 Muratpaş
위치	트램 T3 Müze 정류장에서 200m
운영	4~10월 08:30~20:30, 10~3월 08:30~18:00
요금	€15
전화	(242) 238 56 88
홈피	muze.gov.tr/muze-detay?SectionId=ANT01&DistId=ANT

하드리아누스 황제의 동상

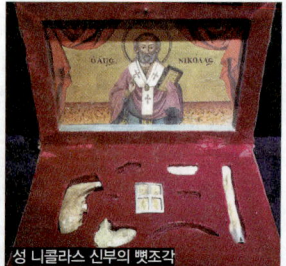
성 니콜라스 신부의 뼛조각

more & more 안탈리아 고고학 박물관 자세히 보기

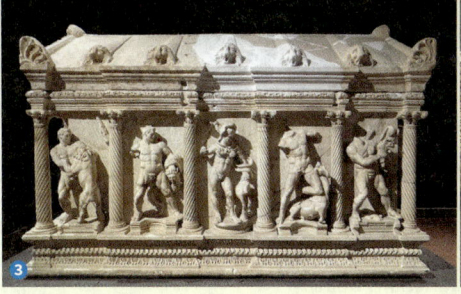

❶ 파르네제 헤라클레스 Farnese Hercules
네메아 Nemea 의 사자를 죽인 후 지팡이에 기대어 쉬고 있는 헤라클레스, 파르네제 헤라클레스를 조각한 리시포스 Lysippus 는 기원전 4세기의 유명한 조각가로 사후에 그의 작품을 모사한 많은 작품이 만들어졌다. 안탈리아 박물관의 작품은 2세기에 페르게에서 만들어진 것으로 그 완성도가 높다. 조각의 상반신이 불법 반출되어 보스톤 미술관에 팔렸다가 2011년 반환되어 1980년 발굴된 하반신과 합쳐져 전시하고 있다.

❷ 황제의 전시실
페르게의 유물들을 모아 놓은 황제의 전시실 Hall of Emperor, 페르게 목욕탕에서 발견한 춤추는 여인의 동상은 안탈리아 고고학 박물관을 대표한다. 황제의 전시실에는 하드리아누스를 포함한 많은 황제의 조각이 전시되어 있다.

❸ 헤라클레스 석관
헤라클레스의 12가지 과업을 묘사한 헤라클레스 석관, 페르게에서 발견했다.

❹ 네안데르탈인의 유골
카라인 동굴에서 발견된 네안데르탈인의 유골이다.

❺ 엘말르 주화
세기의 보물로 뽑힌 엘말르 주화 Elmalı Coins. 기원전 5세기 페르시아인들이 그리스 반도를 침공했을 때, 아테네의 주도하에 지중해의 도시 국가들은 델로스 동맹을 결성했다. 엘말르 주화는 동맹국들이 페르시아와의 전쟁에서 승리 후 이를 기리며 발행한 기념주화다. 기존의 화폐 단위와 다르게 고가의 화폐로 세계에서도 몇 개 없는 희귀한 동전이다.

★☆☆
아타튀르크의 집 박물관 Atatürk Evi ve Müzesi (Atatürk's House Museum)

튀르키예 도시마다 있는 아타튀르크 집 박물관으로 1986년에 문을 열었다. 아타튀르크는 1930년, 1935년 이 집에 머물렀는데 당시의 신문 기사, 사진 관련 문서와 아타튀르크가 신었던 양말과 신발까지 전시되어 있다. 2층에는 침실과 공화국 선포 후 발행한 기념주화, 우표, 지폐를 볼 수 있다.

주소 Kılınçarslan Mahallesi, Mermerli Banyo Sokak, No:17
위치 트램 T1 İsmetpaşa 정류장에서 950m
운영 08:30~20:00
요금 무료

★★☆
콘얄트 해변 Konyaaltı Halk Plajı (Konyaaltı Beach)

안탈리아를 대표하는 7km 길이의 길고 아름다운 해변이다. 무료 샤워장과 화장실, 유료 파라솔, 안전요원이 있다. 조약돌 해변이어서 모래가 묻지 않고, 물이 쓸려나갈 때 몽돌해변 특유의 예쁜 소리가 난다. 안탈리아 고고학 박물관을 가기 위해 내리는 Müze 트램 정류장이 해변의 시작 지점이라 박물관 관람 후 내려가면 동선이 맞다. 해변 근처에 악투르 파크 Aktur Park 놀이공원, 안탈리아 미그로스 쇼핑센터 Antalya Migros AVM(p.343 참조)가 있다.

주소 Kuşkavağı, Akdeniz Blv. No:100, 07070 Bahtılı Köyü Köyü
위치 트램 T3 Müze 정류장 또는 버스 104번
요금 무료

안탈리아의 주변 관광명소

안탈리아 주변에 볼거리와 액티비티는 대중교통으로 갈 수 있는 장소가 있고, 투어나 렌터카로 가야 하는 곳들이 있다. 가장 가까운 곳으로는 바다 쪽의 뒤덴 폭포와 산의 뒤덴 폭포가 있다. 산의 뒤덴 폭포에서 같은 버스로 좀 더 올라가면 쿠르슌루 폭포가 있다. 케이블카는 지중해의 전망을 바라보기도 좋아 올림포스 케이블카를 많이 이용한다. 주변에 고대 도시는 대중교통도 가능하지만, 투어로 방문하는 것이 더 효율적이다.

뒤덴 폭포 Düden Şelalesi (Düden Waterfalls)

★★☆

육지에서 바로 바다로 떨어지는 폭포다. 미니 나이아가라라고 하지만, 40m 높이의 귀여운 수준이다. 시내에서 버스로 갈 수 있는데 지중해를 따라가는 길이라 풍경이 아름답다. 폭포가 있는 겐츨륵크 공원 Gençlik Park도 잘 조성되어 있다.

주소 Çağlayan, Lara Cd. No:457, 07230 Muratpaşa
위치 하드리아누스의 문 근처의 버스정류장에서 KL08·KL21·TC16번을 타고 40분

more & more 같은 이름, 다른 폭포! 뒤덴 폭포 Düden Şelalesi (Düden Waterfalls)

바닷가에 있는 뒤덴 폭포 말고 같은 이름의 폭포가 산에도 있다. 구분하기 위해 위쪽 뒤덴 폭포 Yukarı Düden Şelalesi, 아래쪽 뒤덴 폭포 Aşağı Düden Şelalesi라고 부른다. 알렉산더 대왕이 이곳을 지나가며 말에게 물을 먹였다고 해서 이스켄더 폭포 İskender Waterfalls라고도 한다. 그리스신화에서는 치유의 신이며 아폴로의 아들인 아스클레피우스 Aesculapius가 죽은 장소로 신성하게 생각했다. 20m 높이의 폭포 주변에 카페와 식당이 있으며 음식을 가져와 피크닉하기에도 좋은 장소다.

주소 Habibler, Düden Şelalesi No:2, 07320 Kepez
위치 버스 MK80번을 타고 Düden Şelalesi-2 정류장에서 하차, 25분 소요
운영 4~10월 08:00~19:00, 11~3월 08:00~18:00
요금 70TL

쿠르슌루 폭포 Kurşunlu Şelalesi (Kurşunlu Waterfalls) ★☆☆

2km 협곡에 여러 개의 못과 18m 높이의 폭포가 있다. 위쪽 뒤덴 폭포 Yukarı Düden Şelalesi에서 북쪽으로 25분 정도 더 올라간다. 대중교통을 타고 갈 때 같은 버스로 갈 수 있어 한 번에 보고 오면 좋다.

주소 Kursunlu Şelalesi, 07119 Aksu
위치 버스 MK80번을 타고 Kurşunlu Şelalesi 정류장에서 하차, 50분 소요
운영 09:00~19:30
요금 70TL
전화 (242) 433 22 18
홈피 kursunluwaterfall.com

타탈르산 & 올림포스 케이블카 Tahtalı Dağı & Olympos Teleferik ★★☆

안탈리아에서 약 60km 떨어진 산으로 한라산(1,950m)보다 높다. 올림포스 케이블카를 타고 2,365m의 타탈르산 정상에 오르면 안탈리아와 지중해가 한눈에 내려다보인다. 거리가 꽤 되고 가격이 비싸지만, 날씨 좋은 날의 풍경은 너무 멋지기에 그만한 가치가 있다. 정상에 스타벅스와 레스토랑이 있다. 지대가 높으니, 한여름이라도 걸칠 옷을 가져가자. 렌터카로 간다면 근처의 올림포스 고대 도시와 키메라산을 함께 묶어 보면 좋다(p.338, 339). 투어로 갈 수도 있는데 케이블카 왕복 교통 비용에 조금 더하면 시내 관광과 뒤덴 폭포를 포함해 원데이 투어도 가능하다(p.340).

주소 Tahtalı Teleferiği Yolu No:2, 07995 Kemer
위치 시내에서 60km로 케이블카+왕복 교통권을 구매하자.
운영 1·3·11·12월 09:00~15:00, 4~10월 09:00~18:00
요금 왕복 일반 $30, 3~11세 $21 왕복 교통 일반 $22, 3~11세 $15, 2세 미만 무료
전화 와츠앱(예약) 541 814 30 21
홈피 www.olymposteleferik.com

©Olympos Teleferik

©Olympos Teleferik

more & more 올림포스 케이블카보다는 낮지만, 가깝고 저렴한 튀넥테페 케이블카

안탈리아에서 15km 떨어진, 시에서 운영하는 튀넥테페 케이블카 Tünektepe Teleferik Tesisleri는 올림포스 케이블카보다 가깝고 저렴하다. 1,706m까지 올라가며 9분이 걸린다. 정상에는 카페, 식당이 있는데 가격도 합리적이다. 날씨에 따라 운영하지 않으니, 사전에 확인하고 방문하자.

주소 Liman, Antalya Kemer Yolu No:10, 07130 Konyaaltı
운영 1·3·11·12월 09:00~15:00, 4~10월 09:00~18:00
요금 왕복 일반 $15
전화 (242) 259 46 46
홈피 tunektepeteleferik.com

©Tünektepe Teleferik
©Tünektepe Teleferik

페르게 고대 도시 Perge Antik Kenti (Perge Ancient City)

★★★

기원전 13세기, 초기 청동기 때부터 사람이 살았던 2000년 역사의 고대 도시다. 여러 제국의 지배를 받으며 도시가 성장했는데 B.C.333년 알렉산더 대왕이 왔을 때 저항 없이 받아들이고, 두 개의 탑이 만들어졌다. B.C.133년에는 로마의 지배를 받기 시작해 2~3세기 번영의 시기를 보냈다. 현재 볼 수 있는 극장, 경기장, 성문, 아고라, 목욕탕 등 대부분 건물이 이때 건설되었는데, 물이 흐르는 대로를 중심으로 바둑판 형태의 계획도시다. 1세기 사도 바울로 St. Paul가 다른 지역의 포교 활동을 위해 페르게에 들르기도 했다. 313년 밀라노 칙령으로 콘스탄티누스 대제(324~337)가 기독교를 공인한 후 기독교가 들어왔으며, 5~6세기에는 대성당이 지어져 중요한 기독교 중심지가 되었다. 페르게에서 발굴된 유물들은 안탈리아 고고학 박물관에서 전시하고 있다. 페르가 출신의 유명한 사람으로는 소피스트 철학자 바루스 Varus, 고대 수학자 아폴로니우스 Apollonius(B.C.262~B.C.190년 경)로 『원뿔곡선론』을 썼다. 고대 도시의 유적은 아름다우나 두 개의 문 이후 그늘이 없다. 모자, 양산, 선글라스, 물 등 만반의 준비를 하자.

주소	Barbaros Mahallesi Perge Caddesi Aksu
위치	트램 T1B를 타고 Aksu 역에서 내려 도보 2km
운영	4~9월 08:00~20:30, 10~3월 08:00~17:00
요금	€11
전화	(242) 426 27 48
홈피	muze.gov.tr/muze-detay?sectionId=PRG01&distId=PRG

12,000명 수용 규모의 경기장

〈춤추는 여인 동상〉이 발견된 로마 목욕탕

기원전 3세기에 지어진 헬레니즘 탑

길이 480m, 폭 22m의 열주대로가 이어지고, 그 끝에는 도시에 물을 공급하던 님파에움 분수가 있다.

아스펜도스 고대 극장 Aspendos Antik Tiyatrosu (Aspendos Ancient Theater) ★★☆

아스펜도스는 에우리메돈Eurymedon 강을 끼고 있어 인구 2만 명의 팜필리아Pamfilya의 중요한 상업 도시로 성장할 수 있었다. B.C.133년까지 페르가몬 왕국의 도시로, B.C.333년에는 알렉산더 대왕의 영토가 됐다. B.C.190년부터 로마의 지배 아래 있었는데 대부분의 건축은 이때 세워진 것이다. 아스펜도스의 고대 극장은 지중해에서 가장 잘 보존된 로마 시대 극장 중 하나로 2세기 아우렐리우스Marcus Aurelius 황제(161~180) 때에 지어졌다. 극장에는 연극 공연, 축제, 종교 등의 행사가 열렸는데 단순한 오락을 위한 장소를 넘어서 사교 문화의 중심지로 활용됐다. 15,000~20,000명을 수용할 수 있는 규모로 튀르키예에서 에페스 다음으로 크다. 복원 작업 후 현재도 문화공간으로 활용하고 있으며 여름철에 콘서트와 연극 상영회, 9월 초에는 오페라와 발레 공연이 열린다. 극장에서 나와 오른쪽 언덕 위로 올라가면 로마 문, 아고라, 님파에움 분수Nymphaeum, 대성당을 볼 수 있는데 관리가 잘 안 되어 길이 편하지 않으니 조심해야 한다.

주소 Belkıs, Aspendos Yolu, 07500 Serik
위치 안탈리아 인터시티 버스터미널에서 Manavgat행 버스를 타고 아스펜도스로 간다고 하면 내려주는 곳에서 4km를 걸어가야 한다. 원데이 투어 프로그램을 추천한다.
운영 4~9월 08:00~20:30, 10~3월 08:00~17:00
요금 €15(뮤지엄 패스 소지 시 무료)
전화 (242) 892 13 25
홈피 muze.gov.tr/muze-detay?sectionId=ASP01&distId=ASP
공연 www.operabase.com/aspendos-ancient-theater-venue-o59357/en

극장 중앙을 장식하고 있는 티케Tyche 여신, 행운을 의미한다.

아스펜도스 대성당

★★★ 시데 고대 도시 Side Antik Kenti (Side Ancient City)

로마 제국의 안토니오와 이집트의 여왕 클레오파트라가 일몰을 보며 수영했다고 전해지는 장소다. 항구에 있는 아테네 신전과 아폴론 신전에서 보는 일몰이 아름다워 많은 관광객이 찾는다. 시데는 누비아Luwia어로 '석류'란 뜻으로, 시데에서는 석류 맥주를 판다. 시데는 고대 그리스 팜필리아Pamfilya의 중요한 무역 항구 도시로 기원전 7세기에 정착했다. 기원전 1세기, 해적들이 노예무역 중심지로 번영하기 시작해 3세기까지 노예무역과 올리브기름 무역을 통해 소아시아의 상업 중심지로 인구 6만의 도시로 성장한다. 지금의 고대 도시의 유적들은 대부분 이 시기에 건설된 것이다. 4세기부터 기독교도가 늘기 시작하면서 5세기에는 팜필리아의 주교 도시가 된다. 7세기 무슬림 함대의 공격과 화재, 지진으로 급격히 쇠퇴해 10~11세기에 대부분 안탈리아로 이주했다. 12세기에는 유대인들이 정착하기도 했으나 약탈당한 후 완전히 버려져 아무도 살지 않게 되었다.

주소 Selimiye Mahallesi, Çağla Sk., 07330 Manavgat
위치 안탈리아 지역 터미널에서 Manavgat행 버스를 타고 시데에 간다고 하면, 주유소(TotalEnergies İstasyonu)에 내려준다. 내려준 곳 근처의 버스정류장에서 시데행 돌무쉬를 타면 된다. 약 2시간 소요
운영 시데 고고학 박물관·원형극장·고고학 유적지
4~9월 08:30~19:00, 10~3월 08:30~17:00
요금 시데 박물관+원형극장+고고학 유적지 통합권 €17(뮤지엄 패스 소지 시 무료)
전화 (242) 753 15 42
홈피 muze.gov.tr/muze-detay?sectionId =SDO01&distId=SDO

아테네와 아폴론 신전으로 가는 길

시데는 '석류'라는 뜻이다.

아테네 신전Athena Tapınağı(Athena Temple)과 아폴론 신전Apollon Tapınağı(ApollonTemple)
이곳에서 바라보는 일몰이 아름답다. 일몰을 보고 안탈리아로 돌아오면 저녁 10시 정도가 된다.

★☆☆
마나브갓 폭포 Manavgat Şelalesi (Flow Manavgat Waterfall)

서부 토러스 산맥에서 시작해 지중해와 합류하는 93km의 마나브갓 강의 폭포다. 폭포 높이는 3~5m로 높지 않지만, 송어, 잉어, 숭어 등 다양한 어종과 새들이 서식하고 있다. 나무 덱이 깔려 있어 돌아보기 편하며 카페와 생선구이 등을 파는 레스토랑, 기념품 가게가 있다.

주소 Sarılar, istiklal caddesi no 35, 07600 Manavgat
위치 안탈리아 지역 터미널에서 Manavgat행 버스를 타고 종점에 내려, 마나브갓 폭포에 간다고 하면 갈아탈 돌무쉬를 알려준다. 약 2시간 소요
운영 08:00~20:00
요금 일반 30TL, 6~18세 15TL
전화 501 519 23 23
홈피 www.manavgat.bel.tr/gezi-rehberi

★★☆
올림포스 고대 도시 Olympos Antik Kenti (Olympos Ancient City)

기원전 3세기 무렵 헬레니즘 시대에 생긴 리키아인의 도시로, 도시 이름은 근처의 올림푸스산(현 타탈르산 Tahtalı Dağı)에서 가져온 것이라 여겨진다. 리키아 연맹 중 투표권을 많이 가진 6개의 주요 도시 중 하나였다. 기원전 1세기에는 킬리키아 Cilicia 해적의 영향력 아래 있었다가 세르빌리우스 이사우리쿠스 Servilius Isauricus 와의 전투 후 B.C.78년 로마 제국의 지배에 들어갔다. 현재 볼 수 있는 유적은 헬레니즘과 로마, 비잔틴 제국의 것인데 보존 상태가 다른 고대 도시들에 비하면 좋지 않다. 중요한 유물들은 안탈리아 고고학 박물관에 전시되어 있으며, 그중 가장 중요한 것은 에우도무스 선장의 석관 Kaptan Eudomus arşivleri 이다.

주소 Olimpos Mevkii, Yazır, 07350 Kumluca
위치 안탈리아 지역 터미널에서 올림포스 Olympos에 간다고 하면 카쉬 Kaş나 뎀레 Demre행 돌무쉬를 타라 하고 전망 좋은 도로 휴게소에 내려준다. 올림포스행 돌무쉬 (1시간 간격)로 15~20분. 올림포스 고대 도시와 츠랄르는 해변으로 4km 정도 떨어져 있어 함께 보기에 좋다. 해변을 따라 1시간 정도 걸어가거나 자전거를 빌려 갈 수 있다. 렌터카나 돌무쉬는 고속도로로 올라갔다 다시 내려가야 한다.
운영 4~9월 08:00~20:30, 10~3월 08:00~18:00
요금 €10(박물관카드 소지 시 무료)
전화 242 892 13 25

에우도무스 선장의 석관

★★★
키메라산 Yanartaş Milli Parkı (Mt. Chimaera)

키메라는 그리스신화에 나오는 리키아에 살았던 괴물이다. 상반신은 사자, 중간은 염소, 뒤는 뱀으로 이루어진 동물로 각각의 머리에서 불을 내뿜는다. 사람과 동물을 죽이고 농작물과 숲을 태우는 등 큰 피해를 줬다. 영웅 벨레로폰테스Bellerophontes가 하늘을 나는 페가수스를 타고 키메라의 입에 납 화살을 쏘아 불에 녹은 납이 치명상을 입혀 죽인다. 리키아인들은 산에서 타오르는 불을 보고 키메라가 이곳에서 태어났다고 생각했다. 시간이 흐른 뒤에는 대장장이 신 헤파이스토스의 숭배지가 되었으며, 로마와 비잔틴 시대에도 신성한 장소로 사용했다. 지금은 곳곳에 부서진 건물의 흔적만 남아 있는데, 불만은 여전히 2,500년간 타오르고 있다. 바위 틈의 불은 메탄가스로 인해 꺼지지 않는다고 한다. 키메라산은 튀르키예어로 야나르타쉬 밀리 공원Yanartaş Milli Parkı이라 부르며, 입구에서 입장료를 내고 30분 정도 올라가면 신비한 불을 볼 수 있다. 소시지와 마시멜로를 가져가면 구워 먹을 수도 있다. 밤에 바로 옆 마을인 올림포스에서 그룹 투어를 온다. 키메라산이 있는 츠랄르Çıralı 마을은 평화로운 해변 휴양지로 붉은바다거북의 산란지이기도 하다. 대중교통을 이용해 갈 수도 있지만 동행자가 있다면 렌터카를 추천한다.

주소 Ulupınar, 07982 Kemer
위치 안탈리아 지역 터미널에서 츠랄르Çıralı에 간다고 하면 카쉬Kaş나 뎀레Demre행 돌무쉬를 타라 하고 고속도로 중간에 내려준다. 내린 후 길을 건너면 대기하고 있는 돌무쉬를 타고 15~20분이면 입구로 갈 수 있다. 돌무쉬가 거의 택시 요금이다. 돌아올 때는 09:00~18:00 (1시간 간격) 매시간 정각에 돌무쉬를 타고 돌아가는 정류장인 전망 좋은 휴게소에 내려준다.
요금 일반 45TL
전화 츠랄르 돌무쉬 와츠앱 532 714 04 99

신화 속 키메라의 모습

키메라 산에서 바라본 전망

츠랄르 돌무쉬

3천 년 동안 꺼지지 않는 불

입구. 입장료를 낸다.

more & more 안탈리아 데이 투어 Antalya Day Trip

안탈리아 주변에는 아름다운 고대 도시와 경험해 볼 만한 레포츠가 많다. 대중교통을 이용해 가려면 시간 소비가 많거나 가기 어려운 곳이 있는데 데이 투어를 이용하면 모든 교통과 점심 식사, 가이드까지 포함되어 편리하다. 데이 투어는 안탈리아 길거리 부스와 여행사, 인터넷사이트에서 예약할 수 있는데 인터넷이 가장 저렴하다. 입장료 포함과 불포함에 요금 차이가 있으나 조건을 꼼꼼히 살핀 후 예약하자.

❶ 페르게, 시데, 아스펜도스, 쿠르슈누(또는 마나브갓) 폭포 데이 투어

안탈리아에서 가장 많이 하는 대표적인 투어로 하루에 주변의 하이라이트 네 곳을 돌아본다. 점심 식사가 포함되고 (음료 불포함), 투어 비용에 따라 입장료가 포함되거나 나중에 가이드에게 따로 낸다.

운영 08:00~17:00　　요금 €30~40

❷ 술루아다 섬 보트 투어

요즘 인기 있는 섬 투어이다. 에메랄드빛 바다를 가진 술루아다 섬에서 스노클링을 하며 수영을 즐기는 투어로 픽업과 점심이 포함된다.

운영 07:00~19:00　　요금 €30~40

❸ 파묵칼레 데이 투어

파묵칼레의 히에라폴리스만 보고자 하는 여행자에게 알맞은 투어다. 파묵칼레를 개인적으로 갈 경우, 길에서 소비되는 시간이 많은데 안탈리아 시내에서 출발해 편리하고 왕복 교통과 파묵칼레에서의 점심 식사가 포함된다. 히에라폴리스 입장료는 포함되지 않으니 별도로 지불해야 한다. 벌룬 투어가 포함된 데이 투어 상품도 있는데, 파묵칼레에서 예약하는 것보다 비싸다.

운영 06:00~18:00　　요금 (시기에 따라)€30~40

파묵칼레

❹ 올림포스 케이블카와 시내 관광, 뒤덴 폭포 투어

올림포스 케이블카를 방문할 여행자에게 유용한 투어다. 케이블카를 타러 가는 왕복 교통비에 조금만 더 보태면 시내 관광과 뒤덴 폭포 관광, 점심까지 제공해 준다. 올림포스 케이블카 입장료는 별도로 준비해야 한다.

운영 08:30~18:00　　요금 €25~33

©Olympos Teleferik

❺ 괴뉙 협곡 레포츠

안탈리아에서 35km 떨어진 괴뉙 협곡에서 캐녀닝Canyoning, 짚라인Zipline, 래프팅Rafting의 레포츠 즐기는 프로그램이다. 렌터카로 간다면 직접 방문해 현장에서 프로그램을 신청할 수 있다.

주소 Beldibi, Çomaklar Mevkii MGJM+RF No:73, 07982 Kemer
전화 850 307 33 03　　요금 €20~50
홈피 예약 www.goynukcanyon.com

©Göynuk Kanyonu

안탈리아의 식당

이스탄불에서 온 여행자라면 안탈리아의 저렴한 식당 물가에 깜짝 놀란다. 가격이 저렴하면서 맛있는 식당도 많고, 지중해를 바라보며 분위기 내기 좋은 식당도 많고, 구시가지의 왁자지껄한 음악 연주와 떼창이 벌어지는 선술집 메이하네도 있다.

잔잔 피데 예멕 살로누 Can Can Pide Yemek Salonu

수프, 피데, 쾨프테, 튀르키예 가정식 요리까지 다양하게 판매하는 곳으로 가격도 저렴하고 맛도 좋다. 튀르키예 음식을 체험해 보고 싶다면 이곳을 추천한다.

주소 Akkaşoğlu Apt, H. İşcan Mah, Arık Cd. 4/A, 07100 Muratpaşa
위치 하드리아누스의 문에서 200m
운영 월~토 07:00~22:00, 휴무 일요일
요금 €€
전화 (242) 243 25 48

외즈칸 케밥 Özkan Kebap

저렴한 로컬 식당으로 현지인 위주로 사람이 많아 바쁘게 돌아간다. 음식의 품질이 뛰어나지는 않지만, 풍족한 양을 저렴하게 먹을 수 있다는 장점이 있다. 튀르키예 여행 중 만나기 어려운 초저렴 식당이다.

주소 Sinan, 1253. Sk. 8/A, 07100 Muratpaşa
위치 하드리아누스의 문에서 250m
운영 07:00~22:00
요금 €€
전화 (242) 244 84 01

소비뇽 레스토랑 Sauvignon Restaurant

구시가지의 흐드르륵 탑 옆에 위치한 전망 좋은 생선 전문 식당이다. 가격은 있더라도 분위기 내기 좋다. 노을 지는 풍경을 바라보며 저녁을 즐겨보자.

주소 Kılınçarslan, Hesapçı Sk. No:72, 07100 Muratpaşa
위치 하드리아누스의 문에서 내리막길로 600m
운영 11:30~24:00
요금 €€€€   전화 544 255 02 65
홈피 sauvignonrestaurant.com

츠트르 발륵 Çıtır Balık

안탈리아 최고의 가성비 맛집이다. 싱싱한 생선을 튀겨 빵 사이에 넣어주는데, 샐러드 바가 무료다. 무엇보다 샐러드가 너무 싱싱해 호불호 없이 누구나 만족하는 식당이다.

주소	Kılınçarslan, Atatürk Cd. No:79, 07100 Muratpaşa
위치	하드리아누스의 문에서 내리막길로 800m
운영	12:00~23:30
요금	€
전화	(242) 243 93 33

메슈르 퀴네페지 07 Meşhur Künefeci 07

퀴네페, 바클라바, 카트메르 Katmer 등 전문점이다. 디저트와 함께 카이막 또는 아이스크림을 얹어 먹는다.

©Meshur Künefeci 07

주소	Tuzcular, 2. İnönü Sk. No:8, 07010 Muratpaşa
위치	하드리아누스의 문에서 내리막길로 300m
운영	11:00~24:00
요금	€€
전화	530 868 38 07
홈피	www.meshurkunefeci07.com

칼레이치 메이하네시 Kaleiçi Meyhanesi

구시가지에 있는 메이하네 식당으로 튀르키예 음악 연주와 노래 공연을 즐기며 술 마시는 곳이다. 흥겨운 분위기 속에 라크, 맥주와 다양한 술안주와 생선요리를 즐겨보자.

주소	Selçuk, Balıkpazarı Sk. No:14, 07100 Muratpaşa
위치	하드리아누스의 문에서 내리막길로 840m
운영	16:00~01:00
요금	€€€€
전화	545 639 42 63
홈피	www.kaleicimeyhanesi.menuantalya.com

안탈리아의 한식당

❶ 카페 부부 Cafe Bubu

주소	Toros, Pınarbaşı Cd 21 B, 07070 Konyaaltı
위치	버스 KL08·KL21번 Atatürk Blv-18 정류장에서 900m
운영	월~목·일 11:30~21:30, 휴무 금·토요일
요금	€€€
전화	552 726 74 15
홈피	www.instagram.com/cafe_bubu

❷ 코렐리 안탈리아 Korelee (안탈리아 지점)

주소	Arapsuyu, 605. Sk. No:2, 07000 Konyaaltı
위치	버스 KL08·KL21번 Belediye Cd-6 정류장에서 280m
운영	12:00~21:30,
요금	€€€

❸ 소풍 Sopung (안탈리아 지점)

주소	Altınkum, Belediye Cd. No:128 D:1, 07070 Konyaaltı
위치	버스 KL08·GCK76A번 Türkay Hotel 정류장에서 500m
운영	12:30~21:00
요금	€€€
전화	549 128 82 07
홈피	www.instagram.com/sopung_antalya

안탈리아의 쇼핑

안탈리아는 휴양을 위한 관광객이 많은 만큼 대규모 쇼핑몰이 주변에 많다. 아래 소개한 곳 외에도 공항 주변에 디포 아웃렛 센터Deepo Outlet Center, 아고라 안탈리아 쇼핑몰Agora Antalya AVM 등이 있다. 안탈리아, 시데, 올림포스 등의 도시 이름이 쓰인 냉장고 자석과 같은 소소한 기념품들은 현지에서만 살 수 있다.

마크안탈리아 몰 MarkAntalya Mall

시내 중심가에서 걸어갈 수 있는 쇼핑몰로 한여름 35~40도로 뜨거운 안탈리아에서 쉬어가기에 좋다. 모든 패션 브랜드와 카페, 레스토랑, 프랜차이즈, 푸드코트, 영화관이 입점해 있다. 지하에는 MM 미그로스Migros가 있어 쇼핑하기 편리하다.

주소	Tahılpazarı, Kazım Özalp Cd. No:84, 07040 Muratpaşa
위치	트램 T1 Muratpasa 정류장에서 내려 180m
운영	10:00~22:00
전화	(242) 244 66 66
홈피	www.markantalya.com

안탈리아 미그로스 쇼핑센터
Antalya Migros AVM

대형 쇼핑몰로 모든 쇼핑 브랜드와 카페, 식당 등이 입점해 있다. 무엇보다 5M Migros(미그로스 슈퍼마켓 중 가장 큰 하이퍼마켓) 슈퍼마켓이 있어 먹거리 쇼핑에 최적의 장소다.

주소	Arapsuyu, Atatürk Blv. No:3, 07070 Konyaaltı
위치	버스 KL08번을 타고 Lunapark 정류장에서 내려 190m
운영	10:00~22:00
전화	(242) 230 11 11
홈피	www.antalyamigros.com

더 랜드 오브 레전드 The Land of Legends

쇼핑몰과 테마파크를 겸한 복합지구로 워터파크, 놀이공원, 마샤와 곰 테마파크가 있다. 테마파크에 들어가지 않아도 쇼핑 거리에서 무료로 볼 수 있는 공연이 있어 추천한다. 매일 5시부터 20시까지 정각마다 키메라 분수쇼Chimera Fountain Show가 열리고, 보트 퍼레이드(20:45), 키메라 스펙터클 분수쇼(20:45), 레이저 쇼(22:00)가 열린다. 렌터카로 접근이 편하다.

주소	Merkez, Atatürk Cd. No:104, 07500, 07500 Serik
위치	트램 T1 Meydan 정류장에서 BA22번 버스로 환승해 50분 정도 가야 한다.
운영	10:00~24:00
전화	(242) 320 03 00
홈피	www.thelandoflegends.com

안탈리아의 숙소

안탈리아의 숙소는 버스터미널이나 공항으로 한 번에 이동하기 편리한 이스메트파샤İsmetpaşa 정류장 근처가 좋다. 이스메트파샤 정류장에서 남쪽으로는 내리막길이라 아래쪽에 숙소를 정하면 중심가까지 매번 오르막을 걸어야 한다. 구시가지에 머무는 것도 운치 있는데 바닥이 울퉁불퉁해 트렁크를 끌기에 좋지 않음을 고려하자. 최근에는 중심가와는 떨어져 있지만 숙소 내 모든 식음료를 포함한 올 인클루시브All Inclusive 휴양형 호텔이 인기다.

호스텔
비 볼드 호스텔 Be Bold Hostel

깨끗하고 위치 좋은 호스텔로 도미토리와 2인실 객실이 있다. 주방이 있어 음식을 만들어 먹을 수 있다. 래프팅, 패러글라이딩, 스킨스쿠버와 같은 다양한 프로그램을 알선한다.

주소 Haşim İşcan Mah. 1291 Sk, Haşimişcan, Ahmet Hamdi Tanpınar sk No:12/1, 07100 Muratpaşa
위치 트램 T1 İsmetpaşa 정류장에서 550m
요금 €
전화 530 657 73 69
홈피 beboldhostel.com

호스텔
플라너르 호스텔 Flaneur Hostel

호스텔 이름이 게으름뱅이, 한량이다. 깨끗한 시설에 한가로운 분위기의 호스텔로 도미토리와 2인실을 운영한다. 주방이 있어 편리하다.

주소 Haşimişcan, 1296(Melih Kibar) Sokak No:19, 07100 Muratpaşa
위치 트램 T1 İsmetpaşa 정류장에서 750m
요금 €
전화 536 617 19 21
홈피 ghs.channex.io/5268fb5c-4a10-441f-862c-7e02a8230eee

4성급
베스트 웨스턴 플러스 칸 호텔
Best Western Plus Khan Hotel

시내 중심가에 위치해 모든 점에서 편리하다. 구시가지, 식당가, 쇼핑 거리 등 모든 곳이 가깝다.

주소 Elmalı, Kazım Özalp Cd. No:55, 07040 Muratpaşa
위치 트램 T1 İsmetpaşa 정류장에서 280m
요금 €€€
전화 (242) 248 38 70
홈피 www.khanhotel.com

3성급
저스트 인 시티 호텔 Just Inn City Hotel

위치 좋고 깨끗한 시설로 넷플릭스가 나오는 것도 장점이다. 조금 아쉬운 점은 일반적인 튀르키예의 푸짐한 조식과는 다르게 매우 간단하게 나온다.

주소 Sinan, Atatürk Cd, 1253. Sk. No:17, 07100 Muratpaşa
위치 트램 T1 İsmetpaşa 정류장에서 350m
요금 €€
전화 533 196 75 77
홈피 www.justinncity.com

아파트먼트
아르크 홈즈 Arkk Homes

아파트먼트로 주방, 식기세척기, 세탁기 등이 있어 가족 단위 여행자에게 좋다. 주차가 가능한 것도 장점이다.

주소 Haşimişcan, 1293. Sk. No: 10, 07100 Muratpaşa
위치 트램 T1 İsmetpaşa 정류장에서 550m
요금 €€€€
전화 (242) 255 00 55
홈피 arkkhomes.com

5성급
메가사라이 웨스트비치 안탈리아 Megasaray Westbeach Antalya

투숙하는 동안 객실, 호텔 내 모든 식음료와 술까지 포함되는 올 인클루시브 호텔로 한국인에게 인기다. 프라이빗 해변과 호텔 내 다양한 프로그램이 있어 호텔 내에서 충분히 휴양을 즐길 수 있다. 숙소 비수기인 겨울철에는 10만원 초반까지 내려간다.

주소 Gürsu Mah. Akdeniz Bulvarı No:192 Konyaaltı 07070 Konyaaltı
위치 콘얄트 해변
요금 €€€
전화 (242) 782 40 57
홈피 www.megasaraywestbeach.comQ

2 시간이 멈추는 마을
카쉬
Kaş

리키아Lycia 문명에 속한 고대 도시가 있던 마을로 기원전 6세기부터 사람들이 살았다. 북쪽 펠로스 도시의 항구로 사용되며 안티펠로스Antiphellos로 불렸다. 펠로스Phellos는 '바위가 많은 곳'이라는 뜻으로 안티Anti가 붙어 '바위가 많은 곳의 맞은편' 또는 '펠로스 도시의 맞은편'을 뜻한다. 스펀지 무역의 항구 도시로 성장하며 로마 시대에 규모가 더 커졌다. 안탈리아 지방에 속하나, 거리상으로는 페티예가 있는 무라Muğla 지방에 더 가깝다. 한두 시간이면 볼 수 있는 작은 마을이지만 아름다운 일출과 일몰, 그리스를 떠올리게 하는 오밀조밀한 골목과 흐드러진 부겐베리아가 바쁜 한국 여행자들의 시간을 멈춘다. 카푸타쉬 해변과 메이스 섬, 케코바 섬과 같은 주변 지역을 여행하는 거점 마을로 숨겨진 뜨는 관광지다.

카쉬 들어가기

가장 가까운 공항은 안탈리아 공항Antalya Havalimanı으로 3시간 30분이 걸린다. 카쉬 트랜스퍼Kaş Transfer(와츠앱 551 027 44 45) 업체를 통해 픽업이 가능하다. 버스로는 페티예에서 2시간, 안탈리아에서 3시간이 걸린다. 안탈리아-페티예 사이에 들르기 좋은 위치다. 카쉬의 버스터미널은 두 개가 있다. 마을 안에 있어 편리한 구 터미널Kaş Eski Bus Stationı(구글맵 상의 Kaş Otogarı)과 마을에서 7km 정도 떨어져 있는 신 터미널, 카쉬 버스터미널Kaş Otobüs Terminali이다. 안탈리아 출발은 미니버스만 있어 오빌렛Oblilet에 시간이 뜨지 않는다. 안탈리아 터미널의 지역 터미널İlçeler Terminali로 가면 버스가 자주 있다. 페티예 출발은 오빌렛으로 예약이 가능한데, 도착 터미널이 구 터미널과 버스터미널 두 곳이 뜬다. 구 터미널 버스를 선택해야 마을로 곧바로 들어올 수 있으니 유의하자.

카쉬 구 터미널
Kaş Eski Bus Stationı (Kaş Otogarı)

 마을 안에 있는 터미널로 구글맵 상에 Kaş Otogarı로 표시된다. 카푸타쉬 해변으로 가는 돌무쉬와 페티예, 안탈리아로 가는 버스도 이곳에서 출발한다.

주소 Ağullu, Demre Kaş Yolu No:78, 07580 Kaş

카쉬 버스터미널
Kaş Otobüs Terminali (신 터미널)

 카쉬의 신 터미널로 중심가와 7km 떨어져 있다. 시내의 터미널이 아닌 이곳에 내려준다면, 터미널 앞 도로에서 마을로 가는 돌무쉬를 세워 타거나 택시를 타야 한다. 늦은 시간이라면 도로가 위험하므로 택시를 타자.

주소 Ağullu, Demre Kaş Yolu No:78, 07580 Kaş

카쉬 여행 실용 정보

카쉬는 작은 마을이지만 슈퍼마켓만 미그로스Migros, 까르푸Carrefour, 쇽Şok, BIM, A101 다섯 개가 있어 머무는 데 불편함이 없다. 케코바섬 보트 투어는 항구의 여러 간이 부스와 여행사에서 상품을 취급하고, 렌터카나 스쿠터는 구시가지 여러 여행사에서 빌릴 수 있다. 현금인출은 지랏 은행Ziraat Bankası과 PTT에서 할 수 있다.

카쉬의 관광명소

1~2시간이면 다 돌아볼 수 있는 작은 마을이지만 마을 자체의 평화로움과 아름다운 해변, 주변 섬 투어로 책에 비중을 두고 소개할 만큼 추천하는 곳이다. 카쉬를 제대로 즐기기 위해서는 최소 2박은 해야 한다. 하루는 메이스 섬과 카푸타쉬 해변에 다녀오고, 다른 하루는 케코바 섬 투어를 추천한다. 여유가 있다면 더 머물며 한가로움을 즐기자.

★★☆ 안티펠로스 고대 도시 Antiphellos Antik Kenti (Antiphellos Ancient City)

① ② ③

왕의 무덤

헬레니즘 신전

리키아어로 하베소스Habesos 또는 하베사Habesa로 부르다 헬레니즘 시대에 안티펠로스AntiPhellos라 불리며 항구 무역도시로 성장했다. 고대 유적으로는 헬레니즘 극장과 성벽, 신전, 마을 주변 곳곳에 석관이 남아 있다. **헬레니즘 신전**Helenistik Mabed(Hellenistic Temple)은 헬레니즘 극장 가는 길에 노엘 바바 호텔Noel Baba Hotel 맞은편에 있는데 보존 상태가 좋지 않다. **헬레니즘 극장**Helenistik Tiyatro(Hellenistic Theatre)은 4,000명을 수용할 수 있는 규모로 기원전 1세기에 건설되었다. 관광객들에게는 일몰 명소로 여름철에는 버스킹을 한다. 일출을 보러 가면 카쉬의 개들이 많이 따라다닌다. 언덕으로 이어지는 골목길 끝에는 **왕의 무덤**Kral Mezarı(King's Tomb)이 있는데 석관의 덮개 부분의 사자 조각이 왕을 위한 것으로 여겨져 왕의 무덤이라 불린다. 기원전 4세기 무렵에 만들어졌다. 모두 입장료가 없다.

❶ 헬레니즘 신전 ❷ 헬레니즘 극장 ❸ 왕의 무덤

원형 극장

해변의 일몰 포인트 Sunset Point
★★★

안티펠로스의 원형 극장으로 가는 길 중간 왼쪽, 해변으로 이어지는 작은 골목으로 들어가면 잊지 못할 풍경이 펼쳐진다. 해가 질 때면 사람들이 많이 모인다.

위치 Linckia Roastery Cafe
카페 건물 직전의 왼쪽 골목

카푸타쉬 해변 Kaputaş Plajı (Kaputaş Beach)
★★★

카쉬에서 20km 떨어진 해변으로 가파른 절벽으로 이루어진 좁은 계곡 사이에 있다. 물빛이 아름다워 카쉬에 머무는 사람들은 모두 한 번쯤 들른다. 지하수가 바다로 흘러가고 있어 물이 차갑고 맑아 물빛에 반한다. 파라솔과 선베드를 빌릴 수 있고 간단한 스낵과 음료를 파는데 가격이 비싼 편이니 먹을 것을 싸 오자. 현금만 가능하다. 시간이 없는 여행자라면 메이스 섬을 다녀온 뒤 방문하면 해변을 조금 즐기다 일몰을 볼 수 있다. 무료 화장실과 샤워실, 탈의실이 있다. 렌터카로 간다면 주차 공간이 많지 않아 오전에 일찍 가는 것이 좋다.

주소 Bezirgan, 07580 Kemer
위치 카쉬 구 터미널에서
카푸타쉬 해변행 돌무쉬로 30분
요금 입장료 35TL
카쉬→카푸타쉬
08:00~24:00(15~30분 간격)
카푸타쉬→카쉬
07:30~21:40(15~30분 간격)

ⓒ튀르키예 문화관광부

카푸타쉬행 돌무쉬

Special Tour
카쉬 데이 투어 Kaş Day Trip

데이 투어로는 메이스 섬 투어와 케코바 섬 투어가 있다. 카쉬 항구의 모스크 주변에 여행사가 있고, 메이스 섬으로 가는 페리 회사가 두 개 있다. 케코바 섬 투어는 항구의 여러 부스에서 상품을 홍보한다. 루트는 모두 비슷비슷하니 설명을 듣고 배의 시설이 좋은지, 가격은 적당한지를 고려해 괜찮은 곳으로 정하면 된다. 여름철에는 카쉬 항구에서 출발하고, 겨울철에는 케코바 섬 근처 칼레위차으즈 Kaleüçağız 항구로 차로 이동해 보트를 탄다. 수요가 많이 없어 주로 주말에 운행하며 주중에는 사람이 모여야 출발한다. 가격은 성수기보다 더 높아진다. 가격은 유로로 표시하고 있지만, 당일 환율로 TL로 지불한다.

❶ 메이스 섬 Meis Island (Kastelloriz)

카쉬에서 페리를 타고 7km만 가면 그리스다. 카쉬에서는 메이스 Meis라 부르고, 그리스에서는 카스텔로리조 Kastelloriz라 부른다. 1991년 오스카상을 수상한 가브리엘 살바토레스 Gabriele Salvatores의 영화 〈지중해 Mediterraneo〉의 촬영지로 사람들에게 알려졌다. 영화는 제2차 세계 대전에 길을 잃어 그리스 섬에 머물게 된 이탈리아 군인들의 이야기인데, 전쟁이 끝난 것을 모르는 채 살아가는 모습을 다룬 코미디다. 메이스 섬에 도착하면 구시가지를 돌아보고, 해변에서 수영하며 한가로운 하루를 보내다 온다. 보통 보트를 타고 블루 케이브 Blue Cave (Photsaliki)와 성 조지 St. Gorge (Ag. Georgios) 섬 두 곳을 다녀온다(왕복 €15). 블루 케이브는 파도가 낮으면 배로 동굴 안까지 들어갈 수 있고, 높으면 수영해서 들어가게 한다. 돌아오는 길에는 성 조지 섬을 볼 수 있도록 내려준다. 그리스령을 가는 것이기 때문에 입 · 출국 심사를 한다. 여권을 잊지 말자. 심사는 느리고 그늘이 없으니, 성수기라면 모자, 양산 등의 햇빛 대비 용품을 준비하고, 카쉬보다 물가가 높으니 먹을 것을 준비하면 좋다.

가는 방법 카쉬 항구에서 페리로 20분이 걸리며 두 개의 페리 회사가 운행하고 있다.
페리 요금 €35

메이즈 페리 라인 Meis Ferry Line
운영 카쉬 출발 09:30→
      메이스 섬 출발 16:00
홈피 www.meisexpress.com

메이스 익스프레스 Meis Express
운영 카쉬 출발 10:00→
      메이스 섬 출발 16:00
홈피 www.meisexpress.com

블루 케이브

메이스 섬

메이스 섬

❷ 케코바 섬 투어 Kekova Tekne Turu (Kekova Boat Tour)

케코바 섬 주변의 다양한 수영 포인트에서 30분~1시간씩 수영을 한다. 리키아의 조선소가 있었던 테르사네 만Tersane Koyu에서 유적을 돌아보고 배에서 점심을 먹고, 2세기 지진으로 파괴되어 물속에 가라앉은 고대 도시, 돌키스테Dolchiste(케코바섬의 고대 이름)를 돌아보는 투어다. 가라앉은 도시, 선켄 시티Sunken City라 한다. 마지막으로 시메나 성Simena Kalesi(Simena Castle)에 들르는데, 바다 가운데 덩그러니 있는 리키아 석관Likya Mezarı이 인상적이다. 골목이 미로 같아 헷갈릴 때는 곳곳의 표지를 참고하거나 주민에게 물으면 알려준다. 성에 오르면 주변이 한눈에 들어온다. 입장료는 50TL로 현금만 받는다. 식사와 차를 포함하며 음료나 술은 준비해 가거나 배에서 구매할 수 있다.

위치 항구 주변의 여행사나 투어 부스에서 신청하면 된다.
운영 투어 시간
09:00~17:00/10:00~18:00
요금 €20~50(겨울철 비수기에는 주말이나 사람이 모여야 투어가 가능하고 가격이 오른다)

시메나 성

선켄 시티

테르사네 만

시메나 성

리키아 석관

카쉬의 레스토랑

작은 마을에 꽤 많은 식당이 있다. 아타튀르크 동상이 있는 광장 주변의 식당은 비싼 편이나 바다를 바라보며 식사를 즐길 수 있다. 저렴하거나 합리적인 가격의 식당은 버스터미널에서 항구로 내려가는 길 주변에 있다.

❶ 에게 레스토랑 타네르 우스타
Ege Restaurant Taner Usta

- 주소: Andifli, Atatürk Blv., 07580 Kaş
- 위치: 카쉬 버스터미널에서 100m
- 운영: 08:00~23:00
- 요금: €€€
- 전화: (242) 836 14 04

❷ 케르반 피데 되너 살로누
Kervan Pide ve Döner Salonu

- 주소: Atatürk Bulvarı İş Bankası ve Ziraat Bankası Yanı, Kaş
- 위치: 카쉬 버스터미널에서 140m
- 운영: 08:00~23:00
- 요금: €€
- 전화: (242) 836 11 12

❸ 시밋침 Simitçim (아침 식사 전문점)

- 주소: Andifli, Menteşe Sk. No:2/C, 07580 Kaş
- 위치: 카쉬 버스터미널에서 260m
- 운영: 월~토 06:00~17:00, 일 06:00~15:00
- 요금: €
- 전화: 532 255 76 98

❹ 바이 쾨프테 Bay Köfte

- 주소: 15 temmuz demokrasi meydanı 16/A andifli mah.07580, 07580 Kaş
- 위치: 카쉬 버스터미널에서 350m
- 운영: 11:30~24:00
- 요금: €€€
- 전화: (242) 836 33 05

❺ 밀크라치 Milklaç (카쉬점)

- 주소: Sardunya Oteli, Andifli, Hastane Caddesi No20-1, 07070 Kaş
- 위치: 카쉬 버스터미널에서 500m
- 운영: 10:00~24:00
- 요금: €€€
- 전화: 541 956 83 35

❻ 린키아 로스터리 카페
Linckia Roastery Cafe

- 주소: Andifli, Necipbey Cd. 36c, 07580 Kaş
- 위치: 카쉬 버스터미널에서 600m
- 운영: 09:00~23:00
- 요금: €€
- 전화: (242) 836 44 69

카쉬의 숙소

카쉬의 숙소는 작은 규모의 호텔과 펜션, 주방 등의 시설이 갖추어진 아파트먼트가 있다. 개별 여행자를 위한 호스텔은 없어 숙박비에 부담이 되는 곳이다. 혼자 투어를 가기엔 외로우니 동행을 구하는 것을 추천한다. 휴양지 마을답게 대부분 숙소에 발코니가 있어 햇볕을 맞으며 아침 식사를 즐기기에도 좋고, 빨래를 널어 말리기에도 좋다. 카쉬에서 숙소를 구할 때는 오르막을 염두에 둬야 한다. 버스터미널에서 항구까지 내리막길이고, 항구에서 양쪽으로 해안선을 따라 전망 좋은 숙소가 늘어서 있는데 오르막이라 생각하면 된다. 짧게 머문다면 버스터미널 근처의 숙소를 추천한다.

에게해 지역

에게해 지역Ege Bölgesi은 튀르키예의 서쪽에 위치하며, 에게해와 맞닿아 있다. 이스탄불과 같은 도시의 관광과 달리 해변에서 즐기는 느긋한 시간, 보트 투어, 패러글라이딩과 같은 해양 관광이 인기다. 아름다운 해안선을 따라 여러 휴양도시가 이어지는데, 역사적으로는 그리스 문명이 에게해를 넘어와 식민도시를 건설하며 성장했다. 에게해의 대표적인 도시로는 로마 시대 소아시아의 수도였던 에페스가 있는 셀축Selçuk, 온천물을 이용한 치료 도시로 유명했던 히에라폴리스가 자리한 파묵칼레Pamukkale가 있으며 현대에 패러글라이딩 명소로 급부상한 욀뤼데니즈Ölüdeniz가 있다. 외에도 책에는 소개되지 않지만, 튀르키예에서 세 번째로 큰 이즈미르İzmir, 고대 마우솔로스의 영묘가 있었던 보드룸Bodrum도 이 지역에 속한다. 기후는 전형적인 지중해성 기후로 여름엔 고온 건조하며 겨울엔 온난 다습하다. 이 지역을 즐기기 가장 좋은 때는 5~10월이다.

1

소아시아의 수도, 에페스

셀축
Selçuk

튀르키예의 대표적인 고대 도시, 에페스Efes(Epesus)를 품은 마을이다. 에페스는 로마 제국 시대에 소아시아의 수도로 인구 25만 명의 부유한 항구 무역도시로 성장했다. 켈수스 도서관, 테라스 하우스, 튀르키예에서 가장 큰 고대 극장 등 기념비적인 건축을 만들고, 초기 기독교 전파와 발전에 중요한 도시로 2015년 세계문화유산에 등재됐다. 성 요한이 성모 마리아를 에페스로 모셔와 돌아가실 때까지 함께 살았으며, 말년에는 『요한복음』, 『요한서신』 등을 남겼다. 셀축을 대표하는 독특한 아르테미스 동상은 신석기 시대부터 살던 아나톨리아인과 이오니아 문명이 섞이며 어머니 여신인 키벨레Kybele와 아르테미스 여신이 통합된 것으로 이곳에서만 만날 수 있다. '셀축Selçuk'이란 이름은 1914년에 생겼는데 1304년 셀주크인들이 이곳을 정복한 것을 기념한 것이다.

셀축 시 www.selcuk.gov.tr **이즈미르 관광청** izmir.goturkiye.com

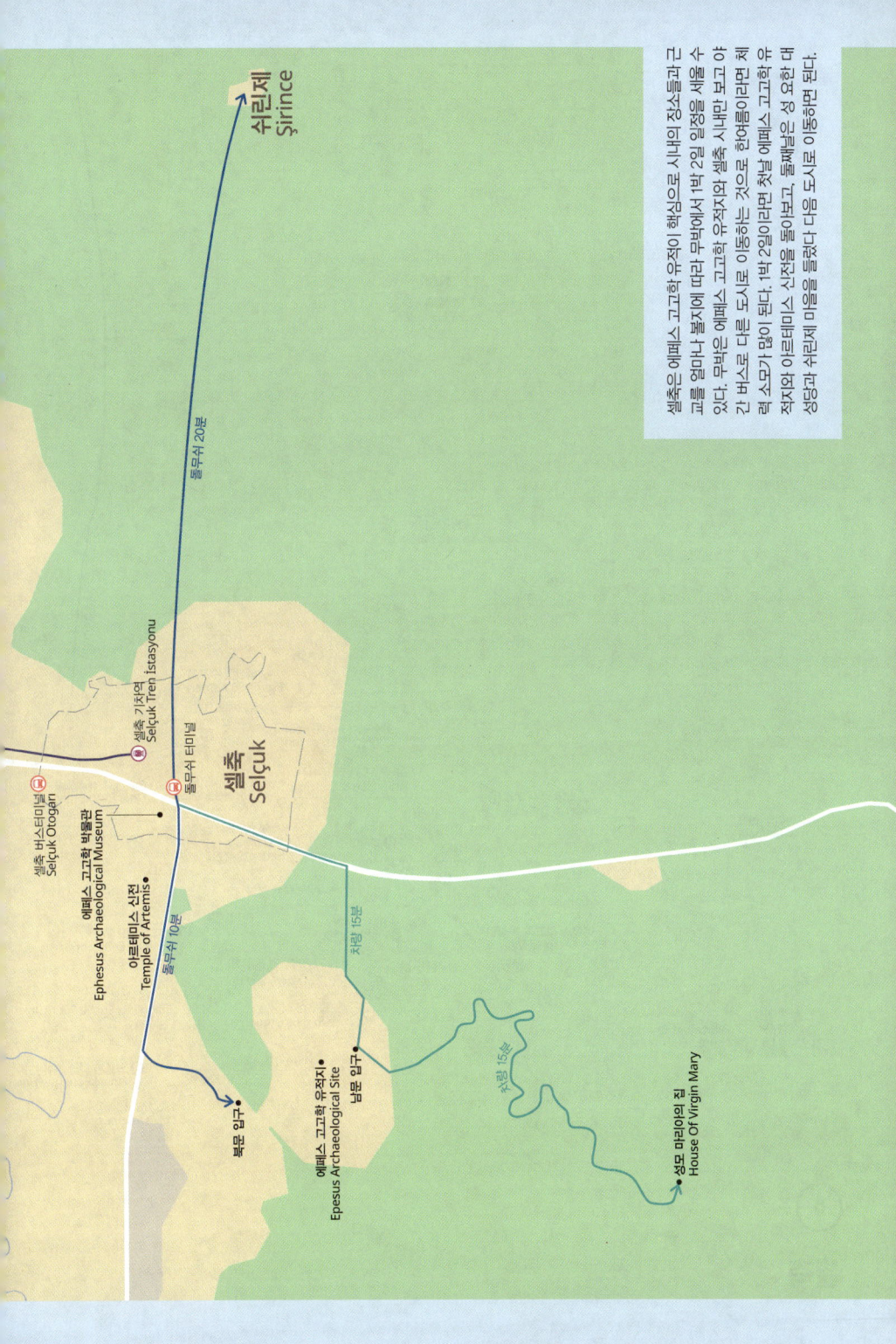

셀축 들어가기

항공과 버스, 기차로 갈 수 있으며 근처의 쿠샤다스 항구를 통해 그리스 사모스 섬과 페리로 연결된다. 항공은 이즈미르 공항을 이용하는데 셀축 중심가까지 1시간이 걸린다. 보통 일정이 바쁜 여행자들은 항공을 많이 이용하고, 튀르키예를 시계방향 또는 반시계방향으로 여행할 때는 버스를 이용하게 된다. 셀축은 페티예, 데니즐리, 차나칼레, 부르사 등으로 연결이 좋다. 기차는 이즈미르-(이즈미르 공항)-셀축-데니즐리-콘야 구간을 이동할 때 유용하다. 그리스에서는 사모스 섬을 통해 쿠샤다스항으로 들어와 30분 만에 셀축으로 들어올 수 있다.

비행기

국내선은 이스탄불, 앙카라, 안탈리아, 말라티아, 콘야, 삼순, 트라브존, 디야르바키르 등 튀르키예 대부분 공항을 직항으로 연결한다. 이스탄불과 앙카라에서는 1시간 20분 정도가 걸린다. 유럽과 중앙아시아, 아랍 국가와의 연결편도 있어 많은 비행기가 드나든다.

아드난 멘데레스 공항
Adnan Menderes Havalimanı (Adnan Menderes Airport)

셀축 시내에서 약 60km 떨어진 규모가 큰 국제공항이다. 한국에서 이스탄불을 경유할 경우 국제선 터미널에서 짐을 찾아야 한다. 키오스크에서 여권 스캔을 통해 1시간 무료 와이파이를 제공한다.

주소 Dokuz Eylül, 35410 Gazimir/İzmir
전화 (232) 455 00 00
홈피 adnanmenderesairport.com

※ **아드난 멘데레스 공항에서 시내 들어가기**
하바쉬 버스와 기차로 갈 수 있다. 먼저 하바쉬 Havaş는 쿠샤다스 Kuşadası행을 타면 셀축 돌무쉬 터미널 맞은편 로터리에서 내려준다. 1시간이 걸리고 요금은 380TL이다. 기차는 아드난 멘데레스 공항 Adnan Menderes Havaalanı역에서 하루 9편이 있으며 역시 1시간이 걸리는데 요금은 1/4 수준인 90TL이다. 셀축 기차역이 중심가에 있어 편리하다. 반대로 공항으로 갈 때는 기차나 쿠샤다스에서 공항으로 가는 하바쉬를 타면 된다(정류장은 지도를 참고). 이즈미르로 가는 버스를 타면 공항을 지나가는데 공항 터미널에 내려주지 않고, 대로변에 내려주어 기차보다는 걸어야 한다.

기차 시간 07:23, 08:58, 10:24, 12:58, 13:24, 14:35, 17:11, 18:24, 23:36
홈피 www.tcdd.gov.tr
하바쉬 시간 02:00, 07:30, 10:00, 11:00, 13:00, 15:00, 17:30, 19:30, 21:30, 23:30
※ 시간은 바뀔 수 있으므로 홈피에서 한 번 더 확인하자.

 QR 하바쉬 버스 시간표

ⓒAdnan Menderes

버스

2024년 하반기에 새로운 시외버스터미널이 생겼다. 이스탄불, 부르사, 데니즐리(파묵칼레), 앙카라 등과 같은 장거리 버스들은 셀축 시내에서 북쪽으로 1.4km 떨어진 터미널에 도착한다. 이즈미르, 쉬린제, 쿠샤다스와 같은 도시들은 기존의 중심가에 있는 돌무쉬 터미널로 출·도착한다. 카밀 코치와 파묵칼레 버스의 노선이 돌무쉬 터미널에서도 출발하니 돌무쉬 터미널의 버스회사 사무실에 문의하자. 페티예로 갈 경우 직행은 없고, 돌무쉬 터미널에서 아이든(Aydın)으로 간 뒤(1시간 소요) 페티예행 버스를 타면 된다. 4시간이 걸린다.

셀축 버스터미널
Selçuk Otogarı (Selçuk Bus Terminal)

 셀축 중심가와 1.4km 북쪽의 터미널로 이번에 새로 지어 시설이 깨끗하다. 새로운 터미널에 대한 정보가 많이 퍼지지 않아 기존의 터미널(현 돌무쉬 터미널)에 도착하는 것으로 아는 사람이 많은데 당황하지 말자. 주변 편의 시설이 만들어지고 있다.

주소 isabey mahallesi, Şht. Polis Metin Tavaslıoğlu Cd. no:173, 35920
운영 24시간

©www.izmir.bel.tr

※ 셀축 버스터미널에서 시내 들어가기

 버스터미널에서 중심가의 돌무쉬 터미널까지 1.4km로 걸어서 20분 정도가 걸린다. 큰길가로 나오면 돌무쉬 정류장도 있다. QR 위치를 참고해 돌무쉬를 타고 두 정거장이면 시내 중심가에 도착한다. 짐이 무겁다면 택시를 이용하면 된다.

QR 돌무쉬 정류장

기차

튀르키예에서 기차를 탈 경우가 별로 없는데, '이즈미르–셀축–데니즐리–콘야' 구간을 이용한다면 추천한다. 요금도 반값이고, 셀축 버스터미널이 1.4km 떨어진 것에 반해, 기차역은 시내 중심가에 있어 편리하다. 특히, 데니즐리를 드나들 때 좋은데 시간은 30분~1시간 정도 더 걸린다.

셀축 기차역
Selçuk Tren Garı (Selçuk Train Station)

 셀축 중심가에 있는 작은 기차역으로 나오자마자 식당, 카페, 숙소가 모여 있어 편리하다. 새로운 셀축 버스터미널이 지어져 셀축 중심가에서 멀어지게 되면서 기차가 더 유용해졌다.

주소 Zafer, Bozkır Cd. No:2, 35920
운영 24시간

※ 셀축 버스터미널에서 시내 들어가기

기차역을 나오자마자 중심가다. 다음 목적지가 이즈미르나 데니즐리(파묵칼레)라면 숙소를 기차역 근처로 예약하면 편리하다.

페리

※ 셀축에서 그리스 사모스Samos 섬 가기

그리스 사모스Samos 섬과 쿠샤다스Kuşadası를 30분 만에 연결하는 페리가 있다. 그리스를 여행하고 튀르키예로 들어올 수 있으며, 또는 사모스 섬으로 당일치기 여행을 다녀올 수도 있다. IDO, Makri Travel, Turyol, Turkish Sealines, Meander Travel과 같은 여러 회사의 페리가 운행 중인데 페리에 따라 30분~1시간 30분이 걸린다. 아래는 페리 회사 중 가장 빠른 아이디오IDO를 소개한다.

➕ 아이디오 Istanbul Deniz Otobusleri

주소	Marina Yat Limanı, 48300
위치	쿠샤다스 항구의 영업 사무소
운행	쿠샤다스 09:00 → 사모스 09:30 / 사모스 17:00 → 쿠샤다스 17:30 (정확한 시간은 홈페이지 참고)
전화	444 44 36
요금	13세 이상 편도 €40, 당일 왕복 €50, 다른 날 왕복 €60, 6~12세 이하 편도 €30, 당일 왕복 €40, 다른 날 왕복 €50, 0~6세 편도·당일 왕복·다른 날 왕복 €10
홈피	egeadalari.ido.com.tr

페리 터미널

※ 쿠샤다스 페리 터미널에서 시내 들어가기

중심가에 있는 쿠샤다스 돌무쉬 터미널에서 셀축행 돌무쉬를 타면 된다. 항구에서 1.1km 거리로 15분 정도 걸으면 된다.

➕ 쿠샤다스 돌무쉬 터미널 Kuşadası İlçe Dolmuşları Durağı

주소	Cumhuriyet, Candan Tarhan Blv. No:30, 09460 Kuşadası
위치	셀축 돌무쉬 터미널에서 21km, 30분 소요

시내·근교 교통 이용하기

셀축에서는 돌무쉬가 대중교통 수단이다. 셀축 중심가는 크지 않아 도보로 충분히 돌아볼 수 있으며, 에페스 고대 도시와 쉬린제, 쿠샤다스를 갈 경우에 돌무쉬를 이용하게 된다. 돌무쉬는 사람이 가득 차면 수시로 출발하며 현금만 받는데 요금은 돌무쉬 내부 앞쪽에 쓰여 있다. 성모 마리아의 집은 택시만 가능하다.

셀축 돌무쉬 터미널

에페스 북문, 쉬린제, 이즈미르, 쿠샤다스로 가는 돌무쉬 터미널이다. 카밀코치와 파묵칼레 버스의 장거리 노선이 이곳에서 출발한다.

주소	Atatürk, selçuk belediye garajı, 35920
운영	24시간

셀축 Selçuk

성모 마리아의 집

에페스 고고학 유적은 튀르키예에서도 손꼽는 중요한 관광지다. 시간이 없다면 이른 아침 도착해, 에페스 고고학 유적지와 셀축 시내의 유적지를 당일치기로 볼 수도 있다. 그러나 셀축 근처의 아름다운 쉬린제 마을과 저렴하고 맛있는 식당들이 있어 최소 1박 하는 것을 추천한다. 에페스 고대 도시는 여름철 기준으로 해가 너무 강하고 그늘이 없기에 아침 일찍 볼 것인지, 오후(야경)에 볼 것인지를 정하면 시내의 고고학 박물관, 성 요한 대성당과 같은 나머지 볼거리들의 보는 순서가 정해진다. 식당과 카페, 호텔, 슈퍼마켓, 지랏 은행Ziraat Bankası과 할크은행Halkbank이 돌무쉬 터미널 주변에 있어 편리하다. 토요일에 도착한다면 토요 시장에서 신선한 과일을 저렴하게 구입할 수 있다.

To do list
1. 에페스 고대 도시 보기
2. 촙 쉬쉬Çöp Şiş 맛보기
3. 쉬린제 마을 다녀오기

셀축의 관광명소

셀축의 볼거리는 크게 에페스 고대 도시와 관련된 고고학 유적과 초기 기독교 관련 유적, 근교인 쉬린제 세 가지로 나눌 수 있다. 에페스 고고학 유적은 에페스 고대 도시와 에페스 고고학 박물관, 아르테미스 신전이고, 초기 기독교 유적은 성 요한 대성당과 성모 마리아의 집을 들 수 있다. 개인의 관심사에 따라 집중하거나 가감해 돌아보면 된다. 시간이 좀 더 있다면 쿠샤다스에 들러 사모스 섬을 다녀오는 것도 좋다.

★★★ 에페스 고고학 유적 Efes Örenyeri (Ephesus Archaeological Site)

남문 매표소

북문 매표소

에페스는 튀르키예에서 가장 크고 인상적인 고대 항구 무역도시로 소아시아의 수도였다. 로마 제국 시대에 로마Rome, 알렉산드리아Alexandria, 안티오키아Antiókheia 다음으로 컸다. 에페스는 리디아의 통치하에 무역으로 지중해에서 가장 부유한 도시로 성장했는데, 페르시아가 침략하고, 기원전 334년 알렉산드로스 대왕이 탈환했다. 알렉산드로스 대왕의 사망 후 리시마쿠스Lysimachus 장군이 당시 중심가였던 아르테미스 신전에서 서남쪽 항구에 새로운 도시를 건설한 것이 지금의 에페스 고고학 유적지다. 기원전 129년 페르가몬 왕의 유언으로 로마 제국에 편입되고, 기원전 27년 소아시아의 수도가 되며 항구 무역도시로 꽃피웠다. 대부분 유적은 아우구스투스와 티베리우스의 때(기원전 27년~기원후 14년)에 완성되었다. 기독교적으로 중요한데, 1세기에 성 바울로와 성 요한이 이곳에 머물렀다. 비잔틴 시대인 431년과 449년에 기독교 공의회가 열렸고, 5~6세기에는 종교적으로 콘스탄티노플 다음으로 중요한 도시로 여겨졌다. 고대 도시의 가장 심각한 피해는 262년 고트족의 침입으로 켈수스 도서관이 불타고 도시 대부분이 파괴됐다. 4세기에 아르테미스 신전은 기독교인들에 의해 부서져 신전의 돌은 건축자재로 활용했다. 에페스는 강의 범람에 의한 퇴적작용으로 항구가 점차 사라지며 쇠퇴하기 시작해 사람들은 7세기에 현재의 셀축 중심가로 옮겨갔다. 1400년대에 화재, 지진, 말라리아의 창궐로 남은 사람들은 쿠샤다스로 이주하자 에페스는 사람들에게 잊혀진 도시가 됐다.

주소 Efes Harabeleri, 35920
위치 돌무쉬 터미널에서 에페스행 돌무쉬를 타고 북문까지 3.5km(10분)
전화 (252) 892 60 10
운영 4~10월 08:00~21:30, 11~3월 08:00~18:00
요금 €40(한국어 오디오 가이드 350TL, 또는 다운로드 시 무료)
통합권 에페스 고고학 유적+테라스 하우스 통합권 €52(€3 할인), 에페스 고고학 유적+테라스 하우스+에페스 고고학 박물관+성 요한 대성당 통합권 €65(3일 내 사용, €6 할인)
홈피 muze.gov.tr/muze-detay?sectionId=EFS01&distId=EFS

북문, 북문 주변은 큰 소나무로 둘러싸여 있고 카페와 기념품 상점 등이 많다.

남문

Special Tour
에페스 고고학 유적지

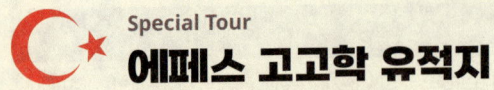

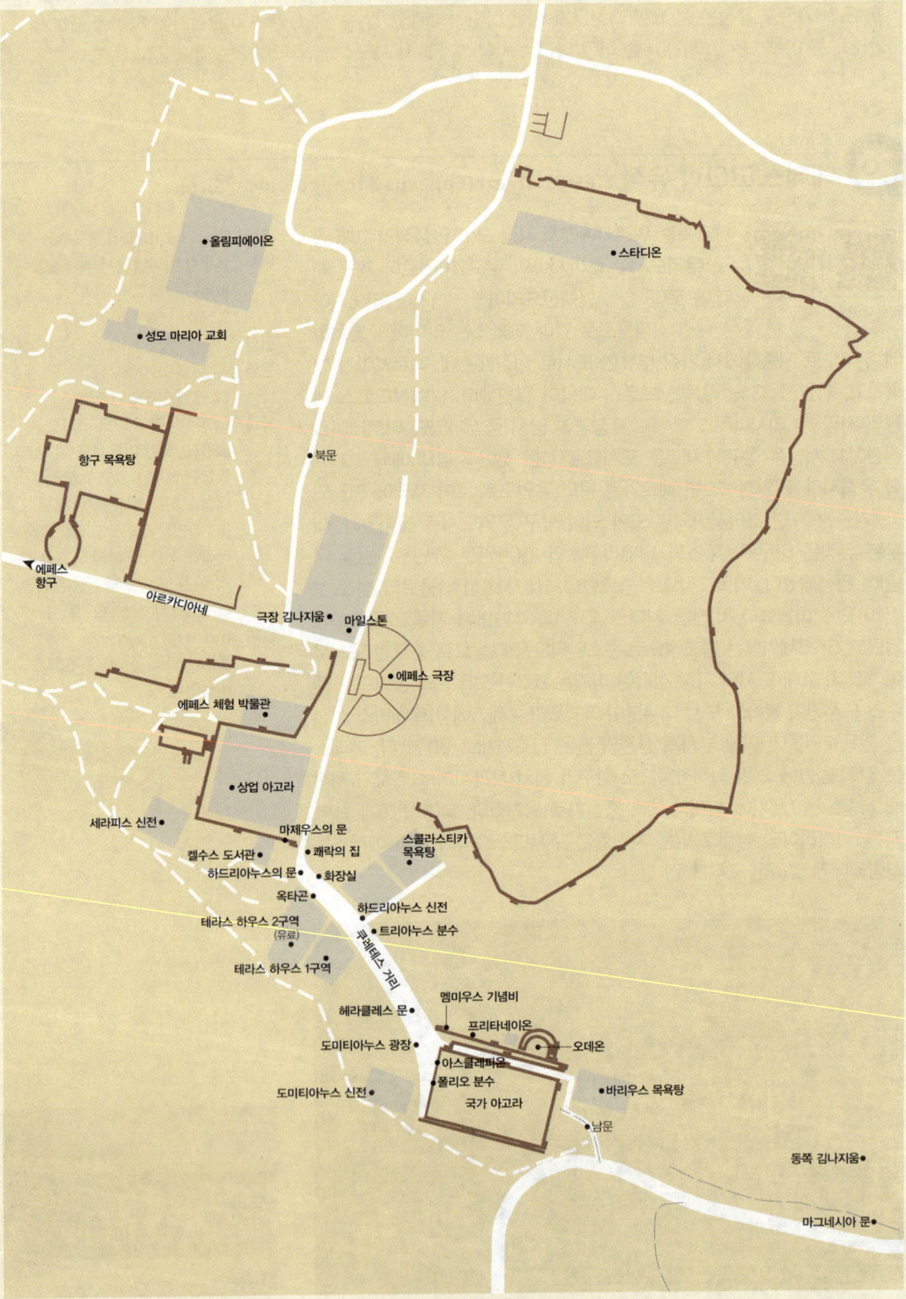

마그네시아 문과 동쪽 김나지움
Magnesia Kapısı ve Doğu Gymnasium (Magnesian Gate & East Gymnasium)

마그네시아 문

❶ ❷

남문으로 가는 길 오른쪽에 흔적만 남은 유적이다. 기원전 3세기에 지어진 마그네시아 문 Magnesia Kapısı (Magnesian Gate)은 에페스의 3개의 문 중 하나로 마그네시안 도시 방향의 문이어서 이런 이름이 붙었다. 언덕 위쪽에는 2세기에 지어진 동쪽 김나지움 Doğu Gymnasium (East Gymnasium)으로 체육관, 목욕탕, 강당이 있었다. 두 장소는 철망이 쳐져 들어갈 수는 없다. 택시와 렌터카로 지나갈 때 보자.

❶ 마그네시아 문   ❷ 동쪽 김나지움

바리우스의 목욕탕 Varius Hamamı (Baths of Varius)

남문으로 입장하면 가장 먼저 보이는 건물이다. 2세기경에 소피스트인 플라비우스 다미아누스 Flavius Damianus가 자신과 아내를 위해 개인 목욕탕을 지었고, 5세기까지 다른 부유한 사람들에 의해 건물이 추가되었다. 크게 뜨거운 물, 미지근한 물, 차가운 물 세 개의 구역으로 나뉘었다. 5세기에 만들어진 40m 길이의 모자이크 복도가 발견됐다.

국가 아고라 Yukarı Agora (State Agora) 주변

스토아

정치와 행정 중심의 아고라로 북쪽의 상업 아고라와 구분된다. 기원전 1세기 로마 시대에 만들어져 4세기까지 수정되었다. 아고라 주변에는 바실리카 Basilica와 알렉산드리아인들이 만든 이시스 신전 İsis Tapınağı (Temple of Isis)이 흔적만 남아 있다. 방문객들은 기둥이 세워진 바실리카 스토아 Basilica Stoa의 길을 따라 걸어가게 된다.

Tip | 에페스 고고학 유적지 관광 팁

❶ 에페스에는 그늘이 거의 없어 오전 또는 늦은 오후 방문을 추천한다. 모자, 선글라스, 양산 등의 햇빛 대비 용품과 물과 간식을 가져가면 좋다. 겨울철 방문한다면 비가 올 경우 대리석 바닥이 미끄러우니 주의하자.

❷ 에페스에는 북문과 남문이 있다. 북문으로는 돌무쉬가 다니고, 남문으로는 택시나 렌터카로만 접근 가능하다. 남문이 지대가 높고 북문으로 내리막길로 걸어갈 수 있어 남문에서 들어가 북문으로 돌아쉬를 타고 돌아오는 루트를 추천한다. 돌무쉬 터미널에서 남문까지 택시로 350~400TL을 부른다.

❸ 남문에서 5km 거리의 산에 성모 마리아의 집이 있다. 택시를 탈 경우 운전기사들이 성모 마리아의 집과 묶어 가라고 추천한다. 관심이 있다면 함께 돌아보고 그렇지 않다면 남문까지만 간다고 요청하면 된다. 성모 마리아의 집은 입장료 1,200TL+택시 30분 주차비 180TL이 추가로 든다. 중간에 성모 마리아 동상이 세워져 있는 곳에서 사진도 찍게 해준다. 개별 여행자는 동행자를 구해 가면 절약할 수 있다.

❹ 화장실은 북문과 남문, 에페스 체험 박물관 Ephesus Experience Museum에만 있다. 입장할 때 화장실을 먼저 들렀다 가자.

❺ 한국어 오디오 가이드(350TL)를 대여할 경우, 여권이 필요하며 여권을 다시 찾기 위해 들어간 문으로 다시 나와야 한다. 이보다는 휴대폰으로 오디오 가이드를 다운 받으면 무료 설명 듣기가 가능하니 이를 활용하자. 개인용 이어폰이 있으면 유용하다.

❻ 성수기 시즌이라면, 해가 진 후 고대 유적의 모습도 볼 만한데 한여름이라면 모기가 극성이다. 모기 기피제를 준비하자.

❶ 오데온 Odeon

열주대로, 뒤편이 국가 아고라이다.

지붕이 있는 극장을 오데온이라고 한다. 2세기에 지은 반원형 극장으로 1,500명을 수용할 수 있는 규모다. 푸블리우스 베디우스 안토니누스 Publius Vedius Antoninus와 그의 아내가 지었다. 축제가 열리는 날이면 콘서트와 연극 공연이 열렸고, 사교와 회의 장소로도 사용됐다.

❷ 프리타네이온 Prytaneion

이곳에서 발견된 아르테미스

지금은 흔적만 남아 있지만, 불레우테리온 Bouleuterion은 민주정 도시 국가의 평의회가 열리던 건물로 오늘날 의사당의 역할을 했다. 건물에는 고위 관리의 사무실도 있었고, 정치적 행사, 모임, 종교의식이 열리기도 했다. 볼레우테리온 서쪽에는 프리타네이온이라는 건물이 있었는데 건물의 네 개의 모서리와 중앙에 성스러운 불꽃이 타올랐다. 이곳에서 발견된 두 개의 아르테미스 동상은 에페스 고고학 박물관에 전시되어 있다.

폴리오 분수 Pollio Çeşmesi (Fountain of Pollio)

부유했던 폴리오 가족이 97년에 지은 분수다. 에페스 주변의 세 개의 수원지에서 물을 끌어와 이곳에서 테라코타 파이프를 통해 주요 시설과 집으로 흘려보냈다. 처음에는 굵은 파이프를 사용해 많은 물을 흘러가게 하고, 주택으로 들어갈 때는 작은 파이프를 사용했다.

도미티아누스 신전 Domitianus Tapınağı (Temple of Domitian)

에페스가 황제에게 헌정한 첫 번째 신전으로 50mX100m 크기의 테라스 위에 지었다. 테라스는 계단으로 올라가는 2층 높이였다. 내부에 있던 U자형 제단은 이즈미르 박물관에서 볼 수 있다. 황제의 신전을 지은 도시에는 네오코로스 Neokoros라는 명예로운 칭호를 부여했는데, 도시들은 칭호를 받기 위해 서로 경쟁했다고 한다. 도미티아누스 황제(재위 81~96년)는 성 요한을 파트모스 Patmos섬으로 유배하고, 기독교인을 박해했다. 신하에게 암살되자 사람들이 도시 곳곳에 적힌 비문을 지우고, 동상을 부수며 축하했다고 한다. 에페스는 네오코로스 지위 유지를 위해 그의 아버지인 베스파시아누스 황제에게 신전을 재봉헌했다.

도미티아누스 광장 Domitianus Meydanı (Domitian Square)

도미티아누스 광장
광장의 나이키 부조
광장 중앙의 분수 조각

폴리오 분수와 도미티아누스 신전을 지나면 넓은 공간이 나오는데, 도미티아누스 광장이다. 나무 그늘이 있어 사람들이 항상 모여 있다. 중앙에는 분수가 있었던 조각이 있고, 주변으로는 멤미우스 기념비, 아스클레피온Asklepion, 나이키 로고에 영감을 준 니케아 여신 부조가 세워져 있다.

멤미우스 기념비 Memmius Anıtı (Memmius Monument)

멤미우스 기념비

로마가 소아시아 지역에 높은 세금을 부과하자 이에 반발한 폰토스 제국의 미트리다테스는 군대를 이끌고 8만 명의 로마인들을 죽였다. 사건이 벌어진 3년 후 로마 제국의 술라가 미트리다테스를 정복했는데 이를 기념하기 위해 기원전 87년에 세운 기념비다. 술라의 손자인 멤미우스가 세워 멤미우스 기념비라 부르며 멤미우스의 아버지와 할아버지인 술라의 부조가 새겨있다.

아스클레피온 Asklepion

아스클레피온

에페스는 의과 대학으로도 유명했다. 아스클레피온은 고대 병원으로 의술의 신인 아스클레피오스Asclepius의 부조가 세워져 있다. 아스클레피오스는 뱀이 휘감긴 지팡이를 들고 있는데, 뱀이 탈피하며 스스로 재생하는 능력이 있어 고대부터 지금까지도 의학을 상징하고 있다.

헤라클레스 문 Hercules Kapısı (Hercules Gate)

2세기에 만든 헤라클레스의 부조가 새겨진 문으로 4세기에 지금의 자리로 옮겨졌다. 남문에서 관람을 시작했다면 문을 통과한 후 뒤돌아서야 헤라클레스의 부조를 볼 수 있다. 놓치기 쉬우니 위치를 기억해 두자. 쿠레테스 거리에서 마차가 들어오지 못하도록 일부러 문을 좁게 만들었다. 문을 장식한 다른 조각은 발견되지 않았는데, 도미티아누스 광장의 하늘을 나는 니케아 여신의 부조도 이 문의 일부라고 추정한다. 헤라클레스는 무서운 네메아 사자를 땅바닥에 내동댕이치고, 사자의 목구멍에 팔을 넣어 질식시켜 죽인 힘의 상징이다. 부조에는 헤라클레스가 네메아 사자 가죽을 들고 있다.

쿠레테스 거리 Curetes Caddesi (Curetes Street) 주변

 쿠레테스 거리에서 가장 잘 보존된 건축으로 138년 P. 퀸틸리우스 바렌스 바리우스P. Quintilius Valens Varius가 지었다. 128년 에페스를 방문했던 하드리아누스Hadrianus 황제(76~138년)에게 헌정한 것이다. 아름답게 조각된 아치형 정문을 코린트식 기둥 4개가 지지하고 있다. 정문 상단에는 승리의 여신 티케의 부조가, 신전 안에는 메두사(또는 꽃과 식물의 여신 플로라나, 또는 하드리아누스의 아내라고도 한다)가 조각이 있다. 양쪽에는 에페스의 건국 이야기를 묘사한 프리즈가 있는데 원본은 에페스 고고학 박물관에 전시되어 있다. 4세기 지진 이후 건물 앞에 디오클레티아누스, 막시미아누스, 콘스탄티우스 클로루스, 갈레리우스 황제의 동상이 세워져 있었으나 지금은 기둥만 남아 있다.

 헤라클레스 문에서 켈수스 도서관까지 가는 길로 에페스 3대 거리 중 하나다. 쿠레테스라 불렸던 사제들로부터 이름이 생겼다. 거리에는 동상과 기념물, 2층 상점, 부유한 사람들의 집, 분수가 있었으나 지진으로 대부분 파괴되어 흔적만 남아 있다.

❶ 트라야누스 분수 Trianus Çeşmesi (Trianus Fountain)

기원전 104년경에 지은 20X10m 크기의 분수로 로마 황제 트라야누스 동상이 건물 중앙에 세워져 있었다. 분수의 주변은 디오니소스, 사티로스, 아프로디테와 황제의 가족 동상이 세워져 있었는데 에페스 고고학 박물관에 전시되어 있다.

❷ 하드리아누스 신전 Hadrianus Tapınağı (Temple of Hadrian)

❸ 스콜라스티카 목욕탕
Skolastika Hamamı (Scholastica Baths)

스콜라스티카 동상

하드리아누스 신전 뒤쪽에 있어 목욕탕 입구는 계단을 올라가야 한다.

 1세기에 지은 목욕탕으로 4세기에 스콜라스티카라는 부유한 여성의 후원으로 복원되었다. 동쪽 입구에 머리가 없는 그녀의 동상을 볼 수 있다. 3층 건물이었으나 무너져 2층이 되었고, 1층에는 10개의 탈의실과 차가운 방, 따뜻한 방, 뜨거운 방이 있고, 2층은 마사지와 스크럽 장소로 사용됐다. 고대의 목욕탕은 목욕의 기능뿐만 아니라 사교와 토론, 회의의 장소였다.

④ 화장실 Rimska Latrina (Latrines)

중앙의 풀장

공공 화장실.
스펀지로 엉덩이를 닦았다.

스콜라스티카 목욕탕의 일부로 같은 시기에 지어졌다. 도시의 공공 화장실로 유료였다. 화장실 아래로는 배수 시설이 있고 물을 흐르게 했는데, 목욕탕에서 쓴 물을 재활용했다. 나무 막대기에 묶은 공용 스펀지로 엉덩이를 닦았다고 한다. 화장실 중앙에는 대리석 기둥이 있는 구조물이 있는데, 물이 채워진 수조로 나무 천장으로 덮여 있었다.

⑤ 테라스 하우스 Yamaç Evler (Terrace Houses)

테라스 하우스 1구역. 경사면에 지어졌다.

화려한 모자이크

테라스 하우스 2구역 내부

추가 요금을 내고 들어가는 테라스 2구역

귀족들의 고급 빌라 단지로 하드리아누스 신전 맞은편 경사면에 있다. 가장 오래된 건물은 기원전 1세기로 거슬러 올라가며 에페스 주민들이 7세기에 아야솔룩 언덕으로 이주하기 전까지 사용되었다. 이후 산사태로 묻힌 바람에 잘 보존되어 오늘날 당시의 부유층 생활을 엿볼 수 있다. 1층에는 거실과 식당이 있고, 2층에 침실과 객실이 있는데 공간들은 화려한 모자이크 바닥과 프레스코화로 꾸며져 있고, 욕실은 테라코타 파이프를 이용해 뜨거운 물과 차가운 물을 공급했으며 벽 안으로 파이프를 묻어 난방 시스템까지 갖춘 것을 볼 수 있다. 추가 요금을 내야 하는데, 관심이 없다면 테라스 하우스 2구역 건물로 가기 전에 테라스 하우스 1구역을 보는 것으로 대체할 수 있다. 물론 유료인 테라스 하우스 2구역 내부가 더 화려하다.

요금 €15 (에페스 고고학 유적+테라스 하우스 통합권 €52)

⑥ 옥타곤 Octagon

카이사르는 클레오파트라 7세 여왕에게 맞섰다 로마 군대에 붙잡힌 아르시노 4세를 에페소의 신전에 머물도록 허락했다. 아르시노 4세는 클레오파트라의 막내 여동생으로, 기원전 41년경 클레오파트라의 연인인 마르쿠스 안토니우스에 의해 처형당한다. 옥타곤은 오랫동안 아르시노 4세의 묘라고 여겨졌다. 그러나 2025년 오스트리아 비엔나대와 과학 아카데미 연구팀이 기존에 아르시노에 4세(사망 당시 15살 또는 16살)의 것으로 알려진 두개골을 정밀 분석한 결과, 소년의 유골이라고 밝혀 옥타곤이 누구의 묘인지는 조사가 더 이루어져야 한다.

하드리아누스의 문 Hadrianus Kapısı (Hadrian's Gate)

쿠레테스 거리와 대리석 길의 교차 지점의 문이다. 3층 구조로 이루어져 있으며 1층에 세 개의 입구가 있다. 켈수스 도서관의 존재감으로 지나치는지도 모르는 사람이 많으나 나무 그늘이 있어 사람들이 많이 모여 있다.

켈수스 도서관 Celsus Kütüphanesi (Library of Celsus)

이집트 알렉산드리아, 튀르키예 페르가몬과 함께 고대 3대 도서관 중 하나다. 1만 2천여의 장서를 소장했다. 로마 제국에서 아시아의 총독을 역임한 티베리우스 율리우스 켈수스 폴레마에아누스 Tiberius Julius Celsus Polemaeanus가 2세기에 건설했다. 그는 아들에 의해 도서관 지하실 석관에 묻혔다. 도서관은 262

년 고트족의 침입으로 불타 4세기 재건되었으나 10세기에 지진으로 무너져 버리고 만다. 오늘날의 모습은 오스트리아 고고학 연구소에서 복원한 것이다. 2층 구조로 2개의 기둥이 8쌍으로 배치되어 있고, 중앙의 기둥은 다른 기둥보다 짧게 해 착시 효과로 도서관을 더 크게 보이게 한다. 4개의 여성 동상이 세워져 있는데 각각 지혜Sophia, 미덕Arete, 지성Ennoia, 지식Episteme을 뜻한다. 동상의 원본은 빈의 에페스 고고학 박물관에서 볼 수 있다.

쾌락의 집 Genelev (Brothel)

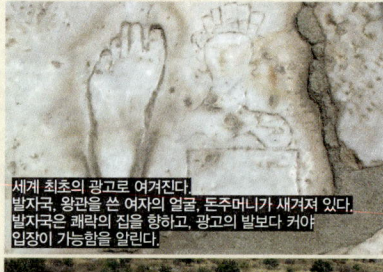

세계 최초의 광고로 여겨진다. 발자국, 왕관을 쓴 여자의 얼굴, 돈주머니가 새겨져 있다. 발자국은 쾌락의 집을 향하고, 광고의 발보다 커야 입장이 가능함을 알린다.

대리석 길의 모퉁이에 있는 집에서 거대 남근을 가진 프리아포스Priapus 동상을 발견해 성매매 장소로 추정하고 있다. 프리아포스는 그리스 신화의 가축, 정원, 남근의 수호신이며 생식과 풍요를 관장하는 신이다.

마제우스의 문 Mazeus kapısı (Gate of Mazeus)

켈수스 도서관을 바라보고 오른쪽에 있는 문으로 상업 아고라와 연결된다. 문은 40년 노예 마제우스와 미트리다테스가 그들에게 자유를 준 황제 아우구스투스를 기리며 지었다.

상업 아고라 Aşağı Agora (Commercial Agora)

 에페스에서 가장 중요한 상업의 중심지로 최초의 건물은 기원전 3세기에 지어졌다가 1세기에 현재의 모습을 갖게 됐다. 시장은 112m인 정사각형 모양으로 사방이 2층의 스토아로 둘러싸여 있었다. 상업 아고라에는 3개의 문이 있는데 하나는 극장 앞, 다른 하나는 서쪽의 항구, 나머지는 켈수스 도서관으로 나 있다. 아고라의 중심에는 해시계와 물시계가 있어 시간을 볼 수 있었다.

세라피스 신전 Serapis Tapınağı (Temple of Serapis)

 이집트의 신 세라피스를 모시는 신전으로 이집트 상인들이 2세기에 지었다. 상업 아고라 서쪽 문 근처에 있다. 고대 이집트는 대표적인 밀 생산지로, 에페스 등의 도시에서 상품을 교환했다. 에페스 고고학 박물관에 에페스의 여신 아르테미스와 이집트의 신 세라피스가 평화의 상징으로 화환과 함께 있는 기념비가 전시되어 있다. 신전에는 이후에 지어진 예배당이 남아 있다.

에페스 체험 박물관 Efes Deneyim Müzesi (Ephesus Experience Museum)

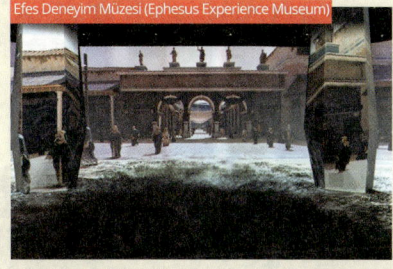

 2023년에 문을 연 실감형 박물관으로 아르테미스 신전의 건설, 에페스가 어떻게 만들어졌는지, 항구에서 에페스로 들어오는 고대인이 되어 당시 도시의 모습과 분위기를 체험할 수 있다. 한국어 오디오 가이드가 무료로 제공되며 에어컨과 화장실이 있어 쉬어가기에도 좋다.

주소 Efes Antik Kenti, Antik Tiyatro Karşısı, Atatürk, 35920
위치 에페스 극장에서 180m
운영 08:30~17:30
요금 * 외국인 관광객 무료 입장
홈피 www.demmuseums.com

에페스 극장 Efes Tiyatro (Ephesus Theatre)

 에페스 고고학 유적지에서 가장 큰 건물로 파나이르 Panayir 언덕의 경사에 있다. 언덕의 경사면을 활용해 극장을 짓는 것은 헬레니즘 시대의 특징이기도 하다. 알렉산드로스 대왕의 사망 후 리시마쿠스 Lysimachus (재위 기원전 306~281년)가 현재의 에페스에 새로운 도시를 만들 때 지었고, 로마 시대인 41~117년에 확장되었다. 아나톨리아에서 가장 큰 규모로 25,000명을 수용할 수 있는 규모다. 무대는 3층으로 18m 높이로 동상과 각종 조각으로 장식되어 있었다. 초기에는 극장이나 회의장으로 사용되다 후에는 검투사들의 경기가 열렸다. 사도 바울로가 에페스에서 우상을 숭배하지 말라 설교하다 아르테미스 신전 기념품을 판매하던 은 장인들과 시민들이 난동을 일으키는 사건이 있기도 했다.

김나지움Gymnasium 주변

마일스톤, 거리를 나타내는 돌

에페스 극장 바로 맞은편의 구역으로 지금은 과거의 모습을 알아볼 수 없다. 극장 맞은편에는 극장 김나지움Tiyatro Gimnazyumu(Theatre Gymnasium)이, 그 뒤로는 고대 그리스의 레슬링 학교 또는 연습장인 베루라누스 팔라이스트라Palaestra of Verulanus가, 그 뒤로는 항구 김나지움Liman Gimnazyumu(Harbour Gymnasium)이 있고, 항구 김나지움은 항구 목욕탕과 이어진다. 아르카디아네 대로의 북쪽으로 지금은 수풀만 무성하다.

QR 김나지움

아르카디아네 Mazeus kapısı (Arcadiane)

극장에서 바라본 아르카디아네

고대 항구에서 에페스 극장으로 이어지는 530m의 직선 길이다. 헬레니즘 시대에 지어졌는데, 아르카디우스 황제(395~408) 때에 복원되어 현재의 이름이 생겼다. 폭 11m인 대리석 바닥에 양쪽에 대리석 기둥이 있고, 상점들이 늘어서 있고 밤에는 불이 켜졌다. 아치 형태의 문도 있었는데 꼭대기에는 기독교 사도의 동상이 세워져 있었다. 항구로 들어온 사람들은 왼쪽 항구 목욕탕을 가장 먼저 만난다. 항구 목욕탕Liman Hamamı(Harbour Baths)은 콘스탄티누스 2세(337~361) 때에 복원되어 콘스탄티누스의 목욕탕이라고 부른다. 폭 160m, 길이 170m, 높이 28m로 에페스 고고학 유적지에서 큰 건물 중 하나였다.

❶ 아르카디아네 ❷ 항구 목욕탕

---

more & more 사도 바울로 Paulus the Apostle

히브리어로 사울שאול('요청받은 자'라는 뜻), 고대 그리스어로 파울로스Παῦλος, 라틴어로 파울루스Paulus, 영어로는 Paul, 천주교에서는 바오로, 개신교에서는 바울, 동방정교회에서는 바울로라고 한다. 서기 5년경 로마 제국의 타르수스Tarsus(현 튀르키예 메르신주)에서 태어난 유대인으로 기독교인들을 미워하고 박해하는 자였다. 기독교인들을 죽이러 다마스쿠스로 가던 길에 예수님의 모습과 음성을 듣고 기독교인이 된다. 누구보다 앞장서 기독교를 전하기 위해 로마 제국의 주요 도시를 돌아다녔는데, 여러 번 죽을 위기에 처하기도 했다. 에페스의 극장에서의 일도 그렇다. 바울로가 귀신을 믿지 말라며 아르테미스 신전 앞에서 설교하고 여신 동상을 사지 말라 한 것이다. 은으로 아르테미스 여신을 만들어 판매해 오던 은 장인 공방 직원들이 모여 "우리의 아르테미스 여신을 모욕한다"며 바울로를 찾으며 항의하는 일이 발생한다. 주변의 시민들까지 흥분해 바울로의 제자들을 연행해 극장으로 데리고 갔다. 바울로가 가게 되면 맞아 죽을 분위기가 되자 주변에서는 그를 못 가게 했고, 에페스 의원들이 극장에 모인 사람들을 상대로 이러다 로마 제국에서 소요죄를 물을 수 있다는 논리적인 설득으로 마음을 가라앉혀 해산하게 했다. 바울로는 이후 로마로 갔는데 64년 로마 대화재로 잿더미가 되자 네로 황제는 이를 기독교인들의 짓으로 몰아 박해했고, 그때 잡혀 65~67년 참수당하고 만다.

에페소 항구 Efes Limanı (Port of Ephesus)

 지금은 에페스가 항구 도시였나 싶을 정도로 해안에서 6km나 떨어진 내륙이지만, 과거에는 배를 타고 들어오는 항구 무역도시였다. 강의 범람으로 퇴적물이 쌓여 항구가 늪지로 변해 무역항으로의 빛을 잃고, 늪지에 모기가 많아져 말라리아가 창궐하고 지진이 일어났다. 사람들은 7세기부터 점차 에페스를 떠나기 시작했는데 지금의 셀축 시내로 이주했다. 15세기에는 남아 있는 인구마저 에페스를 떠나 스칼라 누오바 Scala Nuova로 이동했는데, 스칼라 누오바는 새로운 항구라는 뜻으로 지금의 쿠샤다스다.

성모 마리아 교회 Meryem Kilisesi (Church of Virgin Mary)

 2세기 뮤즈의 전당이 있던 자리로 교육과 문화 센터 기능을 했다. 기독교가 로마의 공식 종교가 된 이후 개조되어 성모 마리아에게 헌정된 최초의 교회가 됐다. 길이 260m로 규모가 컸다. 431년과 449년 공의회가 이곳에서 열렸는데 200명의 주교가 참석했다. 논의된 내용은 예수 그리스도의 신성과 성모 마리아가 인간인가 하나님의 어머니인가, 라는 주제였다. 그리스도는 하나님과 사람으로서의 이중적 본성을 가지고 있고, 마리아는 신을 낳은 테오토코스 Theotokos라고 결론 지었다. 공의회는 기독교에서 성직자들과 신학자들이 한자리에 모여 교리, 의식 등에 대한 문제를 논의하는 회의다.

올림피에이온 Olympieion

 130년경 하드리아누스 황제가 지은 제우스 신전이다. 코린트식 기둥이 74개로 둘러싸여 있었다. 3세기에 버려져 지금은 거의 흔적만 남아 있다.

스타디움 Stadion (Stadium)

 1세기 네로 황제 때 만들어진 U자형 경기장으로 북쪽 입구 바깥에 있다. 3, 4세기에는 스포츠 활동뿐만 아니라, 검투사와 야생동물과의 싸움이 벌어졌고, 기독교인을 사자 밥으로 던져주었던 박해의 장소이기도 했다. 지금은 좌석이 있던 자리의 형태를 알아볼 수 없는데 다른 건물의 복원이나 성 요한 대성당 건설에 재활용했다. 철망이 쳐져 들어가 볼 수 없다.

★★ 아르테미스 신전 Artemis Tapınağı (Temple of Artemis)

주소	Atatürk, Park İçi Yolu No:12, 35920
위치	돌무쉬 터미널에서 800m
운영	08:00~19:00
요금	무료
홈피	www.selcuk.bel.tr/artemis-tapinagi

아르테미스 신전은 한 자리에 세 번에 걸쳐 지어졌다. 첫 번째 신전은 기원전 7세기에 홍수로 파괴됐다. 두 번째 신전은 기원전 550년 무렵에 지었는데 기원전 356년, 헤로스트라토스Herostratos라는 방화범에 의해 불타버린다. 이때 아르테미스 여신이 알렉산드로 대왕의 탄생을 도우러 가서(기원전 356년에 태어났다) 자신의 신전이 불타는 것을 막지 못했다는 말도 전해진다. 마지막 신전은 기원전 323년에 짓기 시작했다. 이때 알렉산드로 대왕이 지어 주겠다고 제안했는데, 에페스 시민들이 '신(알렉산드로스)이 신의 집을 지을 수 없다'고 거절했다고 한다. 발굴 결과, 계단이 있는 2.7m의 기단 위에 길이 137m, 넓이 69m, 높이 18.4m에 127개의 기둥이 있는 거대한 신전이었을 것이라고 한다. '고대 7대 불가사의'에 손꼽을 만큼 웅장한 건물로 많은 관광객과 신도들이 신전을 찾았다. 그러나, 에페스가 기독교화되며 5세기 초에 폐쇄되었거나 파괴되었으며, 버려진 신전은 콘스탄티노플의 아야소피아와 같은 다른 건물을 짓는 데 쓰였다.

아르테미스 신전

흔적만 남은 아르테미스 신전 뒤로 이사 베이 모스크, 성 요한 대성당, 아야술룩 성이 보인다.

에페스 고고학 박물관 Efes Arkeoloji Müzesi (Efes Museum)

8,500년의 역사를 품은 에페스의 유적지에서 발견된 유물을 전시한 박물관이다. 고고학 유적지를 먼저 보고 박물관에 오면 장소들이 매칭되며 더 이해하기가 쉽다. 고대 시대의 동전부터 아르테미스 신전의 유물, 에페스 고대 도시의 중요한 신과 황제, 철학자의 동상, 아야술룩 언덕의 발굴 과정에서 나온 유물 등이 주요 소장품이다. 그 중 박물관의 하이라이트는 아르테미스 여신인데, 선사 시대부터 아나톨리아의 어머니 여신인 키벨레Kybele와 통합되어 표현된다. 귀걸이와 목걸이를 하고 결실과 다산의 상징인 여러 개의 가슴을 가지고 있다. 허리에는 장미꽃과 꿀벌 문양의 허리띠를 차고 있으니 자세히 살펴보자.

주소	Atatürk, Uğur Mumcu Sevgi Yolu No: 26, 35920
위치	돌무쉬 터미널에서 500m
전화	(232) 892 60 10
운영	4~10월 08:00~18:30, 11~3월 08:30~17:30
요금	€10
홈피	muze.gov.tr/muze-detay?SectionId=EFM01&DistId=EFM

more & more 고대 7대 불가사의

당시 인간이 만들었다고 하기에는 놀랍다고 생각하는 건축물의 리스트로 고대 그리스인들이 뽑았다. 그리스인들의 관점에서의 세계였기에 아시아의 만리장성이나 타지마할과 같은 건축물은 해당하지 않는다. 고대 7대 불가사의 건축은 이집트의 대피라미드와 알렉산드리아의 등대, 이라크 바빌론의 공중 정원, 그리스 올림피아의 제우스 상과 로도스의 거상, 그리고 튀르키예에는 할리카르나소스(현 보드룸)의 마우솔로스Mausolus 영묘와 에페스의 아르테미스 신전이다. 이 중 현재에 남아 있는 유적은 이집트의 대피라미드뿐이다.

★★★ 성 요한 대성당 & 아야술룩 성 Aziz Yohannes Bazilikası ve Ayasuluk Kalesi
(Basilica of Saint John & Ayasuluk Castle)

아야술룩 언덕에는 아야술룩 성과 성 요한 대성당이 있다. 에페스는 오랫동안 그리스의 식민도시로 시작됐다고 여겨졌는데, 1990년 아야술룩 언덕의 발굴로 기원전 7천 년 전인 신석기 시대부터 인류가 살았고, 기원전 2000년경에는 히타이트 시대 아르자와-미라 왕국의 수도였다는 것이 밝혀졌다. 리디아의 왕 크로수스가 아르테미스 신전 주변으로 이전하며 중심에서 멀어졌다가 7세기에 에페스의 쇠퇴로 다시 아야술룩 주변으로 돌아오게 된다. 1304년 셀주크인들이 정복 후 아야술룩 성을 지었는데, 성안에는 모스크와 궁전, 목욕탕 등이 있으며 5세기에 만든 대성당 유적도 남아 있다. 현재 발굴 중이라 들어갈 수 없다. 성 요한 대성당은 6세기에 비잔틴 제국의 황제 유스티니아누스 1세와 아내 테오도라가 지은 것으로 성 요한의 무덤 위에 세워졌다. 그 이전에는 영묘와 목조 지붕을 덮은 대성당이 있었는데 지진으로 무너져 버렸다. 6개의 돔을 12개의 기둥이 받치고 있는 당시 큰 건축물 중 하나였다. 비잔틴 제국 시대에 중요한 도시이자 순례지였다.

주소 İsa Bey Mahallesi, St.Jean sok. No:4, 35920
위치 돌무쉬 터미널에서 650m
전화 (232) 892 60 10
운영 4~10월 08:00~18:00, 11~3월 08:30~16:30
요금 €6
홈피 muze.gov.tr/muze-detay?sectionId=STJ01&distId=STJ

아야술룩 성 / 성 요한 대성당

more & more 사도 요한 John the Apostle (6~100년경)

갈릴리 호수 인근의 어촌 마을 유대인 가정에서 태어나 형제인 야고보와 함께 어부로 살았다. 형인 야고보가 먼저 예수의 부름을 받고 제자가 되고, 요한도 후에 따르게 된다. 요한이라는 이름의 뜻은 '주님께서는 은혜로우시다'로 예수의 열두 제자 가운데 한 사람으로 가장 어렸다. 예수가 십자가에 매달려 죽기 직전, 마리아와 요한을 보고 먼저 마리아에게 "어머니, 이 사람이 어머니의 아들입니다" 하고, 요한에게 "이분이 너의 어머니이시다" 하고 말하며 요한에게 자신의 어머니를 부탁했다. 이때부터 요한은 마리아가 임종할 때까지 모시고 섬겼다. 예수의 사망 후 37~38년에 기독교의 박해를 피해 마리아를 소아시아 에페스로 모셔와 돌아가시기 전까지 함께 살았다. 로마 황제 도미티아누스의 기독교 박해로 파트모스 Patmos 섬으로 추방당했다가 95년에 에페스로 돌아와 『요한복음』(혼자 썼는지는 논란이 있다), 『요한계시록』, 『요한서신』을 썼다. 예수의 열두 제자 중 유일하게 순교하지 않은 제자다. 100세 무렵의 나이로 죽었고, 유언에 따라 아야술룩 언덕에 묻혔다. 로마 가톨릭에서의 축일은 12월 27일이며, 동방정교회에서의 축일은 5월 8일이다.

★★★ 성모 마리아의 집 Meryem Ana Evi (House of Virgin Mary)

예수가 죽은 지 4~6년 후(기원후 37~38년경), 성 요한이 성모 마리아를 에페스로 모시고 온다. 뷜뷜Bülbül(나이팅게일)산에 돌집을 짓고 성모 마리아가 돌아가시기 전까지 함께 살았다. 이후 오랜 시간이 지나 잊혔는데, 1878년 독일 수녀 A. 카타린 에메리히Catherine Emmerich가 성모 마리아가 꿈에 나타나 들려준 이야기를 담은 『성모 마리아의 생애』라는 책을 발간한다. 1891년 책을 본 나사렛 신부가 탐사대를 조직해 뷜뷜산에서 현재의 집을 발견했다. 독일 수녀는 자신의 마을을 한 번도 떠난 적이 없는데 장소와 집의 형태를 정확히 묘사했다고 한다. 1951년 교황 요한 23세는 이곳을 성지로 공식 선포했다. 성수를 담아가는 사람도 있고, 소원지를 써서 매다는 벽이 있다. 평일은 아침 07:15, 일요일과 축일에는 10:30에 미사가 열리고, 성모 승천일인 8월 15일에는 대규모 미사가 진행된다.

주소 Atatürk Mahallesi, Meryemana Mevkii, Küme Evler, 35920
위치 돌무쉬 터미널에서 9km, 돌무쉬 터미널이나 에페스 북문과 남문에서 택시로 갈 수 있다. 택시 기사는 성모 마리아의 집에서 30분, 돌아오는 길에 성모 마리아상에 잠깐 주차하고, 남문 주차장까지 포함한 금액을 제시한다.
전화 (232) 894 10 14
운영 08:00~18:00
요금 1,200TL(렌터카나 택시를 타고 왔다면 주차비 180TL 추가)
홈피 www.hzmeryemanaevi.com

★★☆ 이사 베이 모스크 İsa Bey Camii (Isa Bey Mosque)

1375년 아이드놀루 이사 베이Aydınoğlu Isa Bey의 지원으로 다마스커스의 건축가 알리Ali가 지은 모스크다. 모스크를 지을 때, 에페스의 돌과 아르테미스 신전의 기둥을 사용했다. 16세기 중반에 발생한 지진으로 파괴되어 첨탑이 부서져 있다. 19세에는 상인들이 묵는 카라반사라이Caravanserai로 사용됐다. 현재는 복원 중이라 들어갈 수 없다.

주소 İsa Bey, 2040. Sk. no:2, 35920
위치 돌무쉬 터미널에서 800m
운영 09:30~22:00
요금 무료

아이드놀루 이사 베이

셀축의 식당

셀축은 에페스 고고학 유적만으로도 강렬한 인상을 남기지만, 레스토랑도 인상적이다. 이스탄불에 비해 가격도 저렴하고, 음식 맛도 있어 며칠 더 머물고 싶은 생각이 든다. 셀축에는 촙쉬쉬Çöp Şiş 케밥이 유명한데, 한국의 꼬치구이와 비슷하다.

쉬쉬치 야사른 예리
Şişçi Yaşar'ın Yeri

셀축에 왔다면 촙쉬쉬 케밥을 맛봐야 한다. 얇은 나무 꼬치에 작은 조각의 양고기를 꽂아 양념을 뿌려 숯불에 구운 것이다. 전문점은 중에는 쉬쉬치 야사른 예리가 가장 맛있다. 로터리 근처에 페텍 촙쉬쉬Petek Çöp Şiş도 유명한데, 고기가 조금 질기다. 샌드위치 또는 꼬치구이와 피타 빵으로 주문할 수 있다. 양은 많지 않아 맛보기 스낵으로 생각하자. 고기를 부드럽게 적당히 잘 구워낸다.

주소 Atatürk, Atatürk Cd. no 107, 35920
위치 돌무쉬 터미널에서 300m
운영 10:00~22:00
요금 €

프나르 피데 & 촙쉬쉬
Pınar Pide & Çöp Şiş

빵 반죽을 직접 만들고 화덕에서 따끈따끈하게 구워내는 피데가 맛있는 식당이다. 가격도 이스탄불과 비교하면 말도 안 되게 저렴하다. 고기와 치즈를 좋아한다면 쾨프테에 치즈를 얹어 나오는 키레미테 카샤를 쾨프테Kiremitte Kaşarlı Köfte를 추천한다.

주소 1, Atatürk, Siegburg Cd., 35920
위치 돌무쉬 터미널에서 300m
운영 09:00~23:00
요금 €
전화 (232) 892 99 13

에즈데르 레스토랑
Ejder Restaurant

셀축에서 한국인들에게 가장 인기 있는 레스토랑으로 양갈비구이, 닭고기구이, 아다나 케밥 등 모든 메뉴가 인기다. 밥과 샐러드, 감자튀김까지 나와 외국인 여행자들을 만족시킨다. 여름철이라면 시원한 에페스 맥주와 함께하자.

주소 Atatürk, Cengiz Topel Cd. 9 E, 35920
위치 돌무쉬 터미널에서 300m
운영 11:30~23:30   요금 €€
전화 542 892 32 96

셀축 발륵 피쉬리지시
Selçuk Balık Pişiricisi

셀축의 생선요리 전문점으로 도미, 숭어, 농어, 오징어 등의 구이나 튀김 등을 주문할 수 있다. 튀르키예의 향신료가 적응하기 힘들다면 생선만 한 게 없다. 새우 요리는 한국인 입맛에 잘 맞는다.

주소 Atatürk, Şahabettin Dede Blv 6/D, 35920
위치 돌무쉬 터미널에서 140m
운영 11:00~21:30
요금 €€
전화 (232) 892 12 12

아르테미스 코코레치
Artemis Kokoreç

셀축의 곱창구이와 쾨프테, 촙쉬쉬, 되네르 케밥 등을 파는 작은 가게로 기차역 근처에 있다. 곱창 샌드위치와 접시 가득 담아 향신료를 뿌려주는 곱창을 맛볼 수 있다. 곱창을 좋아하는 사람이라면 들러보자.

주소 Atatürk, 1010. Sk., 35920
위치 돌무쉬 터미널에서 140m
운영 월 12:00~24:30, 화~토 11:00~24:30, 일 13:00~23:00
요금 €€
전화 (553) 164 96 00

가지안테프 초르바즈스
Gaziantep Çorbacısı

수프 전문점으로 한국인 입맛에 맞는 베이란을 판다. 빵이나 밥과 함께 먹으면 한국 음식 향수에서 조금은 벗어날 수 있다. 간판은 수프이지만 다양한 케밥과 피데도 맛볼 수 있다.

주소 İsabey, Atatürk Cd. 95/A, 35920
위치 돌무쉬 터미널에서 400m
운영 24시간
요금 €
전화 (232) 892 84 45

페랄르 카페 Ferahlı Cafe

셀축 지방자치단체에서 운영하는 카페로 가격이 저렴하다. 커피와 차이, 디저트와 스낵, 맥주까지 판다. 한국과 마찬가지로 주문한 후 픽업대에서 음식을 가져오는 시스템이다. 공원과 실내, 원하는 곳에서 맥주를 마실 수 있어 늦은 밤까지 사람이 많다. 자정까지 운영하고 휴대폰 충전도 할 수 있어 야간 버스를 기다리는 사람에게 좋은 장소다.

주소 Atatürk, Atatürk Cd. No:168, 35920
위치 돌무쉬 터미널에서 100m
운영 09:00~24:00   요금 €

셀축의 한식당
에베소 빌라 한국 식당 Efes Villa Korean Restaurant

주소 Atatürk Mah. Dr. No:7, Atatürk, Dr. Sabri Yayla Blv. No:7, 35920
위치 돌무쉬 터미널에서 1.7km
운영 09:00~18:00
요금 €€€
전화 (232) 892 93 20

셀축의 쇼핑

셀축은 작은 마을이지만, 다른 도시에 비해 밀리지 않는 쇼핑 거리를 자랑한다. 에페스 고고학 유적과 관련한 기념품이 가장 많고, 다음으로는 쉬린제 마을의 와인과 핸드메이드 제품이다. 토요일에 셀축에 머문다면 토요 시장Saterday Market을 둘러보는 것도 잊지 말자. 신선한 과일과 채소를 저렴하게 살 수 있다.

술탄 주얼리 & 파인 핸드메이드 세라믹 아트
Sultan Jewellery & Fine Handmade Ceramic Art

셀축에서 가장 다양한 엔티크 제품과 카펫, 주얼리 제품을 판매하는 상점이다. 여성들에게는 오스만 보석, 줄타나이트가 인기인데, 빛에 따라 보이는 색깔이 달라지는 것이 특징이다. 작은 펜던트부터 과감한 디자인까지 다양한 상품을 만나볼 수 있다.

주소 Atatürk, Cengiz Topel Cd. No:28, 35920
위치 돌무쉬 터미널에서 290m
운영 월~토 08:30~22:00, 일 08:00~23:00
요금 €€€
전화 (242) 320 03 00

에페스 농장 유제품 Efes Çiftliği Gıda Süt ve Süt Ürünleri

유제품과 요거트, 치즈, 올리브, 디저트 등을 판매하는 상점이다. 셀축에서 카이막을 맛보고 싶다면 이곳을 이용해 보자. 카이막 구매 시 꿀Bal을 달라고 하면 카이막 위에 뿌려 준다.

주소 Atatürk, Tahsin Başaran Cd. No:17, 35920
위치 돌무쉬 터미널에서 95m
운영 07:00~20:00
요금 €€
전화 (232) 892 10 72

셀축의 숙소

셀축은 다양한 가격대의 숙소가 많고, 시설도 나쁘지 않은 편이다. 셀축의 버스터미널이 북쪽 1.4km로 이전했지만, 몇몇 지역의 버스들은 여전히 돌무쉬 터미널에서 출발하고 에페스 고고학 유적이나 쉬린제 마을을 갈 때도 이곳을 이용한다. 돌무쉬 터미널과 기차역 사이에 숙소를 정하면 편리하다.

① 에페스 센트룸 Ephesus Centrum
- 주소: Atatürk, 1016. Sk. no :19 no :19, 35920
- 위치: 돌무쉬 터미널에서 210m
- 요금: €€
- 전화: 530 421 36 69
- 홈피: ephesus-centrum.hmshotel.net

② 우르크메즈 호텔 Urkmez Hotel
- 주소: Atatürk, Namık Kemal Cd. No:20, 35920
- 위치: 돌무쉬 터미널에서 300m
- 요금: €€
- 전화: 532 685 43 04
- 홈피: www.urkmezhotel.com

③ 호스텔 인 에페스 Hostel in Ephesus
- 주소: Atatürk, Siegburg Cd. No:9, 35920
- 위치: 돌무쉬 터미널에서 250m
- 요금: €
- 전화: 538 041 33 70

④ 에페스 호스텔 Ephesus Hostel
- 주소: Atatürk, 1045. Sk. no 34, 35920
- 위치: 돌무쉬 터미널에서 500m
- 요금: €
- 전화: 544 317 70 75
- 홈피: ephesushostel.com

⑤ 넘버 10 호텔 No 10 Hotel
- 주소: Atatürk Mahallesi Uğur Mumcu Sevgi Yolu Caddes No 10, 35920
- 위치: 돌무쉬 터미널에서 270m
- 요금: €€
- 전화: (232) 892 20 30
- 홈피: www.no10hotel.com

⑥ 니케아 호텔 Nicea Hotel
- 주소: 14, Atatürk, Uğur Mumcu Sevgi Yolu 14/b, 35920
- 위치: 돌무쉬 터미널에서 270m
- 요금: €€
- 전화: (232) 892 10 22
- 홈피: www.citydemirhotel.com

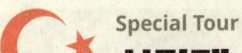

Special Tour
쉬린제 마을 데이 트립 Şirince Köyü Day Trip

① ② ③

고대 기록에 의하면 쉬린제는 '산 위의 에페스'라고 불렸다. 노예에서 해방된 시민들이 정착해 살기 시작했고 크르크즐르 Kırkıcılı라 불렀다. 1923년 튀르키예 공화국 독립 이후 튀르키예-그리스 인구 교환으로 그리스인들이 떠난 후 그리스에서 이주한 튀르키예인들이 이곳에 모여 살고 있다. 마을 이름이 튀르키예어로 '추한Çirkin'과 비슷해 '귀여운, 아름다운'의 의미를 지닌 쉬린제Şirince라는 새로운 이름으로 지었다.

마을 안에는 그리스인들이 남긴 **세례 요한 교회**Aziz John Baptist Kilisesi(St. John the Baptist Church)와 19세기에 지은 **성 디미트리우스 교회**Aziz Demetrius Kilisesi(Church of St. Demetrius)가 남아 있다. 교회보다 아름다운 건물도 있는데, 버스에서 내리면 초입에 있는 **돌로 만든 학교**Taş Mektep(Stone School)다. 1906년에 지어 1921 · 1922년에 그리스 학교로 사용됐다. 지금은 전시회 장소로 아르테미스 식당 & 와인하우스Şirince Artemis Restaurant & Wine House가 있으며 분위기와 전망이 좋다.

① 쉬린제 버스 타는 곳
② 성 디미트리우스 교회
③ 세례 요한 교회

돌무쉬 정류장

쉬린제의 특산물, 과일 와인

학교로 쓰였던 건물, 지금은 아르테미스 식당 & 와인하우스로 사용된다.

세례 요한 교회

세례 요한 교회

성 디미트리우스 교회

성 디미트리우스 교회, 나무 장식에 예수님과 성인들을 다채로운 색감으로 표현한 것이 인상적이다.

경사진 산에 아름다운 그리스식 석조 가옥이 좁은 골목길을 따라 이어진다. 마을 안에는 꽃이 흐드러지게 피고 지고, 과일이 주렁주렁 달린 풍요로운 풍경이 펼쳐진다. 포도, 복숭아 등을 재배해 와인을 만들고, 올리브로 절임이나 비누를 만들어 판매한다. 쉬린제만의 핸드메이드 기념품과 꿀과 잼도 빼놓을 수 없다. 유명한 관광지로 식당 물가는 비싸나 전망 좋은 곳이 많다. 전망 값이라 생각하자. 특별한 메뉴로는 이즈미르 지역 요리로, 속을 채운 호박꽃 요리 Kabak Çiçeği Dolma가 있다. 식당이 부담스럽다면 모래에서 끓인 튀르키예 커피 한 잔을 맛보며 풍경과 여유를 즐기는 것도 좋다.

주소 Şirince, Şehit Yüksel Özülkü Caddesi Eski Okul Binası No:7, 35920
가는 방법 돌무쉬 터미널에서 Şirince라고 쓰인 돌무쉬로 20분(50TL)

석류 나무

튀르키예 커피를 맛보기 좋다.

2 온천 고대 도시, 히에라폴리스
파묵칼레
Pamukkale

신의 손길로 빚어낸 듯한 새하얀 테라스가 계단으로 이어지고, 그 위로 온천이 흘러 곳곳에 천연 수영장이 만들어져 있다. 셀주크인들은 그 모습이 마치 목화Pamuk(파묵)로 만든 성Kale(칼레) 같다고 해 파묵칼레라고 부르게 됐다. 하얀 언덕은 온천수의 칼슘이 공기와의 접촉으로 탄산칼슘이 되어 오랜 시간 퇴적해 단단하게 굳은 것이다. 자연의 모습도 신비롭지만, 그 위에 2천 년 전에 만들어진 고대 도시가 있다. 온천수의 치유 효과로 로마 시대에는 매년 2만 명의 사람들이 방문하는 도시로 성장했다. 잦은 지진으로 무너진 뒤 도시가 버려져 과거의 모습을 그대로 간직하고 있지는 않지만, 헬레니즘, 로마, 비잔틴, 셀주크 시대의 건축들이 자연의 신비로운 풍경과 어우러져 1988년 유네스코 세계문화유산 및 자연유산에 등재되었다. 온천 수량이 점점 줄어들어 물을 최소한으로 흐르게 하고 있어 예전처럼 온천수로 가득 찼던 아름다운 경관을 보기가 어렵다.

데니즐리 시 denizli.ktb.gov.tr 데니즐리 관광청 denizli.goturkiye.com

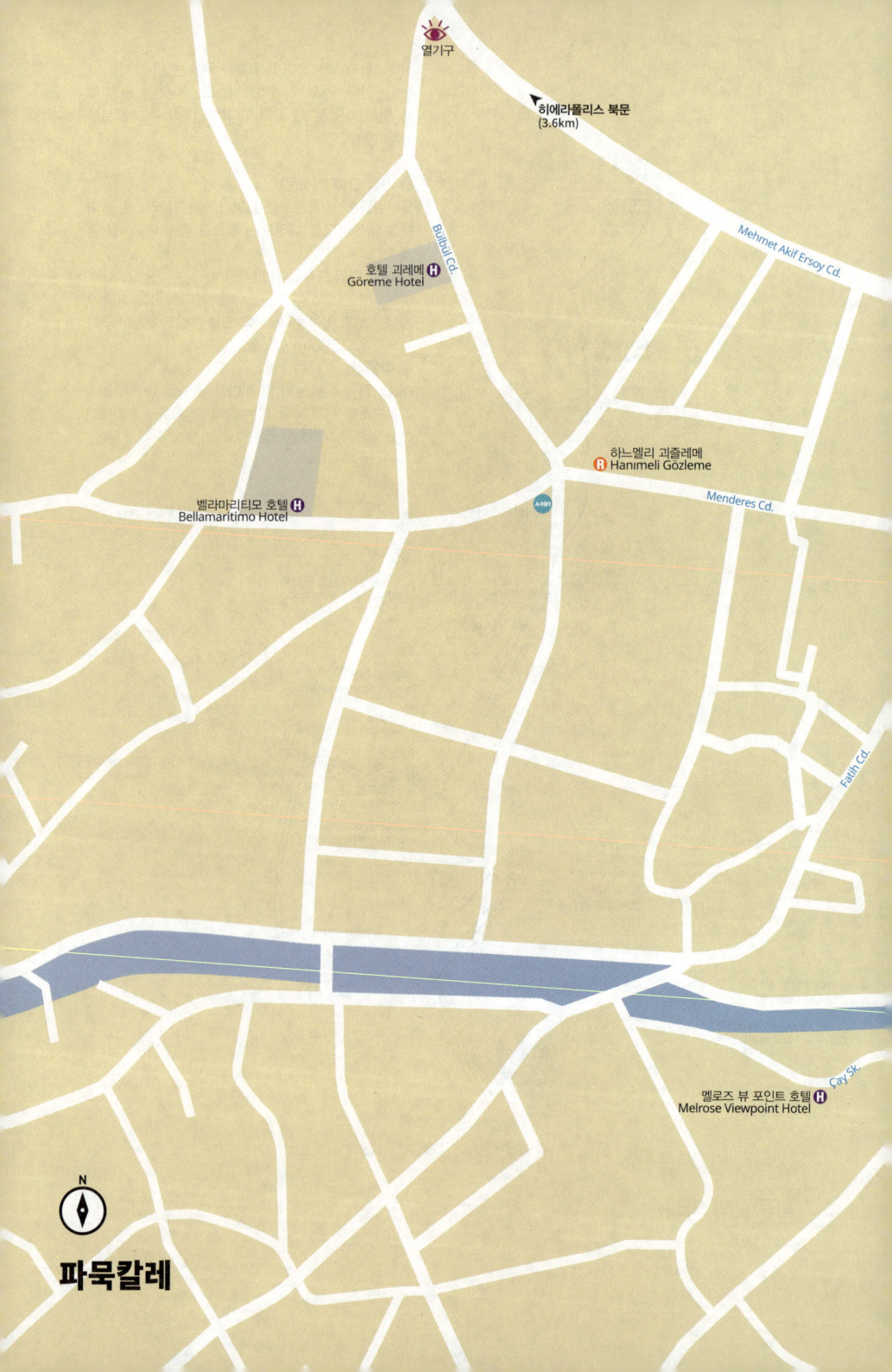

파묵칼레 들어가기

파묵칼레는 작은 마을로, 대중교통을 이용해 갈 경우, 먼저 데니즐리Denizli로 가서 돌무쉬를 타고 들어가야 한다. 데니즐리로는 항공과 버스, 기차로 갈 수 있다. 보통 버스를 많이 이용하는데 이스탄불에서 야간버스, 주변 도시와는 페티예, 안탈리아, 셀축으로의 연결이 좋다.

비행기

파묵칼레로 가는 가장 효율적이고 빠른 방법이나 다른 도시의 공항에 비해 중심가와 떨어져 있다. 이스탄불 공항에서 터키항공, 사비하 괵첸 공항에서 페가수스항공, 에이젯AJet으로 1시간 10분이 걸린다.

데니즐리 차르닥 공항
Denizli Çardak Havalimanı (Denizli Airport)

데니즐리 시내에서 63km, 파묵칼레에서 68km 떨어진 작은 공항이다. ATM, 환전, 렌터카, 카페와 스낵을 파는 작은 식당이 있다.

주소 Cumhuriyet, 15 Temmuz Demokrasi Şehitleri Bulvarı No: 9, 01170 Çardak
전화 (258) 846 11 39
홈피 www.dhmi.gov.tr/Sayfalar/Havalimani/Cardak/AnaSayfa.aspx

※ 데니즐리 공항에서 시내 들어가기

공항버스와 택시가 있다. 하바울라심Havaulasim 회사에서 비행기 도착 시간에 맞춰 운행한다. 데니즐리 버스터미널로 가는 공항버스(170TL, 50분 소요, 카드 가능)와 파묵칼레로 곧바로 가는 미니버스(450TL, 1시간 소요, 카드 가능)가 있다. 미니버스는 사람이 다 차야 출발하고, 파묵칼레의 투숙하는 호텔 부근에 내려줘서 편리하다. 택시는 €40~50를 부른다. 파묵칼레에서 공항으로 갈 때 택시 요금은 €12 정도다.

버스

튀르키예의 주요 도시에서 파묵칼레로 가는 관문인 데니즐리까지 연결한다. 이스탄불에서 갈 때는 야간버스를 이용하게 되는데 9시간 30분~12시간이 소요된다. 주변 도시에서는 셀축 2시간 30분~3시간, 안탈리아에서 3시간, 페티예와 이즈미르에서 3시간 30분, 앙카라에서 6시간 정도가 걸린다. 데니즐리 버스터미널에 내리면 돌무쉬를 이용해 파묵칼레로 들어갈 수 있다.

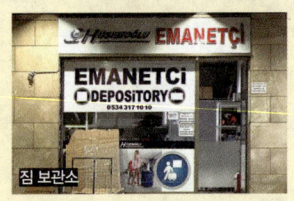
짐 보관소

데니즐리 버스터미널
Denizli Otogarı (Denizli Bus Terminal)

파묵칼레에서 17km 떨어진 큰 버스터미널이다. 식당, 카페, 유료 휴대폰 충전소와 지하 1층에 짐 보관소, 에마네트Emanet가 있어 파묵칼레를 당일치기로 여행할 때 유용하다. 짐 보관 요금은 현금만 가능하다.

주소 Sümer, İzmir Blv. No:32, 20020 Denizli
운영 24시간

※ 데니즐리 버스터미널에서 파묵칼레 들어가기

데니즐리 버스터미널 지하 1층의 76번 플랫폼에서 파묵칼레행 돌무쉬 Dolmuş를 타고 가면 된다. 돌무쉬 운전기사는 영어를 못하는데, 운전기사 자리 앞쪽에 요금이 쓰여 있으니 그걸 보고 내릴 때 내면 된다. 25~30분이 소요된다. 대중교통 운행이 끝난 시간에는 우버와 같은 앱을 사용하거나 택시를 이용해야 한다.

운영 06:00~21:00 (15~30분 간격)

파묵칼레행 돌무쉬

기차

튀르키예에서 기차를 탈 경우가 별로 없는데 '콘야-데니즐리-셀축-이즈미르' 구간이 있다. 특히, 데니즐리-셀축 구간을 추천한다. 소요시간은 3시간 30분으로 버스보다 30분~1시간 정도 더 걸리지만, 요금은 반값이다. 셀축 버스터미널이 2025년 기존의 터미널에서 1.5km 떨어진 곳으로 이전했는데, 셀축 기차역은 마을 중심가에 있어 이동이 편리하다.

데니즐리 기차역 Denizli Garı (Denizli Train Station)

주소 Sümer, Denizli Garı 40/2, 20050 Denizli Merkezefendi
운영 24시간

※ 데니즐리 기차역에서 파묵칼레 들어가기

기차역에서 나와 큰길 건너편이 데니즐리 버스터미널이다. 횡단보도를 건너 버스터미널 지하 1층 76번 플랫폼에서 파묵칼레행 돌무쉬 Dolmuş를 타면 된다.

시내교통 이용하기

파묵칼레 마을은 작아서 도보로 충분하다. 주 관광지인 히에라폴리스로 갈 때는 도보와 대중교통이 있다. 히에라폴리스는 문이 3개가 있는데 들어가고 싶은 입구에 따라 도보, 돌무쉬, 택시를 이용하게 된다. '마을 문'으로 올라갔다 같은 곳으로 나오면 도보로만 충분히 가능하다. '북문'으로 갈 경우에는 데니즐리에서 타고 왔던 돌무쉬를 타면 되는데 파묵칼레에서 타면 35TL, 데니즐리 버스터미널에서 곧바로 북문까지 간다면 40TL을 낸다. 파묵칼레 마을에서 '남문'으로 갈 경우에는 2.5km의 오르막이라 택시를 이용해야 하는데 흥정 스트레스가 있다. 보통 300TL 또는 €10 이상을 부른다.

돌무쉬 타는 곳.
파묵칼레의 중심이며 여행사가 몰려 있다.

> **Tip | 버스를 타고 온다면 사기 주의!**
>
> ❶ 파묵칼레는 튀르키예의 다른 도시들과는 달리 질 나쁜 사기 얘기가 끊임없이 들려오는 곳이다. 먼저 파묵칼레로 곧바로 들어가는 버스는 없다는 것을 기억하자. 그런데, 데니즐리 버스터미널에 도착하기 전, 누군가 타서 마치 데니즐리에 도착한 듯 "파묵칼레?" 하면서 내리라고 한다. 마치 서비스 차량인 것처럼 관광객들을 태우고 파묵칼레로 간다. 늦은 밤이면 커미션을 받는 호텔로 데려가 숙박을 시키고, 아침이나 낮일 때는 여행사로 데리고 가(버스회사 이름이 쓰여 있지만, 버스 대리점이 아니라 여행사다) 짐을 공짜로 보관해 주면서 호에라폴리스 입구까지 멀고 대중교통이 없고(돌무쉬로 갈 수 있는 북문과 도보로 가능한 마을 문도 있는데도 거짓말을 한다), 택시비는 비싸니 투어로 왕복 교통에, 입장료에, 식사를 포함한 일일 투어 상품을 비싸게 팔려고 시도하거나, 벌룬 투어와 패러글라이딩을 소개한다. 투어나 패러글라이딩을 좋은 가격에 흥정할 수 있는 능력이 있다면 나쁘지 않지만 대부분 바가지를 씌운다.
>
> ❷ 데니즐리 버스터미널이나 파묵칼레에서 다음 목적지는 어디냐고 물은 뒤, 목적지를 말하면 파묵칼레에서 데니즐리 버스터미널까지 세르비스를 포함해 버스표를 끊어주겠다고 한다. 나중에 보면 저렴한 완행버스를 비싸게 팔거나, 원하는 버스회사의 표를 웃돈을 받고 파는 경우다. 예약했다고 말하고, 버스터미널이나 오빌렛 Obilet 버스 앱을 통해 예약하자.

파묵칼레 Pamukkale

파묵칼레는 매년 200만 명의 관광객이 방문하는 중요한 관광지이지만, 마을은 작다. 돌무쉬가 내려주는 작은 광장이 마을의 중심지로 이 주변에 여행사와 식당이 몰려 있다. 여행사에서 벌룬 투어나 패러글라이딩을 예약할 수 있고, 예약하는 사람들을 위해 무료 짐 보관을 해준다. 마을 안에는 BIM, A101 슈퍼마켓 두 개가 있다. 현금을 찾을 수 있는 지랏 은행Ziraat Bankası과 벌룬 뷰 포인트는 지도를 참고하자.

To do list
1. 석회 온천 테라스에서 머드팩 하기
2. 히에라폴리스에서 일몰 보기
3. 1박 한다면 카라하웃 온천 호텔에서 온천 하기

파묵칼레의 관광명소

파묵칼레의 관광지는 히에라폴리스 고고학 유적이다. 여기에 벌룬 투어, 패러글라이딩을 하거나, 파묵칼레에서 15분 거리인 카라하읏Karahayıt 온천마을을 방문하거나 라오디케아 고고학 유적지, 카클륵 동굴 등을 돌아볼 수 있다. 히에라폴리스만 볼 경우 당일치기가 가능하다. 데니즐리 버스터미널에 아침에 도착해 짐을 맡기고 히에라폴리스를 돌아본 뒤 곧바로 다른 도시로 이동하기도 한다.

★★★
히에라폴리스 고고학 유적 Hierapolis Örenyeri (Hierapolis Archaeological Site)

기원전 2세기 페르가몬Pergamon의 왕 유메네스 2세Eumenes II가 건설한 도시로, 도시 이름은 페라가몬 왕국의 신화적 창시자인 텔레포스Telephos의 아내인 히에라Hiera에서 따왔다(히에라는 미시아Mysia 여성들을 전투로 이끌어 승리하지만 죽임을 당한다). 당시 건물은 잦은 지진으로 무너지고, 오늘날 남아 있는 대부분 건축은 60년 대지진 이후 로마 시대에 건설된 것이다. 80년에는 예수의 제자인 성 필립보St. Philip가 십자가에서 처형당했는데 기독교 공인 후 중요한 순례지가 됐다. 그러다 7세기 지진으로 도시가 파괴되고, 13세기에는 셀주크 제국의 지배를 받게 된다. 14세기 또 다른 지진이 발생하자 사람들은 이곳을 떠나 텅 빈 마을이 됐다. 이후 고고학 유적의 발굴과 복구 과정이 이루어졌고, 온천수가 흐르는 석회 테라스의 신비로운 풍광으로 1988년 유네스코 세계문화유산 및 자연유산에 등재되었다.

운영 남문 3~5·10월 06:30~20:00,
6~9월 06:30~21:00,
11~2월 06:30~18:00
북문 3~5·10월 08:20~20:00,
6~9월 08:00~21:00,
11~2월 08:00~18:00
마을 문
3~5·10월 08:00~20:00,
6~9월 08:00~21:00,
11~2월 08:00~18:00
야간개장 19:00~23:00
(매표소 마감 22:00)
클레오파트라 고대 온천 수영장
3~5·10월 08:00~20:00,
6~9월 08:00~21:00,
11~2월 08:00~18:00
(현재 공사 중)
요금 히에라폴리스 €30
(뮤지엄 패스 소지 시 무료),
고대 수영장 340TL(별도 구매),
히에라폴리스+라오디케아
통합권(72시간 내) €40
*무선 이어폰이 필요 없으면
입장권만 달라고 해야 한다.
홈피 muze.gov.tr/muze-detay?SectionId=
PMK01&DistId=PMK

히에라폴리스 고고학 유적

히에라폴리스가 보이는 마을 호수공원도 낮과 밤 모두 아름다우니 잠시 들르자.

마을 공원에서 보는 히에라폴리스
호수공원의 밤

Special Tour
아는 만큼 느낀다! 히에라폴리스 자세히 보기

히에라폴리스는 클레오파트라 고대 온천 수영장을 중심으로 북쪽 지역과 남쪽 지역으로 나뉜다. 북쪽 지역 끝에는 북문이, 남쪽 지역 끝에는 남문이 있고, 온천 테라스로 내려가면 마을과 연결된 마을 문이 있다. 세 개의 문의 운영시간이 다른데 가장 일찍 여는 곳은 남문으로 이른 아침(06:30)부터 들어갈 수 있다.

✱ 히에라폴리스 입장 팁

일몰과 야경

그늘이 없다.

신발을 벗고 들어가야 하며 미끄러운 부분이 있다.

❶ 입장권은 €30로 당일 환율로 리라로 환산하는데, 별말 없으면 무선 이어폰을 더해 함께 계산한다. 무선 이어폰 요금(350TL)을 내고 싶지 않다면, "티켓 온리, 플리즈Ticket Only, Please"라고 말하자.
❷ 라오디케아 고고학 유적지를 함께 볼 예정이라면 통합권(€40)을 구매하자. €2가 할인된다.
❸ 히에라폴리스는 구역 자체가 넓다기보다 그늘이 없고 너무 더워 100m도 걷기 힘들다. 더위에 취약하다면 남문 입장 시간(06:30)에 맞춰 가자. 양산, 모자, 선글라스, 선크림 등은 필수다.
❹ 히에라폴리스 내에는 물가가 3~4배 비싸니 물과 음식을 준비해 가자.
❺ 클레오파트라 고대 온천 수영장이나 온천 테라스에서 몸을 담그고 머드팩을 할 예정이라면 수영복과 수건, 슬리퍼를 가져가자. 온천 테라스는 보호구역으로 신발 담을 비닐과 발 닦을 수건을 가져가면 편하다. 미끄러운 부분도 있으니 주의해야 한다.
❻ 히에라폴리스에서 바라보는 일몰도 장관이다. 일몰을 보려면 올라가는 시간을 오후로 하거나 오전에 간다면 하루 종일 머물러야 한다.
❼ 파묵칼레에 있는 여행사에서 벌룬이나 패러글라이딩을 예약할 경우, 남문까지 무료로 태워주니 문의해 보자. 택시는 200~300TL 정도다.
❽ 고대 수영장 체험을 추천하나 시간이 없다면 한 바퀴 돌아보자(무료).

✱ 추천 루트

❶ 유적지에 관심이 많고 아침 일찍 방문한다면,
   제일 긴 코스 남문 → 북문
택시로 남문 → 비잔틴 남문 → 김나지움 → 고대극장 → 플루토니온 → 아폴론 신전 → 클레오파트라 고대 온천 수영장 → 고고학 박물관 → 온천 테라스 → 공원 전망대 → 아고라 → 프론티누스 문 → 네크로폴리스 → 북문으로 나와 돌무쉬를 타고 파묵칼레 시내로 돌아오거나 돌무쉬를 타고 카라하웃 온천마을에 갈 수도 있다.

❷ 유적지에 관심이 많다면, 북문 → 마을 문
돌무쉬로 북문 → 네크로폴리스 → 프론티누스 문 → 아고라 → 비잔틴 북문 → 클레오파트라 고대 온천 수영장 → 아폴로 신전 → 고대극장 →

Tip | 카트를 이용해 볼까?
히에라폴리스의 뜨거운 날씨로 걷기에 힘들다면 전기 카트를 빌리는 것도 좋은 방법이다. 입장료가 만만치 않아 고민되겠지만, 부모님을 모시고 왔다면 추천한다. 카트는 북쪽과 남쪽의 평지 길만 다닐 수 있고, 고대극장 방향의 오르막을 가면 사고가 잦아 못 올라가게 한다. 2인용과 4인용이 있다. 다음은 2번 북문으로 들어와 히에라폴리스를 돌아볼 경우의 루트 순으로 소개한다.

김나지움 → 비잔틴 남문 → 고고학 박물관 → 공원 전망대 온천 테라스 길을 이용해 마을 문으로 내려오기

❸ **북쪽 지대 생략! 제일 짧은 코스로 한 바퀴, 남문 → 마을 문**
택시로 남문 → 비잔틴 남문 → 김나지움 → 고대극장 → 아폴론 신전 → 클레오파트라 고대 온천 수영장 → 고고학 박물관 → 온천 테라스 → 마을 문으로 내려오기

❹ **가장 저렴하게, 마을 문으로 왕복**
도보로 마을 문 → 온천 테라스 → 공원 전망대 → 고고학 박물관 → 클레오파트라 고대 온천 수영장 → 아폴론 신전 → 고대극장 → 김나지움 → 비잔틴 문 → 다시 고고학 박물관으로 돌아와 온천 테라스 길을 따라 마을 문으로 내려오기

* 히에라폴리스의 추천 루트 지도는 p.385를 참고하자.

마을 문

북문

남문

남문

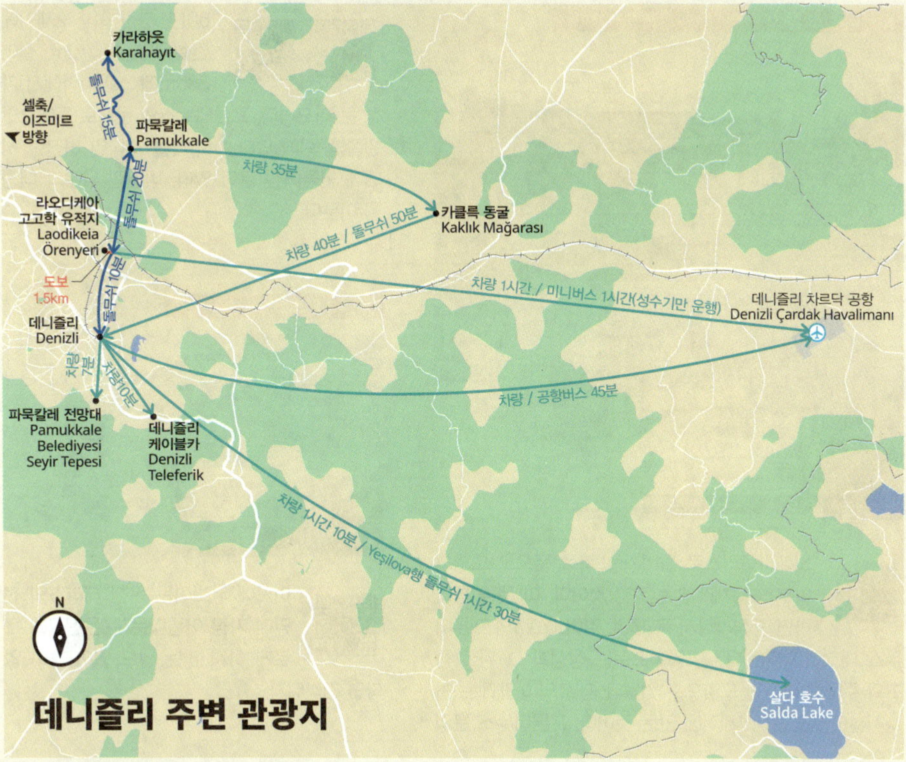

데니즐리 주변 관광지

다음은 북문에서 남문까지 순서대로 히에라폴리스의 볼거리를 소개한다.

네크로폴리스 Nekropoller (Necropolis)

 히에라폴리스 외곽의 네크로폴리스로 '죽은 자들의 도시', 즉 공동묘지다. 히에라폴리스 주변에는 세 개의 네크로폴리스가 있는데 이 중 북쪽 구역으로 후기 헬레니즘 시대부터 초기 기독교 시대까지 석관과 장례 기념물들이 모여 있다. 중요 석관은 고고학 박물관에 전시되어 있다.

프론티누스 문 Frontinus Kapısı (Frontinus Gate)

프론티누스 문 근처의 석회층에 덮인 석관

 히에라폴리스로 들어가는 북쪽 문으로 도미티아누스 황제에게 헌정된 것이다. 이 문을 통과하면 중심가까지 폭 14m, 길이 170m의 프론티누스 대로가 이어진다. 길 양쪽으로는 상점과 그 뒤로 창고와 주택이 바둑판 모양으로 있었다. 대로의 아래에는 하수시설도 있었는데 1세기에 만든 것이다. 프론티누스 문의

서쪽에는(아고라 건너편) 고대 화장실 Umumi Tuvalet(Latrina)이 있으니 들어가 보자. 발굴 전까지 온천이 오랫동안 흘러 석회층이 2m 높이로 덮여 있던 것을 걷어내어 복구했다.

아고라 Agora

비잔틴 북문

  60년 지진 이후 2세기에 건설됐다. 폭 170m, 길이 280m에 소아시아에서 가장 큰 아고라다. 프론티누스의 문으로 들어오면 왼쪽(동쪽)에 있다. 아고라를 지나면 비잔틴 시대에 만들어진 문이 있다. 비잔틴 남문과 대칭을 이룬다.

❶ 아고라 ❷ 북쪽 비잔틴 문

공원 전망대 Park View Point

물이 있을 때

 이곳에서 보이는 온천 테라스의 전망이 가장 아름다운데, 온천물을 흐르게 하지 않는 날도 있어 물이 없다면 건너뛰자.

온천 테라스 Kireç Travertenleri (Hot Spiring Terrace)

신발을 벗고 들어가야 하며 미끄러운 부분이 있다.

 온천물을 체험하려면 신발을 벗고 들어가야 한다. 보호구역으로 크록스나 워터슈즈, 양말 모두 신을 수 없다. 미끄러운 부분도 있고, 지압 느낌으로 딱딱한 곳도 있다. 아직 석회화되지 않은 퇴적물들이 밀가루처럼 가라앉아 있는데 머드팩을 하기도 한다.

고고학 박물관 Arkeoloji Müzesi(Archaeology Museum)

 고고학 박물관이 있는 건물은 2세기 로마 시대에 만들어진 대욕장이다. 로마 시대의 목욕탕은 단순히 목욕만 하는 곳이 아닌 사교 장소로 활용되었다. 큰 홀로 사용하던 실내 공간은 히에라폴리스에서 발굴한 중요 유물들을 전시하고 있다.

클레오파트라 고대 수영장 Kleopatra Antik Havuzu (Cleopatra Antique Pools)

 1세기에 아고라가 있던 장소로 로마 시대에는 온천탕과 주변에 치료소가 있었다. 7세기에 발생한 지진으로 건물이 무너져 지금의 수영장이 형성됐다. 온도는 36~57°C로 류머티즘, 피부병 등에 효과가 있고, 음용 시 위경련에 효과가 있다고 한다. 고대 유적이 가라앉아 있는 온천에서 수영하는 특별한 시간을 보낼 수 있다(현재 공사 중).

님파에움 신전 Tapinak Çeşme(Temple Nymphaeum)

 언덕에 지어진 수로의 시작점으로 물의 요정, 님프에게 헌정한 신전이다. 이곳에서 시작한 물은 두 개의 수로를 통해 도시에 식수를 공급했다. 식수는 대리석 판으로 덮여 지하로 흘렀으며 토기로 만든 관을 통해 거리로 흐르고, 다시 작은 관으로 나뉘어 가정집으로 연결됐다.

아폴론 신전 Apollon Tapınağı(Temple of Apollo)

히에라폴리스에서 가장 중요하게 모신 신으로 신탁이 이루어진 성소다. 신전 중앙의 지하에서 나오는 가스를 맡고 신의 예언을 전했다. 1세기에 만들어졌는데 3세기에 건축이 추가되었다.

플루토니온 Ploutonion

고대 극장 Antik Tiyatrosu (Antique Theatre)

12,000명을 수용할 수 있는 극장으로 히에라폴리스가 한눈에 보이는 언덕에 만들어졌다. 1세기 후반에 짓기 시작해 150년 뒤인 3세기 초에 완공됐다. 극장 무대의 상단 프리즈에는 아폴로와 아르테미스의 탄생, 디오니소스의 동상, 신과 거인의 전쟁, 하데스가 페르세포네를 납치한 장면, 히에라폴리스의 운동 경기 등 다양한 장면을 묘사한 조각이 있다.

죽은 자의 땅으로 가는 관문을 나타내는 성지다. 건물에는 온천수와 이산화탄소가 나오는 동굴이 있는데, 플루토Pluto와 페르소폰Persephone이 다스리는 지하 세계의 입구라 여겨졌다. 도시의 사람들은 황소를 제물로 바쳤다. 발굴 과정에서 램프가 발견되었는데, 램프의 불이 이산화탄소에 의해 꺼지면 신이 제물을 받아들인다고 생각했다. 1~3세기에 지어졌다.

more & more 고대극장에서 450m 언덕으로 올라가면 성 필립보의 무덤이!

성 필립보Aziz Philippus(St. Philip)는 예수의 열두 제자 중 한 명으로 전도를 위해 히에라폴리스에 왔다 80년, 십자가에 못 박혀 순교했다. 천주교에서는 사도 필립보, 개신교에서는 빌립이라고 한다. 4세기 말에서 5세기 초, 순교 장소에 팔각형 모양의 순교자 기념 성당, 마티리온Martyrion이 세워졌다. 지붕은 납으로 된 돔으로 덮었다. 고대극장에서 450m 올라가면 입구인 성 필립보의 문Aziz Philippus Kapısı(Gate Of St. Philip)이 나온다. 겨울철 물이 흘러 만든 다리를 건너, 70m의 계단을 올라가면 성 필립보의 매장지와 순교 장소로 이어진다. 계단 시작점 왼쪽의 팔각형 건물은 목욕탕Sekizgen Hamam(Octagon Bath)으로, 순례자들은 이곳에서 목욕하고 순례지로 향했다. 계단이 끝나는 지점에 오른쪽은 성 필립보의 무덤Aziz Phillip'in Mezarı(St. Phillip's Tomb), 왼쪽에는 마티리온Martyrion이 있다. 성수기에는 강렬한 햇빛으로 오르기 힘들다.

QR 성 필립보의 문

성 필립보의 묘지

마티리온과 묘지

김나지움 Gymnasium

비잔틴 문 Bizans Kapısı (Byzantine Gate)

 60년 대지진 이후 1세기에 지어진 체육관으로, 터와 입구가 남아 있다. 건물 가운데 운동을 할 수 있는 넓은 안뜰이 있는 것이 특징이다.

 4세기 비잔틴 시대에 만들어져 비잔틴 문이라 부른다. 북쪽에도 있는데 남쪽에 같은 시기에 건설되어 대칭을 이룬다. 아치 구조가 있는 것이 특징이다.

more & more 파묵칼레에서 벌룬과 패러글라이딩 타기

 파묵칼레의 히에라폴리스와 새하얀 석회 봉우리를 하늘에서 내려다보며 벌룬과 패러글라이딩을 즐길 수 있다. 벌룬은 주로 해 뜰 무렵에 타서 하루 전 미리 신청해야 하고, 패러글라이딩은 아무 시간에나 탈 수 있어 파묵칼레에 도착한 당일에도 가능하다. 벌룬투어는 카파도키아에서 벌룬을 타지 못했을 경우, 차선책으로 많이 탄다. 예약은 숙박하는 호텔이나 돌무쉬가 내려주는 곳 주변의 메트로, 파묵칼레, 카밀 코치 버스 이름이 쓰인 여행사에서 상품을 취급한다. 여러 곳에서 문의해 가격을 비교한 후 예약하면 된다. 사전 예약하고 싶다면, 겟 유어 가이드(가장 저렴)와 같은 온라인 사이트를 이용하자.

요금 벌룬 €60~150, 패러글라이딩 €70~
*사진과 동영상은 별도 추가

파묵칼레 주변 관광지

파묵칼레를 당일치기로 보고 떠나는 여행자도 많지만, 주변에 볼 만한 장소들이 몇 곳 있다. 겨울철이라면 온천과 하맘 체험도 가능하고, 요한계시록에 언급된 라오디케아 고대 도시도 있다. 언더그라운드 파묵칼레라 부르는 카클륵 동굴도 가까운 거리다. 렌터카로 여행 중이라면 하루면 주변 관광지를 다 돌아볼 수 있다.

★★★ 라오디케아 고고학 유적지 Laodikeia Örenyeri (Laodikeia Archaeological Site)

기원전 261~253년 안티오쿠스 2세^{Antiokhos II}가 그의 아내 라오디케^{Laodike}의 이름으로 만든 도시다. 라오디케아는 에페스와 다른 지역을 잇는 중요한 무역로에 있던 도시로 섬유, 곡물, 가축 무역으로 부유한 도시로 성장했다. 기독교가 공인되며 313년에 교회가 지어져 초기 기독교의 중요한 중심지였다. 7세기, 대규모 지진으로 도시가 파괴된 후 주민들이 이주하면서 버려졌다. 경기장과 극장, 김나지움, 분수, 제우스 신전, 교회를 볼 수 있다. 요한계시록 3장에 언급된 7개의 교회 중 하나로 성지순례 여행자들에게는 필수 코스다. 요한계시록에는 "내가 네 행위를 아노니 네가 차지도 아니하고 뜨겁지도 아니하도다"라고 쓰여 있는데, 히에라폴리스에서 솟아난 온천수는 뜨겁지만, 라오디케아로 오면 미지근해진다는 비유를 통해 라오디케아가 물질적으로는 부유한 도시이나 영적으로 빈곤한 신앙을 지적했다.

주소 Goncalı Mahallesi, 20000 Merkez
위치 데니즐리와 파묵칼레의 중간에 있어 돌무쉬로 쉽게 갈 수 있다. 기사에게 라오디케아로 간다고 하면 사거리에서 내려주며 500m 걸어가면 입구다. Goncalı 기차역에서도 갈 수 있는데 2.3km 떨어져 있다.
운영 4~9월 08:00~21:30, 10~3월 08:00~17:00
요금 €12 (뮤지엄 패스 소지 시 무료), **히에라폴리스+라오디케아 통합권** €40 (72시간 내)
홈피 muze.gov.tr/muze-detay?SectionId=DLO01&DistId=MRK

카라하읏 붉은 온천
Karahayıt Kırmızı Su ★★☆

파묵칼레에서 북쪽으로 7km 떨어진 곳에 온천마을이 있다. 60℃의 온천수가 흘러나오는데 공원에서 무료로 족욕이 가능하다. 카라하읏의 붉은 바위 색은 온천물의 미네랄이 공기와 만나 산화해 빨간색, 녹색, 흰색으로 석회화되어 쌓인 것이다. 파묵칼레와 달리 뽀얗지 않아 들어가기가 망설여지는데, 관절염, 신경통, 통풍, 피부재생과 여드름 치료 등 만병통치의 효과가 있다. 카라하읏 마을에는 온천 호텔이 많고, 한국인 단체 관광객들이 많이 투숙한다.

주소 Karahayıt, 20190 Pamukkale
위치 파묵칼레에서 데니즐리에서 타고 온 돌무쉬를 타고 10분 더 가면 카라하읏 마을이다. 마을 로터리(붉은 돌 Kırmızı Taş 상징물이 있음)에 내려 북쪽으로 750m 걸어가면 된다.
운영 24시간 **요금** 무료

카클륵 동굴
Kaklık Mağarası (Kaklik Cave) ★★☆

파묵칼레의 동굴 버전으로 '언더그라운드 파묵칼레 Underground Pamukkale'라고 부른다. 250만 년 전에 형성된 동굴에 테라스형 유황 온천 못으로 유네스코 세계자연유산에 등재되었다. 1999년 대지진으로 천장이 무너지면서 발견되었는데 나무 계단 길을 따라 10m 아래로 내려간다. 동굴 자체는 크지 않아 금방 보고, 안쪽으로 들어갈수록 유황 냄새가 많이 난다.

주소 Kaklık, 20240 Honaz
위치 데니즐리에서 30km 떨어져 있으며 데니즐리 버스터미널에서 10~20분 간격으로 돌무쉬가 있다 (07:00~19:00, 45TL). 파묵칼레에서는 45km 떨어져 있으며 대중교통이 없어 렌터카나 택시로 갈 수 있다.
운영 10:00~19:00
요금 25TL

살다 호수 자연공원 Salda Gölü Tabiat Parkı (Salda Lake Nature Park) ★★☆

'튀르키예의 몰디브'라 불리는 호수로 파묵칼레와 안탈리아 중간 부르두르 Burdur 주에 있다. 육지인 것을 생각하지 않으면 바다라고 착각할 정도로 넓다. 43.70㎢ 크기로 가장 깊은 곳의 수심은 196m다. 분화구 호수로 화성과 유사한 광물과 퇴적물이 발견되어 나사 NASA에서 연구하기도 했다. 새하얀 모래와 회색 모래가 섞여 있는 수변에 에메랄드빛 물이 잔잔한데, 5~10월 사이에는 수영이 가능하며 해변처럼 비치 파라솔이 펼쳐진다.

주소 Tabiat Parkı, Aşağı, 15500 Salda/Yeşilova/Burdur
위치 파묵칼레에서 95km, 안탈리아에서 145km 떨어져 있다. 데니즐리에서 Yeşilova행 버스를 타고 가다 호수 근처에 내려 걸어가거나, 종착지인 Yeşilova에서(1시간 30분 소요) 돌무쉬나 택시로 갈 수 있다. 렌터카 여행자라면 파묵칼레-안탈리아 이동 시 중간에 들르면 된다.
운영 08:00~20:00
전화 (248) 233 31 43
요금 살다 호수 자연공원 입장료 20TL

파묵칼레의 식당

파묵칼레는 작은 마을이지만, 관광객이 많아 이스탄불보다는 덜해도 식당 물가가 비싸다. 한국인들이 많이 방문하는 곳이어서 튀르키예 식당이라도 라면, 비빔밥, 닭볶음탕은 기본으로 다루는 식당들이 많다.

히에라 레스토랑 Hiera Restaurant Coffee & Tea House

 파묵칼레에서 가장 인기 있는 레스토랑으로 당일 방문했다가는 들어가지 못한다. 반드시 예약해야 하며 인스타 DM으로 예약할 수 있다. 친절은 기본, 음식은 두루두루 맛있고, 맥주가 얼음 잔에 제공되어 한국인들이 좋아한다.

주소 Pamukkale, Memet Akif Ersoy Blv. no:53/a, 20100
위치 마을 광장에서 300m
운영 월~목 13:00~24:00, 휴무 금~일요일
요금 €€€　　　　　**전화** 552 709 39 33
홈피 www.instagram.com/hieracoffeeteahouse

테라스 레스토랑 Teras Restaurant 👁

 파묵칼레의 호수공원 바로 앞에 있어 히에라폴리스가 바로 눈앞이다. 전망 때문에 음식 맛도 배가 된다. 시원한 에페스 맥주도 판다.

주소 Pamukkale, Memet Akif Ersoy Blv., 20190
위치 마을 광장에서 240m
운영 07:00~22:00
요금 €€€
전화 (242) 244 84 01

오누르 레스토랑 Onur Restaurant

 파묵칼레의 중심 광장에 있어 마을에 도착했거나, 떠나기 전에 들르기 좋은 식당이다. 친절하고 한국인 입맛에 맞게 조리해 많이 방문한다. 치킨 스튜는 닭볶음탕과 비슷한데, 맵기 조절이 가능하다.

주소 Cumhuriyet Meydanı, Turgut Özal Cd. No:14, 20190
위치 마을 광장에서 30m
운영 08:00~24:00
요금 €€€
전화 537 616 28 86

파묵칼레 오가닉 타쉬 프른 Pamukkale Organik Taş Fırın

 파묵칼레의 오래된 빵집으로 겉은 바삭하고 속은 부드러운 프란잘라Francala 에크멕을 판다. 가격도 저렴하니 슈퍼마켓에서 꿀과 카이막을 사서 맛보자.

주소 Turgut Özal Cd.,Pamukkale, 20190
위치 마을 광장에서 180m
요금 €
전화 534 502 51 69

파묵칼레의 한식당

포장마차

주소 Memet Akif Ersoy Blv. No:73, 20190
위치 돌무쉬 정류장에서 900m
운영 월 13:00~22:00, 화~일 11:30~22:00,
요금 €€€
전화 543 907 07 74
홈피 www.instagram.com/pojangmachapamukkale

파묵칼레의 숙소

파묵칼레의 숙소는 작은 규모로 엘리베이터가 없고 시설이 낡은 편이다. 조식은 다른 도시에 비해 간단하게 나오며, 숙소 대부분에 수영장이 있어 한여름의 더위를 식힐 수 있다. 겨울철에는 난방과 온수가 충분하지 않으니, 후기를 잘 살피자. 온천 호텔도 있는데 파묵칼레 윗동네인 카라하웃 Karahayıt 마을로 한국 패키지 그룹이 많이 묵는다. 파묵칼레에서 숙박하며 당일치기로 카라하웃 호텔의 온천 수영장, 사우나, 하맘을 이용하러 다녀올 수 있다. 가격은 900TL 안팎이다.

① 할-투르 호텔 Hotel Hal-Tur

주소 Pamukkale, Memet Akif Ersoy Blv. No:71, 20280
위치 마을 광장에서 270m
요금 €€€
전화 258 272 27 23
홈피 www.hotelhaltur.com

Tip | 여성 혼자 여행이라면, 성추행·성폭행 주의

파묵칼레는 혼자 여행하는 여성을 대상으로 성추행, 성폭행 사건이 보고되어 주의가 필요하다. 파묵칼레에서 만난 튀르키예 남자가(숙소 포함) 친절로 신뢰를 쌓은 뒤, 무료 설명을 해주겠다거나 로컬들만 아는 '공짜', '시크릿', '프라이빗' 온천 장소를 알려주겠다며 같이 가자고 한다. 따라간 곳은 사람이 없는 외딴곳으로 단둘이 있는 상황에서 성추행하거나 성폭행하는 경우다. 위와 같은 말을 하는 사람이 있다면 반드시 거절하자.

파묵칼레의 쇼핑

파묵칼레를 상징하는 새하얀 온천 테라스의 미니어처, 냉장고 자석 등을 살 수 있다. 곳곳에서 수탉 기념품을 파는데 수탉은 데니즐리의 상징으로 히에라폴리스에서도 수탉 동상을 볼 수 있다. 마을의 호수공원에는 마을 할머니들이 손수 뜬 레이스 기념품을 저렴하게 판다. 주로 단체 관광객이 오는 시간에 맞춰 대기하다 버스 문이 열리면 뛰어 오신다.

❷ 호텔 알리다 파묵칼레 Hotel Alida Pamukkale 👁

주소	Kuzey Sk. No:9, 20260
위치	마을 광장에서 140m
요금	€€
전화	(258) 272 26 02
홈피	alidahotel.net

❸ 호텔 샤힌 Hotel Şahin 👁

주소	Pamukkale, Traverten Sk. No: 13, 20190
위치	마을 광장에서 180m
요금	€€
전화	258 272 27 23
홈피	www.hotelsahin.com

❹ 멜로즈 뷰 포인트 호텔 Melrose Viewpoint Hotel 👁

주소	Pamuk Mahallesi Kadıoğlu Cad, Çay Sk. No:7, 20280
위치	마을 광장에서 270m
요금	€€
전화	(258) 272 31 20
홈피	www.melroseviewpoint.com

❺ 벨라마리티모 호텔 Bellamaritimo Hotel

주소	Pamukkale Mah.Menderes CAD.Murat Sok. No 46
위치	마을 광장에서 500m
요금	€€
전화	544 271 05 34

❻ 리치몬드 파묵칼레 테르말
Richmond Pamukkale Thermal (카라하읏)

주소	Karahayıt, 20290 Pamukkale
위치	리치몬드 호텔에 간다고 하면 내려주는 돌무쉬 정류장에서 750m
요금	€€€€
전화	(258) 271 42 94
홈피	www.richmondhotels.com.tr/richmond-pamukkale-termal-otel-denizli

©Richmond Pamukkale Thermal

❼ 도아 테르말 헬스 앤 스파
Doğa Termal Heath & Spa (카라하읏)

주소	Karhayt Mah., 147 Seyir Sokak 9/1, 20020 Merkez
위치	로터리 붉은 돌 Kırmızı Taş 조형물에서 550m
요금	€€€€
전화	(258) 295 04 94
홈피	www.dogathermalhotel.com

©Doğa Termal Heath&Spa

3 액티비티의 천국
페티예
Fethiye

기원전 5세기 리키아인들이 세운 텔메소스Telmessos란 이름의 고대 도시로 아폴로 신과 관련이 있다. 아폴로는 페니키아의 아게노르Agenor왕의 딸에게 반했는데 내성적인 성격이라 가까이 가기가 어려웠다. 고민 끝에 귀여운 강아지로 변신해 그녀의 사랑을 얻는 데 성공하고, 이후 낳은 아들의 이름이 텔메소스다. 아폴로는 아들 이름을 딴 도시를 만들어 아들을 예언자로 뒀는데 주변 도시와 후에는 알렉산드로스 대왕까지 조언을 얻기 위해 방문했다고 한다. 이후 페르시아, 마케도니아, 로마, 비잔틴을 거쳐 1424년 오스만 제국 땅이 됐다. 제1차 세계대전 후에는 한동안 이탈리아령이었다가 1923년 공화국 수립으로 튀르키예에 반환됐다. 1914년 이스탄불에서 카이로를 잇는 첫 비행을 하다 사망한 조종사 페티 베이Fethi Bey를 기리며 1934년 페티예Fethiye로 이름 붙여졌다. 오늘날 페티예는 패러글라이딩, 보트 투어, 트래킹 등으로 지중해를 즐기는 안탈리아 다음으로 중요한 휴양도시이다.

페티예 시 www.fethiye.bel.tr **페티예 관광청** fethiye.goturkiye.com

페티예 구시가지를 한바퀴 돌아보는 루트로 총 3.3km를 걷게 된다. 구시가지의 예니 하미디예 모스크Yeni Hamidiye Cami에서 시작해 페티예 박물관을 거쳐 바다를 따라 이어지는 공원을 산책하고, 고대 극장과 구시가지, 리키아의 유적인 아민타스 바위 무덤에서 끝난다. 여행 일정에 금요일이 포함되어 있다면, 매주 화 · 금요일에 열리는 페티예 시장을 잊지 말자.

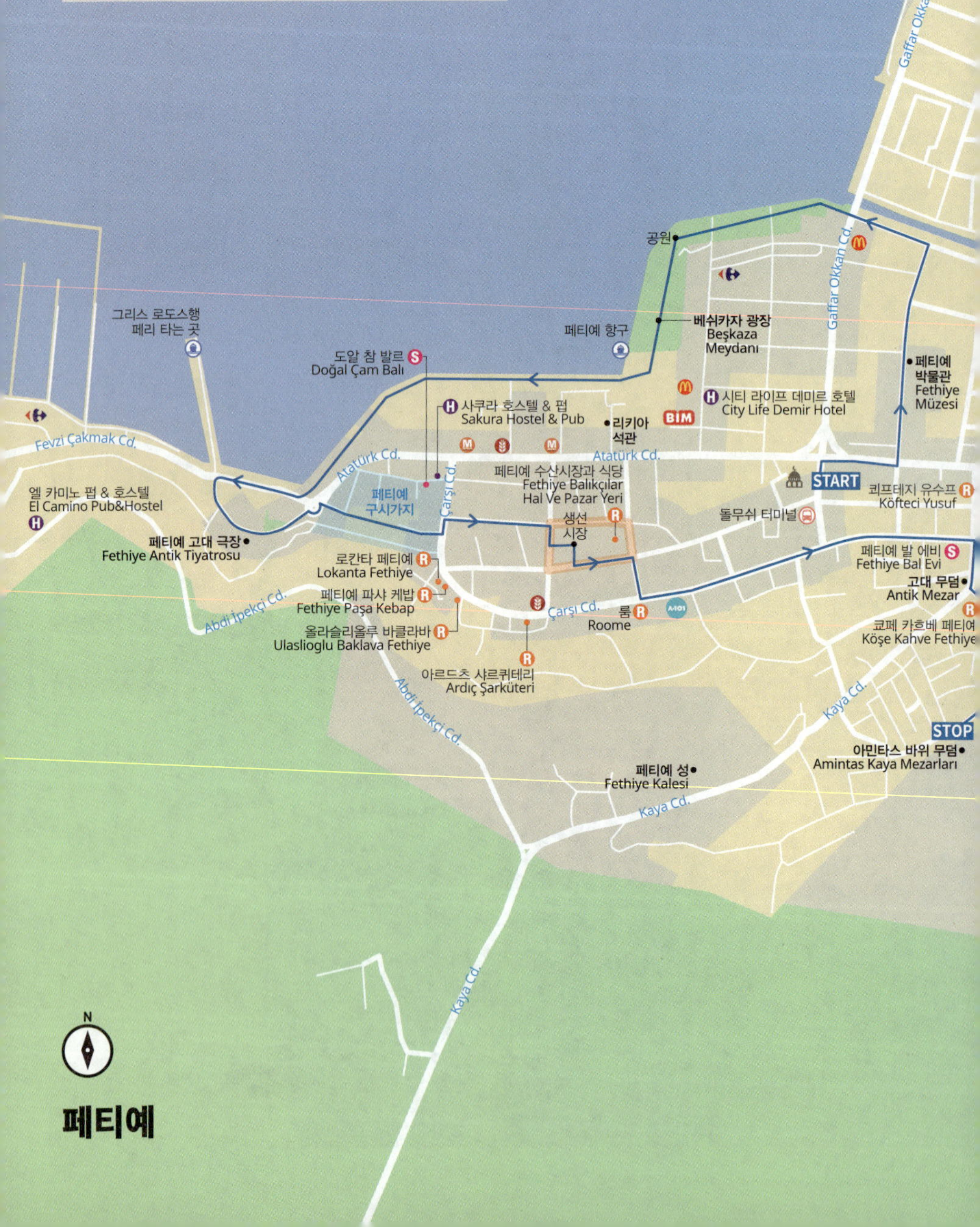

Gaffar Okkan Cd.
공원
그리스 로도스행
페리 타는 곳
페티예 항구
베쉬카자 광장
Beşkaza
Meydanı
도알 참 발르
Doğal Çam Balı
사쿠라 호스텔 & 펍
Sakura Hostel & Pub
시티 라이프 데미르 호텔
City Life Demir Hotel
페티예
박물관
Fethiye
Müzesi
리키아
석관
BIM
Fevzi Çakmak Cd.
Atatürk Cd.
Çarşı Cd.
페티예
구시가지
페티예 수산시장과 식당
Fethiye Balıkçılar
Hal Ve Pazar Yeri
START
쾨프테지 유수프
Köfteci Yusuf
엘 카미노 펍 & 호스텔
El Camino Pub&Hostel
생선
시장
돌무쉬 터미널
페티예 고대 극장
Fethiye Antik Tiyatrosu
로칸타 페티예
Lokanta Fethiye
페티예 발 에비
Fethiye Bal Evi
고대 무덤
Antik Mezar
페티예 파샤 케밥
Fethiye Paşa Kebap
Abdi İpekçi Cd.
룸
Roome
A101
올라슬리올루 바클라바
Ulaslioglu Baklava Fethiye
코페 카흐베 페티예
Köşe Kahve Fethiye
아르드츠 샤르퀴테리
Ardıç Şarküteri
Kaya Cd.
STOP
아민타스 바위 무덤
Amintas Kaya Mezarları
페티예 성
Fethiye Kalesi
N

페티예

페티예 들어가기

항공과 버스로 갈 수 있는데 보통은 버스를 이용해 들어가게 된다. 여행자들은 해안선을 따라 여행한다면 안탈리아-카쉬-페티예-(아이든 경유)-셀축, 파묵칼레를 넣는다면, 안탈리아-페티예-데니즐리(파묵칼레)-셀축 루트를 많이 이용한다.

비행기

달라만 공항에서 국내선은 이스탄불과 앙카라를 연결하고, 영국, 벨기에, 독일, 네덜란드를 잇는 국제선도 있어 유럽을 드나들 때 편리하다. 이스탄불에서는 터키항공, 페가수스로 1시간 20~40분이 걸리며, 앙카라는 에이젯AJet항공으로 1시간 15분이 걸린다.

물라 달라만 공항
Muğla Dalaman Havalimanı (Muğla Dalaman Airport)

페티예 시내에서 약 50km 떨어진 국제공항으로 렌터카, 짐 보관소, 카페와 레스토랑 등의 기본 시설이 있다. 30분간 무료 와이파이를 제공한다.

주소 Ege, 48770 Dalaman, Muğla
전화 (252) 792 55 55
홈피 dalamanairport.aero/en

※ 달라만 공항에서 시내 들어가기
비행기 착륙 시간에 맞춰 공항버스, 하바쉬Havaş가 페티예 버스터미널까지 운행한다. 반대로 공항으로 갈 때는 비행기 시간에 맞춰 페티예 버스터미널에서 출발한다. 1시간이 걸리고 요금은 150TL이다.

하바쉬 havas.net/en/bus-services

출발 항공과 시간을 표시하고 있는 하바쉬

버스

페티예는 안탈리아, 카쉬와 같은 지중해 연안의 도시와 데니즐리(파묵칼레)와의 연결이 좋다. 안탈리아는 3시간, 카쉬는 2시간, 데니즐리는 4시간, 앙카라는 9시간, 이스탄불에서는 12시간 이상이 걸린다. 셀축Selçuk으로 직행이 없는데, 아이든Aydın으로 간 뒤(3시간) 셀축으로 가는 돌무쉬를 (1시간) 타면 된다.

페티예 버스터미널
Fethiye Otogarı (Fethiye Bus Terminal)

페티예 구시가지와 2.3km 떨어진 작은 터미널이다. 터미널 내의 버스회사에서 다른 지역으로 가는 버스표를 구매하면 짐을 무료로 보관해 주니 참고하자. 바로 옆에 슈퍼마켓 CarrefourSA, 길 건너편에는 A101도 있다. 버스터미널 남쪽의 에라스타 쇼핑몰Erasta Fethiye Avm에 MMM Migros와 스타벅스가 있어 편리하다.

주소 Taşyaka, Baha Şıkman Cd. No:111 D:111, 48300
운영 24시간

※ 페티예 버스터미널에서 시내 들어가기

버스터미널에서 구시가지 입구까지는 2.3km로 도보로 30분 정도 걸린다. 페티예의 대중교통 수단인 돌무쉬를 타고 구시가지 근처의 돌무쉬 터미널까지 갈 수 있다. 돌무쉬 터미널에서 구시가지까지는 500m이다. 돌무쉬 정류장은 페티예 버스터미널에서 Shell 주유소 쪽으로 나와 길 건너편에 있는 A101 앞에서 탄다. 대중교통 운행이 끝난 시간에는 우버와 같은 택시 앱을 사용하거나 택시를 이용하면 된다.
QR A101 앞 돌무쉬 정류장

반대로 버스터미널로 갈 때는 오토가르Otogar라고 쓰인 돌무쉬를 타면 된다.

시내·근교 교통 이용하기

돌무쉬 버스터미널 / 돌무쉬 시간표

페티예에서는 돌무쉬가 대중교통 수단이다. 일단 구시가지로 들어오면 모두 도보로 가능해 돌무쉬를 탈 일은 없다. 욀뤼데니즈Ölüdeniz나 카야쾨이Kayaköy, 사클르켄트 국립공원Saklıkent Milli Parkı에 갈 때 돌무쉬 터미널로 가야 한다. 구시가지에서 500m 거리에 있다. 돌무쉬는 현금을 받지 않고, 컨택리스카드 사용이 가능해 편리하다. 거리에 따라 요금이 달라, 태그 전에 반드시 목적지를 먼저 말해야 운전기사가 요금을 제대로 책정해 준다. 아니면 가장 장거리 요금으로 찍히니 주의하자.

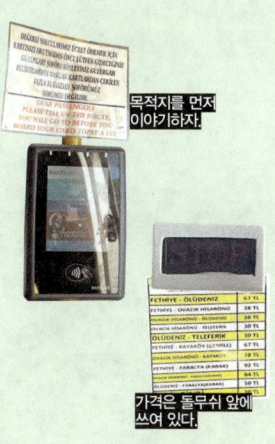
목적지를 먼저 이야기하자.
가격은 돌무쉬 앞에 쓰여 있다.

돌무쉬 터미널

버스터미널 까르푸 앞 정류장

---

more & more 페티예에서 그리스, 로도스 Rhodos 가기

페티예 구시가지의 마리나Marina에서 로도스로 가는 페리를 운행한다. 당일치기 또는 원하는 일정으로, 또는 그리스로 들어갈 때 선택할 수 있는 루트로 매력적이다. 날씨 상황에 따라 배가 취소되기도 하니 문의는 와츠앱을 이용하면 편리하다.

주소	Marina Yat Limanı, 48300
위치	돌무쉬 터미널에서 1.1km (고대 극장 앞)
운행	페티예 08:25→로도스 09:55, 로도스 16:30→페티예 18:00 *정확한 시간은 홈페이지 참고
전화	와츠앱 530 320 50 10
요금	11세 이상 편도 €40, 당일 왕복 €65, 다른 날 왕복 €75, 3~10세 50%, 3세 미만 무료
홈피	www.meisferrylines.com

페티예 Fethiye

페티예는 유적지보다 욀뤼데니즈에서 패러글라이딩이나 보트 투어 등의 액티비티를 즐기고, 블루 라군과 같은 맑고 푸르른 지중해의 바다에서의 휴식을 위해 찾는 곳이다. 페티예 버스터미널에 내리면 저렴한 가격에 예약해 주겠다고 접근하는데 페티예에서 예약하면 수수료가 들어 비싸다. 패러글라이딩은 와츠앱을 통해 직접 예약하고, 보트 투어는 욀뤼데니즈 현장의 타고 싶은 배에서 구매하는 것이 가장 저렴하다. 슈퍼마켓은 MMM Migros 큰 규모까지 들어와 있으며, 버스터미널 근처에 까르푸Carrefour 슈퍼마켓과 에라스타Erasta 쇼핑몰이 있어 편리하다. 버스터미널 주변과 구시가지에 지랏 은행Ziraat Bankası과 할크은행Halkbank이 있어 현금 인출에도 불편함이 없다.

To do list

1. 페티예 구시가지 한 바퀴
2. 욀뤼데니즈에서 패러글라이딩
3. 욀뤼데니즈에서 보트 투어
4. 블루 라군에서의 휴식

페티예의 관광명소

페티예는 과거 텔메소스라는 이름의 리키아 연맹 도시 중 하나로 후에 로마의 속국이 됐다. 페티예에는 리키아 시대의 유적과 로마 시대의 유적이 곳곳에 남아 있다. 리키아 시대의 유적 중 대표적인 것으로 아민타스 바위 무덤과 석관이 다수 남아 있고, 로마 시대의 유적은 페티예 고대 극장이 대표적이다. 페티예 구시가지는 크지 않으니 식사 후에 마을 분위기를 살필 겸, 산책 겸 항구와 광장, 구시가지, 아민타스 바위 무덤 주변을 돌아보면 2~3시간이면 충분하다. 구시가지에는 식당과 카페, 기념품점이 있고 유흥가가 몰려 있어 여름철 성수기 밤에는 인산인해를 이룬다.

구시가지

페티예 성, 술 마신 사람들이 있어 위험하니 올라가지는 말자.

★★★ 아민타스 바위 무덤 Amintas Kaya Mezarları (Aminthas Rock Tombs)

❶ ❷ ❸

기원전 4세기 텔메소스Telmessos라 불리었을 때 만들어진 무덤이다. 가파른 산기슭에 신전 모양의 무덤이 있는데 그중에 가장 화려하고 잘 보존된 것이 아민타스의 무덤이다. 안쪽 벽에 '헤르마피아스Hermapias의 아들 아민타스Amynthas'라는 비문으로 아민타스의 무덤이라 부른다. 아민타스 바위 무덤으로 올라가는 길에 고대 석관Antik Mezar(Ancient Tomb) 군락이 있으니 보고 올라가자. 관리가 잘 되어 있지 않아 고양이들이 논다. 베쉬카자 광장Beşkaza Meydanı 근처에는 화려한 석관이 하나 있는데, 같은 형태의 것 중 가장 큰 리키아 석관이다. 벨트로 묶어 놓은 것처럼 바위를 조각한 것이 특징이다.

주소 Kesikkapı, 117. Sk. No:3, 48300
위치 돌무쉬 터미널에서 오르막으로 500m
전화 (252) 614 11 50
운영 4~10월 08:30~19:30, 11~3월 08:30~17:30
요금 €3
홈피 muze.gov.tr/muze-detay?SectionId=MFA01&DistId=MRK

❶ 아민타스 바위 무덤 ❷ 고대 석관 군락 ❸ 리키아 석관

아민타스 바위 무덤

고대 석관 군락

아민타스 바위 무덤

기원전 4세기에 만들어진 시내의 리키아 석관, 석관 상부의 옆면에는 전투 장면을 조각해 놓았다.

페티예 고대 극장 Fethiye Antik Tiyatrosu (Fethiye Ancient Theatre)

2세기에 지어진 로마 시대 초기 극장으로 수용 인원은 6천 명 규모다. 계속 복구 중이라 무료로 들어갈 수 있으며 계단을 올라 꼭대기까지 오르면 마리나Marina가 보이는 멋진 경관을 볼 수 있다. 고대 극장 주변에는 리키아 시대 석관도 하나 있다.

주소 Karagözler, 48870
위치 돌무쉬 터미널에서 900m
요금 무료

1809년의 고대 극장

페티예 박물관 Fethiye Müzesi (Fethiye Museum)

1957년 지진 이후 페티예의 유물을 모아 놓은 작은 박물관으로 고고학과 민속학 두 개의 구역으로 나뉘어 있다. 고고학 구역에는 기원전에서 비잔틴 시대까지 발견된 유물을 전시하고 있는데, 세 가지 언어로 된 비석과 비둘기 소녀가 대표적인 유물로 꼽힌다. 레툰에서 발견된 비석은 기원전 338년을 것으로 리키아어, 아랍어, 그리스어로 되어 있어 고대 리키아어를 해독하는 데 지대한 공헌을 했다. 비둘기를 든 소녀의 동상은 페티예에 아르테미스 사원이 있었다는 것을 보여주는 유물이라고 한다. 민속학 구역에는 페티예의 수공예품, 나무 베틀, 장신구 등을 볼 수 있다.

주소 Kesikkapı, 505. Sk. No:4, 48300
위치 돌무쉬 터미널에서 300m
전화 (252) 614 11 50
운영 4~10월 08:30~19:30, 11~3월 08:30~17:30
요금 무료
홈피 muze.gov.tr/muze-detay?SectionId=MFM01&DistId=MRK

세 가지 언어로 된 비석

비둘기를 든 소녀

📷 페티예 항구 Fethiye Limanı (Fethiye Port)
★★☆

베쉬카자 광장Beşkaza Meydanı에 위치한 항구로 바다를 따라 잘 꾸며진 산책로가 있어 낮과 밤의 분위기가 모두 좋다. 나라를 위해 목숨 바친 희생자 기념비Şehitler Abidesi와 튀르키예 중심 광장에 빠지지 않는 아타튀르크Atatürk 동상이 세워져 있다. 이 주변에서 보트 투어와 스킨스쿠버 등의 배가 출발한다. 보트 투어는 하루 12개의 섬을 보며 5~6곳의 포인트에서 수영하고 점심 먹고 돌아오는 프로그램으로 안탈리아에서 하는 것보다 저렴하고 알차다. 페티예에서 30분 거리의 월뤼데니즈의 보트 투어가 더 유명하나, 파티형 보트 투어가 싫고 월뤼데니즈까지 멀다 느껴지면 페티예 출발도 나쁘지 않다. 수영은 4~11월 초까지 가능하니 커다란 타올, 수영용품, 젖은 옷 담을 비닐, 햇빛 대비 용품, 물과 간식을 가지고 타자. 배 위에서 술과 음료수 등을 살 수 있다.

주소 Cumhuriyet 48303
위치 돌무쉬 터미널에서 500m
요금 보트 투어 850~1,000TL

📷 해변 Plajı (Beach)
★☆☆

보통은 월뤼데니즈의 해변을 더 많이 가지만 페티예에도 해변이 있다. 가까운 곳을 찾는다면 큰 사말륵 해변Büyük Samanlık Plajı(Big Samanlık Beach)과 차르쉬 해변Çalış Plajı(Çalış Beach)이 대표적이다. 큰 사말륵 해변은 중심가에서 북서쪽으로 9km 떨어져 있으며 아나톨리아 직업 기술 고등학교에서 운영 관리를 맡고 있어 입장료(25TL)가 있다. 차르쉬 해변은 공공 해변으로 북쪽으로 6.2km 떨어져 있는데 길이가 4km로 길고 규모가 크다. 해변을 따라 레스토랑, 바, 산책로가 있으며, 해변이 서쪽을 바라보고 있어 일몰 명소다.

❶ 큰 사말륵 해변 ❷ 차르쉬 해변

주소 큰 사말륵 해변 Osmangazi, Uzunçarşı Cd., 16010
 차르쉬 해변 Foça, Köçek Mustafa Cd., 48300
위치 두 곳 다 돌무쉬 터미널에서 갈 수 있으며
 큰 사말륵 해변은 15분, 차르쉬 해변은 10분
 (돌무쉬 10~15분 간격)이 걸린다.

큰 사말륵 해변

차르쉬 해변

페티예 주변 관광명소

페티예보다 더 유명한 곳이 주변 지역이다. 여행자들은 욀뤼데니즈의 패러글라이딩만을 목적으로 페티예에 오기도 한다. 욀뤼데니즈는 패러글라이딩뿐만 아니라 아름다운 섬을 돌아보며 수영을 즐기는 보트 투어와 블루 라군도 유명하다. 욀뤼데니즈 외에는 유령마을로 불리는 카야쿄이 고고학 유적지, 유럽에서 세 번째로 긴 협곡으로 수상 스포츠를 즐기기 좋은 사클르켄트 국립 공원, 해변이 아름다운 나비 계곡이 있다.

★★★ 블루 라군 Mavi Lagün (Blue Lagoon)

욀뤼데니즈 해변에서 북쪽으로 걸어가면 나오는 블루 라군이다. 패러글라이딩을 한 다면 하늘에서 보이는 물빛에 반해 액티비티가 끝난 후 이끌리듯 방문하게 된다. 욀뤼데니즈 자연 공원Ölüdeniz Tabiat Parkı이라 입장료가 있으며 유료 파라솔을 빌려 온종일 물놀이를 할 수 있다.

©kulturportali.gov.tr

주소 Belceğiz Mahallesi, Ölüdeniz Tabiat Parkı, 48300
요금 입장료 50TL, 주차 300TL

★★★ 욀뤼데니즈 Ölüdeniz

위치 버스 시간표

패러글라이딩과 보트 투어, 블루 라군으로 유명한 마을이다. 스위스 인터라켄, 네팔의 포카라와 함께 세계 3대 패러글라이딩 명소이자 보트 투어의 출발지이다. 페티예에서 욀뤼데니즈 해변까지 12km 떨어져 있어 보통은 페티예에 머물며 돌무쉬를 타고 당일치기로 욀뤼데니즈를 다녀온다. 한적한 분위기를 좋아하고 한여름 밤의 광란의 파티를 즐기고 싶다면 욀뤼데니즈에서 숙박하는 것도 좋다. 겨울철에는 대부분의 상점이 문을 닫고 큰 배의 보트 투어도 없으니 11~3월에 숙박은 피하자. 패러글라이딩은 원하는 업체에 직접 예약하는 것이 가장 저렴하며 숙소에서 업체에 따라 무료 픽업도 해준다. 보트 역시 욀뤼데니즈 해변에서 직접 신청하는 게 저렴하다. 하루에 패러글라이딩과 보트 투어 두 가지를 동시에 할 수도 있는데 08:30 첫 번째 시간에 패러글라이딩하고, 착륙지인 욀뤼데니즈에서 보트 투어(10:30~11:00 출발)로 곧바로 연결해, 다녀오면 오후 5~6시가 된다. 보트 투어를 하지 않고, 욀뤼데니즈 해변이나 블루 라군에서 유유자적한 시간을 보내다 돌아오는 것도 좋다.

가는 방법 돌무쉬 터미널이나 페티예 버스터미널 옆 까르푸 슈퍼마켓 앞에서 욀뤼데니즈Ölüdeniz라 쓰인 돌무쉬를 타면 된다.
소요시간 30분
운영시간 페티예 출발 07:00~22:30, 욀뤼데니즈 출발 07:00~23:00 (토·일은 23:30) (15~30분 간격)

페티예-욀뤼데니즈행 돌무쉬

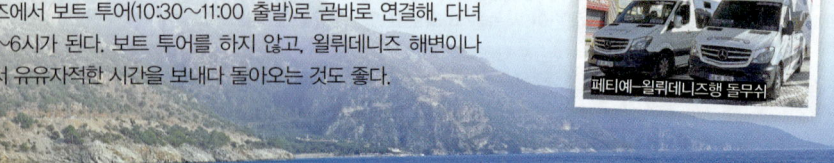
욀뤼데니즈 해변

카야쾨이 고고학 유적지
Kayaköy Örenyeri
(Kayaköy Archaeological Site)
★★☆

위치 버스 시간표

기원전 3세기부터 사람들이 살았던 마을로 페티예에서 8km 떨어져 있다. 그리스인들이 모여 살던 마을이었으나 1923년 튀르키예–그리스 인구 교환으로 그리스인들이 모두 송환되며 텅 빈 유령 마을이 되었다. 집과 학교, 교회, 예배당 등이 남아 있는데 오스만 제국 시절에 지은 건물이다. 지금은 카야쾨이 고고학 유적지로 국가에서 관리하며 입장료가 있다.

- 주소 Kayaköy, 48300
- 위치 돌무쉬 터미널이나 페티예 버스터미널 까르푸 슈퍼마켓 앞에서 카야Kaya라고 쓰여 있는 돌무쉬로 30분
- 운영 4~10월 08:30~19:30, 11~3월 08:30~17:30
  버스 시간 페티예 출발 07:00~19:00
  카야쾨이 출발 08:00~20:00 (1시간 간격)
- 전화 (252) 614 11 50
- 요금 €3
- 홈피 muze.gov.tr/muze-detay?DistId=KYK&SectionId=KYK01

사클르켄트 국립 공원
Saklıkent Milli Parkı
(Saklikent National Park)
★★☆

위치 버스 시간표

페티예에서 45km 떨어진 국립 공원으로 지중해성 기후와 다양한 생태계를 가진 자연보호 구역이다. 프랑스의 베르동Verdon과 그리스의 비코스Vikos에 이어 유럽에서 세 번째로 긴 협곡으로 길이는 18km, 협곡이 깊은 곳은 300m에 달한다. 닉네임도 있는데 숨겨진 계곡Hidden Valley 또는 잃어버린 도시The Lost City라고 부른다. 산책과 트레킹을 기본으로 래프팅, 카누 등의 수상 스포츠도 가능하다. 겨울철은 춥고 비가 오는 경우가 많아 4~10월 사이에 방문하자. 공원 안에는 분위기 좋은 카페와 식당이 있다. 물, 간식, 워터슈즈(공원에서 유료로 대여 가능). 수영복을 입고 가면 좋다.

- 주소 Faralya, 48000
- 위치 돌무쉬 터미널에서 Faralya라 쓰인 돌무쉬로 40분
- 운영 버스 시간 페티예 출발 07:00, 11:00, 16:00, 파랄야 출발 08:30, 12:30, 17:30

나비 계곡 Kelebekler Vadisi (Butterfly Valley)
★★☆

뷰포인트 버스 시간표

페티예에서 32km 거리에 있는 계곡으로 다양한 나비가 서식하고 있다. 계곡 사이로 해변이 있는데 〈태양의 후예〉 드라마에 나왔던 그리스의 자킨토스 쉽렉 비치와 비슷하다. 내륙에서 바다로 내려가는 길이 험난해 추천하지 않는다. 해변은 욀뤼데니즈에서 보트 투어 중에 들른다. 나비 계곡행 돌무쉬는 자주 없으니 일정을 잘 세우자.

- 주소 Faralya, 48000
- 위치 돌무쉬 터미널에서 Faralya라 쓰인 돌무쉬로 40분
- 운영 버스 시간 페티예 출발 07:00, 11:00, 16:00, 파랄야 출발 08:30, 12:30, 17:30

more & more 욀뤼데니즈의 투어

❶ 탠덤 패러글라이딩 Tandem Paragliding

욀뤼데니즈는 세계 3대 패러글라이딩 명소로 자격증 있는 조종사와 함께 타는 탠덤 패러글라이딩을 즐길 수 있다. 1965m 바바다그Babadag에서 비행을 시작한다. 바바Baba는 '아버지', 다그Dag는 '산'으로, '아버지 산'이란 뜻처럼 크고 높다. 정상 날씨가 안 좋을 경우 1,700m 포인트에서 탄다. 차량으로 산까지 올라가는데 30분, 실제 패러글라이딩을 타는 시간은 25~30분 정도이며 준비 등 총 2시간을 생각하면 된다. 아름다운 지중해와 주변 경관을 즐긴 후 욀뤼데니즈 해변에 착륙한다. 예약하지 않고 욀뤼데니즈 해변에 도착하면 패러글라이딩과 보트 투어 호객꾼들이 달려드는데 흔들리지 말자. 가격은 업체마다 조금씩 달라지며 한국인이라 하면 그나마 비싼 가격을 부르지 않는다. 비용은 시기에 따라 달라지는데, 보험을 포함해 €70~150이며 360도 사진과 동영상은 업체에 따라 별도로 구입하거나 포함해서 판매하기도 한다. 개인 촬영 장비는 사용할 수 없다. 한국인이 선호하는 그래비티 탠덤 패러글라이딩은 할인 없는 정액제로 가격이 다른 업체보다 비싸다. 눈 보호를 위한 선글라스, 가을과 봄 날씨가 여름 같더라도 산 정상은 추우니 바람막이와 긴 바지(펄럭이지 않는)를 입고, 신발은 산에서 달려야 하니 벗겨지지 않는 신발을 추천한다.

그래비티 탠덤 패러글라이딩 Gravity Tandem Paragliding
주소 Ölüdeniz, Denizpark Cd. No: 13, 48300 Fethiye
운영 08:30~23:00
예약 와츠앱 532 067 70 99
홈피 flygravity.com/yamac-parasutu

하누만 패러글라이딩 터키 Hanuman Paragliding Turkey
주소 Belcekız Tatilköyü, Ölüdeniz, 227. Sk., 48300 Fethiye
운영 09:00~23:30
예약 와츠앱 553 836 73 00
홈피 www.hanuman.com.tr

바바다그로 가는 케이블카를 탈 수도 있다.

©Gravity

❷ 보트 투어 Boat Tour

욀루데니즈 해변에 배가 세워져 있고, 그중에서 원하는 배를 타고 하루 종일 수영하며 점심도 먹고 지중해섬을 돌아보는 투어다. 큰 배인 해적선 들은 거품이 중앙에서 나오며 큰 음악이 나오고 춤추는 파티형 보트다. 블루 케이브Blue Cave, 버터플라이 밸리Butterfly Valley, 세인트 니콜라스 아일랜드St. Nicholas Island, 아쿠아리움 베이Aquarium Bay, 콜드 워터 베이Cold Water Bay, 카멜 비치Camel Beach를 돌아보며 수영한다. 12섬 보트 투어도 있는데 크즐라다Kızılada, 야스 아다Yassı Ada, 괴젝Göcek, 토끼 섬Rabbit Island 등을 추가로 더 돌아본다. 보통 10:30분쯤 출발해 17:00 경에 돌아온다. 배에서 아이스크림, 음료수, 술을 판매하고 점심 식사를 제공한다. 큰 타올, 아쿠아슈즈, 수영용품, 햇빛 대비 용품, 젖은 옷을 담을 비닐봉지, 물과 간식거리를 가져가면 좋다.

장소 욀루데니즈 해변
요금 800~1,000TL

페티예의 레스토랑

구시가지 근처의 식당들은 관광객들이 많이 방문하는 곳이어서 이스탄불만큼이나 비싸다. 구시가지에 생선 시장이 볼 만한데 노량진 수산시장처럼 생선을 구입하고, 식당에서 자릿값을 내고 요리해 주는 시스템이다. 가격이 저렴하면 좋겠지만 그렇지 않고, 바가지를 많이 씌운다. 저렴한 로컬 식당들은 버스터미널 주변과 근처에 모여 있다. 버스터미널 주변에는 특히, 코코레치 집이 많다. 아래에 소개하진 않았지만, 정육점 식당 체인점인 쾨프테지 유수프 Köfteci Yusuf가 있는데 고기구이와 케밥류를 합리적인 가격에 먹을 수 있다.

구시가지의 생선 시장

로칸타 페티예 Lokanta Fethiye

 튀르키예 가정식을 파는 작고 예쁜 식당으로 해산물 요리가 인기다. 가격은 이스탄불 수준이지만 예쁘게 나오는 음식과 맛에 만족도가 높다. 문어요리를 추천한다.

주소 Cumhuriyet, Çarşı Cd. No:36, 48303
위치 돌무쉬 터미널에서 600m
운영 월~토 12:00~22:00, 휴무 일요일
요금 €€€€
전화 (232) 892 84 45
홈피 www.lokantafethiye.com

©Lokanta Fethiye

아르드츠 샤르퀴테리 Ardıç Şarküteri

 햄과 치즈를 파는 델리 카트슨 매장으로 이를 활용한 샌드위치, 샐러드, 아침 식사 등을 제공한다. 작은 가게지만 신선한 재료를 사용해 만들고 맛도 있어 사람들이 많다.

주소 Cumhuriyet, Çarşı Cd. No:68, 48300
위치 돌무쉬 터미널에서 550m
운영 월~토 09:00~19:00, 휴무 일요일
요금 €€€
전화 532 676 40 18
홈피 www.instagram.com/ardicsarkuteri

©Ardic Sarküteri

페티예 파샤 케밥 Fethiye Paşa Kebap

페티예에서 가장 유명한 케밥 레스토랑으로 잘게 썬 양고기 케밥 위에 녹인 치즈를 듬뿍 얹어 요거트를 한 숟가락 얹어 나오는 파샤 케밥이 시그니처 메뉴다. 양고기가 부담스럽다면 닭고기나 피데, 라흐마준도 있다. 가격은 이스탄불 식당 수준이다.

주소 Cumhuriyet, Çarşı Cd. No:42, 48300
위치 돌무쉬 터미널에서 600m
운영 화~토 12:00~23:00, 일 13:00~23:00, 휴무 월요일
요금 €€€€
전화 532 680 98 07
홈피 www.fethiyepasakebap.com

사힐 로칸타라르 1 Sahil Lokantaları 1

관광지에서 벗어나 로컬 분위기를 느끼고 싶다면 여기만 한 곳이 없다. 가격도 저렴하며, 음식도 맛있고 페티예 지역 사람들은 모두 여기 온 것처럼 사람들로 가득 차 있다. 빠른 서비스와 맛과 양 모두를 보장한다.

주소 Tuzla Tuzla Mahallesi, Mustafa Kemal Blv. No:5, 48300
위치 돌무쉬 터미널에서 1.1km
운영 월~토 07:00~01:30, 휴무 일요일
요금 €€
전화 444 1748
홈피 sahillokantalari.net

울라슬리올루 바클라바 Ulaslioglu Baklava Fethiye

쿠네페, 바클라바, 카트메르와 같은 디저트를 파는 카페다. 위에 아이스크림을 추가로 얹어 주문하면 더 맛있다.

주소 Cumhuriyet, Çarşı Cd. No:46, 48300
위치 돌무쉬 터미널에서 600m
운영 10:00~24:30
요금 €€€
전화 536 488 19 65

페티예의 쇼핑

페티예의 특산물은 소나무 꿀이다. 선물로 많이 사는 발파르막 사의 소나무 꿀도 페티예가 속한 물라 지방과 협력해 생산한다. 열쇠고리나 냉장고 자석과 같은 기념품들은 구시가지에서 많이 판다. 옷이나 수영용품 중 급하게 필요한 것이 있다면 버스터미널 근처에 있는 에라스타 쇼핑몰Erasta Fethiye Avm이 유용하다. MMM Migros와 스타벅스가 있어 편리하다. 페티예에 머무는 동안 화·금요일이 포함되어 있다면, 수로 옆 페티예 시장을 방문하기를 추천한다.

❶ 페티예 시장 ❷ 에라스타 쇼핑몰 ❸ 도알 참 발르 ❹ 페티예 발 에비

에라스타 쇼핑몰 Erasta Fethiye Avm

천연 소나무 꿀 Doğal Çam Balı

튀르키예 필수 쇼핑품목인 소나무 꿀의 75%가 페티예가 속한 물라 지방에서 생산된다. 꽃꿀보다 미네랄이 더 풍부하며 색이 진한 것이 특징이다. 소나무 꿀은 지중해성 기후에 사는 소나무종 줄기에 사는 곤충의 분비물을 사용해 꿀벌이 생산하는 특별한 꿀로 전 세계에서 튀르키예와 그리스에서만 생산되는데 그 중 튀르키예에서 90%를 생산한다. 슈퍼마켓에서 판매하는 발파르막 회사보다 고품질의 꿀을 살 수 있다. 소나무 꿀의 수확 시기는 8월에서 11월 사이다. 페티예 시내의 소나무꿀 전문점은 다음과 같다.

도알 참 발르 Doğal Çam Balı
- 주소 Cumhuriyet Mh.Cumhuriyet Cad.37. Sk.No:23
- 위치 돌무쉬 터미널에서 650m
- 전화 (252) 614 11 14
- 운영 월~토 09:00~18:00

페티예 발 에비 Fethiye Bal Evi
- 주소 Bal Evi, Kesikkapı, Çarşı Cd. No:290/A, 48300
- 위치 돌무쉬 터미널에서 260m
- 전화 (252) 614 83 08
- 운영 월~금 09:00~18:00, 토 10:00~18:00

소나무꿀 전문점

페티예 시장 Fethiye Kapalı Pazar

과일, 채소 등을 파는 규모가 큰 시장으로 매주 화·금요일마다 열린다. 기념품은 팔지 않지만 구경하는 재미가 쏠쏠하고 석류 주스와 싱싱한 과일을 저렴한 가격에 살 수 있다. 장이 서는 날에 페티예에 있다면 방문해 보자.

- 주소 Tuzla, 563/1. Sk No:2, 48300
- 위치 돌무쉬 터미널에서 700m
- 운영 06:30~18:30

페티예의 숙소

페티예에서 패러글라이딩만 하고 떠난다면 당일치기도 가능하지만, 액티비티와 바다를 즐기고 천천히 주변을 돌아본다면 일주일도 머물 수 있는 도시다. 1박 정도로 짧게 머문다면 페티예 버스터미널 근처가 좋고, 그 이상은 돌무쉬 터미널 근처가 좋다. 주변으로 가는 모든 돌무쉬가 출발해 앉아서 갈 수 있고 구시가지와 항구가 코 앞이라 휴양 분위기를 느낄 수 있다. 페티예에는 호스텔이 여러 개 있는데 엘 카미노 펍 & 호스텔 El Camino Pub & Hostel은 계단을 한참 올라가야 해서 돌무쉬 터미널과 가깝고 평지에 있는 사쿠라 호스텔을 소개한다.

① 소프야 스위츠 Sofya Suites

- 주소 Taşyaka, 256. Sk. No:1, 48300
- 위치 페티예 버스터미널에서 200m
- 요금 €€
- 전화 532 250 69 03
- 홈피 www.sofyasuites.com

©Sofya Suites

② 엑셀란스 호텔 & 스파 Exelans Hotel & Spa

- 주소 Taşyaka Mahallesi 246 Sokak No:6 Fethiye, Otogar Yanı, 48300
- 위치 페티예 버스터미널에서 200m
- 요금 €€
- 전화 (252) 614 50 30
- 홈피 www.exelanshotel.com

©Exelans Hotel & Spa

③ 룸 Roome

- 주소 Cumhuriyet, 97. Sk. No:32, 48300
- 위치 돌무쉬 터미널에서 400m
- 요금 €€€
- 전화 533 664 48 80
- 홈피 roomexperience.rezervasyonal.com

④ 사쿠라 호스텔 & 펍 Sakura Hostel & Pub

- 주소 Cumhuriyet, 37. Sk. No:27, 48300
- 위치 돌무쉬 터미널에서 650m
- 요금 €
- 전화 (252) 612 06 05
- 홈피 www.sakurahostel.com

©Sakura Hostel & Pub

⑤ 시티 라이프 데미르 호텔 City Life Demir Hotel

- 주소 Cumhuriyet, Dispanser Cd. No:16, 48300
- 위치 돌무쉬 터미널에서 350m
- 요금 €€
- 전화 544 535 03 04
- 홈피 www.citydemirhotel.com

©City Life Demir Hotel

흑해 지역

...

흑해 지역Karadeniz Bölgesi은 튀르키예 북부에 위치하며 흑해를 따라 가로로 길게 이어져 있다. 서쪽으로는 마르마라 지역, 남쪽으로는 중앙아나톨리아 지역, 동쪽으로는 동아나톨리아 지역과 경계를 이룬다. 폰투스 산맥Kuzey Anadolu Dağları과 같은 험준한 산맥이 발달해 계곡과 폭포가 많고 차와 꿀, 체리, 헤이즐넛의 주요 생산지이다. 흑해에서 함시Hamsi와 같은 생선이 많이 잡히며 함시를 이용한 요리도 많다. 기후는 전형적인 해양성 기후로 연중 온화하고 튀르키예에서 가장 습한 날씨로 가을과 겨울에 눈과 비가 많이 온다. 이 지역을 즐기기 가장 좋은 때는 5~9월이다.

1

흑해의 숨겨진 보석
트라브존
Trabzon

트라브존은 오스만 제국의 쉴레이만 대제가 태어난 도시로 튀르키예 북동부 흑해 연안 트라본주의 주도로 흑해 연안의 도시 중에서 삼순Samsun 다음으로 두 번째로 크다. 중앙아시아의 투란인들이 살던 땅에 기원전 756년 아나톨리아 서부 해안의 그리스 도시인 밀레투스Miletus인이 트라페주스Trapezous라는 이름의 식민지로 건설했다. 트라페주스는 고대 그리스어로 평평한 테이블을 의미하는데, 밀레투스인들이 이곳에 왔을 때 지형에서 영감을 받은 것으로 여겨진다. 이란과 러시아, 조지아, 아르메니아 등의 캅카스 지역의 관문이며 고대부터 유럽과 아시아를 연결하는 실크로드 무역 항구 도시로 성장했다. 지금은 세계 최대의 헤이즐넛과 체리 생산 지역이며 이웃하는 리제주는 튀르키예의 대표적인 차茶 생산지이다. 또한, 겨울철 함시Hamsi(멸치)는 트라브존을 대표하는 생선으로 도시 상징물로 곳곳에 세워져 있다. 여행자들에게는 쉬멜라 수도원을 방문하거나 조지아, 이란 등의 육로 여행의 경유지로 찾게 된다.

트라브존주 www.trabzon.gov.tr 트라브존 관광청 trabzon.goturkiye.com

트라브존 들어가기

트라브존은 항공과 버스로 갈 수 있다. 이스탄불이나 앙카라에서 간다면 항공을 추천한다. 조지아를 여행한 뒤 튀르키예로 들어온다면 국경을 넘어 육로로 트라브존에 들어오게 된다. 다른 도시로 오가는 루트는 버스보다는 항공을 추천한다.

비행기

트라브존으로 가는 가장 좋은 방법이다. 시간과 비용면에서 모두 효율적이다. 이스탄불 공항에서 터키항공, 사비하 괵첸 공항에서 페가수스항공, 에이젯항공Ajet, Armenia Airways으로 1시간 40분~2시간이 걸린다. 앙카라, 안탈리아, 부르사, 가지안테프에서도 직항이 있다.

트라브존 공항
Trabzon Uluslararası Havalimanı (Trabzon Airport)

트라브존 시내에서 6km 떨어진 작은 공항이다. 공항 안에는 ATM, 환전, 렌터카, 카페와 식당이 있으며 규모가 크지 않기 때문에 비행기를 타러 갈 때는 일찍 가지 않아도 된다.

주소 Konaklar, Trabzon Havaalanı, 61100 Ortahisar
전화 (462) 328 09 41
홈피 www.dhmi.gov.tr/Sayfalar/Havalimani/Trabzon/AnaSayfa.aspx

※ 트라브존 공항에서 시내 들어가기
하바쉬 돌무쉬와 택시가 있다. 비행기 도착 시간에 맞춰 대기하고 있으며 공항–버스터미널–메이단Meydan(트라브존 중심 광장)을 운행한다. 트라브존 버스터미널을 경유해 중심가까지 20분이 걸리며 요금은 110TL이다.

버스

이스탄불, 앙카라 등의 주요 도시와 리제와 같은 주변 도시를 연결하는 버스가 있다. 이스탄불에서는 18시간, 가지안테프는 15시간, 앙카라와 마르딘은 12시간이 걸려 비행기가 효율적이다. 에르쥬룸은 5시간, 국경을 맞대고 있는 조지아의 바투미Batumi까지는 4시간이 걸린다.

트라브존 버스터미널
Trabzon Otogarı (Trabzon Bus Terminal)

트라브존 시내에서 2km 떨어진 중간 규모의 버스터미널이다. 출구로 나오면 바로 앞에서 시내로 가는 돌무쉬가 선다. 리제 행 반대 방향으로도 가니 돌무쉬에 메이단Meydan(광장)이라고 쓰여 있는지 확인하고 타자. 요금은 23TL, 10분이 걸리며 현금만 가능하다.

메이단 돌무쉬 터미널

주소 Caddesi, Sanayi, Devlet Karayolu Cd No:86, 61100 Ortahisar
운영 24시간

시내·근교 교통 이용하기

트라브존 중심가는 모두 도보로 다닐 수 있어 아야소피아 모스크를 갈 때만(4km) 돌무쉬를 이용하게 된다. 돌아올 때는 메이단Meydan(중심 광장)이란 단어를 알아두면 편하다. 트라브존에는 두 개의 돌무쉬 터미널이 있는데, 공항이나 버스터미널을 갈 때는 메이단의 돌무쉬 터미널을 이용하고, 우준퀼, 리제를 갈 때는 북쪽 해안가의 돌무쉬 터미널을 이용한다. 현금만 사용 가능하다.

❶ 메이단 돌무쉬 터미널
❷ 북쪽 돌무쉬 터미널

메이단의 돌무쉬 터미널

북쪽 해안가의 돌무쉬 터미널

버스 시간 문의와 예약은 차이카라 투르Caykara Tur에서 할 수 있다.

트라브존에서 주변국 가기

대한민국 국민은 트라브존과 가까운 국가인 조지아(365일), 아르메니아(180일), 러시아(90일)에 무사증으로 입국 가능하다. 이란은 비자가 필요한데, 트라브존에 이란 영사관이 있다.

조지아로 갈 경우, 데이 투어

바투미 데이 투어

조지아는 여러 날 여행하는 것이 아니라면, 트라브존에서 여행사를 통해 당일치기로 다녀오는 '바투미Batumi 데이 투어'를 추천한다. 바투미에서 알리 & 니노 동상, 성 니콜라스 교회, 보트 크루즈 등을 하고 점심 식사가 포함된 투어로 개별적으로 버스를 타고 방문하는 것보다 저렴하고 효율적이다. 버스로 갈 경우에는 4시간~4시간 30분이 걸린다.

알리 & 니노 동상

이란으로 갈 경우, 이란 비자 받기

이란 영사관

이란으로 여행을 준비한다면 관광 목적(Tourist)의 이란 비자를 받아야 한다. 요즘은 과거와는 달리 온라인으로 신청하고, 승인 메일이 오면 출력해 대사관으로 가서 수수료를 내고 비자를 수령하는 방식이다. 승인이 거절될 경우, 여행사를 통해 신청하면 수수료는 들지만 신속히 처리된다. 조지아, 아르메니아를 거쳐 육로로 이란에 가려고 할 경우 트라브존의 이란 대사관이 유용하다.

트라브존 주재 이란 이슬람 공화국 총영사관
İran İslam Cumhuriyeti Trabzon Başkonsolosluğu
주소 Esentepe, Kızıltoprak Sk. No:3, 61197 Trabzon Merkez
위치 메이단에서 보즈테페 공원 방향으로 350m
운영 월~금 09:00~12:30, 14:30~17:00
전화 (462) 322 21 90
홈피 인터넷 비자 신청 evisatraveller.mfa.ir/en/request

트라브존 Trabzon

트라브존의 중심, 메이단

트라브존은 트라브존주의 주도로 큰 도시다. 중심 광장인 메이단 Meydan을 중심으로 서쪽으로 쇼핑가와 식당가가 몰려 있고, 북쪽으로는 쉴레이만 대제 해안 공원이 있는데 가파른 내리막길이다. 남쪽은 가파른 오르막으로 보즈테페 차 공원과 전망대가 있는데 트라브존과 흑해의 전망이 매우 좋다. 물가는 이스탄불보다 저렴하며 음식 맛도, 양도 모두 넉넉하다. 메이단 근처에 Şok, BİM 슈퍼마켓이 있다. 한국 카페와 비슷한 큰 규모의 카페가 메이단과 쇼핑거리에 있어 편리하다. 수수료 없이 현금을 찾을 수 있는 지랏 은행 Ziraat Bankası과 할크 은행 Halkbank은 쇼핑거리에 있다.

To do list
1. 보즈테페 차 공원에서 흑해 전망 즐기며 차 마시기
2. 함시 타바 Hamsi Tava 맛보기
3. 쉬멜라 수도원 다녀오기
4. 우준괼 다녀오기

트라브존의 관광명소

트라브존은 쉬멜라 수도원을 위해 들르는 관문이라 할 정도로 수도원의 중요도가 크다. 시내의 장소들은 수도원을 다녀온 이후 시간을 활용하거나 트라브존에 도착한 당일에 짬짬이 보게 된다. 시내는 아래 소개한 장소 외에도 로컬 분위기를 느낄 수 있는 베데스텐 시장 Bedesten Çarşısı이 있는데, 과일 사기에 좋다. 트라브존은 축구 명문으로 이을용 선수가 2002~2006년 트라브존스포르에서 뛰기도 했으며, 중심가에 트라브존스포르 박물관 Trabzonspor Müzesi이 있다. 시간이 별로 없어 딱 한 곳만 갈 수 있다면 보즈테페 차 공원이나 쉴레이만 대제 해안 공원을 추천한다.

★★☆
아야소피아 모스크 Ayasofya Camii (Hagia Sophia Mosque)

이스탄불의 아야소피아와 같은 이름의 교회가 트라브존에도 있다. 13세기 중반, 트라브존 제국의 마누엘 I세 Manuel I(1238~1263)가 지은 수도원 교회로 '신성한 지혜'라는 뜻이다. 1461년 메흐메트 2세가 트라브존을 정복한 이후에도 16세기까지 교회 활동이 보장되었으나 1860년에 프레스코화를 석고로 덮은 후 모스크로 사용됐다. 제1차 세계대전 때는 트라브존을 점령한 러시아군이 창고와 군 병원으로 활용했다. 1957년 고고학적 조사 결과 석고 아래 프레스코화가 잘 보존되어 있었으며, 근처에 새로운 모스크가 지어 옮겨가면서 1964년에 박물관으로 문을 열었으나, 튀르키예 내에 민족주의와 이슬람주의가 급부상하며 2013년에 다시 모스크로 전환된다. 2018년에 복원작업을 거쳐 2020년부터 관광객들에게 개방하고 있다. 바닥에는 대리석 모자이크가 남아있고, 천장과 벽에는 예수님의 탄생, 세례, 십자가에서의 처형, 최후의 날과 같은 장면이 묘사되어 있다.

주소 Fatih, Ayasofya Cd. No:60, 61040 Ortahisar
위치 메이단에서 Ayasofya 노선이 쓰인 돌무쉬로 10분, 돌아올 때는 Yakamoz 가게 앞에 있다가 Meydan이라고 쓰인 돌무쉬가 지나갈 때 타면 된다.
운영 24시간
전화 (462) 326 07 48
요금 무료

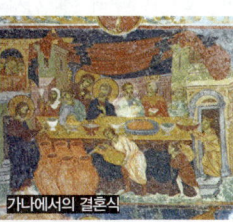
가나에서의 결혼식

여섯 개의 날개를 가진 세라핌, 하느님을 수행하는 가장 높은 천사라.

★★★ 보즈테페 차 공원 Boztepe Çay Bahçesi (Boztepe Garden)

트라브존 시내와 흑해가 한눈에 내려다보이는 전망대로 트라브존에서 가장 인상적인 곳이다. 전망을 보며 아침 식사, 차를 마시기 좋다. 바로 아래에는 새로 생긴 유료 전망대Boztepe Observation Terrace도 있는데 내부에 카페, 식당이 있고 데크 끝을 걸어가면 유리 바닥으로 된 전망대가 나온다. 전망은 비슷하다. 메이단에서 전망대로 올라가는 길에 소녀 수도원Kızlar Manastırı(Panagia Theoskephastos, 운영 09:00~17:00, 요금 85TL)이 있는데 알렉시오스 3세Aleksios III(1349~1390) 때에 지어진 것으로 복원 과정을 통해 2021년부터 공개하고 있다. 내부에는 알렉시오스 3세와 아내, 어머니의 초상화가 있다.

주소 Boztepe, İran Cd. No:192, 61030 Trabzon Merkez
위치 메이단에서 산 방향으로 모스크를 지나 올라간다. 메이단의 돌무쉬 터미널이 있는 다리 아래에서 돌무쉬로도 갈 수 있다.
운영 24시간
요금 무료

유료 전망대

★★☆ 트라브존시 박물관 Trabzon Şehir Müzesi (Trabzon City Museum)

1900년대 초 은행가의 집을 개조해 2017년 트라브존시 박물관으로 문을 열었다. 트라브존의 고대부터 현대까지의 역사 연표와 주요 관광명소, 트라브존의 전통 복장, 춤, 음식, 농기구와 주방용품 등 트라브존의 모든 것을 알려주는 박물관이다. 트라브존을 이해하는 데 도움이 된다. 영어 설명이 없으니 번역 앱을 활용하자. 시 박물관에서 700m 떨어진 곳에 트라브존 역사 박물관Trabzon Tarih Müzesi(Trabzon History Museum)도 있는데, 시 박물관보다 규모가 작고 오래된 데다 전시 내용도 겹친다.

주소 Kemerkaya, Kahramanmaraş Cd. No:14, 61200 Ortahisar
위치 메이단Meydan에서 200m
운영 화~일 09:00~19:00, 휴무 월요일
전화 (462) 321 47 69
요금 85TL, 6세 이하 무료

쉴레이만 대제 해안 공원과 주변
Kanuni Sultan Süleyman Parkı (Suleiman the Magnificent Park)

트라브존은 1495년 쉴레이만 대제가 태어나 15살까지 살았던 도시로 곳곳에 기념 동상이 있다. 해변의 쉴레이만 대제 공원은 최근에 조성되어 현대적이고 카페와 식당, 산책로, 어린이 놀이터, 포토 스폿이 있어 누구나 만족할 만한 장소다. 1시간짜리 보트 투어도 있는데 가격은 350TL이다. 여름철 저녁에는 음악 공연이 열리고 가족과 연인들로 북적인다. 메이단에서 쉴레이만 대제 해안 공원으로 가서 모스크까지 걷고, 베데스텐 시장을 거쳐 메이단으로 오면 시내를 한 바퀴 돌아보게 된다. 쉴레이만 대제의 어린 시절 집을 보고 싶다면 메이단에서 1.2km 떨어진 카누니 에비Kanuni Evi를 들러보자. 잘 꾸며져 있고, 전망도 좋다.

❶ 쉴레이만 대제 해안 공원 ❷ 베데스텐 시장 ❸ 카누니 에비

주소 İskenderpaşa, Sahil Yolu Cd. NO:7 / A, 61100 Ortahisar
위치 메이단Meydan에서 페자 호텔 Feza Otel쪽으로 가면(400m) 가니타 티 가든Ganita çay bahçesi 가는 길에서 해안으로 내려가 공원을 돌아보고 포토 스폿으로 가는 방파제 부근의 육교를 통해 시내로 돌아오면 된다(1.5km). 또는 해안을 따라 트라브존 모스크Trabzon Şehir Camii까지 걸어간 뒤 베데스텐 시장Bedesten Çarşısı을 보고 중심가로 돌아올 수도 있다(3km).
운영 24시간
요금 무료

카누니 에비

쉴레이만 대제 동상

Tip | 트라브존의 역사

중앙아시아의 투란인들이 살던 땅에 기원전 756년 아나톨리아 서부 해안의 그리스 밀레투스Miletus인이 트라페주스 Trapezous라는 이름의 식민지로 건설된 도시로, 여러 왕조의 지배를 받다 63년부터 로마 제국, 비잔틴 제국에 속했다. 1204년 제4차 십자군 전쟁으로 콘스탄티노플이 함락당할 때 콤니노스Komninos 왕조가 트라브존 제국으로 독립해 흑해 연안을 다스렸으며 이 시기에 쉬멜라 수도원이 지금의 모습을 갖게 되었고, 아야소피아도 같은 시기에 지어졌다. 1461년에 오스만 제국에 점령당했으나 종교활동은 인정했다. 1차 세계대전 때 러시아의 점령하에 있기도 했다. 트라브존에는 그리스인과 아르메니아인이 많이 살았는데, 전쟁이 끝나고 1923년 튀르키예 공화국이 세워지자 로잔 조약으로 약 10만 명의 그리스인들은 그리스-튀르키예인 상호 교환을 통해 그리스로 보내졌다.

트라브존에서 중요한 유적을 남긴 콤니노스 왕조

트라브존의 식당

트라브존에 왔다면 함시Hamsi 요리를 꼭 먹어봐야 한다. 함시는 큰 사이즈의 멸치로 11~2월인 겨울철이 제철이다. 함시를 튀겨 내기도 하고, 밥 위에 얹어 내기도 하는데 한국에서 먹어보지 못한 맛있는 요리로 추천한다. 다른 음식으로는 트라브존 치즈와 옥수숫가루를 넣어 만든 쿠이막Kuymak, 악차밧 쾨프테시Akçaabat Köftesi(악차밧 마을의 고기와 레시피로 만든 쾨프테), 말린 콩을 불려 만든 스튜인 쿠루 파술예Kuru Fasulye가 대표 음식이다.

트라브존의 상징, 함시

리제의 상징, 함시

발륵라마 발륵 로칸타스 Balıklama Balık Lokantası

트라브존 시내에서 함시 요리로 가장 유명한 식당이다. 그 중 함시 타바Hamsi Tava는 한국의 도리뱅뱅이처럼 함시를 동그랗게 놓고 옥수숫가루를 묻혀 튀겨 내는데 바삭바삭하고 고소한 맛이 별미다. 멸치 철이 아니라면 다른 생선을 추천해 준다. 생선 수프도 진하고 맛있다.

주소 İskenderpaşa, Şht. İbrahim Karaoğlanoğlu Cd. 15/A, 61100
위치 메이단Meydan에서 210m
운영 08:00~24:00
요금 ₤₤
전화 (462) 326 07 70

페퀸뤼 메르케즈 피데
Pekünlü Merkez Pide

1957년에 문을 연 트라브존의 유명한 피데 레스토랑으로 항상 손님이 북적인다. 트라브존의 진한 치즈가 듬뿍, 커다란 사이즈의 피데를 맛보자. 아야소피아 근처에도 지점이 있다.

주소 Kemerkaya, Ticaret Mektep Sk. No:4A, 61030 Ortahisar
위치 메이단Meydan에서 350m
운영 09:30~21:30
요금 ₤₤
전화 (462) 500 14 44
홈피 pekunlumerkezpide.com

제밀우스타 Cemilusta

악차밧 쾨프테시Akçaabat köftesi 맛집으로 트라브존 현지인들도 쾨프테는 이 집을 추천한다. 메이단에 위치해 가기에도 편하다. 식사가 끝나면 차와 바클라바를 후식으로 준다.

주소 İskenderpaşa, Belediye Caddesi., Atatürk Alanı No:6, 61100 Merkez
위치 메이단Meydan에서 40m
운영 08:00~23:30
요금 ₤₤₤
전화 (462) 321 61 61
홈피 cemilusta.com.tr

타리히 칼카노루 필라브 Tarihi Kalkanoğlu Pilavı

1856년, 병사들의 식사를 위해 궁중에서 파견된 요리사가 오픈한 식당에서 5대째를 이어가는 역사와 전통 있는 식당이다. 주요리는 지역 특산물인 콩요리로 쿠루 파술예Kuru Fasulye를 맛볼 수 있다. 콩만 먹으면 물리니 고기와 밥이 함께 나오는 쿠루 파술예 카부르마 필라브Kuru Fasulye Kavurma Pilav를 시키자. 연한 수정과 맛이 나는 호샵Hoşaf도 괜찮다. 쉴레이만 대제 해안 공원에서 모스크를 거쳐 시장으로 가는 루트를 걸을 때 들르기 좋은 위치다.

주소 Pazarkapı, Tophane Cami Sk. No:3, 61200 Merkez
위치 메이단Meydan에서 1.1km
운영 월~토 09:00~20:00, 휴무 일요일
요금 €€
전화 (462) 321 30 86

베톤 헬바 Beton Helva

보통 컵에 담아주는 달고 꾸덕한 헬바는 맛봤어도 아이스크림 헬바는 경험해 보지 못했을 것이다. 트라브존에는 1953년부터 판매해 오는 헬바 아이스크림을 맛보자. 포도 발효음료인 쉬라Şıra도 시그니처인데 맛은 호불호가 갈린다.

주소 Merkez Trabzon TR, Gazipaşa, Uzun Sk. No:13, 61000 Ortahisar
위치 메이단Meydan에서 230m
운영 월~토 08:00~23:00, 일 10:00~23:00
요금 €
전화 (462) 400 61 61
홈피 betonhelva.com

헬바 아이스크림

가니타 티 가든 Ganita Tea Garden

해변의 전망 좋은 찻집으로 식사 메뉴도 있다. 가격도 비싸지 않고, 음식도 푸짐해 추천한다. 이스탄불에서의 고등어 샌드위치랑 비교하면 놀랄 만큼 통통한 고등어를 쓴다.

- 주소 Ganita cay bahçesi, İskenderpaşa, 61100 Ortahisar
- 위치 메이단Meydan에서 650m
- 운영 08:00~23:00
- 요금 €€
- 전화 (462) 462 326 23 96

호스 필라브 Hoss Pilav

버터와 닭 육수를 넣어 만든 병아리콩 밥 위에, 닭고기 살을 얇게 찢어 올린 요리 전문점이다. 타북 필라브Tavuk Pilavı라고 한다. 보통 길거리 식당에서 많이 파는데, 이곳은 깔끔한 가게에서 맛볼 수 있어 좋다. 매운 고추 피클이 같이 나와 매콤하게 먹을 수 있다.

- 주소 Kemerkaya, Meydan Hamam Sk. No:3C, 61000 Ortahisar
- 위치 메이단Meydan에서 250m
- 운영 월~토 11:30~21:00, 휴무 일요일
- 요금 €€
- 전화 (462) 321 36 33

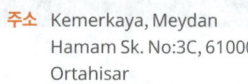

트라브존의 한식당

소풍 Sopung

- 주소 Kalkınma, Farabi Cd. NO:29D D:29E, 61080 Ortahisar
- 위치 트라브존 버스터미널에서 1.3km, 트라브존 공항에서 3.4km
- 운영 12:00~22:00
- 요금 €€€
- 전화 531 760 90 03

트라브존의 숙소

트라브존은 여름철 러시아인이 많이 찾는 휴양지로 성수기와 비수기 편차가 크다. 트라브존에 호스텔은 없고 호텔만 있다. 튀르키예 동부의 도시들은 호텔에서 담배 냄새가 나지 않는 곳을 찾는 게 가장 중요하다. 숙소의 위치는 교통의 중심지인 메이단Meydan(광장) 주변이 좋다. 메이단에서 북쪽 바닷가로 갈수록 급경사 내리막이니 되도록 메이단 근처로 정하자.

❶ 멜 시티 스위트 호텔 Mell City Suite Hotel

- **주소** Gazipaşa Mah. Mustafa Nalçacıoğlu Sok. 2-6, Atatürk Cad No.44/A, 61100 Ortahisar
- **위치** 메이단Meydan에서 50m
- **요금** €€€
- **전화** 539 704 33 22

❷ 라이프포인트 호텔 Lifepoint Hotel

- **주소** Kemerkaya, Halkevi Cd. No:31, 61100 Ortahisar
- **위치** 메이단Meydan에서 350m
- **요금** €€
- **전화** (462) 551 08 88
- **홈피** www.lifepointhotel.com

❸ 제이틴달르 호텔 Zeytindalı Otel

- **주소** İskenderpaşa, İdeal Sk. No:2, 61100 Ortahisar
- **위치** 메이단Meydan에서 350m
- **요금** €€
- **전화** 533 590 11 61
- **홈피** guesthousezeytindali.com

❹ 조르루 그랜드 호텔 Zorlu Grand Hotel

- **주소** Kemerkaya Mahallesi, Merkez, Kahramanmaraş Cd. No:9, 61200 Ortahisar
- **위치** 메이단Meydan에서 350m
- **요금** €€€
- **전화** (462) 326 84 00
- **홈피** www.zorlugrand.com

트라브존의 쇼핑

트라브존의 유명한 쇼핑 품목은 차茶로 트라브존의 시장이나 2시간 거리에 있는 리제에서 홍차, 녹차, 동백차 등 유기농 차를 살 수 있다. 현대적인 쇼핑몰로는 공항 가는 길 근처에 포룸 트라브존 쇼핑 센터Forum Trabzon Shopping Center가 있으며, 시내에서 4km 떨어져 있다. 규모가 크지 않은 아웃렛도 있는데 트라브존 제바히르 아웃렛Trabzon Cevahir Outlet은 시내에서 동쪽으로 12km 떨어져 있다.

❶ 포룸 트라브존 쇼핑센터 ❷ 트라브존 제바히르 아웃렛

★ 트라브존 주변

트라브존은 쉬멜라 수도원을 보기 위해 머무는 도시라 해도 과언이 아니다. 하루는 쉬멜라 수도원과 트라브존 시내를 돌아보고, 다음 날은 우준괼과 리제Rize를 다녀오면 좋다. 렌터카로 여행 중이라면 찰 동굴Cal Mağarasi(Cal Cave, **운영** 09:00~17:00, **요금** 85TL)도 추천한다. 조금 더 여유가 된다면 국경을 맞대고 있는 조지아의 바투미를 다녀오는 원데이 투어도 가능하다.

쉬멜라 수도원 Sümela Manastırı(Sümela Monastery)
★★★

386년 그리스의 수도사들이 멜라Mela산의 동굴에서 성 루가St. Luke가 그린 성모 마리아 성화를 발견하고 그 자리에 수도원을 짓게 된 것이 쉬멜라 수도원의 시초다. 멜라Mela는 '검은'이라는 뜻이고, 쉬sü는 '~로'라는 의미로 쉬멜라는 '멜라산으로' 뜻이다.

오늘날 볼 수 있는 대부분 유적은 1360년에 만들어졌다. 트라브존 제국의 콤네노스 알렉시오스 3세Komnenos Alexios III(1349~1390)는 1950년 대관식을 수도원에서 하고, 수도원의 방을 72개나 만들 정도로 전폭적인 지원을 아끼지 않았다. 아들인 마누엘 3세Manuel III(1390~1417) 역시 대관식을 수도원에서 하고 예수님이 십자가에 못 박힌 흔적이 있는 성물 십자가를 수도원에 선물했다. 1461년 메흐메트 2세가 트라브존을 점령하고 쉬멜라를 방문했는데 수도원의 재산과 활동을 보장해 주는 칙령을 내렸다. 셀림 1세Selim I는 성수의 기적을 체험하고 보석으로 장식한 기름 램프를 선물하기도 했다. 17세기에는 수도사의 수가 100명에 이르렀고, 18~19세기에는 수도원의 여러 부분이 보완되어 많은 관광객과 순례자들이 방문했다. 그러나 1923년 오스만 제국이 사라지고 튀르키예 공화국이 세워지며 로잔 조약에 의해 그리스와 튀르키예 간 인구교환이 이루어지자 쉬멜라 수도원은 텅 비게 된다. 비어 있는 수도원에 여러 차례의 약탈이 벌어졌고, 이후에는 소를 치는 목동들이 피신처로 사용했는데 부주의에 의한 화재로 폐허로 남게 되었다. 1972년부터 문화부 산하에 관리가 되어 1986년부터 관광객에게 문을 열었고, 지금도 지속적인 보수와 복원작업이 이루어지고 있다.

주소 İskenderpaşa, Sahil Yolu Cd. NO:7 / A, 61100 Ortahisar
위치 메이단Meydan에서 페자 호텔Feza Otel쪽으로 가면(400m) 가니타 티 가든Ganita çay bahçesi 가는 길에서 해안으로 내려가 공원을 돌아보고 포토 스폿으로 가는 방파제 부근의 육교를 통해 시내로 돌아오면 된다(1.5km). 또는 해안을 따라 트라브존 모스크Trabzon Şehir Camii까지 걸어간 뒤 베데스텐 시장Bedesten Çarşısı을 보고 중심가로 돌아올 수도 있다(3km).
운영 24시간
요금 무료

매표소 입구를 지나면 급경사의 계단을 올라야 한다.

트라브존에서 2시간을 달려 산을 올라 350m를 걷고, 가파른 계단을 올라, 다시 계단을 내려가서야 수도원으로 들어갈 수 있다. 오른쪽에 도서관이 있고, 안뜰을 중심으로 프레스코화가 그려진 암석 교회와 주변에 여러 크고 작은 예배당, 주방, 사제의 방, 게스트하우스 등이 미로처럼 이어진다. 프레스코화의 내용은 성경의 장면과 예수와 성모 마리아의 삶에 대해 묘사하고 있다.

more & more 쉬멜라 수도원

❶ 수도원의 시작, 바르나바스와 소프로니오스

전해 내려오는 이야기는 조금씩 다른데, 그 중에 하나는 다음과 같다. 비잔틴 제국의 테오도시우스 1세(375~395) 때에 아테네의 수도사인 바르나바스Barnabas와 조카인 소프로니오스Sophronios가 성모 마리아가 멜라스산으로 간다고 말하며 동쪽 하늘로 날아 구름 속으로 사라지는 것을 본다. 이들은 지금의 튀르키예 땅으로 긴 여행을 떠나 폰투스Pontus(지금의 트라브존)에 도착하게 된다. 마을 사람들이 이들을 위해 식사로 물고기를 대접하는데, 물고기가 사는 강의 발원지가 멜라산이라는 이야기를 듣고 험난한 산을 오른다. 어렵게 올라온 산의 동굴에서 빛을 보고 성 루카가 그린 성모 마리아의 성화(이콘)를 발견한다. 성화가 나온 동굴을 청소하고 예배당을 만드는데, 근처 수도원의 원장의 꿈에 대천사 미카엘이 나타나 수도사들에게 음식과 지원을 하게 되었다고 한다. 또, 수도사들이 물이 없어 찾아다니자 성모 마리아가 마른 돌에서 물이 나오게 하는 기적이 행해져 60m의 높이에서 매일 물이 떨어졌고, 성수의 치유력이 기독교인과 무슬림에게까지 알려져 사람들이 수도원을 찾아오게 되었다고 한다.

❷ 땅 속에 묻었던 성물은?

성 루카가 그린 성모 마리아와 아기 예수 이콘Icon

1923년 그리스와 튀르키예 간 인구 교환으로 수도사들은 대부분 생활용품은 수도원에 그대로 두고, 성물은 땅 속에 묻고 떠났는데 다시 돌아오지 못한다. 1931년 그리스–튀르키예 총리 간의 만남과 대화가 성사되어 그리스 수도사가 성물을 찾으러 쉬멜라에 도착한다. 튀르키예의 지원 아래, 묻혀 있던 성 루가의 성모 마리아 이콘, 십자가, 십자가와 성 크리스토퍼 복음서가 그제야 아테네로 옮겨졌다. 한동안 보관하던 성물들은 1950년 그리스의 베르미오Vermio 산에 쉬멜라 수도원Holy Shrine of the Virgin Mary Soumela이 설립되자, 1951년 8월 15일인 성모 승천일에 맞추어 옮겨졌다. 이제 그리스에서 만날 수 있다.

우준괼 Uzungöl ★★★

트라브존에서 95km 떨어진 작고 아름다운 호수마을로, 우준Uzun(긴) 괼Göl(호수). '긴 호수'라는 뜻이다. 큰 산사태로 인해 깊은 계곡에 물이 차면서 댐과 같은 호수가 만들어졌다. 고즈넉한 장소에, 잔잔한 호수, 우뚝 서 있는 모스크의 풍경이 마치 그림 같아 많은 사람이 휴양지로 찾는다. 호수 주변에 카페와 식당, 기념품 상점이 몰려 있다. 레스토랑의 메뉴 가격이 이스탄불보다 더 높아 깜짝 놀란다. 여름과 겨울, 안개 낀 풍경 모두 아름다워 어느 시기든 방문하기 좋은데 비수기는 호수가를 제외하고는 문을 닫는 곳이 많다. 버스터미널 주변과 호수 주변에 숙소가 많아 하룻밤을 보낼 수도 있다.

주소 Uzungöl, 61960 Çaykara
위치 대중교통은 북쪽 해안가의 돌무쉬 터미널에서 출발하며 2시간이 걸린다. 타이카라 투르 Taykara Tur에서 우준괼로 가는 시간표를 안내하고(성·비수기 편수가 달라짐) 버스표 예약도 가능하다. 우준괼 터미널에 내려 200m만 걸어가면 호수다. 터미널에서 돌아가는 시간을 물어보고 호수로 가자. 돌무쉬 요금은 현금만 가능하다.
운영 24시간

Tip | 우준괼 여행 팁

호수 한 바퀴를 원하는 방향으로 돌아보면 되는데, 오전에 도착했다면 반시계방향이 해를 보고 걷지 않아 좋다. 호수는 걸어서 또는 자전거를 빌려 돌 수 있다. 사진을 찍으며 천천히 한 바퀴 도는데 1시간~1시간 30분이 걸린다. 지랏 은행 Ziraat Bankasi ATM이 모스크 근처에 있고, 화장실은 모스크에서 유료(비수기는 무료)로 이용할 수 있다. 슈퍼마켓은 호숫가 초입에 구멍가게가 있고, 버스터미널에서 호수 반대 방향으로 300m 지점에 A101이 있다.

Special Tour
하루에 우준귈과 리제 돌아보기

✖ 추천 루트

시간이 없는 여행자들을 위해 하루에 우준귈과 리제를 돌아볼 수 있는 루트를 추천한다. 우준귈은 트라브존에서 리제 방향으로 향하다 오프Of 마을에서 내륙으로 들어가는데, 우준귈을 본 뒤 오프에서 리제행 돌무쉬로 갈아타면 트라브존으로 돌아오지 않고 리제로 갈 수 있어 시간이 절약된다. 우준귈에서 돌아오는 돌무쉬를 탈 때, 오프로 간다고 하면 길가에 내려준다. 그 장소에서 280m를 걸어가면(5분), 리제행 돌무쉬 정류장이다(아래 QR 참고). 돌무쉬 시간에 맞춰 이동하는 것이 중요한데, 되도록 아침 일찍 우준귈에 가고 오프행 돌무쉬 시간을 잘 체크해 이동하자. 이스탄불 물가보다 더 비싼 우준귈에서는 차 정도만 마시고, 리제에서 늦은 점심, 차와 디저트, 저녁을 먹고 트라브존으로 돌아오면 알찬 하루가 된다.

오프 돌무쉬 정류장

차 조형물 앞에서 내려준다.

트라브존–우준귈 2시간 소요 **요금** 120TL
우준귈–오프 1시간 소요 **요금** 80TL
오프–리제 30분 소요 **요금** 45TL
리제–트라브존 2시간 소요 **요금** 120TL

✖ 루트의 예

① ② ③

트라브존 08:00→우준귈 도착 10:00→우준귈 출발 12:00→오프 도착 13:00, 280m 도보 후 오프Of 돌무쉬 정류장 도착, 대기(돌무쉬는 사람이 다 차야 출발)→리제 도착 14:00→리제에서 점심과 저녁을 먹고 돌무쉬 막차 시간(20:00~20:30) 전에 돌무쉬를 타고 트라브존으로 돌아온다. 돌무쉬를 놓쳤다면 일반 버스를 탈 수도 있는데, 돌무쉬 정류장에서 850m 떨어진 리제 버스터미널Rize Şehirler Arası Otobüs Terminali Otogar 튀르키예에서 22:30까지 버스가 있다. 트라브존까지 1시간~1시간 30분이 걸린다.

❶ 오프Of에서 리제행 돌무쉬 타는 곳
❷ 트라브존행 돌무쉬 정류장
❸ 리제 버스터미널

리제 광장과 모스크

리제 Rize

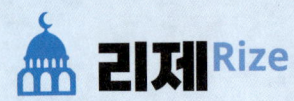

튀르키예 북동부 흑해 연안에 자리한 리제주의 주도로 튀르키예의 대표적인 차 생산 지역이다. 이름은 '산기슭'을 뜻하는 그리스어 'Riza'에서 유래했다. 1204년 제4차 십자군 원정 때 콘스탄티노플이 함락될 때 비잔틴 제국에서 독립해 흑해 연안을 다스린 트라브존 제국의 영토였다. 1461년 트라브존이 메흐메트 2세에 의해 정복당하고, 리제는 이후인 1470년에 오스만 제국의 땅이 된다. 제1차 세계대전 이후 튀르키예가 패전국이 되면서 러시아의 점령 아래 있었다. 러시아군이 떠나고 이후에 경제적 문제와 실업 문제를 해결하기 위해 차 재배를 시작한 것이 오늘날 리제를 차의 도시로 만들었다. 튀르키예에서 가장 강우량이 많으며, 겨울에는 대륙성 기후를 띤다.

주소 Merkez, Kale Sk., 53100 Rize Merkez
위치 트라브존에서 77km 떨어진 도시로 트라브존 북쪽 해안가의 돌무쉬 터미널에서 약 2시간이 걸린다. 또는 버스로 가면 더 빠른데, 트라브존 버스터미널로 돌무쉬를 타고 가야 하는 번거로움과 비용도 더 든다.
요금 돌무쉬 트라브존-리제 120TL

지랏 차 정원 Ziraat Çay Bahçesi (Ziraat Tea Garden)
★★★

차밭이 있는 정원으로 찻잎을 덮는 작은 공장, 카페가 있고 다양한 차도 판다.

❶ 지랏 차 정원 ❷ PTT 앞 돌무쉬 정류장

주소 Atmeydanı, Narenciye Sk. No:16, 53020 Rize Merkez
위치 리제 광장에서 1.1km 거리이나 오르막이라 걸어가기엔 힘들다. 리제 광장의 모스크 건너편, PTT 앞에서 Tepebaşı행 돌무쉬를 타면 5분 만에 도착한다.
운영 08:00~23:00
요금 무료
전화 (464) 213 02 11
홈피 www.caykur.gov.tr

리제 박물관
Rize Müzesi (Rize Museum)
★★☆

리제의 생활사를 볼 수 있는 박물관으로 광장 근처에 있어 편하게 방문할 수 있다.

주소 Piriçelebi, Palmiye Sk. No:4, 53020 Rize Merkez
위치 차 조형물에서 450m, 리제 광장에서 350m
운영 화~일 08:00~16:30, 휴무 월요일
요금 무료

리제 성 Rize Kalesi (Rize Fortress)
★★★

리제가 한눈에 내려다보이는 성으로 차를 마시며 전망을 보기에 좋다.

주소 Merkez, Kale Sk., 53100 Rize Merkez
위치 트라브존에서 돌무쉬를 타고 가면 차 조형물에서 내려주는데, 산으로 1km를 올라가면 된다. 또는 리제 광장의 모스크 건너편, PTT 앞에서 Tepebaşı행 돌무쉬를 타면 5분 만에 도착한다.
운영 08:00~24:00   요금 무료

리제 차이 Rize Çay
★★★

바다 쪽의 거대한 차이 찻잔 형태의 건물로, 리제의 랜드마크다. 내부에는 전망대가 있고, 주변에 카페와 다양한 종류의 차를 파는 상점이 있다. 전망은 리제 성이 더 좋다.

주소 Merkez, Kale Sk., 53100
위치 트라브존에서 돌무쉬를 타고 가면 차 조형물에서 내려주는데, 산으로 1km를 올라가면 나온다. 리제 광장에서 600m
운영 08:00~24:00
요금 무료

more & more 튀르키예의 차 재배

튀르키예에서 차 재배는 1917년에 시작됐다. 계기는 제1차 세계대전 이후 경제적, 사회적 위기와 실업, 대거 이주민으로 주민들의 일자리 창출과 소득원이 큰 이슈로 떠올랐는데 이를 해결하기 위한 조사가 시작됐다. 조사 결과 리제를 포함한 동부 흑해 연안은 바투미와 유사한 생태를 가지고 있어 차와 오렌지, 귤, 레몬과 같은 식물 재배가 가능하다는 것. 그래서 1937년부터 국가의 지원을 받아 바투미에서 차 씨앗을 수입해 차밭을 조성하기 시작했다. 1938년에 최초의 찻잎 수확이 이루어졌고, 최초의 차 공장이 1947년에 만들어져 하루 60톤의 차를 생산하며 해가 갈수록 늘어났다. 1963년을 기준으로 수입에서 내수를 모두 충족하게 된다. 차이쿠르Çaykur는 1983년 국유기업으로 설립되어 지금은 국부펀드로 주식이 이전되었다. 대표적인 튀르키예 차 브랜드로 다양한 라인이 있는데, 그중에 유기농 리제에서 생산된 차의 품질이 가장 좋다.

리제 차 브랜드

리제의 산비탈은 모두 차 밭이다.

리만 로칸타시 Liman Lokantasi

리제에서 유명한 지역 음식 전문점이다. 테이블 회전율이 빨라 놀라울 정도다. 차옐리Çayeli 지역에서 나는 콩 요리, 차옐리 파슐예스Çayeli Fasulyesi가 유명한데 고기와 함께 먹거나 콩요리만 먹을 수도 있다. 버터밥Tereyağlı Pirinç Pilavı과 함께 먹는다. 양이 많고, 서비스가 매우 빠르다.

주소	Çarşı, Osman Karavin Cd No:4 D:E, 53020
위치	메이단Meydan에서 50m
운영	04:00~22:00
요금	€€
전화	(464) 217 15 68

나리아 카라데니즈 무트파르 리제
Nalia Karadeniz Mutfağı Rize

넓은 매장에 세련된 음식을 제공하는 흑해 요리 전문점으로 리제의 전통음식인 차옐리Çayeli 콩 요리, 치즈 요리인 무흐라마Muhlama, 함시 요리인 함시 타바Hamsi Tava와 함시 필라브Hamsili Pilav(밥 위에 멸치튀김을 올린 요리)를 맛볼 수 있다. 가격은 다른 식당보다 높지만, 이스탄불보다는 저렴하다.

주소	Eminettin Mh. Menderes Blv. No:57/1D İç Kapı No:1, 53020
위치	메이단Meydan에서 500m
운영	08:00~22:00 요금 €€€
전화	(464) 236 07 07 홈피 www.nalia.com.tr

엔프스특 퀴네페 & 카트메르 리제
Enfıstık Künefe ve Katmer Rize

퀴네페와 카트메르 디저트와 함께 리제 차이를 즐기기 좋은 곳이다. 서비스로 과일과 견과류도 준다. 항상 사람들이 북적이는데 테이블 회전율이 빨라 대기하더라도 금방 자리가 난다.

주소	Piriçelebi, Cumhuriyet Cd. No: 130, 53020
위치	메이단Meydan에서 180m
운영	08:00~23:00 요금 €€
전화	(543) 827 27 53

동남아나톨리아 지역

...

동남아나톨리아 지역Güneydoğu Anadolu Bölgesi은 튀르키예 남동부에 위치해 남쪽으로 시리아, 남동쪽으로는 이라크와 국경을 접한다. 서쪽으로는 지중해 지역, 북쪽으로는 동아나톨리아 지역과 접하며 주요 도시로 가지안테프, 샨르우르파, 마르딘, 디야르바키르 등이 있다. 이곳은 메소포타미아와 아나톨리아의 교차점에 속하며 쿠르드족, 앗시리아인을 포함한 다양한 민족과 종교, 문화가 공존하고 있다.

1 튀르키예 최고의 미식 도시
가지안테프
Gaziantep

튀르키예 남동부에 자리한 가지안테프는 튀르키예인들이 인정하는 맛의 도시로 2015년 유네스코의 창조 도시 네트워크에서 미식 도시로 선정됐다. 비옥한 땅에서 재배된 다양한 식자재와 실크로드의 대상인들로부터 얻게 된 향신료를 활용한 요리에는 6천 년 역사가 녹아있다. 음식을 목적으로 방문해도 좋을 만큼 한국인 입맛에 잘 맞는 식당 천지다. 특히, 한국의 육개장과 비슷한 베이란, 가지 케밥, 피스타치오를 듬뿍 넣은 바클라바는 가지안테프에서 탄생한 대표요리이다. 역사적으로는 히타이트 시대부터 한타프Hantap라 불리었는데, 튀르키예가 제1차 세계대전의 패전국이 된 이후 영국과 프랑스가 점령했다. 튀르키예 독립 전쟁이 시작되자 스스로 조직한 민병대 300여 명이 1920년 3월부터 11개월 동안 사투를 벌인 끝에 수천 명의 프랑스군과 이에 협력한 아르메니아 반란군을 막아낸 항거의 도시다. 이에 '가지Gazi(수호자)'라는 영웅 호칭이 도시 이름에 붙어 가지안테프가 됐다. 현지 주민들은 보통 안테프라고 부른다.

가지안테프주 www.gaziantep.bel.tr 가지안테프 관광청 gaziantep.ktb.gov.tr

가지안테프 들어가기

항공과 버스로 갈 수 있다. 가지안테프는 튀르키예의 남동쪽에 위치해 육로 이동은 시간 소요가 많고 비효율적이라 버스보다는 항공을 추천한다. 마르딘 공항으로 들어와 마르딘→샨르우르파→가지안테프 순으로 육로로 이동하며 여행하고, 야간버스로 카파도키아로 들어가는 루트를 추천한다.

비행기

가지안테프 공항은 이스탄불, 앙카라, 안탈리아, 이즈미르, 트라브존의 국내선과 영국, 독일, 키프로스와 같은 유럽지역을 취항한다. 이스탄불은 터키항공과 페가수스항공으로 2시간, 이즈미르는 선익스프레스 SunExpress로 1시간 50분, 안탈리아는 선익스프레스로 1시간 30분, 앙카라는 에이젯항공 Ajet으로 1시간 15분, 트라브존는 페가수스로 1시간 10분이 걸린다.

가지안테프 공항
Gaziantep Havalimanı (Gaziantep Airport)

가지안테프에서 남쪽으로 20km 떨어진 작은 공항으로 시내와 가까운 것이 최대 장점이다. 공항 안에는 렌터카, 카페 등의 기본적인 시설이 있다.

주소 Sazgın, Gaziantep Havaalanı, 27900 Oğuzeli
전화 (342) 582 11 11

※ 가지안테프 공항에서 시내 들어가기

비행기 착륙 시간에 맞춰 공항버스, 하바쉬 Havaş가 대기하고 있다. 물고기 광장 Balıklı Meydan과 포럼 가지안테프 Forum Gaziantep를 정차해 버스터미널까지 운행한다. 30분이 걸리고 요금은 150TL이다. 하바쉬를 놓쳤을 경우, 택시를 이용해야 한다.

홈피 하바쉬 havas.net/en/bus-services

버스

가지안테프는 이스탄불에서 15~17시간이 걸려 효율성이 떨어진다. 버스보다는 항공으로 와서 주변의 마르딘과 샨르우르파를 함께 보기를 추천한다. 가지안테프에서 샨르우르파는 2시간 30분~3시간이 걸리고, 마르딘까지는 5시간이 걸린다. 네브셰히르(카파도키아)와는 7시간이 걸리는데 야간버스 루트로 좋다.

가지안테프 버스터미널

가지안테프 버스터미널

가지안테프 버스터미널
Gaziantep Şehirlerarası Otobüs Terminali
(Gaziantep Bus Terminal)

 가지안테프의 중심인 물고기 광장Balıklı Meydan(발르클르 메이단)과 6.5km 떨어진 중간 규모의 버스터미널로 식당, 카페, 휴대폰 충전기, 안마기 등의 시설이 있다.

주소 Yazır, Doç.Dr. Halil Ürün Cad., 42250 Selçuklu
전화 (332) 265 02 44
운영 24시간

※ 가지안테프 버스터미널에서 시내 들어가기

 버스터미널 정문으로 나오면 버스정류장이 있다. 전광판에 몇 분 뒤에 버스가 오는지도 안내되어 편리하다. 많은 버스가 시내로 가기 때문에 6번과 같은 버스 앞쪽에 Balıklı(물고기 광장Balıklı Meydan), Forum(포룸 가지안테프Forum Gaziantep)이라 쓰여 있는 버스를 타면 된다. 컨택리스카드를 사용할 수 있어 편리하다. 종종 시외버스가 버스터미널 도착 전 시내와 가까운 제우그마 모자이크 박물관 근처에 내려줄 때가 있는데, 이때 내린 장소에서 길 건너편 버스정류장에서 마찬가지로 버스 앞쪽에 쓰인 글자를 확인하고 타면 된다.

요금 대중교통 운행 05:30~23:30
홈피 버스·트램 시간표
www.gaziantep.bel.tr/tr/otobus-tramvay-saatleri

QR 제우그마 근처에서 내려줄 때 버스정류장

기차

다른 도시로 가는 고속철이 공사 중이라 여행자들이 기차를 이용해 드나들 수는 없다. 바로 앞에 버스정류장이 있는데 많은 버스의 출발지로 할페티행 버스도 이곳에서 출발한다.

가지안테프 기차역
Gaziantep Garı (Gaziantep Train Station)

 가지안테프 주변 마을 노선을 운행하고 있는데, 앞으로 고속철도 프로젝트로 메르신Mersin—아다나Adana—오스마니예Osmaniye—가지안테프Gaziantep가 연결될 예정이다.

주소 İstasyon Meydanı, Yaprak Mah. 27080

※ 가지안테프 기차역에서 시내 들어가기

기차역에서 포룸 가지안테프Forum Gaziantep까지는 450m로 도보 가능하고, 물고기 광장Balıklı Meydan까지는 큰길로 1.4km 거리로 약간 오르막이지만 걸을 만하다.

기차역 앞 버스정류장에서 많은 버스가 출발한다.

시내교통 이용하기

가지안테프의 구시가지는 도보로 충분하다. 제우그마 모자이크 박물관과 버스터미널에 갈 경우 버스를 이용하게 되는데, 버스 번호보다는 버스 앞에 버스터미널Otogarı라 쓰여 있는 버스를 타면 된다. 컨택리스카드 사용이 가능해 편리하다.

가지안테프 Gaziantep

현존하는 카페 중 세계에서 가장 오래된 타미스 카흐베시

가지안테프는 관광명소도 많지만, 음식에 집중하게 되는 여행지다. 식당과 디저트 식당들의 위치를 놓고 그 중간에 소화를 돕기 위한 관광지를 넣어 배치하면 더 많은 음식을 맛볼 수 있다. 포룸 가지안테프Forum Gaziantep에 슈퍼마켓 미그로스MMM Migros가 있고, 물고기 광장Balıklı meydan 주변에 BIM 슈퍼마켓과 지랏 은행 Ziraat Bankası이 있어 편리하다.

> **To do list**
> 1. 가지안테프의 음식 즐기기
> 2. 튀르키예 최고의 모자이크 박물관
> 3. 안테프가 어떻게 '가지안테프'가 되었는지 알아보기

가지안테프의 관광명소

가지안테프의 관광지는 제우그마 모자이크 박물관을 제외하고 모두 구시가지에 모여 있다. 제우그마 모자이크 박물관만 대중교통을 이용해 다녀오고 나머지 장소들은 도보로 순서대로 돌아보면 된다.

★★★
제우그마 모자이크 박물관
Zeugma Mozaik Müzesi (Zeugma Mosaic Museum)

가지안테프에서 60km 떨어진 고대 도시 제우그마 Zeugma Antik Kenti에서 발굴된 모자이크를 전시하는 박물관이다. 2000년 고대 도시 제우그마가 댐 건설로 수장될 위기에 처하자, 대대적인 발굴 프로젝트로 진행한 결과 규모만 2,500㎡의 세계 최대의 모자이크를 전시한 박물관이 됐다. 총 세 개의 구역으로 나뉘는데 첫 번째 구역에 제우그마의 시그니처인 〈집시 소녀〉가 있다. 큰 귀걸이 때문에 그런 이름이 붙었으나 디오니소스를 따르는 추종자라 추정된다. 얼굴의 일부 부분만 남아 있음에도 불구하고 섬세한 묘사와 매혹적인 시선으로 종종 모나리자로 비견된다. 두 번째 구역은 가지안테프의 교회와 그 주변 지역에서 발견된 바닥 모자이크가 전시되어 있다. 세 번째 구역에서는 동물 모자이크들을 볼 수 있다.

주소	Mithatpaşa Mahallesi, Hacı Sani Konukoğlu Bulvarı Tekel Caddesi, No:2
위치	물고기 광장 Balıklı Meydan에서 2km
운영	4~10월 08:30~18:30, 11~3월 08:30~17:00
전화	(342) 325 27 27
요금	€12
홈피	muze.gov.tr/muze-detay?SectionId=GZN01&DistId=GZN

강의 신 오시아노스 Oceanos와 그의 아내 테티스 Tethys (2~3세기)

제우그마 박물관의 시그니처

전체 중 아주 일부분만 남아 있다.

12월 25일 가지안테프 영웅 박물관

Panorama 25 Aralık Gaziantep Savunması Kahramanlık Panoraması ve Müzesi
(25 December Gaziantep Defense Heroism Panorama and Museum)

제1차 세계대전 이후 패전국이 된 튀르키예는 승전국들에 의해 국토가 나뉘게 된다. 이에 아타튀르크를 중심으로 전국적인 민족 해방 전쟁이 펼쳐졌다. 남부 전선에 있던 안테프는 1918년 12월 17일 영국군에 의해, 1919년 9월 15일 영국과 프랑스 사이에 시리아 협상이 체결된 후 1919년 10월 27일에는 프랑스군에 의해 점령당하게 된다. 항거에 불을 붙인 사건은 1920년 1월 21일 모자가 길을 지나던 중 마주친 술에 취한 프랑스군이 어머니를 조롱하면서 시작됐다. 이에 12살 아들 카밀은 돌을 던졌는데 프랑스군이 총검으로 찔러 죽인다. 이에 분노한 시민들은 민병대를 조직하고, 1920년 4월 1일 프랑스를 향해 쏜 총알로 전쟁이 시작됐다. 10개월간 필사적으로 싸워 프랑스군과 아르메니아 반란군을 물리쳤다. 이후 튀르키예-프랑스 간의 앙카라 조약으로 1921년 12월 25일 해방을 맞이했다. 박물관은 안테프 항거의 기간을 아카이빙하고, 기리기 위해 만들었다. 당시의 상황을 좀 더 알고 싶다면 1.7km 떨어진 **샤힌베이 국립 투쟁 박물관**Şahinbey Milli Mücadele Müzesi(운영 09:00~18:00, 요금 무료)도 방문해 보자. 전쟁 당시 가지안테프를 마네킹으로 활용해 표현한 박물관이다.

주소 Karagöz, Derekenarı Cd No:39, 27080 Şahinbey
위치 물고기 광장Balıklı Meydan에서 500km
운영 08:30~17:00
전화 (342) 211 12 00
요금 60TL
홈피 www.panorama25aralik.com

❶ 12월 25일 가지안테프 영웅 박물관 ❷ 샤힌베이 국립 투쟁 박물관

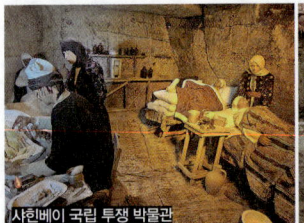
샤힌베이 국립 투쟁 박물관

1920년 1월 21일 12살 카밀의 죽음

비둘기는 통신수단으로 사용했다.

가지안테프 성
★★☆
Gaziantep Kalesi (Gaziantep Castle)

 6천 년 전 히타이트 시대에 지어진 성으로 비잔틴, 오스만 제국을 거치며 덧붙여지고 재건되었다. 2~3세기에는 테반이라는 작은 도시가 있었고 망루로 사용했다. 지금의 모습은 6세기 유스티니아누스Justinianus 황제 때에 갖추게 됐다. 1557년 오스만 제국의 쉴레이만Süleyman 대제에 의해 재건되었으며 내부에 모스크와 목욕탕이 발굴되었다. 오랜 복원 끝에 2018년 문을 열었으나 2023년 가지안테프-시리아 지진으로 무너져 다시 수리 중이다.

주소 Seferpaşa Mahallesi, 27240 Şahinbey
위치 물고기 광장Balıklı Meydan에서 750m
운영 08:30~17:30 전화 (342) 324 88 09
요금 수리 중
홈피 muze.gov.tr/muze-detay?SectionId=GKL01&DistId=MRK

 ## 가지안테프 고고학 박물관
★★☆
Gaziantep Arkeoloji Müzesi (Gaziantep Archeological Museum)

 구석기부터 신석기, 청동기, 히타이트, 페르시아, 로마, 오스만 제국 시대까지 가지안테프 지역에서 발견된 1,752점의 유물을 전시하고 있다. 이 중 히타이트 시대 날씨의 신인 테슈브Teshub는 투구를 쓰고 한 손에는 번개를, 다른 손에는 전쟁의 도끼를 들고 있다. 북부 메소포타미아 지역은 비에 의존해 농사를 짓는 지역으로 테슈브는 중요한 신이었다. 지진 여파로 현재 휴관 중이다.

주소 İncilipınar Mahallesi, İstasyon Caddesi, No:2
위치 물고기 광장Balıklı Meydan에서 750m
운영 08:30~17:00 전화 (342) 324 88 09
요금 €4
홈피 muze.gov.tr/muze-detay?SectionId=GZA01&DistId=MRK

 ## 목욕탕 박물관 Gaziantep Hamam Müzesi (Gaziantep Bath Museum)
★★☆

 랄라 무스타파 파샤Lala Mustafa Pasha가 1577년 지은 목욕탕으로 2015년 가지안테프시에서 복원해 박물관으로 문을 열었다. 하맘이 어떤 구조인지, 어떻게 활용되었는지 쉽게 이해할 수 있다. 때를 밀고, 사우나를 하는 공간과 방법, 물을 끼얹는 구리 바가지와 거울과 빗 등 목욕탕에서 사용하는 다양한 소품이 전시되어 있다.

주소 Sadık, Karagöz, Mehmet Dai Sk. No:20, 27400 Şahinbey
위치 물고기 광장Balıklı Meydan에서 450m
운영 08:30~17:30 전화 (342) 211 12 00
요금 30TL

★★☆
가지안테프 장난감 & 게임 박물관
Gaziantep Oyun ve Oyuncak Müzesi (Gaziantep Museum of Toys and Games)

1700년대부터 1990까지 장난감과 게임도구 600여 가지를 모아 놓은 박물관이다. 앤티크 인형을 좋아하는 사람이라면 방문할 만하다. 박물관을 다 보면 국가별 전통 의상을 입은 인형 동굴로 이어지는데, 장난감이지만 으스스한 분위기이다. 중국과 일본은 있는데 한국은 없다. 박물관이 있는 베이Bey 지구는 가지안테프에서 오래된 지역으로 언덕에 있다. 오래된 좁은 골목을 여러 조형물로 꾸며 놓아 사진 찍기에 좋다. 맞은편에 아타튀르크 박물관Atatürk Müzesi과 근처에 하산 쉬제르 민족지학 박물관Hasan Süzer Etnografya Müzesi이 있다.

주소	Bey, Hanifi Oğlu Sk., 27010 Şahinbey
위치	물고기 광장Balıklı Meydan에서 300m
전화	507 449 30 03
운영	08:30~17:30
요금	30TL

★★★
바자르 Çarşısı (Bazaar)

여러 개의 시장이 모여 있는 구조다. 관광객들이 좋아하는 알마지 파자리Almaci Pazari에서는 향신료, 말린 가지와 파프리카, 말린 과일, 아몬드, 피스타치오 등을 살 수 있는데, 특히 피스타치오는 가지안테프 특산물로 1kg당 가격대가 다양하다. 바크르즐라르 바자르Bakırcılar Çarşısı는 구리세공 제품 시장으로 차 메이커와 커피 메이커, 찻잔 등을 살 수 있다.

❶ 알마지 바자르 ❷ 바크르즐라르 바자르

주소	Şekeroğlu Mah, Merkez, 27220 Şahinbey
위치	물고기 광장Balıklı Meydan에서 300m
운영	알마지 바자르 08:00~21:00, 바르크즐라르 바자르 08:00~23:00
요금	무료

가지안테프의 레스토랑

가지안테프는 관광보다 식당 탐방이 메인이라 할 정도로 미식의 도시다. 위는 한정되어 있고 여러 가지 음식을 맛보려면 체류 일자를 늘려야 한다. 베이란은 가지안테프에서 시작됐는데 한국인 입맛에 딱 맞는 요리로 꼭 맛봐야 한다. 케밥은 가지 케밥Patlıcan Kebap, 알리 나직 케밥Ali Nazik Kebabı, 양파 케밥Soğan Kebabı도 시도해 보아야 하고, 후식인 카트메르Katmer나 바클라바Baklava 역시 가지안테프가 원조 도시이다. 메인 요리와 디저트를 먹다 보면 배가 꺼질 틈이 없다. 가지안테프는 유네스코의 창조 도시 네트워크의 미식 도시로 매년 9월 둘째 주 토요일부터 셋째 주 일요일까지 가스트로안테프 문화의 길 축제GastroAntep Kültür Yolu Festivali라는 미식 행사가 열리니 시기가 맞는다면 참여해 보자.

 베이란 Beyran

오랫동안 끓인 양고기를 잘게 찢어 쌀에 육수를 붓고 고추기름을 넣어 팔팔 끓여 내는 국물 요리로 가지안테프에서 처음 만들어졌다. 한국의 육개장과 비슷한데 육개장이 칼칼한 맛이라면 베이란은 기름진 묵직한 맛이다. 아침에도 먹는다. 기록에 의하면 1885년 가지안테프 시장에서 처음 시작되었다고 한다. 아래는 가지안테프에서 가장 인기 있는 베이란 음식점으로 하나는 제우그마 모자이크 박물관 근처(추천), 다른 한 곳은 시장에 있다. 모두 일찍 문을 연다.

▶▶ **두캇 케밥** Dukat Kebap

- 주소 Fevzipaşa Mahallesi, Korutürk Cd. No:36, 27665 Şehitkamil
- 위치 제우그마 모자이크 박물관에서 550m
- 운영 05:00~18:30
- 요금 €€
- 전화 (342) 323 67 33
- 홈피 beyrankebap.com

▶▶ **멧타네트 로칸타스** Metanet Lokantası

- 주소 Kozluca, Kozluca Cd. No:11, 27400 Şahinbey
- 위치 물고기 광장Balıklı Meydan에서 950m
- 운영 05:00~17:00
- 요금 €€
- 전화 (342) 231 46 66

케밥츠 할릴 우스타
Kebapçı Halil Usta

제우그마 박물관을 보고 점심에 방문하기에 좋은 식당이다. 고기를 두툼하게 썰어 육즙 풍부하게 구워내는 쿠쉬레메Küşleme가 시그니처다. 맛은 있지만 양과 가격이 아쉽다. 메뉴를 시키면 미니 라마준과 샐러드가 함께 나온다.

주소 Karşıyaka Mah Tekel Cad, Hacıbaba, Ocukoğlu Sk. No:6, 27500 Şehitkamil
위치 제우그마 모자이크 박물관에서 400m
운영 월~토 10:30~18:30, **휴무** 일요일
요금 €€€
전화 342 323 16 16
홈피 kebapcihalilusta.com.tr

되네르지 메흐멧 우스타
Dönerci Mehmet Usta

부르사의 이스켄데르 케밥 원조식당과 비교하고 싶을 만큼 고기가 부드럽고 맛있다. 되네르 케밥 전문점으로 이스켄데르 케밥Iskender Kebap, 밥과 고기Pilav Üstü, 고기와 야채Sade Döner 이렇게 세 가지 메뉴다. 부르사보다 가격도 저렴하고 맛있어 강력 추천한다.

주소 Eski, Karagöz, Karahoca Sk., 27240 Şahinbey
위치 물고기 광장Balıklı Meydan에서 190m
운영 월~토 07:00~22:00, 일 07:00~21:30
요금 €€
전화 (342) 231 11 70

카삽 셀축 우스타
Kasap Selçuk Usta

접시 대신 종이를 깔고 그 위에 샐러드와 케밥을 올려주는 식당이다. 주방에서 곧바로 갈빗살을 손질해 케밥을 만드는데 맛이 없을 수가 없다. 고기의 맛을 위해 최소한의 양념을 사용한다. 아이란을 커다란 잔에 충분히 제공하는 것도 매력이다.

주소 Yaprak, Abdullah Kepkep Sk., 27080 Şehitkamil
위치 물고기 광장Balıklı Meydan에서 150m
운영 11:00~21:30
요금 €€
전화 538 581 24 41

뢰퀴스 지에르 **Löküs Ciğer**

간 케밥 전문점으로 근처의 에네르 우스타닌 예리Yener Usta'nin Yeri와 함께 유명한 집이다. 한국의 순대 간 맛을 좋아한다면 좋아할 맛이다. 간을 구워 향신료와 고춧가루를 이용해 매콤하게 낸다. 케밥으로 먹을 수도 있고, 뒤룸으로 주문할 수도 있다. 가격도 저렴하다.

주소 Karagöz, Derekenarı Cd No:27, 27400 Şahinbey
위치 물고기 광장Balıklı Meydan에서 150m
운영 화~일 10:00~21:00, 휴무 월요일
요금 €
전화 532 285 68 01

이맘 차다쉬 케밥 & 바클라바 살로누 İmam Çağdaş Kebap & Baklava Salonu

1886년에 문을 연 오래된 식당으로 화려한 인테리어에 가지안테프를 대표하는 고급 식당이다. 메뉴 가격은 이스탄불과 비슷하며 케밥과 바클라바 모두 유명하다. 구운 가지 퓨레를 섞은 마늘 요거트에 케밥이 함께 나오는 알리 나직 케밥Ali Nazik Kebabı이 유명하다.

주소 Kale, Altı Uzun Çarşı No:49, 27400 Şahinbey
위치 물고기 광장Balıklı Meydan에서 550m
운영 08:00~22:00
요금 €€€
전화 (342) 220 45 45
홈피 www.imamcagdas.com

예세멕 가지안테프 무트파으 Yesemek Gaziantep Mutfağı

가지안테프의 가정식을 맛보기 좋은 장소로 1945년부터 운영 중이다. 가지안테프 타바우Gaziantep Tabağı와 가스트로노미 텝시시네Gastronomi Tepsisinde를 많이 주문하는데 5가지 가지안테프 음식과 5가지 메제Meze를 조금씩 맛볼 수 있다. 2인이 간다면 가지안테프 타바우와 가지 케밥Patlıcan Kebap, 양파 케밥Soğan Kebabı과 같은 메인요리와 밥Pilavı을 주문하면 된다.

주소 Alaybey, Yeniçeri Sk. 27/A, 27010 Şahinbey
위치 물고기 광장Balıklı Meydan에서 800m
운영 10:30~21:00
요금 €€€
전화 (342) 231 03 42
홈피 yesemekmenu.dijikep.com

타미스 카흐베시 Tahmis Kahvesi

1635년 오스만 제국 시대에 문을 연 커피하우스로 튀르키예에서, 세계에서 현존하는 카페 중 가장 오래됐다. 화재로 두 번 불탄 것을 복원한 것이다. 피스타치오 커피Menengiç Kahvesi와 피스타치오가 듬뿍 들어간 외젤 쇼비옛Özel Şöbiyet 바클라바가 시그니처다.

주소 Eski, Suyabatmaz, Buğday Pazarı Sk. No:8, 27400 Şahinbey
위치 물고기 광장Balıklı Meydan에서 800m
운영 08:00~24:00
요금 €€
전화 (342) 232 89 77
홈피 www.tahmis.com.tr

튀튄 하느 & 동굴 카페
Tütün Hanı & Mağara Cafe

담배가 오스만 제국에 퍼지기 시작한 것은 18세기부터이다. 1754년 이곳에서 담배를 판매하고 세금을 거두었다는 기록이 있다. 담배를 판매하던 상인 숙소를 개조한 카페로 구리세공 시장 안에 있다. 18세기 상인 숙소를 재현해 놓아 차를 마시며 내부를 구경하기에 좋다. 물담배를 시도하기에도 좋은 분위기로 겨울철이라면 일본의 코타츠처럼 물담배 숯을 활용한 보온 효과도 경험할 수 있다. 주문하지 않고 내부를 구경하려면 입장료를 내야 한다.

주소 Boyacı, Külekçi Çarşısı Sk. No:27, 27400 Şahinbey
위치 물고기 광장Balıklı Meydan에서 750m
운영 09:00~23:00
요금 €€
전화 (342) 231 76 89

 ## 카트메르 Katmer

카트메르는 가지안테프에서 만들어진 디저트 메뉴로 14세기부터 기록에 남아 있다. 가지안테프에서는 신혼부부의 첫날 아침 식사로 카트메르를 먹는 전통을 가지고 있다. 얇게 민 유프카Yufka에 카이막과 피스타치오를 듬뿍 넣고 접어 구워내는 크레페다. 클래식한 형태는 사각형이고, 동그란 시밋 모양의 시밋 카트메르Simit Katmer도 있다. 가격은 거의 밥값이나 혼자 먹기에는 양이 많아 여럿이서 나누어 먹는 것을 추천한다.

▶▶ 카트메르지 젠기즈 카다이프 & 카트메르 & 로쿠마
Katmerci Cengiz Kadayıf & Katmer & Lokma

주소 Alaybey, Karagöz Cd. no:17E, 27000 Şahinbey
위치 물고기 광장Balıklı Meydan에서 240m
운영 월~토 06:30~20:30, 일 06:30~19:30
요금 €€
전화 532 658 99 27

▶▶ 카트메르지 제케리야 우스타 Katmerci Zekeriya Usta

주소 Alaybey, Bay Hilmi Gç. No:16/C-D, 27010 Şahinbey
위치 물고기 광장Balıklı Meydan에서 400m
운영 07:30~20:00   요금 €€
전화 (342) 230 09 71
홈피 katmercizekeriya.com

 ## 코착 바클라바 Koçak Baklava

시내 중심가와는 떨어져 있어 도보로 가기엔 조금 멀지만 가지안테프에서 바클라바로 가장 유명한 가게다. 피스타치오와 땅콩 등의 견과류를 듬뿍 넣어 고소하고 달콤한 맛을 낸다. 바클라바를 좋아한다면 방문해보자. 두 개의 매장이 있는데 분점이 조금 더 가깝다.

홈피 www.kocakbaklava.com.tr

본점
주소 Mücahitler, Abdulkadir Behçet Cd. No : 44, 27090 Şehitkamil
위치 물고기 광장Balıklı Meydan에서 1.8km
운영 07:00~23:00
요금 €€   전화 444 27 55

분점
주소 Akbank Karşısı, Değirmiçem, Gazi Muhtar Paşa Blv. No:29 D:G, 27500 Şehitkamil
위치 물고기 광장Balıklı Meydan에서 1.3km
운영 07:00~23:00
요금 €€
전화 (342) 215 00 12 5

가지안테프의 숙소

가지안테프에는 호스텔은 없고 호텔만 있는데 대체로 낡은 편이다. 담배 냄새가 나는 방이 많다. 물고기 광장 Balıklı Meydan 주변이나 포룸 가지안테프 Forum Gaziantep에 숙소를 잡으면 중심가와 가깝고 공항, 버스터미널로 가는 버스정류장이 가까워 교통이 편하다.

❶ 우트쿠베이 호텔 Utkubey Otel

주소 Bey Mh M, Mehmet Tevfik Uygunlar Sk., 27300 Şahinbey
위치 물고기 광장 Balıklı Meydan에서 160m
요금 €€€
전화 와츠앱 533 160 21 44
홈피 www.utkubey otel.com

❷ 제우그마 Zeugma

주소 Karagöz, İstasyon Cd. No:14, 27400 Şahinbey
위치 물고기 광장 Balıklı Meydan에서 150m
요금 €€
전화 (342) 230 81 91

❸ 이비스 가지안테프 Ibis Gaziantep

주소 Yaprak, İstasyon Cd. No:78, 27400 Şehitkamil
위치 포룸 가지안테프 Forum Gaziantep 쇼핑몰에 위치
요금 €€
전화 (342) 211 00 30
홈피 all.accor.com

❹ 노보텔 Novotel Gaziantep

주소 Yaprak, İstasyon Cd. No:80, 27400 Şehitkamil
위치 포룸 가지안테프 Forum Gaziantep 쇼핑몰에 위치
요금 €€€
전화 (342) 211 00 00
홈피 all.accor.com

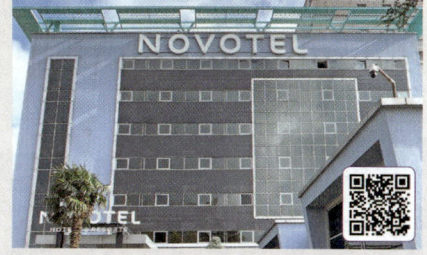

가지안테프의 쇼핑

가지안테프는 최상급 피스타치오를 생산한다. 껍질을 깐 제품과 까지 않은 제품, 다양한 품질의 다양한 가격대의 피스타치오를 구입할 수 있다. 물론, 향신료도 빼놓을 수 없다. 시장 안에는 가벼운 기념품을 원하는 여행자들을 위해 가지안테프를 대표하는 바클라바, 가지 케밥 등을 냉장고 자석으로 만들어 판매하고 있다. 바클라바와 로쿰도 시식하고 구매하기에 좋다. 현대적인 쇼핑몰로는 포룸 가지안테프 Forum Gaziantep(운영 10:00~22:00)가 있다.

2 괴베클리 테페와 성스러운 물고기 호수
샨르우르파
Şanlıurfa

아브라함, 욥 등 여러 중요한 선지자와 종교적 인물이 살았던 도시로 '예언자의 도시'라 부른다. 쿠르드족이 60~65%로 많은 인구를 차지한다. 세계 고대사를 뒤흔든 '괴베클리 테페'의 발굴로 세계에서 가장 오래된 인공 건축물을 가진 도시가 됐다. 성지순례 단체 관광객들만 간혹 들를 뿐 한국인뿐만 아니라 동양인 자체가 극히 드물지만 앞으로 주목할 만한 도시로 추천한다.

과거 헬레니즘 시대에는 '풍부한 물'이라는 뜻인 '에데사Edessa'로 불렸으며, 아시리아인들은 헬레니즘 이전부터 불러왔던 우르하이Urhay라고 불렀는데 후에 우르파Urfa가 됐다. 오스만 제국 시대에는 루하Ruha라는 이름을 20세기 초까지 사용했다. 샨르우르파라는 이름은 1984년부터 공식화되었는데, '샨르Şanlı'는 '거룩한'이라는 뜻으로 '거룩한 우르파'라는 의미다. 현지에서는 보통 우르파Urfa라고만 부른다.

샨르우르파 지방자치단체 www.sanliurfa.bel.tr
샨르우르파 문화관광국 sanliurfa.ktb.gov.tr

샨르우르파 들어가기

항공과 버스로 갈 수 있다. 샨르우르파는 튀르키예의 남동쪽에 위치해 육로 이동은 시간 소요가 많고 비효율적이라 버스보다는 항공을 추천한다. 마르딘 공항으로 들어가 마르딘→샨르우르파→가지안테프 루트로 육로로 이동하며 여행하면 좋다.

비행기

샨르우르파 공항은 국내선만 운행한다. 이스탄불, 앙카라, 안탈리아, 이즈미르를 연결하고 이스탄불은 2시간, 앙카라는 1시간 20분, 안탈리아는 1시간 40분, 이즈미르는 2시간이 걸린다.

샨르우르파 갭 공항
Şanlıurfa Gap Havalimanı (GAP Şanlıurfa Airport)

주소 DHMİ Şanlıurfa GAP Havalimanı Müdürlüğü 63340 Karaköprü
전화 (414) 378 11 11
홈피 https://www.dhmi.gov.tr/Sayfalar/Havalimani/Gap/AnaSayfa.aspx

※ 샨르우르파 공항에서 시내 들어가기
비행기 착륙 시간에 맞춰 공항버스, 하바쉬Havaş가 대기하고 있고, 교통의 중심지인 네발리 호텔Nevali Hotel(종착지)에 내려준다. 반대로 공항으로 갈 때도 네발리 호텔에서 타면 된다. 45분이 걸리고 요금은 150TL이다. 하바쉬를 놓쳤을 경우, 택시를 이용해야 한다.

하바쉬 havas.net/en/bus-services

버스

샨르우르파는 이스탄불에서 16~21시간이 걸릴 정도로 먼 거리다. 버스보다는 항공으로 와서 주변의 마르딘Mardin과 가지안테프Gaziantep를 함께 보는 것을 추천한다. 마르딘 주변 도시로 마르딘과 가지안테프는 2시간 30분~3시간이 걸린다.

샨르우르파 버스터미널
Şanlıurfa Sehirler Arası Otobus Terminali
(Mardin Bus Terminal)

샨르우르파 그랜드 모스크Ulu Cami와 5km, 물고기 호수Balıklıgöl와 6km 떨어진 중간 규모의 터미널이다. 버스터미널은 넓지만 별다른 시설이 없다. 버스 시간에 맞춰 가는 것을 추천한다.

주소 Esentepe, 63330 Şanlıurfa Merkez
전화 (414) 313 26 86
운영 24시간

※ 샨르우르파 버스터미널에서 시내 들어가기

버스터미널 정문으로 나오면 넓은 주차장과 택시 주차장이 보인다. 언덕 위로 도로에 차가 지나다니는 것이 보이는데 그곳으로 가면 된다. 계단이 아닌 완만한 경사로 캐리어 끌기도 괜찮다. 올라가면 왼쪽의 버스정류장에서 61번을 타면 네발리 호텔Nevali Hotel 건너편에 내릴 수 있다. 15~20분 소요되고, 컨택리스카드를 사용할 수 있어 편리하다. 네발리 호텔 정류장에 내리면 호텔 쪽으로 길 건너 63번 출발지로 걸어가 타면 된다. 중심가인 그랜드 모스크Ulu Cami, 시장, 물고기 호수 공원 순서대로 내려준다.

운영 **61번 버스** 05:40~23:10 (12~21분 간격)
64번 버스 24시간 (3~7분 간격)

❶ 61번 버스 타는 정류장 ❷ 63번 버스 타는 정류장

64번 버스정류장

61번 버스정류장

시내교통 이용하기

숙소 위치를 그랜드 모스크 주변으로 잡으면 샨르우르파의 구시가지는 도보로 충분하다. 샨르우르파 버스터미널과 괴베클리 테페, 선지자 욥의 무덤을 갈 경우 버스를 이용하게 된다. 버스터미널은 샨르우르파 대모스크 앞에서, 괴베클리 테페는 샨르우르파 고고학 박물관 근처와 네발리 호텔 앞에 버스정류장이 있고, 선지자 욥의 무덤은 물고기 호수 근처의 로터리 정류장에서 버스가 있다.

교통의 중심, 네발리 호텔

샨르우르파 Şanlıurfa

샨르우르파는 구시가지의 볼거리와 근교 볼거리, 지역 음식 세 가지가 뭐 하나 빼놓을 수 없이 비등하게 중요하다. 샨르우르파와 근교까지 제대로 보려면 도보, 버스, 투어를 모두 활용해야 하고 최소 꽉 찬 2박은 필요하다. 봄가을에도 햇살이 강하고, 한여름에는 40도가 넘는 뜨거운 날이 이어지니 무리하지 않는 일정을 계획하자. 샨르우르파를 방문하기에 가장 좋은 때는 4~6월과 9~11월이다.

구시가지에 프랜차이즈 마켓은 없고 샨르우르파 박물관 맞은편의 피아자Piazza 쇼핑몰에 미그로스Migros가 있다. 지랏 은행Ziraat Bankası은 그랜드 모스크Ulu Cami와 피아자 쇼핑몰에 ATM이 있다.

To do list
1. 아브라함과 관련된 물고기 호수 공원 가기
2. 샨르우르파 성 위에서의 야경
3. 세계 최초의 인공 건축물, 괴베클리 테페 가기
4. 시간이 있다면 넴루트산, 하란, 할페티 가보기

샨르우르파의 관광명소

샨르우르파 여행은 크게 고고학 유적과 종교적 성지로 나눌 수 있다. 관심사에 따라 가감하며 돌아보면 되는데, 괴베클리 테페는 세계 최초의 인공 건축물이라는 타이틀이 있고, 성경에 나온 아브라함이 관련된 장소 등은 모두 세계적으로 하나뿐이고 놓쳐서는 안 되는 중요한 장소이다.

★★★ 물고기 호수 공원 Balıklıgöl Parkı (Fish Lake Park)

공원 안에는 여러 개의 성지가 있다. 먼저 공원 정문으로 들어가 직진하면 **물고기 호수** Balıklıgöl(Fish Lake)가 나온다. 150m 길이에 폭 30m의 호수다. 호수 주변에는 기념사진을 찍고 물고기 밥을 주는 사람들로 가득하다. 수로 끝으로 가면 아브라함이 불 속에 몸을 던졌던 장소에 **할릴우르-라흐만 모스크** Halilu'r-Rahman Camii와 마드라사가 세워져 있다. 504년 성모마리아 교회가 세워진 장소에 아바스 왕조(813~833) 시대에 모스크로 개조한 것이다. 내부에서 성수를 받을 수 있다. 무슬림 성지로 복장 규정을 준수해야 들어갈 수 있다. 공원 내에 작은 호수가 하나 더 있는데 **아인 젤리하 호수** Ayn Zeliha Gölü다. 전해지는 이야기에 의하면 아브라함이 불에 던져질 때 왕의 딸이 자신도 불에 뛰어들어 후에 호수로 변했다 한다. 관광객들이 작은 배를 띄워 한 바퀴 돌기도 하고, 호수 주변의 카페에서 소소한 시간을 보내는 사람들의 모습이 보인다. 모스크 첨탑을 보고 따라가면 메블리디 할릴 모스크 Mevlidi Halil Camii가 나온다. 비둘기 밥을 주는 중정에 **아브라함이 태어난 동굴** Mevlid-i Halilulrahman Mağarası이 있다. 동굴 안에는 기도하는 사람들과 성수를 받는 사람들로 가득하다. 바로 옆에는 무함마드의 수염과 발자국, 옷이 전시된 방이 있다.

- 주소: Haliliye,, Balıklı Göl Cd., 63210 Şanlıurfa Merkez
- 위치: 그랜드 모스크 Ulu Cami에서 550m
- 운영: 24시간
- 요금: 무료

① 아브라함이 태어난 동굴 ② 아인 젤리하 호수 ③ 물고기 호수 ④ 아브라함이 불 속에 몸을 던졌던 장소

아브라함이 태어난 동굴

성스러운 호수의 물고기는 잡아먹지 않는다.

아인 젤리하 호수

아브라함이 불 속에 몸을 던진 장소

★★★ 크즐코윤 네크로폴리스 Kızılkoyun Nekropolü (Kızılkoyun Necropolis)

네크로폴리스는 죽은 자들의 도시로, 묘지 구역을 말한다. 이곳은 주로 2~4세기 헬레니즘부터 로마, 비잔틴 시대까지의 무덤 군락으로 석회암 바위를 파서 동굴 무덤과 장식을 만들었다. 61개의 무덤이 발굴되었으며 내부에는 프레스코화가 그려진 곳도 있다. 동굴 하나에는 당시 장례문화를 보여주는 동영상을 상영하고 있어 이해를 돕는다. 밤에 조명을 켠 모습이 아름다우니 낮과 밤 두 시간대에 보는 것을 추천한다.

주소 Yeni, Haleplibahçe Cd. No:115, 63210 Şanlıurfa Merkez
위치 그랜드 모스크Ulu Cami에서 700m, 호수 공원 쪽으로 둘러 가지 않고 언덕을 올라 공원쪽으로 내려가는 빠른 길도 있다. 호수 공원에서 500m
운영 월~토 09:00~17:00, 일 10:00~17:00
요금 무료

에데사 군사의 모습을 한 동상. 샨르우르파 고고학 박물관에 원본이 있다.

무덤의 외부 장식

당시의 장례문화를 보여주는 영상

도굴 문제가 생기자. 입구를 돌로 막는 구조로 바뀌었다.

---

more & more 아브라함 İbrahim (Abram) 이야기

아브라함이 태어날 당시, 넴루트Nemrut(Nimrod) 왕은 자신의 왕좌가 무너지는 꿈을 꾼다. 점쟁이들이 왕좌를 무너뜨릴 아이가 태어난 것으로 해석하자, 두려움에 사로잡힌 왕은 그해에 태어난 아이를 모두 죽이라고 명령한다. 임신 중이었던 아브라함의 어머니는 동굴로 피신해 아브라함을 낳아 7년간 동굴 안에서 키운다. 후에 아브라함이 우상숭배를 비판하자 넴루트 왕은 아브라함을 화형시키라 명한다. 온 나라의 나무를 모아 불을 지폈을 때, 불이 물로 변하고 장작은 물고기로 변하는 기적이 일어났다. 그 장소가 바로 샨르우르파의 물고기 호수다.

아브라함은 후에 몸종 하갈을 통해 이스마엘을 낳았는데 그의 자손이 아랍인이 되고, 100세의 나이에 얻은 자식인 이삭이 야곱을 낳아 야곱의 열두 아들이 유대인과 사마리아인의 조상이 됐다. 아브라함은 유대교, 기독교, 이슬람 모두의 공통 조상으로 샨르우르파는 3대 종교의 성지다.

할레플리바체 모자이크 박물관
Haleplibahçe Mozaik Müzesi (Haleplibahçe Mosaic Museum)

6,000㎡ 규모로 튀르키예에서 기둥 없이 지어진 가장 큰 건축물로 할레플리바체에서 발굴된 모자이크를 전시하고 있다. 아마존의 사냥을 주제로 한 것과 아마존의 수호 여신인 크티시스Ktisis, 아킬레우스의 생애를 주제로 한 모자이크를 눈여겨보자. 샨르우르파 고고학 박물관과 통합권만 구매가 가능하니, 박물관 두 곳을 볼 여유 있는 시간에 방문하자.

주소	Haleplibahçe 2372 Sokak 63200 Merkez Eyyübiye
위치	호수 공원에서 500m
전화	(414) 313 15 88
운영	4~10월 08:30~19:00, 11~3월 08:00~17:00
요금	할레플리바체 모자이크 박물관+샨르우르파 고고학 박물관 통합권 €10
홈피	muze.gov.tr/muze-detay?DistId=SUM&SectionId=SUM01

아마조네스의 사냥

샨르우르파 고고학 박물관
Şanlıurfa Arkeoloji Müzesi (Şanlıurfa Archeology Museum)

신석기 시대인 기원전 10,000년 전부터 청동기, 철기, 헬레니즘(기원전 330~기원후 30년), 비잔틴(395~610년, 628~639년, 1031~1087년)과 사산 왕조(610~628년), 이슬람(639~1031년), 셀주크 제국(1031~1087년), 아르메니아(1087~1095년), 십자군 점령기(1098~1517년), 1517년부터 오스만 제국의 영토가 되었을 때까지의 샨르우르파 유물들을 모아 놓은 큰 규모의 박물관이다. 5,000여 점의 전시물을 보며 층을 다 돌면 4.5km를 걷게 된다. 괴베클리 테페와 하란, 크즐코윤 네크로폴리스 유적을 먼저 보고 돌아보면 좀 더 의미 있다. 특히, 괴베클리 테페는 세계사적으로 중요한 만큼 실제 크기로 재현해 놓았는데 직접 들어가 그 크기와 규모를 체험할 수 있다.

주소	Haleplibahçe Mahallesi, 2372. Sk. No:74/1, 63200 Merkez Eyyübiye
위치	물고기 호수 공원에서 800m
전화	(414) 313 15 88
운영	4~10월 08:00~18:30, 11~3월 08:00~17:00
요금	할레플리바체 모자이크 박물관+샨르우르파 고고학 박물관 통합권 €10
홈피	muze.gov.tr/muze-detay?SectionId=SUM02&DistId=SUM

괴베클리 테페의 실제 크기

크즐코윤 네크로폴리스 유물

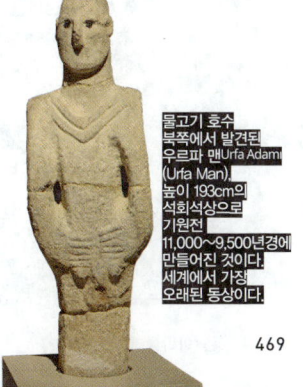
물고기 호수 북쪽에서 발견된 우르파 맨Urfa Adamı(Urfa Man). 높이 193cm의 석회석상으로 기원전 11,000~9,500년경에 만들어진 것이다. 세계에서 가장 오래된 동상이다.

★★★
샨르우르파 성 Urfa Kalesi (Urfa Castle)

기원전 9,500년 전 신석기 시대의 유적이 발견된 곳으로 지금의 성은 아바스Abbasi 왕조 때인 812~814년에 지어졌다. 성안에 17.2m의 둥근 기둥이 두 개 세워져 있는데 240~242년에 마누Manu 9세 때에 세워진 것이다. 동쪽 기둥에서 발견된 시리아어 비문에는 "나는 바르샤마쉬Barshamash(태양의 아들)의 아들 아프투하Afthha다. 마누Manu의 딸, 샬메드Shalmed 왕비를 위해 기둥을 세우고 비문을 새긴다"라고 쓰여 있다. 물고기 호수를 둘러보고 올라가서 전망을 즐기기 좋은데, 낮과 밤 모두 전망이 좋다.

주소 Şehidiye, Cumhuriyet Cd. No:147, 47100
위치 물고기 호수 공원에서 700m
요금 무료

성으로 올라가는 내부 계단

외부 계단

성 위에서 보이는 전망

★★★
주방 박물관 Mutfak Müzesi (Kitchen Museum)

샨르우르파의 전통가옥과 문화를 엿볼 수 있는 박물관이다. ㅁ자 형태의 단층 구조의 집으로 중정이 있고, 가운데 분수가 있다. 1층에는 남자들의 거실, 여자들의 거실, 아기방 등이 있고 지하에는 우물, 곡물과 커피 로스터기, 저장 음식과 곡식을 보관하는 창고가 있다. 마네킹으로 전통 의상과 함께 꾸며 놓아 더 생생하다.

주소	Camikebir, 1349. Sk. No:3, 63210 Şanlıurfa Merkez
위치	그랜드 모스크 Ulu Cami에서 80m
운영	화~일 09:00~17:00, 휴무 월요일
요금	무료

★★☆
욥의 동굴 Hz. Eyyüb Sabır Makamı (Cave of Job)

위치   버스 타는 곳

욥은 하나님의 축복으로 부와 많은 자녀를 가졌으나 하나님은 그를 시험하기 위해 가난과 비참함으로 이끌어간다. 노인이 되어 심각한 병에 걸리자, 욥은 동굴에 들어가 7년간 은둔하며 기도한다. 이어지는 시련에도 믿음과 기도를 멈추지 않자 하나님이 이에 응답했다. 욥에게 발뒤꿈치로 땅을 내리치고, 땅에서 나오는 물로 목욕하고, 그 물을 마시라 하자 욥이 따랐다. 병이 나았고 이후로 욥은 장수하고 더 많은 재산을 가지게 되었다는 이야기가 담긴 장소다. 비잔틴 시대인 460년, 주교가 나병과 통풍에 효과가 있다는 것을 깨달아 병원과 목욕탕을 만들기도 했고, 1145년 십자군으로부터 우르파를 점령한 이슬람 사령관은 류머티즘을 치료했다는 기록이 있다. 과거와 달리 우물이 아닌 수도꼭지를 통해 성수를 받을 수 있으니 음용해 보자.

주소	Şehidiye, Hükümet Cd. No:10, 47100
위치	샨르우르파 고고학 박물관-모자이크 박물관-성스러운 물고기 호수 공원 로터리에서 24번 버스가 간다.
운영	24시간
요금	무료

치유의 성수 받는 곳

우물

Special Tour
샨르우르파 근교 명소

샨르우르파 근처의 역사적으로 중요한 명소는 괴베클리 테페Göbeklitepe, 하란Harran, 할페티Halfeti가 있다. 괴베클리 테페는 고고학 박물관에서 버스로 45분, 하란은 샨르우르파 버스 터미널에서 돌무쉬로 1시간 15분이 걸린다. 할페티는 가지안테프에서 가까워 가지안테프 근교로 소개하는데(p.475) 샨르우르파에서 할페티와 하란을 갈 경우 시간 소요가 많아 세 곳을 묶어 다녀오는 투어를 추천한다. 성수기에만 운영하는 비정기적인 근교 투어로 시간을 효율적으로 쓸 수 있다. 물고기 호수 공원의 관광안내소에 문의하면 연결해 준다. 또는 대중교통으로 가기 쉬운 할페티는 따로 가고, 시간 소비가 많은 하란만 택시나 렌터카를 빌려 다녀오는 방법도 있다.

more & more 샨르우르파에서 넴루트산 Nemrut Dağı 데이 투어

넴루트산은 2,150m 높이의 산으로 산 정상에 기원전 1세기 콤마게네Commagene 왕국의 안티오쿠스 1세Antiochus I와 그의 아버지의 무덤이 있는 신비한 장소이다. 보통 일출과 일몰 시간에 맞추어 방문한다. 개별적으로 방문할 경우 말라티아Malatya 또는 아드야만Adıyaman에서 택시나 렌터카를 이용해야 하는데 투어로 가면 주변의 다른 중요한 장소들을 묶어 볼 수 있어 투어를 추천한다. 샨르우르파나 아드야만에서 단체 투어가 있다. 샨르우르파에서는 네발리 호텔Nevali Hotel에서 07:00경에 출발해 여러 유적과 넴루트산에서 일몰을 보고 20:00~21:30에 돌아오는 투어로 가격은 900~1,000TL 정도다. 아드야만(샨르우르파에서 버스로 2시간 소요)로 가면 조금 더 저렴한데 400~500TL 정도 하며 13:00에 출발한다. 투어에서 방문하는 장소들은 카라쿠스 고분Karakuş Tümülüsü, 젠데레 다리Cendere köprüsü, 아르세미아 유적Arsemia Ören Yeri, 넴루트산 유적Nemrut Dağı Ören Yeri이다. 넴루트산의 거의 정상까지 차량으로 올라가며 100m 정도만 걸으면 되고, 입장료는 별도다. 겨울에는 폭설로 입산이 금지되니 참고하자.

넴루트산
- 주소 Karadut Köyü
- 운영 04:00~21:00
- 전화 416 216 29 29
- 요금 €10

❶ 카라쿠스 고분 Karakuş Tümülüsü
기원전 20~30년에 콤마게네 왕국의 미스리다테스 2세Mithridates II가 그의 어머니와 공주 등의 왕가의 무덤으로 지름 110m, 높이 30m의 고분과 주변에 6개의 기둥에 독수리, 사자, 황소 등의 동상이 있는데 현재는 4개만 볼 수 있다.

❷ 젠데레 다리 Cendere Köprüsü
로마 황제 셉티미우스 세베루스Septimius Severus(193~211)와 그의 아내, 아들의 이름으로 지은 다리로 세계에서 가장 오래된 다리 중 하나다. 4개의 기둥 중 2개만 남아 있다.

❸ 아르사메이아 유적 Arsameia
콤마게네 왕국의 여름 수도로 안티오쿠스 1세가 헤라클레스와 악수하는 부조가 있다. 이는 그리스 문명과 페르시아 문명의 만남과 융화를 의미한다.

넴루트산

젠데레 다리

❶ 괴베클리 테페 Göbekli Tepe

괴베클리 테페의 발견 이후 고고학 역사가 다시 쓰여졌다. 수렵과 채집 생활을 하던 신석기 시대에 만들어진 거석 건축물로 세계에서 가장 오래됐다. 어떻게 만들었는지, 어떤 목적으로 만들었는지 추정만 할 뿐이다. 여러 개의 T자형 거석이 일정한 간격을 두고 원형으로 세워져 있고 중앙에는 더 큰 두 개의 T자형 거석이 마주 보고 서 있는 구조로 여러 개의 군락이 있다. 이 중 가장 오래된 것이 기원전 10,000년이다. 이는 이집트 피라미드보다 7,500년 앞선 것이다. 가장 높은 것은 5.5m로 뱀, 여우, 멧돼지, 새와 같은 동물들이 조각되어 있다. 아직 농업 공동체가 형성되기 이전에 이런 거대 건축물을 세웠다는 것이 큰 이슈로 떠올랐다. 물가, 계곡, 평야와 같은 다른 신석기 정착지들과 달리 높은 고도라는 전망을 지배하는 위치와 언덕 전체에서 발견된 석회암으로 이곳이 공동묘지라고 결론지었다. 발견된 동물 조각상, 부싯돌, 돌 구슬과 그릇 등은 샨르우르파 박물관에 전시되고 있다. 2018년 유네스코의 문화유산으로 등재됐다. 방문할 때는 햇빛 대비 용품과 물을 꼭 가져가자.

❶ 매표소 ❷ 네빌리 호텔 0번 버스정류장 ❸ 버스 시간표

주소 Göbeklitepe, Dağeteği Mahallesi, 63290
위치 샨르우르파에서 북동쪽으로 15km 떨어져 있으며 고고학 박물관에서 45분이 걸린다. 구시가지에서는 고고학 박물관 근처(지도 참고)와 네빌리 호텔Nevali Hotel(QR과 지도 참고)에서 0번 버스를 탈 수 있다. 특히 40도에 육박하는 성수기에는 오전 일찍 괴베클리 테페를 보고 버스 종점인 샨르우르파 고고학 박물관을 보면 효율적이다.
운영 4~10월 08:00~19:00, 11~3월 09:00~17:00
버스 운행 시간 샨르우르파 박물관 출발 08:45~16:45(1시간 간격, 네빌리 호텔 정각 도착) 괴베클리 테페 출발 10:00~18:00(1시간 간격)
전화 (414) 313 15 88
요금 €20
홈피 muze.gov.tr/muze-detay?sectionId=SGT01&distId=SGT

괴베클리 테베행 0번 버스

매표소

괴베클리 테페가 어떻게 지어졌는지 동영상으로 보여준다.

❷ 하란 Harran

하란 평원 가운데 위치한 마을로 아브라함의 형제인 아란^{Aran}(Haran)에서 생긴 이름이다. 칼데아어로는 '길'이란 뜻이다. 아브라함이 팔레스타인으로 떠나기 전 그의 가족들과 함께 머물기도 해서 아브라함의 마을이라고 불리기도 한다. 또, 아브라함의 손자인 야곱^{Yakup}(Jacob)과도 관련이 있다. 야곱의 쌍둥이 형인 에서가 첫째인 자기 대신 할아버지(아브라함)의 축복을 받아 화가 나 야곱을 죽이려고 하자 삼촌인 아란의 집에 피신하게 된다. 이곳에서 아란의 둘째 딸 라헬과 사랑에 빠지는데, 결혼하려면 7년간 일해야 한다는 말을 듣고 아란의 양을 치며 열심히 일한다. 7년이 지나 결혼하고 보니 라헬의 언니인 레아였다. 동생이 먼저 결혼하는 법은 없어 그리했다는 말을 듣고 다시 7년을 더 일해 라헬과 결혼하고, 몇 해 뒤 팔레스타인으로 이주했다. 야곱이 양들에게 물을 주었던 야곱의 우물$^{Hz. Yakup Kuyusu}$이 남아 있는데 하란 고고학 유적지에서 1.7km 떨어진 곳에 있다. 역사적으로 하란은 메소포타미아를 잇는 무역의 교차점 중 하나로 아시리아 상인들이 찾아 수천 년간 무역 마을로, 신아시리아 왕국과 우마이야 왕조의 수도로 번영을 누렸다. 기원전부터 달, 태양, 행성을 믿는 사비교가 발달했고, 관련해 천문학이 발달했으며, 사비교는 11세기까지 이어졌다. 1272년 몽골에 의해 철저히 파괴되어 주민들은 다른 도시로 이동했다. 하란 고고학 유적지는 무료이며 근처에 벌집 모양의 하란 전통 집을 보러 가자. 입장료는 정해져 있지 않고 원하는 만큼 입장료를 낸다. 식사와 차를 마실 수 있는 카페를 함께 운영한다.

❶ 하란 고고학 유적지 ❷ 하란 전통 집 ❸ 야곱의 우물

주소	İbni Teymiye Mahallesi, 63510
위치	샨르우르파 남동쪽으로 44km 떨어져 있는 마을로 샨르우르파 버스터미널에서 돌무쉬가 1시간 간격으로 있다. 하란까지 1시간 15분이 걸린다.
운영	4~10월 08:00~19:00, 11~3월 09:00~17:00
전화	(414) 313 15 88
요금	무료
홈피	muze.gov.tr/muze-detay?SectionId=HAR01&DistId=MRK

하란 도시 문

하란의 전통 벌집 모양 집

거실

하란 그랜드 모스크의 미니렛과 분수. 미니렛의 높이는 34.49m다. 하란이 774년 수도가 된 후, 우마이야 술탄 마르완 2세$^{Umayyad\ Sultan\ Marwan\ II}$가 대모스크를 지었다. 12세기 지진 이후 복원된 것이다.

야곱의 우물

❸ 할페티 Halfeti

할페티는 유프라테스강의 댐 건설로 인해 일부가 수몰된 작은 마을이다. 가라앉은 모스크Batık Camii의 미나렛만 보이는 신비로운 사진으로 유명해졌다. 또한 세계적으로 희귀한 검은 장미Siyahgül가 생산되는 지역으로 검은 장미로 잼, 로쿰, 장미 오일과 장미수, 향수, 비누와 크림을 만든다. 매년 4~5월 11~12월 두 번 검은 장미를 수확한다. 역사적으로는 기원전 히타이트, 아시리아의 영토로 페르시아, 알렉산드로스 대왕, 그리스, 로마, 비잔틴을 거쳐 1290년 오스만 제국에 속하게 됐다. 1999년 댐 공사로 2000년 마을 절반이 물에 잠기게 되었는데, 기존 마을 사람들은 내륙으로 15km 떨어진 예니 할페티Yeni Halfeti로 이주했다. 2010년대 후반, 물속에 잠긴 모스크와 물 위로 보이는 미나렛의 신비로운 모습이 관광객들을 불러 모아 올드 할페티Eski Halfeti와 강을 한 바퀴 돌아보는 보트 투어가 활성화됐다. 버스나 돌무쉬에서 내리면 시끄러운 음악이 들리는 선착장으로 내려가 사람이 많이 탄 보트로 가면 된다. 사람이 어느 정도 모여야 출발한다. 보트 투어를 다녀온 후에는 40cm 잠겨 있는 할페티 대모스크Ulu Camii와 할페티 살라난 다리Halfeti Sallanan Köprü를 보고 샨르우르파 또는 가지안테프로 돌아오면 된다. 가지안테프에서 출발한다면 룸칼레Rumkale행 버스(07:00)를 타고 도착하자마자 먼저 보트 투어를 하고, 돌아와 버스를 기다리는 시간만큼 룸칼레의 전망이 한 눈에 보이는 테라스 전망대(15TL)를 구경하면 좋다. 할페티에서 좀 더 시간을 보내고 싶다면, 룸칼레로 돌아오지 말고 할페티에서 머물다 돌무쉬를 타고 가지안테프로 돌아오는 방법도 있다. 겨울철에는 주말 외에는 보트를 운행하지 않으니 룸칼레로 가지 말고 할페티로 가는 것을 추천한다.

❶ 미나렛만 보이는 가라앉은 모스크Halfeti Batık Camii ❷ 할페티 그랜드 모스크
❸ 가지안테프 K70번 버스 타는 곳 ❹ 룸칼레 테라스

주소 Şimaliye, Atatürk Cd., 63950 Halfeti
위치 샨르우르파주에 속하는 마을이나 가지안테프주와의 경계에 있어 지리적으로는 가지안테프에서 더 가깝다. 대중교통으로 갈 때는 두 도시에서 비슷한 시간이 걸린다. 성수기라면 가지안테프에서 출발해 룸칼레에서 보트 투어로 돌아보고, 할페티에서 돌무쉬로 가지안테프로 돌아오는 것을 추천하고, 겨울철 비수기라면 샨르우르파에서 할페티 왕복을 추천한다.
❶ **샨르우르파에서 가는 방법** 샨르우르파 버스터미널에서 할페티행 돌무쉬로 1시간 30분이 걸린다.
❷ **가지안테프에서 가는 방법** 기차역 앞에서 K70번 버스로 룸칼레Rumkale까지 1시간 30분 소요. 가는 버스는 07:00/12:00/17:00, 돌아오는 버스는 05:30/09:45/14:15분에 있다. 보트 투어는 1시간이 진행되나 대기 시간이 들쭉날쭉하다. 룸칼레로 14:15분까지 돌아오지 못할 것 같다면, 할페티에서 돌무쉬를 타고 비레직Birecik으로 간 뒤, 가지안테프행 돌무쉬로 갈아타면 된다. 환승은 거의 물 흐르듯 되기 때문에 너무 걱정하지 않아도 된다.
운영 돌무쉬 운영시간
샨르우르파 출발 06:30~18:30 (20~30분 간격), 할페티 출발 06:00~18:00 (20분 간격)
요금 보트 투어는 한 번 뜨는데 최소 3,000TL로 사람이 많으면 많을수록 저렴해진다. 성수기에는 200~300TL이면 가능하다.
홈피 www.halfeti.gov.tr

가라앉은 모스크Halfeti Batık Camii
룸칼레 유리 테라스 전망대, 이곳에서 전망이 잘 보인다.
룸칼레, 요새로 비잔틴 제국 시대부터의 흔적이 남아있다. 요새 안에는 시리아 정교회가 있었으며 12세기에는 가톨릭 교회와 아르메니아 왕국이 정착했다. 1292년 투르크족인 맘루크Mamluk 술탄국에 정복당한 뒤 1517년 오스만 제국령이 되었다.

샨르우르파 레스토랑

샨르우르파는 튀르키예 식당에서 빠지지 않는 우르파 케밥Urfa Kebab의 탄생지다. 우르파 케밥의 매운맛 버전이 350km 떨어진 아다나시의 아다나 케밥Adana Kebab이다. 튀르키예인들이 좋아하는 치 쾨프테Çiğ Köfte의 탄생지이기도 한데 이는 종교적 의미가 있다. 예언자 아브라함이 당시 가지고 있던 재료로 만들었다는 설과 아브라함을 불태우기 위해 불 피울 나무를 다 가져가서 고기를 구울 수 없어 다진 살코기에 불가르Bulgar, 향신료와 소금을 넣고 치대 음식을 제공했다는 이야기가 있다. 간 케밥Ciğer kebabı도 유명하다. 디저트로는 튀르키예식 견과류 크레페인 슬륵Şıllık를 맛보자.

지에르지 알리 바바 Ciğerci Ali Baba

간 케밥 전문점으로 샨르우르파 음식을 첫 번째로 경험하기에 좋은 곳이다. 시장 광장 한가운데에 있어 북적이는 분위기에 사람 구경하면서 먹기에 좋다. 고춧가루가 들어가 매콤한 샐러드와 채소, 간 케밥을 얇은 라바쉬Lavaş에 싸서 먹는다. 함께 주는 구운 고추가 엄청 맵다. 매운 것을 잘 먹는다면 도전해 보자.

주소 Pınarbaşı, 1209. Sk. No:24, 63210 Şanlıurfa Merkez
위치 그랜드 모스크Ulu Cami에서 250m
운영 월~토 06:30~01:00, 일 06:30~24:30
요금 €€
전화 482 212 36 63

하쉬미예 광장

귈 티릿 초르바 Gül Tirit Çorba

초르바는 양고기 부산물을 이용해 국물을 내고 잘게 썬 고기와 빵을 넣은 수프다. 마늘 요거트를 뿌려 먹는다. 티릿 초르바와 플레인 초르바(렌틸콩 수프) 두 가지 메뉴만 파는데, 가격도 저렴하고 다른 곳에서 맛보기 어려운 메뉴라 한 번쯤 경험해 보길 추천한다.

- 주소 F, Pınarbaşı, 1219. Sk. No:3, 63210 Şanlıurfa Merkez
- 위치 그랜드 모스크Ulu Cami에서 250m
- 운영 월~토 05:00~24:00, 휴무 일요일
- 요금 €
- 전화 (414) 215 66 76

치프트 마라 Çift Mağara

성스러운 물고기 호수 공원에서 샨르우르파 성으로 올라가는 중간에 있는 동굴 레스토랑으로 야외석의 전망이 멋지다. 한눈에 샨르우르파를 볼 수 있어 저녁 시간에 차나 식사를 하기에 좋다. 가격대는 있지만 전망 값이라 생각하자.

- 주소 Tepe, 2862. Sk. No:8, 63200 Eyyübiye
- 위치 물고기 호수에서 우르파 성으로 올라가는 중간에 있다.
- 운영 08:00~24:00
- 요금 €€€
- 전화 (414) 215 97 57

우르파사라이 코눅 에비 Urfasaray Konuk Evi

우르파는 스라의 밤Sıra's Nihgt로 유명하다. 스라의 밤은 공동체 문화의 일환으로 밤에 모여 대화와 음악을 함께하는데, 그 동안에 치 쾨프테Çiğ Köfte를 치대어 다 같이 나누어 먹는다. 원래는 남자들만 모였는데, 지금은 공연 문화로 자리 잡아 관광객 대상으로 행사를 열며 전통 음악과 춤 공연이 열린다. 한 번쯤 경험해 보기 좋으며 공연 중에 팁을 요구하니 현금을 준비해 가자.

- 주소 Camikebir, 1344. Sk. 6/1, 63200 Eyyübiye
- 위치 그랜드 모스크Ulu Cami에서 130m
- 운영 09:00~23:30
- 요금 식사 포함 1,500TL, 식사 불포함 (차와 치 쾨프테·디저트·물과 음료 포함) 1,200TL
- 전화 (414) 216 06 66

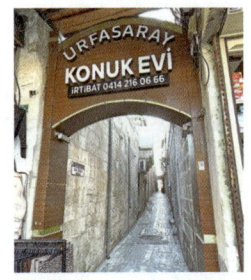

차르다클르 쾨쉭 레스토랑 Çardaklı Köşk Restaurant

물고기 호수 건너편에 있어 우르파 성과 공원이 보인다. 공원과 가까워 식사하기 좋은 위치이며 우르파 케밥을 맛보기에도 좋다. 우르파 사라이보다 작지만 스라의 밤도 운영한다.

주소 Balıklıgöl Cad.Yeni Mah. No:40, 63000 Eyyübiye
위치 물고기 호수 공원에서 70m
운영 일~수 07:00~24:00, 목~토 07:00~23:30
요금 €€€
전화 532 579 83 08

귐뤽 하느 Gümrük Hanı

16~19세기 과거 상인들의 숙소로 이용되었던 한Han으로 2층 건물의 가운데 안뜰이 있다. 안뜰에서 카페를 운영하는데 샨르우르파의 분위기를 만끽하기 좋다. 가격은 관광지라 다른 곳보다 비싸며 피스타치오 커피를 맛볼 수 있다. 물론, 피스타치오 커피의 원조는 가지안테프다.

주소 Pınarbaşı, 1211. Sk. 2 K, 63210 Şanlıurfa Merkez
위치 그랜드 모스크Ulu Cami에서 350m
운영 13:00~24:00
요금 €
홈피 www.instagram.com/gumrukhanurfa

사피 퀴네페 & 슬륵 타틀르스 Safi Künefe & Şıllık Tatlısı

구시가지에서 슬륵Şıllık을 맛보기 좋은 작은 가게다. 슬륵은 호두와 크림을 넣은 크레페로 우르파에서 태어났다. 돌돌 만 크레페 형태가 흥미롭다. 위에 카이막이나 피스타치오를 얹으면 가격이 추가된다. 관광객들은 슬륵을, 현지인들은 퀴네페를 많이 먹는다.

주소 Pınarbaşı mh, Balıklı Göl Cd. No:22 a, 63200 Eyyübiye
위치 그랜드 모스크Ulu Cami에서 350m
운영 09:00~03:00
요금 €€
전화 545 763 73 23

샨르우르파 숙소

샨르우르파에서 위치 좋은 숙소는 크게 두 곳이다. 교통이 편리한 네발리 호텔Nevali Hotel 주변, 구시가지 분위기를 좋아한다면 그랜드 모스크Ulu Cami 주변이 좋다. 그랜드 모스크 주변의 숙소는 샨르우르파 전통가옥 코낙을 경험하기에 좋고 버스정류장이 가깝다. 아래 소개한 숙소 위치를 참고하면 된다. 서쪽으로 멀어질수록 경사가 심해지니 렌터카가 없는 한 피하자. 네발리 호텔 주변은 별다른 볼거리가 없지만 괴베클리 테페나 공항, 버스터미널에 갈 때 한 번에 가서 편리하다. 튀르키예 동부의 숙소들은 아고다와 같은 예약 홈페이지보다 다이렉트로 예약하는 것이 저렴하다. 하스바한 코낙은 와츠앱으로 문의하면 더 저렴한 가격을 안내해 준다. 대신 현금결제를 요청하는 편이다.

❶ 하스바한 코낙 Hasbahan Konak
- 주소: Rastgeldi Sk. no:5, 63200 Eyyübiye
- 위치: 그랜드 모스크Ulu Cami에서 180m
- 요금: €€
- 전화: 와츠앱 532 369 41 63
- 홈피: hasbahankonak.com.tr

❷ 조셀린 호텔 Joselin Hotel
- 주소: Bıçakçı, Nabi Sk. NO:6/1, 63100 Eyyübiye
- 위치: 그랜드 모스크Ulu Cami에서 240m
- 요금: €€
- 전화: 와츠앱 555 063 89 85

©Joselin Hotel

❸ 네발리 호텔 Nevali Hotel
- 주소: Bamyasuyu, Recep Tayyip Erdoğan Blv. No: 2 D:1, 63000 Haliliye
- 위치: 우체국PTT에서 90m
- 요금: €€€
- 전화: (414) 318 80 00
- 홈피: www.nevalihotel.com

샨르우르파의 쇼핑

서쪽의 가지안테프와 동쪽의 마르딘에 밀려 특별히 유명한 쇼핑 품목은 없다. 구시가지 중앙에 하시미예 광장Haşimiye Meydanı에 가면 향신료 바자르Aktar Pazarı, 카펫 바자르Halıcılar Pazarı, 시파히 바자르Sipahi Pazarı 등 여러 개의 시장이 몰려있어 한 바퀴 둘러보기 좋으며, 상인들의 숙소로 사용했던 굼뤽 하느Gümrük Hanı에 잠시 들러 차 한 잔하기 좋다. 현대적인 쇼핑몰은 샨르우르파 고고학 박물관 북쪽에 피아자 샨르우르파Piazza Şanlıurfa(10:00~22:00)가 있다. 2층 규모로 다양한 패션 브랜드와 스타벅스, 왓슨스Watsons와 그라티스Gratis, 미그로스Migros 슈퍼마켓이 있어 편리하다. 네발리 호텔 근처에는 노바다 파크 몰Novada Park Mall(10:00~22:00)이 있다.

카펫 바자르

3 메소포타미아, 공존의 도시
마르딘
Mardin

4대 문명의 발상지, 티그리스강과 유프라테스강 사이에서 발생한 메소포타미아와 아나톨리아의 교차점에 자리한 마르딘주의 주도이다. 서로 다른 인종, 종교, 문화가 만나 어우러진 독특한 분위기로 오늘날 이슬람, 기독교, 유대교, 조로아스터교와 같은 다양한 종교와 튀르키예인, 쿠르드인, 아시리아인, 아르메니아인이 한 도시에 공존하고 있다. 기원전 4500년 수메르Sumer에서 시작하여 아카드Akad, 바빌로니아Babylonia, 미탄니Mitanni, 아시리아Assyria, 페르시아, 비잔틴, 아랍, 셀죽, 아르투클루Artuklu 및 오스만 시대가 이어졌다. 한국에서는 시리아와 가까워 적색경보 지역으로 구분되나 튀르키예 내에서도 뜨는 관광도시로 주목받고 있으며 앞으로 한국 여행자들의 기대감을 충족시킬 매력적인 여행지다.

마르딘 지방자치단체 www.mardin.bel.tr
마르딘 문화관광국 mardin.ktb.gov.tr

마르딘 들어가기

항공과 버스로 갈 수 있다. 마르딘은 튀르키예의 남동쪽 끝에 위치해 육로 이동은 시간 소요가 많고 비효율적이라 버스보다는 항공을 추천한다. 마르딘 공항으로 들어가 마르딘→샨르우르파→가지안테프 루트로 육로로 이동하며 여행하면 좋다.

비행기

마르딘 공항은 국내선만 운행한다. 이스탄불과 앙카라를 연결하고 이스탄불은 2시간, 앙카라는 1시간 30분이 걸린다.

마르딘 닥터 아지즈 산자르 교수 공항
Mardin Prof. Dr. Aziz SANCAR Havalimanı
(Prof. Dr. Aziz SANCAR Airport)

마르딘에서 태어나 튀르키예인 중에 두 번째로 노벨상을 수상한 아지즈 산자르 교수를 기념한 공항이다. 그는 튀르키예계 미국인 과학자로 2015년 노벨 화학상을 받았다. 공항은 마르딘 광장에서 약 20km 떨어진 작은 공항으로 렌터카 사무실이 있다.

주소 Eroğlu, Mardin Havaalanı Çıkışı, 47400 Kızıltepe
전화 (482) 313 34 00
홈피 dhmi.gov.tr/Sayfalar/Havalimani/Mardin/AnaSayfa.aspx

※ 마르딘 공항에서 시내 들어가기
비행기 착륙 시간에 맞춰 공항버스, 하바쉬Havaş가 대기하고 있고, 신시가지와 구시가지에 내려준다. 반대로 공항으로 갈 때는 숙소에 문의하면 공화국 광장이나 우체국PTT과 같은 타는 장소를 안내해 준다. 30분이 걸리고 요금은 150TL이다. 하바쉬가 없을 경우에는 택시를 이용해야 한다.

홈피 하바쉬 havas.net/en/bus-services

버스

마르딘은 이스탄불에서 21~24시간이 걸려 정도로 멀어 버스보다는 항공을 추천한다. 마르딘 주변 도시로 샨르우르파Şanlıurfa는 2시간 30~3시간, 가지안테프Gaziantep와는 5시간 거리로 마르딘→샨르우르파→가지안테프 순으로 여행하면 버스 탑승 시간이 각각 2시간 30분~3시간으로 적당해 이동하는데 힘들지 않다.

마르딘 버스터미널
Mardin Otogarı (Mardin Bus Terminal)

마르딘 광장과 3.5km 떨어진 중간 규모의 터미널이다. 주변에 별다른 시설이 없는 한적한 곳에 있고, 버스터미널 안은 버스회사 사무실만 있으니 너무 일찍 가지 않아도 된다.

주소 Taşyaka, Baha Şıkman Cd. No:111 D:111, 48300
운영 24시간

※ 마르딘 버스터미널에서 시내 들어가기

버스정류장

시외버스로 마르딘으로 온다면 신시가지인 마르디안 몰 Mardian Mall AVM에 먼저 정차하고, 그다음 마르딘 버스터미널에 도착한다. 만약 숙소가 신시가지라면 마르디안 몰에서 내리면 편리하다. 마르디안 몰에서 구시가지Mardin Kaleiçi로 가는 미니버스를 탈 수 있는데 이동 시간은 10분 정도이나 버스정류장이 혼잡해 앉아서 가기 어렵다. 버스에 따라 500m 정도 오르막을 걷기도 하니 M8·M9·M12번을 기억하자. 터미널에 내렸다면, 터미널 앞 큰 도로 왼쪽에 있는 정류장에서 M12번을 타면 신시가지를 지나 구시가지의 주요 도로(공화국 광장Cumhuriyet Meydanı-Tuğmaner-Kuyumcular-우체국 PTT)를 통과한다. 종점이라 앉아서 갈 수 있으나 구시가지까지 30분이 걸린다. 대중교통 운행이 끝난 시간에는 터미널에 대기 중인 택시를 이용해야 하는데, 숙소 위치에 따라 3~4km로 200~300TL 정도다.

종점이라 앉아서 갈 수 있으나 30분이 걸린다.

위치 마르디안 몰에서 탈 때 M8·M9·M12번, 마르딘 버스터미널에서 탈 때 M12번
운영 버스 운행 시간 M8 06:15~23:00(10~15분 간격)
　　　M9 07:45~17:55(20~30분 간격) M12 06:45~23:00(15분 간격)

시내교통 이용하기

미니버스 시간표

마르딘 구시가지는 도보로 충분하다. 마르딘 구시가지에서 버스터미널이나 마르디안 몰Mardian Mall AVM이 있는 신시가지를 갈 때는 미니버스를 이용한다.

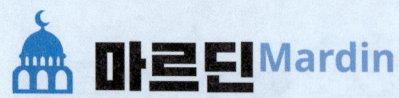# 마르딘 Mardin

마르딘은 요새도시로 구시가지가 가로로 일직선으로 이어진다. 공화국 광장Cumhuriyet Meydanı과 우체국PTT은 각각 구시가지의 서쪽 끝과 동쪽 끝의 랜드마크가 된다. 지랏 은행Ziraat Bankası은 공화국 광장에 있고, 우체국은 근교 투어 버스의 미팅 포인트다. 구시가지에는 BIM과 Şok, A101 슈퍼마켓이 있다. 마르딘 구시가지는 도보로 충분하지만, 근교 관광지는 대중교통으로 다니기에는 어려워 투어를 신청하거나 하루 정도 차를 렌트하는 것이 좋다.

To do list
1. 메소포타미아의 노을 보기
2. 아르투크루 왕조의 독특한 건축 보기
3. 마르딘의 특산물, 푸른 아몬드 맛보기
4. 아시리아 와인 시음하기

마르딘의 관광명소

마르딘의 볼거리는 다양한 민족과 종교의 공존이라 할 수 있다. 작은 구시가지에 다양한 종교의 역사가 담긴 건축을 살펴보고 우리에게 낯선 철학과 신비로운 이야기에 귀 기울여 보자. 무엇보다 광활한 메소포타미아 평원의 노을은 강렬한 인상으로 다가온다.

★★☆
마르딘 고고학·민족지학 박물관
Mardin Arkeoloji ve Etnografya Müzesi (Mardin Archeology&Ethnography Museum)

구시가지 광장에 있는 박물관으로 메소포타미아 문화에 익숙하지 않은 한국인들에게 첫 번째 방문 장소로 추천한다. 건물은 1895년 시리아 가톨릭 대주교청으로 전통적인 마르딘의 건축양식을 볼 수 있다. 2층 동쪽에 성모마리아 교회도 있는데 들어가 볼 수는 없다. 총 4개의 관으로 구성되어 있는데 규모가 크지 않아 보는 데 오래 걸리지 않는다. **고고학관**은 할라프Halaf, 아시리아, 로마, 아르투클루Artuklu, 아크 코윤루Aq Qoyunlu, 오트만 시대를 보여준다. **신앙관**은 메소포타미아와 아나톨리아의 신화, 다신교, 기독교, 이슬람이 언제 왔는지 설명해 준다. **무역관**은 무역의 출현, 실크로드, 화폐, 운송 수단을 사진과 유물로 보여준다. 크즐테페 쉬레클리Kızıltepe Sürekli 마을에서 발견된 황금과 은 세공품이 주요 전시물로 9~14세기의 것이다. **생활관**에는 마르딘과 메소포타미아의 생활상을 보여주는데 음식, 조리도구, 장식, 의복, 악기가 전시되어 있다.

주소	1.Cadde Cumhuriyet Meydanı, 47100
위치	공화국 광장에 위치, 우체국PTT에서 800m
전화	(482) 212 16 64
운영	4~9월 08:30~17:10, 10~3월 08:00~17:00
요금	€7
홈피	muze.gov.tr/muze-detay?SectionId=MRD01&DistId=MRK

고고학관

신앙관

커피 메이커, 므라Mırra라는 커피를 만들기 위한 도구다.

생활관

마르딘은 실크로드에 있는 도시였다.

40인 순교자 교회 Kırklar Kilisesi (Forty Martyrs Church)
★★☆

569년 아시리아 왕의 자녀인 베냠Behnam과 그의 여동생인 사로Saro에게 봉헌된 교회로 시리아 정교회에 속한다. 1293년 마르딘이 시리아 총 대주교청이 된 후 행정적 업무를 이곳에서 맡았다. 1799년에 학교가 설립되어 1928년까지 계속 운영됐다. 기록에 의하면 4세기 베냠의 여동생은 나병을 앓고 있었다. 베냠은 40명의 노예와 사냥을 떠났는데, 꿈에 천사가 나타나 여동생의 병을 낫게 해줄 은둔자 성 마태Mor Mattai를 찾으라고 말한다. 다음 날 성 마태를 찾고 기독교에 대한 설명을 듣는데 베냠은 증거를 요구한다. 성 마태는 여동생의 병을 고쳐주었고, 베냠과 사로, 그리고 40명의 노예는 다 함께 세례를 받는다. 이 소식을 들은 왕은 기독교를 버리지 않으면 죽이겠다고 위협했다. 사람들은 알파프Alfaf산으로 도망쳤으나 결국 죽임을 당하고 만다. 왕은 순교자들의 죽음 후 병에 시달렸는데, 꿈에 천사가 나타나 기독교로 개종하고 순교자들이 죽임을 당한 장소에서 기도하면 치유될 거라고 말했다. 천사의 지시에 따랐더니 병이 나았고 왕 역시 세례를 받는다. 363년 왕은 알파프 산꼭대기에(현 이라크 북부) 수도원을 짓고 성 마태오 수도원Dayro d-Mor Mattai이라 이름 지었다.

주소 Çabuk, 1. Cadde No:416, 47100 Mardin Merkez
위치 공화국 광장Meydanı에서 280m, 우체국PTT에서 1km
운영 월~토 09:00~12:00, 13:00~17:00, 일 13:00~17:00
요금 40TL

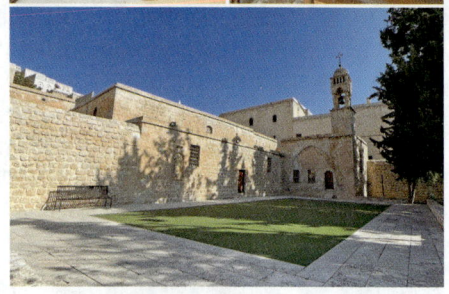

마르 흐르므즈 칼데아 교회
Mar Hırmız Keldani Kilisesi (Mar Hırmız Chaldean Catholic Church)
★★☆

397년 아시리아인이 세운 칼데아 가톨릭 교회다. 칼데아 가톨릭 교회는 동방 가톨릭 교회의 한 갈래로 시리아 기독교 전통을 따르면서도 로마 가톨릭과도 연결되어 있다. 예수님이 사용하시던 아람어로 미사를 지낸다. 6세기 페르시아의 라파트에서 태어나 65세에 이라크 북부에 수도원과 수도원 학교를 세운 라반 마르 흐르므즈Raban Mar Hirmiz에게 헌정된 교회다. 칼데아 교회는 마르딘에 다양한 종교가 공존하는 도시임을 보여주는 곳이라 할 수 있다. 마르딘에는 칼데아 기독교, 시리아 기독교, 아르메니아 교회, 이슬람 문화가 공존한다. 정원의 알은 마르딘의 전설 속 샤흐메란Şahmeran(p.487 참고)의 알이라고 한다.

주소 Şar, Cumhuriyet Cd No:292, 47100 Artuklu
위치 공화국 광장에서 160m, 우체국PTT에서 550m
운영 09:00~17:30
요금 20TL

마르딘 생활 박물관 Mardin Yaşayan Müze (Mardin Living Museum) ★★

마르딘의 생활과 전통 예술을 살펴볼 수 있는 박물관이다. 입구로 들어가면 강렬한 마르딘의 샤흐메란Şahmeran(반은 뱀이고, 반은 여성인 전설 속 인물) 그림이 반겨준다. 1층은 수공예관으로 구리와 은세공품을 만드는 것을 보여준다. 강한 불로 얇은 은 가닥을 구부려 장신구 부품을 만들어 이어붙이는 마르딘 전통 방식이다. 2층으로 올라가면 마르딘 실내장식으로 꾸며진 거실을 볼 수 있으며 테라스에서 차를 마실 수도 있다. 거실의 페르시아 조로아스터교 액자가 이국적인 분위기를 풍긴다.

주소	Medrese mahallesi 1. Cadde, Nar Sokak 245 14/1, 47100
위치	공화국 광장에서 600m, 우체국PTT에서 120m
전화	541 809 95 18
운영	화~일 10:00~19:00, 휴무 월요일
요금	20TL

more & more 샤흐메란 Şahmeran 이야기

샤흐메란은 상반신은 아름다운 여성의 모습이고 하반신은 뱀의 모습을 가졌다. 지혜롭고 마음이 따뜻한 여왕으로 지하 깊은 곳에서 뱀들과 함께 살았다. 한 마을에 젬샤브Cemşab라는 나무를 팔아 생계를 이어가는 가난한 젊은이가 있었다. 그는 가족을 부양하기 위해 산에 갔다가 동굴을 발견하고 그곳에서 샤흐메란의 왕국을 발견한다. 샤흐메란은 그를 환영하고 머물게 했는데 수년이 흐르고 젬샤브는 가족이 그리워 돌아간다고 한다. 샤흐메란은 가도 좋으나 자신의 존재와 왕국을 알리지 말라 한다. 인간세계로 돌아온 젬샤브는 약속을 지켰다. 그러던 어느날, 술탄이 심각한 병에 걸린다. 신하는 샤흐메란의 고기를 먹으면 왕이 나을 수 있다고 말하고, 샤흐메란이 있는 장소를 알고 있는 자가 젬샤브라는 것이 알려진다. 왕에게 끌려간 젬샤브는 결국 실토하고 만다. 샤흐메란은 붙잡혀 왕 앞에 끌려간다. 믿었던 인간에게 배신당했지만 죽기 전 젬샤브에게 이런 말을 남긴다.

샤흐메란이 남긴 말은 두 가지 버전이 있는데 다음과 같다. 하나는 샤흐메란이 젬샤브에게 "나를 끓여 신하에게 그 물을 마시게 하고, 고기는 왕에게 먹게 하라"라고 말해 신하는 죽고 왕은 병이 낫는다. 왕은 죽은 신하를 대신해 젬샤브를 신하로 삼았다는 결말이다. 다른 하나는 "나의 살을 왕에게 주되 나의 머리는 주지 말아라. 나의 몸은 독을 품고 있지만, 나의 머리는 치유의 힘을 가지고 있다"이다. 젬샤브는 왕에게 샤흐메란의 몸을 먹이고, 자신은 머리를 먹는다. 왕은 죽고 젬샤브는 지혜와 치유의 능력을 갖추게 되어 훌륭한 의사가 되었다는 이야기이다. 두 가지 버전 중 어떤 이야기가 마음에 드는지 선택해 보자.

샤흐메란은 튀르키예, 이란, 이라크, 시리아 지역에 퍼져 있는 지혜와 치유의 여왕으로, 튀르키예에서는 메르신의 타르수스Tarsus와 마르딘Mardin에서 강력한 존재로 남아 있다.

★★★
레바클르 바자르 Revaklı Çarşı (Revaklı Market)

17세기에 만들어진 시장으로 텔라라르 차르시스Tellallar Çarşı 또는 시파힐레르 차르시스Sipahiler Çarşısı라고 한다. 메인도로 아래에 수평으로 길게 이어져 동에서 서쪽 또는 서에서 동쪽으로 걸으며 보면 된다. 샤프란과 같은 향신료, 수공예품, 베이커리 등 다양한 제품을 파는데 메인도로보다 가격도 저렴하다.

주소	Teker, Cumhuriyet Cd. No:189, 47100
위치	공화국 광장에서 450m, 우체국PTT에서 600m
운영	월~토 09:00~19:00, 휴무 일요일

★★★
징지리예 마드라사 Zinciriye Medresesi (Zinciriye Madrasa)

1385년에 세워진 이슬람 교육과 연구를 담당한 신학교로 아르투쿨루 왕조Artuklu Beyliği의 마지막 술탄인 멜릭 네즈메트 이사Melik Necmettin İsa가 지었다. 그의 이름을 따 '술탄 이사 마드라사Sultan İsa Medresesi'라고도 부른다. 그는 티무르(몽골)와의 전쟁에서 패해 징지리예 마드라사에 갇혀 지내기도 했다. 마르딘에서 가장 좋은 전망을 보여주는 장소로 결혼사진을 찍으러 온 튀르키예 커플들도 심심치 않게 보인다. 건축은 마르딘에서만 볼 수 있는 아르투쿨루 양식의 2층 구조로 모스크, 무덤, 중정과 분수, 여러 개의 방, 테라스로 구성된다. 2층에서 볼 수 있는 모스크 돔의 재료와 형태는 중서부의 튀르키예 모스크와 크게 차이 난다.

주소	Artuklu, Şar 47100
위치	공화국 광장에서 500m, 우체국PTT에서 280m
운영	4~10월 08:00~18:00, 11~3월 08:30~17:00
요금	40TL

★★☆ 마르딘 그랜드 모스크 Mardin Ulu Camii (Mardin Grand Mosque)

마르딘 구시가지 중앙에 위치한 랜드마크로 마르딘 일몰 사진의 주인공이다. 1176년 아르투클루 왕조 때 디야베키르 멜릭 2세 쿠트베르틴 을가지 Kutbettin Ilgazi가 만들었다. 티무르 침공으로 파괴되었다가 보수하고, 오스만 제국 때에 여러 차례 수정됐다. 마르딘의 모스크의 돔 부분은 독특한 모습을 가지고 있는데, 자른 돌을 아래쪽부터 쌓아 돔 형태로 만든 것으로, 이는 마르딘만의 전통 건축 양식이 되었다. 아름다운 장식이 새겨진 첨탑은 원래 두 개였는데 하나만 남아 있다. 내부에는 예언자 무함마드의 수염이 보관되어 있다. 그랜드 모스크 남쪽에는 그랜드 모스크 목욕탕Ulu Cami Hamamı(Grand Mosque Bath)이 있는데 아르투크 왕조의 멜릭 살리 Melik Salih(1312~1364) 때에 지었다. 지금은 사용하지 않고 폐쇄됐다.

주소 Artuklu, Şar 47100
위치 공화국 광장에서 500m, 우체국PTT에서 280m
운영 4~10월 08:30~18:30, 11~3월 08:30~17:00
요금 40TL

more & more 이슬람 물의 철학

1층 중정에는 메인 건물 안쪽에서 물이 흘러나온다. 어느 정도 고인 물은 다시 흘러 다음 단계에 고이고, 채워지면 다시 흘러 고이는 것을 반복해 건물 중앙의 연못에 모이는데 이 의미가 특별하다. 처음으로 나온 물은 사람이 태어난 것을 뜻하고, 첫 번째 고이는 장소는 영아기, 두 번째는 유년기, 세 번째는 청년기, 그리고 좁아지고 고이지 않은 노년기를 거쳐 흐르는 물은 큰 연못에 다다른다. 태어났을 때부터 노년기까지의 흐른 물이 모여 마지막 심판의 날 자신을 나타낸다는 철학적인 뜻을 가지고 있다.

❶ 탄생
❷ 유아기
❸ 유년기
❹ 청년기
❺ 노년기

★★☆

세히디예 모스크 & 마드라사
Şehidiye Cami ve Şehidiye Medresesi (Şehidiye Mosque & Madrasa)

1214년 아르투클루 왕조의 술탄 멜릭 나스레딘 아르툭 아슬란 Melik Nasreddin Artuk Aslan이 지은 모스크와 마드라사이다. 징지리예 마드라사와 비슷한 구조로 중정과 수로 분수, 두 개의 본당이 있다. 모스크의 미나렛은 붕괴했는데, 1916·1917년 아르메니아 건축가 세르키스 롤레Serkis Lole가 만들었다. 세히디예 모스크 맞은편의 우체국PTT 건물도 샤타나Şatana 가문의 요청으로 같은 건축가가 1890년에 지은 것이다. 샤타나 아일레스 에비Şatana Ailesi Evi라고 부르며, 1950년부터 우체국으로 사용하고 있다.

주소	Şehidiye, Cumhuriyet Cd. No:147, 47100
위치	공화국 광장에서 700m, 우체국PTT 건물 맞은편
요금	무료

★★★

사큽 사반즈 마르딘 시립박물관
Sakıp Sabancı Mardin Kent Müzesi (Sakıp Sabancı Mardin City Museum)

2009년 문을 연 시립박물관으로 공화국 광장의 마르딘 박물관에서 본 무역관과 생명관의 내용과 전시물을 확장해 보다 쾌적하고 넓은 공간에서 보여주는 박물관이다. 실크로드와 관련된 전시와 마르딘 전통 복장과 공예, 음식, 생활상을 전시하고 있다. 아래층에는 딜렉 사반즈 미술관Dilek Sabancı Sanat Galerisi(Dilek Sabancı Art Gallery)이 있다.

주소	Şehidiye, Hükümet Cd. No:10, 47100
위치	공화국 광장에서 1km, 우체국PTT에서 300m
운영	화~일 09:00~17:00, 휴무 월요일
전화	(482) 212 93 96
요금	무료
홈피	www.sabancivakfi.org

마르딘의 레스토랑

마르딘은 지리적으로 시리아 국경 근처에 있고, 다양한 민족과 종교가 섞여 있어 서부 튀르키예와 또 다른 식문화를 보여준다. 보통 마르딘에서 오래 머물지 않기에 식당에서 마르딘 플레이트 Mardin Tabağı(Mardin Plate)라는 메뉴를 선택하면 마르딘 전통 음식을 조금씩 맛볼 수 있다. 도보 Dobo라는 메뉴는 시리아 정교회의 공동체 문화가 담긴 요리로 양고기를 통째로 오븐에 구운 요리다. 마르딘에서 태어난 디저트 메뉴로는 포도즙과 시나몬, 견과류로 만드는 푸딩 하리레 Harire와 쌀 푸딩인 제르데 Zerde가 있다.

아시리아 와인과 하리레, 제르데

술탄 소프라스 마르딘 Sultan Sofrası Mardin Mahalli Yemekleri

마르딘에서 가장 대중적이고 합리적인 가격의 식당으로 로컬 맛집이며 관광객 맛집이라 할 수 있다. 마르딘 플레이트 Mardin Tabağı 메뉴가 있는데 시장조사를 해보면 알겠지만 이곳이 가장 저렴하다. 관광객 음식이 싫다면 케밥이나 되네르 케밥도 있다. 시원하고 거품 가득한 아이란도 맛보자.

주소	Medrese, Cumhuriyet Cd. No:184, 47100 Artuklu
위치	공화국 광장에서 400m
운영	월 07:30~19:00, 화~목 07:30~19:30, 금 07:30~20:00, 토 07:30~20:30, 일 09:00~19:00
요금	€€
전화	482 212 36 63

세이르이 메르딘 Seyr-i Merdin

마르딘에서 가장 좋은 전망을 찾는다면 바로 여기다. 그랜드 모스크의 미나렛과 함께 노을 지는 메소포타미아 평야를 감상할 최고의 장소다. 술탄 소프라스 마르딘 건물의 2층으로 들어가 옥상으로 올라가면 된다. 좋은 자리를 잡으려면 조금 일찍 가는 것이 좋은데, 한여름이라면 열기를 견뎌야 한다. 메뉴는 관광지 가격으로 비싼 편이다.

주소	Teker, Cumhuriyet Caddesi No:249, 47100 Artuklu
위치	공화국 광장에서 400m
운영	09:30~21:30
요금	€€€
전화	482 212 18 40
홈피	www.seyrimerdin.com

비랄로 카흐베스 Bilalo Kahvesi

1928년에 문을 연 마르딘에서 가장 오래된 로컬 카페다. 리모델링해 할바와 샌드위치 같은 음식도 팔지만, 아시리아 커피인 므라Mirra, 마르딘 디저트인 하리레Harire와 제르데Zerde를 맛보기에 좋다. 지역 음식인데 안 먹어보기는 그렇고, 한 번쯤 맛볼 만하다(시나몬 향을 싫어한다면 비추). 동행이 있다면 나누어 먹는 것을 추천한다. 차이가 저렴하며, 테이블 회전이 빠르다.

주소 Medrese, 1. Cadde No:188, 47100 Artuklu
위치 공화국 광장에서 550m
운영 08:00~23:30
요금 €
전화 536 488 19 65

하리레

므라, 너무 적은 양에 놀라지 말자. 강력한 맛으로 좋인 에스프레소+한약 느낌이다.

마르데 레스토랑 Marde Restaurant

가족이 운영하는 식당으로 메뉴 하나하나 정성이 깃들어 있다. 전채부터 디저트까지 모두 마르딘 음식을 선보인다. 이츨리 쾨프테İçli Köfte나 양고기밥 도보Dobo 메뉴를 시켜보자. 혼자라면 단품 정도만 맛볼 수 있지만, 여럿이 가면 다양하게 시켜 조금씩 맛볼 수 있어 합리적인 가격에 마르딘의 저녁을 즐길 수 있다. 요일에 따라 공연도 한다.

주소 Gül, 256. Sk. No:127, 47100 Mardin Merkez, 47100 Artuklu
위치 우체국PTT에서 350m
요금 €€
운영 13:00~24:00
전화 543 505 01 84

마르딘 플레이트 Mardin Tabağı

롤리 레스토랑 & 파티세리 Lolee Restaurant & Patisserie

부유한 상인 아르메니아 체르메Çerme 가문에서 만든 3층짜리 건물로 샤쿨루베이 코나으Şahkulubey Konağı라고 부른다. 마르딘의 일반적인 주택이 아닌 특이한 형태다. 르네상스 스타일로 지어진 피렌체 박물관 건물에서 영감을 얻어 지었다. 건물은 레스토랑과 베이커리 집으로 운영하고 있는데, 특별한 건물에서 고급스러운 식사를 원한다면 추천한다.

주소 Şar, 1. Cadde No:260, 47100 Artuklu
위치 공화국 광장에서 120m
요금 €€€
운영 11:30~23:00
전화 534 698 40 10

마르딘의 쇼핑

마르딘 구시가지의 메인도로는 흥미로운 것 투성이다. 참깨가 뿌려진 빵, 색색으로 코팅된 달콤한 아몬드 캔디, 비누, 마르딘의 세공 방식으로 만든 금과 은 액세서리, 앤티크 제품, 마르딘 뱀 여신 액자와 마그넷, 아시리아 와인 등 쇼핑할 것들이 너무 많다. 먼저 아시리아 빵은 현지인들이 몇 킬로씩 사 갈 정도 인기인데, 길거리에서 많이 나누어주니 조금 맛보는 정도로 충분하다. 빵 안에 든 잼 비슷한 것은 대추야자 열매 페이스트에 향신료를 섞은 것이다. 푸른색 코팅 아몬드 Mavi Badem Şekeri는 마르딘 지역에서 나는 이사티스 틴토리아라는 식물에서 추출한 색을 입힌 달콤한 아몬드로 마르딘 특산품이다. 결혼식, 약혼식 등의 축하 때 나누어 주는 것으로 보관이 용이하고 맛도 있어 선물용으로 추천한다. 푸른색은 튀르키예 문화에서 보호와 행운의 색이다. 가게마다 맛이 다르고, 시식을 많이 하니 맛을 보고 입맛에 맞는 가게에서 구입하면 된다. 여름에 방문한다면 포도, 무화, 체리를 맛보는 것도 잊지 말자. 쇼핑몰은 신시가지에 마르디안 몰 Mardian Mall AVM이 있다.

텍 비누 메흐메트 데데 Tek Sabuncu Mehmet Dede

마르딘의 수제 비누를 만드는 상점이다. 들어가면 다양한 비누에 압도당하고, 적극적인 설명이 인상적이다. 올리브, 수선화, 아몬드, 염소 우유, 진주 가루, 가는 모발을 두껍게 하고 탈모를 방지하는 브틈 Bittim(야생 피스타치오로 만든 기름), 수천 년 동안 아나톨리아인의 피부질환을 치료했다는 아르드치 카트라느 Ardıç Katranı 비누가 있다.

주소	1. Cadde, No:180, Artuklu, 47100
위치	우체국PTT에서 160m
운영	월~토 08:00~19:00, 일 12:00~19:00
전화	와츠앱 546 280 47 47
홈피	www.teksabuncumehmetdede.com

후보 쉬르야니 샤랍츨륵
Hubo' Süryani Şarapçılık (Hubo Assyrian Winery)

메소포타미아 지역의 기후와 토양의 특성을 담은 와인을 맛보고 구매하기 좋은 장소다. 와이너리에서 재배한 포도로 와인을 만들고, 시음을 통해 아시리아 와인을 알리고 판매한다. 이곳 말고도 메인도로에 다양한 와인 상점이 있으니 편하게 들어가 시음해 보자.

주소 Kırklar Kilisesi, 1. Cadde, Karşısı No:289/E, 47100
위치 공화국 광장에서 250m
운영 10:00~23:00
전화 543 460 58 29
홈피 www.instagram.com/hubo.suryanisarapcilikk

> **more & more** **수리야니 샤라브** Süryani Şarabım, 아시리아 와인
>
> 한국인들이 가을에 수확한 배추로 김장하는 것처럼 아시리아인들은 9월에 수확한 포도로 와인을 담근다. 담근 와인은 12월 25일 예수 그리스도의 탄생을 기념하며 개봉한다. 칼데아인, 아시리아인은 이라크 북부, 튀르키예 남동부, 이란 북서부, 시리아 북동부 출신으로 초기 기독교 시대인 1~3세기에 기독교인이 되어 칼데아 교회, 시리아 정교회, 시리아 가톨릭 교회, 아시리아 동방 교회 등과 같은 기독교에 속하는데 종교적으로 와인 생산은 중요하다.
>
> 이슬람이 전파되며 술이 금지되면서 와인 생산은 타격을 입었지만, 마르딘Mardin과 미디야트Midyat의 기독교인들은 오늘날까지 와인 양조의 전통을 지켜가고 있다. 아시리아의 전통적인 와인 양조법은 포도를 햇볕에 말려 자루에 담아 으깬 뒤, 나온 즙을 토기나 돌 용기에서 발효하는 방식으로 유럽의 오크 숙성방식과는 다르다. 세계에서 가장 오래된 와인의 흔적은 기원전 6,000년 경으로 조지아에서 발견되었고, 가장 오래된 와인 양조장의 흔적은 아르메니아로 기원전 4,100년이다. 조지아와 아르메니아와 국경을 맞대고 있는 튀르키예 동부에서 발견된 도자기 항아리에서 와인 발효의 흔적이 발견되었다. 시리아 와인은 고대 시대에 만들었던 전통 방식의 와인을 맛볼 수 있는 좋은 기회다.

마르딘의 숙소

마르딘의 숙소는 크게 신시가지와 구시가지로 나뉜다. 신시가지에 숙소를 잡으면 구시가지로 미니버스를 타고 와야 한다. 멀지는 않으나 신시가지는 여행자들에게는 그다지 매력이 없다. 구시가지에는 호스텔, 호텔, 마르딘 전통 석조주택이 있다. 구시가지가 언덕에 있어 웬만한 숙소에서는(방이 아니라면 아침식당) 메소포타미아 평원이 보인다. 예산에 맞춰 마르딘 전통 석조주택을 추천한다. 구시가지에 머물 때는 주도로 주변이 좋다. 메인도로에서 마르딘 성으로 올라갈수록 급경사 계단에 돌길 오르막이고, 주도로 아래쪽은 돌계단과 돌길로 캐리어를 끌기 힘드니 너무 내려가는 건 피하자. 차를 렌트했다면 차가 들어갈 수 있는 우체국PTT 동쪽의 숙소를 구하는 것이 좋다. 튀르키예 동부의 숙소들은 다이렉트로 예약하는 것이 저렴하다. 와츠앱으로 문의하면 호텔 예약사이트보다 더 저렴한 가격을 안내해 준다. 대신 현금결제를 해야 한다.

❶ 다라 코나으 Dara Konağı

- **주소** Eski, 1. Cadde, Şehidiye, Üç yol ayrımı, 47200 Artuklu
- **위치** 우체국PTT에서 120m
- **요금** €€
- **전화** 와츠앱 544 357 21 15
- **홈피** darakonagi.com

❷ 메르딘 부티크 호텔 Merdin Butik Otel

- **주소** Şehidiye Mahallesi 1. cadde ardınç 35 sokak no:16 - Artuklu
- **위치** 우체국PTT에서 130m
- **요금** €€
- **전화** 와츠앱 533 929 50 66
- **홈피** merdinhotel.com

❸ 가지 코나으 호텔 Gazi Konağı Hotel

- **주소** Şehidiye, Cumhuriyet Cd. No:131, 47100 Mardin Merkez, 47100 Artuklu
- **위치** 우체국PTT에서 90m
- **요금** €€€
- **전화** 와츠앱 541 213 03 33
- **홈피** www.gazikonagi.com

❹ 카야 니노바 호텔 Kaya Ninova Hotel

- 주소 Şar, 239 Bademci sokak NO:1 47100, Artuklu
- 위치 공화국 광장에서 220m
- 요금 €€€
- 전화 와츠앱 546 212 50 16
- 홈피 www.kayaninovaotel.com

❺ 울루베이 코나으 Ulubey Konağı

- 주소 Ulucami, 104 mutlu sokak no :25 z21, 47100 Artuklu
- 위치 공화국 광장에서 160m
- 요금 €€€
- 전화 와츠앱 531 221 57 37
- 홈피 www.ulubeykonagi.com

❻ 로자 호스텔 Rosa Hostel

- 주소 Gül, 272 Ali Gedik Sokak No/12, 47100 Artuklu
- 위치 공화국 광장에서 500m
- 요금 €
- 전화 와츠앱 543 855 17 47
- 홈피 www.korean.hostelworld.com

❼ 힐튼 가든 인 마르딘
Hilton Garden Inn Mardin (신시가지)

- 주소 Yenişehir, Barış Cd. No:29, 47800 Artuklu
- 위치 마르디안 몰에서 1.2km
- 요금 €€€
- 전화 482 213 96 00
- 홈피 www.hilton.com

Special Tour
마르딘 근교 원데이 투어

마르딘 주변의 역사적인 유적지들은 대중교통으로 가기 힘들고 개별적으로 방문하기에는 시간 소모가 많아 효율성이 떨어진다. 하루에 마르딘 주변을 돌아보는 투어가 유용하다. 마르딘 구시가지 PTT 앞에서 미니버스를 타고 08:30분에 출발해 17:00~18:00에 돌아오는 소규모 투어가 있다. 가격도 1,000TL로 개별여행자가 택시를 타고 가는 것보다 비싸지 않다. 운전기사가 영어를 못해 설명을 들을 수 없는 것이 단점이지만(궁금한 것은 번역 앱을 이용하자), 교통지원만으로도 충분히 도움이 된다. 쇼핑을 들리고, 입장료와 점심 식사 장소에서의 식사비용은 별도다. 동행이 여럿이라면 렌터카나 택시 투어를 하는 것과 비교해 보고 저렴한 방법을 선택하면 된다. 차량을 렌트한다면 아래 장소들의 QR 코드로 위치를 찍고 방문하면 된다.

여행사 Gözal Turizm/Mühru Kil Tur
주소 Ulucami, Cumhuriyet Cd. 257-195, 47100 Artuklu
전화 와츠앱(예약) 541 213 63 03
홈피 www.muhrukiltur.com

마르딘의 여행사

❶ 데이룰자파란 수도원 Deyrulzafaran Manastırı (Monastery of Saint Ananias)

5세기에 지어진 시리아 정교회 수도원으로 1932년까지 640년간 시리아 정교회 대주교가 머물던 곳이다. 수도원 이전에는 태양의 신전으로, 로마 제국 시대에는 요새로 사용됐다. 성 쉴레이문은 성인들의 뼈를 이곳으로 모셔와 수도원으로 바꾸었는데 그의 이름을 따서 성 쉴레이문 Mor Şleymun 수도원이라 부르기도 했다. 3층 구조로 개방형 안뜰이 있다. 성 하난요 교회 Mor Hananyo Kilisesi(Mor Hananyo Church)는 491~518년에 건축가 테오도시우스와 테오도르가 지은 것으로 내부에는 793년 수도원을 대대적으로 복원한 성 하난요를 묘사한 프레스코화가 그려져 있다. 성 하난요 교회 동쪽 모퉁이에는 태양의 사원 당시의 흔적을 볼 수 있고, 안뜰 북동쪽에는 성모 마리아 교회가 있고 세례식에 사용하는 팔각형 세례 대야가 있다. 지금도 예수님이 살던 시대에 사용하던 아람어로 예배를 진행한다. 근처에 샤프란이 많이 심겨 있어 샤프란 수도원이라고도 부른다.

주소 Eskikale, Deyrulzafaran Yolu No:1 D:2, 47100 Artuklu
운영 08:30~12:00, 13:00~17:00
전화 (482) 208 10 61
요금 50TL
홈피 www.deyrulzafaran.org

데이룰자파란 수도원

좁은 창으로 빛이 들어온다. 양쪽의 장소는 제물을 바치던 곳이다.

❷ 다라 고대 도시 Antik Dara Kenti (Dara Ancient City)

363년 페르시아와의 국경도시로 동방의 에페소라고 불렸다. 505년에 동로마 황제 아나스타시우스Anastasius(재위 491~518)는 사산 제국을 방어하기 위해 요새 도시를 만들었다. 궁전, 교회, 시장, 동굴 주택, 15m 깊이의 지하 감옥, 지하 수조Sarnıç가 있다. 전투에 영향을 받지 않으며 물을 끌어 오기 위해 운하를 파 강을 도시 쪽으로 우회시키고, 지하수로와 수조를 건설했다. 묘지도 인상적인데 바위를 파서 만든 무덤이 계곡 형태로 이어진다. 동로마 제국의 멸망 이후 7세기에 우마이야Umayyad 왕조가 점령했고, 8세기에 아바스 왕조, 16세기 초 오스만 제국의 셀림 I세Selim I가 점령했다. 1915년 아르메니아인들의 대규모 학살이 벌어져 다라 고대 도시의 수조가 시체로 가득 찼다고 한다.

주소 Dara Mardin Nusaybin, Karayolu üzeri, 47100 Artuklu
운영 화~일 08:00~12:00, 13:00~17:00, 휴무 월요일
전화 (482) 213 05 85

수로

다라 고대 도시

지하 감옥

❸ 성 야곱 교회
Mor Yakup Kilisesi (St. Jacob's Church)

313년에 지어진 시리아 정교회 교회로 북부 메소포타미아에서 오래된 교회 중 하나다. 309년 누사이빈의 주교로 임명된 성 야곱Mor Yakup이 지었다. 1,600년 동안 파괴되지 않고 모스크와 나란히 자리를 지키고 있다. 유네스코 잠정 문화유산에 올랐다.

주소 Mor Yakup, 47300 Nusaybin

❹ 제이넬 아비딘 모스크 & 무덤
Zeynel Abidin Camii ve Türbesi (Zeynel Abidin Mosque & Mausoleum)

제이넬 아비딘은 659년 메디아에서 태어난 예언자 무함마드의 증손자로 시아파의 이맘(지도자)으로 존경받는 인물이다. 우마이야 왕조에 의해 독살당했다. 그의 묘지는 1159년에 지었다. 첨탑은 1956년에 추가로 만든 것이다. 시리아 국경이 바로 코앞에 있다.

주소 Zeynelabidin, Zeynel Abidin Sk., 47300 Nusaybin
운영 05:30~20:30

❺ 성 가브리엘 수도원
**Mor Gabriel Manastırı
(Mor Gabriel Monastery)**

 397년 성 쉬무엘Mor Şmuel과 성 쉐문Mor Şemun에 설립된 시리아 정교회의 수도원으로 지금도 운영되고 있다.

주소 Güngören, Güngören Küme Evleri No:1A, 47500 Midyat
운영 09:00~11:30, 13:00~16:30
전화 505 397 13 97
요금 150TL, 12세 미만 무료

❻ 카스미예 마드라사
Kasımiye Medresesi (Kasımiye Madrasa)

 마드라사는 교육 기관으로 11세기인 아르투크Artuklu 왕조 시대에 시작해 15세기 후반 아쿠윤루Akkoyunlu 왕조 때에 완공됐다. 개방형 안뜰에 분수가 있는 2층 건물로 모스크, 묘지가 있는 복합지구로 마르딘에서 큰 건축 중 하나이다.

주소 Cumhuriyet, 1711. Sk., 47100 Artuklu
운영 4~6월 08:30~19:00, 11~3월 08:30~17:30
전화 (482) 213 40 02
요금 30TL

❼ 미디야트 Midyat

미디야트 게스트하우스Midyat Belediyesi Konuk Evi (Midyat Guest House)는 19세기에 지어진 주택으로 튀르키예 드라마 촬영 장소로 자주 사용되어 유명해졌다. 동굴 주택Midyat Mağaraları(Midyat Caves)도 함께 돌아본다.

게스트하우스
주소 Akçakaya, Cumhuriyet Cd. No:31, 47510 Midyat
운영 08:00~20:00
요금 50TL

동굴 주택
주소 Akçakaya, 47510 Midyat
운영 24시간
요금 30TL

Step to Türkiye

쉽고 빠르게 끝내는 여행 준비

Step to Türkiye 1.
튀르키예 여행을 떠나기 전 알아야 할 기본 정보

튀르키예는 이국적인 무슬림 국가로 다름에서 많은 것을 보고 느낄 수 있는 여행지다. 종교와 음식은 우리와 큰 차이가 있지만, 과거에 고구려와 이웃했던 '돌궐'이라는 동맹국이었다는 것, 같은 알타이 어족으로 어순이 동일하고 물을 '수'라고 말하는 것에 친밀감을 느끼게 된다. 물론, 관광지에서 사기와 바가지 등의 안 좋은 경험을 하게 되지만, 관광지를 조금만 벗어나면 진짜 튀르키예를 만날 수 있다.

다음은 튀르키예를 여행할 때 기본적인 정보와 급속한 인플레이션으로 더 이상 저렴하지 않은 여행지가 되어버린 튀르키예에서 미리 알아두면 좋은 내용을 모았다. 경비를 절약하고 위험에서 피해 갈 수 있는 정보이니 아래 내용을 잘 읽어보자.

✱ 언어

튀르키예어를 사용한다. 읽는 것도, 말하는 것도 생소해 적응하기 어렵지만 몇 가지 단어와 문장만 말해도 튀르키예 사람들은 친근감을 느끼고 칭찬해 주고, 더 친절해진다. K-Pop과 한국 문화에 관심 많은 어린이와 20대의 청년 튀르키예인들이 종종 한국말로 인사하며 말을 걸어 오기도 한다. 관광지, 숙소, 식당에서의 영어 의사소통은 대부분 가능하나 과거보다 사용하는 사람이 줄고 대부분 번역 앱을 이용해 대답해 주는 추세다. 구글 번역 앱은 궁금한 것을 물을 때, 식당의 메뉴판을 읽을 때, 관광지에서 유적지 안내를 읽을 때 필수다.

튀르키예어를 읽을 때 대부분은 영어와 같으며 몇 가지만 다르다. 아래 발음만 익혀두면 글자를 읽을 수 있다.

발음	단어
C (c) 지	Camii 자미
Ç (ç) 체	Çok 촉
Ğ (ğ) '우무샥 게'라고 읽는데 무음이다	Cağ Kebabı 자 케바브
I (ı) 으	Yardım 야르듬
İ (i) 이	İstanbul 이스탄불
Ö (ö) 외	Döner 되네르
Ü (ü) 위	Türk 튀르크
Ş (ş) 쉐	Şeker 쉐케르

✱ 시차

한국과 6시간 차이가 난다. 튀르키예는 유럽처럼 서머타임이 없다.
예) 튀르키예가 오전 09:00라면, 우리나라는 15:00

✳ 전력

220V, 50Hz를 사용한다. 우리나라는 220V, 60Hz로 한국의 전기 제품을 그대로 사용할 수 있으며 플러그 모양도 같아 불편함이 없다.

✳ 통화

튀르키예의 통화는 2005년의 화폐개혁을 통해 YTL(Yeni Türk Lirası)를 사용한다. 지폐는 리라Lira(또는 ₺), 동전은 쿠루쉬Kuruş라고 읽는다. 1YTL=약 35원(2025년 6월 기준)이다. 2018년부터 환율이 급격히 악화되어 10년 전에 비해 화폐 가치가 1/10 수준으로 하락했다. 지폐의 종류에는 5, 10, 20, 50, 100, 200TL가 있고, 동전은 1TL, 5TL와 1, 5, 10, 25, 50Kuruş가 있다. 1YTL=100Kuruş다.

* 100TL=약 3,500원, 한화 10,000원=약 280TL이라고 기억하면 환율 적응이 쉽다.

2023년 공화국 100주년을 맞아 발행된 5TL동전

✳ 전화

튀르키예의 국가 코드는 90이며 지역번호 3자리와 고유번호 7자리로 구성된다. 예를 들어, 이스탄불 대사관의 (212) 368 8368 번호는 지역번호 212, 고유번호 368 8368이다. 전화를 거는 방식은 한국과 동일하다. 핸드폰 번호는 500, 530, 540과 같은 번호로 시작된다. 한국의 카카오톡처럼 튀르키예에서는 와츠앱Whats App을 쓰는데 전화번호를 등록해 통화하는 것이 보편적이다.

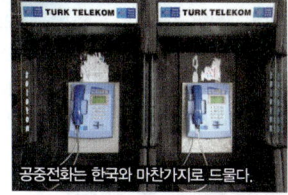

공중전화는 한국와 마찬가지로 드물다.

튀르키예로 전화하기

예) 이스탄불의 대한민국 대사관 전화번호 (212) 368 8368
앙카라의 대한민국 대사관 전화번호 (312) 468 4820

❶ 우리나라에서 이스탄불로 전화할 경우
   00 90 212 368 8368
❷ 이스탄불에서 이스탄불로 전화할 경우
   유선전화 368 8368 핸드폰 90 212 368 8368
❸ 이스탄불에서 앙카라로 전화할 경우
   유선전화 312 468 4820 핸드폰 90 312 468 4820

튀르키예에서 한국으로 전화하기

예) 유선전화 02 123 4567   휴대폰 010 1234 4567
① 유선전화 걸기 00 82 2 123 4567
② 휴대폰 걸기 00 82 10 1234 4567

✱ 스마트폰 이용자

튀르키예에서 핸드폰을 사용하려면 한국에서 로밍해 오거나 또는 한국에서 유심USIM이나 이심eSIM 구매, 현지에서 심SIM카드를 구매할 수 있다. 로밍의 장점은 내 전화번호를 유지하며 문자를 받을 수 있다는 것이고, 한국에서 구매하는 유심이나 이심은 가격이 저렴하다는 장점이 있다. 튀르키예 현지 공항, 버스터미널, 시내의 통신사에서 심카드를 구매할 수 있는데 국내 이심보다 2배 이상 비싸다. 현지 유심은 투르크셀Turkcell, 투룩텔레콤Turktelekom, 보다폰Vodafone이 메이저급이다. 그나마 우체국에서 판매하는 피티티셀Pttcell이 국내에서 구입하는 유심과 비슷한 가격이다. 한국에서 구매하는 유심이나 이심은 대부분 전화번호를 제공하지 않는 데이터 전용으로, 튀르키예 공공장소에서 제공하는 무료 Wifi는 전화번호로 인증하는 방식이기 때문에 사용할 수 없다. 현지에서의 통화나 소통을 위해 와츠앱Whats App을 한국에서 사전에 다운받아 등록하고, 우버Uber 인증을 미리 해놓고 떠나야 불편함이 없다. 심카드 중에서는 이심eSIM이 가장 저렴한데 핸드폰 기종에 따라 사용할 수 없기도 하니 미리 확인해야 한다. 여행 기간과 자신의 데이터 사용 습관에 따라 용량을 선택하면 된다. 검색창에 '튀르키예 유심(이심)'으로 검색하면 많은 판매점이 뜬다.

공항의 유심 판매점

현지 유심

✱ 무료 Wifi

카페, 식당, 호텔에서 무료 Wifi를 쉽게 얻을 수 있다. 공항에서는 여권 스캔으로 얻는 아이디와 번호로 무료 Wifi를 사용한다. 공공장소인 광장, 공원, 기차역, 쇼핑몰, 박물관, 스타벅스 등에서도 무료 Wifi를 제공해 주는데 전화번호로 인증하는 방식이라 로밍이나 번호 있는 유심을 사용할 때만 사용할 수 있다. 종종 시외버스에서 제공해 주는 무료 Wifi도 전화번호를 입력하라 하는 경우가 있다. 데이터 전용 유심이나 이심을 사용할 예정이라면 한국에서 사용하던 데이터양보다 넉넉하게 구매하자.

공공장소의 Wifi.
전화번호가 있어야 이용 가능하다.

✱ 영업, 업무 시간

튀르키예의 대부분 카페와 식당은 아침 일찍 열고, 자정이나 새벽 늦은 시간까지 영업해 밥을 못 먹을 일은 없다. 의외로 그랜드 바자르와 같은 시장이 18:00/19:00에 문을 닫고 일요일 영업을 하지 않아 쇼핑할 때 고려해야 한다.

관공서 월~금 09:00~17:00
상점 · 슈퍼마켓 10:00~22:00
은행 월~금 08:00~16:00 또는 09:00~17:00

우체국 PTT 월~금 08:30~17:00
(점심시간이 있는 곳도 있음. 12:30~13:30)

대중교통 대도시 06:00~24:00, 중간 도시 07:00~23:00, 작은 마을 07:00~20:00

✱ 음식

튀르키예의 음식은 백종원의 〈스트리트 푸드 파이터〉나 〈배고파〉 등을 통해 폭넓은 관심을 가지게 되었으나 우리나라 사람들의 입맛에는 호불호가 강하다. 향신료에 대한 거부감이 없다면 튀르키예 음식이 흥미롭고 맛있는 반면, 향신료의 향과 맛이 조금만 들어가도 힘들어하는 사람도 있다. 향신료에 거부감이 있다면 쾨프테나 소고기, 양고기로 만드는 케밥은 주문하지 않는 것이 좋다. 대신 닭고기를 재료로 한 케밥이나 고등어 뒤룸, 베이란, 생선구이, 양갈비 정도면 대체로 입맛에 맞으니 식당 이용 시 참고하자. 빵에 카이막과 꿀을 발라 먹는 아침 메뉴는 호불호 없이 모두의 입맛에 맞는데 한국에서 맛보기 어려울 뿐더러 비싸니 튀르키예에서 충분히 즐기자. 튀르키예에서 한식당은 라면, 비빔밥, 된장찌개 등의 메뉴가 1~2만 원대이고, 할랄 인증과 GMO 규정이 엄격해 아시아 식료품을 구하기 어렵다. 라면, 햇반 등의 한식은 미리 챙겨오는 것을 추천한다. 튀르키예에서 꼭 먹어봐야 할 다양한 음식과 메뉴 읽는 법은 p.56에 정리해 놓았으니 참고하자.

디저트류는 시럽을 듬뿍 사용해 약과와 비슷한 결로 매우 달콤한데 한두 개 정도 시켜 맛본 후 추가로 주문하는 것이 좋다. 돈두르마와 로쿰은 모든 사람의 입맛에 맞는 편이다. 한국과 크게 다른 점은 무슬림은 돼지고기를 먹지 않기 때문에 돼지고기 음식을 찾아볼 수 없다. 술 역시 무슬림에게는 금기 식품으로 공공장소에서는 마실 수 없고, 세금이 많이 붙어 비싼 편이다. 술을 파는 식당이나 상점이 따로 있으며 상점은 구글맵에서 'Tekel'로 검색하거나 물어보면 된다. 물은 우리나라의 수돗물과 같이 염소 처리한 물로 마시기에 안전하다고 하나 현지인들은 우리나라와 마찬가지로 정수기를 이용하거나 미네랄워터를 사 먹는다.

술 파는 곳은 Tekel Shop이라고 한다.

한식 가격, 라면은 꼭 가져가자.

✱ 팁 문화

튀르키예는 팁이 의무적이지 않다. 요즘은 외국 관광객들이 많이 가는 이스탄불 식당은 10~15%의 봉사료를 붙이는 게 일반화되는 추세이고, 팁을 달라고 요구하기도 한다. 다른 도시는 계산대(한국처럼 나가는 곳에 계산대가 있음)에 팁 박스가 있어 원하면 팁을 넣는 방식으로 운영된다. 호텔에서 머문다면 침대 정리를 해주는 메이드를 위해 매일 $1 또는 20TL~50TL 정도의 팁을 생각하자. 택시는 우버를 사용하지 않는 한 신용카드나 체크카드는 안 받는 경우가 많은데, 현금으로 낼 경우 택시 기사는 항상 잔돈이 없다. 잔돈을 미리 준비하거나 팁으로 주면 된다. 이때는 "킵 더 체인지Keep the Change"라고 말하면 된다.

✱ 쇼핑과 세일 기간

튀르키예는 일 년에 두 번 큰 세일을 한다. 여름 세일은 6월 초에서 7월 초에 시작해 8월 중순까지, 겨울 세일은 12월 중순에서 1월 초에 시작해 3월까지 간다. 할인율은 30~50%에서 시작하는데 겨울 세일은 70%까지 가기도 한다. 7월 이스탄불에서는 이스탄불 쇼핑 페스트Istanbul Shopping Fest가 열린다. 세일은 튀르키예어로 'İndirim'으로 쓰고 '인디림'이라고 읽는다. 옷은 우리나라와 체형이 다르므로 입어보고 사는 것

60% 세일 중

이 좋은데 큰 사이즈 옷이 많다.
튀르키예에서는 보통 꿀, 카이막, 로쿰, 바클라바, 장미수나 장미 오일 등을 기념품으로 많이 사는데 꿀인 경우, 최대 5kg까지만 가능하다. 우편으로 한국에 소포를 보내는 것은 비싸기도 하지만, 화장품과 오일과 같은 액체류는 불가하다. 튀르키예 쇼핑 품목은 p.78를 참고하자.

✱ 물가

튀르키예 물가는 더 이상 저렴하지 않다. 관광지 입장료는 톱카프 궁전 2,400TL(약 8만 5천 원), 아야소피아 €25(약 4만 원)로 유럽보다 더 비싸고, 이스탄불이나 카파도키아와 같은 주요 관광지 식당의 주요리는 600TL 선으로 유럽 물가를 따라가고 있다. 아메리카노 커피 120TL~(스타벅스 아이스 아메리카노 125TL), 맥도날드 세트 메뉴 약 300TL, 튀김과 같은 간단한 스낵이 200~300TL으로 가장 한국 물가와 비슷하다고 생각하면 된다. 저렴한 것은 대중교통과 과일, 채소와 같은 서민이 관련된 것들이다. 지하철·버스 1회권 20~30TL, 물 1.5L 20TL, 콜라 캔 30TL, 아시아 상점의 신라면은 100TL 정도이다. 아시아 상점을 찾기도 어렵고 한국 음식은 구하기 어렵고 비싸니, 라면과 같은 비상 식료품은 한국에서 준비해 가자. 대표적인 튀르키예의 투어 상품인 열기구는 시기에 따라 다른데 €70~450까지 편차가 크다.

벌집 꿀

과일과 채소는 저렴하다.

✱ 슈퍼마켓

튀르키예에는 쇽Şok, BIM, A101, 미그로스Migros, 까르푸Carrefour 등의 슈퍼마켓이 있다. 그 중 미그로스Migros는 편의점 수준의 미그로스 제트Migros Jet부터 앞에 M이 몇 개가 붙느냐에 따라 판매 품목과 규모가 점점 커진다. Migros, MM Migros, MMM Migros, MMMM Migros, 5M Migros까지 있다. 초콜릿, 과자, 꿀, 커피, 차 등의 슈퍼마켓 쇼핑은 큰 규모의 매장에서 하면 좋다.

✱ 빨래방

튀르키예는 빨래방이 보편적이지 않고, 빨래 비용이 비싸다. 이스탄불인 경우, 구시가지는 와츠앱으로 세탁소에 연락해 숙소로 픽업하고 가져다주는 세탁 & 건조가 1kg당 150~250TL 선이다. Laundrybar와 같은 빨래방을 갈 경우 좀 저렴해지는데 세제를 포함한 10kg 세탁 200TL, 건조 30분이 150TL 정도 한다. 이스탄불의 세탁소와 빨래방은 p.90 지도를 참고하자. 호스텔은 대부분 세탁시설을 갖춘 경우가 많아, 가장 저렴하게 빨래를 할 수 있다. 빨래해야 할 때쯤 세탁기가 있는 에어비앤비를 예약하는 것도 좋은 방법이다.

빨래방

✱ 화장실

튀르키예 화장실은 모두 유료다. 공공화장실, 버스터미널, 기차역, 관광지 모스크, 버스를 타고 가는 중간에 들르는 휴게소 등의 화장실은 모두 유료로 가격은 10~20TL 정도이다. 대부분 현금으로 내지만, 최신 버스터미널이나 기차역은 버스를 탈 때처럼 컨택리스카드로 태그하는 방

식으로 사용료를 내고 들어간다. 튀르키예에서 화장실이 급할 때는 모스크를 찾는 것이 여행의 팁이다. 무료 화장실은 거의 없는데 작은 마을 모스크의 화장실이나 렌터카 여행을 한다면 주유소 화장실은 깨끗하고 무료다.

아기와 함께하는 여행자

튀르키예 사람들은 아기와 어린이를 좋아한다. 우리가 서양 아기를 보면 귀엽다고 생각하는 것과 비슷한데 한국인들보다 더 많이 표현하고 좋아해 준다. 아이가 귀엽다며 다가와 인사하고, 예쁘다고 말해주고, 안 아봐도 되냐, 같이 사진을 찍어도 되냐고 물어보기도 하고, 심지어 놀아주기도 하는 감사한 일을 경험하게 된다. 아기와 함께 여행하면 혼자 다닐 때 보다 더 많은 튀르키예인이 관심을 가지고 도와준다. 공항, 기차역, 버스터미널에 기저귀 가는 곳과 수유실이 있다. 대도시에서 유모차를 가지고 다니는 데에는 큰 불편함이 없다(구시가지나 고대 도시와 같은 관광지는 울퉁불퉁한 돌바닥을 감수해야 한다). 튀르키예는 여행하기 좋은 봄과 가을, 휴가 기간인 여름철 성수기는 관광객이 매우 많고 온도가 30~40도까지 오른다. 아기와 함께 여행할 때는 관광지 입장 시 대기시간을 줄이고 일사병에 주의하며 여행해야 한다. 6세 미만 아이들은 대중교통, 시외버스, 관광지 입장료가 무료이다.

청소년과 함께하는 여행자

튀르키예는 대가족이 많고 많은 인원이 함께 여행을 다니기에 숙소도 4~6인실이 있을 정도로 대가족 여행에 불편함이 없다. 유럽처럼 관광지에 가족 할인 요금은 별도로 없지만 12세 미만은 박물관 등의 관광지 입장료가 무료이며, 12~25세까지는 국제학생증을 소지하면 최대 성인 입장료의 1/10까지 할인을 받을 수 있다. 튀르키예 국내선 항공은 12세 미만이라면 10% 할인 혜택이 있다. 특히 2025년은 가족의 해로 기차와 시외버스에서 2~4인 가족에게 15~40%의 할인 혜택이 주어진다고 하니 가족 여행자라면 참고하자.

외교부에서 말하는 튀르키예 안전

 튀르키예 전역은 해외안전정보의 여행경보단계 기준으로 남색경보(여행유의) 지역으로 책에 소개하는 마르딘, 산르우르파, 가지안테프가 있는 지역은 적색경보(출국권고) 지역이다. 가지안테프는 2023년 2월 6일 규모 7.8의 지진 이후 적색경보를 유지 중이다. QR을 통해 실시간 안전정보를 참고하자.

QR 외교부 해외 안전 여행

해외안전지킴이 영사콜센터(24시간)
한국 02 3210 0404 | 해외 90 822 3210 0404

튀르키예 긴급 전화번호

경찰 155 앰뷸런스 112 화재 110

Step to Türkiye 2.
튀르키예 역사와 문화

✖ 튀르키예 역사

오늘날 튀르키예 영토에는 기원전 10,000년 신석기시대부터 인류가 살기 시작했다. 신석기 시대의 유적으로 세계에서 가장 오래된 인공 건축물인 괴베클리 테페Göbekli Tepe(p.473)와 세계 최초의 초기 도시 유적으로 꼽히는 차탈회위크Çatalhöyük(p.311)를 언급하지 않을 수 없다. 신석기시대를 지나 튀르키예 영토를 통합한 최초의 제국은 기원전 1,800년 하투사Hattusas를 수도로 삼고 세력을 키운 히타이트인이다. 히타이트인들은 후기 청동기 시대에 아나톨리아 대부분을 지배했다. 히타이트인들의 생활사와 청동 사슴과 선 디스크Sun Disk와 같은 유물을 가장 잘 볼 수 있는 곳은 앙카라의 아나톨리아 문명 박물관(p.282) 이다. 히타이트인들은 남쪽으로 영토를 확장하다 이집트와의 전쟁 끝에 기원전 1259년 람세스 2세Ramesses II와 하투실리 3세Hattusili III는 카데쉬 조약Kadesh Treaty을 맺는데 이 유적은 이스탄불 고고학 박물관(p.130)에서 볼 수 있다. 세계 최초의 평화조약으로 복제품이 뉴욕의 UN빌딩에 전시되어 있다. 히타이트제국은 기원전 1,200년경 내부 권력 약화와 산악 흑해 지역에 살던 카슈카Kaşka족의 침략과 약탈로 멸망했다. 이후 프리기아Phrygia, 리디아Lydia, 카리아Caria 등의 왕국이 이어졌다. 한편 메소포타미아에는 기원전 2,500년 아카드, 바빌로니아, 아시리아Assyria와 같은 고대 국가들이 존재하다 아시리아 제국으로 성장해 북쪽으로는 아나톨리

아나톨리아 박물관
히타이트인의 청동 사슴과 선디스크

이스탄불 고고학 박물관의
카데쉬 조약

괴베클리 테페

아의 동남쪽, 동쪽으로는 페르시아만, 남쪽으로는 이집트 왕국까지 넓은 영토를 갖게 됐다. 신아시리아 제국은 기원전 612년 멸망했다. 이후 로마 제국의 지배를 받았는데 아시리아인들은 초기 기독교를 받아들여 오늘날까지 이어지고 있다. 마르딘(p.480)에 가면 예수가 사용하던 아람어로 미사를 지내는 교회를 볼 수 있다.

아나톨리아의 어원은 그리스어의 아나톨레(ανατολή)에서 왔다. 아나톨레는 해가 떠오르는 동쪽을 가리킨다. 기원전 1,200년경부터 아나톨리아 해안에는 그리스인들이 식민도시를 건설해 정착했는데 BC6~5세기에 페르시아 제국에 정복당했다. 페르시아의 다리우스 1세는 서쪽으로 아나톨리아 전체와 동쪽으로는 중국을 제외한 문명국가를 정복하며 최대 영토를 가졌는데 한발 더 나아가 서쪽의 그리스를 정복하기 위해 1·2차에 걸쳐 전쟁을 벌인다. 그리스를 중심으로 한 도시연합 국가는 기원전 480년 아테네의 마라톤 전투와 스파르타 300명이 전사했던 테르모필레 전투, 살라미스 해전으로 승리의 방점을 찍는다. 스파르타, 아테네, 코린토스 등 31개의 연합 도시국가들은 페르시아 전쟁에서 승리한 것을 기념으로 델포이에 3마리의 꼬인 뱀 기둥을 세웠다. 뱀 기둥은 이후 콘스탄티노플의 히포드롬으로 옮겨졌는데 오늘날 기둥만 남아 있고, 뱀 머리는 이스탄불 고고학 박물관(p.130)에 전시되어 있다.

기원전 356년, 펠라에서 태어난 알렉산드로스는 20살의 나이로 마케도니아 왕국의 왕이 되었다. 재위 기간 내내 정복 전쟁을 펼쳤는데 기원전 334년 아나톨리아를 지배하던 페르시아 제 1제국을 멸망시킨다. 남쪽으로는 이집트, 동쪽으로는 인도 북서부까지 차지하며 통일된 거대한 제국을 이룬다. 페르시아를 물리친 알렉산드로스 대왕의 입성을 환영한 이야기들은 셀축, 안탈리아 등의 도시에 기록으로 남아 있다. 특히, 셀축의 아르테미스 신전의 화재는 알렉산드로스 대왕의 탄생과 연관된 이야기가 전해진다(p.374). 알렉산드로스는 기원전 323년 31세에 바빌론에서 사망했다. 이후 300년간 그리스 문화가 중동, 중앙아시아, 인도 북부까지 퍼지며 현지 문화와 섞여 헬레니즘 문화가 꽃피웠다. 이후 아나톨리아에는 폰토스 왕국, 페르가몬 왕국, 카리아 왕국, 리키아 왕국, 카파도키아 왕국 등이 이어졌다.

B.C.1세기 중엽부터 로마 제국의 지배에 들어간다. 에게해와 지중해 안

마르딘의 교회

히포드롬의 뱀 기둥

이스탄불 고고학 박물관의 뱀 머리

알렉산드로스 대왕과 페르시아의 전투
(이스탄불 고고학 박물관)

셀축의 아르테미스 신전

케코바 섬 주변의 리키아 석관

폰토스 왕국 때 만들어진 쉬멜라 수도원

에페소의 켈수스 도서관

콘스탄티누스가 만든 아야소피아는 당대 가장 크고 아름다운 건축이었다.

에 있는 여러 도시에는 로마 제국 시대에 만들어진 극장, 목욕탕, 아고라, 분수 등의 유적이 잘 남아 있다. 특히, 에페스는 소아시아(로마가 아나톨리아 서부 지역에 세운 속주 도시 지역)의 수도로 항구 무역도시로 꽃피웠다. 에페스 고고학 유적(p.363)을 통해 당시의 번영을 생생하게 느낄 수 있다. 330년 로마의 황제 콘스탄티누스 1세는 현재의 이스탄불인 비잔티움을 새로운 수도로 삼아 도시를 건설했다. 이름은 자신의 이름을 따 콘스탄티노폴리스라 지었다. 로마 제국은 테오도시우스 1세가 사망한 395년에 동서로 분할되었으며, 서로마 제국과 동로마 제국 (또는 비잔틴 제국)이라고 한다. 이 시기에 지어진 대표적인 건축으로는 아야소피아, 히포드롬 등이 있다. 1204년 제4차 십자군 원정으로 콘스탄티노폴리스가 함락되기도 했다.

셀주크 튀르크족은 11세기 초 중앙아시아의 튀르크계 부족에서 시작되었다. 이들은 이슬람으로 개종하고 점차 서쪽으로 세력을 확장해 비잔틴 제국을 밀어내고 아나톨리아 대부분을 차지한다. 최초로 이슬람을 아나톨리아로 확장한 민족으로 오늘날 튀르키예의 시작이라 할 수 있다. 셀주크 제국에서 독립한 룸 셀주크는 이즈니크를 수도로 삼았으나 제1차 십자군에게 빼앗기고 1097년 콘야로 수도를 옮겨 12~13세기 셀주크 문화를 꽃피웠는데, 세마 의식으로 유명한 메블라나 종단이 이때 탄생했다(p.304). 그러나 13세기 중반 몽골 제국의 침략으로 속국이 되고 내분으로 멸망한다.

오스만 가지는 룸 술탄국의 멸망 후 소국들을 통합하며 1299년 부르사에 오스만 제국을 건설한다. 제국 초기의 유적과 오스만 제국의 시조인 오스만 가지의 무덤은 부르사에서 볼 수 있다(p.215). 강력한 정복 전쟁으로 세력을 확장하던 1453년, 메흐메드 2세 Mehmed II가 콘스탄티노폴리스를 점령하고 수도로 삼는다(이스탄불로 이름이 바뀐 때는 1930년대이다). 그랜드 바자르와 톱카프 궁전도 이 시기에 만들어졌다. 오스만 제국의 황금기는 쉴레이만 1세 Süleyman I(쉴레이만 대제, 재위 1520~1566) 때로 정복 전쟁으로 오스트리아와 동유럽 지역, 동아시아와 아프리카 북쪽까지 최대 영토를 넓히고 고대 해상로를 독점하며 강대국으로 성장했다. 나라 안에서도 법전을 편찬하고 건축과 예술에도 많은 지원을 했는데 이때 미마르 시난 Mimar Sinan이 튀르키예 전역에 쉴

에페스는 소아시아의 수도로 가장 큰 극장이 남아 있다.

이즈니크의 셀주크 양식의 모스크

오스만 제국의 초기 마을을 볼 수 있는 주말르크족

메블라나 박물관

레이마니예 모스크(p.146)와 같은 걸작을 남겼다.

오스만 제국은 제1차 세계대전(1914~1918년)의 패전으로 위기에 봉착한다. 1920년 세브르 조약으로 광대한 영토는 세계열강의 지배를 받고, 독립 국가 국가가 생겨나 해체될 위기에 이른다. 이때 튀르키예 민족주의를 표방한 무스타파 케말 아타튀르크가 등장한다. 그는 앙카라를 독립운동 본부로 삼고 밖으로는 영국, 프랑스 등의 열강에 맞서고 그리스의 침공에 맞서 그리스-튀르키예 전쟁을 시작한다. 안으로는 구태의 술탄제를 배격하고 튀르키예 국민의 힘을 하나로 모아 쿠데타를 일으킨다. 치열한 전투 끝에 승리해 마침내 1923년 로잔조약으로 튀르키예의 독립전쟁은 끝을 맺게 된다. 로잔조약이 체결된 공화국 의회 건물과 초기 튀르키예 공화국과 관련된 기록들은 앙카라(p.280)에서 만날 수 있다. 공화국의 초대 대통령으로 추대된 무스타파 케말 아타튀르크는 종교와 정치를 분리한 세속주의 국가를 표방했다. 나라의 근대화에 앞장서 남녀평등, 복장 등 근대국가로의 밑거름을 다졌으며, 1934년 여성이 투표권을 가지게 됐다. 튀르키예는 한국전쟁에 국제 연합군으로 참전하기도 했다. 튀르키예군의 희생을 기리고 감사를 표하는 한국 공원(p.287)이 앙카라에 있으며 튀르키예인들은 한국을 형제국 Arkadas(아르카다쉬)으로 생각한다. 현재의 제12대 대통령은 레제프 타이이프 에르도안 Recep Tayyip Erdoğan으로 2014년, 2018년에 이어 세 번째로 선출되어 2023년에 취임했다.

한국공원

오스만 제국 초기, 셀주크 양식의 정수를 볼 수 있는 예실 모스크(부르사)

오스만 제국 양식의 부르사 대모스크

쉴레이만 대제가 잠들어 있는 쉴레이마니예 모스크. 근처에 미마르 시난의 무덤이 있다.(이스탄불)

로잔조약이 체결된 공화국 최초의 의회 건물. 지금은 독립전쟁 박물관으로 사용하고 있다.(앙카라)

✳ 튀르키예 문화

종교

이슬람Islam은 기독교, 불교와 함께 세계 3대 종교로 우리나라를 포함한 140여 개국에 19억 신도를 가지고 있다. 현재는 기독교 다음으로 큰 종교 인구이나 2030년에는 세계 최대 종교로 부상할 예정이다. 보통 이슬람'교'라고 말하는데 이는 잘못된 표현으로 '이슬람'이라고 해야 맞다. 이슬람을 믿는 사람을 무슬림Muslim이라 부르는데, 이는 '복종하는 자'라는 뜻이다. '아랍인=무슬림'이라 생각하기도 하나 가장 많은 무슬림 인구를 가진 국가는 아시아의 인도네시아이며, 파키스탄, 인도, 방글라데시, 나이지리아, 이집트, 튀르키예, 이란 순으로 무슬림 인구가 많다. 그중 튀르키예는 국민 중 98%가 무슬림이다. 이슬람은 유대교, 기독교와 같이 같은 하나님을 믿는 일신교다. 무슬림들은 하나님을 '알라'라고 한다. 무슬림과 함께 종교 이야기를 하면 유대교나 기독교가 같은 뿌리라 말하며 타 종교에 대해 배타적이지 않다. 꾸란을 통해 유일신인 하나님을 믿는데 꾸란은 무함마드가 하나님의 말씀을 천사 가브리엘을 통해 글로 적은 것이다. 무함마드(아브라함의 첫째 아들 이스마엘이 조상)는 하나님이 보낸 22번째 마지막 예언자라고 믿는다. 그래서 인간과 하나님 사이에 성직자나 예언자 등이 존재하지 않는다고 생각하며, 예수 또한 신이 아닌 하나님이 보낸 예언자라고 믿는다. 이슬람은 70%를 차지하는 수니파와 10~20%의 소수파인 시아파가 있는데 시아파는 무함마드 이외에 하나님이 보낸 예언자가 더 있다고 믿으며, 종교 지도자인 이맘Imam의 지위를 신성시하는 것이 수니파와 다르다.

이슬람의 다섯 기둥

무슬림이라면 반드시 지켜야 하는 다섯 가지로 다음과 같다.

❶ 샤하다 Shahadah**, 신앙고백**
하나님이 유일신이며, 무함마드가 하나님의 사도임을 인정하고 믿는 것을 말한다. 꾸란의 첫 구절이며 이슬람의 핵심이기도 하다.
"아슈하두 안 라 일라하 일–알라, 와아슈하두 아나 무함마단–라술룰라
Asshuhadu an la ilaha ill-Allah, wa asshuhadu anna Muhammadan-Rasulullah."
하나님(알라)을 제외한 다른 신은 없으며, 무함마드는 하나님의 사도이다.

❷ 사라 Salah**, 예배**
무슬림은 매일 5번씩 정해진 시간에 – 일출 전 새벽, 정오, 오후, 일몰 후, 밤 – 메카를 향해 예배를 드린다. 남자들은 보통 모스크에서 행하도록 권장하고 있으며, 여성은 모스크의 여성 전용 공간이나 가정에서 한다. 매주 금요일에는 모스크에서 합동 예배를 드린다. 튀르키예는 예배 시간에 관광객들의 출입을 금하며 문을 닫는다.

❸ 사움 Sawm**, 단식**
이슬람력 9월(라마잔) 한 달간 일출부터 일몰까지의 낮 시간대에 단식한다. 이 기간에는 흡연, 거친 말과 행동, 성행위를 하지 않으며 꾸란을 읽는다.

❹ **자카**Zakah**, 기부**
무슬림은 자신과 가족을 부양하는 데 필요한 비용을 제외하고 재산의 1/40을 자선단체나 도움이 필요한 사람에게 기부해야 한다. 자선단체의 기부금은 무슬림 공동체에서 도움이 필요한 사람을 돕는다.

❺ **하지**Hajj**, 성지 순례**
마지막 의무는 이슬람력 12월의 메카 순례를 말한다. 모든 성인 무슬림은 신체적 건강과 경제적 여유가 있는 사람에 한해 일생에 한 번은 이슬람의 성지인 메카를 순례해야만 한다.

돼지고기
구약 성서에 "돼지는 굽은 갈라졌으나 새김질을 못하므로 너희들에게 부정하니 너희는 이런 것의 고기를 먹지 말 것이며 그 사체도 만지지 말 것이니라"는 글이 있다. 꾸란에서 돼지고기를 금하는 하나님의 말씀에 따라 돼지고기를 먹지 않는다. 이슬람에서는 돼지가 더러운 음식을 먹고 지구상에서 가장 불결한 동물 중 하나로 많은 질병을 유발한다고 생각한다. 그래서 튀르키예에서는 돼지고기를 먹을 수 없다.

술
술 또한 몸과 정신에 나쁜 것으로 금지한다. 퇴근 후에는 대부분 집으로 향하며 가족 문화가 강하다. 술을 판매하는 식당도 한정되어 있고, 보통의 상점과 마트에는 술을 팔지 않는다. 규모가 큰 대형마트와 테켈Tekel이라는 곳에서만 술을 구매할 수 있으며 22:00 이후에는 술판매가 금지된다. 술에 대한 세금도 높아 테켈에서 500ml 병맥주를 구입할 때 70~80TL 정도 한다.

히잡
무슬림 남성은 배꼽부터 무릎까지 드러내지 않고, 여성은 얼굴과 손을 제외한 신체를 가리는 히잡을 써야 한다. 히잡에 대해 여성 억압이라 생각하는 사람들도 많지만, 무슬림은 하나님이 강한 햇빛과 신체를 드러내지 않게 하여 자연으로부터 여성을 보호하고, 성범죄로부터 예방한다고 말한다. 튀르키예에서 모스크와 같은 종교시설과 성지에 들어갈 때 외국인들도 이 규칙에 따라야 한다. 따르지 않으면 입장이 금지된다.

할례
구약 성서에 하나님과 아브라함과의 약속으로 시작된 것으로 남성의 성기 일부를 잘라내는 종교적 의식이다. 예수도 할례를 받았고 유대교와 이슬람에서 행해지고 있다. 한국의 포경수술은 한국전쟁 이후 위생 목적으로 널리 퍼진 것으로 종교적 의미는 아니다. 튀르키예에서 할례의식을 치르면 아이에게 선물과 돈을 주고, 파티를 하며 오스만 제국의 옷을 입고 가족과 함께 거리를 돌아다닌다. 이는 이슬람 사회의 구성원이 되었다는 중요한 의미를 가진다.

Step to Türkiye 3.
튀르키예의 사계절, 휴일과 축제

✱ 튀르키예의 사계절

튀르키예는 우리와 마찬가지로 사계절이 있다. 성수기는 4~10월, 비수기는 11~3월이다. 12~3월은 비가 오는 날이 많으며 유명 관광지에 줄 서지 않고 들어갈 수 있고, 숙박비가 저렴해진다. 튀르키예는 대한민국 국토의 8배 크기로 지역별 날씨 차이가 크다. 예를 들어, 11월의 이스탄불이 완연한 가을 날씨라면, 카파도키아와 콘야는 밤에 0~5도까지 떨어지고, 안탈리아는 여전히 수영이 가능한 따뜻한 날씨다. 여행지에 따라 기온 차이가 크니 그에 맞춰 옷차림을 준비하는 것이 필요하다. 대체로 가장 방문하기 좋은 달은 5월과 6월, 9월과 10월이다. 이때는 튀르키예 관광객들도 많이 여행하는 시기이다.

- **이스탄불과 부르사, 마르마라해 주변 지역**의 기후는 온화하며, 겨울 평균기온은 4℃, 여름 평균기온은 27℃이다. 12월과 1월에 자주 비가 많이 온다.

- **셀축, 파묵칼레, 페티예, 안탈리아와 같은 서남부 지역**의 기후는 온화한 지중해성 기후로 겨울 평균기온은 9℃, 여름 평균기온은 29℃이다. 페티예와 안탈리아는 11월에도 20℃ 이상 올라가 수영이 가능하다. 7~8월은 비가 내리지 않아 건조하고 30~40℃까지 올라간다.

- **앙카라, 카파도키아, 콘야와 같은 중앙 아나톨리아 고원 지역**은 여름은 덥고 건조하며 겨울은 춥고 눈이 많이 내리는 대륙성 기후를 띤다. 여름 평균기온은 23℃ 겨울 평균기온은 -2℃이다. 12~1월에는 눈이 내리며 영하로 떨어진다. 특히 카파도키아는 여름은 너무 덥고, 겨울은 너무 추워 여행 최적기는 5·6월, 9·10월이다. 특히, 벌룬 투어를 위해 카파도키아를 간다면 바람이 많이 부는 11~4월 중순은 피하는 것이 좋다. 여름철은 바람과 강수량이 거의 없어 벌룬 투어에는 적합한 날씨이다.

- **트라브존과 리제와 같은 흑해 지역**은 비가 자주 오고 습하며, 여름 평균기온은 23℃, 겨울은 평균기온은 7℃이다. 특히 리제는 튀르키예에서 가장 비가 많이 내리는 도시이다. 6~8월이 가장 방문하기 좋은 시기이나 여름철에는 러시아 관광객들이 많이 몰려와 호텔 가격이 비싸진다.

- **반, 샨르우르파, 가지안테프, 마르딘과 같은 튀르키예의 동남부**는 대륙성 기후의 특징으로 겨울에 춥고 비가 많이 내리며 여름철은 건조하고 온화하다.

봄 (4월~6월 중순)

겨울이 지나 점차 따뜻해지며 온화한 봄이 시작된다. 5·6월은 여행 적기로 우리나라의 봄보다는 초여름 날씨에 가까운데 30℃까지 올라가기도 한다. 건조하고 자외선이 강하니 대비하자. 쿠르반 바이람이 있는 시기로 이때는 튀르키예 전 국민이 고향을 방문하거나 여행을 떠난다. 외국에서 가족을 보러 돌아와 숙소 비용이 두 배 이상 올라가고 숙소를 구하기 어려울 수도 있으니 여행 시기를 잘 살피자. 저렴하면서 인기 있는 숙소는 예약해 두는 것이 현명하다.

여름 (6월 중순~9월 중순)

점점 더워지는 시기로 9월 중순까지 여름 날씨가 지속되는데, 7~8월은 40도까지 올라간다. 방학·휴가 기간이라 전 세계 여행자들이 가장 많이 몰리는 시기다. 어느 지역이든 덥고 북적적다. 특히 안탈리아, 페티예 등 해변 휴양지가 가장 붐빈다. 숙소는 반드시 예약하고, 햇빛 대비 준비를 단단히 하자. 뜨거운 햇살 아래 긴 줄을 서기 싫다면 관광지 입장권도 인터넷을 통해 예매하는 것이 좋다.

가을 (9월 중순~11월 중순)

여름보다는 관광객이 줄지만 9·10월은 튀르키예 여행 적기로 여전히 북적인다. 10월 이후부터는 점차 숙박비도 저렴해진다. 우리나라의 가을과 비슷하다. 평균 기온은 18도이나 때에 따라 여름 날씨처럼 30도까지 올라가기도 한다. 아침저녁으로 쌀쌀하고 낮에는 기온이 올라간다. 이스탄불이 아닌 튀르키예 중부와 북부로 여행할 사람들은 따뜻한 옷을 준비해야 한다.

겨울 (11월 중순~3월)

겨울 시즌은 우리나라보다 온난하고 비가 많이 온다. 우산과 방수되는 따뜻한 겉옷을 준비하는 것이 좋다. 대륙성 기후를 띠는 카파도키아와 같은 곳은 영하로 떨어지며 바람이 불고 눈이 많이 온다. 눈 때문에 교통이 막혀 이동이 불가능한 경우가 생기기도 한다. 극비수기로 관광지마다 한산한 분위기이며 숙소 예약도 필요 없을 정도다. 장점이라면 여름철 성수기에 비싼 고급 호텔들도 10만 원 초반대의 비교적 저렴한 가격에 묵을 수 있다. 안탈리아는 11월이나 3월에도 수영이 가능한 따뜻한 날씨로 겨울철 추천 여행지이다. 12~2월에는 아무리 지중해 연안이라도 많은 상점과 식당이 문을 닫고, 투어도 운영하지 않는다.

✳ 튀르키예의 휴일과 축제

공휴일

새해 Yılbaşı 1월 1일 　　**노동절** İşçi Bayramı 5월 1일 　　**민주주의 기념일** 7월 15일

*2026년 3월 20일~22일(2027년 3월 9일~10일)

라마잔 바이람 Ramazan Bayramı (Şeker Bayramı, Eid al-Fitr)

튀르키예 무슬림들의 가장 중요한 종교 휴일로 한 달 동안의 라마잔이 끝난 것을 기리는 3일간의 연휴다. 이 휴일을 쉐케르 바이람 Şeker Bayramı, 설탕 축제라고도 하는데 과자와 달콤한 것들을 무료로 나누어 준다. 라마잔은 라마잔 바이람 이전 한 달간(2026년 2월 19일~3월 19일) 지속되는데 해가 뜬 동안 금식하는 기간이니 공공장소에서 음식을 먹는 것은 지양하자.

＊ 라마잔 바이람과 쿠르반 바이람은 매년 변동됨

4월 23일

국가 주권의 날 Ulusal Egemenlik ・ **어린이날** Çocuk Bayramı

튀르키예 앙카라에서 대국회가 설립된 날이다. 아타튀르크가 튀르키예 공화국은 어린이들의 것이라 말해 어린이날로도 지정되었다.

5월 19일

아타튀르크 기념일 Atatürk'ü Anma ・ **청소년 스포츠의 날** Gençlik ve Spor Bayramı

제1차 세계대전 이후 오스만 제국의 영토가 분할되자 아타튀르크는 독립전쟁을 시작하기 위해 5월 19일 흑해의 삼순 Samsun에 상륙한다. 그날을 기념하는 날이기도 하고 동시에 청소년들의 날이다.

*2026년 5월 27일~30일(2027년 5월 16일~20일)

쿠르반 바이람 Kurban Bayramı

아브라함이 신에 대한 헌신으로 아들 이삭을 희생 제물로 바쳤던 것을 기념하는 종교 휴일로 3일간 지속된다. 튀르키예인들은 고향을 방문하거나 여행을 가는 날로 1년 중 가장 혼잡하다. 이 기간 주변은 여행 시기로 피하는 것이 좋다. 숙소와 항공권 가격이 2배로 오르고, 투어도 비싸지며, 이동할 때도 혼잡하다.

8월 30일

승전 기념일 Zafer Bayramı

1922년 튀르키예-그리스 전쟁에서 승리했는데, 이는 아타튀르크의 독립전쟁을 승리로 이끌었다. 매년 이날이 되면 아타튀르크의 영묘를 방문한다.

라마잔 기간, 해가 지면 온 가족이 모여 앉아 풍성한 음식을 준비해 이프타르Iftar를 즐긴다.

10월 29일

공화국 건립 기념일 Cumhuriyet Bayramı

1923년 10월 29일 튀르키예 공화국을 선포하고, 아타튀르크가 대통령으로 취임한 날이다.

라마잔 기간, 해뜨기 전 먹는 음식

축제

4월 1일~30일
이스탄불 튤립 축제

튤립은 중앙아시아가 원산지로 튀르크인들이 아나톨리아로 이주하면서 가져온 꽃이다. 16세기 쉴레이만 대제가 네덜란드 왕에게 튤립을 선물로 보냈는데, 튤립을 처음 본 유럽인들은 그 아름다움에 한눈에 반했고 이후 고가의 투자 상품이 되어 집 한 채 값에 이르기도 했다. 오늘날 네덜란드가 튤립 생산지로 자리 잡았지만 원조국은 튀르키예다. 구시가지의 귈하네 공원 Gülhane Parkı과 이스탄불 북쪽의 에미르간 공원 Emirgan Korusu에서 성대한 튤립 축제가 열리니 이 시기에 여행을 한다면 꼭 방문해보자.

❶ 귈하네 공원 ❷ 에미르간 공원

5월 6일
흐드렐레즈 Hıdırellez

튀르키예 전역에서 열리는 대표적인 봄 축제로 집 청소와 소원 빌기, 음악, 춤, 마을 잔치가 열린다. 2017년 유네스코 인류무형문화유산에 등재되었다.

©튀르키예 관광청

*2025년 7월 1일~17일
이스탄불 재즈 페스티발 Istanbul Jazz Festival

1994년부터 이스탄불에서 매년 7월에 열리는 재즈 페스티벌이다.

홈피 caz.iksv.org/en

12월 7일~17일
메블라나 축제

콘야에서 열리는 메블라나 축제 Mevlana Festival이다. 10일간 열리는데 그 절정은 메블라나 잘랄레딘이 루미 Mevlânâ Celâleddîn-i Rûmî의 사망일인 12월 17일로 '신과 하나되는 밤'이다. 영어로는 소용돌이치듯 춤추는 모습에 워링 더비셔스 Whirling Dervishes, 튀르키예어로는 세마 Sema라고 한다. 2008년 유네스코의 인류무형문화유산에 등재되었다.

©Istanbul Caz Festivali

Step to Türkiye 4.
여행의 시작, 여권과 유용한 증명 카드 만들기

✖ 여권과 비자 준비하기

여권
여권은 해외여행을 가는 데 꼭 필요한 신분증이다. 출국 시 여권 유효기간이 6개월 이상 남아 있어야 한다.

필요서류
여권용 사진 1매(6개월 이내 촬영), 신분증, 여권발급신청서(여권 신청장소에 비치 또는 홈페이지에서 다운로드 후 컬러 출력), 병역 관계 서류(남성 해당자만. 단, 행정정보 공동이용망을 통해 확인 가능한 경우 제출 생략), 여권 유효기간이 남아 있다면 지참(구멍 뚫은 후 돌려받음)
*미성년자는 기본증명서나 가족관계증명서(행정전산망으로 확인 불가능 시)를 가져가면 친권자가 신청 가능

신청장소
- 구청, 시청, 도청 등
- 온라인(전자여권 발급 이력이 있는 성인-수령 시 본인 직접 방문)

국내 정부24 www.gov.kr
국외 영사민원 consul.mofa.go.kr

> **Tip | 여행증명서와 긴급여권**
>
> 여행 중 여권을 도난당하거나 분실했을 때 바로 신청한다(p.543 참고).
> 여행증명서는 여권 대신 쓸 수 있는 서류로, 기재된 1국가에 입국할 때까지만 사용 가능하다. 긴급여권은 일반여권보다 빨리 발급돼 시간을 아낄 수 있다. 유효기간 1년의 사진 부착식 비전자 여권이다.
> **필요서류** 여권용 사진 1매(6개월 이내 촬영), 여권발급신청서(대사관에 비치), 신분증(여권 사본 가능)
> **신청장소** 주튀르키예 한국대사관
> **가격** 긴급여권 $48, 여행증명서 $23 (현금결제만 가능)

---

more & more 쉥겐 협약 Schengen Agreement 이해하기

튀르키예와 유럽을 함께 여행하는 장기여행자는 쉥겐 협약을 반드시 알아두어야 한다. 쉥겐 협약 국가는 모두 합쳐(입국일과 출국일을 모두 합산) 90일 체류가 가능하다. 비쉥겐 협약국으로 나갔다 오더라도 180일 내에는 누적되니 총 여행 기간은 최대 90일을 넘겨서는 안 된다. 여권의 유효기간은 최소 3개월 이상 남아 있어야 한다.

- **쉥겐 협약국(27개국, 총 90일 체류 가능)**
그리스, 네덜란드, 노르웨이, 덴마크, 독일, 라트비아, 룩셈부르크, 리투아니아, 리히텐슈타인, 몰타, 벨기에, 스웨덴, 스위스, 스페인, 슬로바키아, 슬로베니아, 아이슬란드, 에스토니아, 오스트리아, 이탈리아, 체코, 포르투갈(180일 중 누적 90일까지), 폴란드, 프랑스, 핀란드, 헝가리, 크로아티아

- **비쉥겐 협약국 체류 가능 일수**
30일 바티칸 교황청, 벨라루스(러시아 경유 또는 육로를 통한 출입국시 비자 필요), 우즈베키스탄, 카자흐스탄 **60일** 러시아, 키르기즈스탄 **90일** 루마니아, 마케도니아, 모나코, 몬테네그로, 몰도바, 보스니아 헤르체고비나, 불가리아, 사이프러스, 산마리노, 세르비아, 아일랜드, 안도라, 알바니아, 우크라이나, 코소보, **튀르키예 180일** 아르메니아, 영국 **360일** 조지아

소요시간
보통 3~5일

요금
성인 58면 50,000원, 26면 47,000원
8~18세 58면 42,000원, 26면 39,000원
8세 미만 5년 58면 33,000원, 26면 30,000원
5년 미만 15,000원

비자
비자는 나라를 방문할 때 필요한 입국 허가서이다. 대한민국 국민은 튀르키예와의 사증면제협정을 통해 관광 목적인 경우 비자 없이 90일간 여행이 가능하다.

유용한 증명카드

❶ 국제학생증(ISIC)
학생이라면 반드시 만드는 것을 추천한다. 보통 다른 국가에서는 ISIC와 ISEC 두 가지 모두 유효한 경우가 많은데 튀르키예는 ISIC만이 유용하다. 모든 관광지는 아니지만 톱카프 궁전, 돌마바흐체 궁전 등의 주요 관광지 입장료가 ISIC카드 소지 시 1/7 정도 수준으로 엄청난 할인 혜택이 있다. 단, 만 12~24세까지 할인이 가능하다. 국제 교사증(ITIC)의 할인 혜택은 없다.

· **ISIC International Student Identity Card**
주 15시간 이상의 정규교육을 받는 학생에게 발급된다. 하나 체크카드나 유스호스텔증을 결합한 상품도 있다.
발급방법 ISIC 제휴 학교 홈페이지, 또는 ISIC 홈페이지에서 온라인 신청(14세 미만 학생은 우편 접수)
필요서류 사진, 재·휴학생 재·휴학증명서(1개월 이내) 유학생 학생비자 또는 입학허가서(해외교육기관에 등록한 증명서)+학비송금영수증 중고생 학생증
*ISIC 제휴 학교 홈페이지 신청 시 불필요
요금 19,000원(1년), 35,000(2년)
홈피 www.isic.co.kr

❷ 국제운전면허증
렌트로 카파도키아 주변, 안탈리아 주변 등을 둘러볼 때 유용하다. 튀르키예는 한국에서 발급된 영문 운전면허증을 사용할 수 있으나 원칙적으로는 한국의 공관 또는 공증사무소에서 공증받은 튀르키예어 번역문을 면허증 원본 및 여권과 함께 소지하여야 한다. 튀르키예 번역문 없이 영문 운전면허증으로 렌트를 해주는 곳도 있지만, 국제운전면허증을 요구하는 업체도 있어 국제운전면허증을 만들기를 추천한다.

· 유의사항
*국제운전면허증의 유효기간에도 불구하고 국제 협약의 내용 및 해당국 관계 법령에 따라 해당 국가 입국 후 6개월이 경과한 경우 효력이 인정되지 않는다.
*외국에서 국제운전면허증으로 운전할 경우, 한국면허증과 여권을 함께 지참하지 않으면 무면허 운전으로 처벌받을 수 있으니, 반드시 국제운전면허증, 한국면허증, 여권 3가지를 함께 지참해야 한다.
*국제운전면허증 상의 영문 이름 스펠링과 여권상의 영문 이름 스펠링이 일치하지 않는 경우 국제운전면허증의 효력을 인정받을 수 없다.

발급장소 전국 운전면허 시험장, 경찰서(일부), 인천·김해공항 국제운전면허 발급센터, 지자체(일부), 온라인(등기배송 최대 7일 소요) *일부 지자체에서는 여권 발급 시 국제운전면허증 동시 신청 가능
필요서류 여권 또는 사본(행정정보공동이용 동의 시 생략 가능), 운전면허증, 여권용 사진 1매(6개월 이내 촬영)
요금 9,000원
유효기간 발급일로부터 1년
홈피 www.safedriving.or.kr

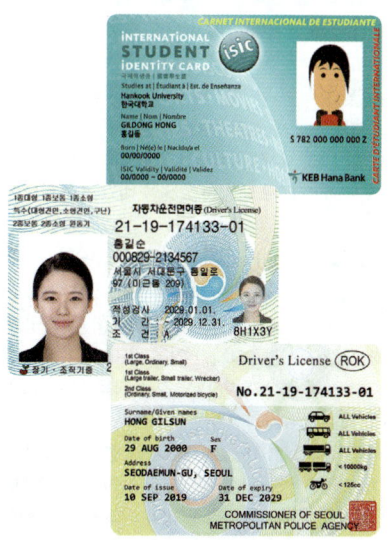

Step to Türkiye 5.
튀르키예, 어떻게 이동할까?

✈ 여행의 시작, 튀르키예 항공권 구매

여행의 시작은 항공권 구매다. 출 · 도착 비행 일정이 결정돼야 여행 계획을 세울 수 있고, 항공권이 여행 경비의 큰 부분을 차지하기 때문에 항공권을 저렴하게 구매하면 첫 단추를 잘 끼우는 것이다. 얼리버드 특가나 프로모션, 카드 할인 등을 이용하면 돈을 절약할 수 있다. 따라서 항공사나 여행사 사이트를 미리미리 자주 확인해 보는 것이 좋다. 특히 여름, 설 · 추석 연휴, 연말 등 성수기에 여행하려면 최대 6개월, 최소 2~3개월 전에는 항공권을 예매하는 게 좋다. 대개 여행 직전에 표를 구입하는 것이 가장 비싸다. 비수기에는 상대적으로 저렴한 항공권이 많이 나와 여행 경비가 적게 든다.

* 일정이 짧다면 이스탄불 In/Out, 카파도키아는 국내선을 이용하는 것이 가장 효율적이다.

* 일정에 여유가 있어 주변 국가를 넣을 수 있다면 이스탄불 In, 안탈리아나 부르사 등의 도시에서 저가 항공으로 Out해 유럽(그리스, 독일, 프랑스 등)이나 이집트 등으로 들어가는 입체적인 일정을 계획해 보자.

Tip | 체크 리스트
✓ 가격
✓ 마일리지 적립 여부
✓ 출 · 도착 시간
✓ 직항 또는 경유
✓ 경유 시간
✓ 스톱오버 가능 여부 및 추가요금 여부
✓ 수하물 연결 여부

✈ 직항 vs 경유

튀르키예로 바로 가는 직항은 탑승 시간이 짧고 편리하다는 게 장점이며, 국적기를 탈 경우 한국어가 통해 좋다. 경유 항공권에 비해 비싼 것이 단점이다. 경유 비행기는 가격이 저렴하고 경유지의 레이오버 또는 스톱오버를 통해 다른 나라를 함께 여행할 수 있다는 장점이 있다. 단 비행기를 갈아타야 하고 직항에 비해 시간이 오래 걸린다.

직항
인천공항에서 튀르키예로 가는 직항은 대한항공, 아시아나, 터키항공이 있다. 소요 시간은 11시간 30분이다. 출 · 도착시간은 항공사에 따라 다를 수 있으므로 다양한 요일을 비교해 보자.

경유
1회 경유하는 가격이 괜찮은 항공으로는 16시간이 걸리는 카타르항공과 우즈벡항공, 중국항공사(중국국제항공, 중국동방항공, 중국남방항공)는 24시간/74시간/144시간 경유 무비자 여행이 가능해져 중국 여행에 관심 있다면 추천한다. 항공 연결 시간을 활용해 베이징이나 상하이 등을 여행할 수 있다.

* 항공사별로 출발 24~48시간 전부터 홈페이지나 스마트폰 앱으로 웹 체크인과 무료 좌석 지정이 가능하다. 튀르키예까지는 장거리 비행이기 때문에 원하는 위치나 일행이 있다면 유료 좌석을 구매하는 것도 좋다.

홈피 항공기 좌석 배치도 및 리뷰 보기
www.seatguru.com

✈ 튀르키예 ⇔ 주변 국가

튀르키예는 서유럽과 동유럽, 그리스, 이집트 등으로의 이동이 편한 곳이다. 이스탄불 공항뿐만 아니라 튀르키예 내 여러 도시의 공항에서도 쉽게 다른 국가로 갈 수 있다. 버스와 철도, 페리로도 이동이 가능해 선택의 폭이 넓다.

항로

이스탄불, 이즈미르, 앙카라, 안탈리아, 카이세리, 달라만, 보드룸 등에서 유럽으로의 연결이 좋다. 독일, 프랑스, 네덜란드, 영국, 오스트리아는 튀르키예인이 많이 살고 있어 연결편도 좋고, 가격도 다른 국가에 비해 저렴하다. 조지아, 키프로스, 이집트로의 루트도 좋아 튀르키예와 함께 주변 국가를 여행할 수 있다.

그리스 아테네의 파르테논 신전

육로

유럽으로는 기차와 버스로 불가리아 소피아를 거쳐 갈 수 있다. 그리스는 현재 기차는 운행하고 있지 않고, 버스로 테살로니키로 쉽게 갈 수 있다. 동쪽으로는 트라브존-리제에서 버스로 조지아의 바투미로 들어갈 수 있다. 조지아의 옆 나라인 아르메니아는 과거 튀르키예의 아르메니아인 학살로 관계가 좋지 않아 조지아를 통해 들어가거나 이스탄불에서 항공으로 갈 수 있다. 이란은 비자를 받았다면 반Van에서 기차로 갈 수 있다. 시리아와 이라크는 외교부 여행경보 4단계(여행금지) 국가로 출입하는 경우 법에 처벌받는다.

반에서 이란으로 가는 기차

해로

튀르키예에서 페리를 이용해 그리스의 섬으로 들어갈 수 있는데 마르마리스-로도스-크레타, 쿠사다시-사모스-이오스-산토리니 루트가 좋다. 키프로스 공화국은 메르신 주의 메르신Mersin, 타슈주Taşucu, 아나무르Anamur에서 들어가는 페리가 있다. 11~3월은 바람이 많이 불고 파도가 높아지는 때라 페리가 취소되거나 운행하지 않으니 참고하자.

사모스에서 쿠사다시로 들어가는 페리

---

more & more 레이오버와 스톱오버

■ **레이오버 Lay Over**

경유지에서 24시간 미만으로 체류하는 것을 말한다. 체크인 수속 시 두 장의 보딩패스를 준다. 경유하는 공항에서 잠시 나갔다 오는 것으로 수하물은 찾지 않아도 된다. 항공권 구입 시 따로 신청할 필요는 없으며, 시내까지 나가고 공항까지 돌아오는 시간을 잘 계산해야 한다. 나라에 따라 무료 투어프로그램을 운영하기도 하니 참고하자.

■ **스톱오버 Stop Over**

경유지에서 24시간 이상 체류하는 것을 말한다. 항공권 예약 시 또는 출발 최소 72시간 전(항공사에 따라 다름) 신청해야 하고, 대부분 무료지만 수수료가 발생할 때도 있다. 수하물은 경유지에서 찾았다가 최종목적지로 가는 날 공항에서 다시 부쳐야 한다. 경유지에서 목적지까지 탑승권은 경유지에서 체크인 시 주는 것이 레이오버와 다르다.

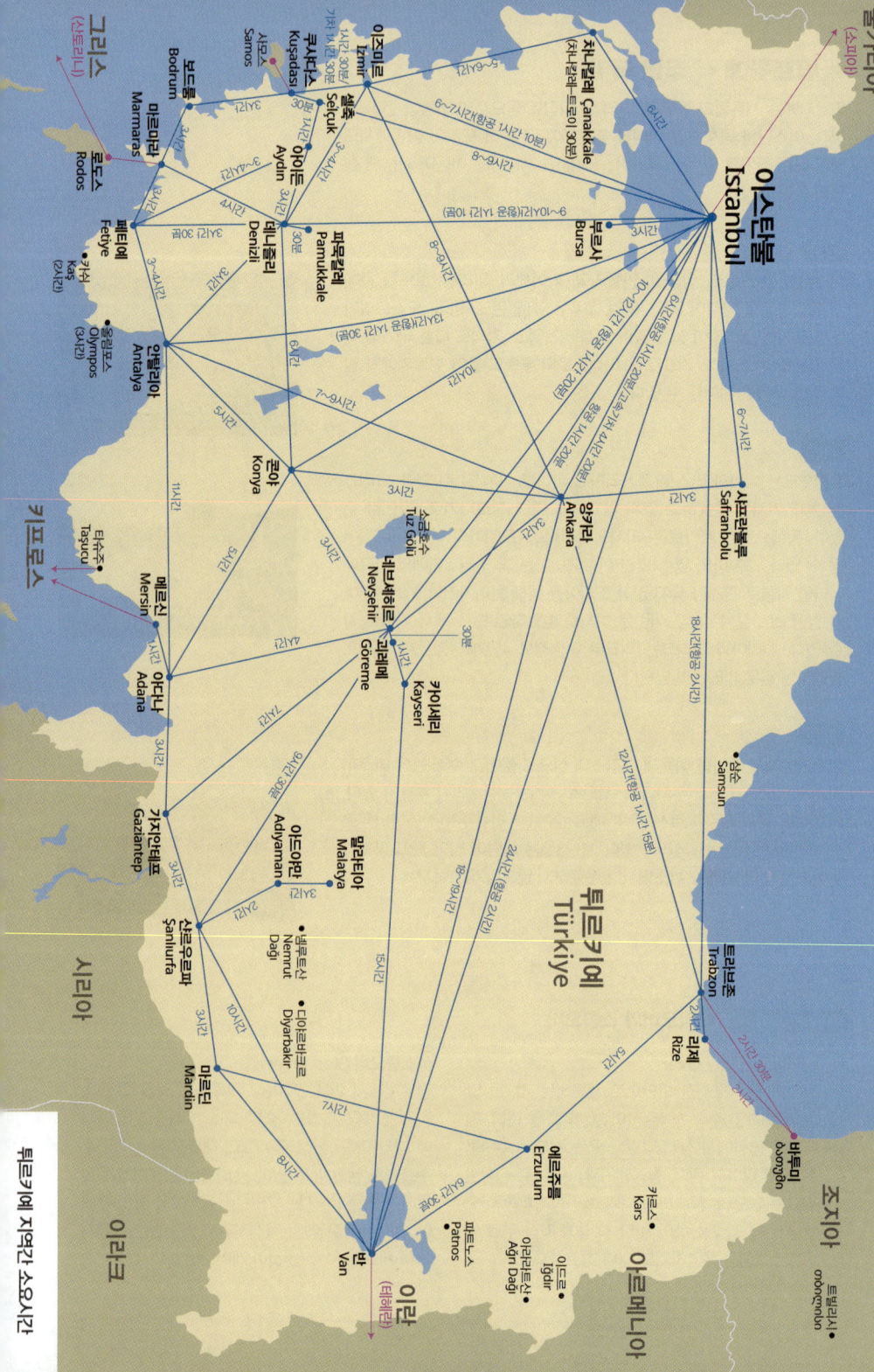

✱ 튀르키예 현지 이동

버스

버스는 가장 대중적인 도시 간 이동 수단이다. 대도시-대도시, 지방 안에서의 소도시 연결, 작은 마을까지 촘촘하게 연결한다. 수백 개의 버스회사가 다양한 가격대의 버스표를 판매한다. 안전을 위해 파묵칼레 Pamukkale, 카밀코치 Kamil Koç, 울루소이 Ulusoy, 니뤼페르 Nilüfer (2025년 버스 만족도 순)와 같은 메이저급의 버스를 타는 것이 좋은데 가격은 거의 동일하다. 차장이 음료와 과자, 물을 서비스해 주며 무료 Wifi, 버스 내에 Usb 충전 단자 등이 있다. 오빌렛 Obilet 버스 앱을 이용하거나 현지의 버스회사 대리점이나 대행여행사를 통해 구매할 수 있다. 작은 마을인 경우, 버스터미널의 버스 회사에서 표를 구매하면 짐을 무료로 맡아주고, 버스터미널과 떨어진 마을 내 대리점에서 버스표를 구매하면 세르비스 Servis (무료 연결 미니버스)를 제공해 주기도 하니, 같은 가격이라면 현장구매를 추천한다. 6세 이하는 무료, 7~26세, 60세 이상은 할인이 있는데 버스회사마다 다르니 문의하자.

버스 좌석은 2:1 구조로 개별여행자라면 2인석인 경우 동성 좌석만 선택할 수 있다.

차장이 음료와 과자 서비스를 해준다.

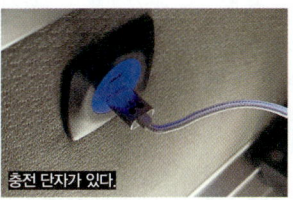

충전 단자가 있다.

휴게소는 3~4시간에 한 번씩 들르며 10~15분 정차한다. 화장실, 식당, 기념품점이 있다.

항공

튀르키예는 대한민국의 8배 크기로 24시간 넘게 버스로 이동해야 하는 거리도 있다. 시간을 활용하기 위해 야간버스를 타는 것이 아니라면 항공이 시간을 절약해 주고 여행의 피로도를 낮춘다. 국내 항공사는 터키항공, 에이젯 Ajet, 페가수스 Pegasus, 선익스프레스 SunExpress 등이 있는데 가격은 터키항공이 가장 높고 수하물 조건도 좋다. 나머지 항공들은 저가 항공으로 수하물이 포함된 티켓 선택 시 추가 요금이 있다. 기내 반입 사이즈나 무게 초과 시 꽤 큰 비용을 지불해야 하니 저가 항공을 저렴하게 타고 싶다면 기내 반입 무게를 먼저 알아보고 짐을 싸는 것이 좋다. 미리 저가 항공 사이트에 가입해 세일 때를 노려보자.

기차

초고속 노선 YHT가 계속 건설 중이다. 현재 추천하는 구간은 이스탄불(Söğütlüçeşme역)-앙카라-콘야다. 이스탄불-앙카라 구간은 버스보다 200~300TL 정도 비싸나 2시간 정도 더 빠르고, 앙카라-콘야 구간은 버스 소요 시간의 1/2 수준으로 빠르고 요금은 버스와 동일해 추천한다. 데니즐리-셀축-이즈미르 구간은 초고속이 아니어서 버스보다 느리지만, 가격이 1/2 수준으로 저렴하다. 예약은 기차 앱이 있는데 튀르키예어다. 시도해 보고 어렵다면 기차역에서 직접 사면 된다. 6세 이하는 무료, 7~12세는 50%, 13~26세 ISIC카드 소지자와 60~64세는 15%, 65세 이상은 YHT 50% 할인 혜택이 있다.

렌터카

렌터카 여행은 일정을 자유롭게 조절할 수 있고 대중교통이 가기 어려운 곳을 갈 수 있어 많은 여행자가 선호한다. 특히, 걷는 것을 힘들어하는 가족과 지인이 있다면 최적의 여행 방법이다. 단점은 거친 운전 분위기에 적응해야 하고, 장거리 운전에 피곤할 수도 있으며 예기치 않은 사고를 당할 수도 있다. 튀르키예는 한국의 8배 크기로 장거리 운전 구간이 많아 렌터카로 일주하는 것보다 카파도키아나 안탈리아, 트라브존, 마르딘 등을 거점도시로 삼고 주변을 돌아보는 것도 좋다. 렌터카로 튀르키예 전역을 여행한다면 2인이 운전한다거나 운전자가 피곤하지 않게 이동 거리를 조절하는 것이 도움이 된다. 아래는 렌터카 여행 시 도움이 되는 정보를 모았다.

> **Tip | 렌터카 이용 시 필요 서류**
> 여권, 국제운전면허증, 국내 운전면허증, 본인 명의의 신용카드

- 시내에서 차량을 렌트하는 것보다 인터넷을 통해 공항에서 픽업하는 렌터카가 상대적으로 저렴하다.
- 한국의 렌터카는 대부분 오토매틱과 에어컨이 기본이지만, 튀르키예는 수동인 경우도 많고 에어컨이 없는 차량도 있으니 조건을 꼼꼼히 확인하자.
- 사고나 사기 등을 대비해 Hertz, Avis, Budget, Sixt, Alamo, Enterprise, National 등의 메이저 렌터카 회사를 이용하자.
- 차량 인수 시 주유량과 차량 상태를 꼼꼼히 확인하고 사진과 동영상을 남긴다.
- 동행자와 함께 운전할 예정이라면 추가 운전자 등록을 문의하자.
- 빌린 장소에서 반납하면 렌트비가 저렴하다. 다른 도시에서 반납하면 One Way Fee가 붙어 대여 비용도 오른다. 일정을 짤 때 가격을 비교한 후 결정하자.

때때로 염소, 양, 소가 길을 막는다.

- 사고를 대비해 풀 커버리지 보험 Full Coverage Insurance을 들자.
- 내비게이션으로 이용할 핸드폰 차량 거치대를 미리 구매해 가자.
- 썬팅이 안 된 차량이 많으므로 햇빛을 가릴 창문 가리개, 팔 토시, 선글라스 등을 준비하자.
- 기름은 렌트할 때를 기준으로 맞추어 주유하고 반납하면 된다.
- 주유비는 한국과 거의 비슷하며, 기름의 종류는 차량의 주유구를 열면 안에 표시되어 있어 혼유 고민을 하지 않아도 된다.
- 톨케이트 통과 시에는 렌터카에 HGS(하이패스)가 붙어 있어 자동 차감되며 카드 보증금에서 제하거나 렌터카 반납 시 카드 결제를 하게 되어 편리하다. HGS를 지원하지 않는 곳은 카드 또는 현금으로 낼 수 있다.
- 깜빡이 없이 차선 변경을 하는 경우가 많아 주의해야 한다.
- 튀르키예에서는 빨강 신호등에도 보행자가 건너니 주의해야 한다.
- 관광지의 주차 비용은 대체로 100~150TL(현금) 정도이다.
- 주유소에는 편의점과 화장실이 있는데 화장실은 무료이며 깨끗하다.
- 휴게소에는 식사, 카페, 기념품점, 특산물점이 있고 화장실은 유료이다.
- 숙소 예약 시 주차 공간이 있는지, 주차 요금은 얼마인지 확인하는 것이 좋다.
- 도심의 주차장은 모두 유료이며 Otopark라고 쓰여 있다.
- 이스탄불, 대도시는 차가 많이 막히며 운전이 거칠고, 주차 문제로 렌터카보다는 대중교통으로 여행하는 것을 추천한다.

올림포스와 키메르산 등은 렌터카로 돌아보기 좋은 곳이다.

D400 도로에서의 일몰

more & more 튀르키예의 렌터카 추천 루트

① 지중해 해안도로 D400
메르신 Mersin—알라니아 Alanya—시데 Side—안탈리아 Antalya—페티예 Fethiye까지 이어지는 D400 고속 도로는 튀르키예에서 가장 아름다운 풍경을 볼 수 있는 도로다. 특히 피니케 Finike—카쉬 Kaş 구간은 튀르키예에서도 손꼽히는 구간으로 해안 풍경과 노을은 최고다. 동쪽에서 서쪽으로 달려야 노을을 볼 수 있다.

② 흑해, 트라브존 주변 p.428
트라브존 Trabzon에서 리제 Rize까지 이어지는 흑해를 따라가는 D010 도로는 지중해와는 또 다른 느낌이다. 주 도로에서 내륙으로 들어가면 나오는 쉬멜라 수도원 Sümela Manastırı, 우준궬 Uzungöl, 찰 동굴 Çal Mağarası, 아이데르 고원 Ayder Plateau은 대중교통보다 렌터카로 돌아보기에 좋은 곳이다.

③ 카파도키아 주변 p.230
괴레메의 주변 몇몇 마을은 대중교통이 자주 있지만, 효율적으로 돌아보기에는 렌터카가 좋다. 특히, 괴레메 주변의 노을 뷰포인트와 데린쿠유 지하 도시 Derinkuyu Yeraltı Şehri, 으흐랄라 Ihlara 계곡 등은 차량으로 돌아보기에 좋다. 카파도키아 주변에서 사고가 종종 일어나니 주의해야 한다.

④ 반 호수 주변
책에는 소개하고 있지 않은 튀르키예 동부, 이란 근처의 반 Van과 타트반 Tatvan 등이 있는 반 호수 Van Gölü 주변의 마을과 산은 대중교통으로 돌아보기 어려운 곳이다. 특히 이란과 아르메니아 국경에 있는 아르산 Ağrı Dağı(아라라트산 Ararat Dağı, 5137m)는 노아의 방주가 안착했던 산으로 여겨지는 곳으로 튀르키예 일주 여행자에게 추천한다.

Step to Türkiye 6.
튀르키예 어디서 잘까?

여행 중에는 부지런하게 돌아다니는 만큼 편히 쉴 수 있는 숙소가 무엇보다 중요하다. 숙소의 종류는 호스텔, 호텔, 에어비앤비를 꼽을 수 있다. 한인 민박은 보기 힘들다. 본인의 성향과 예산을 고려하되, 내부 비치품, 평점과 숙소 사진이 포함된 후기를 참고하면 도움이 된다. 튀르키예 대부분 숙소는 조식이 기본적으로 포함된다. 도시마다 편리한 숙소 위치 선정은 본문에 설명해 놓았으니 참고하자. 대부분 시설은 예약사이트에 명시돼 있는데 한국과 달리 엘리베이터와 냉장고 에어컨이 없는 일도 있으니, 신경 써 체크하자. 튀르키예 명절 기간과 여행 성수기에는 숙소가 매진되는 경우도 허다하니 반드시 예약해야 한다.

✖ 숙소의 종류

호스텔

배낭여행 하면 가장 먼저 떠오르는 숙소이다. 코로나 시기를 겪으며 호스텔이 많이 사라져 지금은 이스탄불, 안탈리아, 카파도키아와 같은 주요 관광지에 소수의 호스텔만이 남아 과거처럼 선택의 폭이 넓지는 않다. 개별여행자가 가장 저렴하게 머물 수 있는 숙소이고, 세계에서 온 여행자들과 교류할 수 있다. 각종 투어 상품을 저렴하게 판매하며, 세탁이 저렴한 것도 장점이다. 시설은 2층 침대 여러 개가 놓인 도미토리(다인실)에서 공동 화장실과 샤워실, 주방 등을 이용하는 것이 대표적인 형태이며, 여성용/남성용 방으로 나뉘어져 있다. 2~3인실도 있으나 호텔과 가격 차이가 없어 2인 이상이라면 호텔을 추천한다. 여럿이 공동으로 이용하는 만큼 프라이버시 보장이 되지 않고, 소음에 노출되어 있고 도난의 가능성이 있다는 게 단점이다. 함께 사용하는 공간인 만큼 조용히 예의를 지키며 이용하도록 하자.

호스텔의 아침 식당

예약사이트 www.hostelworld.com | www.booking.com

호텔

튀르키예에서 가장 보편적인 숙박 형태이다. 소규모 가족호텔부터 익숙한 체인호텔까지 선택의 폭이 넓으며, 가격대가 다양한 만큼 조식, 전망, 방의 컨디션을 잘 확인해 보고 결정하면 된다. 튀르키예인들이 가족 구성원들이 많은 만큼 호텔에 5~6인실이 있는 것도 특징이다. 대개 호텔 예약사이트에서 예약하는데, 대도시는 호텔 예약사이트가 저렴하고 이외의 도시나 마을은 와츠앱으로 해당 호텔에 직접 문의하면 호텔 예약사이트보다 저렴한 가격을 안내한다. 현금으로 결제해 달라 할 경우도 있다. 튀르키예 호텔은 아고다와 부킹닷컴이 가장 저렴하다.

예약사이트 www.agoda.com | www.booking.com

전통 숙소

가장 추천하는 형태의 숙소이다. 카파도키아에서는 동굴 호텔, 마르딘과 샨르우르파에서는 코나으 Konağı, 샤프란볼루의 오스만 제국 전통 가옥 또는 실크로드의 상인 숙소를 개조해 호텔로 만든 한 Han 또는 카라반사라이 Caravansary와 같은 숙소는 튀르키예에서만 경험할 수 있는 전통 숙소다. 현대적이지는 않지만, 수백 년 된 곳에서 숙박하는 특별한 경험을 할 수 있다.

에어비앤비

남는 방을 여행자에게 빌려준다는 개념으로 시작한 숙소 플랫폼이다. 1인이라면 방 하나를 빌려 호스트와 함께 지내는 집도 있고, 일행이 있거나 가족 여행자라면 아파트나 방이 여러 개 있는 주택 전체를 빌릴 수도 있다. 위치가 좋고 후기가 좋은 슈퍼호스트의 집 위주로 보면 된다. 현지인의 집에서 살아보는 경험을 할 수 있고, 주방에서 튀르키예의 저렴한 식자재를 이용해 한식을 만들어 먹을 수 있어 좋다. 세탁 요금이 비싼 튀르키예에서 세탁기를 이용할 수 있는 것이 큰 장점이다.

예약사이트 www.airbnb.co.kr

Step to Türkiye 7.
튀르키예 꿀 정보 모으기

여권을 만들고 항공권을 예매했다면 이미 여행의 반은 준비되었다 할 수 있다. 나머지 반은 방문할 식당 정하기, 상세한 루트 짜기 등으로, 출국 전까지 하나씩 준비하면 된다. 가이드북을 기본으로 다양한 매체를 이용해 여행을 풍요롭게 만들어보자.

✱ 가이드북 읽기

가이드북을 읽으며 대략적인 볼거리와 물가, 루트를 익히고, 꼭 여행하고 싶은 도시들을 체크해 본다. 책의 앞부분에 추천한 루트들은 가장 효율적인 동선을 고려한 루트이나 정답은 아니며, 여행자의 취향과 로망에 따라 얼마든지 바뀔 수 있음을 잊지 말자.

| Tip | 작가와 함께하는 여행 스터디 |

한 달에 한 번 사전 신청자를 대상으로 소그룹 여행스터디를 진행하고 있다. 스터디 지역은 동유럽과 서유럽 등 다양하며 스터디 내용과 시기에 대한 정보는 인스타그램을 참고하거나 DM으로 문의하자.

QR
헤이 트래블러, 하이!

✱ 여행설명회 & 스터디 참석

여행 시기가 다가오면 실질적인 정보를 얻을 수 있는 여행설명회나 스터디가 도움이 된다. 궁금한 것들을 물어보고 곧바로 대답을 얻을 수 있으며 다양한 팁을 얻을 수 있다.

✱ 여행프로그램 시청

〈세계 테마 기행〉, 〈걸어서 세계 속으로〉, 〈스트리트 푸드 파이터-이스탄불편〉, 〈백종원의 배고파-이스탄불편〉, 〈톡파원 25시〉 등의 여행프로그램을 보고, 여행에 대한 폭을 넓히고 추가로 가고 싶은 장소나 식당 정보를 체크해 둔다.

✱ 튀르키예 관련 작품 찾아보기

여행지와 관련된 소설이나 영화, 드라마를 보는 것도 여행을 더욱 풍부하게 해준다. 좋아하는 장면과 관련한 장소는 여행의 즐거움을 배가시킨다.

✱ 여행카페 가입

네이버와 다음의 여행카페를 통해 다양한 실시간 정보를 얻을 수 있다. 나 홀로 여행자라면 동행이나 숙소를 같이 쓸 사람을 구할 수도 있다. 숙소, 레스토랑, 투어 프로그램의 후기를 보고 여행 리스트에 넣기도 한다.

Step to Türkiye 8.
돈과 시간을 아껴주는 튀르키예 환전 정보

튀르키예에서는 리라와 유로(또는 달러) 두 가지를 사용한다. 튀르키예 리라를 넣은 체크카드와 유로 현금을 준비해 가는 것을 추천한다. 공항에 도착하면 체크카드로 리라를 인출해 리라 현금을 보유할 수 있다. 분실과 도난을 대비해 여분의 체크카드와 신용카드도 가져가는 것이 좋다. 관광지 입장 안내에 유로로 쓰여 있는데 자국 화폐가 불안정해 표기만 유로로 하고, 결제는 당일 환율을 계산해 리라로 한다. 일상에서는 리라만 사용한다. 유로(또는 달러)를 사용할 때는 투어 상품을 구매할 때다.
* 100TL=약 3,500원, 10,000원=약 280TL 이라고 기억하면 환율 적응이 쉽다.

✱ 카드 vs 현금

튀르키예의 대도시는 카드와 현금 사용 비율이 8 : 2로 카드 사용이 편리하고, 지방으로 갈수록 2 : 8로 바뀌어 주로 현금을 사용하게 된다. 카파도키아와 같은 마을은 신용카드와 체크카드 결제 시 10~20%의 수수료를 붙여 큰 식당이나 카페, 슈퍼마켓을 제외하고 대부분 현금을 사용한다고 생각하면 된다. 카드 사용은 신용카드와 트래블 체크카드가 있는데, 숙소와 온라인으로 예약하는 투어 상품 정도만 신용카드로 결제하게 되고, 튀르키예 리라 기반의 결제(버스 · 기차 예약, 관광지 입장료, 식당, 카페, 슈퍼마켓 등)는 트래블 체크카드를 사용하게 된다. 즉, 결론적으로 체크카드까지 고려한다면 현금 사용 빈도가 높은 여행지다.

✱ 요즘 대세, 트래블 체크카드

요즘 여행 카드의 대세는 트래블 체크카드다. 트래블 체크카드는 휴대폰 어플을 통해 외화 통장을 만들어 여행할 나라의 화폐를 구매해 넣어두고, 여행지에서 현지화폐로 결제할 수 있는 체크 카드다. 부족할 경우 실시간으로 환전해 채워넣을 수 있으며, 최근에는 국내 계좌를 연결해 자동 환전하는 기능이 생겨 더욱 편리해졌다. 여행이 끝나면 남은 리라는 수수료가 없이, 또는 1%의 수수료로 재환전할 수 있어 튀르키예 여행의 필수 준비물이다.
보통 트래블월렛과 트래블로그 신한 쏠Sol 중 세 가지 체크카드를 준비해 간다. 지금은 여러 은행에서 트래블 체크카드를 경쟁적으로 내놓고 있어 종류에 상관없이 튀르키예 리라를 보유하고 있고 환율이 좋은 트래블 체크카드 두 개를 준비하면 된다. 튀르키예에서는 종종 ATM이 카드를 먹기도 하고, 분실이나 도난 위험이 있어 두 종류가 필요하다.
트래블 카드는 현지 ATM에서 현금 인출, 관광지 입장료, 카페와 식당, 숙소에서 결제가 가능하다. 코로나 이후 비접촉식 카드(컨택리스카드 Contactless Card)가 형태가 보편화되었는데, 이 기능으로 튀르키예 대부분 도시에서 대중교통을 한국에서처럼 태그해 사용할 수 있어 편리하다.

❶ 컨택리스 사용 확인

❷ 카드 태그

❸ 소리가 나면 결제 완료

✱ 환전하기

리라

튀르키예 인플레이션 여파로 국내에서 리라 현금을 살 수 있는 은행은 없다. 인천공항에서도 판매하지 않는다. 대부분 여행자는 트래블 카드를 만들어 리라로 환전하고, 튀르키예 공항에 도착해 ATM에서 수수료 없이 인출 하는 방법을 사용한다.

튀르키예에는 길거리에 ATM이 많다.

유로

유로는 현금으로 준비해 가는데, 시중 은행이나(환전수수료 30~50% 할인), 하나원큐와 같은 인터넷 환전소를 통해 환전한 뒤(환전수수료 80% 할인), 집 근처 은행이나 인천공항에서 찾는 방법이 좋다. 달러도 마찬가지로 사용할 수 있으나 집에 달러가 있는 경우가 아니라면 일부러 달러로 환전해 갈 필요는 없다.

수수료 없이 인출 가능한 은행은 Ziraat, HalkBank, PTT다.

Tip | 튀르키예 ATM 이용하기

튀르키예 ATM은 한국과 달라 처음 이용할 때는 당황하기 쉽다. 우선, $500까지 수수료 없이 인출 가능한 지랏은행Ziraat Bankası, 할크은행Halkbank, 우체국PTT ATM을 찾는다. 간혹 ATM이 카드를 먹는 경우가 있으니 되도록 인출은 은행에 붙어 있는 ATM을 이용하고, 영업시간인 낮에 이용하자. ATM에 돈이 없으면 인출이 안 될 수 있으니 당황하지 말고 다른 기계를 이용하자. 돈이 안 나온다고 계속해서 시도하거나, 인출 뒤 카드를 빼지 않으면 ATM에서 카드를 회수하니 참고하자. 하루 최대 인출 한도는 5,000TL이다. 이용 순서는 다음과 같다.
QR ATM 인출 동영상

❶ 일단, 카드를 넣는다.
❷ 언어 선택하라고 나오면 Other Language → English 선택
❸ 비번 입력 → OK 버튼(입력 시 손으로 가리자)
❹ 인출할 거냐 물으면 Yes
❺ 리라 현금 인출 TL Withdraw 선택
❻ 인출할 돈 입력(화면상에 나온 돈 클릭 또는 숫자 누르는 것도 가능) → OK 버튼
❼ 돈과 카드와 영수증(선택)을 회수한다.

유로 현금은 어떻게 환전해야 할까?

카파도키아와 파묵칼레 등에서 현지 여행사를 통해 투어에 참가할 예정이라면, 유로 현금을 가져가는 것이 좋다. 리라로 지불이 가능하나 유로 현금이 여행자에게 더 유리하다. 신용카드와 체크카드 결제 시에는 10~20%의 수수료를 붙이기 때문에 신용카드를 사용하면 손해다. 투어 요금을 낼 때 딱 맞춰 내는 게 좋은데 €5, €10, €20, €50, €100 골고루 준비해 가자(큰돈을 내면 잔돈은 리라로 준다거나 손해 보게 준다). 카파도키아의 벌룬 투어는 성수기 때에 €450까지 올라가기도 하니 넉넉하게 준비했다가 한국에서 재환전하거나 현지의 환전소에서 리라로 환전해 사용하면 된다.

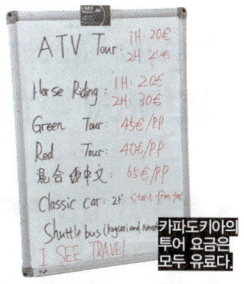

카파도키아의 투어 요금은 모두 유로다.

more & more FAQ

① 카드와 유로화 현금만 사용해 여행할 수 있나요?
불가능합니다. 카드 사용은 가능하나 유로화는 숙소, 여행사, 투어 상품을 구매할 때만 씁니다. 일상에서는 모두 리라를 사용하기 때문에 리라 현금이 없으면 길거리 음식, 작은 식당, 상점, 돌무쉬, 일부 관광지 입장료, 심지어 화장실도 이용하기 어렵습니다.

② 한국에서 유로화로만 환전해 왔는데 어떻게 해야 하죠?
튀르키예의 환전소에서 유로를 리라로 환전하면 되는데 환율 좋은 환전소를 찾아다녀야 하는 번거로움이 있습니다. 작은 마을보다는 이스탄불과 같은 대도시 환전소의 환율이 높고, 이스탄불은 그랜드바자르와 시르케지역 주변의 환율이 좋아 추천합니다. 환율은 €5, €10과 같은 작은 단위보다 €100 지폐가 환율이 좋습니다. 작은 마을에서는 여행사나 호텔에서 환전해 주는데 환율이 안 좋습니다. 최악의 환전소는 공항과 카파도키아입니다.

③ 유로화를 ATM에서 찾는 방법은 없나요?
유로화를 인출 가능한 ATM이 있으나(ATM에 € 그림이 있음) 드물며 10%의 인출 수수료가 들어 추천하지 않습니다. 벌룬 투어, 패러글라이딩을 할 예정이라면 유로화 현금은 한국에서 넉넉하게 준비해 가는 것이 좋습니다.

④ 카드를 사용하지 않고 리라 현금만으로 여행할 수는 없나요?
가능하지만 번거롭습니다. 대중교통은 현금 사용이 불가합니다. 컨택리스카드가 없다면 각 도시마다 교통 카드를 만들어야 합니다.

⑤ 여행 예산은 얼마나 잡아야 할까요?
여행 경비의 구조는 항공권+관광지 입장료+(숙소+식음료)×여행 일수+이동 교통비+쇼핑으로 이루어집니다. 여행 시기와 루트, 여행 성향, 숙소나 식당을 찾는 개인 취향에 따라 편차가 너무 커 대략의 여행 경비를 안내하기 어렵습니다. 먼저 자신의 일정을 짠 뒤 위의 항목에 맞춰 하나하나 계산해 보시는 걸 추천합니다.

돌무쉬는 대부분 현금만 받는다.

카파도키아의 환율 TOUR

컨택리스 카드만 사용 가능하다.

환전소

이와 같은 표시가 있으면 유로화를 인출할 수 있다.

Step to Türkiye 9.
튀르키예 맞춤형 짐 꾸리기 노하우

✖ 출국 시 가방은 무조건 가볍게!

출국 시 여행 짐은 무조건 가볍게 싸는 것이 좋다. 배낭이든 캐리어든 나갈 때의 짐은 최소화하자. 그래야 울퉁불퉁한 돌바닥에서 캐리어를 끄느라 손바닥에 굳은살이 생기거나 배낭을 메고 다니느라 어깨 근육통에 시달리지 않고, 이동이 쉬워 현지에서 고생하지 않는다. 특히, 튀르키예에서 국내선을 이용한다면 국내선 무료 수하물 기준에 맞춰 짐을 싸는 것이 좋다.

배낭 가방 VS 캐리어

배낭가방
Good 👍
튀르키예의 구시가지 바닥은 대부분 울퉁불퉁하다. 이런 길에서 이동할 때는 캐리어보다 배낭이 좋다. 메트로에서 계단을 오르거나 숙소에 엘리베이터가 없을 때, 또 긴급할 때의 기동력은 배낭 가방을 따라갈 수가 없다.

Bad 👎
배낭여행자들은 캐리어 여행 때보다 짐을 더 줄여야 한다. 돌아오기 전 쇼핑을 많이 한다면 캐리어나 가방을 추가로 구매해야 한다. 다이소에서 접이식 대형 가방을 추천한다.

VS

캐리어
Good 👍
평지 이동 시 힘이 거의 들지 않고 인생 사진을 찍을 다양한 패션 아이템을 채워갈 수 있다. 접이식 대형 가방까지 준비하면 돌아올 때 배낭 가방보다 훨씬 많은 쇼핑이 가능하다.

Bad 👎
숙소 예약 시 엘리베이터가 있는지 반드시 체크할 것. 메트로에서도 계단을 들고 올라야 할 경우가 있다. 또 튀르키예는 언덕이 가파른 경우가 많고, 구시가지는 울퉁불퉁한 돌바닥이니 숙소 위치에 신경 쓰는 것이 좋다.

✖ 쇼핑에 대비하자!

짐을 꾸릴 때는 이후에 쇼핑으로 부피가 늘어날 것을 고려하는 것이 좋다. 비행기 수하물로 부칠 수 있는 짐이 23kg(튀르키예 국내선은 또 다르다), 기내 반입이 가능한 무게는 항공에 따라 8~15kg이라는 것을 잊지 말자. 공항에서 짐 무게가 초과되면 1kg당 4~5만 원의 비싼 추가 비용이 든다.

✖ 화장품과 욕실용품을 줄이자!

무게가 많이 나가는 화장품과 욕실용품을 최대한 줄이는 것이 중요하다. 호스텔은 샴푸, 바디 워시는 기본으로 비치되어 있고, 호텔에는 샴푸, 바디 워시, 화장솜과 면봉, 일회용 슬리퍼를 제공해 준다. 화장품은 여행 기간 쓸 만큼만 가져가는 것이 좋은데 소포장된 샘플을 가져가거나 다이소에서 공병을 사서 덜어가는 것도 좋다. 가져간 용품이 부족할 경우 그라티스GRATIS, 왓슨Watsons, 이브EVE, 로스만Rossmann과 같은 드러그스토어에서 구매할 수 있다.

✱ 여행 옷 준비와 계절에 따른 옷차림

여행 기간이 짧다면 체류 날짜만큼 입을 옷 세트를 맞춰 짐을 싸두면 편리하다. 여행 기간이 길다면 빨래하며 돌려 입을 수 있는 5~7일 분량을 준비하면 된다. 봄이나 여름, 가을철에는 가볍고 휴대성이 좋은 모자 달린 방수 바람막이 점퍼, 따뜻한 레깅스나 긴바지를 가져가면 유용하다. 여름철이라도 대륙성 기후나 산은 밤에 기온이 떨어지기 때문에 위아래 긴 옷은 꼭 챙겨가자. 자외선 차단 지수 높은 선크림, 챙이 넓은 모자와 선글라스, 그리고 양산과 우산 겸용 3단 우산도 유용하게 쓰인다.

✱ 겨울 시즌에는 보온을 놓치지 말자!

가을부터 봄까지는 가벼우면서 보온성이 뛰어난 경량 패딩과 장갑과 목도리, 모자가 필수다. 휴대용 핫팩이나 수면 양말, 여성이라면 생리대처럼 생긴 찜질 패드도 좋다. 겨울철 모자는 현지에서도 저렴하게 많이 판다. 겨울옷 부피를 줄이기 위해서는 생활용품 매장에서 파는 압축 비닐팩을 이용하면 큰 도움이 된다. 또한, 호텔이나 숙소의 난방이 한국처럼 좋지 않기에 돌돌 말 수 있는 미니 전기매트를 가져가는 것을 추천한다.

✱ 안 가져가면 아쉬운 물품은 꼭!

없으면 아쉬운 물품으로는 손톱깎이, 면봉, 귀마개(새벽에 모스크 예배를 알리는 아잔 소리에 깨고 싶지 않다면), 휴대용 반짇고리, 비닐팩, 물티슈(식당에서 일회용을 주긴 함), 제균 티슈, 휴대용 섬유 향수가 있다. 여름과 겨울에는 텀블러도 유용하다. 최근에는 석회수가 많은 물 때문에 휴대용 필터 샤워기도 각광받는데, 특히 이스탄불에서 필터 색이 금방 변한다. 바다를 가고 장기 여행을 계획한다면 휴대용 빨래걸이나 빨랫줄도 유용하다. 전자제품이 많다면 멀티탭, 멀티충전기를 챙기고 충전 케이블 여분도 꼭 준비하자. 현지에서는 한국보다 비싸다.

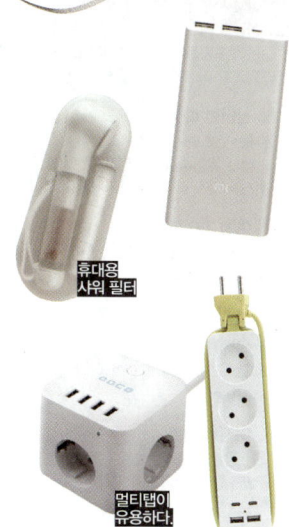

휴대용 샤워 필터

✱ 한국 음식을 가져가자!

튀르키예는 GMO 규정이 엄격해 한국 식료품을 구하기 어렵고, 비싸다. 여행자들은 이구동성으로 라면을 가져오지 않은 것을 가장 후회한다. 추천하는 비상식량으로는 라면(또는 사발면), 다양한 전투식량, 라면 국물 스틱, 어묵 국물 스틱, 튜브 고추장, 쌈장, 캔 반찬, 팩 소주 등이다.
*호텔에 전기 포트가 있으나 그리 깨끗하지 않아 접이식 포트도 유용하다.

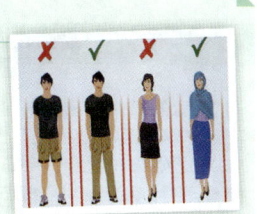

멀티탭이 유용하다.

> **Tip** | 사계절 상관없이 모스크 방문 복장 준비하기
>
> 남녀 모두 어깨가 드러나는 옷과 짧은 하의는 안 된다. 남성은 긴바지, 여성은 스카프로 머리를 가리고 긴 치마나 긴 바지를 입어야 한다. 이스탄불과 같은 대도시는 모스크 입구에서 스카프와 치마는 무료로 대여해 주는데, 아야소피아는 부직포로 된 가리개를 구매해야 한다. 스카프는 위생상 개인용을 준비하는 것을 추천한다. 튀르키예 기념품으로 현지에서 구매해도 좋고, 한국에서 준비해 가도 좋다. 스카프는 뜨거운 태양으로부터 피부를 보호하고, 카파도키아와 같은 흙먼지가 날리는 곳에서도 유용하다.

✱ 여행 준비물 체크 리스트

기내수하물

- ☐ 여권
- ☐ 항공권 프린트
  대체로 여권과 예약번호만으로도 가능하나 해외에서는 항공사에 따라 요구 하기도 하니 일단 프린트해 가져가자.
- ☐ 도착지의 숙소 바우처(또는 예약번호)
- ☐ 현금, 신용카드, 체크카드 등 귀중품
  현금이나 신용카드를 종종 위탁수하물에 넣는 경우가 있다. 짐 분실이나 도착 지연 시 난감한 상황에 처할 수도 있으므로 현금과 카드는 반드시 소지해야 한다.
- ☐ 국제운전면허증, 운전면허증, 국제학생증 등
- ☐ 노트북, 태블릿PC, 카메라, 휴대전화&충전기 등 전자제품과 보조배터리(반드시 기내에 반입해야 함)
  보조배터리나 충전기, 충전용 케이블 선은 현지에서 구입할 경우 비싸다. 특히 충전용 케이블은 추가로 구입해 가는 것이 좋다.
- ☐ 유심과 유심핀
  유심을 사전 구입했다면 여행지 도착 전 현지유심으로 갈아 끼우자. 유심핀도 확인할 것. 이심을 구입했다면 QR을 휴대폰으로 찍어야 하는데 프린트해 가거나 카카오톡으로 온 QR을 캡처한 뒤 네이버 앱의 'QR 바코드' 기능을 활용하면 된다.
- ☐ 간단한 화장품
  기내는 건조하기 때문에 스킨이나 수분크림, 립밤, 핸드크림을 가지고 타면 유용하다. 단, 액체류는 100ml로 반입이 제한되기 때문에 샘플을 가져가자. 기분전환을 위해 미니향수도 추천한다.
- ☐ 여행 가이드북
  튀르키예까지 비행시간은 상당히 길다. 비행기 안에서 읽는 가이드북의 집중도는 최고.
- ☐ 볼펜 & 수첩 또는 일기장
- ☐ 목베개
  부피가 크지만 장거리 여행 시 유용하다(기내담요나 겉옷을 말아 대체 가능).
- ☐ 여행용 키트
  보통 장거리 항공인 경우 수면안대, 귀마개, 수면양말, 칫솔·치약을 제공한다. 항공사에 따라 주지 않는 경우도 있으니 미리 문의한 후 필요한 것을 준비하자.

위탁수하물

- ☐ 옷(여행용 파우치에 분류)
  외출복, 잠옷, 속옷, 양말
- ☐ 여분의 신발이나 샤워 시 쓸 슬리퍼
- ☐ 화장품, 빗, 머리끈, 거울, 고데기, 헤어왁스, 향수 등
- ☐ 햇볕차단용품
  선크림, 선글라스, 모자, 휴대용 양산 겸용 우산
- ☐ 해변용품(여름)
  수영복, 방수 팩, 물안경, 스노클링 용품, 튜브, 비치매트 등
- ☐ 방한용품(겨울)
  방한모, 장갑, 목도리, 핫팩, 휴대용 찜질기, 압축팩
- ☐ 세면도구
  칫솔·치약, 클렌징용품, 샴푸·린스, 바디샴푸·샤워타올, 세안용 헤어밴드, 면도기, 스포츠 타올(호스텔 이용자라면) 등
  *석회수 때문에 요즘은 휴대용 필터 샤워기도 많이 가져간다.
  *호텔 이용자라면 칫솔·치약과, 헤어컨디셔너 정도만 준비하자.
- ☐ 셀카봉·휴대용 삼각대 등 카메라 관련 용품
- ☐ 비상식량
  선호하는 라면, 튜브 고추장, 전투식량, 팩소주 등
- ☐ 건강보조식품
  비타민, 홍삼제품, 먹는 링거(패키지 여행자 추천) 등
- ☐ 상비약
  밴드, 두통약, 지사제, 해열제, 상처연고, 알레르기 약, 벌레 물린데 바르는 약(여름철 기온이 높이 올라간 경우 숙소에서 진드기와 빈대가 출몰하기도 한다. 여행기간이 길다면 비오킬 추천), 파스, 여성용품 등
- ☐ 도난방지용품
  번호 자물쇠, 멀티와이어, 스프링 고리(클리어 릴홀더), 옷핀 등
- ☐ 휴대 용기에 담은 세제
  속옷이나 양말과 같은 간단한 세탁 시 유용, 휴대용 빨랫줄도 있다.
- ☐ 휴대 용기에 담은 양념
  아파트먼트와 같은 숙소 이용 시 유용
- ☐ 지친 피부와 발을 위해 마스크팩, 휴족시간 등
- ☐ 숙소·기차·항공·액티비티 등
  각종 예약 바우처 프린트 또는 캡처 사진

저녁 출국 비행기라면

비행기 탑승 전 세안을 추천한다. 기내 화장실은 좁아 제대로 씻기가 힘들다. 한여름이라면 공항 샤워시설(요금 15,000원/샴푸, 바디샴푸, 수건 포함)이나 라운지 이용자라면 출국장 내 라운지를 이용해 씻고 타는 것도 좋다.

긴급용품(현지 도착 후 큰 가방에 따로 보관)

1. 여권복사본과 여권용 사진 1장(여권 분실 시 필요)
2. 비상용 트래블 체크카드와 신용카드
3. 비상용 현금 €200~300

※여행자보험은 출국 전까지만 들 수 있으니 잊지 말자.

Step to Türkiye 10.
튀르키예 여행을 위한 필수 앱 추천

핸드폰은 여행의 중요한 필수품이다. 여행 정보는 기본이고, 기차표나 버스표, 숙소와 투어 예약 바우처까지 이제 핸드폰 안에 모두 담겨 여행이 보다 편리해졌다. 핸드폰 안에 중요한 정보들이 많은 만큼 도난·분실에 특별히 주의하자. 다음은 튀르키예 여행을 할 때 유용한 앱을 소개한다. 여행을 떠나기 전 미리 다운을 받아 놓는 것이 좋다. 여행 중 사건 사고 등의 문제 발생 시에는 '영사콜센터' 앱에서 도움을 청할 수 있다.

✱ 여행자에게 유용한 앱

길 찾기 & 루트 확인

'구글맵스Google Maps' 또는 '시티매퍼Citymapper'가 유용하다. 간단하게는 현재 위치에서 목적지까지 최단 도보 루트부터 도시 내, 도시 간, 국가 간의 버스·기차·항공·페리·우버 등 최적의 루트를 찾아준다. 구글맵스는 소도시에서는 잘 통하지 않고, 버스 시간은 잘 맞지 않으니 대략적인 참고만 하자. 시티매퍼Citymapper인 경우 미리 다운받는 지도로 데이터 사용 없이 이용할 수 있어 좋다.

교통 상세 정보

'무빗Movit' 앱이 좋다. 유·무료가 있는데 무료인 경우, 광고가 많이 뜨지만 조금 참으면 된다. 구글처럼 현재 위치를 기준으로 주로 사용하는데 목적지만 넣으면 된다. 돌무쉬 정보는 제공하지 않는다.

버스 예약

오빌렛Obilet을 사용한다. 원하는 좌석 선택과 버스에서 햇빛이 드는 방향 정보를 제공해 주어 편리하다. 앱 사용도 간단하고 편리해 미리 카드 정보만 넣어두면 1분 만에 예약을 완료할 수 있다. 출국 전 미리 다운받고, 결제 정보를 입력하고 가자.

기차 정보

튀르키예 철도청 사이트다. 이스탄불–앙카라, 앙카라–콘야 등 고속열차와 일반 열차의 시간 확인과 예약할 때 이용하게 된다. 튀르키예어로만 되어 있는데 캡처해서 구글 번역 앱으로 익히면 크게 어렵지 않게 예약할 수 있다.

숙소 정보

'아고다', '부킹닷컴', '익스피디아', '호텔스닷컴', '호스텔월드', '에어비앤비' 등 다양한 앱이 있다. '호텔스컴바인'과 '트리바고'와 같은 호텔 가격 비교 앱도 있다. 호텔 예약 사이트 중에서는 아고다 가격이 가장 저렴한

편이다. 소도시인 경우, 와츠앱을 이용해 직접 연락해 가격을 문의하면 더 저렴하게 머물 수 있다.

투어

'마이리얼트립'이나 '트립닷컴'에서는 한국어로 진행하는 워킹 투어 · 근교투어, 패러글라이딩과 같은 액티비티, 쿠킹클래스, 기념품 만들기, 공항 연결 등 다양한 상품을 신청할 수 있다. 튀르키예에서 가장 메이저는 '겟 유어 가이드Get Your Guide'이다. 한국어 투어와 같은 상품은 없지만 여행사를 통하는 것보다 저렴하게 투어를 신청할 수 있다.

전화 & 영상통화

가족이나 친구들과의 의사소통은 보통 카카오톡을 이용한다. 튀르키예에서 숙소, 버스, 투어 예약 등에서는 와츠앱을 보편적으로 많이 사용한다. 늦거나 문제가 있을 시 와츠앱으로 전화나 메시지를 보내니 출국 전 왓츠앱을 다운받아 등록해 두고 가는 것이 좋다.

언어

의사소통 수단으로 '구글 번역기'가 유용하다. 튀르키예 사람들과 소통할 때, 관광지에서 설명이나 안내문을 읽을 때, 식당에서 메뉴판을 볼 때 모두 유용하다. 튀르키예어를 미리 다운받아 가면 데이터 없이도 사용할 수 있어 편리하다.

식당

식당 정보는 '트립어드바이저'와 '구글맵스' 내의 평점을 참고하면 좋다. 트립어드바이저는 여행 전 순위를 참고하면 유용하고, 구글 평점은 현지에서 내 주변의 식당을 찾을 때 좋은데, 이미 식당에서도 구글 평점이 홍보 효과가 좋다는 것을 알기 때문에 여행자들에게 좋은 점수를 주기를 강요한다. 누적 평점이 많지 않다면 최저점을 준 사람들의 후기를 참고하자.

데이터 저장

'네이버 MYBox', '구글포토', '아이클라우드'는 무료 Wifi존에서 휴대전화로 찍은 사진을 자동 업데이트해 준다. 혹시나 모를 휴대전화 분실이나 도난에 대비해 사진만이라도 살릴 수 있는 유용한 앱이다. '구글포토'는 15GB, '네이버 MYBox'는 30GB까지 무료로 저장해 준다.

택시

튀르키예의 공유 택시는 '우버Uber'를 사용한다. 우버라고 바가지를 씌우거나 사기를 치지 않는 것은 아니지만, 과도하게 청구했을 경우 앱에서 문제 제기를 통해 돈을 돌려받을 수 있어 현금으로 택시를 타는 것보다는 낫다. 우버 다음으로 많이 사용하는 앱은 비탁시Bitaxi이다.

Step to Türkiye 11.
인천공항 출국에서 튀르키예 도착까지

✈ 인천공항 출국에서 이스탄불 도착까지

인천국제공항에서 출발

인천국제공항은 2004년에 문을 연 대한민국의 국제공항이다. 개항 이후 세계 공항 서비스 평가에서 연속 1위 수상을 할 정도로 현대적인 각종 편의 공간, 빠른 수속 절차 등으로 명실공히 세계 최고의 공항이다.

여객터미널 확인하기

자신의 항공사가 제1여객터미널인지, 제2여객터미널인지 확인해야 한다. 최악의 경우 비행기를 놓칠 수도 있으니 공항으로 출발하기 전 자신의 터미널을 확인하자. 만약 다른 여객터미널에 도착했다면 공항철도로 이동하거나(6분 소요), 여객터미널 간 무료 셔틀버스(**운행간격** 5분, **소요시간** 터미널1에서 15분, 터미널2에서 18분)를 타고 이동할 수 있다.

■ 셔틀버스 첫차/막차 시간
제1여객터미널 05:06/23:56, 제2여객터미널 04:38/23:48

제1여객터미널 취항 항공사 (스타얼라이언스 항공동맹과 기타 항공사)	아시아나항공, 터키항공, 에바항공, 에어차이나, 루프트한자, LOT폴란드항공, 오스트리아항공, 크로아티아항공, 싱가포르항공, 타이항공, 에어프레미아 등
제2여객터미널 취항 항공사 (스카이팀 동맹항공사)	대한항공, 델타항공, 에어프랑스, KLM 네덜란드항공, 중화항공, 샤먼항공, 가루다인도네시아, 진에어

체크인 카운터 찾기

공항에 도착하면 먼저 근처의 모니터나 전광판을 확인한다. 자신의 항공권에 적힌 항공편명(예) KE123과 출발시각·목적지를 참고해 해당 체크인 카운터 번호(예) F101~131)를 확인한다. 모니터에 Check In 표시가 깜빡이고 있으면 체크인 수속을 받을 수 있다.

체크인하기 *여권 필요

유아 동반을 제외한 승객들은 셀프 체크인(웹, 모바일, 키오스크 중 선택)을 한 뒤에 탑승권을 발급받은 후 체크인 카운터로 가서 짐을 부치면 된다. 키오스크는 해당 카운터 근처에 있으며 직원들이 체크인을 도와줘서 편리하다.

짐 부치기 *여권 & 탑승권 필요

탑승권을 발권한 후 카운터에 가면 이코노미 클래스, 비즈니스 클래스, 퍼스트 클래스 줄 중에 해당하는 곳에 서면 된다. 체크인 카운터에서 여권과 탑승권을 보여주면 짐을 부칠 수 있다. 수하물은 위탁수하물과 기내수하물로 나뉘는데 위탁수하물의 무게는 보통 이코노미는 23kg 1개, 비즈니스는 32kg 2개, 기내수하물은 10kg 정도이며 수하물의 최대 크기는 항공사마다 다르니 해당 항공사의 수하물 규정을 사전에 확인하고 짐을 싸는 것이 좋다.

기내 수하만 반입 가능	리튬배터리가 장착된 전자장비(노트북, 카메라, 휴대전화 등), 여분의 리튬이온 배터리(160Wh 이하만 가능), 화폐, 보석 등 귀중품, 전자담배, 라이터(1개만 가능)
제한적 기내수하 가능	물·음료·식품·화장품 등 액체류, 스프레이·겔류(젤 또는 크림)로 된 물품은 100mL 이하의 개별용기에 1인당 1L투명 비닐지퍼백 1개에 한해 반입이 가능하다. 남은 용량이 100mL 이하라도 용기가 100mL보다 크면 반입이 불가능하니 주의하자. 유아식 및 의약품 등은 항공여정에 필요한 용량에 한하여 반입 허용된다. 단, 의약품 등은 처방전 등 증빙서류를 검색요원에게 제시해야 한다.

Tip | 배터리는 어떻게 할까?

모든 배터리의 위탁 수하물은 불가하며 기내에 가지고 타야 한다. 노트북, 카메라, 전자담배, 휴대전화 등에 부착된 배터리는 100Wh 이하는 제한 없이 가능, 100Wh 초과~160Wh 이하의 배터리는 1인당 2개만 반입 가능하다.

보안 검색하기 *여권 & 탑승권 필요

탑승게이트가 있는 면세구역으로 들어가기 위해서는 보안 검색대를 통과해야 한다. 보통 30분 정도 소요되나 게이트가 멀거나 성수기인 경우 보안검색구역이 혼잡하니 최소 탑승시간 1시간 전에 여유 있게 들어가자. 보통 체크인 카운터에서 보안 검색 상황을 안내해 준다. 보안검색을 할 때는 두꺼운 겉옷은 벗고, 노트북이나 태블릿PC, 배터리 등은 별도로 꺼내 검색을 한다.

탑승게이트로 이동하기 *탑승권 필요

출국심사 후 면세구역에 들어오면 명품부터 식품까지 다양한 면세품을 만날 수 있다. 인터넷으로 면세품을 산 고객이라면 면세품 인도장으로 가면 된다. 보딩 시간이 되면 탑승게이트로 이동한다.

탑승하기

보통 국제선인 경우 출발 시간 40분 전 탑승이 시작된다.

❶ 제1여객터미널
- 1~50 게이트 탑승객은 제1여객터미널에서 탑승
- 101~132 게이트 탑승객은 제1여객터미널에서 셔틀트레인을 타고 이동(5분). 이동 후에는 돌아올 수 없다.

❷ 제2여객터미널
- 230~270번 게이트 탑승객은 제2여객터미널에서 탑승한다.

Tip | 자동출입국

만 19세 이상 전자여권 소지 한국인이라면 사전 등록 없이 자동출입국심사대를 이용할 수 있다. 여권과 지문, 안면 인식으로 출입국 심사를 통과할 수 있어 편리하다. 단, 개명 등 인적사항 변경이 있거나 주민등록증 발급 후 30년이 경과한 사람, 만 7세이상 만 18세 이하 한국인(부모 동반 및 가족관계 확인 서류 지참)은 공항의 사무실에서 사전 등록이 필요하다.

자동출입국심사 등록센터
위치 **제1여객터미널** 3층 H 체크인카운터 맞은편(4번 출국장 부근)
제2여객터미널 2층 정부종합행정센터 법무부 출입국서비스센터
운영 07:00~18:00(연중무휴)
전화 032-740-7400, 032-740-7368

---

more & more 항공기 내에서의 에티켓

❶ 이착륙 시 의자와 탁자를 제자리에 놓고 창문 덮개는 연다. 전자기기는 끄는 것이 원칙이나 항공사에 따라 에어플레인 모드 설정 후 켜놓아도 된다.

❷ 식사 시 뒷사람의 식사에 방해되지 않게 의자를 제자리로 세우는 것이 예의다.

❸ 승무원을 부를 때는 손을 들며 눈을 맞추거나 자신의 좌석에 딸려 있는 버튼 중 사람표시 버튼을 누르면 된다. 승무원의 몸을 만지거나 크게 부르는 것은 무례한 행동이다.

❹ 화장실은 Vacant(초록색) 표시일 때 사용 가능하다. 다른 사람이 사용 중인 경우 Occupied(빨간색) 표시등이 뜬다. 화장실 문은 가운데 부분을 누르면 열린다. 화장실에 들어간 후 문을 잠그지 않으면 밖에서 Vacant(초록색)로 표시되어 다른 사람이 문을 열 수 있으니 주의하자. 변기를 사용할 때 1회용 변기 시트를 사용하면 위생적이다. 기내 화장실이 너무 좁기에 세안 등은 탑승 전에 화장실에서 하는 것이 편리하다. 기내에서 흡연은 엄격하게 금지된다.

❺ 식사 시간 외에 승무원을 통해 음료나 라면(항공사에 따라 제공)을 부탁해 먹을 수 있다. 라면을 요청할 때는 "Can I get a instant noodle soup?"라고 물어보면 된다.

❻ 기본적으로 장거리 비행 구간인 경우 안대, 수면양말, 베개와 담요, 칫솔과 치약 등을 제공해 주는 항공사가 많다. 춥거나 베개가 필요하다면 승무원에게 요청하면 추가로 가져다준다. 이때 역시 "Can I get a pillow(베개. 담요인 경우 blanket)?"라고 물어보면 된다. 베개, 담요, 헤드폰은 항공사의 자산이므로 절대 가져가면 안 된다.

❼ 기내에서 "Please"와 "Thanks"를 항상 붙여 말하면 매너 있는 승객이 된다. 무언가를 달라고 할 때 "Please"만 붙이면 공손한 표현이 된다. 예를 들어, "Water Please(물 주세요)"라고 한다. 물 대신 주스, 커피 등 많은 응용이 가능하다. "Thanks"는 물건을 받은 뒤에 사용하면 된다.

이스탄불 공항에 도착

❶ 비행기가 목적지에 도착하면 짐 찾는 곳Baggage Claim 또는 도착Arrivals 사인을 따라가면 입국심사장Passport Control에 도착한다.

❷ 입국심사장Passport Control에서는 튀르키예인Turkish과 다른 국가Other Nationalities로 나뉘어 줄을 선다. 우리는 다른 국가Other Nationalities 라인에 줄을 서고 입국심사를 받는다. 입국심사는 대체로 간단하게 진행되는데 바로 도장을 찍어주는 편이다. 아주 간혹 여행의 목적, 체류일 수, 출국일, 숙소를 질문하기도 하는데 당황하지 않도록 대답을 준비해 두면 편하다.

❸ 입국심사를 마치면 짐 찾는 곳Baggage Claim으로 갈 수 있다. 짐을 찾고 출구Çıkış(Exit)로 나가는데 세관 신고할 품목이 없다면 초록색 Nothing to Declare 쪽으로 통과한다.

❹ 공항의 무료 Wifi(여권 스캔을 통해 얻는 번호로 접속 가능) 또는 준비해 온 유심 또는 이심, 로밍을 활성화시켜 가족에게 안부를 전하고 원하는 교통수단을 이용해 시내로 들어간다.

❺ 이스탄불 공항에서 Ziraat ATM은 9번과 14번 게이트 근처에 있다. 일단 카드를 넣어야 영문 선택이 가능하다.

이스탄불 공항 내에서 환승

터키 항공을 이용해 네브셰히르, 카이세리, 안탈리아 등의 공항으로 곧바로 환승할 경우 트랜스퍼Transfer 사인을 따라가야 한다. 환승은 국제선 환승International Transfer과 국내선 환승Domestic Transfer으로 나뉘는데, 국내선 환승 사인을 따라가면 된다.

0~5세, 65세 이상 가족과 함께라면 패스트트랙이 가능하다.

입국 심사장Passport Control

신고할 내용이 없으면 초록색으로 나가면 된다.

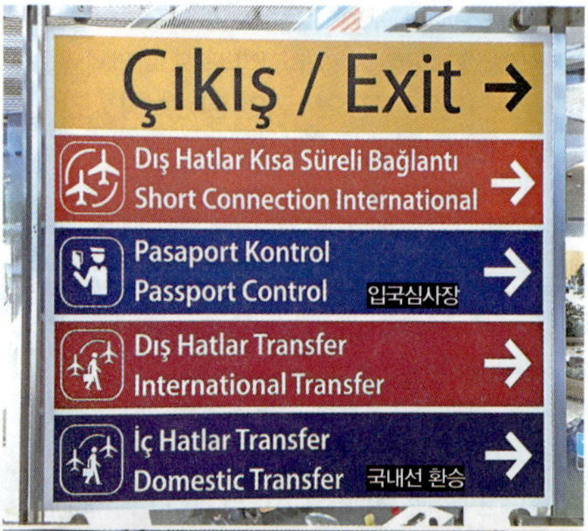

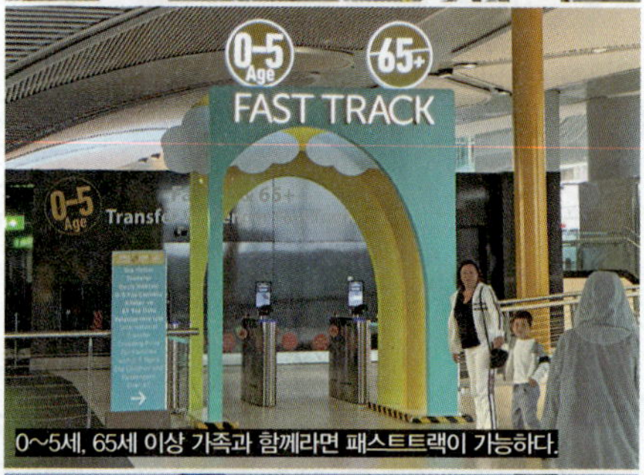

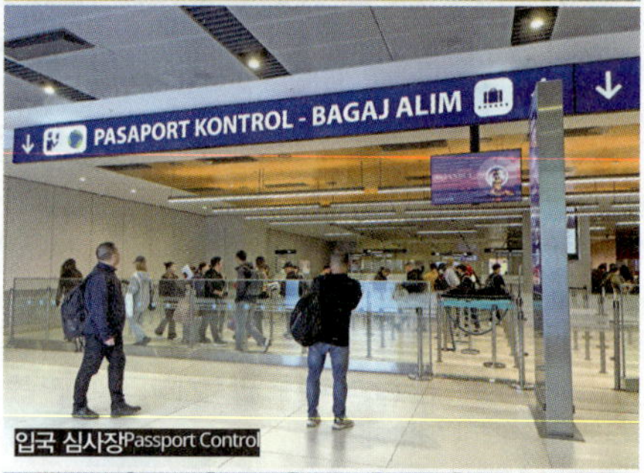

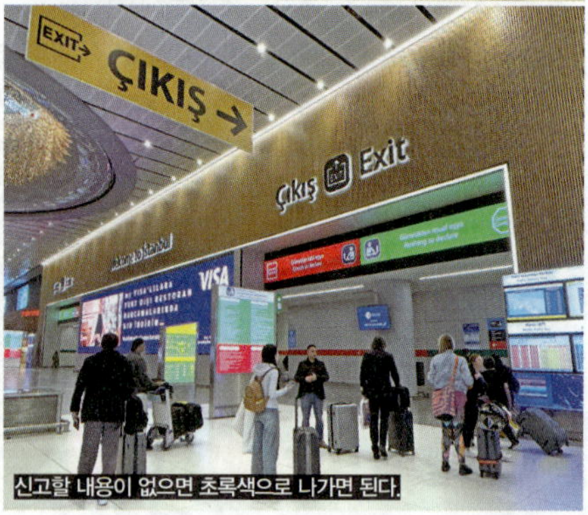

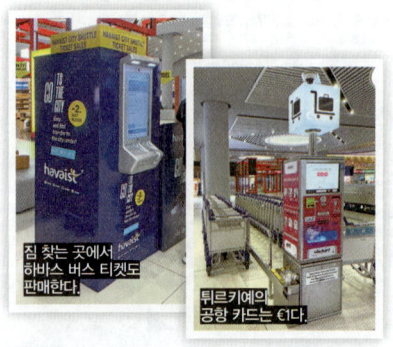

짐 찾는 곳에서 하바스 버스 티켓도 판매한다.

튀르키예의 공항 카드는 €1다.

Step to Türkiye 12.
튀르키예의 사건과 사고 발생 유형과 대처법

무슬림들은 이방인들에게 호의적이다. 이는 낯선 이들에게 친절함을 베풀라는 종교적 가르침과 자신과 생김새가 다른 아시아인들에 대한 호기심도 한몫한다. 코로나와 인플레이션을 겪으며 많이 삭막해지긴 했지만, 동양인 여행자가 적은 지역으로 갈수록 도움을 주고 싶어 말을 거는 순박하고 친절한 사람들을 만날 수 있다. 튀르키예인들은 기본적으로 대가 없는 친절을 베풀지만, 어느 나라건 착한 사람이 있고 나쁜 사람도 있다. 관광지라면 특히 더 나쁜 사람이 모이기 마련이다. 관광객들을 돈으로 보고, 여자 관광객인 경우는 돈에 성적인 목적이 추가된다. 아래는 당하기 쉬운 사기나 종종 벌어지는 사건 사고에 대한 예들이다.

✹ 사건과 사고
이스탄불에서는 소매치기를 기본적으로 조심해야 한다. 사람이 많은 탁심의 이스티크랄 거리, 술탄아흐메트의 관광지, 광장, 식당, 호텔, 메트로와 트램은 소매치기 요주의 지역이니 항상 조심하자. 가방은 대각선으로 메고, 핸드폰은 빼기 쉬운 뒷주머니와 같은 곳에 두면 안된다. 핸드폰 분실이 걱정되면 릴 타입 고리를 끼워 옷이나 가방과 연결해 놓는 것도 좋은 방법이다. 식당에서 의자 옆에 가방을 두거나 의자에 걸었다가 소매치기당하는 일이 종종 발생하니 불편하더라도 대각선으로 메고 무릎 위에 두는 습관을 들이자.

이스탄불 카드 충전 사기
이스탄불 교통카드를 충전할 때 다가와 친절을 베푸는 사람이 있다. 이스탄불카드는 먼저 카드를 구매하고, 충전해야 하는데 낯선 사람이 다가와 버튼을 눌러주고 결제 태그를 하라고 안내해 준다. 태그한 순간 기계가 고장 났다며 그 옆의 기계를 다시 눌러주며 몸으로 가린다. 이미 고장 났다고 말한 기계의 교통카드는 구매된 상황. 다른 기계에서 교통카드를 구매하게 하고 충전할 때 태그를 시키고 이상하다며 다른 쪽을 태그하라고 하거나 또는 한 기계에서 여러 번 태그하게 해 자기 교통카드에 충전하는 사기이다. 글로 보면 이해가 어렵지만 복잡한 곳에서 정신없을 때 태그하라는 대로 했다가 나중에 결제 명세를 보면 당했구나! 깨닫는다. 적게는 만원에서 십만 원까지 남의 카드를 만들어 주고 충전시켜 주는 사기이다. 술탄아흐메트와 같은 관광객이 많은 곳에서 충전할 때는 각별히 주의하자.

구두 닦기
앞서 걷는 구두닦이 행인이 구둣솔을 떨어뜨리면 나도 모르게 주워주게 된다. 구두닦이는 감사의 표시로 신발을 닦아주는데(운동화도 닦아줌), 후에 돈을 요구하는 경우다.

술값 사기

혼자 여행하는 여행자를 대상으로 한 범죄이다. 보통 자신도 이스탄불에 여행 온 여행객이라 소개하거나 영어 공부를 하고 싶어 친구를 찾는다고 하거나, 한국의 어떤 도시에서 살았었다고 하거나 때론 관광지에 대한 수준 높은 설명까지 말하며 다양한 방법으로 접근한다. 맥주 한잔 하자고 한 뒤 자기가 술값을 계산한다. 다른 장소로 옮겨 한 잔을 더 하자고 하면 한국인들은 보통 이번에는 본인이 사겠다고 한다. 두 번째로 간 장소의 술집에서(여자가 나오는 곳을 가기도 함) 수십에서 수백만 원의 술값을 요구하고, 돈을 내지 않으면 험악한 분위기를 조성해 결제하게 한다. 일단 결제한 금액을 돌려받는 방법은 없고 신고만 할 수 있다(술집 위치와 이름 필요). 낯선 이와 술자리 동행은 탁심에서는 절대 하지 않는 것을 추천한다.

약물 범죄

현지인이 권하는 음료나 술을 마시고 정신을 잃는 동안 핸드폰, 카메라, 노트북, 현금 등 가지고 있는 것을 몽땅 털어가는 경우다. 혼자 있는 호텔에 낯선 사람을 초대해 함께 음료나 술을 마시지 말자. 여성이면 음료에 약을 타 성폭행하는 예도 있으니 단단히 주의하고 피해야 한다.

불심검문

종종 경찰이 신분증 확인을 요청하는 경우가 있다. 여권은 반드시 소지하고 다녀야 하며 요구 시 보여주어야 한다. 불응할 경우, 벌금이 부과될 수 있고 불법 체류자로 오해받을 수 있다. 그러나 경찰이 돈을 확인하는 경우는 없다. 지갑을 확인한다고 하며 신용카드나 현금을 일부 빼돌리는 경우가 있으니, 지갑을 보여줄 필요는 없다.

탁심은 시위가 많이 벌어지는 지역으로 경찰이 많다.

ATM 관련 사기

ATM 이용자에게 접근해 기계 조작을 도와주는 척하며 비밀번호를 알아내고 카드를 훔쳐 인출하거나 복제기가 달린 ATM을 이용하게 유도한 뒤 복제된 카드로 현금을 인출하는 경우가 있다. ATM은 아래 사용법을 보고 본인이 직접 이용하고, 비밀번호는 반드시 손으로 가리자.

ATM은 되도록 은행과 붙어 있는 곳을 이용하자.

우버 택시 사기

이스탄불의 택시 사기는 악명높다. 짧은 길을 돌아가거나 미터기가 고장 났다고 하는 건 기본이고, 안전하다 믿는 우버 택시도 사기가 가능하다. 이스탄불 외에 다른 관광지에서도 종종 일어나는 사기로 일단 우버 택시를 부르면 택시가 오는데 승객이 타자마자 요청을 취소한 뒤 기록을 없애고, 결제는 현금 또는 카드로 과도하게 요청해 우버를 통해 문제 제기나 재결제를 받지 못하게 되는 케이스다. 3만 원 택시비를 30만 원으로 결제하기도 한다. 되도록 택시 이용은 자제하는 것을 권한다. 또는 우버 택시를 이용할 때는 택시 번호를 캡처해 두는 습관을 지니면 좋다. 문제 발생 시 경찰서를 통해 택시 기사를 특정하면 환불받을 수 있다.

이스탄불의 택시는 악명 높다.

여성 관련 범죄

젊은 여성들은 항상 성범죄를 조심해야 한다. 괜히 손금을 봐주겠다며 손을 만지고, 인사하는 척 껴안거나, 사진을 찍자며 허리나 어깨, 가슴 주변을 꼭 안는 못된 손들도 있으니 항상 방심하지 말자. 작은 마을에서 혼자 걷고 있을 때 남자 1명이나 남자 2명만 탄 차가 무료로 태워다주겠다며 하면 거절하자. 성추행과 성폭행으로 가는 지름길일 확률이 높다. 당연히 히치하이킹은 여자 혼자 해서는 안 된다. 만약 성폭행을 당했다면 주변 사람들이나 경찰에 신고한 후 곧바로 대사관으로 연락해야 한다. 대사관은 24시간 긴급전화를 운영한다.

튀르키예에서 여성 혼자 히치하이킹은 위험하다.

✱ 도난과 분실 시 대처법

튀르키예에서 사고 발생 시 112를 통해 경찰 또는 구급차를 부를 수 있다. 경찰 155, 화재는 110으로 신고한다.

여권 도난 또는 분실 시

여권 없이 한국으로 돌아올 수는 없다. 대사관에서 여행자증명서 또는 긴급여권을 발급받아야 한다. 1시간 소요되며 업무 시간에 맞춰 방문하자.
필요 서류 여권용 사진 1장, 신분증(여권 복사본 가능)
발급 수수료 여행자 증명서 $23, 긴급여권 $48

현금 도난 또는 분실 시

찾을 방법은 없다. 앞으로 남은 여행을 위해 잊어버리는 게 좋다. 카드 없이 현금으로만 여행하고 있었다면, 대사관을 통해 신속 해외 송금 서비스($3,000 이하)를 받을 수 있다. 가족이 영사콜센터(02 3210 0404로 전화→0번 상담사 연결)로 해외 송금 서비스를 신청한 뒤 대사관으로 송금하면, 대사관 업무 시간 내에 찾는 형식이다.

대비 너무 큰 금액을 찾아 소지하지 않고 조금씩 찾아 사용한다.

신용카드 도난 또는 분실 시

도난당한 신용카드는 사용될 가능성이 높다. 가족이나 아래 전화번호를 통해 신속하게 분실 신고해야 한다. 분실 신고된 카드를 타인이 사용할 경우, 사용된 돈은 결제 취소된다. 한국으로 전화하지 않더라도 카드 도난 시 수신자 부담으로 각 카드사의 직통 번호로도 정지가 가능하다. 한국어 상담원과의 통화도 가능하다.
비자 00-800-13-535-0900 **마스터** 00-800-13-887-0903

대비 가지고 갈 카드 뒷면을 보면 해외에서의 분실 신고 번호가 쓰여있다. 혹시 모를 사고를 위해 미리 카드번호와 전화번호를 기록해 두자. 체크카드나 신용카드는 분실을 대비해 여분의 카드를 가져가고 별도의 장소에 보관하는 것이 좋다.

> **Tip | 대사관이 없는 도시에서 긴급 송금**
>
> **웨스턴 유니온** Western Union
>
>
>
> 가까운 곳에 대사관이 없을 때는 웨스턴 유니온이 유용하다. 연고자가 영문 이름과 거주 국가만 알면 되고 가입된 서비스업체(은행, 상점 등) 어디서나 1시간 이내에 송금 받을 수 있다. 송금수수료는 대사관이 더 저렴하다. 최악의 분실 상황에 대비해 여분의 신용카드와 현금카드를 큰 가방 안에 보관해 두는 것을 추천한다.
>
> * 웨스턴 유니온 송금 서비스가 가능한 은행
> KB국민은행, 하나은행, 카카오뱅크, 기업은행

핸드폰이나 카메라 등의 귀중품 도난 시

찾을 방법은 없다. 핸드폰은 범죄에 이용될 수 있기에 가족에게 알려 즉시 정지하고, 여행자보험 보상을 위한 도난 증명서(Police Report) 발급을 위해 담당 관할 경찰서를 방문해야 한다. 근처의 군인이나 경찰에게 문의한 후 해당 경찰서를 방문해 사건을 접수한다. 이때 구글 번역 앱을 이용하면 의사소통에 도움이 된다. 기다리는 동안 분실 날짜, 장소, 시간, 분실물 등을 일목요연하게 정리해 두면 도움이 된다. 이때 '분실(Lost)(자신의 잘못)'이 아닌 '도난(Stolen)'이라 써야 보상을 받을 수 있다. 여권과 숙소 주소도 필요하다. 핸드폰인 경우, 모델명과 색상, IMEI(단말기 고유식별번호)가 필요하다. 핸드폰이 없어 한국으로 급하게 전화해야 할 경우 비싸지만 수신자 부담의 콜렉트콜이 유용하다.
KT 008 082 2277(1분당 1,500원 정도)

대비 여행을 떠나기 전, 출국 전에 반드시 여행자보험을 들어놓는 것을 추천한다. 보험회사와 보험금액에 따라 도난에 대한 보상 조건이 다양한데 휴대품 도난 보상 금액이 높은 것이 좋다. 또, 핸드폰 정보로 들어가 모델명과 IMEI를 캡쳐해 가족에게 전달해 놓거나 적어둔다. 분실을 대비한 '내 핸드폰 찾기' 기능을 등록해 두면 도난이 아닌 경우, 희박하지만 찾을 가능성도 있다. 여행 중 사진의 안전한 보관을 위해 Wifi가 되는 장소에서 자동으로 업로드해 주는 구글포토(15GB까지 무료), 네이버 박스(30GB까지 무료) 등의 자동 백업 기능을 설정해 두는 것을 추천한다.

Tip | 테러에 대처하는 방법

여행을 떠난다면 테러는 사람들이 많이 모이는 곳에서 벌어진다는 걸 염두에 두고 항상 자신의 안전을 도모하며 움직여야 한다. 만약 자신이 머무는 지역에서 테러 소식을 듣는다면 가족과 대한민국 대사관에 전화나 SNS 등으로 연락해 자신이 안전함을 알려주고 연락 가능한 전화번호를 남겨야 한다. 특히 유심칩을 구입한 경우라면 현지에서 연락 가능한 전화번호를 남겨 대사관, 가족과 소통의 창구를 마련해 놓는 것이 중요하다.
* 외교부 해외안전여행
www.0404.go.kr

✱ 렌터카 사고 시

상대측 차량번호, 신분증, 사고 현장 사진 등을 확보한다. 보험처리 등을 위해 렌터카 회사에 연락하고, 교통경찰에 신고하여 교통 사고 경위서(Trafik Kaza Tespit Tutanagi)를 요청해야 한다. 이때 사고 장소를 벗어나거나 사고 후 시간이 많이 경과되면, 사고 경위서 발급이 불가능하다.

대비 렌터카를 빌릴 때, 풀 커버리지 상품으로 가입하고, 여행자보험은 필수다.

✱ 다치거나 아플 경우

가벼운 증상이라면 약국(Ezcane)에서 증상을 설명하고 약을 구매한다. 병원에 갈 정도의 문제라면 숙소나 대사관 영사콜센터에 문의 후 병원을 방문한다. 튀르키예는 국립병원과 개인병원이 있는데 국립병원은 절차가 복잡하며, 개인병원은 진료비가 비싸나 절차가 간단하다.
대사관에서 안내하는 이스탄불과 앙카라의 병원은 다음과 같다.
이스탄불 Acibadem 병원(444 55 44), Memorial 병원(444 7 888), American 병원 (444 3 777)
앙카라 Cankaya 병원(0312 426 1450), Guven 병원(0312 468 7220)

대비 무리한 일정보다는 컨디션에 맞춰 여행하고, 여행자보험은 필수다.

에즈자네(Ezcane, 약국)

✱ 주 튀르키예 한국 대사관

한국 대사관은 앙카라에 있다. 이스탄불에는 한국 영사관이 있어 문제가 생긴 한국 여행자들을 돕는다. 여권 도난, 폭행, 사고 등의 사건이 생기면 영사관으로 연락하면 된다. 또는 카카오톡 채널 '영사콜센터'를 등록하거나 플레이스토어 또는 앱스토어에서 '영사콜센터' 검색해 다운 받을 수 있다.

ⓒ주 튀르키예 한국 대사관

주 튀르키예 한국 대사관(앙카라) Güney Kore Büyükelçiliği

- **주소** Alaçam Sok. No.5, Cinnah Caddesi, Ankara 06690 Turkiye
- **위치** 크즐라이 광장에서 427번 버스로 10분+도보 400m
- **전화** +90 (312) 468 4820, 4823
  비상전화(업무 시간 외) +90 533 203 6535
- **운영** 월~금 09:00~17:00 (점심시간 12:00~14:00)
- **홈피** overseas.mofa.go.kr/tr-ko/index.do

주 이스탄불 총영사관(이스탄불) Güney Kore Başkonsolosluğu

- **주소** Askerocağı Cad. Süzer Plaza, No:6, Kat:4, 34367, Elmadağ/Şişli, İstanbul
- **위치** 메트로 탁심Taksim역에서 800m, Süzer Plaza 건물 4층
- **전화** +90 (212) 368 8368
  비상전화(업무 시간 외) +90 534 053 3849
- **운영** 월~금 09:00~17:00 (점심시간 12:00~14:00)
- **홈피** tur-istanbul.mofa.go.kr/tr-istanbul-ko/index.do

주 이스탄불 총영사관이 있는 쉬제르 플라자 Süzer Plaza

앙카라, 한국 공원

Step to Türkiye 13.
서바이벌 튀르키예어

✱ 자주 사용하는 문장

인사와 안부

아침 인사	한국어/영어	튀르키예어	발음
만날 때	안녕	Merhaba	메르하바
헤어질 때	안녕	Güle Güle	귈레귈레
아침 인사	Good morning	Günaydın	귀나이든
저녁 인사	Good evening	İyi akşamlar	이이 악샤라르
안녕히 주무세요.	Good night	Iyi geceler	이이 게젤레르
어떻게 지내세요?	How are you?	Nasılsın?	나슬슨?
잘 지내요	I'm fine	Iyiyim	이이임
만나서 반가웠어요	Nice to meet you	Memnun oldum	멤눈 올둠
안녕히 가세요 / 잘 지내요	Good bye	İyi Günler	이이 귄레르

대답

간단한 회화	튀르키예어	발음	간단한 회화	튀르키예어	발음
예	Evet	에벳	아니오	Hayır	하이으르
네, 알겠습니다 (응, 그래)	Tamam	타맘	몰라요	Bilmiyorum	빌미요룸

소개

간단한 회화	튀르키예어	발음
나는 한국 사람입니다	Ben koreliyim	벤 코레리이임
우리는 한국 사람입니다	Biz koreliyiz	비즈 코렐리이즈
어느 나라 사람입니까?	Nereden geldiniz?	네레덴 겔디니즈
나의 이름은 ○○입니다	Benim Adım ○○	베님 아듬 ○○
당신의 이름은 무엇입니까?	Adınız ne?	아드느즈 네?
나는 학생입니다.	Ben bir öğrenciyim.	벤 비르 외렌지임

식당

간단한 회화	튀르키예어	발음
맛있어요	Güzel / Lezzetli	규젤 / 레제틀리
매우 맛있어요	Çok Güzel / Çok Lezzetli	촉 규젤 / 촉 레제틀리
끝내줘요, 최고예요	Süper!	수페르
계산해 주세요	Hesap Lütfen	헤샵 뤼프텐

쇼핑

간단한 회화	튀르키예어	발음
이것은 무엇입니까?	Bu Nedir?	부 네디르
얼마예요?	Ne kadar?	네 카다르?
깎아주세요	Lütfen indirim	뤼트펜 인디림

감정 표현

간단한 회화	튀르키예어	발음
감사합니다	Teşekkür Ederim	테쉐퀴르 에데림
고마워(친한 사이)	Sağ ol	사 울
죄송합니다	Özür Dilerim	외쥐르 딜레림
실례합니다(길을 지나갈 때)	Pardon / Affedersiniz	파르돈 / 아페데르시니즈
도와주세요	Lütfen Yardım	뤼프텐 야르듬
당신은 친절하십니다	Siz naziksiniz	시즈 나직시니즈
(음식, 풍경에 쓸 때) 매우 맛있어요 / 매우 아름다워요	Çok Güzel	촉 규젤
(여성에게) 매우 아름답습니다	Çok Güzel	촉 규젤
(남성에게) 매우 잘생겼어요	Çok Yakışıklı	촉 야크쉬클르
나는 튀르키예를 사랑합니다	Ben türkiye'yi seviyorum	벤 튜르키에이 세비요룸
나는 당신을 사랑합니다	Seni seviyorum	세니 세비요룸

여행

간단한 회화	튀르키예어	발음
나는 (10)일간 (튀르키예)를 여행하는 중입니다	On günlüğüne Türkiye'de seyahat ediyorum.	(온) 귄뤼위네 (튀르키예)데 세야핫 에디요룸
나의 다음 여행지는 (앙카라)입니다	Bir sonraki durağım Ankara.	비르 손라키 두라음 (앙카라)

알아두면 유용한 단어

단어	튀르키예어	발음	단어	튀르키예어	발음
버스	Otobüs	오토뷰스	기차	Tren	트렌
버스터미널	Otogar / Otobüs Terminali	오토가르 / 오토뷰스 테르미날리	기차역	Tren Garı / Tren İstasyonu	트렌 가르 / 트렌 이스타시오누
미니버스	Dolmuş	돌무쉬	공항	Havaalanı	하발라느
입구	Giriş	기리쉬	출구	Çıkış	츠크쉬
도착	Varmak	바르막	출발	Ayrılmak	아이를막
표	Bilet	빌렛	병원	Hastane	하스타네
약국	Ezcane	에즈자네	경찰서	Polis Ofisi	폴리스 오피시
남자	Bay	바이	여자	Bayan	바이얀
오늘	Bugün	부귄	내일	Yarın	야른
화장실	Tuvalet	투발렛	월요일	Pazartesi	파자르테시
화요일	Salı	살르	수요일	Çarşamba	차르샴바
목요일	Perşembe	페르셈베	금요일	cuma	주마
토요일	Cumartesi	주마르테시	일요일	Pazar	파자르

숫자 / 날짜 / 시간 / 돈

단어	튀르키예어	발음	단어	튀르키예어	발음
1	비르	Bir	60	알트므쉬	Altmış
2	이키	İki	70	예트미쉬	Yetmiş
3	위취	Üç	80	섹센	Seksen
4	되르트	Dört	90	독산	Doksan
5	베쉬	Beş	100	유즈	Yüz
6	알트	Altı	200	이키 유즈	İki Yüz
7	예디	Yedi	300	위취 유즈	Üç Yüz
8	세키즈	Sekiz	400	되르트 유즈	Dört Yüz
9	도쿠즈	Dokuz	500	베쉬 유즈	Beş Yüz
10	온	On	600	알트 유즈	Altı Yüz
20	이르미	Yirmi	700	예디 유즈	Yedi Yüz
30	오투스	Otuz	800	세키즈 유즈	Sekiz Yüz
40	크륵	Kırk	900	도쿠즈 유즈	Dokuz Yüz
50	엘리	Elli	1,000	빈	Bin

INDEX

1장 마르마라 지역

숫자 & 영어

10 카라쾨이 이스탄불	207

ㄱ

가지안테프 쾨즈데 퀴네페 케밥 살로누	150
갈라타 다리	179
갈라타 시밋치시	183
갈라타 탑	178
고고학 박물관	132
고려정	137
골든 로즈	188
귈하네 공원	133
귈하네 수르 카페	137
그랜드 바자르	143
그랜드 카페 테라스	136

ㄴ

네슬리한 뷔페 시르케지	151
노마드 호스텔 카라쾨이	207
누스렛 스테이크 하우스	149
니폰 호텔	207

ㄷ

다운타운 시르케지 호텔	206
대궁전 모자이크 박물관	120
더 사르느츠 레스토랑	140
더 포퓰리스트 갈라타포트	185
데르비스 카페 & 레스토랑	138

데랄리예	140
도이 도이 레스토랑	135
독일 분수	117
돌마바흐체 궁전	165
돌마바흐체 카페	170
동양 고대사 박물관	131
뒤름 뷔페	151
뒤름자데	182
뒤름쥐 엠므	193
드러그스토어	153
드러그스토어	
그라티스 · 왓슨 · 이브	189
더 앤드 호텔	204

ㄹ

라마다 바이 윈드함 이스탄불 탁심	207
라스트 호텔	204
레이디 다이아나 호텔	204
뤼스템파샤 모스크	148
릴리움 호텔 & 스위트	224

ㅁ

마도	137
마르마라 게스트하우스	205
마이 드림 이스탄불 호텔	206
마트바 레스토랑	140
만다바트마즈	181
메샬레 레스토랑 & 카페	138
메슈루 운카파느 필라브즈스	139
메쉬르 발륵치 에윱 오수타	186
멜레크레르 오작쉬	180

밀리온	121

ㅂ

반 카흐발트 에비	184
발랏의 집들 & 계단이 있는 언덕 주택	159
발렌스 수도교	142
뱀 기둥	118
베네 돈두르마라르	149
베야즈트 광장과 베야즈트 모스크	144
베파 보자지시	150
벨벳 카페, 발랏	161
보그 레스토랑 & 바	171
보리스'인 예리	139
보스포루스	194
볼자 그다 쿠루에미쉬	153
부르사 그랜드 바자르	216
부르사 시립 박물관	219
부르사 울루 자미 (대모스크)	217
부르사 팔라스 호텔	224

ㅅ

사라이 무할레비지시	180
사 바 아나톨리안 브렉퍼스트 하우스	184
생선 골목 vs 오작쉬 골목	176
성 슈테판 불가리아 정교회	159
성 안토니오 가톨릭 성당	177
세븐 힐즈 호텔	205
세컨드 홈 호스텔	206
셈-엣 으즈가라	223

소주	181	이스켄데르 타리흐 아흐샵 뒤칸	223	카흐베 됸야스	170
소카 레제티 타리흐 발륵 뒤름쥬		이스탄불 고고학 박물관	130	커피 데파트먼트	160
메흐메트 우스타	186	이스티크랄 거리	174	케밥츠 이스켄데르	193
솔트배 버거 갈라타	182	이슬람 과학·기술의		코스카	153
수피 재단 문화 센터	220	역사 박물관	133	코자 한	216
순수박물관	175	이잇 소프람 괴즐레메 ·		콘스탄티누스의 오벨리스크	118
술탄아흐메트 모스크	116	카흐발트	184	쿠루카흐베지 메흐메트 에펜디	152
술탄아흐메트 광장 (히포드롬)	117	이즈니크	225	쿠루 카흐베지 무히비	160
술탄아흐메트 피시 하우스	138	이집시안 바자르	145	쿠즈군죽	192
쉐자데 자 케밥	152	인지 파스타네시	181	크랄 코코레치 시르케지	151
쉴레마니예 모스크	146			크래프트 비어 랩	171
스타 홀리데이 호텔	204	**ㅈ**			
시르케지 기차역 &		저스트 커피 & 로스터리	171	**ㅌ**	
이스탄불 철도 박물관	148	제노아 포트 호텔	207	타리흐 마비 뒤칸 이스켄데르	223
		주말르크즉 마을	222	타리히 술탄 아흐메트	
ㅇ		지한기르 타리히 시밋 프르느	184	쾨프테지시	134
아고라 게스트하우스	205			타이타닉 시티 탁심	207
아라스타 시장	120	**ㅊ**		타일 키오스크 박물관	131
아수르 호텔	206	참르자 대모스크	191	타틀르즈 사파 시르케지	151
아실자데 호텔 시르케지	206	콘스탄티누스 기둥		탁심 광장	172
아야소피아 그랜드 모스크	107	(챔벌리타쉬 기둥)	142	태백식당	181
아야소피아 역사·체험 박물관	115	처녀의 탑	191	테오도시우스 성벽 &	
아이리스 한 호텔	206	촐라콜루 시밋	139	포르피로게니토스 궁전	157
아자데 호텔	205	치첵 파사지	175	테오도시우스의 오벨리스크	119
알리 무히든 하즈 베키르	153			톱카프 궁전	122
야스막 술탄 호텔	206	**ㅋ**		톱하네 공원	215
에윕 술탄 모스크	163	카드쾨이 미디예지시	193	튤립 게스트하우스	205
에타발 아르 위륀레리	193	카라데니즈 되네르 아슴 우스타	170		
예니 모스크	145	카라데니즈 아이레 피데 &		**ㅍ**	
예레바탄 지하 저수조	121	케밥 레스토랑	135	파노라마 1326 부르사	
예실 모스크 & 무덤	221	카라쾨이 귈뤼올루	185	정복 박물관	219
오르한 가지 모스크	218	카라쾨이 초르바 에비	183	파타토스	182
이르간드 다리	220	카리예 모스크	158	파티흐 벨레드예스 잔쿠르타란	
이스켄데르1867	170	카페 나프탈린 K	161	소스얄 테시스레리	139

퍼퓸 아뜰리에 카라쾨이	188
페르만 포트 호텔	207
포 시즌스 호텔 이스탄불	205
푸딩 숍 라레 레스토랑	135
프롬 서울	181
프린스 아일랜드	200
피에르 로티	162
필리즐러 쾨프테지시	292

ㅎ

하산 우스탐 오작바쉬 레스토랑	180
하지 바이람 호텔	204
하잘 뵈렉 살로누	136
하프즈 무스타파 1864	136 | 152
피닉스	137
할릴 라흐마준	193
호스텔 르 블랑	207
호텔 그랜드 헤이켈	224
호텔리노	206
호텔 아카디아 블루	204
화이트 하우스 호텔 이스탄불	204
히포드롬 경기장 유적 (스펜도네)	119

2장 중앙아나톨리아 지역

ㄱ

겐츨릭 공원 주변	285
골동품 거리	290
괴레메 야외박물관	244

ㄴ

네브셰히르 성 & 바위 마을	262
니사라 AVM	262

ㄷ

다릴뮐크 전시 센터	308
더 고트 커피 카파도키아	251
데린쿠유 지하도시	263
데브렌트 계곡	269
뒤름렛	250
디반 케이브 하우스	254
디아뎀 카파도키아 게스트하우스 & 호스텔	252
딥스 호스텔	291

ㄹ

라흐미 M.코치 박물관	284
래디슨 블루 앙카라	291
루비 케이브 호텔	254

ㅁ

메블라나 광장 주변	306
메블라나 문화 센터	305
메블라나 박물관	303
메쉬르 귈츠멘 아스파바	288
메쉬르 을드름 아스파바	288
미잔 사탕가게	314

ㅂ

바블린 부티크 호텔	315
볼라레 스톤 호텔	253
볼루 로칸타스	312
부데이 호텔	291
비둘기 계곡	259

ㅅ

사루한 카라바세라이	268
사힙 아타 박물관	308
살큼 샤랍 에비	267
선셋 · 선라이즈 뷰 포인트	243
세데프 케밥 하우스	249
세마	304
센터 커피 & 바클라바	251
셀주크 제국의 건축들	307
셀축 호텔	315
소금호수	248
소풍	289
수피 홈즈	315
술탄 케이브 스위트	255
쉠시 테브리지의 모스크와 무덤	306
쉬쉐크 아스파바 미타트파샤	288
실레	310
싱크 호텔	315

ㅇ

아나톨리아 문명 박물관	282
아나톨리안 하우스 케이브 호텔 & 스파	255
아느트카비르 (아타튀르크 영묘)	286
아르야투스 샤랍 에비	267
아르테미스 케이브 스위츠	254
아리랑 한식당	251
아바노스 도자기 마을	266
아이든르 케이브 호텔	254
알라딘 케이쿠바드 모스크	307
알바 호텔	291
앙카라 성	284

앙카라 아스파바	288
연인들의 계곡	245
에밋 케이브 호텔 괴레메	254
에윕 사브리 튠제르 콜론야	290
엘말르 교회	244
오브룩 한 & 크죄렌 호수	311
오제 커피숍	251
외스코낙 지하도시	268
우드 파이어 비비큐	250
우치히사르 성	258
울루스 광장 주변	281
원더 오브 카파도키아	253
월넛 하우스	253
위르귑	271
으흐랄라 계곡	247
이르판 문명연구 문화 센터	305
인제 미나렛 석조 박물관	308
임페리얼 케이브 호텔	255

ㅈ

자이퉁 존	289
장미 계곡	246
젤랄 베이 에틀리 에크멕	313
젤베 & 파샤바 야외박물관	270

ㅊ

차브신 마을	269
차탈회위크	311

ㅋ

카라타이 타일 박물관	307
카멜리아 케이브 호스텔	252
카이라 케이브 스위트	253
카파도키아 레제트 소프라스	267
카파도키아 스트리트 푸드	250
카파도키아 케밥자데	249
칼란르크 교회	244
칼의 계곡	245
컨셉 케이브 스위츠	255
켈레벡 스페셜 케이브 호텔 & 스파	255
콘야 고고학 박물관	309
콘야 수피 레스토랑	312
크즐르막 다리	266

ㅌ

타리히 티리치 미탓	313
타피 타북	289
테르메소스	253
투라산 와이너리	271
투마 레스토랑	250
트래블러스 케이브 호텔	254
트레비 테라스 카페 & 레스토랑	251
티그라즈 성	258

ㅍ

파노라마 콘야 박물관	309
파샤 다이레시	313
파크 데데만 크즐라이 앙카라	291
파티 운루 마물레리	250
페티 파샤 함시쿄이 쉬틀라프스	313
포룸 카파도키아	262
프른 익스프레스	250

ㅎ

하마뫼뉘 전통 앙카라 주택	285
하밋 호텔 크즐라이	291
한국 공원	287
호스텔 테라 비스타	252

3장
지중해 지역

ㄱ

구항구	328

ㄷ

더 랜드 오브 레전드	338
뒤덴 폭포	343

ㄹ

린키아 로스터리 카페	353

ㅁ

마나브갓 폭포	338
마크안탈리아 몰	343
메가사라이 웨스트비치 안탈리아	345
메르멜리 해변	328
메슈르 퀴네페스 07	342
메이스 섬	351
밀크라치	353

ㅂ

바이 쾨프테	353
베스트 웨스턴 플러스 칸 호텔	344
비 볼드 호스텔	344

ㅅ

소비뇽 레스토랑	341
소풍	342

쉐자데 코르쿠트 모스크	327
시데 고대 도시	337
시밋침	353

ㅇ

아르크 홈즈	345
아스펜도스 고대 극장	336
아타튀르크의 집 박물관	332
안탈리아 고고학 박물관	330
안탈리아 구시가지	326
안탈리아 메블레비하네 박물관	329
안탈리아 미그로스 쇼핑센터	343
안탈리아 민족지학 박물관	327
안탈리아 시계탑	329
안티펠로스 고대 도시	349
에게 레스토랑 타네르 우스타	353
올림포스 고대 도시	338
외즈칸 케밥	341
이블리미나레 모스크	329

ㅈ

잔잔 피데 예멕 살로누	341
저스트 인 시티 호텔	345

ㅊ

츠트르 발륵	342

ㅋ

카페 부부	342
카푸타쉬 해변	350
칼레이치 메이하네스	342
케르반 피데 되너 살로누	353
케코바 섬 투어	352
코렐리 안탈리아	342

콘얄트 해변	332
쿠르슈루 폭포	334
키메라산	339

ㅌ

타탈르산 & 올림포스 케이블카	334

ㅍ

페르게 고대 도시	335
플라너르 호스텔	344

ㅎ

하드리아누스의 문	326
해변의 일몰 포인트	350
흐드르륵 탑	327

**4장
에게해 지역**

ㄱ

가지안테프 초르바즈스	379

ㄴ

나비 계곡	415
넘버 10 호텔	381
니케아 호텔	381

ㄷ

도아 테르말 헬스 앤 스파	403
도알 참 발르	420

ㄹ

라오디케아 고고학 유적지	398

로칸타 페티예	418
룸	421
리치몬드 파묵칼레 테르말	403

ㅁ

멜로즈 뷰 포인트 호텔	403

ㅂ

벨라마리티모 호텔	403
블루 라군	414

ㅅ

사쿠라 호스텔 & 펍	421
사클르켄트 국립 공원	415
사힐 로칸타라르 1	419
살다 호수 자연공원	399
성모 마리아의 집	377
성 요한 대성당 & 아야슬룩 성	376
셀축 발루 피쉬리지시	378
소프야 스위트	421
술탄 주얼리 & 파인 핸드메이드 세라믹 아트	380
쉬린제 마을	382
쉬쉬치 야샤른 예리	378
시티 라이프 데미르 호텔	421

ㅇ

아르드치 샤르퀴테리	418
아르테미스 신전	374
아르테미스 코코레치	379
아민타스 바위 무덤	411
에베소 빌라 한국 식당	379
에즈데르 레스토랑	378
에페스 고고학 박물관	375

에페스 고고학 유적	363
에페스 농장 유제품	380
에페스 센트룸	381
에페스 호스텔	381
엑셀란스 호텔 & 스파	421
오누르 레스토랑	401
윌뤼데니즈	414
우르크메즈 호텔	381
울라슬리올루 바클라바	419
이사 베이 모스크	377

ㅋ

카야쾨이 고고학 유적지	415
카라하윳 붉은 온천	399
카클륵 동굴	399

ㅌ

테라스 레스토랑	400

ㅍ

파묵칼레 오가닉 타쉬 프른	401
페랄르 카페	379
페티예 고대 극장	412
페티예 박물관	412
페티예 발 에비	420
페티예 시장	420
페티예 파샤 케밥	419
페티예 항구	413
포장마차	401
프나르 피데 & 촙쉬쉬	378

ㅎ

할-투르 호텔	402
해변	413

호스텔 인 에페스	381
호텔 사힌	403
호텔 알르다 파묵칼레	403
히에라 레스토랑	400
히에라폴리스 고고학 유적	391

5장
흑해 지역

ㄱ

가니타 티 가든	434

ㄴ

나리아 카라데니즈 무트파르 리제	443

ㄹ

라이프포인트 호텔	435
리만 로칸타시	443
리제 박물관	441
리제 성	441
리제 차이	442

ㅁ

멜 시티 스위트 호텔	435

ㅂ

발륵라마 발륵 로칸타스	432
베톤 헬바	433
보즈테페 차 공원	430

ㅅ

소풍	434

쉬멜라 수도원	436
쉴레이만 대제 해안 공원과 주변	431

ㅇ

아야소피아 모스크	429
엔프스특 퀴네페 & 카트메르 리제	443
우준귈	438

ㅈ

제밀우스타	432
제이틴달르 호텔	435
조르루 그랜드 호텔	435
지랏 차 정원	441

ㅌ

타리히 칼카노루 필라브	433
트라브존시 박물관	430

ㅍ

페퀸뤼 메르케즈 피테	432

ㅎ

호스 필라브	434

6장
동남아나톨리아 지역

숫자 & 영어

12월 25일 가지안테프 영웅 박물관	454
40인 순교자 교회	486

ㄱ

가지안테프 고고학 박물관	455
가지안테프 성	455
가지안테프 장난감 & 게임 박물관	456
가지 코나으 호텔	495
괴베클리 테페	473
귐뤽 하느	478
귈 티릿 초르바	477

ㄴ

네발리 호텔	479
노보텔	461

ㄷ

다라 고대 도시	498
다라 코나으	495
데이룰자파란 수도원	497
되네르지 메흐멧 우스타	458
두캇 케밥	457

ㄹ

로자 호스텔	496
롤리 레스토랑 & 파티세리	492
뢰퀴스 지에르	458
레바클르 바자르	488

ㅁ

마르 흐르므즈 칼데아 교회	486
마르데 레스토랑	492
마르딘 고고학·민족지학박물관	485
마르딘 그랜드 모스크	489
마르딘 생활 박물관	487

ㅂ

메르딘 부티크 호텔	495
멧타네트 로칸타스	457
목욕탕 박물관	455
물고기 호수공원	467
미디야트	499

ㅂ

바자르	456
비랄로 카흐베스	492

ㅅ

사큽 사반즈 마르딘 시립박물관	490
사피 퀴네페 & 슬륵 타틀르스	478
샨르우르파 고고학 박물관	469
샨르우르파 성	470
성 가브리엘 수도원	499
성 야곱 교회	498
세이르이 메르딘	491
세히디예 모스크 & 마드라사	490
술탄 소프라스 마르딘	491

ㅇ

예세멕 가지안테프 무트파으	459
욥의 동굴	471
우르파사라이 코눅 에비	477
우트쿠베이 호텔	461
울루베이 코나으	496
이비스 가지안테프	461
이맘 차다쉬 케밥 & 바클라바 살롱	459

ㅈ

제우그마	461

제우그마 모자이크 박물관	453
제이넬 아비딘 모스크 & 무덤	498
조셀린 호텔	479
주방 박물관	471
지에르지 알리 바바	476
징지리예 마드라사	488

ㅊ

차르다클르 쾨쉬 레스토랑	478
치프트 마라	477

ㅋ

카스미예 마드라사	499
카샵 셀축 우스타	458
카야 니노바 호텔	496
카트메르지 제니지 카다이프 & 카트메르 & 로쿠마	460
카트메르지 제케리야 우스타	460
케밥츠 할릴 우스타	458
코착 바클라바	460
크즐코윤 네크로폴리스	468

ㅌ

타미스 카흐베시	459
텍 비누 메흐메트 데데	493
튀튄 하느 & 동굴 카페	459

ㅎ

하란	474
하스바한 코낙	479
할레플리바체 모자이크 박물관	469
할페티	475
후보 쉬르야니 샤랍츌륵	494
힐튼 가든 인 마르딘	496

Travel Note

Travel Note

프리미엄 해외여행 가이드북

셀프트래블

셀프트래블은 테마별 일정을 포함한 현지의 최신 여행정보를 감각적이고, 실속 있게 담아낸 프리미엄 가이드북입니다.

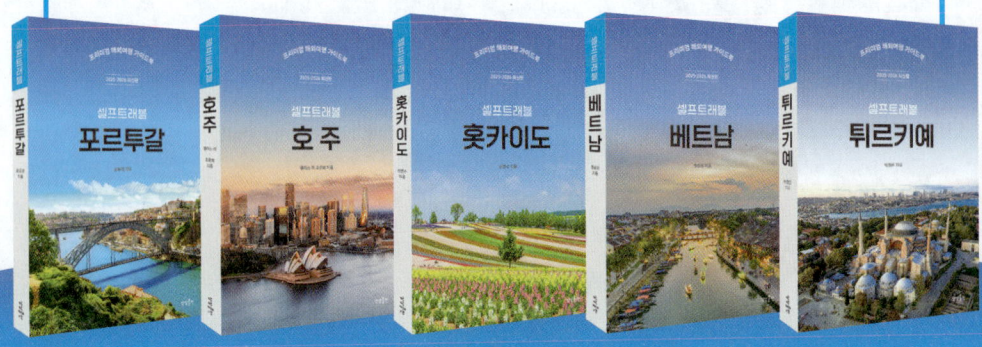

- 01 크로아티아
- 02 이스탄불
- 03 싱가포르
- 04 규슈
- 05 교토
- 06 홍콩 · 마카오
- 07 라오스
- 08 필리핀
- 09 미얀마
- 10 타이베이
- 11 남미
- 12 말레이시아
- 13 대마도
- 14 오사카
- 15 그리스
- 16 베이징
- 17 프라하
- 18 스페인
- 19 블라디보스토크
- 20 하와이
- 21 미국 서부
- 22 동유럽
- 23 괌
- 24 뉴욕
- 25 나고야
- 26 다낭
- 27 도쿄
- 28 타이완
- 29 이탈리아
- 30 방콕
- 31 파리
- 32 북유럽
- 33 스위스
- 34 발리
- 35 푸꾸옥 · 나트랑
- 36 오키나와
- 37 후쿠오카
- 38 런던
- 39 남미 5개국
- 40 독일
- 41 포르투갈
- 42 호주
- 43 홋카이도
- 44 베트남
- 45 튀르키예

www.esangsang.co.kr

상상출판